Veröffentlichungen
der Vereinigung der Deutschen Staatsrechtslehrer
Heft 25

Das Staatsoberhaupt in der parlamentarischen Demokratie

Verwaltung durch Subventionen

Berichte von
Otto Kimminich und Peter Pernthaler
Hans Peter Ipsen und Hans F. Zacher

und Aussprache zu den Berichten
in den Verhandlungen der Tagung der Deutschen Staatsrechtslehrer
zu Graz vom 12. bis 15. Oktober 1966

Berlin 1967

Walter de Gruyter & Co.

vormals G. J. Göschen'sche Verlagshandlung / J. Guttentag, Verlagsbuchhandlung / Georg Reimer / Karl J. Trübner / Veit & Comp.

Archiv-Nr. 2 489 670

Satz und Druck: Berliner Buchdruckerei Union GmbH, Berlin 61

Inhalt

Eröffnung der Tagung am 13. Oktober 1966

Nach der Eröffnung der Tagung im Festsaal der Karl-Franzens-Universität zu Graz begrüßte der Dekan der Rechts- und Staatswissenschaftlichen Fakultät, Prof. Dr. Karl Lechner, die Vereinigung im Namen des Rektors und der Fakultät. Er gab seiner Freude darüber Ausdruck, daß die Vereinigung, zum erstenmal in ihrer Geschichte, die traditionsreiche Stadt Graz zu ihrem Tagungsort gewählt habe. Der Vorsitzende, Herr Bachof, dankte der Universität und der Fakultät für ihre vielfachen Bemühungen um die Vorbereitung und Durchführung der Tagung. Er begrüßte den Präsidenten des Verfassungsgerichtshofs, Herrn Antoniolli, sowie die Mitglieder und Assistenten der gastgebenden Fakultät, die ausländischen Gäste und die Schriftleiter der Fachzeitschriften. Er übermittelte die Grüße des österreichischen Bundeskanzlers und des Kollegen Justizminister Klecatsky, der die Vereinigung am Vorabend namens der österreichischen Bundesregierung im Schloß Eggenberg empfangen hatte.

In der den Beratungen vorangegangenen Mitgliederversammlung hatte die Vereinigung ihres im letzten Jahre verstorbenen Mitgliedes und einstigen Vorsitzenden Hans Peters gedacht. Ihrem einstigen Mitgliede Hans Kelsen bekundete sie in einem Glückwunschtelegramm zu seinem 85. Geburtstag ihre Verbundenheit, wofür dieser mit herzlichen Worten gedankt hat. Die im vergangenen Jahr in die Vereinigung aufgenommenen Mitglieder wurden begrüßt und vorgestellt.

Die nachfolgend abgedruckten Referate wurden am 13. und 14. Oktober 1966 gehalten. An sie schlossen sich jeweils die Aussprachen an.

Erster Beratungsgegenstand:

Das Staatsoberhaupt in der parlamentarischen Demokratie*

1. Bericht von Professor Dr. Otto Kimminich, Bochum

Es ist eigentlich selbstverständlich, daß am Beginn eines wissenschaftlichen Berichts das Eingeständnis der eigenen Unzulänglichkeit stehen muß. Im vorliegenden Fall aber muß es noch ergänzt werden durch das Bekenntnis eines besonderen Versagens: Es ist mir nicht gelungen herauszufinden, warum die Deutschen sich nicht mit der Bezeichnung Staatshaupt begnügen, sondern unbedingt vom Staatsoberhaupt sprechen müssen. In der älteren Literatur überwiegt der schlichte Ausdruck „Staatshaupt", so wie im angelsächsischen Bereich noch heute vom „Head of State" gesprochen wird.

Deutet das Wort „Oberhaupt" eine Pluralität von Häuptern an? Oder ist es gar Ausdruck einer typisch deutschen Tendenz, jedem Titel alsbald einen Ober-Titel hinzufügen? Die etymologische Klärung ist mir, wie gesagt, nicht gelungen, aber sie ist sicher nicht wesentlich für die hier zu behandelnden Probleme.

Trotzdem muß mit den Begriffen begonnen werden. Und neben dem Begriff der parlamentarischen Demokratie, der im folgenden ebenfalls noch zu umreißen sein wird, ist es eben der Begriff des Staatsoberhauptes, der in diesem Thema auftaucht und die Grundlage der Erörterung bilden muß.

Sieht man von dem Ober-Titel ab, so bleibt jedenfalls die Vorstellung von einem Haupt übrig. Ein Haupt aber hat nur Sinn in Verbindung mit einem Körper. Es liegt daher nahe, die Frage zu untersuchen, ob zwischen dem Begriff des Staatshauptes und der sogenannten organischen Staatslehre eine Verbindung besteht, ob der Begriff des Staatshauptes mit organologischen Assoziationen belastet ist.

---

*) Die eingeklammerten Abschnitte wurden aus Zeitgründen nicht vorgetragen.

Die organologischen Vorstellungen von Haupt und Körper

Der Vergleich zwischen der politisch, ethnisch oder religiös definierten Gemeinschaft und dem menschlichen Körper mit seinen verschiedenen Teilen und Organen ist uralt und reicht bis zu den römischen Sagen[1]) und der antiken Philosophie zurück[2]). Die organische Staatslehre ist dagegen erst hundert Jahre alt[3]). Sie wird einhellig als Produkt deutscher Denkungs-

1) Vgl. die Rede des Menenius Agrippa an die Plebejer, Livius, Ab urbe condita II, 32.

2) Plato, Der Staat, 9. Buch Ausgabe Artemis-Verlag Zürich 1950, S. 456 f. Der Vergleich der Kirche mit dem Leib Christi (Paulus 1 Kor. 12, 12—27) ist dagegen von vornherein mystisch gemeint.

3) Als ihre wichtigsten Vertreter gelten Johann Caspar Bluntschli, 1808—1881, (insbes.: Psychologische Studien über Staat und Kirche, Zürich 1844; Deutsche Staatslehre und die heutige Staatenwelt, 2. Aufl. Nördlingen 1880; Geschichte der neueren Staatswissenschaft, Allgemeines Staatsrecht und Politik seit dem 16. Jahrhundert bis zur Gegenwart, 3. Aufl. München 1881; Lehre vom modernen Staate, 6. Aufl. Stuttgart 1885/86.), Otto Bähr, 1817—1895, (insbes.: Der Rechtsstaat, Kassel und Göttingen 1864.), Otto von Gierke, 1841—1921, (insbes.: Das deutsche Genossenschaftsrecht, 4 Bde., Berlin 1868—1913; Die Grundbegriffe des Staatsrechts und die neuesten Staatsrechtstheorien, in: Zeitschrift für die gesamte Staatswissenschaft Bd. 30 [1874], S. 153 ff.; 265 ff.; Labands Staatsrecht und die deutsche Rechtswissenschaft in: Schmollers Jb. Bd. 7 [1883], S. 1097 ff.; Die Genossenschaftstheorie und die deutsche Rechtsprechung, Berlin 1887; Johannes Althusius und die Entwicklung der naturrechtlichen Staatstheorien, Breslau 1880 [5. unveränd. Ausgabe Aalen 1958], Über die Geschichte des Majoritätsprinzips, in: Schmollers Jb. Bd. 39 [1915], S. 565 ff.; Das Wesen der menschlichen Verbände, Leipzig 1902), Hugo Preuß, 1860—1925, (insbes.: Gemeinde, Staat, Reich als Gebietskörperschaften, Versuch einer deutschen Staatskonstruktion auf Grundlage der Genossenschaftstheorie, Berlin 1889; Entwicklung und Bedeutung des öffentlichen Rechts in: Schmollers Jb. Bd. 13 [1889], S. 1349 ff.; Stellvertretung oder Organschaft? Eine Replik in Jherings Jb. Bd. 44 [1902], S. 429 ff.; Über Organpersönlichkeit, Eine begriffskritische Studie in Schmollers Jb. Bd. 26 [1920], S. 557 ff.), Edmund Bernatzik, 1854—1919, (insbes. Kritische Studien über den Begriff der juristischen Person und über die juristische Persönlichkeit der Behörden, insbesondere AöR Bd. 5 [1890], S. 169 ff.; Republik und Monarchie, Freiburg i. B. 1890). Über die organische Staatslehre vgl. Gisela v. Busse, Die Lehre vom Staat als Organismus: Kritische Untersuchungen zur Staatsphilosophie Adam Müllers, Berlin 1928; Albert Th. van Krieken, Über die sogenannte organische Staatstheorie: Ein Beitrag zur Geschichte des Staatsbegriffes, Leipzig 1873; F. W. Coker, Organismic Theories of the State: Nineteenth Century Interpretations of the State as an Organism, Studies in History, Economics and Public Law, Bd. 38, No. 2, Columbia University 1910; Karl Mannheim, The History of the Concept of the State as an Organism, in: Essays on Sociology and Social Psychology, London 1953, S. 165 ff.; Erich Kaufmann, Über den Begriff des Organismus in der Staatslehre des 19. Jahrhunderts, Heidelberg 1908, abgedr. in Erich Kaufmann, Rechtsidee und Recht, Gesammelte Schrif-

art bezeichnet, gewachsen auf dem Boden der Romantik, aber ihre Zuordnung ist doch viel komplizierter — wie alles, was dieses große, vieldeutige und schillernde 19. Jahrhundert hervorgebracht hat.

Es genügt auch nicht, einfach an die historische Schule zu erinnern[4]). In allen Bereichen, die wir heute unter der Bezeichnung Sozialwissenschaften zusammenfassen, drängte sich um die Mitte des 19. Jahrhunderts das Organismusdenken in den Vordergrund. Man sprach vom „sozialen Körper" oder vom „Gesellschaftskörper"[5]) und versuchte, seine Entwicklungsgesetze, seine Krankheiten und die dazugehörigen Heilmethoden zu entdecken. Paul von Lilienfeld meinte, man müsse den sozialen Körper als reales Wesen betrachten und den Staat als wirklichen, lebendigen Organismus[6]). Ganz unabhängig von

---

ten, Bd. III, Göttingen 1960, S. 46 ff.; Walter Melchior, Das Wesen des organischen Staatsdenkens, Berlin 1935.

4) Die historische Schule wurzelt ihrerseits in der Romantik, die ein vertieftes Geschichtsbewußtsein hervorbrachte und aus diesem wiederum den Gedanken einer „organischen" Geschichtsentwicklung ableitete. (Deshalb die Abneigung gegen die Revolution, die sich schon bei Edmund Burke, Reflections on the Revolution in France, findet.) Die Organologie hat somit eine zweifache Wurzel in der Romantik: auf der einen Seite die romantische Ganzheits- und Harmonievorstellung von Natur- und Menschenwerk, auf der anderen Seite die Verhaftung in historisch gewachsenen Mustern (die „gute alte Zeit"), die eine bestimmte Organisation der Gesellschaft (nämlich die ständisch-korporative) als organisch und damit erstrebenswert erscheinen läßt. (Vgl. Johann Peter Steffes, Die Staatsauffassung der Moderne, Freiburg i. Br. 1925, S. 73.) Über die Ursachen für den Durchbruch der Romantik im deutschen Staatsdenken des 19. Jahrhunderts vgl. Wilhelm Metzger, Gesellschaft, Recht und Staat in der Ethik des deutschen Idealismus, Heidelberg 1917, Neudruck Aalen 1966, S. 217 ff.; Carl Schmitt, Politische Romantik, München und Leipzig 1925, S. 162 ff. Allgemeiner, aber weniger überzeugend, Ferdinand Lion, Romantik als deutsches Schicksal, Stuttgart 1963.

5) Eine ganz andere Bedeutung hatte der Begriff des „politischen Körpers" (body politic) in der englischen Staatsphilosophie des späten 18. Jahrhunderts. Ganz deutlich sagte z. B. Locke: „When any number of Men have so consented to make one Community or Government, they are Thereby presently incorporated, and make one Body Politick, wherein the Majority have a Right to act and conclude the rest". (John Locke, Two Treatises of Government, Kap. VIII, § 95, zitiert nach der Ausgabe von Peter Laslett, Cambridge 1964, S. 349.) Gemeint ist also eine Körperschaft von der Art, die Edmund Burke als allzu nüchtern und kommerziell tadelte.

6) Paul von Lilienfeld, Gedanken über die Sozialwissenschaft der Zukunft, Bd. I, Die menschliche Gesellschaft als realer Organismus, Mitau 1873, S. 27; Paul von Lilienfeld, Zur Vertheidigung der organischen Methode in der Soziologie, Berlin 1898.

ihm entwickelte gleichzeitig Albert Schäffle seine Gedanken über „Bau und Leben des sozialen Körpers“[7]). Er betonte später, er habe nicht an Homologien zwischen Gesellschaft und Organismen, sondern nur an Analogien gedacht[8]), aber gerade diese Methode der „realen Analogie“ hat die Gesellschafts- und Staatswissenschaft in Deutschland und in den romanischen Ländern stark beeinflußt[9]).

Ebenfalls gleichzeitig verwendete in England Herbert Spencer denselben Gedanken der realen Analogie, um den Bau und das Wachstum der Gesellschaft zu begreifen[10]). Er wird gelegentlich als Vertreter der sogenannten organischen Soziologie genannt[11]), aber sein Zugang zur Organismusanalogie unterscheidet sich wesentlich von dem der mitteleuropäischen Romantiker.

---

7) Albert Schäffle, Bau und Leben des sozialen Körpers. Enzyklopädischer Entwurf einer realen Anatomie, Physiologie und Psychologie der menschlichen Gesellschaft, Bd. I Tübingen 1875.

8) Albert Schäffle, Abriß der Soziologie, Tübingen 1906, S. 5 ff. Die Auffassung, Schäffle habe in diesem Werk den Gedanken der Analogie aufgegeben (so Dankmar Ambros, Über Wesen und Formen organischer Gesellschaftsauffassung, Soziale Welt 1963, Bd. 14, S. 23) entspricht nicht ganz den Tatsachen. Zwar betont Schäffle wiederholt (aaO., S. 1 f., S. 5), daß er die „Krükken der Analogie“ wegwerfe, aber er hält nachdrücklich an den Grundgedanken seines früheren Werkes fest und unterstreicht dadurch, daß für ihn der Gesellschaftskörper kein biologisches Gleichnis, sondern Realität sei. Er wehrt sich zwar gegen den Vorwurf, naiver „Organiker“ zu sein (aaO., S. 48) und hebt den „hyperorganischen Charakter der sozialen Erscheinungen“ hervor, hält aber am Begriff des Gesellschaftskörpers und an der Einteilung fest, die er in „Bau und Leben des sozialen Körpers“ vorgezeichnet hatte. So erkennt man bei ihm deutlich die Entwicklung von der „realen Analogie“ zum Systemdenken. Während aber zwischen biologischer Organologie und „realer Analogie“ ein essentieller Unterschied besteht, entfaltet sich das Systemdenken zwangslos aus der realen Analogie. Am deutlichsten ist diese Entwicklung im Bereich der sogenannten Staatslehre erkennbar.

9) Vgl. René Worms, Organisme et Société, Paris 1896.

10) Herbert Spencer, Die Prinzipien der Soziologie, Bd. I, Stuttgart 1877.

11) So z. B. in Herders Lexikon, 5. Aufl. Bd. 8, Sp. 861; Staatslexikon der Görres-Gesellschaft, 6. Aufl., Freiburg 1962, Bd. 7, Sp. 425 f.; Leopold von Wiese in: Handwörterbuch der Sozialwissenschaften, 9. Bd., Stuttgart-Tübingen-Göttingen 1956, S. 638 f.; Harry Elmer Barnes, Soziologie und Staatstheorie, Innsbruck 1927, S. 25 f.; Othmar Spann, in: Handwörterbuch der Staatswissenschaften, 4. Aufl., 7. Bd. Jena 1926, S. 651 f.; Pitirim Sorokin, Soziologische Theorien im 19. und 20. Jahrhundert, Berlin 1931, S. 54 ff.; Franz Oppenheimer, System der Soziologie, Bd. I/1, 2. Aufl., Stuttgart 1964, S. 60 ff.; Jakobus Wössner, Mensch und Gesellschaft, Berlin 1963, S. 216 ff.

Seine Prinzipien des sozialen Organismus sind der klassischen englischen Nationalökonomie entnommen[12]), seine These vom organischen Wesen der Gesellschaft ist eng mit dem wirtschaftlichen Liberalismus verknüpft, fließt sie doch aus der Überzeugung, daß diejenigen Prinzipien, die die klassische Nationalökonomie für das Funktionieren der Volkswirtschaft aufgestellt hatte, Strukturprinzipien allen organischen Lebens seien. Ähnliches mag in dem Gedanken der „formierten Gesellschaft" enthalten sein, und es ist sicher kein Zufall, daß Herbert Spencer, den Talcott Parsons schon vor zwanzig Jahren für wissenschaftlich tot erklärte[13]), heute in Deutschland wiederentdeckt wird[14]).

---

12) Spencer gründet seine Analogie auf die „wechselseitige Abhängigkeit der Teile aller organisierten Gebilde" (vgl. Herbert Spencer, Die Principien der Soziologie, hrsg. von B. Vetter, Stuttgart o. J. — Schweizerbartsche Verlagsbuchhandlung —, Bd. II, S. 4) und behandelt im sozialen Organismus die Arbeitsteilung und das „allgemeine Austauschsystem" (Güter- und Dienstleistungsaustausch sowie Informationsaustausch) als grundlegendes Strukturprinzip.

13) Talcott Parsons, The Structure of Social Action, 3. Aufl. Glencoe, Ill. 1961, S. 3 ff., 1. Aufl. New York 1937. Gelegentlich wird Talcott Parsons selbst als Vertreter einer Variante der Organologie bezeichnet. So versucht Ambros (Über Wesen und Formen organischer Gesellschaftsauffassung, Soziale Welt 1963, S. 27 f.), ihn in die „strukturell-funktionale" Theorie einzuordnen. Diese Richtung, zu der Emile Durkheim, Alfred R. Radcliffe-Brown und Bronislaw Malinowski gerechnet werden, hat aber das organologische Denken bereits verlassen und ist zum Systemdenken übergegangen. Die Tendenz zur Entfaltung der Organologie zum Systemdenken ist allerdings bemerkenswert. Sie ist im Bereiche der europäischen Staatslehre ebenso zu beobachten wie in der Gesellschaftslehre. Jedoch ist die Darlegung Heuslers, die Vorstellung des Staates als System führe notwendig zum Organismusdenken (A. Heusler, Institutionen des deutschen Privatrechts, Bd. I, Leipzig 1885, S. 5) ideengeschichtlich unrichtig. Vielmehr entwickelte sich aus dem Organismusgedanken die Systemvorstellung, die sich im späten 19. Jahrhundert mit naturwissenschaftlichen Begriffen verband. „Der Gedanke des philosophischen ‚Systems' ist geradezu als Gedanke des ‚Organismus' des Wissens geschaffen worden" (Erich Rothacker, Logik und Systematik der Geisteswissenschaften, Bonn 1948, S. 87). Ebenso spricht Paul Oppenheim von der „natürlichen Ordnung der Wissenschaften" und dem „lebendigen Ganzen" der Wissenschaft (Paul Oppenheim, Die natürliche Ordnung der Wissenschaften, Jena 1926, S. 1). Eine umgekehrte Verknüpfung zwischen Systemdenken und Organologie ist nur insofern gegeben, als der romantischen Weltanschauung, die der Organologie in Mitteleuropa ein besonderes Gepräge gab, die Vorstellung von der Welt und dem Universum als einer Ganzheit zugrundelag.

14) Vgl. Jürgen Ritsert, Organismusanalogie und politische Ökonomie. Zum Gesellschaftsbegriff bei Herbert Spencer, Soziale Welt 1966 (Jahrg. 17), S. 55 ff.

Damit ist ein Bogen konstruiert, der sich über ein ganzes Jahrhundert wölbt und angelsächsisches Denken mit deutschem Denken verbindet. Ob die Konstruktion tragfähig ist, wird sich erweisen, sobald die Vorstellungen über die formierte Gesellschaft etwas klarer formiert sind. Der Brückenschlag zwischen deutschem und angelsächsischem Denken aber stößt immer auf eine große Schwierigkeit: der Gegensatz zwischen Staat und Gesellschaft, der den mitteleuropäischen Denkern so viel Kopfzerbrechen bereitet, wird von den Angelsachsen kaum empfunden. Auch im Kampf um die Freiheitsrechte stand bei ihnen der Gegensatz zwischen Staat und Individuum im Vordergrund. Er wurde aber nicht abstrakt gesehen, sondern in der konkreten historischen Situation: König gegen Barone, Krone gegen Bürger.

Ihren Höhepunkt erreichte diese Lehre im rationalistisch-individualistischen Naturrecht des 18. Jahrhunderts, das gerade von England aus auch auf Deutschland zu wirken begann[15]. Um so erstaunlicher ist es, daß der erste Aufruf zur Besinnung auf die Geschichte ebenfalls aus England kam. Es ist Edmund Burke, der die Engländer beschwört, den Staat nicht als bloßen Zweckverband zu sehen. Der Staat sei keine „alltägliche Kaufmannssozietät", die man für einen kleinen vergänglichen Gewinn beginnt und wieder auflöst, wenn die Laune der Teilhaber es so haben will, sondern eine wahrhafte Bluts- und Lebensgemeinschaft „in allem was wissenswürdig, in allem was schön, in allem was schätzbar und gut und göttlich im Menschen ist"[16]. Mit Recht wurde daher Burke von den deutschen Romantikern als ihr großes Vorbild betrachtet.

Der Hauptstrom der angelsächsischen Staatslehre aber hielt sich von der Romantik fern. Das Verhältnis von Staat und Gesellschaft wurde und wird von ihr mit einer ganz anderen Natürlichkeit gesehen als von den deutschen Romantikern[17].

---

[15]) Vgl. Carl Schmitt, Politische Romantik, München und Leipzig 1925, S. 154 f.

[16]) Edmund Burke, Betrachtungen über die französische Revolution, übers. von Friedrich Gentz, Berlin 1793, S. 151.

[17]) Diese natürlich-unkomplizierte Betrachtungsweise zeigt sich bei allen staatsrechtlichen Problemen. So schreibt z. B. Gall über das Verständnis der Gewaltenteilungslehre in England: „Der Bürger fand hier die gesellschaftlichen Verhältnisse seiner Umwelt im Staat und seinem Aufbau wiedergespiegelt. Er vermochte sich mit den einzelnen Kräften, die im Staat miteinander rangen, zu identifizieren und erkannte, daß ihr Ausgleich die notwendige Vorbedingung freiheitlichen Zusammenlebens darstellt. So gewann er zugleich eine natürliche Einstellung zu Staat und Gesellschaft, deren Kräftegefüge sich ihm unmittelbar erschloß und in dem Schema der

Mit entwaffnender Selbstverständlichkeit bezeichnet z. B. Greaves den Staat als den politischen Aspekt der Gesellschaft[18]).

Aber auch im mitteleuropäischen Raum blieb der Organizismus keineswegs unwidersprochen. Ob es berechtigt ist, von einer „anorganischen Staatslehre"[19]) zu sprechen, mag dahingestellt bleiben. Wieder ist aber darauf hinzuweisen, daß die Gegenströmung sich nicht nur im juristischen Bereich auswirkte und nicht nur in Deutschland. Noch in demselben Jahrhundert, das die Hochblüte dieser Lehre gebracht hatte, verurteilte Gabriel Tarde die reale Analogie als „reinen Mystizismus"[20]) und Gumplowicz bezeichnete die Theorie des Gesellschaftskörpers als den „Gipfel der Unklarheit"[21]).

Auf dem Hintergrund dieser Auseinandersetzung ist die Entfaltung der organischen Staatslehre in der deutschen Rechts-

---

Gewaltenteilung gleichsam bildhaft wurde." Lothar Gall, Benjamin Constant. Seine Politische Ideenwelt und der deutsche Vormärz, Wiesbaden 1963, S. 176.

18) H. R. G. Greaves, Grundlagen der politischen Theorie, Neuwied 1960, S. 153; engl. Original: The Foundations of Political Theory, London 1958, S. 157. Nicht weit von dieser Auffassung befindet sich Gerhard Leibholz (Strukturprobleme der modernen Demokratie, Karlsruhe 1958, S. 204), wenn er sagt: „Der Staat ist nichts anderes wie die organisierte politische Einheit eines zur Nation erweiterten Volkes." Eine typisch deutsche Definition ist dagegen die von Heinhard Steiger (Staatlichkeit und Überstaatlichkeit, Berlin 1966, S. 17), der an die Eingangsworte „Der Staat ist die politische Einheit der Gesellschaft" den Satz anschließt: „Es ist heute weitgehend anerkannt, daß Staat und Gesellschaft zwei in Spannung miteinander stehende Erscheinungsweisen menschlicher Gruppierung sind, die erste durch das Moment der Herrschaft und des Politischen, die zweite durch das Moment des Wirtschaftlichen, das als herrschaftslos und nichtpolitisch begriffen wird, konstituiert."

19) Vgl. Ulrich Häfelin, Die Rechtspersönlichkeit des Staates, I. Teil, Tübingen 1959, S. 124 ff. Als ihre Hauptvertreter gelten Carl Friedrich von Gerber (1823—1891), Paul Laband (1838—1918) und Georg Jellinek (1851—1911). Schwierigkeiten scheint die Einordnung von Constantin Frantz zu bereiten. Steffes (Die Staatsauffassung der Moderne, S. 74, nennt ihn zusammen mit Bluntschli und Schäffle unter den „Naturalisten". In der Tat beschäftigte sich Frantz mit der „politischen Naturlehre", aber er verwarf die Organologie ausdrücklich und meinte, der Staat sei wohl organisch, jedoch mache diese Eigenschaft sein Wesen nicht aus. Vgl. Constantin Frantz, Die Naturlehre des Staates als Grundlage aller Staatswissenschaft, Leipzig und Heidelberg 1870, S. 10 ff. und S. 25 ff. Hierzu Max Häne, Die Staatsideen des Konstantin Frantz, M.-Gladbach 1929, S. 29 ff.

20) Gabriel Tarde, L'idée de l'organisme social. Revue Philosophique de la France et de l'étranger, Bd. XLI (1896), S. 637.

21) Ludwig Gumplowicz, Allgemeines Staatsrecht, 3. Aufl. Innsbruck, S. 169.

wissenschaft des 19. Jahrhunderts zu sehen[22]). Und selten ist wohl diese Sicht — wenn auch vielleicht unbewußt — so klar dargestellt worden, wie von Otto von Gierke in seinen Gedanken über das Wesen der menschlichen Verbände. Mit großer Heftigkeit wendet er sich gegen die „individualistische Staatskonstruktion"[23]) der Aufklärung und widerlegt die einzelnen Argumente, die gegen den Organizismus vorgebracht werden[24]). Nur die Auswüchse der Anthropomorphie weist er zurück und verspottet die Zuordnung von Teilen des menschlichen Körpers zum Staatskörper etwa in der Form, daß der Minister des Auswärtigen zur Nase werde[25]). Aber dann erläutert er den Begriff der Verfassung und sagt, daß sie einem einzelnen die Rechtsstellung des Hauptes des Staatskörpers einräumen könne[26]).

Ganz deutlich zeigt sich hier und immer wieder, daß nach dieser Lehre das Staatshaupt tatsächlich ein Organ des als lebendige Wesenheit begriffenen Staates sein soll. Damit überlagern sich zwei Ebenen, die Gierke zwar noch auseinanderhalten wollte, deren Vereinigung sich nun aber unaufhaltsam vollzog. Auf der einen Ebene steht die Rechtspersönlichkeit des Verbandes als juristische Fiktion; der Staat als menschlicher Verband wird mit einem juristischen Kunstwerk ausgestattet, mit dessen Hilfe er am Rechtsverkehr teilnehmen kann wie andere Rechtspersonen auch. Auf der anderen Ebene steht die

---

[22]) Vgl. H. A h r e n s , Die Organische Staatslehre, 1. Bd. Wien 1850, insbesondere S. 3 f.; Otto J a e c k e l , Die natürlichen Grundlagen staatlicher Organisation, Berlin-Brüssel 1916. Die letztere Abhandlung ohne wissenschaftlichen Apparat „im Felde" veröffentlicht und vom Kriegserlebnis des Autors, der ordentlicher Professor in Greifswald war, deutlich gezeichnet, zeigt nichtdestoweniger die Gedankengänge der Organologie noch einmal auf und enthält bereits Ansätze des Übergangs vom Organdenken zum Organisationsdenken.

[23]) Otto v. G i e r k e , Das Wesen der menschlichen Verbände, Rektoratsrede vor der Universität Berlin am 15. 10. 1902, Nachdruck Darmstadt 1954, S. 11.

[24]) Es ist interessant, daß er hierbei auf einen seiner Amtsvorgänger, Oskar H e r t w i g , hinwies, der am 27. 1. 1899 seine Rektoratsrede über die Lehre vom Organismus und ihre Beziehungen zur Sozialwissenschaft gehalten hatte, (veröffentlicht in Gustav Fischers Verlag, Jena 1899). In seinem Werk „Der Staat als Organismus" (Jena 1922) entwickelte Hertwig eine medizinisch-biologische Staatsauffassung. Seine Verbindung zu Schäffle ist unverkennbar, jedoch erscheint es nicht gerechtfertigt, seine Lehre als eine „Neuauflage des Biologismus Schäffles" zu bezeichnen. (So Volker L o o s , Begriff und Idee des organischen Staates, Diss. Gießen 1937, S. 29, Anm. 76.)

[25]) G i e r k e , aaO., S. 17.

[26]) G i e r k e , aaO., S. 29. Ähnlich auch B l u n t s c h l i , Allgemeine Staatslehre, 6. Aufl. Stuttgart 1886, Neudruck Aalen 1965, S. 19: „In dem Staate sind der Staatsgeist, der Staatswille und die wirkenden Staatsorgane notwendig verbunden zu einem Leben."

lebendige Wesenhaftigkeit des Staates als Realität; der Staat als ein natürliches, organisches, sich selbst bewegendes Wesen hat kraft seiner Natürlichkeit und Lebendigkeit Rechte auf Existenz, Entfaltung, Betätigung, Schutz — ja noch mehr: er hat Anspruch auf Liebe und Verehrung, Treue und dergleichen[27]).

Erst durch die Überlagerung dieser zwei Ebenen[28]), die Vermengung juristischer Notwendigkeiten mit romantischer Ideologie, entstand jene Staatslehre, die in Deutschland so einflußreich wurde.

Gierke und sämtliche Vertreter der organischen Staatslehre irrten, wenn sie glaubten, ihre Auffassung in zwangsläufiger, logischer Folge aus den antiken und mittelalterlichen Vorstellungen vom Staatskörper zu entwickeln[29]). Auch Carl Schmitt

---

27) Am Schluß seiner Rektoratsrede kommt Gierke auf den ethischen Gehalt des Gedankens der realen Verbandspersönlichkeit zu sprechen und leitet daraus unmittelbar die Pflicht zur Vaterlandsliebe ab (aaO., S. 35 f.).

28) Die „äußere" und „innere" Seite des Wesens der Verbände, die Otto Bähr unterscheidet, ist nichts anderes als das Ergebnis dieses Ineinanderschiebens. Otto Bähr beschreibt dies folgendermaßen: Die Rechtspersönlichkeit, die nötig ist, damit der Verband am „Vermögensverkehr" teilnehmen kann, ist die äußere Seite seines Wesens. Die innere Seite — eben jene Rechtspersönlichkeit des sozialen Organismus — stellt Otto Bähr weniger exakt dar: „So lebt jede Genossenschaft, gleich dem einzelnen physischen Menschen, ein eigenthümliches inneres Leben. Während aber dieses innere Leben bei dem einzelnen physischen Menschen, da es der unbestreitbaren Herrschaft seines einheitlichen Geistes unterliegt, völlig außerhalb des Rechtsgebiets fällt, kann dasselbe bei der Genossenschaft, da hier an ihm wieder verschiedene physische Personen betheiligt sind, nicht ohne äußere Regel bleiben." (Otto Bähr, Der Rechtsstaat, 1. Aufl. Kassel und Göttingen 1864, S. 31.) Ahrens unterscheidet zwei „Richtungen", nach denen sich der soziale Organismus entwickelt: einerseits der Organismus der „verschieden potenzierten Persönlichkeit", andererseits der „Organismus der Funktionen oder Lebenszwecke, welche sich zu ihrer Verwirklichung bestimmte gesellschaftliche Organe schaffen." (H. Ahrens, Die organische Staatslehre auf philosophisch-anthropologischer Grundlage, 1. Bd., Wien 1850, S. 59.)

29) Dieses Selbstverständnis findet sich bei allen Vertretern der organischen Staatslehre. Sie waren der Meinung, ein den früheren Generationen nur dunkel bewußtes Phänomen ans Licht gebracht und wissenschaftlich präzisiert zu haben. Bluntschli klagt darüber, daß zwar die „politischen Völker" stets eine Vorstellung vom staatlichen Organismus hatten, daß aber der Wissenschaft die Einsicht in denselben lange verborgen blieb. (Johann Kaspar Bluntschli, Allgemeine Staatslehre, 6. Aufl. Stuttgart 1886, S. 18) Ähnliche Bemerkungen bei Gierke, Das Wesen der menschlichen Verbände, Neudruck Darmstadt 1954, S. 15 f. Es ist interessant, daß die Gegner der Organologie den Irrtum übernahmen. (Vgl. Georg Jellinek, Allgemeine Staatslehre, 3. Aufl., Neudruck Bad Homburg v. d. H. 1960, S. 148 f.)

offenbart nur die halbe Wahrheit, wenn er sagt, daß gegenüber dem seit Jahrtausenden ausgesprochenen Gedanken des Staates als Makroanthropos[30]) das Neue der Romantik nur darin liege, daß der Staat-Mensch ein „schönes" Individuum genannt wird, das Gegenstand der Liebe und ähnlicher Gefühle ist[31]). Das ist sicher — und leider[32]) — damit verbunden, aber es ist nur Symptom oder Begleiterscheinung jenes grundlegenden Vorgangs des Ineinanderschiebens zweier Ebenen, der im juristischen Bereich erst das Merkmal hervorgebracht hat, das die organische Staatslehre des 19. Jahrhunderts von den früheren Organismusvorstellungen unterscheidet. Es besteht nicht darin, daß man den Staat als besonders schönen Organismus betrachtet, sondern darin, daß man ihn als realen, notwendigen, in sich ruhenden, aus sich heraus lebenden Organismus versteht. Nun wird nicht mehr in Bildern und Gleichnissen gesprochen wie in den vergangenen Jahrtausenden, sondern mit der wissenschaftlichen Methode der realen Analogie[33]) und in der Sprache und den Kategorien der Macht[34]).

---

[30]) Die Bezeichnung des Staates als Makroanthropos stammt von Novalis. Vgl. Schriften von Novalis, hrsg. von Jacob Minor, Bd. II, Jena 1907, S. 270.

[31]) Carl Schmitt, Politische Romantik, 2. Aufl. München und Leipzig 1925, S. 173. Auf die Gleichsetzung von „organisch" und „harmonisch" in der romantischen Staatslehre weist Ambros hin. Vgl. Dankmar Ambros, Über Wesen und Formen organischer Gesellschaftsauffassung, Soziale Welt 1963, S. 18.

[32]) Aus diesem Grunde bemächtigte sich auch die nationalsozialistische Staatslehre — wenn auch mit mäßigem Erfolg — dieser Gedankengänge. Vgl. Volker Loos, Begriff und Idee des organischen Staates, Diss. Gießen 1937. Entsprechende Bemerkungen finden sich bei Hans Helfritz, Otto von Gierke und die neueste Lehre von der juristischen Staatsperson, Reichsverwaltungsblatt Bd. 56 (1935), Sp. 488 ff. Im übrigen sei darauf hingewiesen, daß die nationalsozialistische Staatslehre die Staatspersönlichkeit als Produkt individualistischen Denkens verwarf und überall, auch bei Gierke, nach „Gemeinschaftsvorstellungen" suchte. Vgl. Reinhard Höhn, Der individualistische Staatsbegriff und die juristische Staatsperson, Berlin 1935, S. 1—8 und S. 226 ff.; ders., Otto von Gierkes Staatslehre und unsere Zeit, Hamburg 1936, mit weiteren Literaturhinweisen auf S. 9 f.

[33]) „Wissenschaftlich" wurde im 19. Jahrhundert gleichgesetzt mit „naturwissenschaftlich". Daraus erklärt sich vor allem die mechanistische Richtung der Organologie, die in England herrschte.

[34]) Daß diese Staatslehre im Zeitpunkt ihrer vollen Entfaltung den Boden der Romantik bereits verlassen hatte, war ihren Vertretern offenbar gar nicht bewußt. Es gehört zu den Eigenheiten der Romantik, daß sie politisch nicht eindeutig zu verorten ist. Sie begleitete das 19. Jahrhundert durch die verschiedensten politschen Situationen, war bald revolutionär, bald restaurativ, bald bürgerlich, bald aristokratisch (vgl. hierzu Carl Schmitt, Politische Romantik, S. 16). Metzger erkennt ganz allgemein in der Romantik eine rück-

Erst das Ineinanderschieben der beiden Ebenen brachte auch die besondere Ausprägung zustande, durch die die organische Theorie die Staatspersönlichkeitslehre nachhaltig beeinflußte[35]). Und gerade diese Ausprägung ist es, die das Problem des Staatshauptes in einer besonderen Form aufwirft, von der die deutsche Staatsrechtslehre seither nie mehr ganz losgekommen ist. Freilich wäre es richtig, den historischen Ansatzpunkt für eine gründliche, alle Staats- und Regierungsformen umfassende Untersuchung des Staatsoberhauptes in der mittelalterlichen Lehre vom Königtum zu suchen und freilich wird von der „monarchistischen Befangenheit der deutschen Staatsrechtslehre", die Adolf Merkl bereits vor 47 Jahre beklagte[36]), noch zu sprechen sein.

Aber zu jener monarchistischen Befangenheit tritt eben die romantische Befangenheit der deutschen Staatsrechtslehre hinzu, und sie ist es, die das Problem des Staatsoberhauptes verdunkelt hat.

Solange man sich auf der ersten der beiden vorgenannten Ebenen bewegt, taucht die Frage des Oberhauptes gar nicht auf. Der mit der Rechtspersönlichkeit ausgestattete Verband benötigt Vertreter, die die Rechtsgeschäfte des Verbandes tätigen, verfügungsberechtigt sind und Verpflichtungen für den Verband eingehen können. Auf der zweiten Ebene aber ist logischerweise ein Haupt erforderlich. Ein Haupt, das die Lebendigkeit des ganzen Körpers manifestiert, ihn sprechen läßt mit seiner Umwelt, seine Kräfte sammelt und dirigiert[37]). Beide Ebenen fließen nun zusammen und formen die Vorstellung vom Staatsoberhaupt gerade in jener Zeit, in der die parlamentarische Demokratie sich herausbildet.

---

wärts und eine vorwärts weisende Tendenz, die in merkwürdiger Weise verschmolzen seien (Wilhelm Metzger, Gesellschaft, Recht und Staat in der Ethik des deutschen Idealismus, Heidelberg 1917, Neudruck Aalen 1966, S. 218).

[35]) Häfelin, der im bisher erschienenen ersten Teil seines Werkes die Entwicklung der Staatspersönlichkeitslehre durch die Jahrhunderte verfolgt, spricht von einem „sehr beachtlichen Einfluß, den die organische Staatsauffassung auf die gesamte Entwicklung des Persönlichkeitsdogmas überhaupt auszuwirken vermocht hatte." (Ulrich Häfelin, Die Rechtspersönlichkeit des Staates, I. Teil, Tübingen 1959, S. 121, Anm. 141).

[36]) Adolf Merkl, Die monarchistische Befangenheit der deutschen Staatsrechtslehre, Schweizerische Juristenzeitung 1918/19 (15. Jahrgang), S. 378 ff.

[37]) Es ist geradezu tröstlich zu wissen, daß zumindest ein Vertreter der organischen Staatslehre, Julius Fricker, darauf hinwies, daß die gesonderte Rechtspersönlichkeit des Staates im Widerspruch zu der Tatsache steht, daß der Staat „ein lebendiger, begeisterter Organismus" ist. (Julius Fricker, die Persönlichkeit des Staates, Zges.StW Bd. 25 (1869), S. 38 f.)

Die parlamentarische Demokratie und die Lehre vom pouvoir neutre

An dieser Stelle muß ein wenig innegehalten werden, damit der zweite der im Thema enthaltenen Begriffe erläutert werden kann. Eigentlich besteht er seinerseits aus zwei Begriffen: Parlamentarismus und Demokratie. Aber wenn auch im folgenden gelegentlich von jedem einzelnen gesondert gesprochen werden muß, ist doch klar, daß es hier um eine Begriffseinheit geht: die parlamentarische Demokratie als eine bestimmte Regierungsform. Wer es gewohnt ist, die parlamentarische Demokratie als eine Staatsform zu bezeichnen, möge daran keinen Anstoß nehmen. Die Kontroverse um Bezeichnungen, die ganze Frage der Typenbildung, braucht hier nicht aufgerollt zu werden[38]).

Bekannt und allgemein anerkannt ist die Gegenüberstellung von Präsidialdemokratie und parlamentarischer Demokratie[39]).

---

38) Allerdings vereinfacht sich manches, wenn man eine grundlegende Unterscheidung zwischen Staatsform und Regierungsform in der Weise trifft, daß auf der Ebene der Staatsformen sich Republik und Monarchie gegenüberstehen, auf der Ebene der Regierungsformen Diktatur und Demokratie. Angesichts der zahlreichen Variationen in der Verfassungswirklichkeit können die beiden antithetischen Idealtypen jedoch nur als Endpunkte eines Kontinuums verstanden werden. Zwischen ihnen gibt es die mannigfaltigsten Abstufungen, die mit den verschiedensten Namen belegt werden (vgl. hierzu Erich Küchenhoff, Möglichkeiten und Grenzen begrifflicher Klarheit in der Staatsformenlehre, Berlin-München 1966); die Endpunkte selbst aber sind Urgegensätze, zwischen denen es keinen Kompromiß und keine Vermischung gibt. Die romantischen Träumereien von einer monarchischen Republik, die schon bei Friedrich Schlegel auftauchen, sind Ausdruck der bereits erwähnten Verworrenheit der romantischen Staatslehre. (Vgl. Wilhelm Metzger, Gesellschaft, Recht und Staat in der Ethik des deutschen Idealismus, Heidelberg 1917, S. 227). In der Verfassung der 5. Republik in Frankreich finden sich nach Meinung der meisten Kommentatoren monarchische Elemente. Vgl. Peter Zürn, Die republikanische Monarchie, München 1965. Etwas anderes ist es, wenn die parlamentarische Regierungsform als Oberbegriff verwendet wird, unter den sowohl monarchische als auch republikanische Staaten fallen können. (Vgl. Ulrich Scheuner, Über die verschiedenen Gestaltungen des parlamentarischen Regierungssystems, Archiv des öffentlichen Rechts, NF Bd. 13, S. 232.) Die formale Unterscheidung zwischen Monarchie und Republik nach dem Kriterium der Möglichkeit der Beeinträchtigung der Stellung des Staatsoberhauptes ohne dessen Zustimmung bleibt aber auch in dieser Betrachtungsweise bestehen.

39) Es geht bei dieser Unterscheidung nicht einfach um die Gestaltung der Staatsspitze, also um die Frage, ob ein einzelner oder ein Gremium an der Spitze steht. Stellt man diese Frage, so kann man wohl Präsidentschaftsrepublik und Direktorialrepublik einander gegenüberstellen (vgl. Hans Nawiasky, Allgemeine Staats-

Auf den ersten Blick sieht man, daß die Ausgestaltung der Position des Staatsoberhauptes nicht das unmittelbar unterscheidende Kriterium ist. Niemand kommt auf den Gedanken zu glauben, daß in dem einen System das Staatsoberhaupt das tut, was im anderen das Parlament tut und umgekehrt. Vielmehr geht es um die Verteilung der Gewichte im politischen Entscheidungsprozeß. Kernstück der politischen und juristischen Problematik ist in beiden Systemen das Verhältnis der Legislative zur Exekutive[40]). Im System der parlamentarischen Demokratie ist das Problem in einer Weise gelöst, die dem Parlament ein Übergewicht gibt, das — wie in der englischen Verfassung — bis zum „Parlamentsabsolutismus" gehen kann[41]).

---

lehre Bd. II/2, Einsiedeln-Zürich 1955, S. 135) und die Ordnung des Grundgesetzes als „Präsidialsystem" bezeichnen (wie es Hermann von Mangoldt, Das Verhältnis von Staatschef und Regierung, Beiträge zum öffentlichen Recht hrsg. von Ernst Wolff, Berlin und Tübingen 1950, S. 835, tut). Doch liegt diese Unterscheidung auf einer anderen Ebene. „Präsidialdemokratie" und „parlamentarische Demokratie" bezeichnen zwei verschiedene Erscheinungsformen demokratischer Regierungsweise, wobei die letztere von der Bennnung des Staatsoberhaupts völlig unabhängig ist. Als typisches Beispiel der Präsidialdemokratie gelten die Vereinigten Staaten von Nordamerika, als typisches Beispiel der parlamentarischen Demokratie das Vereinigte Königreich von Großbritannien und Nordirland. Auf dem Kontinent haben sowohl Frankreich im 19. und 20. Jahrhundert als auch Deutschland nach dem 1. Weltkrieg besondere Ausprägungen des parlamentarischen Regierungssystems hervorgebracht. Insofern ist Karl Josef Partsch zuzustimmen, wenn er ausführt, daß es nicht ein parlamentarisches Regierungssystem gibt, sondern „verschiedene Typen von parlamentarischen Regierungssystemen" (K. J. Partsch in VVDStRL Heft 16, S. 145). Ähnlich Karl Loewenstein (Der Staatspräsident, Archiv des öffentlichen Rechts, Bd. 75 (Bd. 36 NF), 1949, S. 159). Das Regierungssystem der Bundesrepublik Deutschland wird von v. Mangoldt als „abgeschwächtes parlamentarisches System" (Hermann von Mangoldt, Das Verhältnis von Regierung und Parlament, Beiträge zum öffentlichen Recht, hrsg. von Ernst Wolff, Berlin und Tübingen 1950, S. 821) und von Loewenstein als „kontrollierter Parlamentarismus" (Karl Loewenstein, Verfassungslehre, Tübingen 1959, S. 92) bezeichnet.

40) In welcher Weise die Exekutive organisiert ist, bleibt für diese Problematik unerheblich, die insofern über die Problematik des Verhältnisses von Parlament und Regierung hinausgeht und gerade auch die Verhältnisse Staatschef — Regierung und Staatschef — Parlament mit umfaßt. Allerdings haben die Referate und die Diskussion auf der Staatsrechtslehrertagung 1957 gezeigt, daß auch das Verhältnis Parlament — Regierung nicht isoliert von den beiden anderen Verhältnissen betrachtet werden kann. (Vgl. VVDStRL Heft 16, S. 10—153.)

41) Vgl. Sir Edward Fellowes, Die Kontrolle der Exekutive durch das britische Unterhaus, Köln und Opladen 1963, S. 6 ff.; Strathearn Gordon, Our Parliament, 6. Aufl. London 1964, S. 33 f.; H. R. G. Greaves, Die britische Verfassung, Frankfurt/M. 1951, S. 1; James

Damit sind wieder die drei grundlegenden Gesichtspunkte angedeutet, die Ulrich Scheuner bereits vor dreißig Jahren seinen diesbezüglichen Untersuchungen voranstellte: „Einmal die Erkenntnis, daß der Begriff des Parlamentarismus im politischen und juristischen Sinne derselbe ist ... Sodann die Rolle eines Vorbildes, die England als Ursprungsland dieser Regierungsform von Montesquieu bis heute gespielt hat ... Drittens die Mannigfaltigkeit der nationalbesonderen Formen[42]."

Während England den Typ seiner Parlamentsdemokratie in ungebrochener Tradition entwickelte und ihm vor allem im Verlaufe des 19. Jahrhunderts sein besonderes Gepräge gab[43]),

---

Harvey und L. Bather, The British Constitution, London 1964 S. 509; Sir Ivor Jennings, Parliament, 2. Aufl. Cambridge 1961, S. 1; Thomas Francis Moran, The Theory and Practice of the English Government, London 1903, S. 289 ff.; Sir Thomas Erskine May, Das englische Parlament und sein Verfahren, aus der 9. Aufl. übersetzt, 3. Aufl. Leipzig 1888, S. 45; Klaus Streifthau, Die Souveränität des Parlaments, Stuttgart 1963; Ferdinand Tönnies, Der englische Staat und der deutsche Staat, Berlin 1917, S. 11; D. C. M. Yeardley, Introduction to British Constitutional Law, 2. Aufl. London 1964, S. 26 ff. Es ist klar, daß der englische „Parlamentabsolutismus" in der Praxis keineswegs eine zügellose Machtausübung seitens des Unterhauses ist, sondern durch ein feines System gegenseitiger Abhängigkeiten und Rücksichtnahmen, das zwischen Parlament und Regierung gesponnen ist, wesentlich gemildert wird. Hierzu anschaulich Herbert Morrison, Regierung und Parlament in England, München 1954, S. 123 ff. („Wie Regierung und Parlament zusammen leben oder sterben"), insbesondere S. 126 f. Ebenso schildert Carl J. Friedrich (Der Verfassungsstaat der Neuzeit, Berlin-Göttingen-Heidelberg 1953, S. 204) wie das Zweiparteiensystem den „relativen Absolutismus", den die „Verschmelzung der Gewalten" geschaffen hat, in „erträglichen Grenzen" hält. Über den Niedergang des Parlamentsabsolutismus James Harvey und Katherine Hood, The British State, London 1958, S. 60 f. Über die Gewichtsverlagerung vom Parlament zur Exekutive Bernard Crick, The Reform of Parliament, London 1964, S. 3 f. — Nichts rechtfertigt es, das „Regierungssystem des Parlamentabsolutismus" als dritte Form neben Präsidialdemokratie und parlamentarische Demokratie zu stellen, wie es Kehlenbeck tut. (Vgl. Paul Kehlenbeck, Der Staatspräsident, Hamburg 1955, hektographierte Veröffentlichungen der Forschungsstelle für Völkerrecht und ausländisches öffentliches Recht der Universität Hamburg, Nr. 21. Bezeichnend ist, daß Kehlenbeck nur die Verfassung der DDR, Jugoslawiens und Rotchinas als Beispiele für ein solches System des Parlamentabsolutismus nennt (aaO., S. 40 ff.; im selben Zusammenhang wird dort ferner auf die Verfassung der UdSSR, Bulgariens und der Türkei verwiesen).

[42]) Ulrich Scheuner, Über die verschiedenen Gestaltungen des parlamentarischen Regierungssystems, Archiv des öffentlichen Rechts, Bd. 13 NF (1927), S. 214.

[43]) Vgl. Walter Bagehot, The English Constitution, London 1963, S. 241 ff.; Rudolf Gneist, Englische Verfassungsgeschichte, Berlin 1882; Sir Ivor Jennings und Gerhard A. Ritter, Das britische

war die parallele Entwicklung auf dem europäischen Kontinent — wiederum vor allem im 19. Jahrhundert — einem bunten Gemisch von geistigen und politischen Strömungen unterworfen. Frankreich hatte in hundert Jahren ein Dutzend Verfassungen[44]). Dort wurde nicht nur theoretisiert, sondern praktiziert, ja man kann sagen experimentiert. Zu allen Staats- und Regierungsformen bietet die französische staatsrechtliche Literatur des 19. Jahrhunderts tiefgründige Untersuchungen und zu vielen von ihnen praktische Beispiele. Das Schwanken zwischen Monarchie und Republik, das die französische Verfassungsentwicklung des gesamten 19. Jahrhunderts beherrschte, ermöglichte einen ständigen Vergleich von Institutionen und Regierungssystemen in den beiden Staatsformen.

Die für unseren Zusammenhang wichtigste Lehre — nämlich die Lehre vom pouvoir neutre —, der man die Grund-

---

Regierungssystem, 1. Bd. (Jennings) Köln 1958, S. 72 ff.; Adolf Koller, Die Demokratisierung des Wahlrechts in England und ihr Einfluß auf die parlamentarische Regierung, Berlin 1869; Karl Loewenstein, Zur Soziologie der parlamentarischen Repräsentation in England vor der ersten Reformbill, in: Erinnerungsgabe für Max Weber, II. Bd. München und Leipzig 1923, S. 85 ff.; ders., Zur Soziologie der parlamentarischen Repräsentation in England nach der großen Reform, Archiv für Sozialwissenschaft und Sozialpolitik, Bd. 51 (1924), S. 614 ff.; (beide letztgenannten Abhandlungen auch abgedr. in Karl Loewenstein, Beiträge zur Staatssoziologie, Tübingen 1961, S. 34 ff. bzw. S. 65 ff.); John P. Mackintosh, The British Cabinet, London 1962, S. 71 ff.; Klaus Streifthau, Die Souveränität des Parlaments Stuttgart 1963, S. 49 ff.

[44]) Die Monarchische Verfassung vom 3. September 1791 (Constitution Francaise 1791 Septembre 3); Die Verfassung vom 24. Juni 1793 (Constitution de la République Française 1793 Juin 24); Die Direktorialverfassung vom 5 Fructidor des Jahres III = 22. August 1795 (Constitution de la République Française An III Fructidor 5 = 1795 Août 22); Die Konsularverfassung vom 22. Frimaire des Jahres VIII = 13. Dez. 1799 (Constitution de la République Française An VIII Frimaire 22 = 1799 Decembre 13); Der Organische Senatsconsult vom 28 Floréal des Jahres XII (Sénatusconsulte organique An XII Floréal 28 = 1804 Mai 18); Die sog. Senatsverfassung vom 6. April 1814 (Constitution Française 1814 Avril 6); Die Charte constitutionelle vom 4. Juni 1814 (Charte constitutionelle française 1814 Juin 4); Die Charte Constitutionelle vom 14. August 1830 (Charte Constitutionelle Française 1830 Août 14); Republikanische Verfassung vom 4. November 1848 (Constitution de la République Française 1848 Novembre 4); Die Verfassung vom 14. Januar 1852 (Constitution Française 1852 Janvier 14); Die Verfassung vom 21. Mai 1870; Die Verfassungsgesetze der Dritten Republik: 1. Loi constitutionelle sur l'organisation du sénat 1875 Février 24, 2. Loi constitutionelle sur l'organisation des pouvoirs publics 1875 Fevrier 25, 3. Loi constitutionelle sur les rapports des pouvoirs publics 1875 Juillet 16.

lagen für die Lösung der Organisationsprobleme in der parlamentarischen Demokratie zu entnehmen pflegt, wurde jedoch gerade nicht im Kampf gegen die Monarchie entwickelt, wie gelegentlich behauptet wird[45]), sondern vielmehr im Rahmen einer monarchischen Staatslehre. Benjamin Constant[46]) suchte nach Institutionen und Regeln, die den Bestand der konstitutionellen Monarchie sichern würden. Zu diesem Zweck müßte, so meinte er, vor allem zweierlei bewirkt werden: einerseits müßte ein Gleichgewicht der Gewalten hergestellt werden, damit die Freiheit nicht bedroht sei, andererseits müßte der Monarch eine Stellung einnehmen, die seiner Würde und seinem Ansehen entspreche[47]). In bewußter Abkehr von der herkömmlichen Gewaltenteilungslehre unterschied er fünf Gewalten. Die richterliche und die vollziehende Gewalt übernahm er unverändert, die gesetzgebende spaltete er auf in eine erbliche und eine gewählte Körperschaft und als fünfte Gewalt, die er allerdings an die Spitze stellte, fügte er den „pouvoir royal" hinzu[48]. Dieser sei ein pouvoir neutre.

---

[45]) Auch Carl Schmitt (Der Hüter der Verfassung, Tübingen 1931, S. 132 f.) vertritt die Auffassung, die Lehre vom pouvoir neutre sei „im Kampf des franzöisischen Bürgertums um eine liberale Verfassung gegen Bonapartismus und monarchische Restauration" entstanden.

[46]) Constant verweist selbst auf den Grafen Stanislas de Clermont-Tonnerre, und die Constant-Literatur bemühte sich lange Zeit vergeblich, die einschlägigen Textstellen bei Clermont-Tonnerre zu finden (nur an einer Stelle spricht Clermont-Tonnerre vom Monarchen als „pouvoir régulateur"; Oevres complètes de Stanislas de Clermont-Tonnerre, Bd. IV Paris an III, S. 316 und Recueil des opinions de Stanislas de Clermont-Tonnerre Bd. 4, Paris 1791, S. 236 f. und 293 ff.), bis man auf einige Bemerkungen Constants zu J. F. Benzenbergs Abhandlung über die Hardenbergsche Staatsverwaltung stieß. Dort hatte Constant geschrieben, er habe seine neuen Ideen nur um des äußeren Scheins willen auf Clermont-Tonnerre zurückgeführt (der bereits tot war), um ihnen größeren Respekt zu sichern. Im übrigen hat bereits Saint-Simon einen „pouvoir réglant ou modérant" für notwendig gehalten und angedeutet, daß in einem konstituionellen Staat wohl die Krone am besten dafür geeignet wäre (Henri Saint-Simon, De la réorganisation de la société européenne, Paris 1814, Kap IV und Catéchisme des industriels, 1823 bis 24, in: Oeuvres, Edition E. Dentu, Bd. 37, Paris 1875, S. 63).

[47]) Benjamin Constant, De la nature du pouvoir royal dans une monarchie constitutionelle, in: Principes de politique, Oeuvres, Edition Gallimard, Paris 1957, S. 1078 ff.

[48]) Es ist keineswegs so, daß Constant den „pouvoir royal" vom „pouvoir exécutif" abspaltete (so offenbar Lothar Gall, Benjamin Constant. Seine politische Ideenwelt und der deutsche Vormärz, Wiesbaden 1963, S. 167). Vielmehr läßt er die Exekutivgewalt aus dem pouvoir royal fließen, obwohl er andererseits betont, daß die erstere tatsächlich von der letzteren unabhängig existiere, weil die Minister nicht dem König, sondern dem Volk verantwortlich seien

Constant wollte damit ausdrücken, daß die an der Spitze des Staates stehende Einzelperson niemals unmittelbar Macht ausüben dürfe. Er meinte den konstitutionellen Monarchen, aber seine Gedankengänge werden bis auf den heutigen Tag in gleicher Weise auf den Präsidenten der Republik angewendet, und zwar mit der Begründung, der republikanische Präsident sei eben dasselbe wie ein konstitutioneller Monarch, womit man sich in die gefährliche Nähe eines Zirkelschlusses begibt.

Constants Hauptinteresse galt der Erhaltung der konstitutionellen Monarchie. Allerdings wollte er durch jenes Gleichgewicht von Kräften die Freiheit der Bürger sichern[49]. Insofern ist die Fixierung der Position des Monarchen als pouvoir neutre in der Tat eine Beschränkung der Fürstenmacht[50]. Zugleich aber sollte diese Position des Monarchen dazu beitragen, die Massen für den Staat der konstitutionellen Monarchie zu gewinnen. In der Person des Monarchen sollte der Staat jenseits aller politischen und sozialen Spaltungen als lebendige Einheit verkörpert werden. Wir finden also auch bei Constant einen Hauch der romantischen, organischen Staatslehre.

Die Verkettung ist schicksalhaft: im Kampf gegen den Absolutismus entwickelte sich auf der Ebene der Regierungsformen die parlamentarische Demokratie, auf der Ebene der Staatsformen die konstitutionelle Monarchie, geographisch vor

---

(Constant, aaO, S. 1079). Paul Bastid, der die gründlichste Constant-Interpretation der neueren Zeit geliefert hat, unterstreicht diese Auffassung und begründet sie mit dem Werdegang der Constantschen Gedanken: Constant habe die umgekehrte Entwicklung durchgemacht wie Siéyès. Während der letztere in der Zeit der Revolution von der Monarchie zur Republik überging, formierten sich Constants Gedanken nach anfänglicher Bejahung der Republik in der Zeit der Konsolidierung der Monarchie, wodurch für ihn die Einheit der monarchischen Staatsgewalt in den Vordergrund trat. Vgl. Paul Bastid, Benjamin Constant et sa doctrine, Bd. II, Paris 1966, S. 918 ff., insbes. S. 921.

[49]) Vgl. A. M. Dolmatowsky, Der Parlamentarismus in der Lehre Benjamin Constants, ZgesStW 1907 (Bd. 63), S. 601.

[50]) Bemerkenswert ist ferner, daß Constant die Stellung des Königs nicht aus dem „monarchischen Prinzip" ableitete. Den Gegensatz zwischen dem monarchischen Prinzip einerseits und den Prinzipien der Volkssouveränität und Gewaltenteilung andererseits beschrieb schon Friedrich Julius Stahl, Das monarchische Prinzip, Berlin 1845 (Neudruck Weltgeist-Bücher Verlag Berlin o. J.), S. 15 ff. Constant sprach von der „Souveränität der Verfassung" und wollte die Rechte des Königs in ihr verankern. Hierzu meint Carl Schmitt (Verfassungslehre, 3. Aufl. Berlin 1957, S. 201), Constant habe den Begriff der Souveränität umgangen und den der „Souveränität der Verfassung" als „ablenkenden Begriff" verwendet.

allem in England und in Frankreich, zeitlich ungefähr gleichlaufend mit der Entfaltung der organischen Staatslehre, vor allem in Mitteleuropa. In Frankreich flossen die Ströme zusammen, und in der Auseinandersetzung mit den französischen Ideen wurde in der deutschen Staatslehre der pouvoir royal nicht mehr mit seiner ursprünglichen Bezeichnung benannt, sondern mit der Erklärung, die Constant ihm hinzugefügt hatte, und als „pouvoir neutre" zur Kennzeichnung des Staatsoberhauptes schlechthin verwendet. In dieser Form fand die Problematik Eingang in die staatswissenschaftliche Diskussion, die in Deutschland zu Beginn des 20. Jahrhunderts einsetzte, zunächst noch verhalten und unter dem Vorzeichen der Rechtsvergleichung mit England und Frankreich, mit voller Wucht aber in den ersten Jahren der Weimarer Republik.

Der Streit um die Definition und das Wesen der parlamentarischen Demokratie trat dabei in den Hintergrund[51]). Betrachtet man die Literatur jener Jahre, so gewinnt man den Eindruck eines ehrlichen Bemühens um ein Verständnis der neuen Formen und Kräfte. Der Vorwurf, den eine spätere Generation gegen die Staatsrechtler der Weimarer Zeit erhoben hat, ist allzu leichtfertig, um ernst genommen zu werden. Die sogenannte „monarchistische Befangenheit" der deutschen Staatsrechtslehre, die Schwierigkeiten der Anpassung an das neue System, beruhten nicht darauf, daß man, in unfähiger Stagnation befangen, versuchte, alte Institutionen unbesehen in die neue Ordnung hinüberzunehmen oder alte Inhalte in neue Formen zu gießen[52]). So einfach liegen die Dinge nicht. Die Institutionen und Formen, zu denen sich die Weimarer Nationalversammlung entschloß, waren ja auch nicht

---

[51]) In der popularwissenschaftlich-politischen Literatur wurde allerdings das Wesen der parlamentarischen Demokratie häufig insofern verkannt, als man die „Parteienherrschaft" in den Vordergrund stellte und die Mißstände des Vielparteiensystems anprangerte. Diese Einstellung findet sich auch bei Max W e b e r, Staatssoziologie, 2. Aufl. (Neudruck Berlin 1966), S. 81 ff. In der Tat führt die parlamentarische Demokratie zum Problem der Parteienherrschaft, doch ist dies nicht der entscheidende Aspekt. Daß die Gefahr der Parteienherrschaft im Sinne einer „Parteiregistrierungsmaschine" häufig übertrieben wird, hat F r i e s e n h a h n (Parlament und Regierung im modernen Staat, VVDStRL Heft 16, S. 22) richtig ausgeführt.

[52]) Das höchst bedenkliche Schlagwort von der „Auswechslung des verfassungsrechtlichen Hintergrundes", das man zur Verschleierung der Tatsache benutzt, daß der Verfassungsgeber nicht den Mut hatte, ein altes Problem entsprechend der neuen Verfassungslage selbst zu regeln, hat erst in der Ära des Grundgesetzes Bedeutung erlangt. (Vgl. Arnold K ö t t g e n, Kirche im Spiegel deutscher Staatsverfassungen der Nachkriegszeit, DVBl. 1952, S. 486.)

absolute Neuschöpfungen, sondern viel diskutierte, längst analysierte und anderwärts praktizierte, nur waren sie eben gerade im deutschen Bereich durch jene Verkettungen belastet, die ich in groben Umrissen aufzuzeigen versucht habe.

Bei dieser Diskussion um die parlamentarische Demokratie stand die Stellung des Staatsoberhaupts zwar nicht immer im Mittelpunkt, aber sie konnte niemals umgangen werden, auch wenn sie bei der Definition der parlamentarischen Demokratie nicht unmittelbar aufscheint; denn das Kernstück jener Definition muß stets das für die parlamentarische Demokratie charakteristische Verhältnis von Legislative und Exekutive bilden. Sprach man anfangs noch von einem „Dualismus von Parlament und Regierung“[53]) oder von einem „Gleichgewicht zwischen den beiden Machtträgern“[54]), so betonte man sehr bald die dauernde Abhängigkeit des Kabinetts vom Vertrauen der Parlamentsmehrheit. Dieses Merkmal, also die rechtliche oder politische Verpflichtung des Kabinetts, auf Mehrheitsbeschluß des Parlaments aus dem Amte zu scheiden[55]), wurde

---

[53]) Josef Lukas, Die organisatorischen Grundlagen der neuen Reichsverfassung, Tübingen 1920, S. 26.

[54]) Karl Loewenstein, Verfassungslehre, Tübingen 1959, S. 83: „Grundsätzlich ist die parlamentarische Regierung ein Versuch, zwischen den beiden unabhängigen und getrennten Machtträgern — Versammlung und Regierung — ein derartiges Gleichgewicht herzustellen, daß keiner über den anderen die Vormacht gewinnen kann.“ Dem entspricht es, daß Loewenstein (aaO., S. 85) das Recht der Parlamentsauflösung und das Mißtrauensvotum als zusammengehörig „wie Kolben und Zylinder einer Maschine“ betrachtet. Daß sie nicht gleichwertig sind, muß er jedoch zumindest indirekt anerkennen. Er bezeichnet es als eines der sechs von ihm aufgestellten Wesensmerkmale der parlamentarischen Demokratie, daß die Regierung aus dem Amte scheiden muß, wenn sie nicht mehr über die Parlamentsmehrheit verfügt. Wird jedoch das Parlament aufgelöst, so erfolgen unverzüglich Neuwahlen, die eine Parlamentsmehrheit ganz gegen den Wunsch der alten Regierung herbeiführen können. Die Idee des Gleichgewichts als Charakteristikum des parlamentarischen Systems findet sich schon bei Robert Redslob, Die parlamentarische Regierung in ihrer wahren und in ihrer unechten Form, Tübingen 1918, S. 1: „Was ist eine parlamentarische Verfassung? Stellen wir vor allem fest, daß sie ein System des Gleichgewichts bedeutet zwischen der exekutiven und der legislativen Gewalt.“ Sehr bald ergibt sich aber auch bei Redslob, daß sich in diesem „System des Gleichgewichts“ die Waagschale zugunsten der einen Seite niedersenkt, und zwar ist es bei ihm, im Gegensatz zur üblichen Definition, die Regierung: „Eines ist gewiß, das Parlament kann der Regierung nicht seinen Willen aufzwingen. ... Vielmehr, die Versammlung hat nur ein Recht der Kritik“ (aaO., S. 2).

[55]) So die prägnante Formulierung Ulrich Scheuners: „Das parlamentarische Regierungssystem besteht da, wo das Kabinett rechtlich oder politisch verpflichtet ist, jederzeit auf Votum des auf allgemei-

immer deutlicher als wesentliches Kriterium der parlamentarischen Demokratie erkannt[56]). Von hier aus ergab sich die Möglichkeit, die parlamentarische Demokratie als ein System

---

nen Wahlrechts beruhenden Hauses des Parlaments aus dem Amte zu scheiden" (Ulrich Scheuner, Über die verschiedenen Gestaltungen des parlamentarischen Regierungssystems, Archiv des öffentlichen Rechts, Bd. 13 NF, S. 228).

56) Es wurde am Vergleich mit der Stellung des Parlaments in der konstitutionellen Monarchie herausgearbeitet, „Das Wesen des Parlamentarismus besteht aber in positiver Machtauswirkung, in der maßgebenden Bestimmung des ganzen Ganges der Regierung nach innen und außen. Hier will das Parlament nicht bloß Mitwirkungsrechte bei Gesetzgebung und Haushaltsführung und eine Kontrolle der Staatsverwaltung ausüben, sondern es will regieren und dies dadurch betätigen, daß es Programme für die Regierung aufstellt und Männer, die sich auf diese Programme verpflichten, zur Leitung des Staates bestimmt, dergestalt, daß ein Ministerium, welches in einer wichtigen Frage die Mehrheit des Parlamentes nicht auf seiner Seite findet, zurücktreten muß, um einem andern Ministerium, welches das Vertrauen der Mehrheit besitzt, den Platz räumen". (Walter Schelcher, Das parlamentarische System, Archiv des öffentlichen Rechts Bd. 2 NF, S. 261.) Fast wörtlich übereinstimmend (und von Schelcher zitiert) Rober Piloty, Das Parlamentarische System, Archiv für Rechts- und Wirtschaftsphilosophie Bd. XI, 1917/18, S. 70. Im gleichen Sinne A. M. Dolmatowsky, Der Parlamentarismus in der Lehre Benjamins Constants, Zeitschrift für die gesamte Staatswissenschaft 1907, S. 582; Carl J. Friedrich, Zur Theorie und Politik der Verfassungsordnung, Heidelberg 1963, S. 113; Ernst Friesenhahn, Parlament und Regierung im modernen Staat, VVDStRL Heft 16, S. 55 („Bei parlamentarischer Regierungsweise ist die vom Parlament gewählte oder durch positives Vertrauensvotum investierte Regierung in der Regel auch in ihrem Bestande vom Willen des Parlaments abhängig. Die ohne aktive Teilnahme des Parlamens eingesetzte Regierung muß es sein, damit man überhaupt von parlamentarischer Regierung sprechen kann."); weitergehend Friedrich Glum, Das parlamentarische Regierungssystem in Deutschland, Großbritannien und Frankreich, 2. Aufl. München und Berlin 1965, S. 1: „Die Männer, die regieren, müssen vom Parlament sowohl bei ihrer Einsetzung als Regierung abhängig sein und auch nach ihrer Einsetzung von diesem, von dem sie auch bei der Ausübung ihrer Regierungsfunktion abhängig sind, wobei es Gradunterschiede dieser Abhängigkeit geben kann, abberufen werden können."; John H. Herz und Gwendolen M. Carter, Regierungsformen des 20. Jahrhunderts, 3. Aufl. 1964, S. 31; Richard Jaeger, Die staatsrechtliche Bedeutung der ministeriellen Gegenzeichnung im deutschen Reichsstaatsrecht 1871—1945, in: Verfassung und Verwaltung in Theorie und Wirklichkeit, Festschrift für Wilhelm Laforet, München 1952, S. 161 („Das Wesen des parlamentaristischen Systems beruht darin, daß die Minister einzeln und insgesamt des Vertrauens des Parlaments bedürfen, also sofort zurücktreten müssen, wenn das Parlament ihnen sein Mißtrauen ausspricht."); Otto Koellreutter, Das parlamentarische System in den deutschen Landesverfassungen, Tübingen 1921, S. 2f.; Friedrich Lent, Parlamentarismus und Führertum, Langensalza 1929, S. 12; Karl Pfister, Die Rettung des parlamentarischen Systems, Tübingen 1932, S. 6; Hans Schneider, Kabi-

zu kennzeichnen, in dem das Parlament gegenüber der Regierung im politischen Entscheidungsprozeß ein Übergewicht besitzt[57]).

Die Gewaltenteilung in der parlamentarischen Demokratie

Diese Kennzeichnung reißt eine Anzahl Probleme auf, die alle die Position des Staatsoberhauptes berühren. An erster Stelle steht das eigenartige Verhältnis der parlamentarischen Demokratie zur sogenannten Gewaltenteilung und die Funktion des Staatsoberhauptes, die sich hieraus ergibt. Immer wieder ist darauf hingewiesen worden, daß bei einer solchen Abhängigkeit der Regierung vom Parlament, einem solchen Übergewicht des Parlaments, eine Gewaltenteilung zwischen Legislative und Exekutive praktisch ausgeschlossen ist[58]). Has-

---

nettsfrage und Gesetzgebungsnotstand nach dem Bonner Grundgesetz, VVDStRL Heft 8, S. 21 („Der kritische Punkt einer parlamentarischen Demokratie betrifft das Verhältnis von Parlament und Regierung").

57) So wörtlich Richard Thoma in der Rezension von Hasbach, Die parlamentarische Kabinettsregierung, Archiv des öffentlichen Rechts, Bd. 1 NF, S. 235.

58) Thoma, aaO., bezeichnet es als Wesensmerkmal des parlamentarischen Regierungssystems, daß „eine in die Tiefe gehende ‚Gewaltenteilung' zwischen Legislative und Exekutive beseitigt und die Harmonie zwischen Parlamentsmehrheit und regierendem Kabinett verbürgt ist". Der Ausdruck „monistische Demokratie", mit dem Scheuner die Thomasche Vorstellung umreißt (Scheuner in: Archiv des öffentlichen Rechts, Bd. 13 NF, S. 221), findet sich bei Thoma an der angegebenen Stelle nicht wörtlich, wohl aber spricht Thoma an anderer Stelle (Richard Thoma, Sinn und Gestaltung des deutschen Parlamentarismus, in Recht und Staat im neuen Deutschland, hrsg. von Bernhard Harms, 1. Bd. Berlin 1929, S. 100 und Richard Thoma, Der Begriff der modernen Demokratie in seinem Verhältnis zum Staatsbegriff, Erinnerungsgabe für Max Weber, II. Band, München und Leipzig 1923, S. 46) von der „monistischen Gewaltenvereinigung". In dieser allgemeinen Form ist der Terminus sicher nicht berechtigt; denn wenn die Regierung so stark vom Parlament abhängig gemacht wird, daß die Trennungslinie zwischen ihnen nicht mehr gezogen werden kann, ist allenfalls ein Monismus dieser beiden Gewalten, nicht aber des gesamten Systems gegeben. Zu klären bliebe dagegen noch das Verhältnis zur dritten Gewalt, der judikativen, sowie das eventuelle Vorhandensein einer weiteren Gewalt, eben gerade der „neutralen" Gewalt des Staatsoberhauptes. Allerdings ist die Auffassung, im parlamentarischen System gebe es nur eine Gewalt, häufiger vertreten worden. So sagt z. B. Schelcher: „In diesem (parlamentarisch regierten) Staate, gleichviel ob Monarchie oder Republik, beherrscht in Wahrheit das Parlament alle Kräfte des Staates. Auch da, wo nach der Meinung Redslobs die echte parlamentarische Regierung als ein System des Gleichgewichts zwischen der exekutiven und der legislativen Gewalt besteht, ist der nominelle Träger der Staatsgewalt, der König oder der Präsident, nur schein-

bach definiert das parlamentarische System als „Vereinigung der vollziehenden mit der gesetzgebenden Gewalt an der Spitze des Staates durch die Verteilung der höchsten Verwaltungsstellen über die hervorragendsten Abgeordneten der im Parlamente über die Mehrheit verfügenden Partei" und er fügt hinzu: „Die parlamentarische Demokratie muß alle der Teilung der Gewalten dienenden Einrichtungen zu brechen suchen, um die unumschränkte Herrschaft des Abgeordnetenhauses herzustellen[59])." Von anderen wird das parlamentarische System als „gewaltenverbindende Demokratie" definiert[60]).

Richard Thoma, der diese Formulierung billigt, stellt nun aber mit Recht die Frage, ob denn in diesem System das Parlament regiere. In seiner Auseinandersetzung mit den Hasbach'schen Thesen meint er, das Parlament könne höchstens in dem Sinne regieren, daß es die Regierung einsetzt und stürzt[61]). Er übersieht dabei, daß das Parlament in der parlamentarischen Demokratie noch in einem anderen Sinne regiert: es bildet aus seiner Mitte heraus das Kabinett, das bei der Verwirklichung des Grundsatzes, daß nur Parlamentsmit-

---

bar die den Staat leitende schöpferische Kraft." (Walter Schelcher, Das parlamentarische System, Archiv des öffentlichen Rechts, Bd. 2 NF, S. 274). Der Hinweis auf Redslob bezieht sich auf dessen Werk „Die parlamentarische Regierung in ihrer wahren und in ihrer unechten Form", Tübingen 1918.

[59]) Wilhelm Hasbach, Die moderne Demokratie, Jena 1912, S. 167.

[60]) Fritz Stier-Somlo, Deutsches Reichs- und Landesstaatsrecht, Bd. I Berlin und Leipzig 1924, S. 103. Auch dieser Ausdruck findet sich bereits bei Hasbach (aaO., S. 135). Er stellt der gewaltenverbindenden, parlamentarischen Demokratie die gewaltenverteilende gegenüber (Beispiel: Die Vereinigten Staaten von Nordamerika), die er „repräsentative Demokratie" nennt. Mit Recht rügt Thoma (Archiv des öffentlichen Rechts, Bd. 1 NF, S. 235) diese Verwendung des Ausdrucks „repräsentative Demokratie". Er zitiert jedoch Hasbach falsch, wenn er die Gegenüberstellung „gewalten teilend — gewaltenverbindend" erwähnt. Daß Hasbach nicht von einer Teilung, sondern einer Verteilung der Gewalten spricht, erscheint mir im Hinblick auf die richtige und heute herrschende Auffassung von der Gewaltenteilung (siehe unten S. 34 ff.) äußerst bedeutsam. Die Gegenüberstellung von gewaltentrennender und gewaltenverbindender Demokratie erfolgte in der Literatur nicht nur — wie bei Hasbach — im Zusammenhang der Verfassungsvergleichung, sondern bis in die jüngste Zeit hinein auch im Bereich der Verfassungstheorie, wo diese beiden Erscheinungsformen der Demokratie sogar als unversöhnliche gegensätzliche Prinzipien verstanden worden sind. Vgl. Wintrich/Lechner, Die Verfassungsgerichtsbarkeit, in: Die Grundrechte Bd. III/2, S. 647.

[61]) Richard Thoma, aaO., S. 235 und S. 236 f.

glieder der Regierung angehören dürfen, nichts anderes ist als ein Parlamentsausschuß[62]).

An dieser Frage entzündete sich der Streit um den Begriff der Kabinettsregierung. Hasbach meinte, die parlamentarische Regierung müsse eigentlich „Kabinettsregierung“ heißen; eine echte parlamentarische Regierung sei nur da vorhanden, wo das Parlament selbst die Möglichkeit habe, Regierungsgeschäfte wahrzunehmen, wie etwa in den Vereinigten Staaten, wo die Ausschüsse der beiden Häuser des Parlaments die Maßnahmen der Ministerien in inneren wie in äußeren Angelegenheiten weitgehend bestimmen könnten[63]). Danach erscheint plötzlich gerade das amerikanische System, der Prototyp der Präsidialdemokratie, als eine verhüllte parlamentarische Demokratie, ja sogar als die einzig wahre parlamentarische Demokratie[64]). Die Verwirrung wird vollständig, wenn wir bei Lukas lesen, daß im parlamentarischen Regierungssystem „die Regierung staatsrechtlich in den Händen des Staatshauptes (Monarch oder republikanischer Präsident) ... sich befindet“[65]).

Hier treffen — und zwar in einem für die deutsche Verfassungsgeschichte ungemein wichtigen Augenblick — eine Reihe von Irrtümern und Unklarheiten zusammen, die auf dem Boden der bereits genannten Überlagerungen und Verkettungen entstanden waren.

---

[62]) Vgl. Hans Kelsen, Das Problem des Parlamentarismus, Schriften der Soziologischen Gesellschaft in Wien, Bd. III, Wien und Leipzig o. J., S. 15. Insbesondere wird mit dieser Formel die Stellung der britischen Regierung umschrieben. (Vgl. Walter Bagehot, The English Constitution, Neudruck London 1964, S. 67; Glum, Das parlamentarische Regierungssystem in Deutschland, Großbritannien und England, 2. Aufl. München und Berlin 1965, S. 16.) Daß ein solcher Ausschuß durchaus selbständige Entschlüsse fassen und das Parlament sogar führen und leiten kann, beweist die englische Verfassungspraxis. (Vgl. Herbert Morrison, Regierung und Parlament in England, München 1954, S. 123 ff.) Hierzu auch Friesenhahn in VVDStRL Heft 16, S. 33 f.

[63]) Wilhelm Hasbach, Die parlamentarische Kabinettsregierung, Stuttgart und Berlin 1919, S. 29 f.

[64]) Thomas Kritik an der Ersetzung des Ausdrucks „parlamentarische Regierung“ durch „Kabinettsregierung“ (aaO., S. 237) ist berechtigt. Kabinettsregierungen sind nicht nur in der parlamentarischen Demokratie möglich, sondern auch in anderen Regierungsformen, sogar in der Diktatur, und zwar sowohl in der Staatsform der Republik als auch in der Staatsform der Monarchie. Vgl. auch Karl Loewenstein, Verfassungslehre, Tübingen 1959, S. 83: „Parlamentarische Regierung ist keineswegs identisch mit Kabinettsregierung. Da die letztere eine bestimmte Unterart der parlamentarischen Regierung ist, sollte der Begriff seiner britischen Erscheinungsform vorbehalten bleiben.“

[65]) Josef Lukas, Die organisatorischen Grundlagen der neuen Reichsverfassung, Tübingen 1920, S. 26.

An erster Stelle steht die Verwechslung von Regierung und Kontrolle der Regierung. Die Kontrolle der Machtausübenden und der Kontrolleure ist eine Grundfrage der Demokratie[66]).

---

[66]) „Die Notwendigkeit einer Stärkung der parlamentarischen Kontrolle ist in den meisten westlichen Demokratien nach und nach als dringliches Problem erkannt worden." Mit diesem lapidaren Satz leitet Richard Bäumlin in das Kernstück seines für den Schweizerischen Juristenverein ausgearbeiteten Referats über „die Kontrolle des Parlaments über Regierung und Verwaltung" ein. (Abgedr. in Zeitschrift für Schweizerisches Recht, NF Bd. 85, 1966, S. 165 ff. Das Zitat befindet sich dort auf S. 176. In der Hauptsache auf schweizerisches Recht abgestellt ist das Referat von René Helg, La haute surveillance du parlement sur le gouvernement et l'administration, Zeitschrift für Schweizerisches Recht, NF Bd. 85, 1966, S. 85 ff.) In der Tat zeigt sich die dynamische Entwicklung des modernen Staates nirgends deutlicher als am Problem der parlamentarischen Kontrolle. Grundlegend bereits Ernst Viktor Zenker, Der Parlamentarismus, Wien und Leipzig 1914, S. 137 ff. Für die Gegenwartsprobleme Ernst Forsthoff, Strukturwandlungen der modernen Demokratie, Berlin 1964, S. 21 ff.; F. A. Hermens, Parliamentary Government, in Roy V. Peel und Joseph S. Roucek, Hrsg. Introduction to Politics, New York 1946, S. 290 ff.; Horst Ehmke, Militärischer Oberbefehl und parlamentarische Kontrolle, Zeitschrift für Politik 1954, S. 337 ff.; Gerhard Leibholz, Die Kontrollfunktion des Parlaments in: Macht und Ohnmacht der Parlamente, Schriftenreihe der Friedrich-Naumann-Stiftung zur Politik und Zeitgeschichte, Nr. 9, Stuttgart 1965, S. 57 ff.; Karl Loewenstein, Verfassungslehre, Tübingen 1959, S. 46 f., S. 85, S. 196 ff. (Zu den „Intra-Organ-Kontrollen des Parlaments", Loewenstein aaO., S. 177 ff.) Rechtsvergleichend Abdul Samad Hamed, Das Prinzip der Gewaltenteilung und die Beaufsichtigung der Regierung durch das Parlament, Bern 1957 (betr. England, USA und die Schweiz); Paul Marie Gaudemet, Le pouvoir exécutif dans les pays occidentaux, Paris 1966, S. 90 ff.; Michel Ameller, Les Questions-Instrument du Contrôle parlementaire, Paris 1964; Sir Edward Fellowes, Die Kontrolle der Exekutive durch das britische Unterhaus, Köln und Opladen 1963 (Arbeitsgemeinschaft für Forschung des Landes Nordrhein-Westfalen, Geisteswissenschaften Heft 110); in einer 41 Länder umfassenden Enquete hat sich auch die Interparlamentarische Union mit der Frage befaßt: vgl. Union Interparlementaire, Parlements, Une étude comparative sur la structure et le fonctionnement des institutions représentatives, Paris 1961, S. 243 ff. Über den „Verfall der parlamentarischen Kontrolle und Beratung" vgl. Carl J. Friedrich, Zur Theorie und Politik der Verfassungsordnung, Heidelberg 1963, S. 113 ff. Als besondere Verfallserscheinung wird häufig das Maßnahmegesetz bezeichnet. (Hierzu Ernst Forsthoff, Über Maßnahme-Gesetze, in Gedächtnisschrift für Walter Jellinek, München 1955, S. 221 ff.; Konrad Huber, Maßnahmegesetz und Rechtsgesetz, Berlin 1963; Hans Schneider, Über Einzelfallgesetze, in: Festschrift für Carl Schmitt, Berlin 1959, S. 159 ff.; Karl Zeidler, Maßnahmegesetz und „klassisches Gesetz" Karlsruhe 1961; ders., Bundesverfassungsgericht und „Maßnahmegesetz", JZ 1960, S. 391 ff.; Christian-Friedrich Menger und Herbert Wehrhahn, Das Gesetz als Norm und Maßnahme, VVDStRL Heft 15, S. 3 ff. Zum Gesetzesbegriff des Parlamentarismus Carl Schmitt, Legalität

Ein System, welches das Problem der Kontrolle außer acht läßt und keine Kontrollorgane und Kontrollmechanismen aufweist, verdient nicht den Namen „Demokratie". Was aber heißt demokratische Kontrolle? Im weiteren Sinn umfaßt sie zweifellos auch die richterliche Kontrolle, d. h. die Kontrolle der Exekutivhandlungen durch die im Namen des Volkes[67]) Recht

---

und Legitimität, Müchen und Leipzig 1932, S. 70 f. und bereits vorher Carl Schmitt, Die geistesgeschichtliche Lage des heutigen Parlamentarismus, 3. Aufl. 1966, unveränderter Nachdruck der 1926 erschienenen 2. Aufl., S. 52 ff.; zur 1. Aufl. dieses Werkes kritische Anmerkungen von Richard Thoma, Zur Ideologie des Parlamentarismus und der Diktatur, Archiv für Sozialwissenschaft und Sozialpolitik, Bd. 53, S. 212 ff.) Scheuner weist hingegen nach, daß „dies Hinübergreifen des Parlaments in die Sphäre gestaltender Regierung und sogar Verwaltung ... rechtsstaatlich durch den Gleichheitssatz fast notwendig gemacht — nur das Gesetz verbürgt überregionale Gleichmäßigkeit — und verfassungsrechtlich durch die Zurückdrängung der Verordnungsgewalt und den entleerten Rechtssatzbegriff erzwungen" ist (Ulrich Scheuner, Das parlamentarische Regierungssystem in der Bundesrepublik, DÖV 1957, S. 635. Ähnlich die Bemerkungen Scheuners in der Aussprache zum Thema „Das Gesetz als Norm und Maßnahme", VVDStRL Heft 15, S. 73 f. Dort bezeichnet Scheuner die Parlamente als die „eigentlichen Leiter der Verwaltung", betont aber, daß gegen diese Entwicklung nicht vom Gesetzesbegriff her vorgegangen werden kann.) Auch Peters meint, daß die Einzelgesetze, die „eigentlich nicht Sache eines Parlaments sein sollten", im modernen Verwaltungsstaat unumgänglich sind und „in Wirklichkeit nur dazu dienen, der Exekutive ihre Arbeit zu ermöglichen" (Hans Peters, Die Gewaltentrennung in moderner Sicht, Köln und Opladen 1954, Arbeitsgemeinschaft für Forschung des Landes Nordrhein-Westfalen, Geisteswissenschaften, Heft 25, S. 14.) Von besonderer Bedeutung ist die Erkenntnis, daß die politische Führungsaufgabe des Parlaments gegenüber der Regierung und die Kontrollfunktion miteinander zusammenhängen. Nimmt das Parlament die Führungsaufgabe nicht ernst, so gleitet ihm die Kontrolle über die Regierung bald aus den Händen. Mit Recht ist gegen den Reichstag der Weimarer Republik der Vorwurf erhoben worden, er sei der Verantwortung ausgewichen. (Vgl. Karl Dietrich Bracher, Die Auflösung der Weimarer Republik, 3. Aufl. Villingen 1960, S. 33 f.; Karl Schmid, Regierung und Parlament, in Recht — Staat — Wirtschaft, 3. Bd. Düsseldorf 1951, S. 95) Ein weiteres Problem liegt in der Verkennung des Zusammenhanges zwischen parlamentarischer Kontrolle und Opposition (vgl. unten S. 30 f.). Hierzu Friesenhahn: „Die Kontrollmittel, die ursprünglich dem Parlament gegen die von ihm unabhängige Exekutive gegeben worden waren, sind heute weitgehend zu Waffen der Opposition gegen die Regierung und ihre Mehrheit geworden" (Ernst Friesenhahn, Parlament und Regierung im modernen Staat, VVDStRL Heft 16, S. 27).

67) Die Formel „im Namen des Volkes", mit der die Gerichtsurteile verkündet werden, deutet auf einen Repräsentationsanspruch der Gerichte. Unklar bleibt jedoch die Legimitimierung dieser Repräsentation, solange die Bestellung der Richter nicht durch Wahl, sondern durch behördliche Ernennung erfolgt. Hierzu Rudolf

sprechenden Gerichte. Im engeren Sinne ist demokratische Kontrolle politische Kontrolle, und diese muß nach einer weit verbreiteten Ansicht stets eine parlamentarische sein[68]). Im Gegensatz zur richterlichen Kontrolle erstreckt sich die parlamentarische normalerweise nicht auf abgeschlossene Tatbestände, sondern erfaßt sozusagen den „laufenden Betrieb", greift also ein in die Gestaltung der Staatsakte[69]). Nichtsdesto-

---

Smend (Verfassung und Verfassungsrecht, München und Leipzig 1928, S. 99, Anm. 4): „So ist die Verkündungsformel der Urteile ‚im Namen des Volkes' im Gegensatz zu der früheren (‚im Namen des Königs'), die vor allem die Staatlichkeit der Gerichte bezeichnete, heute die Bezeichnung der Justiz als Funktion der Gemeinschaft der Rechtsgenossen." Wenig Gedanken machen sich die heutigen Kommentatoren der Prozeßordnungen über die Bedeutung der Formel „im Namen des Volkes". Sie begnügen sich mit dem Hinweis darauf, daß diese Formel dem Art. 20 GG entspreche, bzw. durch Art. 20 GG bedingt sei (vgl. Schwarz-Kleinknecht, Strafprozeßordnung, 6. Aufl. 1966, Bd. 1, § 268 Anm. 1; Löwe-Rosenberg, Die Strafprozeßordnung und das GVG, Großkommentar, 21. Aufl. 1963, § 268 Anm. 3).

[68]) Vgl. Ernst Forsthoff, Strukturwandlungen der modernen Demokratie, Berlin 1964, S. 21. Etwas vorsichtiger Richard Bäumlin, Die Kontrolle des Parlaments über Regierung und Verwaltung, Zeitschrift für Schweizerisches Recht NF Bd. 85, 1966, S. 240: „Wirksame Kontrolle ist auch in der Demokratie heute nur Kontrolle durch gewählte Organe. Und unter diesen kommt eine erstrangige Bedeutung insbesondere dem Parlament zu."

[69]) Ausnahmsweise betrifft die parlamentarische Kontrolle auch abgeschlossene Tatbestände. Hierbei ist zu unterscheiden, ob sich das Parlament oder ein Teil des Parlaments formell als Gericht konstituiert (eine Übersicht über geltende Verfassungsbestimmungen dieser Art findet sich in Union Interparlementaire, Parlements, Paris 1961, S. 303 ff.), oder ob lediglich ein Untersuchungsausschuß tätig wird. Letzterer hat in der Regel zwar eine quasi-richterliche Funktion (vgl. Maunz-Dürig, Grundgesetz, Randnr. 1 zu Art. 44), genießt aber nicht die Rechtsstellung eines Gerichts. Für die Untersuchungsausschüsse nach Art. 44 GG ist dies unstreitig. Vgl. v. Mangoldt-Klein, Das Bonner Grundgesetz, 2. Bd., 2. Aufl. Berlin und Frankfurt 1966, Anm. III 3 b (S. 944); Maunz-Dürig, Grundgesetz, Randnr. 17 zu Art. 44. Zweck des parlamentarischen Untersuchungsausschusses ist stets die Aufklärung von Vorgängen, der Inhalt der Ausschußtätigkeit besteht daher in der Materialsammlung, die eigentliche Funktion ist die Vorbereitung von Beschlüssen des Plenums, wie bei den anderen Ausschüssen. Zur Problematik der Untersuchungsausschüsse im deutschen Recht vgl. Max Alsberg, Empfiehlt sich eine Abänderung der Bestimmungen über parlamentarische Untersuchungsausschüsse, um den ungestörten Verlauf des Strafverfahrens und die Unabhängigkeit des Richtertums sicherzustellen? Gutachten für den 34. DJT in Köln 1926, Berlin und Leipzig: de Gruyter 1926, Bd. I, S. 332 ff.; Bernhard Cordes, Das Recht der Untersuchungsausschüsse des Bundestages (Art. 44 BGG), Münster, Diss. 1958; Horst Ehmke, Parlamentarische Untersuchungsausschüsse und Verfassungsschutzämter, DÖV 1956, S. 417; Ernst Fraenkel, Diktatur des Parlaments?. Zeitschrift für

weniger ist diese Tätigkeit kein Regieren, sondern bleibt Kontrolle des Regierens. Auch die Tätigkeit der Parlamentsausschüsse nach der amerikanischen Verfassung, ihre Befugnisse im Rahmen der Mittelbewilligung und ihre Mitwirkungsrechte bei der Ernennung hoher Beamter und beim Abschluß völkerrechtlicher Verträge bedeuten nicht Regierung, sondern Kontrolle der Regierung[70]).

Politik 1954, S. 99 ff.; Eva Freihöfer, Der parlamentarische Geschäftsgang bei Einsetzung von Untersuchungsausschüssen, Göttingen, Diss. 1956; Günter Halbach, Die Untersuchungsausschüsse des Bundestages, Köln, Diss. 1957; Karl Heck, Das parlamentarische Untersuchungsrecht, Stuttgart, Enke 1925; Walter Holzapfl, Die verfassungsrechtliche Stellung der parlamentarischen Untersuchungsausschüsse in Bayern unter besonderer Berücksichtigung der Parlamentspraxis seit 1946, München, Diss. 1953; Erwin Jacobi, Empfiehlt sich eine Abänderung der Bestimmungen über parlamentarische Untersuchungsausschüsse, um den ungestörten Verlauf des Strafverfahrens und die Unabhängigkeit des Richtertums sicherzustellen? Bericht für den 34. DJT in Köln 1926, Berlin und Leipzig: de Gruyter 1927, Bd. II, S. 69 ff.; Erich Kaufmann, Untersuchungsausschuß und Staatsgerichtshof, Berlin: Stilke 1920; Heinrich Kintzi, Die Rechtsstellung der parlamentarischen Untersuchungsausschüsse in der Bundesrepublik Deutschland, Kiel, Diss. 1956; Adolf Kreft, Die parlamentarische Kontrolle der Verwaltung, Münster, Diss. 1953, besonders S. 57 ff.; Hans-Heinrich Lammers, Parlamentarische Untersuchungsausschüsse, HdbDStR. II, S. 454 ff.; Walter Lewald, Enquêterecht und Aufsichtsrecht. Eine verfassungskritische Studie, AöR, Bd. 44 (1923), S. 269 ff.; Lucas, Die Strafgewalt parlamentarischer Untersuchungsausschüsse, JR 1926, Sp. 336 ff.; Werner Rosenberg, Empfiehlt sich eine Abänderung der Bestimmungen über parlamentarische Untersuchungsausschüsse, um den ungestörten Verlauf des Strafverfahrens und die Unabhängigkeit des Richtertums sicherzustellen? Gutachten für den 34. DJT in Köln 1926, Berlin und Leipzig: de Gruyter 1927, Bd. I, S. 3 ff.; Rolf Schneider, Probleme aus der Praxis eines parlamentarischen Untersuchungsausschusses, DÖD 1954, A S. 226 ff.; Gerhard Sprenger, Kann der Vorsitzende eines Untersuchungsausschusses des Bundestages eine Ordnungsstrafe wegen Ungebühr verhängen?, DÖV 1955, S. 461 ff.; Winfried Steffani, Die Untersuchungsausschüsse des Preußischen Landtages zur Zeit der Weimarer Republik, Düsseldorf 1960 (darin eine allgemeine und rechtsvergleichende Darstellung der Funktion der parlamentarischen Untersuchungsausschüsse); W. Thiele, Parlamentarische Untersuchungsausschüsse und Personalakten der Beamten, ZBR 1955, S. 76 ff.

[70]) Dies wird selbst von Loewenstein anerkannt, der im übrigen wegen der weitgehenden Befugnisse des amerikanischen Kongresses die herkömmliche Gewaltentrinität durch eine neue Einteilung ersetzen will: Richtlinien der Politik (policy decision), Ausführung der Richtlinienentscheidungen (policy execution), politische Kontrolle (policy control). Vgl. Karl Loewenstein, Verfassungsrecht und Verfassungspraxis der Vereinigten Staaten, Berlin-Göttingen-Heidelberg 1959, S. 245; ders., Verfassungslehre, Tübingen 1959, S. 39 ff. Der Kongreß sei an allen drei Funktionen gleichermaßen beteiligt. Trotzdem bezeichnet Loewenstein die Tätigkeit des Kon-

Schon von hier aus könnte man zur letzten Gewissensfrage der Demokratie vorstoßen: wer kontrolliert die Kontrolleure, oder anders ausgedrückt: wer ist der Hüter der Verfassung[71])? Aber noch ist ja im Rahmen der parlamentarischen Demokratie eine Frage der Kontrolle auf der darunterliegenden Ebene, also eine Frage der unmittelbaren Kontrolle der Machtausübenden unbeantwortet geblieben. Wenn — wie es in der reinen Form der parlamentarischen Demokratie der Fall ist — die Regierung nur aus Parlamentsmitgliedern besteht, so gehören die unmittelbar Machtausübenden demjenigen Kollegium an, dem die demokratische Kontrolle zustehen soll.

---

gresses als „Kontrolle über Regierung und Verwaltung" (aaO.). Vgl. a. Frederic A. Ogg und P. Orman Ray, Introduction to American Government, 9. Aufl. New York 1948, S. 451 ff. (innere Angelegenheiten) und S. 786 ff. (auswärtige Angelegenheiten); William H. Young, Ogg and Ray's Introduction to American Government, 12. Aufl. New York 1962, S. 282 f.; Richard F. Fenno, Jr., The President's Cabinet, Harvard University Press 1963, S. 203. Section 136 der Legislative Reorganization Act besagt: „Jeder ständige Ausschuß des Senats und Repräsentantenhauses soll die Durchführung aller Gesetze, die ihrem Gegenstand nach zur Zuständigkeit des betreffenden Ausschusses gehören, durch alle Verwaltungsbehörden, denen es obliegt, diese Gesetze zur Anwendung zu bringen, einer dauernden Überwachung unterziehen, um dergestalt den Kongreß bei der Aufgabe zu unterstützen, sich ein Urteil über die Handhabung der Gesetze zu bilden und solche zusätzlichen oder ergänzenden Gesetze zu erlassen, wie es für erforderlich erachtet wird; zu diesem Zweck soll jeder Ausschuß alle einschlägigen Berichte und Unterlagen prüfen, die dem Kongreß von Exekutivbehörden unterbreitet werden." Hierzu Ernst Fraenkel, Das amerikanische Regierungssystem, 2. Aufl. Köln und Opladen 1962, S. 298 ff. Über den Niedergang der parlamentarischen Kontrolle in den Vereinigten Staaten klagt William H. Riker, Schwäche und Stärke der Demokratie, Köln 1958 (am. Original: Democracy in the United States, New York 1953), S. 207 f. Es sei daran erinnert, daß der Ausdruck „Regierung durch Ausschüsse" (government by committee) auf das britische System gemünzt wurde und keineswegs die Regierung im kontinentaleuropäischen Sinne (als Tätigkeit wie als Organ) meinte, sondern die Staatstätigkeit im weitesten Sinne, zu der auch nach kontinentaleuropäischer Auffassung die Tätigkeit des Parlaments zählt. Vgl. Herbert Morrison, Regierung und Parlament in England, München und Berlin 1954, S. 203 ff.; K. C. Wheare, Government by Committee, Oxford University Press 1955.

[71]) In der Tat findet sich bei zahlreichen Autoren der Hinweis auf das Staatsoberhaupt und seine Rolle in der parlamentarischen Demokratie gerade an dieser Stelle. Das gilt nicht nur für solche, die die Funktion des Staatsoberhaupts von vornherein in der Verfassungshütung sehen, wie Carl Schmitt (Der Hüter der Verfassung, Tübingen 1931), sondern auch für solche, die sich allgemein mit Problemen der Staatsorganisation befassen. (Vgl. Paul Marie Gaudemet, Le pouvoir exécutif dans les pays occidentaux, Paris 1966, S. 89.)

In der Tat ist dies die einzige Lösung des Problems: das Parlament kontrolliert sich selbst. Es kann diese Aufgabe nur mit Hilfe einer Opposition wahrnehmen, die sich ihrer Kontrollfunktion ständig bewußt ist[72]). [Selbstverständlich taucht in diesem Zusammenhang das Problem der Allparteienregierung auf, bei der anscheinend eine Opposition und damit eine wirksame parlamentarische Kontrolle ausgeschlossen ist. Hier wird eine besonders in Deutschland ausgeprägte Erscheinung von Interesse, auf die Friesenhahn hingewiesen hat: „Auch die die Regierung tragende Mehrheitspartei wacht eifersüchtig über die Erhaltung der parlamentarischen Privilegien und läßt insbesondere an der Autonomie des Parlaments, selbst über seine Geschäftsführung zu bestimmen, nicht rütteln[73])." Andererseits fühlen sich die zu Ministern ernannten Parlamentarier plötzlich nicht mehr in erster Linie als Parlamentsmitglieder, sondern als Regierungsmitglieder. In der Sitzordnung der Regierungsmitglieder, die — mit ihren Ministerialbeamten im Rücken — dem Parlament gegenübersitzen, kommt dies zum Ausdruck[74]). Mit Recht sieht Friesenhahn hierin eine Nachwirkung der „Frontstellung des Parlaments zum konstitutionellen Monarchen und seiner vom Parlament unabhängigen Regierung (Bürokratie)"[75]). Trotzdem könnte eine solche Frontstellung, so anachronistisch sie sein mag, der Allparteienregierung ein Minimum an parlamentarischer Kontrolle sichern[76]). Dagegen erscheint in Einparteiensystemen die parlamentarische Kontrolle von vornherein ausgeschlossen. Die

---

[72]) Vgl. Hanns Seidel, Die Funktion der Opposition im parlamentarischen System, Politische Studien 1955 (6. Jahrg.), S. 24 ff.; Dolf Sternberger, Über parlamentarische Opposition, in: Wirtschaft und Kultursystem, hrsg. von Gottfried Eisermann, Erlenbach-Zürich-Stuttgart 1955, S. 301 ff.; Otto Kirchheimer, Vom Wandel der politischen Opposition, Archiv für Rechts- und Sozialphilosophie XLIII (1957), S. 59 ff.; Siegfried Landshut, Formen und Funktionen der parlamentarischen Opposition, in: Wirtschaft und Kultursystem, hrsg. von Gottfried Eisermann, Erlenbach-Zürich-Stuttgart 1955, S. 214 ff.; Giovanni Sartori, Opposition and Control, in: Government and Opposition 1966 (Bd.1), S. 149 ff.

[73]) Ernst Friesenhahn, Parlament und Regierung im modernen Staat, VVDStRL Heft 16, S. 52.

[74]) Vgl. Karl Josef Partsch, Parlament und Regierung im modernen Staat, VVDStRL Heft 16, S. 108.

[75]) Friesenhahn, aaO., S. 52. Hierzu bereits Max Weber, Parlament und Regierung im neugeordneten Deutschland, München und Leipzig 1918, S. 45 ff.; Arnold Köttgen, Das deutsche Berufsbeamtentum und die parlamentarische Demokratie, Berlin und Leipzig 1928, S. 17 ff.

[76]) Vgl. hierzu Axel Vulpius, Die Allparteienregierung, Frankfurt/M. 1957, S. 190 ff.

gegenteiligen Behauptungen, die neuerdings von Autoren aus sozialistischen Ländern vorgebracht werden, vermögen nicht zu überzeugen[77]).]

Sicher ist es kein Zufall, daß das klassische Land der parlamentarischen Demokratie in seiner Verfassungsgeschichte auch die allgemein gültigen Regeln für das Verhalten und die Wirkungsweise der parlamentarischen Opposition hervorgebracht hat[78]). Ob in Deutschland der Irrtum über die Rolle der Opposition den Zugang zum demokratischen Verständnis erschwert hat oder umgekehrt, mag dahingestellt bleiben[79]). Unbestritten ist jedoch, daß Deutschland sich einen solchen Irrtum nicht mehr leisten kann und die parlamentarische Kontrolle voll ins Werk setzen muß, wenn es eine parlamentarische Demokratie sein will[80]).

Die zweite Unklarheit betrifft die Gewaltenteilung unmittelbar. Es war für viele verwirrend und schockierend zu hören, daß die parlamentarische Demokratie das Dogma der

---

[77]) Vgl. Jerzy J. Wjatr und Adam Przeworski, Control without opposition, in: Government and Opposition 1966 (Bd. 1), S. 227 ff.; Ghita Ionescu, Control and contestation in some one-party states, in: Government and Opposition 1966 (Bd. 1), S. 240 ff.

[78]) Mit Recht haben daher bisher alle deutschen Untersuchungen über die Opposition die englische Verfassungsgeschichte zum Ausgangspunkt gemacht. Vgl. insbesondere Ingeborg Bode, Ursprung und Begriff der parlamentarischen Opposition, Stuttgart 1962; Siegfried Landshut, Formen und Funktionen der parlamentarischen Opposition, in: Gottfried Eisermann, Hrsg., Wirtschaft und Kultursystem. Alexander Rüstow zum 70. Geburtstag, Erlenbach-Zürich-Stuttgart 1955, S. 214 ff. Kurt Kluxen, Das Problem der politischen Opposition, Freiburg-München 1956. Für England selbst Sir Ivor Jennings, Cabinet Government, Cambridge 1959, S. 499 ff.

[79]) Seit der Errichtung der Bundesrepublik ist die Rolle der Opposition im Bundesparlament im wesentlichen einer Partei zugefallen. Wohl oder übel mußte sie es als ihre historische Aufgabe erkennen, in dem jungen Staat die Tradition der Opposition zu begründen. Nach den bisher vorliegenden Forschungsergebnissen hat sie ihre Aufgabe nur zum Teil erfüllt. So begrüßenswert es ist, daß sie Opposition nicht zur reinen Obstruktion werden ließ, genügen doch gute Noten in gesetzgeberischer Zusammenarbeit nicht für eine echte Bewährung als Oppositionspartei. Vgl. Wolfgang Kralewski und Karlheinz Neunreither, Oppositionelles Verhalten im ersten Deutschen Bundestag, Köln und Opladen 1963.

[80]) Zahlreiche Publikationen der letzten Jahre haben dem Unbehagen hinsichtlich des Verständnisses der Opposition in der Bundesrepublik Ausdruck verliehen. Vgl. Manfred Friedrich, Opposition ohne Alternative?, 3. Aufl. Köln 1962; Axel Vulpius, Die Allparteienregierung, Frankfurt/M. 1957, S. 190 ff. Vgl. ferner Waldemar Besson, Regierung und Opposition in der deutschen Politik, Politische Vierteljahresschrift 1962 (3. Jahrg.), S. 225 ff.; Dolf Sternberger, Lebende Verfassung, Meisenheim am Glan 1956, S. 133 ff.

Gewaltenteilung aufhebt, ja daß sie bestrebt ist, die Gewalten zu vereinigen[81]). Es erschien ihnen ungeheuerlich, daß aus-

---

[81]) Vgl. oben S. 22. Ganz allgemein, ohne Beschränkung auf die beiden Gewalten der Exekutive und Legislative, sagt Otto Koellreutter, Staatslehre im Umriß, Göttingen 1955, S. 66 f.: „Der echte Parlamentarismus, wie er in England seine reinste Form erhalten hat, schließt eine Durchführung der Gewaltentrennung im eigentlichen Sinne aus." Ähnlich Hans Peters, Die Gewaltenteilung in moderner Sicht, Köln und Opladen 1954, Arbeitsgemeinschaft für Forschung des Landes Nordrhein-Westfalen, Geisteswissenschaften, Heft 25, S. 11: „Es ist fast unbestritten, daß die parlamentarische Regierungform die Gewaltenteilung durchbricht, da sie wesensmäßig die Exekutive in ständige Abhängigkeit von der Legislative bringt." Hans Nawiasky, (Allgemeine Staatslehre, Bd. II/2, Einsiedeln-Zürich-Köln 1955, S. 12) findet eine Lösung des scheinbaren Widerspruchs zwischen Gewaltenteilung und parlamentarischer Demokratie, indem er auf die „letzten Ziele" abstellt: „Das sind nämlich sowohl für die Gewaltentrennung wie für die Abhängigkeit der Exekutive von der Legislative wie endlich auch für die Grundrechte möglichste Sicherung der persönlichen Freiheit. Es handelt sich also um verschiedene Mittel zum gleichen Zweck." Dagegen beklagt Werner Weber, (Weimarer Verfassung und Grundgesetz, Göttingen 1949, S. 21, ders., Spannungen und Kräfte im westdeutschen Verfassungssystem, S. 27 f.), daß sich hinter der Legislative und der Exekutive des Bonner Grundgesetzes nur eine einzige Gewalt erhebt. Eine ganz andere Sicht des Verhältnisses zwischen Gewaltenteilung und parlamentarischer Demokratie findet sich bei Carl J. Friedrich, Der Verfassungsstaat der Neuzeit, Berlin-Göttingen-Heidelberg 1953, S. 205: Die Gewaltentrennung habe sich in Mitteleuropa zu einem Bollwerk entwickelt, hinter dem sich die monarchische Exekutive „gegen die steigende Flut der Ansprüche der Legislative verschanzte." Auch die kommunistische Literatur sieht in der Gewaltenteilung ein Instrument zur Konservierung der „bewußt antiparlamentarischen Verwaltungsbürokratie" des Obrigkeitsstaates. Vgl. Rolf-Richard Grauhan, Gibt es in der Bundesrepublik einen pouvoir neutre?, Diss. Heidelberg 1959, S. 23 f. Jedoch darf dies nicht dahin ausgelegt werden, daß die kommunistische Theorie sich zum Parlamentarismus bekennt. Im Gegenteil! Ein einziges Zitat Lenins mag genügen: „Der käufliche und versumpfte Parlamentarismus der bürgerlichen Gesellschaft wird von der Kommune durch Körperschaften ersetzt, in denen die Freiheit des Urteils und der Prüfung nicht zum Betruge ausartet, denn die Parlamentarier müssen selbst arbeiten, selbst ihre Gesetze ausführen, selbst prüfen, was sie verwirklichen, selbst vor ihren Wählern die unmittelbare Verantwortung tragen. Die Vertretungskörperschaften bleiben, aber ein Parlamentarismus als besonderes System, als Trennung zwischen gesetzgebender und vollziehender Arbeit, als Vorzugsstellung für Parlamentarier besteht hier nicht. Wir können uns eine Demokratie ohne Vertretungskörperschaften nicht vorstellen, auch die proletarische Demokratie nicht, ohne Parlamentarismus können und müssen wir sie uns vorstellen, falls die Kritik der bürgerlichen Gesellschaft für uns nicht leere Worte sind, falls unser Streben nach dem Sturze der Herrschaft der Bourgeoisie ein ernstes und aufrichtigse Bestreben ist" (W. I. Lenin, Staat und Revolution, Berlin 1918, S. 43). Heckel will zwischen „rechtsstaat-

gerechnet jenes Prinzip, das erdacht worden war, um die Freiheit des Bürgers zu sichern, von der parlamentarischen Demokratie, in der die freien Bürger sich selbst regieren wollten[82]), beseitigt werden sollte.

Im Grunde handelt es sich um dasselbe Problem der Kontrolle auf einer tieferen, fundamentaleren Ebene. Fast ohne Widerspruch hatte man die Grundidee der Montesquieuschen Gewaltenteilung akzeptiert, daß die Freiheit des Bürgers durch eine solche Teilung gefördert würde. Um aber herauszufinden, ob die Gewalten t r e n n u n g nach dem Muster der ameri-

---

licher" und „demokratischer" Gewaltenteilung unterscheiden. Die rechtsstaatliche Gewaltenteilung bringe die Trennung von Exekutive und Legislative mit sich, die demokratische dagegen die Teilung der Macht zwischen autoritären und demokratischen Kräften. (Johannes H e c k e l, Einrichtung und rechtliche Bedeutung des Reichshaushaltsgesetzes, in: A n s c h ü t z / T h o m a, Handbuch des Deutschen Staatsrechts, 2. Bd. Tübingen 1932, S. 388.) Unschwer ist zu erkennen, daß die „demokratische" Gewaltenteilung den Dualismus der konstitutionellen Monarchie widerspiegelt, mit dem die deutsche Staatsrechtslehre auch in der Weimarer Republik nicht fertig wurde, obwohl er staatsrechtlich längst überwunden war. Die weitverbreitete These, daß die Exekutive, die Beamtenschaft oder die „Bürokratie" jene autoritären Kräften in die parlamentarische Demokratie hineingetragen habe (vgl. Max W e b e r, Parlament und Regierung im neugeordneten Deutschland, München und Leipzig 1918), läßt sich wohl soziologisch begründen, ist aber keine ausreichende Erklärung für das Versagen der Verfassungsschöpfer, die Spannung zwischen Volkssouveränität und Gewaltenteilung in der parlamentarischen Demokratie zu lösen. (Denn das ist das verfassungstheoretische Problem, um das es hier geht.) Zur Vereinbarung des parlamentarischen Regierungssystems mit dem Prinzip der Gewaltenteilung in der englischen Verfassungspraxis vgl. Ingeborg B o d e, Ursprung und Begriff der parlamentarischen Opposition, Stuttgart 1962, S. 55 ff.

82) Freilich hat man längst erkannt, daß selbst in der unmittelbaren Demokratie nicht jeder Bürger „regieren" kann. Von der berühmten „Identität von Regierenden und Regierten" sagt Scheuner mit Recht, sie sei „entweder schwärmerische Verkennung der Notwendigkeit politischer Überordnung oder illimitierte Rechtfertigung der Herrschaft als Übereinstimmung mit dem wahren Gemeinwillen." (Ulrich S c h e u n e r, Das Parlamentarische Regierungssystem in der Bundesrepublik Deutschland, DÖV 1957, S. 634 f.) Die Auffassung Carl Schmitts, daß die Gleichzeitigkeit von Regieren und Regiertwerden den Staat überhaupt erst ermögliche (Carl S c h m i t t, Verfassungslehre, S. 216) deutet nicht so sehr auf die Verbindung zwischen Repräsentation und Identität, als vielmehr auf Volkssouveränität und Gewaltenteilung, die möglichst viele an der Ausübung der Staatsgewalt beteiligt. Jede Teilnahme, und sei sie noch so geringfügig, erzeugt im einzelnen Bürger das Gefühl der Identifizierung mit dem Ganzen des Staates. Die Bemerkung von Leibholz bei der Kritik der Schmittschen Identitätslehre, man solle nicht von Identitäten, sondern von Identifizierungen sprechen (Gerhard L e i b h o l z, Das Wesen der Repräsentation, S. 28 Anm. 2) weist daher in die richtige Richtung.

kanischen Präsidialdemokratie oder die Gewaltenverbindung in der parlamentarischen Demokratie dem von Montesquieu gezeichneten Idealbild eher entspricht, mußte man sich mit unparteiischem Zweifel die Frage vorlegen, was denn Montesquieu mit seiner Gewaltenteilung eigentlich gewollt habe[83]).

Übereinstimmung herrscht noch hinsichtlich des Ergebnisses, daß weder Locke noch Montesquieu noch die späteren Vertreter der Gewaltenteilungslehre wirklich eine Teilung der Staatsgewalt vornehmen wollten. Im Gegenteil: die Unteilbarkeit wird allenthalben als Merkmal der Staatsgewalt hervorgehoben[84]). Was Montesquieu gewollt habe, so sagt man einhellig, sei nicht eine Teilung der Staatsgewalt, sondern eine Verteilung ihrer Ausübung auf verschiedene, voneinander unabhängige Organe[85]). Der Grund für eine solche Verteilung,

[83]) Vgl. Max Imboden, Montesquieu und die Lehre der Gewaltentrennung, Berlin 1959, S. 7 ff. In der Tat enthält die Lehre Montesquieus gewaltenverbindende Elemente. So soll die Legislative berechtigt sein „zu prüfen, wie die von ihr erlassenen Gesetze ausgeführt werden." (Montesquieu, De l'esprit des lois, Livre XI, Chap. 6, Ausgabe Gallimard, Paris 1958, S. 403). Umgekehrt soll die Exekutive (d. h. der Monarch) durch das Recht der Einberufung und Auflösung des Parlaments eine despotische Macht desselben verhindern können. („Si la puissance exécutrice n'a pas le droit d'arrêter les entreprises du corps législatif, celui-ci sera despotique", aaO., S. 403). Die von H. Krabbe, Kritische Darstellung der Staatslehre, Haag 1930, S. 185 f., aufgestellte Behauptung, Montesquieu habe durch den König die Exekutive an der Gesetzgebung teilnehmen lassen wollen, indem der König eine Art Vetorecht, die „faculté d'empêcher", besitzt, trifft nicht zu. Dieses Vetorecht steht nach der klaren Aussage Montesquieus (aaO., S. 401) der aus dem Erbadel bestehenden zweiten Kammer der Legislative zu. Umständlicher, nämlich unter Zuhilfenahme der politischen Verhältnisse der Zeit Montesquieus, begründet Ludwig Waldecker (Allgemeine Staatslehre, Berlin 1927, S. 678 ff.) die Vereinbarkeit der Lehre Montesquieus mit der Lehre von der Einheitlichkeit der Staatsgewalt. Zu den gewaltenverbindenden Elementen in der Lehre Montesquieus vgl. auch Oskar Werner Kägi, Zur Entstehung, Wandlung und Problematik des Gewaltenteilungsprinzips, Zürich 1937, S. 54 f.

[84]) Vgl. Hermann Heller, Staatslehre, 3 Aufl., Leiden 1963, S. 238 ff.; Walter Herbert, Die Einheit der Staatsgewalt und die Lehre von der Gewaltenteilung, Diss. Marburg 1937; Ludwig Gumplowicz, Allgemeines Staatsrecht, 3. Aufl., Innsbruck 1907, S. 284 f. Bluntschli (Allgemeine Staatslehre, 6. Aufl. Neudruck Aalen 1965, S. 587) nennt die Staatsgewalt „wesentlich central und einheitlich" und betont (aaO., S. 592): „Der Staat fordert die Einheit der Staatsgewalt". Friedrich Giese, Allgemeines Staatsrecht, Tübingen 1948, S. 74: „Staatsgewalt ist einheitliche Gewalt." Ebenso Georg Jellinek, Allgemeine Staatslehre, 3. Aufl. 7. Neudruck, Bad Homburg v. d. H. 1960, S. 496 f.; Arthur von Kirchenheim, Lehrbuch des Deutschen Staatsrechts, Stuttgart 1887, S. 14.

[85]) Ernst Böckenförde (Gesetz und gesetzgebende Gewalt, Berlin 1958) umgeht diese Fragestellung, indem er die Lehren John

die Absicht, die Montesquieu mit ihr verband, und die Wirkungsweise seines Systems werden damit jedoch nicht erklärt.

Am wenigsten ist mit dem in der Literatur ständig wiederholten Hinweis anzufangen, Montesquieu habe nur das beschrieben, was er in England vorfand oder vorzufinden glaubte. Diese Deutung wäre selbst dann unergiebig, wenn sie stimmte. Ebenso zweifelhaft erscheint die Auffassung, es handele sich überhaupt nicht um die Staatsgewalt, sondern um gesellschaftliche Gewalten, die zum Zwecke der Vergrößerung der Staatsmacht geteilt werden[86]). Montesquieu sprach eindeutig von der Staatsgewalt. Die Entdeckung der politischen Macht sozialer Gewalten ist viel jüngeren Datums, und die Behauptung, die eigentliche Gewaltenteilung liege im Mehrparteiensystem oder im Pluralismus der Interessen, hat mit der Lehre Montesquieus nichts mehr gemein[87]). Daß die Zurückführung der Gewalten-

---

Lockes, Montesquieus und Rousseaus allgemein als „Theorie der Gewaltengliederung" bezeichnet. Im einzelnen führt er jedoch aus, daß Montesquieu neben der Gewaltentrennung eine Verteilung der „funktionellen Gewalten auf die verschiedenen politischen und gesellschaftlichen Mächte" fordert (Böckenförde, aaO., S. 31). Bluntschli (Allgemeine Staatslehre, 6. Aufl., S. 590 ff. sieht das Wesen der Lehre Montesquieus in einer „relativen Sonderung" der Gewalten, die eine „subjektive Sonderung der Organe" bedingt. Ähnlich hatte auch James Madison die Lehre Montesquieus ausgelegt. (Vgl. The Federalist No. 47, dt. Übersetzung „Der Föderalist" hrsg. von Felix Ermacora, Wien 1958, S. 277 ff.) Kirchenheim (Lehrbuch des Deutschen Staatsrechts, Stuttgart 1887, S. 14 f.) betont, daß keine Teilung, sondern eine Einteilung, keine Scheidung, sondern eine Unterscheidung der „verschiedenen Richtungen der Staatsgewalt" beabsichtigt sei. Auch Theodor Maunz, Deutsches Staatsrecht, 15. Aufl. München 1966, S. 63, spricht von „Gewaltenunterscheidung und -trennung", definiert sie dann aber im Sinne einer Verteilung. Carl Schmitt (Verfassungslehre, S. 182 ff.) verwendet nur den Begriff der „Unterscheidung der Gewalten". Unbefriedigend ist dagegen der bloße Hinweis darauf, daß die Gewaltenteilung in der Praxis nicht durchführbar ist (Heinrich Kipp, Staatslehre, 2. Aufl. Köln 1949, S. 239 f.).

86) Vgl. Herbert Krüger, Allgemeine Staatslehre, Stuttgart 1964, S. 867.

87) Vgl. Carl J. Friedrich, Constitutional Government and Democracy, Boston 1951, S. 347. Für die Bundesrepublik Deutschland vgl. Viola Gräfin von Bethusy-Huc, Das politische Kräftespiel in der Bundesrepublik Deutschland, Wiesbaden 1965, S. 81. Dort auch die Unterscheidung zwischen Gewaltenteilung und Gewaltentrennung, erstere im Sinne der Verteilung der politischen Macht auf verschiedene Parteien und Verbände, letztere im Sinne einer Verteilung der Staatsgewalt auf Bund und Länder. Noch weitergehend Winfried Steffani, Gewaltenteilung im demokratisch-pluralistischen Rechtsstaat, Politische Vierteljahresschrift 1962 (3. Jahrg.) S. 256 ff. Daß der Pluralismus der Interessen die Funktion der Gewaltenteilung

dreiheit auf den Syllogismus[88]) nicht überzeugend ist, hat Imboden nachgewiesen[89]). Die herkömmliche Begründung, die sich auf Montesquieu selbst stützen kann, stellt auf die gewaltenhemmende Wirkung jener Verteilung ab[90]). Das Bun-

---

nicht ersetzt, meint mit Recht Scheuner, Das parlamentarische Regierungssystem der Bundesrepublik, DÖV 1957, S. 636.

88) Immanuel Kant, Die Metaphysik der Sitten, 1. Teil, § 45 (Ausgabe Insel-Verlag, Bd. V, S. 433 f.; Kants gesammelte Schriften, hrsg. von der Königlich Preußischen Akademie der Wissenschaften, Bd. VI, 1. Abt., Berlin 1914, S. 313): Der Gesetzgeber setzt den Obersatz, die Exekutive prägt den Untersatz, das richterliche Urteil ist die conclusio.

89) Max Imboden, Die Staatsformen, Basel und Stuttgart 1959, S. 40 f.; a. A. noch Carl J. Friedrich, Der Verfassungsstaat der Neuzeit, Berlin-Göttingen-Heidelberg 1953, S. 209. Imboden selbst betrachtet den Gewaltenpluralismus als Abbild der Trinität (aaO., S. 46 ff.) und rechtfertigt ihn psychologisch: „Nicht in einer äußeren Gewaltenmechanik, sondern in dem durch den kontrastschaffenden Gewaltenpluralismus vermehrten bürgerlichen Bewußtsein liegt der eigentliche Damm gegen die ungeformte und verschlingende Gewalt." (Imboden, aaO., S. 55.) Im gleichen Sinne Max Imboden, Montesquieu und die Lehre der Gewaltentrennung, Berlin 1959, S. 22 f.

90) Die entsprechende Stelle bei Montesquieu lautet: „... que le pouvoir arrête le pouvoir." Rudolf Wildenmann (Macht und Konsens der Innen- und Außenpolitik, Frankfurt/M.-Bonn 1963, S. 10) knüpft hieran folgende Deutung von Montesquieu: „Er suchte, oft mißverstanden, nach einem Prinzip, unter dessen Einfluß sich die Gewalten jeweils gegenseitig ‚Einhalt' gebieten, ‚arretieren' sollten, damit sie sich verfassungsmäßig entwickeln können." Zustimmend hierzu Herbert Krüger, Allgemeine Staatslehre, S. 868, Anm. 112. Als Gewaltenhemmung wird die ratio der Verteilung der Gewalten bezeichnet von Maunz-Dürig, Kommentar zum Grundgesetz, Randnr. 78 zu Art. 20 („Die Gewaltenteilung soll Gewaltentrennung im Sinne einer Gewaltenhemmung sein"), Giese-Schunk, Grundgesetz für die Bundesrepublik Deutschland, Anm. 6 zu Art. 20 GG: („Der Sinn der hier verankerten Gewaltenteilung liegt nicht darin, daß die Funktionen der Staatsgewalt scharf getrennt werden, sondern daß die Organe der Legislative, Exekutive und Justiz sich gegenseitig kontrollieren und begrenzen, damit die Staatsmacht gemäßigt und die Freiheit des einzelnen geschützt wird"), Andreas Hamann, Das Grundgesetz, 2. Aufl. 1960, Einf. I D 7 vor Art. 1 GG, Wernicke in Bonner Kommentar, Anm. 2 g zu Art. 20 GG, v. Mangoldt-Klein, Das Bonner Grundgesetz, Anm. V 5 b zu Art. 20 GG („‚Gewaltenteilung' umschließt einerseits die Gewaltentrennung, d. h. die verfassungsrechtliche Verteilung der materiellen Staatstätigkeiten auf verschiedene voneinander weisungsunabhängige unmittelbare Staatsorgane oder Gruppen von Staatsorganen, andererseits die Gewaltenhemmung, d. h. die verfassungsrechtliche Gewährleistung einer möglichst großen gegenseitigen Abhängigkeit der einzelnen unmittelbaren Staatsorgane beim Setzen von Staatsakten.") Carl Schmitt (Verfassungslehre, S. 185): „Der Zweck seiner (Montesquieus, d. Verf.) Einteilung der verschiedenen Zweige staatlicher Tätigkeit liegt darin, daß die eine Gewalt die an-

desverfassungsgericht hat sich ihr bei der Auslegung des Art. 20 des Grundgesetzes angeschlossen[91]).

Erst in jüngster Zeit ist diese Begründung einer sorgfältigen Kritik unterzogen worden. Wenn die Staatsgewalt verteilt werde, damit sich ihre verschiedenen Träger gegenseitig hemmen und beschränken, so führe dies zwangsläufig zu einer Schwächung der Staatsgewalt und zu einer Herabsetzung ihrer Leistungsfähigkeit[92]). Die so verstandene Gewaltenteilung raube der Staatsgewalt den größten und besten Teil ihrer Wirkungsmöglichkeit, meint Krüger, und seine Kritik gipfelt in dem Satz: „Wenn es für die herkömmliche Auffassung vor allem darauf ankommt, die Staatstätigkeit zu hemmen, dann war es überflüssig, sie überhaupt erst beginnen zu lassen[93]).“ Nun kommt es der herkömmlichen Auffassung selbstverständlich nicht vor allem darauf an, die Staatstätigkeit zu hemmen, sondern nur, sie dort zu hemmen, wo sie ohne Hemmung zum Mißbrauch würde. Auch Krüger verkennt dies nicht, meint aber, daß überall dort, wo das „Gemeinwesen“ selbst die Staatsgewalt in der Hand habe, es diese Gewalt von vorn-

---

dere hemmt.“ Vgl. auch Ulrich Scheuner, Das parlamentarische Regierungssystem in der Bundesrepublik, DÖV 1957, S. 635; Karl Loewenstein, Verfassungslehre, Tübingen 1959, S. 46 f.

[91]) Vgl. das Urteil vom 18. 12. 1953 (BVerfGE 3, 247): „Freilich ist Gewaltenteilung ein tragendes Organisationsprinzip des Grundgesetzes. Seine Bedeutung liegt in der politischen Machtverteilung, dem Ineinandergreifen der drei Gewalten und der daraus resultierenden Mäßigung der Staatsherrschaft.“ Ebenso BVerfGE 5, 199; 7, 188; 9, 279.

[92]) Maurice Duverger, Institutions Politiques et Droit Constitutionel, 6. Aufl., Paris 1962, S. 182 („... le motif politique de la séparation des pouvoirs est le même: affaiblir le gouvernement.“ Ähnlich Max Imboden, Die Staatsformen, Basel und Stuttgart 1959, S. 53, der diese Auffassung von der Gewaltenteilung mit dem römischen „divide et impera“ vergleicht. Hans Nawiasky, Allgemeine Staatslehre, 4. Bd., Einsiedeln-Zürich-Köln 1958, S. 61 f., erwähnt die mit der Gewaltenteilung verbundene Schwächung der Staatsgewalt als Frage mit schmerzlichem Unterton, scheint sich dann aber doch zu ihrer Bejahung zu entschließen.

[93]) Herbert Krüger, Allgemeine Staatslehre, S. 868, S. 945. Ähnliche Bedenken hatten bereits die Utilitaristen. Carl J. Friedrich (Der Verfassungsstaat der Neuzeit, S. 197) formuliert sie folgendermaßen: „Wird die Macht für einen guten Zweck eingesetzt, warum soll man sie aufteilen; wird sie aber zu einem schlechten Zweck benutzt, warum läßt man sie dann bestehen?“ Eine ganz andere Auffassung vertrat dagegen Bluntschli (Allgemeine Staatslehre, 6. Aufl., S. 591): Der entscheidende Grund für die Gewaltenteilung sei nicht die Rücksichtnahme auf die Freiheit des Bürgers, sondern „daß für jede Funktion besser gesorgt wird, wenn das ihr dienende Organ eigens für diesen Zweck eingerichtet wird“. Also keine Schwächung, sondern eine Verbesserung und damit wohl eine Stärkung der Staatsgewalt!

herein so repräsentativ verstehen und organisieren könne, daß Machtmißbrauch und Machtkonzentration ausgeschaltet wären[94]). Aber damit schließt sich der Kreis: das Gewaltenteilungsprinzip in jenem herkömmlichen Sinne ist eine solche Organisation und ein solches Verständnis, wodurch Machtmißbrauch und Machtkonzentration ausgeschaltet werden sollen. Man sieht, daß an dieser Stelle die Problematik einmündet in die Fragen der Trägerschaft der Staatsgewalt[95]) und der Repräsentation, und genau an dieser Stelle auch nähert sich die Diskussion wieder der Figur des Staatsoberhauptes und berührt die dritte Unklarheit dieses Problemkreises.

Volkssouveränität, Gewaltenteilung und pouvoir neutre

Mit Verwunderung ist gefragt worden, warum denn das Volk in der Trias der Gewaltenteilungslehre nicht auftaucht. Für die sogenannte Drei-Elementenlehre mag die Antwort auf diese Frage einfach scheinen: das Volk ist neben Gebiet und Staatsgewalt ein selbständiges Element des Staatsbegriffs. Aber diese begriffliche Selbständigkeit darf nicht darüber hinwegtäuschen, daß die drei Elemente zusammengehören. Es muß sich also um die Staatsgewalt des auf dem betreffenden Gebiet lebenden Volkes handeln, wenn von einem Staat und nicht von einem abhängigen Gebiet die Rede sein soll. Und durch das Prinzip der Volkssouveränität, unter dessen Geltung sich ja die ganze gegenwärtige Diskussion vollzieht, wird dies eindeutig präzisiert: alle Staatsgewalt geht vom Volke aus.

Imboden beschreibt den Zusammenhang zwischen Volkssouveränität und Gewaltenteilung mit folgenden Worten: „Die trinitarische Behördendreiheit hat den Charakter eines rationalen Überbaus über die beim Volk ruhende Grundgewalt, die trias politica tritt als differenzierte rationale Ganzheit der letztlich nicht rational bestimmten universitas popularis, der bewegten und bewegenden soziologischen Materie, gegenüber[96]).“ Dieses Gegenübertreten ist nicht ohne Problematik. Imboden meint, daß formal dadurch die Dreiheit zur Vierheit

---

[94]) Krüger, aaO., S. 869.

[95]) Es ist erstaunlich, daß im deutschen staatsrechtlichen Schrifttum noch lange nach der Abschaffung der Monarchie das Staatsoberhaupt als „Träger der Staatsgewalt“ bezeichnet wird. (So z. B. Otto Meißner, Die Träger der Reichsgewalt, Handbuch der Politik, 3. Bd., Leipzig 1921, S. 41.) Vgl. hierzu Ulrich Scheuner, Das parlamentarische System der Bundesrepublik, DÖV 1957, S. 634.

[96]) Max Imboden, Die Staatsformen, Basel und Stuttgart 1959, S. 57.

werde, daß sich aber die Integration des Vierten, eben des Volkes, nicht im Rahmen der bisherigen Dreiheitsformel vollziehe, sondern eine neue Dimension eröffne. Zwischen dem trinitarisch konzipierten Überbau einerseits und dem monistisch verstandenen Untergrund andererseits liege die entscheidende Kluft. Sie zu überwinden bedeute „die letzte und größte Anstrengung“[97]).

Nicht immer ist dieses Problem so scharf formuliert worden, aber viele haben es wohl ähnlich empfunden. Schon bei Rudolf Smend finden sich die dunklen Worte, daß in diesem Gewaltenteilungssystem, das er im übrigen durchaus bejaht, „das abschließende Moment fehlt“[98]).

Dieses abschließende Moment, die Überwindung der Kluft, wird nun gesucht in der Figur des parlamentarisch-demokratischen Staatsoberhauptes als einer das Volk — oder den Staat — repräsentierenden neutralen Gewalt. Damit sind wir bei der dritten großen Unklarheit angelangt, die vor allem durch den Rückgriff auf Constant entstand. Denn an dieser Stelle ist Constant von der deutschen Staatslehre mißverstanden worden, und zwar sowohl in der Zustimmung als auch in der Ablehnung seiner Lehren[99]).

---

[97]) Imboden, aaO., S. 58.

[98]) Rudolf Smend, Verfassung und Verfassungsrecht, München und Leipzig 1928, S. 98.

[99]) Die Auseinanderstezung mit Constant ist bis auf den heutigen Tag lebhaft geblieben. In Deutschland schwankte man je nach den politischen Verhältnissen zwischen Zustimmung und Ablehnung. Anfänglich überwog wohl die Ablehnung, da die Lage in Deutschland ganz anders war als in Frankreich. Ging es Constant um die Stärkung der konstitutionellen Monarchie unter einer Dynastie, die nach Revolution und Zwischenkaisertum eben auf den Thron zurückgekehrt war, so war dies in Deutschland keineswegs vonnöten, da die Macht der konstitutionellen Monarchie sich eben damals ungebrochen aus eigenem Antrieb zu entfalten begann. Die Liberalen dagegen wiesen seine Lehren zurück, weil sie darin den Versuch einer Rettung der von ihnen verpönten Gewaltenteilung sahen. (Vgl. Aretin-Rotteck, Staatsrecht der konstitutionellen Monarchie, Bd. 1, S. 77, 199 ff.; R. Mohl, Die Geschichte und Literatur der Staatswissenschaften, Bd. 1, Erlangen 1855, S. 284. Hierzu Lothar Gall, Benjamin Constant, Seine politische Ideenwelt und der deutsche Vormärz, Wiesbaden 1963, S. 183 ff.) In Frankreich zeigte sich alsbald die Tendenz, die Macht des konstitutionellen Monarchen über das von Constant beschriebene Maß hinaus zu beschränken. So schon bei Chateaubriand, De la Monarchie selon la Charte, Paris 1816, gegen den sich Constant selbst noch heftig zur Wehr setzte, obwohl Chateaubriand im übrigen den Constantschen Gedankengängen gefolgt war. Vgl. hierzu Luis Diez del Corral, Doktrinärer Liberalismus, Neuwied-Berlin 1964, S. 80 f. Über die verschiedenen verfassungspolitischen Tendenzen, in die das Werk Constants sofort hin-

Constant hatte sich sehr wohl mit dem Verhältnis von Gewaltenteilung und Volkssouveränität beschäftigt und insbesondere die Überspitzung der letzteren bei Rousseau abgelehnt. Seine Staatslehre ist trotz aller Wandlungen, die er selbst mitgemacht hat[100]), durch und durch eine monarchistische. Die neutrale Gewalt, die nach der Meinung deutscher Staatsdenker als Krönung, Vollendung, Ausgleich oder Gegengewicht, als Repräsentation des Volkes hinzutreten soll, ist trotz ihrer Verankerung in der Verfassung ein pouvoir royal, eine königliche Gewalt. Diese Gewalt steht, so sagt Constant wörtlich, inmitten, aber gleichzeitig auch oberhalb der vier anderen Gewalten (Constant unterschied ja insgesamt fünf Gewalten), sie ist zugleich oberste und vermittelnde Gewalt — superieure et intermédiaire. Träger dieser Gewalt kann nur ein Monarch

---

eingezogen wurde, vgl. Paul Bastid, Les institutions politiques de la monarchie parlementaire française (1814—1848) Paris 1954; Jean Hiestand, Benjamin Constant et la doctrine régime représentatif vers le régime parlementaire de 1814 à 1816, Paris 1929; Gabriel Rémond, Roger-Collard. Son essai d'un système politique, Paris 1933. Über Constants Wirken im einzelnen E. Asse, Benjamin Constant et le Directoire, Revue de la Révolution Bd. 15/1889, S. 337 ff. und 433 ff., Bd. 16/1889, S. 5 ff. und 105 ff.; W. Bach, Benjamin Constant und die Politik 1767—1802. Eine psychologisch-historische Studie, Leipzig, Diss. 1936; Paul Bastid, Benjamin Constant et sa doctrine, 2 Bände, Paris 1966; C. Bouglé, La philosophie politique de Benjamin Constant, La Revue de Paris, März 1914; C. Cordié, Benjamin Constant, Mailand 1946; A. Dolmatowsky, Der Parlamentarismus in der Lehre Benjamin Constants, Zeitschrift für die Gesamte Staatswissenschaft, Bd. 63, S. 581 ff.; A. Dolmatowsky, Der Parlamentarismus in der Lehre Benjamin Constants, Tübingen, Diss. 1907; Ch. du Bos, Grandeur et misère de Benjamin Constant, Paris 1946; J. Ettlinger, Benjamin Constant, der Roman eines Lebens, Berlin 1909; A. Fabre-Luce, Benjamin Constant, Paris 1939; E. Faguet, Benjamin Constant, Politiques et Moralistes du XIXième siècle, Iière série, Bd. 2, Paris 1891, S. 188 ff.; H. Guillemin, Benjamin Constant muscadin, Paris 1958; E. Laboulaye, Benjamin Constant, Revue nationale et etrangère, Bd. V und VI/1861, Bd. XXV und XXVI/1867; G. de Lauris, Benjamin Constant et les idées libérales, Paris 1904; P. L. Léon, Benjamin Constant, Paris 1930; J. de la Lombardière, Les Idées politiques de Benjamin Constant, Paris, Diss. 1928; K. Meister, Benjamin Constant und die Freiheit, Zürich, Diss. 1956; A. Romieu, Benjamin Constant et l'esprit européen, Paris 1933; G. Rudler, Bibliographie critique des œuvres de Benjamin Constant, Paris 1909; E. W. Schermerhorn, Benjamin Constant. His Private Life and his Contribution to the Cause of Liberal Government in France 1767—1830, with a preface by F. Baldensperger, London 1924; F. D. Scott, Benjamin Constants „Project" for France in 1814, The Journal of Modern History, 7/1935, S. 41 ff.; F. Wagner, Der liberale Benjamin Constant, Zur Geschichte seines politischen Wesens, München, Diss. 1932.

100) Hierzu ausführlich Paul Bastid, Benjamin Constant et sa doctrine, Bd. II, Paris 1966, S. 901 ff.

sein. Auch daran läßt Constant keinen Zweifel. Er zeichnet das Idealbild eines konstitutionellen Monarchen[101]): der Monarch fügt sich willig in die Verantwortlichkeit seiner Minister; er hat höhere Güter zu verteidigen als die kleinen Details der Exekutive. Seine Würde ist ein „Familienerbgut" — patrimoine de famille — das er aus der Kampfzone zurückzieht, indem er sein Ministerium fallen läßt. „Nur wenn die Macht solcherart geheiligt ist, kann man Macht und Verantwortung voneinander trennen[102])."

Daß Macht und Verantwortung in einer auf dem Prinzip der Volkssouveränität beruhenden Staatsordnung nicht von einander getrennt werden dürfen, erscheint heute durchaus selbstverständlich[103]). Um so erstaunlicher ist es, daß diese Erkenntnis bei der Auslegung und Anwendung der Constantschen Gedanken vergessen wurde. Hätte man sie bedacht, so hätte man gezögert, diese Gedanken auf die republikanische Staatsform anzuwenden und den pouvoir royal umzudeuten in einen pouvoir républicain.

Als hätte er dieses Mißverständnis vorausgeahnt, hat Constant selbst, an einer offenbar allzu versteckten Stelle, auf die

---

101) Trotzdem ist diese Schilderung bei Constant mehr institutionell als personell, ganz anders als etwa bei Hasbach (Die parlamentarische Kabinettsregierung, Stuttgart 1919), der den Monarchen als einen stets gütigen, wohlwollenden, kenntnisreichen, ausgleichenden Mann beschreibt, der „geleitet allein durch den Wunsch, allen Klassen zu nützen" (aaO., S. 15) seine Minister ernennt und entläßt usw. Mit Recht bezeichnet Richard Thoma (Archiv des öffentlichen Rechts, Bd. 3 NF, 1921, S. 231) diese Ausführungen als naiv.

102) Benjamin Constant, aaO., S. 1084.

103) Die Forderung nach einem unverbrüchlichen Zusammenhang zwischen Macht und Verantwortung stellte bereits Thomas Jefferson auf: „No authority existing not responsible to the people" (Brief an Isaac H. Tiffany vom 26. 8. 1816, in Edward Dumbauld, ed., The Political Writings of Thomas Jefferson, New York 1955, S. 87 f. Der Grundsatz, daß es in der Demokratie keine verantwortungslose Macht geben darf, duldet keine Ausnahmen. Ebenso wie ein Staat nicht mehr freiheitlich genannt werden kann, wenn es in ihm auch nur eine einzige Insel der Unzufriedenheit gibt, kann ein Staat nicht mehr demokratisch heißen, wenn es in ihm auch nur einen einzigen Bereich gibt, in dem verantwortungslose Macht waltet. Die Volkssouveränität, die den Kern der Demokratie bildet, bringt es mit sich, daß in der Demokratie die Macht sich von unten nach oben, die Verantwortung aber von oben nach unten aufbaut. Der Strom der Macht fließt vom einzelnen Bürger zur Staatsspitze, die Verantwortung aber bildet den Gegenstrom von der Spitze zum einzelnen Bürger. Indiz für den Strom der Macht ist die Richtung der politischen Willensbildung. Hierzu das Urteil des Bundesverfassungsgerichts vom 19. 7. 1966: „Willensbildung des Volkes und staatliche Willensbildung sind auf vielfältige Weise miteinander verschränkt. In einer Demokratie muß sich diese Willensbildung aber vom Volk zu den Staatsorganen, nicht umgekehrt von den Staatsorganen zum Volk hin, vollziehen."

Unterschiede zwischen dem Monarchen und dem republikanischen Oberhaupt hingewiesen: Eine nicht verantwortliche republikanische Macht könnte sich neben einem verantwortlichen Ministerium nicht halten. Sie würde beiseite gedrängt und bald als überflüssig betrachtet werden[104]).

So weit Constant. Dagegen könnte eingewendet werden, daß diesem Mißstand leicht abzuhelfen sei, indem man eben das republikanische Oberhaupt verantwortlich macht. Auch diesen Gedanken prüft Constant nebenher und kommt zu dem Ergebnis, daß dann die Verantwortung illusorisch würde: „Eine Verantwortung, die sich nur durch Männer bewirken läßt, deren Sturz die auswärtigen Beziehungen verwirren und das innere Räderwerk des Staates zum Stillstand bringen würde, wird nie funktionieren ... Denn um die Verletzung eines einzigen Gesetzes zu ahnden, müßte man das gefährden, was der Garantie aller Gesetze dient ... Die Verantwortlichkeit eines republikanischen Oberhauptes würde sich in ein Nichts auflösen, weil sie innerhalb des Systems zu hoch läge[105]).“ Alle diese Sätze wurden vor hundertfünfzig Jahren geschrieben. Klarer kann der Unterschied zwischen dem monarchischen und dem republikanischen Staatsoberhaupt gar nicht ausgedrückt werden.

Aber die deutsche Staatslehre beachtete das kaum. Allgemein glaubte man, die beiden Figuren seien identisch oder zumindest weitgehend ähnlich, mit nur geringfügigen Unterschieden. So begnügt sich etwa Bluntschli mit der Bemerkung, das Staatshaupt erscheine in der Monarchie würdevoller, reicher und dauerhafter als in der Republik[106]). Diese Auffassung war übrigens nicht auf die deutsche Staatslehre beschränkt, sondern wurde auch in Frankreich vertreten, so daß die deutschen Autoren sich auf immer neue französische Gewährsmänner berufen konnten, vor allem auf Batbie, der es gegen Ende des 19. Jahrhunderts ganz schlicht formulierte: „Der konstitutionelle Monarch war nichts anderes als eine erblicher Präsident und der Präsident der Republik ist nichts anderes als ein konstitutioneller Monarch auf Zeit[107]).“

---

104) Benjamin Constant, aaO., S. 1085.

105) Benjamin Constant, aaO., S. 1086.

106) Johann Kaspar Bluntschli, Allgemeines Staatsrecht, 6. Aufl., Stuttgart 1885, S. 150.

107) Anselme-Polycarpe Batbie, Traité théorique et pratique de droit public et administratif, 2. Aufl., Paris 1885, Bd. 7, S. 354. Barthélemy meinte, das Problem der parlamentarischen Regierungsform bestehe darin, „ein Mittel zu finden, dem Präsidenten der Republik im Staat einen Einfluß zu verschaffen, der dem des erblichen Königs nach der Revolution gleichkommt“, (Joseph Barthélemy, L'introduction du régime parlementaire en France, Paris 1904, S. 318)

Nun ist die parlamentarische Regierungsweise sowohl in der Monarchie als auch in der Republik möglich. Diejenige Monarchie, in der das parlamentarische System unbeschränkt herrscht, wird folgerichtig „parlamentarische Monarchie" genannt[108]). Die Geschichte zeigt, daß die Parlamente konstitutioneller Monarchien bestrebt sind, ihren Staat durch die Ausweitung der Parlamentsmacht in eine parlamentarische Monarchie umzuwandeln. England ist ein markantes Beispiel für diese Entwicklung[109]). Man hat darauf hingewiesen, daß der englische König das Vorbild sowohl für den amerikanischen Präsidenten als auch für den französischen Präsidenten der zweiten und dritten Republik abgegeben habe, nur stamme eben die amerikanische Verfassung aus einer Zeit, als England noch konstitutionelle Monarchie, die besagten französischen dagegen aus einer Zeit, als es bereits parlamentarische Monarchie war[110]).

---

und vertritt die Auffassung, in der Person Ludwigs XVIII sei dieses Problem gelöst worden.

[108]) Vgl. Karl Loewenstein, Die Monarchie im modernen Staat, Frankfurt/M. 1952, S. 42 ff.; Hans Helfritz, Allgemeines Staatsrecht, 5. Aufl. (Albert Nauck Verl.) 1949, S. 150; Paul Bastid, Les institutions politiques de la monarchie parlementaire française (1814—1848), Paris 1954; Michail Farcasanu, Über die geistesgeschichtliche Entwicklung des Begriffes der Monarchie, Diss. Berlin, Würzburg 1938, S. 59 ff. Helfritz bezweifelt, ob die parlamentarische Monarchie überhaupt noch eine Monarchie sei. Unterscheidet man Staatsform und Regierungsform (vgl. oben Anm. 38), so erscheint es selbstverständlich, daß sich theoretisch jede Staatsform mit jeder Regierungsform verbinden kann. Die demokratischen Regierungsformen sind also auch in der Monarchie möglich. In der Praxis ist jedoch zu berücksichtigen, daß die Demokratie gewisse Prinzipien beinhaltet, die nicht ohne Einfluß auf das monarchische Staatsoberhaupt sein können. Wenn es z. B. ein unverbrüchlicher Grundsatz der Demokratie ist, daß mit jeder politischen Macht eine politische Verantwortung verbunden sein muß (vgl. oben S. 41), so kann ein Staat, in dem ein unverantwortlicher Monarch politische Macht ausübt, nicht als Demokratie bezeichnet werden. Wenn der Monarch aller politischen Macht beraubt ist, mag man — wie Helfritz (aaO., S. 150) — zögern, den betreffenden Staat noch als Monarchie zu bezeichnen. Trotzdem unterscheidet sich auch ein solcher Monarch durch den andersartigen Legitimierungsgrund seiner Stellung vom Präsidenten der Republik.

[109]) In der englischen staatsrechtlichen Literatur wird die Unterscheidung zwischen der konstitutionellen und der parlamentarischen Monarchie nicht immer ausdrücklich getroffen. Häufig wird das englische System noch in der Gegenwart als konstitutionelle Monarchie bezeichnet (vgl. S. Gordon, Wesen und Werden des englischen Parlaments, Berlin 1948, S. 23, der einen Ausspruch Attlees zitiert). Alpheus Todd (Über die parlamentarische Regierung in England, 2 Bde., Berlin 1869 und 1871) erklärt die konstitutionelle und die parlamentarische Monarchie ausdrücklich für identisch (aaO., Bd. 1, S. 1), beschreibt dann aber sorgfältig den Übergang von der einen zur anderen Staatsform.

[110]) So z. B. von Hans Helfritz, Allgemeines Staatsrecht, 5. Aufl.

Das mag richtig sein und manches erklären, aber für unser Problem genügen solche Scheinerkenntnisse nicht, zumal sie auf künstlichen Definitionen beruhen. Wesentlich ist die Frage, wie die Constantsche Konstruktion des pouvoir neutre in die verfassungsrechtliche Dynamik hineinpaßt. Und hier sieht man ganz deutlich, daß die Bewegung von der konstitutionellen zur parlamentarischen Monarchie die Brauchbarkeit des Constantschen Modells solange nicht beeinträchtigt, als auch in der parlamentarischen Monarchie ein Monarch als Träger des pouvoir royal vorhanden ist[111]). Dagegen verliert das Constantsche

---

1949, S. 168. Anders erklärt Bagehot bereits im Jahre 1867 den Unterschied in der Stellung der amerikanischen Präsidenten und des englischen Königs. Die Schöpfer der amerikanischen Verfassung seien durch den beherrschenden Einfluß, den Georg III. auf den damaligen Premierminister Lord North ausübte, zu dem Irrtum verleitet worden, der König sei der „administrator of the English Constitution", während diese Stellung in Wahrheit dem Premierminister zukomme. Der letztere sei „the principal executive of the British Constitution", der König dagegen nur „a cog in the mechanism". (Walter Bagehot, The English Constitution, London 1867, Neudruck London 1964 — C. A. Watts und Co., Ltd. —, S. 99.) Fritz Münch meint hierzu: Bagehot habe damit nur ausdrücken wollen, daß sich der Übergang von der konstitutionellen zur parlamentarischen Demokratie in England bereits vor 1789 vollzogen habe (Fritz Münch, Die Bundesregierung, Frankfurt/M. 1954, S. 96, Anm. 3). Doch ist anzumerken, daß Bagehot — wie die meisten englischen Autoren — die beiden Systeme nicht klar unterscheidet.

111) Man möchte fast meinen, Constant habe von vornherein mehr an die parlamentarische als an die konstitutionelle Monarchie gedacht, obwohl er fast auf jeder Seite seines Werkes über die Prinzipien der Politik, in dem diese Gedanken enthalten sind, ein Bekenntnis zur konstitutionellen Monarchie ablegt. Die später erfundene Terminologie konnte er freilich nicht verwenden. Ihr Wert ist gerade für das hier behandelte Problem rein akademisch, wenn auch die Begriffsinhalte deutlich unterscheidbar sind. Konstitutionelle und parlamentarische Monarchie unterscheiden sich voneinander durch das verschieden gelagerte Schwergewicht der politischen Willensbildung. Während der konstitutionelle Monarch an ihr maßgeblich beteiligt ist und die Verwaltung (einschließlich des Militärs) in seinen Händen hat, ist der Monarch eines parlamentarisch regierten Landes ausschließlich auf seine Stellung als vermittelnde, neutrale Kraft angewiesen, die Constant beschreibt. Grundlegend ist der Unterschied in der theoretischen Fundierung der königlichen Gewalt. Während sie in der konstitutionellen Monarchie aus dem dynastischen Recht fließt, aber durch die Verfassung beschränkt ist, fließt sie in der parlamentarischen aus der vom Volk getragenen Verfassung. In Zweifelsfällen spricht daher in der konstitutionellen Monarchie die Vermutung für eine Zuständigkeit des Königs („praesumtio pro rege"), in der parlamentarischen Monarchie für eine Zuständigkeit der Volksvertretung („praesumtio pro populo"). Vgl. Hans Helfritz, Allgemeine Staatslehre, 5. Aufl. 1949, S. 148 ff. Constant beschreibt insofern das parlamentarische System, als er die Rechte des Königs aus der Verfassung ableitet. Aber er vertritt eine „begrenzte Volks-

Modell seine Brauchbarkeit, wenn sich das System von der Monarchie zur Republik bewegt. Denn nun fehlt der Träger jenes neutralen, vermittelnden pouvoir royal und ist, wie Constant selbst nachgewiesen hat, durch ein republikanisches Staatshaupt nicht zu ersetzen[112]).

Die jüngere Verfassungsgeschichte einiger kontinentaleuropäischer Länder, darunter auch Deutschlands, könnte als Beweis für die Richtigkeit dieser Modellbetrachtung angesehen werden. Man könnte also die Ausgestaltung des Präsidentenamtes in zwei deutschen Systemen innerhalb des letzten halben Jahrhunderts sozusagen als cultural lag, als Nachhinken be-

---

souveränität" (Constant, Principes de politique, Oeuvres, Editions Gallimard, Paris 1957, S. 1075) und betont, daß der König seine Stellung allein der Abstammung aus königlichem Geblüt verdankt und seine Würde als „Familienerbgut" erhält (aaO., S. 1084). Gerade zu Lebzeiten Constants vollzog sich in Frankreich der Übergang von der konstitutionellen zur parlamentarischen Monarchie, ohne daß in der Praxis große Erschütterungen wahrzunehmen gewesen wären. „Die parlamentarische Regierung ergab sich aus der Verfassung von 1814 wie die republikanische aus den Gesetzen vom 24. und 25. Februar und 16. Juli 1875, allein auf Grund eines Zusammentreffens günstiger Umstände, die nach den verfassunggebenden Akten eintraten." (Pierre Marx, L'évolution du régime représentatif vers le régime parlementaire de 1814 à 1816, Paris 1929, S. 39). Hierzu Joseph Barthélemy, L'introduction du régime parlementaire en France, Paris 1904. Es ist eine Besonderheit der französischen Verfassungsentwicklung der Restaurationsepoche, daß die Errichtung der konstitutionellen Monarchie mit der Einführung des parlamentarischen Systems praktisch zusammenfiel. Für deutsche Betrachter erscheint es schwer faßlich, daß die Charte vom 4. Juni 1814, „der Musterfall des europäischen Konstitutionalismus" (Ernst Rudolf Huber, Nationalstaat und Verfassungsstaat, Stuttgart 1965, S. 70 f.) den Parlamentarismus heranzüchtete. Französische Interpreten sehen dies einfacher: „Das Hauptverdienst der konstitutionellen Monarchie liegt darin, daß sie bei uns die Regeln der parlamentarischen Regierung eingeführt hat, die jenseits des Kanals bereits bekannt waren und praktiziert wurden" (Paul Bastid, Les institutions de la monarchie parlementaire française (1814—1848), Paris 1954, S. 13). Die deutschen Begriffe sind daher nur schwer auf die französische Verfassungsentwicklung des 19. Jahrhunderts anzuwenden und es fragt sich, ob die scharfe Unterscheidung zwischen konstitutioneller und parlamentarischer Monarchie danach viel Sinn hat.

112) Jedoch ist es nicht gerechtfertigt zu sagen, der Parlamentarismus sei „auch in seiner demokratischen Abwandlung eine Regierungsart, die in erster Linie der konstitutionellen Monarchie gemäß ist" (Otto Barbarino, Staatsform und politische Willensbildung, München 1949, S. 82). Die Praxis hat bewiesen, daß der Parlamentarismus auch in Republiken gedeihen kann. Nur ändert sich dort eben die Stellung des Staatshauptes. Viel eher leuchtet die gegenteilige Meinung ein, daß das parlamentarische System dem modernen demokratischen Staat besonders angemessen sei. So z. B. Hans Nawiasky, Die Stellung der Regierung im modernen Staat, Recht und Staat in Geschichte und Gegenwart, Heft 37, Tübingen 1925, S. 13.

stimmter Kulturelemente hinter der kulturellen Gesamtentwicklung betrachten[113]). Besonders hinsichtlich des ersten der beiden Systeme könnte man Untersuchungen über diesen Gegenstand mit sozialpsychologischen Hinweisen auf das deutsche Sehnen nach einem „Ersatzkaiser" würzen[114]). Aber all das würde dem Thema nicht gerecht werden und würde als Selbstzweck diesen Aufwand nicht lohnen.

Es würde auch nur die halbe Wahrheit ans Licht bringen. Denn abgesehen davon, daß zu der berühmten monarchistischen Befangenheit der deutschen Staatslehre, wie bereits bemerkt, noch einige weitere Komplikationen hinzutreten, ist auch zu prüfen, ob nicht die neue Staatsform und die neue Konstellation der politischen und sozialen Kräfte eine Figur rechtfertigen, die als Staatsoberhaupt bezeichnet werden kann. Das für die Gegenwart und Zukunft zu prüfen, ist wohl unsere Hauptaufgabe, die freilich nicht ohne Kenntnis der bisherigen Entwicklung, einschließlich aller Irrungen und Wirrungen, erledigt werden kann.

Es liegt nahe, sich Rat zu holen bei denjenigen Männern, die zum ersten Mal in der deutschen Geschichte die Rechtsstellung eines republikanischen Staatsoberhauptes in einer parlamentarischen Demokratie zu gestalten hatten. Bewegte sie vielleicht doch noch etwas anderes als das komplizierte geistige Erbe, das wir soeben aufgezeigt haben? Und was bezweckten sie mit ihrer Lösung?

Bei der Beantwortung dieser Frage kann und muß abgesehen werden von dem unfruchtbaren Streit um die monarchistische Befangenheit der Schöpfer der Weimarer Verfassung. Im Verlaufe dieses Streits ist von der einen Seite der Vorwurf erhoben worden, der Reichspräsident sei als Nachfolger des deutschen Kaisers oder als Platzhalter der Monarchie — ähnlich dem französischen Präsidenten MacMahon nach 1871 — gedacht gewesen[115]), und Wittmayer steigerte sich dabei in die Formu-

---

113) Der Begriff des cultural lag wurde von William F. Ogburn geprägt und wird seit etwa 30 Jahren vor allem in der amerikanischen Kulturanthropologie und Soziologie verwendet. Vgl. William F. Ogburn, Cultural Lag as Theory, Sociology and Social Research, Bd. 41 (1957), S. 167 ff.

114) Vgl. Theodor Eschenburg, Die improvisierte Demokratie der Weimarer Republik, Langheim 1954, S. 41 f.

115) Wie ernsthaft die Rückkehr zur monarchischen Staatsform anfangs noch erwogen wurde, zeigt Hasbach, der im Jahre 1919 am Schluß einer wissenschaftlichen Untersuchung über den Parlamentarismus zu dem Ergebnis kam: „so sprechen also sowohl allgemeine Gründe wie gewichtige besondere dafür, daß das deutsche Volk sich der Republik wieder entwinden wird" (Wilhelm Hasbach, Die parlamentarische Kabinettsregierung, Stuttgart-Berlin 1919, S. 296).

lierung, der Reichspräsident sei „das seltsamste politische Lebewesen, das je die deutsche Erde getreten hat"[116]), auf der anderen Seite wird berichtet, daß die Nationalversammlung keineswegs gesonnen war, alte Zöpfe aus der kaiserlichen Zeit in die Republik hinüberzuretten[117]), und der entfernte Betrachter ist geneigt, das zu glauben; denn in der Nationalversammlung überwogen die fortschrittlichen Kräfte.

Die Gedanken, die man sich in Weimar außerhalb jenes Streits über das Staatsoberhaupt der neuen Republik machte, waren allerdings recht mannigfaltig. Man erörterte das „amerikanische System" und das „französische System" und entschloß sich schließlich zu einer Mischung aus beiden Systemen[118]), ohne jedoch von dem Grundgedanken der parlamentarischen Demokratie abzugehen. Die Mischung war zunächst eine rein äußerliche, berührte aber dann doch mit der Volkswahl des Reichspräsidenten einen der Kernpunkte des republikanisch-parlamentarischen Staatsoberhaupts. Durch die Volkswahl wollte man das schwierige, vorhin schon angedeutete Problem des Verhältnisses der vierten Gewalt zur Volkssouveränität lösen und die Stellung des Oberhauptes gegenüber dem Parlament stärken[119]).

---

[116]) Leo Wittmayer, Die Weimarer Reichsverfassung, Tübingen 1922, S. 355 f.

[117]) Vgl. Hermann Pünder, Der Reichspräsident in der Weimarer Republik, Frankfurt-Bonn 1961 (Demokratische Existenz heute, Schriften des Forschungsinstituts für Politische Wissenschaft der Universität zu Köln, Heft 2), S. 15 f. Ebenso Heinrich Pohl in Anschütz/Thoma, Handbuch des Deutschen Staatsrechts, Bd. I, Tübingen 1930, S. 482.

[118]) Vgl. Otto Meißner, Das Staatsrecht des Reichs und seiner Länder, Berlin 1923, S. 48; Hans Gmelin, Einführung in das Reichsverfasungsrecht, Leipzig 1929, S. 107; Hermann Pünder, Der Reichspräsident in der Weimarer Republik, Frankfurt/M.-Bonn 1961, S. 15; August Finger, Das Staatsrecht des Deutschen Reichs, Stuttgart 1923, S. 310; Heinrich Pohl in Anschütz/Thoma, Handbuch des Deutschen Staatsrechts, 1. Bd., Tübingen 1930, S. 469.

[119]) Diese Auffassung wurde nicht nur in der politischen Auseinandersetzung (vgl. die Verhandlungen der Verfassungsgebenden Deutschen Nationalversammlung, 336. Bd., Nr. 391, S. 234), sondern auch in der staatsrechtlichen Literatur vertreten. Vgl. Anschütz/Thoma, Handbuch des Deutschen Staatsrechts, 1. Bd., Tübingen 1930, S. 483; Carl Schmitt, Der Hüter der Verfassung, Tübingen 1931, S. 158 f.; ebenso Carl Schmitt in Archiv des öffentlichen Rechts, Bd. 16 NF, S. 234 f.; August Finger, Das Staatsrecht des Deutschen Reiches, Stuttgart 1923, S. 328 f. Otto Meißner, Das Staatsrecht des Reiches und seiner Länder, Berlin 1923, S. 48; Hans Gmelin, Einführung in das Reichsverfassungsrecht, Leipzig 1929, S. 108; Hugo Preuß, Deutschlands republikanische Reichsverfassung, 2. Aufl. Berlin 1923, S. 69 f.; Ernst Forsthoff, Verfassungsprobleme des Sozialstaats, 2. Aufl. Münster 1954, S. 19. Kritisch ge-

Im Grunde genommen ging es um die bereits von Constant aufgezeigte Gefahr einer Auflösung der Macht des republikanischen Staatsoberhauptes gegenüber den anderen Gewalten, sei es der Legislative, sei es der Exekutive. (Im Constantschen Modell selbst bestand die Gefahr nicht; denn dort war ja das Oberhaupt ein pouvoir royal.) Constant hatte auf die Gefahr in bezug auf die Exekutive hingewiesen[120]), im parlamentarischen System besteht sie aber zumindest im gleichen Maße auch in bezug auf die Legislative. Die Erfahrungen in Frankreich nach der Beseitigung der Monarchie bestätigen das. Dort sank die Stellung des Präsidenten in der dritten Republik sehr rasch, bis der Präsident nach Duguits Worten nichts mehr anderes war als ein Handlanger oder ein Schreiber des Parlaments[121]).

Indem man das Oberhaupt in der Weimarer Republik vom Volke wählen ließ[122]), wollte man es in unmittelbare Verbin-

---

genüber der Volkswahl des Reichspräsidenten dagegen Max Weber, Deutschlands künftige Staatsform, Frankfurt/M. 1919, S. 26, der zu bedenken gibt, daß eine Volkswahl leicht „zur Retablierung einer Dynastie" führen könne. (Max Weber dachte offenbar an das Beispiel Napoleons III.) Hoffmann wies darauf hin, daß „die Möglichkeit der Selbständigkeit infolge der plebiszitären Grundlage durch die Abhängigkeit infolge der stets erforderlichen Gegenzeichnung von den parlamentarischen Ministern völlig aufgehoben wird". (E. H. Hoffmann, Die Stellung des Staatshauptes zur Legislative und Exekutive im Deutschen Reiche und seinen Ländern. Archiv des öffentlichen Rechts, Bd. 7 NF, S. 267 f.). Ebenso Leo Wittmayer, Die Weimarer Reichsverfassung, Tübingen 1922, S. 367 f. Ulrich Scheuner meint zwar, „daß gegenüber einem in der Uneinigkeit vieler Parteigruppen schwachen Regierungssystem der vom Volk gewählte Präsident sehr große Einflußmöglichkeiten besitzt", bezeichnet aber doch die Volkswahl des Staatshauptes als „die umstrittenste Form der reinen Demokratie" (Ulrich Scheuner, Das repräsentative Prinzip in der modernen Demokratie, Festschrift für Hans Huber, Bern 1961, S. 235 bzw. 234). An anderer Stelle nennt er die Auffassung, eine Volkswahl würde die neutrale Gewalt des Präsidenten stärken, „unrealistisch" (DÖV 1957, S. 635, Anm. 24). Ganz klar formuliert Hans Spanner (Zur Stellung des Staatsoberhaupts in Deutschland und Österreich seit 1918, DÖV 1966, S. 515): „Auch die auf unmittelbarer Volkswahl beruhende Stellung des Staatsoberhauptes kann dieses nicht zu einem wirklichen Gegenspieler des Parlaments machen."

120) Benjamin Constant. aaO., S. 1085 f.

121) „Un simple commis du parlement". Léon Duguit, Traité de droit constitutionnel, I. Aufl. Bd.2, Paris 1911, S. 422.

122) Zum Wahlmodus vgl. Friedrich Karl Fischer, Mehrheitssystem und Mehrheitsfeststellung bei der Wahl des deutschen Reichspräsidenten, Diss. Leipzig 1930. Zu der für Anfang 1932 geplanten, aber nicht durchgeführten parlamentarischen Wahl vgl. Otto Koellreutter, Verfassungstheoretische Bemerkungen zur Gültigkeit der geplanten parlamentarischen Reichspräsidentenwahl 1932, Archiv des

dung mit der Volkssouveränität bringen und ebenbürtig neben das Parlament stellen[123]). „Reichstag und Reichspräsident bilden zusammen die Verkörperung der Volkssouveränität", lautete eine beliebte Formel der Weimarer Zeit[124]). Auf sie berief sich Präsident Hindenburg bei seiner Vereidigung am 12. Mai 1925[125]) und forderte mit dieser Begründung die Anerkennung des Reichspräsidenten als eines politischen Machtfaktors von gleicher Rangordnung wie der Reichstag[126]). Damit ist das

---

öffentlichen Rechts, Bd. 61 AF (1932), S. 129 ff.; Gerhard Leibholz, Die Verfassungsdurchbrechung, Archiv des öffentlichen Rechts, Bd. 61 AF (1932), S. 1 ff. (S. 26 ff.).

123) Eine realistische Beurteilung dieses Versuchs ergibt sich aus einer Textstelle bei Léon Duguit, L'Etat, les gouvernants et les agents, Paris 1903, S. 324: „ Wenn die parlamentarische Regierungsform eine Zusammenarbeit zwischen Parlament und Staatsoberhaupt erfordert, so muß das Staatsoberhaupt mindestens eine dem Parlament ebenbürtige Kraft darstellen. In einer demokratischen Republik ist das stets unmöglich."

124) Vgl. Heinrich Pohl, Die Zuständigkeiten des Reichspräsidenten in: Anschütz/Thoma, Handbuch des Deutschen Staatsrechts, 1. Bd., Tübingen 1930, S. 31.

125) Der Wortlaut des hier interessierenden Teiles der Ansprache Hindenburgs ist abgedruckt im Jahrbuch des öffentlichen Rechts der Gegenwart Bd. 17, 1929, S. 82.

126) Dagegen E. H. Hoffmann, Die Stellung des Staatshauptes zur Legislative und Exekutive im Deutschen Reiche und seinen Ländern, Archiv des öffentlichen Rechts, Bd. 7 NF, S. 271: „Es gibt nur eine dominierende Gewalt im Deutschen Reiche und das ist der Reichstag." Diese mutige Aussage entsprach wohl einer systemgerechten Interpretation der WRV als Grundgesetz einer parlamentarischen Demokratie, nicht aber den Intentionen des Verfassungsgebers und der damals herrschenden Meinung. Doch mehrten sich in der Folgezeit die Stimmen, die eine Ebenbürtigkeit von Reichspräsident und Reichstag verneinten. Ulrich Scheuner kam nach einer Untersuchung, in die er die WRV einbezogen hatte, zu dem Ergebnis: „Man kann dem Staatshaupt also selbständige politische Befugnisse nicht zuschreiben." (Ulrich Scheuner, Über die verschiedenen Gestaltungen des parlamentarischen Regierungssystems, Archiv des öffentlichen Rechts, Bd. 13 NF, S. 362). Dagegen vertrat Heinrich Herrfahrdt noch 1927 die Auffassung, daß die Frage des Vorrangs des Reichspräsidenten oder des Reichstages von der Verfassung nicht beantwortet werde und auch bei Heranziehung der Vorgeschichte und der in ihr wirksam gewordenen politischen Theorien nicht beantwortet werden könne. (Heinrich Herrfahrdt, Die Kabinettsbildung nach der Weimarer Verfassung unter dem Einfluß der politischen Praxis, Berlin 1927, S. 46.) In der politischen Praxis der Weimarer Republik sieht er die Möglichkeit, daß die Reichstagsmehrheit nicht mehr als Vertreter des ganzen Volkes handelt, so daß der Reichspräsident der einzige ist, der tatsächlich das ganze Volk verkörpert und daher auch gegen den Willen der Reichstagsmehrheit im Kabinett ernennen oder im Amte belassen kann. Die Konsequenzen für die zugrundeliegende Staatstheorie zieht Herrfahrdt (aaO., S. 57) deutlich: „Wenn die Staatsautorität bei uns in den letzten Jahren wieder gewachsen ist, so ist Quelle und Träger

Constantsche Modell restlos zerschlagen; denn wenn das Oberhaupt eine ebenbürtige, gleichgeordnete politische Gewalt ist, kann es nicht mehr eine neutrale Gewalt sein[127]).

So hat es den Anschein, als ließe sich kein Gegenmittel gegen die von Constant aufgezeigte Gefahr finden; denn ein Gegenmittel, das mit der Gefahr auch die ganze ursprüngliche Konstruktion beseitigt, verdient wohl diesen Namen nicht. Indessen wäre dies ein vorschnelles Urteil. Es bleibt nämlich zu überlegen, ob aus der Volkswahl des Staatsoberhaupts tatsächlich zu folgern ist, daß das Staatsoberhaupt eine dem Parlament ebenbürtige politische Kraft darstellt.

Repräsentation in der parlamentarischen Demokratie

Damit ist endlich ein Problem angesprochen, das im Verlaufe der bisherigen Untersuchung bereits wiederholt angeklungen ist: das Problem der Repräsentation. Denn an dieser Stelle muß ganz konkret gefragt werden: wen oder was repräsentiert das durch Volkswahl oder einen anderen Wahlmodus eingesetzte Staatsoberhaupt? Und: kann das Volk durch zwei verschiedene Organe repräsentiert werden?

Die Repräsentationslehre ist nicht an der Figur des Staatsoberhaupts, sondern an der Einrichtung des Parlaments, der Abgeordneten in ihrer Gesamtheit oder Einzelheit, entwickelt worden. Gleichwohl finden sich in der Literatur zahlreiche Hinweise darauf, daß auch das Staatsoberhaupt ein Repräsentationsorgan[128]) sei, daß es Volk oder Staat repräsentiere[129]).

---

dieser Autorität nicht der Reichstag, sondern der Reichspräsident und die Reichsregierung als Verkörperungen eines über den Gegensätzen der Volksteile stehenden Staatswillens."

127) Der Akzent liegt auf den Adjektiven. Es ist ein verhängnisvoller Irrtum der neueren deutschen Staatslehre, zu glauben, daß der pouvoir neutre keiner Macht bedürfe, sondern alles durch „Autorität" bewirke. Vgl. unten S. 82.

128) Der Ausdruck „Repräsentationsorgan" oder „Repräsentativorgan" wird selbstverständlich zur contradictio in adiecto, wenn Organschaft und Repräsentation als Gegensätze betrachtet werden, wie es die staatsrechtliche Repräsentationslehre nach Leibholz, C. Schmitt und Malberg tut. Klar ausgesprochen hat dies Carré de Malberg, Contribution à la Théorie Générale de L'Etat, Bd. II, Paris 1922, S. 340). Dagegen folgt die übrige Literatur dem insbesondere von Georg Jellinek (Allgemeine Staatslehre, Berlin 1900 mit weiteren Aufl. und Neudrucken) verwendeten Sprachgebrauch, der im Begriff des Repräsentationsorgans keinen Widerspruch sieht.

129) So schon Carl Walther, Das Staatshaupt in den Republiken, Breslau 1907, S. 113 f. Mit Recht weist Walther auch bereits darauf hin, daß mit der Bezeichnung als Repräsentant des Staates die Stellung des Staatsoberhauptes nicht erschöpfend dargestellt werden

Eine Begründung dafür, daß zwei verschiedene Wesenheiten nebeneinander dieselbe Größe repräsentieren, läßt sich nur aus dem Wesen der Repräsentation selbst ableiten, nicht aus den äußeren Bedingungen, unter denen die Repräsentation stattfindet[130]). So genügt es nicht, wenn etwa Carl Schmitt ausführt, in einem Übergangs- und Zwischenstadium könne man versuchen, zwei Repräsentanten der Nation nebeneinanderzustellen[131]). Er nennt diese beiden, und interessanterweise sind es wieder Parlament und König. Er will diesen Dualismus ausdrücklich auf die konstitutionelle Monarchie beschränken[132]), muß dann aber an anderer Stelle zugeben, daß derselbe Dualismus in Republiken wieder auftaucht. Eine Erklärung für dieses

---

könne, weil auch andere Organe (er nennt ausdrücklich Parlament und Richter) den Staat repräsentieren. Fast immer wird das Staatsoberhaupt nur nebenher in einer Reihe von Repräsentanten erwähnt. So z. B. bei Leibholz (Das Wesen der Repräsentation, S. 138): „... die typischen Repräsentanten des Volksganzen wie etwa die Monarchen, Präsidenten, in der Regel auch die Regierungen und Parlamente".

[130]) Wieder ist es der Begriff des Repräsentanten als Herrn (vgl. unten S. 53), der eine mehrfache Repräsentation fraglich erscheinen läßt. Wenn Repräsentation Herrschaft bedeutet, so ist es nicht gut möglich, daß zwei voneinander unabhängige Repräsentanten dieselbe soziale Größe, nämlich das Volk repräsentieren. Hierauf hat bereits Léon Duguit, L'Etat, les gouvernants et les agents, Paris 1903, S. 327, hingewiesen. Dem kann entgegengehalten werden, daß die konstitutionelle Monarchie (auch in der weiteren Entwicklung zur parlamentarischen Monarchie) sehr wohl diesen Repräsentationsdualismus aufwies und trotzdem existierte; denn wenn auch der Monarch nicht nur das Volk, sondern den Staat als Ganzes zu repräsentieren beanspruchte, mußte doch das Volk, auch wenn man es nicht von vornherein mit dem Staat identifizierte, im Repräsentationsanspruch des Monarchen enthalten sein. Das alles ist jedoch für die parlamentarische Demokratie einer Republik kein Problem mehr, weil kein Monarch mehr vorhanden ist, der einen nicht in der Volkssouveränität begründeten Repräsentationsanspruch geltend macht (vgl. unten S. 56). Bei der pluralistischen Interessenvertretung im modernen Staat handelt es sich überhaupt nicht um eine echte Repräsentation (vgl. Ulrich Scheuner, Politische Repräsentation und Interessenvertretung, DÖV 1965, S. 580; John W. Manning, Representation in Government, in: Roy V. Peel und Joseph S. Roucek, Hrsg., Introduction to Politics, New York 1946, S. 323 ff.).

[131]) Carl Schmitt, Verfassungslehre, 3. Aufl. Berlin 1928, S. 211.

[132]) Da Carl Schmitt den Begriff der parlamentarischen Monarchie nicht verwendet, hat er sich mit dem Dualismus in dem System beschäftigt, zu dem sich die konstitutionelle Monarchie fast überall in vielen Staaten fortentwickelt hat. Ähnlich wie beim Problem des pouvoir neutre (vgl. oben S. 44) bringt auch hier die Bewegung von der konstitutionellen Monarchie zur parlamentarischen Monarchie keine grundlegende Änderung; denn sie verschiebt zwar die Gewichte, ändert aber nicht die letztliche Verankerung von Parlament und Monarch.

eigenartige Phänomen findet er nicht, sondern begnügt sich mit der Aussage, es handele sich um eine Anwendung „monarchischer Organisationsformen“[133]).

Bevor die Frage des Repräsentationsdualismus geklärt werden kann, muß daher eine Reihe anderer Fragen beantwortet werden, die insbesondere das Objekt, die Wirkung und den Adressaten der Repräsentation zum Gegenstand haben.

Es herrscht Einigkeit darüber, daß Repräsentation etwas gegenständlich oder gegenwärtig machen soll[134]). In der sogenannten repräsentativen Demokratie ist es das Volk, das durch die Repräsentation präsent gemacht werden soll: die Repräsentation ist durch die Volkssouveränität legitimiert[135]). Wesentlich ist dabei jedoch, daß nicht die Vielzahl der Bürger, nicht der einzelne und nicht eine beliebige Summierung von einzelnen repräsentiert wird, sondern das Volk als politische Einheit[136]).

---

[133]) Carl Schmitt, Verfassungslehre, S. 220.

[134]) Vgl. Gerhard Leibholz, Das Wesen der Repräsentation, Berlin und Leipzig 1929, S. 26; Hans J. Wolff, Theorie der Vertretung, Berlin 1934, S. 18 f.

[135]) Hans Kelsen, Vom Wesen und Wert der Demokratie, 2. Aufl. Tübingen 1929, Neudruck Aalen 1963, S. 30 f. Zum gesamten Problemkreis vgl. Hanns Kurz, Volkssouveränität und Volksrepräsentation, Köln-Berlin 1965. Kritisch und ans Polemische, Karl Gordon-Wallach, Politische Mythologie, Lauf bei Nürnberg 1962. Der Gedanke der Legitimierung der Repräsentation durch die Volkssouveränität ist jedoch so tief in das politische Bewußtsein eingedrungen, daß er sich auch unter den Bedingungen des modernen „Parteienstaates“ durchzusetzen vermochte. Vgl. Hans-Josef Vonderbeck, Der Bundesrat im Teil des Parlaments der Bundesrepublik Deutschland, Meisenheim am Glan 1964, S. 75. (In dieser Schrift, die den Untertitel „Zur Bedeutung der parlamentarischen Repräsentation“ trägt, wird nachgewiesen, daß der Bundesrat nicht zum Parlament gehört, weil er nicht das Volk repräsentiert.) — Die staatsphilosophische Verknüpfung der Volkssouvernitätsidee mit der Repräsentationsidee und der Gewaltenteilungslehre erfolgte in Frankreich bereits gegen Ende des 18. Jahrhunderts, vor allem durch Emmanuel Siéyès. (Vgl. Paul Bastid, Siéyès et sa pensée, Paris 1939; Y. Koung, Théorie constitutionnelle de Siéyès, Paris 1934.) Von ihm sagt Karl Loewenstein: „Es ist das ideengeschichtliche Verdienst von Siéyès, die Anpassung der Volkssouveränitätsidee an die Anforderungen der Funktionsfähigkeit des Staatsbetriebes durchgeführt zu haben, ohne seine Zuflucht zu dem politischen Opportunismus zu nehmen, der sonst fast immer die Modulation des reinen volksherrschaftlichen Prinzips in die repräsentative Organisationsform des Staates begleitet“ (Karl Loewenstein, Volk und Parlament nach der Staatstheorie der französischen Nationalversammlung von 1789, München 1922, Neudruck Aalen 1964, S. 11).

[136]) Vgl. Rudolf Smend, Verfassung und Verfassungsrecht, München und Leipzig 1928, S. 94; Gerhard Leibholz, Das Wesen der Repräsentation, S. 82; Carl Schmitt, Verfassungslehre, 3. Aufl. Mün-

Hieraus wird nicht zuletzt der Unterschied zwischen Repräsentation und Delegation und die Unabhängigkeit der Repräsentanten abgeleitet. [Eine scharfe Gegenüberstellung findet sich bei Hasbach[137]). „Repräsentation ist nicht Delegation und der Demokratie nicht wesensverwandt. Dagegen soll der Delegierte die Aufträge seiner Wähler ausführen, Delegation ist eine demokratische Einrichtung." Umgekehrt meint Scheuner: „Die Repräsentation ist eine Ordnung der Delegation vom Volk her[138])." Man sieht, daß Scheuner einen ganz anderen Begriff der Repräsentation verwendet als Hasbach und einige andere Autoren der neueren Zeit. Zu ihnen gehört neben Gerhard Leibholz, der unmißverständlich von der „Repräsentation als Herrschaft" spricht[139]), vor allem Ernst Fraenkel, der die Leibholzsche Formel weiter ausführt: „Repräsentation ist die rechtlich autorisierte Ausübung von Herrschaftsfunktionen durch verfassungsmäßig bestellte, im Namen des Volkes, jedoch ohne dessen bindenden Auftrag handelnde Organe eines Staates oder sonstigen Trägers öffentlicher Gewalt, die ihre Autorität mittelbar oder unmittelbar vom Volk ableiten und mit dem Anspruch legitimieren, dem Gesamtinteresse des Volkes zu dienen und dergestalt dessen wahren Willen zu vollziehen[140])."

Damit ist zwar die Repräsentation nicht von vornherein als undemokratisch abgestempelt, wie Carl Schmitt[141]) meint, aber der Schwerpunkt wird auf die Legitimierung verlagert: nur eine demokratische Wahl kann eine gültige Legitimierung der demokratischen Repräsentation sein. Eine solche Wahl kann tatsächlich als eine Machtdelegation der einzelnen Wähler an den Abgeordneten betrachtet werden. Die Ablehnung des imperativen Mandats und die Unabhängigkeit des Abgeordneten

---

chen und Leipzig 1928, S. 205. Gerhard Leibholz, Strukturprobleme der modernen Demokratie, Karlsruhe 1958, S. 247 ff. Zweifel an der Repräsentation des Volkes als (geistiger) Einheit äußerten bereits Arnold Köttgen, Rezension von Gerhard Leibholz, Das Wesen der Repräsentation, Archiv des öffentlichen Rechts, NF Bd. 19, S. 295, und Hans J. Wolff, Theorie der Vertretung, Berlin 1934, S. 49, Anm. 1.

137) Wilhelm Hasbach, Die parlamentarische Kabinettsregierung, S. 260.

138) Ulrich Scheuner, Das repräsentative Prinzip in der modernen Demokratie, in: Festschrift für Hans Huber, Bern 1961, S. 231.

139) Gerhard Leibholz, Das Wesen der Repräsentation, S. 140.

140) Ernst Fraenkel, Die repräsentative und die plebiszitäre Komponente im demokratischen Verfassungsstaat, S. 5. Im gleichen Sinne Karl Loewenstein, Verfassungslehre, Tübingen 1959, S. 35.

141) Carl Schmitt, Verfassungslehre, 3. Aufl. München und Leipzig 1928, S. 218.

von den Weisungen anderer — also gerade auch seiner Wähler —, die durchaus als demokratisch angesehen werden[142]) und die die staatsrechtliche Repräsentationslehre aus der Stellung des Repräsentanten als „Herr“[143]) ableitet, läßt sich auch mit der Delegation vereinbaren: Die Delegation der politischen Macht des einzelnen an den Abgeordneten erfolgt unter Zubilligung der für politische Entscheidungen notwendigen Freiheit, aber nur auf Zeit und gegen volle politische Verantwortung gegenüber dem Wähler. Im Hinblick auf diese Verantwortung ist der Abgeordnete gehalten, auch zwischen den Wahlen auf die Wünsche seiner Wähler Rücksicht zu nehmen, auch wenn er ihren Weisungen nicht unterworfen ist[144]).

Allerdings steht die ganze Ausdrucksweise außerhalb des Begriffsschemas, das Heinrich Triepel[145]) errichtet hat. Danach ist die Delegation ein „Rechtsakt, durch den der Inhaber einer staatlichen oder gemeindlichen Zuständigkeit seine Kompetenz ganz oder zum Teil auf ein anderes Subjekt überträgt“[146]). Hier ist alles auf die Kompetenzen verlagert: Die Delegation bewirkt eine Kompetenzverschiebung, das Mandat läßt die bestehende Kompetenzverteilung unberührt[147]). Alles spielt sich im Bereiche des Amtsrechts ab, das auf die Wahl der Parla-

---

142) Vgl. Art 38 Abs. 1 GG; hierzu Klemens Kremer, Der Abgeordnete zwischen Entscheidungsfreiheit und Parteidisziplin, München 1956.

143) So Leibholz, aaO., S. 73, unter Berufung auf Max Weber, Wirtschaft und Gesellschaft, S. 172; Laboulaye, Questions Constitutionnelles, S. 413; Carré de Malberg, Contribution à la Théorie générale de l'Etat, Bd. II, Paris 1922, S. 230, 264.

144) Hierzu schon Adhémar Esmein, Eléments de Droit Constitutionnel, 8. Aufl., 2 Bde., Paris 1927/28 (1. Aufl. 1896), der die Repräsentation als Machtdelegation deutet (aaO., Bd. I, S. 435 ff.) und auf der Grundlage dieser Theorie ebenfalls zur Ablehnung des imperativen Mandats kommt (aaO., Bd. I, S. 484). Wenn er andererseits bei der Beschreibung des englischen Regierungssystems betont, daß die Abgeordneten „nicht einfach Delegierte oder Mandatäre der Wählerschaft oder des Volkes“ seien, sondern „für eine bestimmte Zeit und für die Ausübung bestimmter Souveränitätsrechte die legalen Repräsentanten der Nation, die ihnen ihr Recht übertragen hat“ (aaO., Bd. I, S. 102), so steht dieser Gebrauch des Wortes „Delegierte“ zwar im Widerspruch zu dem Begriff der „Delegation“, den er dann allgemein der Schaffung der Repräsentanz zugrundelegt, aber dieser Vorgang ist doch bereits angedeutet.

145) Heinrich Triepel, Delegation und Mandat im öffentlichen Recht, Stuttgart 1942.

146) Triepel, aaO., S. 23. Im gleichen Sinne wird der Begriff der Delegation definiert in der fast gleichzeitig erschienenen Abhandlung von Fritz Kuhne, Das Problem der Delegation und Subdelegation von Kompetenz der Staatsorgane, Zürcher Beiträge zur Rechtswissenschaft NF Heft 79, Aarau 1941, S. 30.

147) Triepel, aaO., S. 26.

mentsmitglieder nicht anwendbar ist, auch wenn man das Volk in seiner Gesamtheit als Staatsorgan auffaßt. Georg Jellinek[148]) stellt diese Organschaft in den Vordergrund und betrachtet sogar jeden einzelnen Bürger als „Teilorgan" (und gleichzeitig Untertan). Diese Eigenschaft verliert der einzelne nach Jellinek auch dann nicht, wenn er, gemeinsam mit den anderen, durch Kollektivakt ein Repräsentativorgan eingesetzt hat. Die so gebildete Vertretung sei Willensorgan des Volkes und bilde mit diesem eine juristische Einheit[149]). Gegen die Umdeutung der Repräsentation in eine Organschaft hat sich nicht nur Leibholz ausgesprochen[150]). Auch Hans J. Wolff, der nicht in den engen Bahnen der staatsrechtlichen Repräsentationslehre denkt, hat darauf hingewiesen, daß Repräsentation und Organschaft auf verschiedenen Gründen beruhen[151]). Die Unterscheidung zwischen weisungsfreien Repräsentanten und weisungsgebundenen Agenten oder Funktionären findet sich dagegen nur bei Carl Schmitt und Leibholz[152]), während Hans J. Wolff die Meinung vertritt, daß zwar die Repräsentation unabhängig von Funktionen sei, daß aber Funktionäre gleichzeitig Repräsentanten sein können und es regelmäßig auch sind[153]). Ausgiebig hat sich mit diesem Problem Carré de Malberg beschäftigt. Auch er trifft die Unterscheidung zwischen Repräsentant und Funktionär und ordnet ihr die Unterscheidung zwischen Weisungsfreiheit und Weisungsgebundenheit zu. Er vermeint sie „im Kern bereits in den Lehren Rousseaus" zu finden und arbeitet gerade auf dieser Grundlage den Unterschied zwischen Organschaft und Repräsentation heraus[154]). Dabei kommt er zu dem klaren Ergebnis, daß sich die beiden Begriffe gegenseitig aus-

---

148) Georg Jellinek, Allgemeine Staatslehre Berlin 1900, S. 517, 3. Aufl. 7. Neudruck Bad Homburg v. d. H. 1960, S. 582.

149) Ähnlich Erich Kaufmann, Zur Problematik des Volkswillens, Berlin und Leipzig 1931, S. 10. Kurz (Volkssouveränität und Volksrepräsentation, S. 279) nennt die Jellineksche Lehre eine „mandatische Repräsentationslehre".

150) Gerhard Leibholz, Das Wesen der Repräsentation, S. 124 ff.

151) Hans J. Wolff, Theorie der Vertretung, Berlin 1934, S. 17 und S. 91 ff.

152) Carl Schmitt, Verfassungslehre, S. 212 f.; ders., Der Hüter der Verfassung, S. 149; Gerhard Leibholz, Das Wesen der Repräsentation, S. 138.

153) Hans J. Wolff, Theorie der Vertretung, S. 79. Für den von Wolff verwendeten Begriff der soziologischen Repräsentation, der in eine Theorie der sozialen Vertretung eingebettet ist, trifft dies sicher zu. Die staatsrechtliche Repräsentationslehre gerät auch hier in Widerspruch zu den tatsächlichen Gegebenheiten.

154) Carré de Malberg, Contribution à la théorie générale de l'Etat, Bd. II, Paris 1922, S. 264 ff.

schließen: wer Organ ist, kann nicht gleichzeitig Repräsentant sein[155]).

Bei allen Autoren scheint die große Schwierigkeit darin zu liegen, daß sie die Weisungsfreiheit der Parlamentsabgeordneten bejahen, sie aber nicht mit dem Begriff der Delegation vereinbaren können. Eine Ausnahme bildet nur Esmein, der jedoch auch die Möglichkeiten der Abberufung des Abgeordneten erörtert[156]). Kelsen[157]) weist auf die Vorteile hin, die die Unabhängigkeit des Parlaments in der konstitutionellen Monarchie mit sich brachte, beurteilt sie aber weniger positiv für die Gegenwart. Erich Kaufmann[158]) nennt die Unabhängigkeit des Parlaments von seinen Wählern „ungesund und undemokratisch".

Aus allen diesen Schwierigkeiten kann nur eine Staatsauffassung herausfinden, die das parlamentarisch-demokratische System als ein „System anvertrauter Macht" sieht[159]). Diese Idee der Regierung als „trust" ist der angelsächsischen Demokratie-Lehre durchaus geläufig[160]. Welche Bedeutung das Parlament haben kann, wenn seine Repräsentationsfunktion nicht im Sinne der kontinental-europäischen Herrschaftstheorie gesehen wird, zeigt eine Bemerkung Ernst Friesenhahns, in der die trust-Idee am Horizont aufleuchtet: „Die Abgeordneten geben als frei gewählte Repräsentanten des Volkes den Willen des Volkes kund und wirken wieder zurück auf die Meinungsbildung im Volk. Sie stehen als Mittler zwischen Volk und Regierung, stützen und kritisieren die Regierung und sorgen dafür, daß die Regierung in der demokratischen Verantwortung gehalten wird[161])." Die ganze, jetzt intensiver werdende Dis-

---

155) Malberg, aaO., S. 340.

156) Adhémar Esmein, Eléments de Droit Constitutionnel, 8. Aufl., Bd. I, Paris 1927, S. 485 ff.

157) Kelsen, Vom Wesen und Wert der Demokratie, S. 30 ff.

158) Erich Kaufmann, Grundfragen der künftigen Reichsververfassung, Berlin 1919, S. 20.

159) Vgl. Ulrich Scheuner, Das parlamentarische System in der Bundesrepublik, DÖV 1957, S. 634.

160) Vgl. Ernst Fraenkel, Die repräsentative und die plebiszitäre Komponente im demokratischen Verfassungsstaat, Tübingen 1958, S. 18.

161) Ernst Friesenhahn, Parlament und Regierung im modernen Staat, VVDStRL Heft 16, S. 31. Ernst Fraenkel betrachtet es als innere Notwendigkeit der Entwicklung der modernen Demokratie, „daß in seiner höchsten Steigerung als parlamentarisches Regierungssystem das Repräsentativsystem in ein plebiszitäres Regierungssystem umzuschlagen vermag" (Ernst Fraenkel, aaO., S. 58). Das Repräsentativsystem könne seinen historischen Ursprung im Ständewesen niemals verleugnen (aaO., S. 6); es gehe von dem Axiom eines naturrechtlich basierten originären Gesamtinteresses

kussion deutet darauf hin, daß man bereit ist, die Zusammenhänge zwischen Gewaltenteilung, Repräsentation und Volkssouveränität unter dem Einfluß der sich wandelnden sozialen Umwelt neu zu überdenken. Schon die Aussprache zum Thema „Parlament und Regierung im modernen Staat" auf der Staatsrechtslehrertagung 1957 zeigt, daß es jene Zusammenhänge sind, die einer zeitgemäßen Neuordnung bedürfen, bevor man organisationsrechtliche Einzelprobleme anpackt[162]). Eine solche Neubesinnung hat wenig zu tun mit dem nun schon seit Jahrzehnten währenden Lamentieren über die „Krise des Parlamentarismus". Allenfalls mag sie die Überzeugung umschließen, daß manche der „ideologischen Grundlagen" der parlamentarischen Demokratie „stark verbraucht sind"[163]), oder daß tatsächlich „alle Institutionen, auf denen unser politisches und gesellschaftliches Leben ruht, alt geworden" sind, und zwar nicht zuletzt deshalb, „weil ihre Lebenskraft abnimmt" und wir von einem Erbe leben, „dessen Brauchbarkeit immer geringer wird, weil es den Bedürfnissen unserer Zeit nicht mehr entspricht"[164]). Aber Burdeau, der diese bewegte Totenklage der alten Staatstheorie formuliert hat, weist selbst darauf hin, daß es abwegig wäre, vom Verschleiß der Institutionen auf einen allgemeinen Niedergang des Rechts zu schließen.

Es wird darauf ankommen, die Institutionen des Verfassungsrechts wie der gesamten Rechtsordnung nicht statisch, sondern dynamisch zu sehen und den gewandelten Verhältnissen anzupassen. Hierbei geht es nicht um Philosophien und Ideologien, also nicht etwa um die Frage, ob diese oder jene Idee der Repräsentation oder der Volkssouveränität die „richtige" ist, son-

---

aus, das sich auf den Gegenstand obrigkeitlicher Hoheitstätigkeit erstrecke; dagegen beruhe das plebiszitäre System auf dem doppelten Axiom des individuellen Wahl- und Mitbestimmungsrechts als eines Menschenrechts und der Volkssouveränität als einer prinzipiell uneingeschränten und unantastbaren Kollektivbefugnis (aaO., S. 7 f.). In ähnlicher Weise unterscheidet Helma Fricke zwischen der „repräsentativ-parlamentarischen Form" und der „plebiszitär-parlamentarischen Form" und bezeichnet sie als Entwicklungsphasen der Demokratie. (Helma Fricke, Die Reichstagsauflösung des Jahres 1932 und das parlamentarische System der Weimarer Reichsverfassung, Der Staat 1962, 1. Bd., S. 199 ff., S. 215 f.)

162) Vgl. Ulrich Scheuner, VVDStRL Heft 16, S. 123 f.: „Die entscheidende und zugleich vielleicht auch die pathologische Seite des heutigen Parlamentarismus liegt nicht so sehr in der Spannung von Regierung und Parlament, sondern in der Relation Parlament-Volk. Sie betrifft die Legitimationskette, die vom Volk über das Parlament zur Regierung reicht."

163) Karl J. Friedrich, Zur Theorie und Politik der Verfassungsordnung, Heidelberg 1963, S. 120 f.

164) Georges Burdeau, Zur Auflösung des Verfassungsbegriffs, Der Staat 1962, 1. Bd. S. 390.

dern darum, wie die herrschenden Überzeugungen von Staat und Mensch und vom Einzelmenschen im Staat unter den gegebenen äußeren Bedingungen am ehesten verwirklicht werden können. Einer solchen Nachprüfung wird die auf dem Boden des 18. und 19. Jahrhunderts stehende staatsrechtliche Repräsentationslehre nicht standhalten können.]

Die Vertreter jener Repräsentationslehre gehen aber noch einen Schritt weiter und behaupten, daß die Repräsentation dazu beitrage, die von ihr dargestellte Einheit zu schaffen. Dadurch wird die Repräsentation, die Kelsen noch ohne Zögern als reine Fiktion[165]) bezeichnet hatte, zu einer realen Wirkkraft im Staate. Sie enthält, wie Leibholz in Anlehnung an Rudolf Smend ausführt, nicht nur eine funktionelle, sondern auch eine persönliche und sachliche Integration[166]).

Der Gedanke ist bestechend, öffnet er doch eine Möglichkeit zur Überwindung jenes Repräsentationsdualismus, dessen Auftauchen in der parlamentarischen Demokratie republikanischer Staatsform so viel Verwirrung stiftet. Die so verstandene Repräsentation der politischen Einheit schließt nämlich die parlamentarische Repräsentation mit den übrigen politischen Staatsorganen zusammen. Dieser Gedanke des Zusammenschlusses ist von Rudolf Smend formuliert worden, der sich allerdings beeilt hinzuzufügen, daß das von diesen anderen Organen — darunter auch vom Staatsoberhaupt — Repräsentierte weniger die fließende Wirklichkeit der volonté générale sei als vielmehr „ein Bestand von mehr statischen und dem Staat stärker transzendenten Werten“[167]).

Damit nähert sich die in eine Integrationstheorie umgedeutete staatsrechtliche Repräsentationslehre einer Lehre vom politischen Symbolismus, und ihr juristischer Gehalt zerrinnt unter den Fingern. Der Zusammenhang zwischen Repräsenta-

---

[165]) Hans Kelsen, Vom Wesen und Wert der Demokratie, 2. Aufl. Tübingen 1929, Neudruck Aalen 1963, S. 30 f. Ebenso Hans Kelsen, Das Problem des Parlamentarismus, Wien und Leipzig o. J. (Schriften der Soziologischen Gesellschaft in Wien, Bd. III), S. 8 f.

[166]) Gerhard Leibholz, Das Wesen der Repräsentation, S. 63. Zur „Repräsentation als Integration“ auch Carl J. Friedrich, Der Verfassungsstaat der Neuzeit, Berlin-Göttingen-Heidelberg 1953, S. 342 ff.

[167]) Rudolf Smend, Verfassung und Verfassungsrecht, München und Leipzig 1928, S. 94. Auch Leibholz (Das Wesen der Repräsentation, S. 63) hebt das Statische in der Repräsentation der monokratischen Staatsspitze hervor. Es scheint aber, daß hier die Statik nicht so sehr durch die Repräsentation als vielmehr durch die sonstigen Funktionen der „monokratischen Staatsspitze“ bedingt ist.

tion und Integration ist sicher bedeutsam, aber er läßt sich nur mit Hilfe sozialpsychologischer Erkenntnisse konstruieren, nicht dagegen mit rein rechtstheoretischen und rechtslogischen Argumenten. Sicher ist die Repräsentation „in ihrer Wirkung ein wesentlicher Faktor des Integrierungsprozesses"[168]), aber dies berührt nicht ihr eigentliches Wesen, weil, wie Carl Schmitt bemerkte, „repräsentieren eben nicht funktionieren ist"[169]).

Noch auf einen anderen Gedanken führt die Tatsache, daß nicht eine Mehrzahl von Bürgern repräsentiert wird, sondern eine politische Einheit. Ansätze zu jenem Gedanken finden sich wieder bei Carl Schmitt wenn er ausführt, in der Demokratie seien es viele oder alle, die repräsentieren, da ja jeder stimmberechtigte Bürger unabhängiger Vertreter des Ganzen sein soll[170]). Dieses Argument wird auf Carl Schmitt zurückfallen, wenn er dann doch einen einzelnen Repräsentanten als Hüter der Verfassung konstruieren will[171]). Man wird ihm dann entgegenhalten: Hüter der Verfassung ist letztlich eben auch jeder einzelne stimmberechtigte Bürger. Doch davon später.

Das im gegenwärtigen Zusammenhang Bedeutsame an diesem Gedanken liegt in der Tatsache, daß nun plötzlich das Volk nicht repräsentiert wird, sondern repräsentiert. Allerdings ist es diesmal nicht das Volk als Einheit, sondern es sind die einzelnen Mitglieder desselben. Was sollen sie repräsentieren? Doch sicher nicht sich selbst; denn Repräsentation bedeutet ja Gegenwärtigmachung eines anderen, setzt also — um mit Leibholz zu sprechen — die Duplizität der personalen Existenz voraus[172]). Es kann sich daher wieder nur um die Repräsentation der politischen Einheit handeln.

Die also repräsentierte politische Einheit ist aber wieder das Volk, und hier bereitet zwar nicht die Tatsache Schwierigkei-

---

168) Carl Schmitt, Verfassungslehre, S. 207.

169) Carl Schmitt, aaO. Es ist interessant, daß Rudolf Smend (Verfassung und Verfassungsrecht, München und Leipzig 1928, S. 94) von eben jenen Gedanken ausgegangen war, daß die Repräsentation „im Gegensatz zu technischer Geschäftsbesorgung" stehe.

170) Carl Schmitt, aaO., S. 216. Hans J. Wolff (Theorie der Vertretung) nennt die Vergegenwärtigung von Gemeinschaften „mediatisierte Repräsentation" im Gegensatz zur „gemeinen Repräsentation", die auf die Vergegenwärtigung einer sonst nur gedanklich präsenten Idee beschränkt ist (aaO., S. 48). Er untersucht ebenfalls den Gedanken, ob bei der mediatisierten Repräsentation alle Angehörigen der Gemeinschaft als Repräsentanten in Frage kommen und findet gewichtige Einwände dagegen (aaO., S. 63 f.).

171) Carl Schmitt, Der Hüter der Verfassung, Tübingen 1931, S. 132 ff.

172) Gerhard Leibholz, Das Wesen der Repräsentation und der Gestaltwandel der Demokratie im 20. Jahrhundert, 2. Aufl., Berlin 1960, S. 28.

ten, daß ein Mitglied des Volkes die Gesamtheit repräsentiert[173]), wohl aber der Nachweis einer Legitimation. Die Repräsentationslehre hat sich bewußt auf den Boden der Volkssouveränität gestellt, die Repräsentation als Verwirklichung der Volkssouveränität bezeichnet und aus ihr die Notwendigkeit und Berechtigung der Repräsentation und die Legitimation des Repräsentanten abgeleitet.

Wenn nun plötzlich der einzelne Wähler als Repräsentant behandelt wird[174]), so mag das auf den ersten Blick besonders demokratisch aussehen, in Wirklichkeit ist es vom Standpunkt der Demokratie höchst bedenklich. Denn nun kehrt sich plötzlich die Richtung der Legitimation um. Nicht mehr die im Volk zusammengeschlossenen Bürger[175]) legitimieren ihre Repräsentanten, sondern die Bürger empfangen Legitimation und Weihe von einer höheren, über ihnen stehenden Einheit. Von hier aus bedarf es nur eines kleinen weiteren Schrittes, um den Staat als ein System von Repräsentationen zu betrachten, Repräsentationen, die nicht mehr in der Volkssouveränität verankert sind, sondern sich unbekümmert auf jene transzendenten, statischen, höheren Werte stützen, von denen schon Rudolf Smend sprach[176]). Und noch kleiner ist der letzte Schritt zur

---

[173]) Das wird in der parlamentarischen Demokratie einer Republik bei jeder Art der Repräsentation der Fall sein. Der Abgeordnete und der Staatspräsident bleiben ja auch in ihrer staatsrechtlichen Sonderstellung Mitglieder des als politische Einheit begriffenen Volkes. Auch logisch liegt hier kein Widerspruch vor; denn das Ganze ist etwas anderes als die einzelnen Teile, sofern man das Ganze nicht als bloße Summation betrachtet, was ja beim Volk als politischer Einheit gerade nicht getan werden soll. — In einer Monarchie kann freilich das ganze Problem dadurch umgangen werden, daß man den Monarchen als außerhalb des Volkes stehend betrachtet; notwendig ist dies aber auch in der Monarchie nicht.

[174]) Vgl. Herbert Krüger, Allgemeine Staatslehre, Stuttgart 1964, S. 250.

[175]) Nach herrschender (und richtiger) Auffassung sind es nicht die einzelnen Bürger, die jeweils einen bestimmten Repräsentanten legitimieren. Von hier aus rechtfertigt sich die Ablehnung des imperativen Mandats, der Unterschied zwischen Delegation und Repräsentation und die Konstruktion des Abgeordneten als „Vertreter des ganzen Volkes". Insofern hat auch Krüger recht, wenn er zwischen „Menge" und „Volk" unterscheidet. (Allgemeine Staatslehre, S. 247); nicht eine Menge, sondern nur ein Volk kann Repräsentanten im Sinne der Staatslehre legitimieren. Das bedeutet jedoch nicht, daß „für die Staatslehre der Begriff ‚Volk' ebenso repräsentativ zu verstehen und zu bilden ist wie der des Regenten" (aaO.).

[176]) Rudolf Smend, Verfassung und Verfassungsrecht, S. 94. Eine transzendente Legitimierung der Repräsentation kann es in der Demokratie nicht geben. Zur Unterscheidung von transzendenter und immanenter Legitimierung vgl. Gerhard Leibholz, Das Wesen der Repräsentation, S. 141 f.

Bezeichnung des Staates als Repräsentation[177]). Unter einer solchen Kapitelüberschrift mag sehr viel Wahres geschrieben sein, trotzdem halte ich sie für bedenklich. Es sollte nicht heißen: der Staat als Repräsentation, sondern allenfalls: Repräsentation im Staat[178]).

Auf dogmatisch wie historisch wohlfundierter Plattform steht nur das Parlament als Repräsentant des als politische Einheit gedachten Volkes. Adressat dieser Repräsentation war in der konstitutionellen Monarchie eben der Monarch, der nun nicht mehr als alleiniger Repräsentant der politischen Einheit auftreten konnte. Sobald der Monarch nicht mehr vorhanden war, entfiel der Adressat der parlamentarischen Repräsentation und konnte durch ein gewähltes Staatsoberhaupt nicht ersetzt werden; denn dieses erhält seine Legitimation ebenfalls vom Volk und kann deshalb höchstens in dieselbe Richtung repräsentieren wie das Parlament. Besser gesagt: der monarchische Repräsentationsadressat brauchte nicht durch einen republikanischen Adressaten ersetzt zu werden, da eine Repräsentation gegen einen rivalisierenden Legitimierungsgrund nun nicht mehr erforderlich war[179]). Irrig ist daher die Annahme, daß das Parlament nach dem Wegfall dieser historischen Situation die Aufgabe hatte, gegenüber dem Volk zu repräsentieren[180]).

---

177) Vgl. Herbert Krüger, Allgemeine Staatslehre, Zweites Kapitel: „Der Staat als Repräsentation“, S. 232 ff.

178) So schon Hans J. Wolff, Rezension von Gerhard Leibholz, Das Wesen der Repräsentation, in: Archiv für Rechts- und Wirtschaftsphilosophie, Bd. 24 (1930/31), S. 396.

179) Damit entfällt auch die Notwendigkeit des Repräsentationsdualismus, der oft unbesehen als Begleiterscheinung der parlamentarischen Demokratie hingenommen wird (vgl. oben S. 51). Es besteht daher kein zwingender Grund, auch heute noch von der „dualistischen Struktur des modernen Verfassungsstaates“ (Eberhard Menzel in DÖV 1965, S. 591) auszugehen. Vgl. unten S. 83. Auch das Berufsbeamtentum hat sich bereits so gewandelt, daß der von Arnold Köttgen (Das deutsche Berufsbeamtentum und die parlamentarische Demokratie, Berlin und Leipzig 1928, S. 91) aufgezeigte Dualismus, den er als Verschiebung der für das konstitutionelle System charakteristischen Trennungslinie zwischen Parlament und Krone zur Trennungslinie zwischen Exekutive im Kabinett und Berufsbeamtentum begreift, heute kaum noch wahrnehmbar ist.

180) Carl Schmitt, Verfassungslehre, S. 219. Mit dieser irrigen Annahme hängt die ebenso irrige Auffassung des parlamentarischen Systems als „aristokratische Staatsform“ (Carl Schmitt, aaO. und S. 305; ebenso schon Hasbach, Die parlamentarische Kabinettsregierung, Stuttgart 1919, S. 128; später Otto Barbarino, Staatsform und politische Willensbildung, München 1949, S. 35 ff. und S. 82) zusammen. Durch demokratische Wahlen wird keine Aristokratie geschaffen! Auch wenn die Wahl im Idealfall eine Auslese der Tüchtigsten ist, kann schon wegen der zeitlichen Be-

Denn „eine Repräsentation gegenüber einer Kollektiveinheit, die sich nicht von der durch den Repräsentanten repräsentierten Persönlichkeit unterscheidet, gibt es nicht. Das Parlament kann wohl in bestimmter Weise zweckgebunden, etwa als Gesetzgeber, für das repräsentierte Volk wirken, kann aber das Volk nicht wieder vor sich selbst repräsentieren“[181]). In der gleichen Lage befindet sich das vom Volk mittelbar oder unmittelbar gewählte Staatsoberhaupt in der parlamentarischen Demokratie. Nach den klaren Aussagen der herkömmlichen Lehre hat es keine Repräsentationsfunktion im Staat, ganz gleich, welchen Wahlmodus man anwendet.

Die völkerrechtliche Vertretung

Auf einer ganz anderen Ebene liegt die völkerrechtliche Vertretung, die gelegentlich auch als Repräsentation bezeichnet wird. [Die Völkerrechtler gehen mit dem Begriff der Repräsentation weniger sorgfältig um als die Staatsrechtler. Das mag seinen Grund darin haben, daß das moderne Völkerrecht historisch als ein Recht der Verkehrs zwischen souveränen Fürsten entstanden ist, d. h. als ein Recht zwischen Repräsentanten, deren Repräsentationsanspruch ausschließlich und unbestritten war (von den Episoden der Gegenkönige und Thronstreitigkeiten abgesehen). Sobald aber mit dem Aufkommen des Parlamentarismus neben den Fürsten eine zweite, durch das Volk legitimierte Repräsentation trat, hätte deren Beteiligung an der auswärtigen Gewalt erörtert werden müssen.

Das ist freilich zunächst ein innerstaatliches Problem. In der Bundesrepublik hat sich die diesbezügliche Diskussion an Art. 59 Abs. 2 GG entzündet[182]). Im Anschluß an die Kritik

---

schränkung der Wahlämter keine Aristokratie entstehen. Es ist lächerlich und gefährlich zugleich, wenn sich demokratisch Gewählte als Aristokraten verstehen.

[181]) Gerhard Leibholz, Das Wesen der Repräsentation, S. 42.

[182]) Vgl. hierzu Hermann Angerer, Die Lehre von der Auswärtigen Gewalt in der Bundesrepublik Deutschland, München, Diss. 1958; Horst Backsmann, Über die Mitwirkung des Gesetzgebers bei der Änderung völkerrechtlicher Verträge. Ein Beitrag zur Lehre von der auswärtigen Gewalt, DVBl. 1956, S. 317 ff.; Rudolf Bernhardt, Der Abschluß völkerrechtlicher Verträge im Bundesstaat. Eine Untersuchung zum deutschen und ausländischen Bundesstaatsrecht, Köln und Berlin 1957, S. 128 f.; Wolfgang Daube, Form und Wirkung der Zustimmung des Parlaments zur Ratifizierung völkerrechtlicher Verträge nach dem Grundgesetz, Köln, Diss. 1956; Wilhelm Grewe, Die auswärtige Gewalt der Bundesrepublik, VVDStRL Heft 12 (1954), S. 129 ff.; Dieter Haas, Abschluß und Ratifikation internationaler Verträge, Archiv des öffentlichen Rechts

der falschen Auffassungen des Bundesverfassungsgerichts, das die auswärtige Gewalt nach wie vor ausschließlich zur Exekutive rechnet, trifft Menzel die klare Feststellung: „Die auswärtige Gewalt im modernen Staat ist nicht mehr eine einseitige Angelegenheit der Exekutive, sondern gemeinsame Aufgabe der Exekutive und der Legislative, der Regierung und des Parlaments. Die auswärtige Gewalt ist daher eine ‚kombinierte Gewalt' "[183]). Mittelbar aber wird davon auch die völkerrechtliche Repräsentation berührt.

Doch genauso, wie die Völkerrechtstheorie nach der Französischen Revolution den Begriff der Souveränität unbekümmert als Fundament der rechtlichen Ordnung der internationalen Beziehungen beibehielt, obwohl sich dieser Begriff durch die Wandlung von der Fürstensouveränität zur Volkssouveränität wesentlich verändert hatte, hielt man an der „natürlichen" Repräsentationsfunktion des Staatsoberhauptes fest und begann nur zu erörtern, ob und inwieweit sie an andere Organe delegiert werden kann. Dabei verschob sich das Problem auf die Technik des Vertragsabschlusses und der Abgabe völkerrechtlicher Willenserklärungen und verdeckte die eigentliche Repräsentationsproblematik. Das Hauptgewicht wurde auf die Lehre von den Vollmachten gelegt, die freilich zahl-

---

Bd. 78 (1952/53), S. 381 ff.; Hermann Diedrich Kaiser, Die innerstaatliche Bedeutung der Beteiligung der jeweils für die Bundesgesetzgebung zuständigen Körperschaften am Abschluß völkerrechtlicher Verträge der Bundesrepublik Deutschland gemäß Art. 59 Abs. 2 S. 1 GG, Diss. Münster 1964; Eberhard Menzel, Die auswärtige Gewalt der Bundesrepublik, VVDStRL Heft 12 (1954), S. 179 ff.; Eberhard Menzel, Die Auswärtige Gewalt der Bundesrepublik in der Deutung des Bundesverfassungsgerichts, Archiv des öffentlichen Rechts Bd. 79 (1953/54), S. 326 ff.; Hermann Mosler, Die auswärtige Gewalt im Verfassungssystem der Bundesrepublik Deutschland, Beiträge zum ausländischen öffentlichen Recht und Völkerrecht Heft 29, (Bilfinger-Festschrift) Köln-Berlin 1954, S. 292 ff.; Rainer Pfeffer von Salomon, Kann über die auswärtige Gewalt die Kompetenzverteilung in der Bundesrepublik verschoben werden? Diss. Mainz 1956; Wulf-Dietrich Stüben, Die Grenze der parlamentarischen Kontrolle beim Abschluß von Verträgen der Bundesrepublik mit dem Auslande. Ein Beitrag zur Lehre von der auswärtigen Gewalt, Diss. Göttingen 1957; Hans F. Zacher, Ratifizierungsgesetz und Normenkontrolle, DVBl. 1955, S. 649 ff.; Claus Zelle, Die völkerrechtliche Bedeutung der parlamentarischen Mitwirkung zum Abschluß von Staatsverträgen, Diss. Münster 1957. Allgemein zu diesem Problem: Boris Mirkine-Guetzévitch, La technique parlementaire des relations internationales, Académie de Droit International, Recueil des Cours 1936 II (Bd. 56), S. 219 ff., insbesondere S. 276 ff.

183) Eberhard Menzel, Die auswärtige Gewalt der Bundesrepublik in der Deutung des Bundesverfassungsgerichts, Archiv des öffentlichen Rechts, Bd. 79 (= NF 40), S. 348.

reiche Einzelprobleme zu lösen hat[184]), aber eben doch ihren Ausgangspunkt davon nehmen muß, daß es ein Organ im Staat gibt, das die Vollmachten rechtsgültig ausstellt. Die meisten Autoren begnügen sich mit dem Hinweis, daß es Sache der einzelstaatlichen Verfassung ist, dieses Organ zu bestimmen, betonen aber gleichzeitig, daß das Staatsoberhaupt das „maßgebliche Repräsentationsorgan" sei, von dem die diplomatischen Vertreter ihre Repräsentationsbefugnisse ableiten[185]).

Insbesondere die angelsächsische Literatur spricht noch mit größter Selbstverständlichkeit vom jus omnimodae repraesentationis des Staatsoberhauptes. So lesen wir bei Oppenheim-Lauterpacht[186]): „Das Staatsoberhaupt als Hauptorgan und Repräsentant des Staates in der Gesamtheit seiner internationalen Beziehungen handelt im völkerrechtlichen Verkehr für seinen Staat." Oder bei Georg Schwarzenberger[187]): „Der Hauptrepräsentant eines Staates ist ein Staatsoberhaupt. Ohne Rücksicht auf die Beschränkung seiner Befugnisse im nationalen Recht, gilt im Völkerrecht die Vermutung, daß das Staatsoberhaupt umfassende Befugnisse besitzt, seinen Staat zu ver-

---

184) Vgl. J. Mervyn Jones, Full Powers and Ratification, Cambridge 1949; Hans Otto Meißner, Vollmacht und Ratifikation bei völkerrechtlichen Verträgen nach deutschem Recht, Göttingen 1934.

185) Vgl. Hermann Meyer-Lindenberg, Organe des völkerrechtlichen Verkehrs, in: Strupp-Schlochauer, Wörterbuch des Völkerrechts, 2. Bd., Berlin 1961, S. 669 f. In den Vorlesungen über die Grundregeln des Völkerrechts an der Haager Akademie findet sich regelmäßig dieser Hinweis: Vgl. Arrigo Cavaglieri, Règles Genérales du Droit de la Paix, Recueil des Cours 1929 I (Bd. 26), S. 498 f.; Achille Mestre, Les Traités et le Droit Interne, Recueil des Cours 1931 IV (Bd. 38), S. 251; Karl Strupp, Les Règles Genérales du Droit de la Paix, Recueil des Cours 1934 I (Bd. 47), S. 357; Erich Kaufmann, Règles Genérales du Droit de la Paix, Recueil des Cours 1935 IV (Bd. 54), S. 561; Ernst Wolgast, Le Diplomate et ses fonctions. Déduits de la nature de l'organisation internationale publique du pouvoir externe de l'Etat, Recueil des Cours 1937 II (Bd. 60), S. 281; Gaetano Morelli, La Théorie Générale du Procès International, Recueil des Cours 1937 III (Bd. 61), S. 276; Max Sørensen, Principes de Droit International Public, in: Recueil des Cours 1960 III (Bd. 101), S. 66. Dagegen bringt die Abhandlung von Angelo Piero Sereni, La Représentation en Droit International, Recueil des Cours 1948 II (Bd. 73), S. 86, keine Repräsentationslehre, sondern eine Theorie der Vertretung im Völkerrecht. Sereni unterscheidet klar zwischen Organschaft und Repräsentation und stellt fest: „Die Beziehung zwischen einem Völkerrechtssubjekt und seinen Organen stellt keine Repräsentation dar, weil das Organ kein Völkerrechtssubjekt ist: es ist integrierender Bestandteil des Subjekts, für welches es tätig wird" (aaO., S. 86).

186) International Law, 8. Aufl., Bd. I, S. 757.

187) A Manual of International Law, 4. Aufl., Bd. 1, London 1960, S. 75.

pflichten. Es wäre außerordentlich beleidigend, wenn der Vertreter eines anderen Völkerrechtssubjekts auf Grund seiner eigenen Auslegung der fremden Verfassung die umfassenden Befugnisse eines Staatsoberhauptes anzweifelte." Manche Autoren verlieren darüber nicht einmal so viele Worte, D. P. O'Connell schildert zunächst die Praxis der Vertragsschließungsbefugnis in USA und England und weist dann darauf hin, daß nicht überall die Außenminister solche Befugnisse haben. „Es erhebt sich also die Frage, ob das Völkerrecht für andere staatliche Amtsträger als das Staatsoberhaupt eine Vermutung der inhärenten Befugnisse aufstellt[188])." Die „inhärente Befugnis" des Staatsoberhaupts selbst wird gar nicht erörtert. Ähnlich erwähnt J. G. Starke[189]) die „Heads of States form" des Vertragsabschlusses ohne nähere Erläuterung. Vorsichtiger ist Charles G. Fenwick[190]): „Die Rechtsregeln in bezug auf die Repräsentationsfunktion des Staatsoberhaupts und der untergeordneten Amtsträger des auswärtigen Dienstes haben sich in den letzten Jahren sehr verändert und befinden sich immer noch in einem Stadium des Übergangs". Auch Paul Guggenheim deutet diesen Wandel an, fügt aber hinzu: „Trotzdem besteht heute noch die — allerdings widerlegbare — Vermutung, daß die Völkerrechtsakte des Staatsoberhauptes von ihm in seiner Eigenschaft als Organ vorgenommen werden und deshalb dem Staat zuzuschreiben sind, den es repräsentiert[191])".

In diesem Satz zeigt sich bereits eine Abweichung der völkerrechtlichen Repräsentationslehre — soweit man von einer solchen sprechen kann — von der insbesondere von Gerhard Leibholz herausgearbeiteten Repräsentationstheorie: Die Völkerrechtstheorie betrachtet das Staatsoberhaupt als repräsentierendes Organ, während die genannte staatsrechtliche Doktrin einen Gegensatz zwischen Organschaft und Repräsentation sieht[192]). Aber gerade an der Nahtstelle zwischen Völkerrecht und Staatsrecht, nämlich bei der Auslegung der verfassungsrechtlichen Vorschriften über die Befugnis des Bundespräsidenten zur völkerrechtlichen Vertretung der Bundesrepublik, hat die deutsche Staatsrechtslehre die Organschaft des Repräsentanten ohne Zögern bejaht. Einhellig wird dar-

188) International Law, Bd. I, London-Dobbs Ferry 1965, S. 235 f.

189) An Introduction to international Law, 5. Aufl. London 1963, S. 322.

190) International Law, 3. Aufl. New York 1962, S. 459 f.

191) Paul Guggenheim, Traité de Droit international public, Bd. 1, Genf 1953, S. 485.

192) Vgl. oben S. 55.

auf hingewiesen, daß die dem Bundespräsidenten gem. Art. 59 GG zustehende „Vertretung“ keine Vertretung im Sinne des Zivilrechts ist, sondern Ausübung einer Organfunktion[193]).

Der Inhalt dieser Organfunktion kann nur darin bestehen, daß das Staatsoberhaupt den Staat als Ganzes gegenüber dritten Staaten sichtbar macht („repräsentiert“ in einem noch zu untersuchenden weiteren Sinn) und gegenüber diesen dritten Staaten Rechtsakte mit verpflichtender Kraft für den eigenen Staat vornimmt, sei es durch persönliches Handeln, sei es durch Bevollmächtigte, die ihre Vollmacht vom Staatsoberhaupt erhalten. Völkerrechtlich relevant ist jedoch nur die Deklaration der Rechtsakte, nicht ihr Zustandekommen. Mit anderen Worten: es ist für das Völkerrecht völlig gleichgültig, ob das Staatsoberhaupt an der Bildung des außenpolitischen Willens beteiligt ist oder nicht. Hier braucht also der „Repräsentant“ keineswegs „Herr“ zu sein, wie es die staatsrechtliche Repräsentationstheorie fordert.

Trotz dieser Unterschiede spricht auch die deutsche völkerrechtliche Literatur in diesem Zusammenhang von der „Repräsentation“ durch das Staatsoberhaupt, wenn auch im allgemeinen vorsichtiger als die angelsächsische[194]). Häufig werden neben dem Staatsoberhaupt noch andere Organe als völkerrechtliche Repräsentanten genannt, oder es wird auf die Möglichkeit ihres Vorhandenseins hingewiesen, ohne jedoch daraus Rückschlüsse auf die Repräsentationsfunktion des Staatsoberhaupts zu ziehen[195]). Eine grundlegende Klärung

---

[193]) Maunz in Maunz-Dürig, Grundgesetz, 2. Aufl. Randnr. 3 zu Art. 59; v. Mangoldt-Klein, Das Bonner Grundgesetz, 2. Aufl. Bd. 2, Anm. III 3 zu Art. 59 — S. 1130 —.

[194]) So Eberhard Menzel, Völkerrecht, München und Berlin 1962, S. 226: „Im Völkerrecht gilt der Grundsatz, daß das Staatsoberhaupt ohne weiteres als handlungsberechtigtes Staatsorgan im zwischenstaatlichen Bereich auftreten kann. Seine verfassungsrechtliche Stellung gibt ihm das ius repraesentationis, und seine Handlungen sind die ranghöchsten verbindlichen Erklärungen bei der Wahrnehmung der sog. Auswärtigen Gewalt.“ Vorbehaltloser noch Friedrich Berber, Lehrbuch des Völkerrechts, I. Band, München und Berlin 1960, S. 267: „Das Staatshaupt ist das generelle Organ der Vertretung des Staates, insbesondere auch nach außen, gegenüber anderen Staaten, seine Vertretungsmacht wird präsumiert, das Staatshaupt bedarf keiner Vollmacht zur Vertretung, die Vollmacht aller übrigen Vertretungsorgane muß von ihm erteilt oder auf ihn rückführbar sein.“

[195]) Vgl. Georg Dahm, Völkerrecht, Bd. I, Stuttgart 1958, S. 297; Wilhelm Karl Geck, Die völkerrechtlichen Wirkungen verfassungswidriger Verträge, Köln-Berlin 1963, S. 60; Friedrich August Freiherr von der Heydte, Völkerrecht, Bd. I, Köln 1958, S. 20 f.; Ignaz Seidl-Hohenveldern, Völkerrecht, Köln 1965, S. 145, Randzahlen 666, 667; Alfred Verdross, Völkerrecht, 5. Aufl., Wien

versucht nur Gerhard Leibholz[196]). Die Konsequenzen aus seiner staatsrechtlichen Repräsentationslehre lassen sich nicht vermeiden: Entscheidend für die Frage, wer völkerrechtlich vertretungsberechtigt ist, ist die verfassungsrechtliche Kompetenzordnung des Einzelstaates. In der absoluten Monarchie ist klar, daß der Monarch die von ihm repräsentierte Gesamtheit allein vertritt. Aber schon „in der konstitutionellen Monarchie, in der die Volksvertretung in einem gewissen Umfang bereits in den Prozess der völkerrechtlichen Willensbildung eingeflochten ... ist, ist außer dem Monarchen auch das Parlament völkerrechtlich relevanter Repräsentant des Staates“[197]). Dieser folgerichtige Satz gerät nur insofern in Widerspruch zur staatsrechtlichen Repräsentationstheorie, als ja nach der letzteren das Parlament das Volk repräsentiert und daher nur dann als „Repräsentant des Staates“ angesprochen werden kann, wenn Volk und Staat gleichgesetzt werden[198]). Auch Leibholz erkennt dies offenbar an; denn er fügt hinzu: „Und wird schließlich wie in der repräsentativen Demokratie die Freiheit der Exekutive noch weiter eingeengt, vielleicht sogar auf ihre entscheidende Mitwirkung an der rechtsgeschäftlichen Staatswillensbildung zugunsten einer Erweiterung der Machtsphäre der Volksvertretung überhaupt verzichtet, so ist jedenfalls in bezug auf die politisch maßgeblichen Entscheidungen das Parlament alleiniger völkerrechtlicher Repräsentant der politisch ideellen Volkseinheit[199]).“

Diese Konsequenz hat jedoch die Völkerrechtsdoktrin der Gegenwart, wie bereits bemerkt, nicht gezogen. Mit einer gewissen Berechtigung kann sie freilich auf die Staatsrechtslehre und auf die Schöpfer parlamentarisch-demokratischer Verfassungen verweisen, die unbekümmert um solche fundamentalen Zusammenhänge die alleinige Vertretungsbefugnis des Staatsoberhaupts formulieren (und dann durch innerstaatliche Mitwirkungsbefugnisse des Parlaments zu reduzieren versuchen).

1964, S. 322; Wilhelm Wengler, Völkerrecht, Bd. I, Berlin-Göttingen-Heidelberg 1964, S. 196. Einen Überblick über die Entwicklung von der ausschließlichen Vertretungsbefugnis des Staatshauptes, die bis 1815 in ungebrochener Staatenpraxis anerkannt wurde, zur Beteiligung anderer Amtsträger an dieser Vertretungsbefugnis gibt Ludwig Bittner, Die Lehre von den völkerrechtlichen Vertragsurkunden, Berlin und Leipzig 1924, S. 16 ff.

[196]) Das Wesen der Repräsentation und der Gestaltwandel der Demokratie im 20. Jahrhundert, Berlin 1960, S. 196 ff.

[197]) AaO., S. 197.

[198]) Adolf Grabowsky, Politik im Grundriß, Freiburg i. Br.-Frankfurt/M. 1952, S. 135 f., zählt diese Gleichsetzung zu den „fünf falschen Identifizierungen“ der modernen politischen Theorie.

[199]) Leibholz, aaO., S. 197.

Aber es fragt sich, ob angesichts der weiten Verbreitung der parlamentarisch-demokratischen Regierungsform die völkerrechtliche Vermutung für die Vertretungsbefugnis des Staatsoberhaupts noch gerechtfertigt ist.

Unabhängig davon besteht die Tatsache des Auseinanderklaffens von völkerrechtlicher und staatsrechtlicher Repräsentation. Daß die völkerrechtliche Repräsentation nur eine Organfunktion ist und nicht impliziert, daß der Repräsentant „herrscht", d. h. unabhängige Entschlüsse fassen kann, wurde bereits festgestellt. Nun hat sich aber ergeben, daß das republikanische Staatsoberhaupt im Inneren des Staates kein echter staatsrechtlicher Repräsentant sein kann (vgl. oben S. 62), und es fragt sich daher, ob auf dieser Grundlage eine Vereinbarung von völkerrechtlicher und staatsrechtlicher Doktrin zu ermöglichen ist. Voraussetzung dafür wäre allerdings, daß man den Begriff der Repräsentation in beiden Bereichen fallenließe und sich offen zur Theorie der Organfunktion bekennen würde; denn der Begriff der Repräsentation im engeren Sinne würde stets die Frage nach dem Repräsentierten und dem Repräsentationsadressaten aufwerfen. Im völkerrechtlichen Bereich könnte man sich schwerlich mit einem Amtsträger begnügen, der „das Volk" oder „die Exekutive" repräsentiert[200]). Es geht in diesem Bereich immer um die Berechtigung und Verpflichtung des Staates als Völkerrechtssubjekt, also als Einheit. Folglich muß der Staat als Ganzes dargestellt werden. Und wenn es in der parlamentarischen Demokratie keine Einzelperson und keine Körperschaft gibt, die allein befugt ist, den Staat als Ganzes im echten Sinn zu repräsentieren, so muß man eben ein Organ schaffen, das die Einheit sichtbar macht, ohne im staatsrechtlichen Sinne zu repräsentieren.

Vom Völkerrecht her gesehen, besteht ein Bedürfnis nach einem solchen Organ, weil ohne es der zwischenstaatliche Verkehr und insbesondere der Abschluß von völkerrechtlichen Verträgen kaum in geordnete Bahnen gelenkt werden könnte. Die Beteiligung des Parlaments an der außenpolitischen Willensbildung ist in der parlamentarischen Demokratie unumgänglich; die Beteiligung des Parlaments am völkerrechtlichen Verkehr aber ist praktisch undurchführbar. Die Beweise hierfür sind längst geliefert. Es beruht sicher nicht auf persönlicher Unfähigkeit, wenn die diplomatischen Missionen von Abgeordneten so viel Verwirrung in der Außenpolitik stiften. Man mißversteht das Problem der parlamentarisch-demokra-

---

200) Das hat schon Carl Walther, Das Staatshaupt in den Republiken, Breslau 1907, S. 192, erkannt.

tischen Außenpolitik, wenn man sich bemüht, das Parlament als Repräsentant des Volkes (und damit des Staates?) dritten Staaten gegenüber unmittelbar in Erscheinung treten zu lassen[201]). Vielmehr geht es darum, dem Parlament einen seiner Stellung im parlamentarisch-demokratischen Staat entsprechenden Einfluß auf den außenpolitischen Entscheidungsvorgang zu sichern und trotzdem gegenüber dritten Staaten die Einheit des Staates als Völkerrechtssubjekt sichtbar zu machen. Hierzu ist das Staatsoberhaupt (als Träger einer Organfunktion) besser geeignet als die Regierung oder ein Teil derselben, etwa das Außenministerium, weil es von den in der parlamentarischen Demokratie unvermeidlichen Kontinuitätsunterbrechungen der Regierung und des Parlaments unberührt bleibt. Gleichzeitig wird damit für die völkerrechtlich ungemein bedeutsamen Akte der Bevollmächtigung und Beglaubigung eine sichere Grundlage geschaffen, ohne daß doch die Befugnisse von Parlament und Regierung bei der außenpolitischen Willensbildung geschmälert würden.

An diesem Punkt fließen die dem Staatsoberhaupt in der parlamentarischen Demokratie verbleibenden Funktionen in dramatischer Weise zusammen: Integrationsfunktion, Symbolfunktion und Kontinuitätsfunktion sind an dieser „Repräsentation" nach außen beteiligt. Da es sich aber gerade nicht um eine Repräsentation im Sinne der staatsrechtlichen Doktrin handelt, kann hier auch nicht von einer „integrierenden Funktion der Repräsentation"[202]) gesprochen werden. Eher ist es die integrierende Wirkung des Symbols, die hier in Erscheinung tritt.

Vor allem ist darauf hinzuweisen, daß die völkerrechtliche „Vertretungsbefugnis" oder „Repräsentation" dem Staatsoberhaupt keine zusätzlichen innerstaatlichen Kompetenzen verschafft. Dies wird für die Bundesrepublik allgemein anerkannt[203]). Unter der Geltung der Weimarer Reichsverfassung, die in ihrem Art. 45 eine dem Art. 59 Abs. 1 Satz 1 GG entsprechende Bestimmung enthielt, vertrat man die gegenteilige

---

201) Vgl. hierzu Hans D. Treviranus, Außenpolitik im demokratischen Rechtsstaat, Tübingen 1966, S. 34 ff.

202) Gerhard Leibholz, Das Wesen der Repräsentation, S. 196.

203) Vgl. Rudolf Bernhardt, Der Abschluß völkerrechtlicher Verträge im Bundesstaat, Köln-Berlin 1957, S. 128; Maunz in Maunz-Dürig, Grundgesetz, 2. Aufl. Randnr. 5 zu Art. 59; v. Mangoldt-Klein, Das Bonner Grundgesetz, 2. Aufl., Bd. II, Anm. III f. zu Art. 59, S. 1133, der dem Bundespräsidenten allerdings „einen gewissen Einfluß" auf die Richtlinienbestimmung des Bundeskanzlers im außenpolitischen Bereich zugesteht.

Meinung und leitete aus der völkerrechtlichen Vertretungsbefugnis innerstaatliche Sachkompetenzen des Reichspräsidenten ab[204]).]

So richtet sich die völkerrechtliche Vertretung oder „Repräsentation" nur nach außen und hat mit der Repräsentation im Staat nichts zu tun. Welchem Organ sie übertragen wird, ist eine reine Zweckmäßigkeitsentscheidung, die nicht vom Wesen der parlamentarischen Demokratie abhängt. Auch das Völkerrecht gewährt der Verfassung in dieser Frage absolute Freiheit[205]). Die Tatsache, daß in fast allen Staaten der Erde die völkerrechtliche Vertretung einem Organ obliegt, das man Staatsoberhaupt zu nennen pflegt, ist nur aus der Geschichte zu erklären und hat für die hier behandelte Problematik keine Bedeutung. Die verfassungsrechtliche Stellung der Männer — und Frauen —, denen die Diplomaten in den verschiedenen Ländern ihre Beglaubigungsschreiben überreichen, ist recht unterschiedlich und reicht von despotischer Machtfülle bis zu völliger Bedeutungslosigkeit.

---

[204]) Vgl. Fritz Poetzsch, Vom Staatsleben unter der Weimarer Verfassung, Jahrbuch des öffentlichen Rechts, Bd. XIII, 1925, S. 135; Heinrich Pohl, Die Zuständigkeiten des Reichspräsidenten, in Anschütz/Thoma, Handbuch des deutschen Staatsrechts, 1. Bd. Tübingen 1930, S. 492; weniger eindeutig Ernst Wolgast, Die auswärtige Gewalt des Deutschen Reiches, Archiv des öffentlichen Rechts, Bd. 5 NF, S. 34 ff.

[205]) Aus den Grundsätzen der Staatengleichheit und der Koexistenz ergibt sich heute die völkerrechtliche Gleichbehandlung der Staatsoberhäupter, die im Zeitalter der Fürstensouveränität eine Selbstverständlichkeit war, aber seit der Französischen Revolution und der amerikanischen Unabhängigkeitserklärung eigens betont zu werden pflegt. Das Koexistenzprinzip, das heute fälschlicherweise auf den Ost-West-Konflikt eingeengt wird, setzte sich in dem vom Völkerrecht anerkannten Nebeneinander von Republiken und Monarchien seit dem Ende des 18. Jahrhunderts durch. Deshalb bedarf die Gleichstellung republikanischer Staatsoberhäupter mit den Monarchen souveräner Staaten heute keiner Entschuldigung mehr, wie sie früher üblich war. Martens deutet die mangelnde Übereinstimmung der völkerrechtlichen und der staatsrechtlichen Repräsentationslehre an, wenn er die völkerrechtliche Gleichheit von Monarchen und Präsidenten mit dem Hinweis darauf anzweifelt, daß der Präsident nicht die „Staatshoheit im ganzen", sondern nur die Exekutive repräsentiert (Friedrich von Martens, Traité de Droit International, Bd. 1, Paris 1883, S. 407). Carl Walther (Das Staatshaupt in den Republiken, S. 191) meint, die Republik werde vom Völkerrecht wie „eine in Windeln gewickelte Monarchie" behandelt. Die Begründung Fauchilles, Monarchen und Präsidenten müßten gleich behandelt werden, weil beide durch die Staatsverfassung in ihrer Vertretungsbefugnis beschränkt werden könnten (Paul Fauchille, Traité de droit international public, Paris 1926, S. 6) ist unbefriedigend.

Die Restfunktionen des Staatsoberhauptes in der parlamentarischen Demokratie

Wenn sich somit ergibt, daß in einer parlamentarischen Demokratie die Ausstattung des republikanischen Staatsoberhaupts mit Repräsentationsfunktionen ein Versuch am untauglichen Objekt ist, so bedeutet dies noch nicht, daß dieses Staatsoberhaupt gar keine Funktionen haben könnte. Werfen wir noch einmal einen Blick auf die Bemühungen der Weimarer Politiker und Juristen und fragen wir, was sie — von den erwähnten Anachronismen und Irrtümern abgesehen — vom Staatsoberhaupt eigentlich erwarteten.

Man wollte im Staatsoberhaupt in erster Linie ein Gegengewicht haben, und zwar nicht so sehr gegen die Exekutive, zu der man es — dem Herkommen entsprechend — zählte[206]),

---

[206]) Eine solche Zuordnung ergibt sich zwangsläufig, wenn man die Funktion des Staatsoberhaupts als „Verwaltungsgewalt" bezeichnet. So z. B. August Finger, Das Staatsrecht des Deutschen Reiches, Stuttgart 1923, S. 309; Carl Walther, Das Staatshaupt in den Republiken, Breslau 1907, S. 119. Auch Carl Schmitt (Verfassungslehre, S. 220) bezeichnet ohne Zögern das Staatshaupt ganz allgemein als „Chef der Exekutive". Diese allgemeine Formulierung findet sich schon in der älteren Literatur. So z. B. Emile Mathis, Die Stellung des Staatsoberhauptes im Staatsdienst, Archiv des öffentlichen Rechts, Bd. 26 AF (1910), S. 569: „Der Präsident als das Haupt der vollziehenden Gewalt ist die natürliche Spitze der Regierung und Verwaltung." Vgl. Friedrich Glum, Staatsoberhaupt und Regierungschef, Zeitschrift für Politik 1959 (Bd. VI), S. 296. Doch wurde die Zugehörigkeit des Reichspräsidenten zur Exekutive auch konkret aus der WRV abgeleitet. So argumentiert z. B. Eduard Hubrich (Das demokratische Verfassungsrecht des deutschen Reiches, Greifswald 1921, S. 96), der Reichspräsident sei eine Behörde, weil das Präsidentenamt ein dauerndes Amt sei, alle dauernden Ämter aber als Behörden gälten. Dies werde durch Art. 46 WRV bestätigt, wonach der Reichspräsident das Beamten- und Ernennungs- und Entlassungsrecht auch durch andere Behörden ausüben lassen konnte; er selbst müsse folglich ebenfalls Behörde sein. Hieraus schloß man weiter auf die Beamtenstellung des Reichspräsidenten. Schon im älteren deutschen Schrifttum war die Auffassung vertreten worden, der Präsident einer Republik sei Beamter (vgl. Paul Laband, Deutsches Reichsstaatsrecht, 7. Aufl. Tübingen 1919, bearb. v. Otto Mayer, S. 57; Carl Walther, Das Staatshaupt in den Republiken, Breslau 1907, S. 85 ff.). In der Weimarer Zeit gingen die Meinungen hierüber immer mehr auseinander. Verneint wurde die Beamteneigenschaft des Reichspräsidenten u. a. von Friedrich Giese, Die Verfassung des Deutschen Reiches vom 11. August 1919, 7. Aufl. Berlin 1926, Anm. II, 1 zu Art. 42, S. 153; Fritz Stier-Somlo, Deutsches Reichs- und Landesstaatsrecht, Bd. I Berlin und Leipzig 1924, S. 599; Otto Meißner, Der Reichspräsident, in: Handbuch der Politik, 3. Bd., 3. Aufl. Berlin und Leipzig 1921, S. 43; Martin Riebe,

sondern vor allem gegen das Parlament[207]). Hierin äußerte sich letztlich ein tiefes Mißtrauen gegenüber dem parlamentarischen System, und zwar insbesondere hinsichtlich seiner Fähigkeiten, die Demokratie vor ihren eigenen, angeblich verderblichen Kräften zu schützen. So sieht etwa Friedrich Meinecke im plebiszitären Reichspräsidenten den „Bändiger der demokratisch-irrationalen Kräfte"[208]). Erich Kaufmann betrachtete den Präsidenten als eine Art Kettenhund für das Parlament, der dafür zu sorgen habe, „daß das Parlament nicht verknöchert, sondern in steter Furcht vor den Wählern erhalten bleibt"[209]). In ähnlichem Sinne nannte ihn Hubrich

---

Ist der Reichspräsident Reichsbeamter? Diss. Breslau 1927, S. 63; Hans Strauß, Ist der Reichspräsident Reichsbeamter? Frankfurt/M. 1928. Die Zuordnung des Bundespräsidenten zur Exekutive, oder seine Bezeichnung als „Spitze der Exekutive" hat sich auch in der Literatur zum Grundgesetz erhalten. Werner Weber nennt den Präsidenten den „Kernpunkt einer starken Exekutive" und klagt darüber, daß im Grundgesetz mit dem Präsidenten die „ganze Exekutive entmachtet" ist (Werner Weber, Spannungen und Kräfte im westdeutschen Verfassungssystem, 2. Aufl. Stuttgart 1958, S. 31; ders., Weimarer Verfassung und Bonner Grundgesetz, Göttingen 1949, S. 24). Man wird heute nicht mehr sagen können, der Bundespräsident sei „Chef", „Kernpunkt" oder „Spitze" der Exekutive. Wenn man seine Zuordnung zu einer der drei Gewalten nur erstrebt, um ihn in das alte Gewaltenteilungsschema zu pressen, hätte dieses Bemühen ohnehin wenig Sinn. Die ihm übertragenen Aufgaben rechtfertigen die Zuordnung zur Exekutive durchaus, stellen ihn aber gleichzeitig außerhalb der Weisungsbefugnisse der Regierung.

207) Das entspricht der Stellung des Staatsoberhaupts im Constantschen Modell, also in der konstitutionellen wie auch in der parlamentarischen Monarchie. Historisch ist die Entwicklung allerdings umgekehrt verlaufen: Das Parlament entstand als Gegengewicht zum Monarchen (vgl. Walter Schelcher, Das parlamentarische System, Archiv des öffentlichen Rechts, Bd. 2 NF, S. 265). Aber die Schöpfer der Weimarer Verfassung waren sich (fast — nämlich mit Ausnahme der Sozialdemokraten) darin einig, daß dem Parlamentarismus der neuen deutschen Reichsverfassung durch einen plebiszitären Reichspräsidenten ein Gegengewicht gesetzt werden müsse" (Richard Thoma in Archiv des öffentlichen Rechts, Bd. 3 NF, S. 230). Auf die Tatsache, daß ein mit gewissen Machtbefugnissen ausgestatteter Präsident zwar auch eine gegen das Parlament gerichtete Machtentfaltung zeigen kann, aber dadurch noch nicht zum Gegenspieler des Parlaments wie der Monarch in der konstitutionellen oder parlamentarischen Monarchie wird, hat Gerhard Leibholz (Das Wesen der Repräsentation, S. 41) treffend hingewiesen.

208) Friedrich Meinecke, Politische Schriften und Reden, hrsg. v. G. Kotowski, Darmstadt 1958, S. 163 ff. Hierzu Gustav Schmidt, Deutscher Historismus und der Übergang zur parlamentarischen Demokratie, Historische Studien Heft 389, Lübeck und Hamburg 1964, insbes. S. 169 ff.

209) Erich Kaufmann, Grundfragen der künftigen Reichsverfassung, Berlin 1919, S. 21.

einen „schlafenden Löwen“[210]), der bei Gefahr aufzuwachen habe.

Alle diese Sorgen um Staat, Demokratie und Parlament sind heute noch genau so aktuell wie vor fünfundvierzig Jahren, und wir haben wahrhaftig keinen Grund, über die Ängste der Weimarer Juristen zu lächeln. Daß Mißtrauen gegenüber machtausübenden Institutionen und Personen — auch gegenüber dem Parlament — ist ein heilsames Empfinden, das der Demokratie nur förderlich sein kann. Aber bei einem richtigen Verständnis der parlamentarischen Demokratie ist leicht zu erkennen, wie dieses System im Rahmen seiner ureigensten Spielregeln — ohne Rückgriff auf Elemente anderer Staats- und Regierungsformen — mit diesen Sorgen fertig wird.

Das Parlament bändigt sich selbst mit Hilfe einer wohlfunktionierenden Opposition und übt die parlamentarische Kontrolle in einer gewaltenverbindenden Weise aus, über deren Rechtsstaatlichkeit das Verfassungsgericht als letzte Instanz wacht. Freilich klingt diese schlagwortartige Zusammenfassung von Problemen, über die auch vorhin noch keineswegs erschöpfend gesprochen werden konnte, geradezu naiv. Die großen Probleme der Gegenwart beginnen genau an diesem Punkt. Kann denn, so fragt man heute, die parlamentarische Kontrolle noch ihre klassische Funktion erfüllen, kann denn das Verfassungsgericht tatsächlich Hüter der Verfassung sein?

Die parlamentarische Kontrolle, so wie sie das englische Regierungssystem zuerst herausgebildet hat, ist inhaltlich eine Kontrolle von Nichtfachleuten über Fachleute[211]). Der Angelsachse mißtraut dem Experten, zumal dem Experten der Verwaltung[212]), und fürchtet seinen engen Horizont. Um die Gefahren der Borniertheit und der Verzerrung der Proportionen, die jede Spezialisierung mit sich bringt, zu bannen, soll der Spezialist vom gesunden Menschenverstand kontrolliert werden.

---

210) Eduard Hubrich, Das demokratische Verfassungsrecht des deutschen Reiches, Greifswald 1921, S. 112.

211) Dies verkennt Karl Dietrich Bracher, Deutschland zwischen Demokratie und Diktatur, Bern-München-Wien 1964, S. 392, wenn er sagt, der Parlamentarier habe Kontrolle auszuüben, „als wäre er ein Fachmann“. Sicher ist es heute so, aber es bedeutet eben bereits eine Veränderung des Wesens parlamentarischer Kontrolle.

212) Zu Max Webers Auffassung vom Zusammenhang zwischen Bürokratisierung und Demokratisierung vgl. Gustav Schmidt, Deutscher Historismus und der Übergang zur parlamentarischen Demokratie, Lübeck und Hamburg 1964, S. 226 ff. Karl Loewenstein, Max Webers staatspolitische Auffassung in der Sicht unserer Zeit, Frankfurt/M.-Bonn 1965, S. 37 ff. Max Weber, Wirtschaft und Gesellschaft, 4. Aufl. Tübingen 1956, Bd. I, S. 125 ff., Bd. II, S. 559 ff.

Dieses Idealbild ist längst dahin. Die Dimensionen des technischen Zeitalters sind so riesenhaft, die Zusammenhänge so kompliziert und unüberschaubar, daß der gesunde Menschenverstand allenthalben durch das spezialisierte Fachwissen ersetzt wird und das klassische Parlament sich neben einer modernen Exekutive gar nicht behaupten kann. Das große Problem der parlamentarischen Demokratie ist daher heute längst nicht mehr der Parlamentsabsolutismus, sondern die Gewichtsverlagerung vom Parlament zur Exekutive[213]).

Dieses Problem kann durch ein Staatsoberhaupt, wie immer man sein Amt und seine Stellung ausgestalten mag, nicht gelöst werden. Eine formale Stütze des klassischen Parlamentarismus und ein Gegengewicht zur Exekutive kann das Staatsoberhaupt niemals werden. Der Zug zur Spezialisierung, Bürokratisierung und Versachlichung ist ein den Triebkräften unserer Zeit entspringender Grundzug, der sich innerhalb aller Tätigkeitsbereiche des modernen Staates durchsetzt und dem sich auch das Präsidentenamt nicht entziehen könnte, wenn es in solcher Weise im Staat tätig würde.

Ein markantes Beispiel hierfür ist der amerikanische Präsident, dem ja nach den Vorstellungen der Verfassungsgeber die Rolle eines unmittelbaren Kontrolleurs der Exekutive zugedacht ist und der sich noch um die Jahrhundertwende mit einem kleinen Stab von untergeordneten Mitarbeitern begnügen konnte, während es heute bereits einige hundert sind, die meisten von ihnen hochqualifizierte und hochbezahlte Experten, praktisch im Ministerrang, so daß sich eine intime Nebenregierung des Präsidenten etabliert hat[214]).

---

[213]) Vgl. Ernst Forsthoff, Strukturwandlungen der modernen Demokratie, Berlin 1964, S. 18 f. Ähnlich Thomas Ellwein, Entmachtung des Parlaments — Verantwortung des Parlaments, Die Mitarbeit 1966, S. 193: „In allen Ländern mit parlamentarischem System hat eine Gewichtsverlagerung vom Parlament zur Regierung stattgefunden." Zur Unvermeidlichkeit dieser Entwicklung vgl. Ulrich Scheuner, Das parlamentarische Regierungssystem in der Bundesrepublik, DÖV 1957, S. 635. Die Entwicklung zum „Verwaltungsstaat" ist eher ein Kennzeichen der Gegenwart als die von Werner Weber (Spannungen und Kräfte im westdeutschen Verfassungssystem, 2. Aufl. Stuttgart, S. 31) gerügte „Entmachtung der Exekutive".

[214]) Die Überlastung des amerikanischen Präsidenten ist eine weltbekannte Tatsache. Sie ist nicht nur ein persönliches Problem, sondern eine institutionelle Sorge. Im innenpolitischen Bereich bringt die präsidentielle Kontrolle der Exekutive die Gefahr mit sich, daß der einzelne Referent insbesondere bei interministeriellen Rivalitäten die Probleme bis zur Ebene des Präsidenten hochspielt, um eine für seinen Standpunkt günstige letzte Entscheidung herbeizuführen. Dadurch verliert die Bürokratie weitgehend ihre von Max Weber

Man kann wahrscheinlich jenen Grundzug von vornherein nicht richtig erfassen, wenn man ihn als eine Verdrängung durch den Expertenverstand betrachtet, so als würde dies von außen her kommen. Wie sehr es im Inneren aller modernen Institutionen zum Durchbruch kommt, zeigt gerade das Parlament selbst. Auch in ihm herrscht in zunehmendem Maße der Sachverstand, ja man kann die Entwicklung sogar an einzelnen Abgeordneten verfolgen, die sich in der Parlamentsarbeit zu hervorragenden Experten eines kleinen Spezialgebietes ausgebildet haben. Ob diese Entwicklung innerhalb des Parlaments das große Problem löst, oder ob sie umgekehrt vielleicht sogar das parlamentarische System aushöhlt, ist eine Frage, die nicht zu unserem Thema gehört. Relevant ist hier nur die Feststellung, daß das Problem nicht mit Hilfe des Staatsoberhaupts gelöst werden kann.

Noch weiter entfernt von unserem Thema ist die Frage, ob das Verfassungsgericht als Hüter der Verfassung geeignet ist oder ausreicht[215]). Wieder ist hier nur die Feststellung relevant,

---

gerühmte integrierende Kraft und trägt zur Vertiefung des politischen Konflikts bei. (Vgl. Seymour Martin Lipset, Soziologie der Demokratie, Neuwied-Berlin 1962, S. 26: „Die bürokratischen Strukturen besitzen eine natürliche Tendenz, politische Konflikte auf die Dimensionen der Verwaltung zu reduzieren.") Im außenpolitischen Bereich führt die Stellung des Präsidenten als letztlichem Risikoträger zu einer Form des außenpolitischen Entscheidungsvorgangs, die den üblichen demokratischen Prozessen nicht mehr entspricht und große Gefahren in sich birgt. Vgl. hierzu Richard E. Neustadt, The Executive Establishment, in: R. H. Dawson, ed., Reading in the Making of American Policy, New York 1965.

[215]) Vgl. hierzu Karl Doehring, Der „pouvoir neutre" und das Grundgesetz, Der Staat 1964 (Bd. 3), S. 211 ff.; Martin Drath, Die Grenzen der Verfassungsgerichtsbarkeit, VVDStRL Heft 9, S. 17 ff.; Willi Geiger, Einige Probleme der Bundesverfassungsgerichtsbarkeit, DÖV 1952, S. 481 ff.; Rolf-Richard Grauhan, Gibt es in der Bundesrepublik einen „pouvoir neutre"?, Diss. Heidelberg 1959, S. 54 ff.; Erich Kaufmann, Die Grenzen der Verfassungsgerichtsbarkeit, VVDStRL Heft 9, S. 1 ff.; Gerhard Leibholz, Der Status des Bundesverfassungsgerichts, in: Das Bundesverfassungsgericht, hrsg. v. BVerfG. Karlsruhe 1963, S. 61 ff.; Gerhard Leibholz, Strukturprobleme der modernen Demokratie, Karlsruhe 1958, S. 168 ff.; René Marcic, Der verborgene Souverän, Politische Studien 1965, S. 667 ff.; Ulrich Scheuner, Probleme und Verantwortungen der Verfassungsgerichtsbarkeit in der Bundesrepublik, DVBl. 1952, S. 293 ff.; Ulrich Scheuner, Die Rechtsprechung des Bundesverfassungsgerichts und das Verfassungsrecht der Bundesrepublik, DVBl. 1952, S. 613 ff.; Werner Weber, Spannungen und Kräfte im westdeutschen Verfassungssystem, 2. Aufl. Stuttgart 1958, S. 33; Josef Wintrich, Aufgaben, Wesen, Grenzen der Verfassungsänderung, in: Festschrift für Hans Nawiasky, München 1956, S. 191 ff.; Josef Wintrich und Hans Lechner, Die Verfassungsgerichtsbarkeit, in: Bettermann-Nipperdey-Scheuner, Die

daß der Präsident jedenfalls nicht der alleinige Hüter der Verfassung sein kann. In einem bereits angedeuteten weiteren Sinn ist jeder wahlberechtigte Bürger ein Hüter der Verfassung, und wer ein öffentliches Amt hat, sogar in besonderem Maße. In diesem Sinn wird auch der Präsident stets in besonderem Maße ein Hüter der Verfassung sein[216]). Aber weder kann er der alleinige oder auch nur höchste Verfassungshüter sein, noch kann seine Stellung von dieser Funktion aus bestimmt werden.

Soweit die Verfassung von einem richterlichen Organ gehütet werden muß — und daß es einen solchen Bereich gibt, ist heute unbestritten[217]) — fehlt dem Staatsoberhaupt die Qualifikation. Denn daß das Staatsoberhaupt auch Richter sei, wird seit den Tagen der absoluten Monarchie wohl kaum noch ernsthaft behauptet[218]). Soweit die Verfassung durch eine von

---

Grundrechte, Bd. III/2, Berlin 1959, S. 643 ff. In der Weimarer Zeit setzte Stier-Somlo dem Gedanken Carl Schmitts, daß der Reichspräsident Hüter der Verfassung sei, die Konstruktion des Staatsgerichtshofes als Hüter der Verfassung entgegen. Vgl. Fritz Stier-Somlo, Die Reform des Reichsrats und die Problematik der rechtlichen Stellung des Reichspräsidenten, Archiv des öffentlichen Rechts, Bd. 20 NF, S. 15 f.; ders., Rezension von Carl Schmitt, Der Hüter der Verfassung, Archiv des öffentlichen Rechts, Bd. 21 NF, S. 447 ff.

216) Vgl. Gerhard Leibholz, Strukturprobleme der modernen Demokratie, Karlsruhe 1958, S. 173: Als Hüter der Verfassung in diesem weiteren Sinne darf der Bundespräsident z. B. ein Gesetz, das nach seiner Meinung verfassungswidrig ist, nicht ausfertigen. Unter dem Hüter der Verfassung im engeren Sinn versteht Leibholz (aaO.) dasjenige Organ, „das mit letzter rechtlicher Verbindlichkeit für Volk und Staat die ihm zur Beurteilung zugewiesenen Streitigkeiten entscheidet".

217) Das Problem der Verfassungsgerichtsbarkeit besteht im wesentlichen in der Frage, ob das BVerfG so, wie es im GG und im BVerfGG konzipiert ist, sich außerhalb dieses Bereichs betätigt. Wäre das der Fall, so wäre es tatsächlich insofern eine politische Kraft und müßte politisch legitimiert sein und politische Verantwortung tragen. Tatsächlich ist es „quasimonarchisch" konzipiert und mit den Attributen des pouvoir neutre im Constantschen Sinne ausgestattet: es ist nicht durch das Prinzip der Volkssouveränität legitimiert (wie die gesamte Gerichtsbarkeit) und trägt keine politische Verantwortung. Seine Urteile unterliegen keiner weiteren Nachprüfung, so daß die Anwendung des Satzes „The King can do no wrong" gar nicht so abwegig erscheint (vgl. Doehring, Der Staat 1964, S. 217). Daß die Macht, die das Bundesverfassungsgericht als pouvoir neutre haben muß, die Macht politischer Instanzen schmälert, wird in der Tat kaum zu vermeiden sein. Insofern hat Doehring recht, wenn er die häufig in diesem Zusammenhang befürchtete „Politisierung der Justiz" als Scheinproblem bezeichnet (Doehring, aaO., S. 219).

218) Art. 5 der Verfassung der französischen Republik vom 4. 10. 1958 bestimmt: „Der Präsident der Republik wacht über die Beachtung der Verfassung. Er sichert durch seinen Schiedsspruch die ord-

den übrigen Gewalten gesonderte politische Macht gehütet werden muß — und der Umfang eines solchen Bereichs müßte noch sorgfältig geprüft werden — fehlt dem Staatsoberhaupt eben diese politische Macht. Und sie kann ihm, wie wir gesehen haben, im parlamentarischen System einer Republik auch nicht gegeben werden, weil Macht und Verantwortung nicht getrennt werden dürfen.

Jeder Versuch aber, dieses Dilemma dadurch zu umgehen, daß man das Staatsoberhaupt mit einer politischen Verantwortung ausstattet[219]), ist zum Scheitern verurteilt: die poli-

---

nungsgemäße Tätigkeit der öffentlichen Gewalt." Danach ist der französische Präsident Hüter der Verfassung. Er ist aber nicht „Schiedsrichter" im Sinne einer echten richterlichen Funktion, sondern politischer Schiedsrichter im Streit zwischen Staatsorganen. Vgl. hierzu Georges Burdeau, Droit Constitutionel et Institutions Politiques, 10. Aufl. Paris 1963, S. 471; Maurice Duverger, La Cinquième République, 3. Aufl. Paris 1963, S. 39; Hans Lottig, Die Verfassung der Fünften Französischen Republik, Frankfurt/M. 1961, S. 47 f.; Nikolaus Notter, Der Präsident der Republik als pouvoir neutre nach der französischen Republik vom 4. 10. 1958, Diss. Würzburg 1964, S. 79 ff.; Marcel Prélot, Institutions Politiques et Droit Constitutionel, 3. Aufl. Paris 1963, S. 654 f., der ausdrücklich von der „arbitrage politique" spricht; Klaus Wittig, Die Stellung des Präsidenten der französischen Verfassung vom 4. 10. 1958, Diss. Köln 1962, S. 149 ff.; Peter Zürn, Die republikanische Monarchie, München 1965, S. 97 f. Sowohl nach der französischen Verfassung vom 4. 10. 1958 (Art. 65 Abs. 1) als auch nach der italienischen vom 1. 1. 1948 (Art. 87 Abs. 10) führt der Präsident der Republik den Vorsitz im Obersten Rat des Richterstandes. In beiden Fällen soll dadurch die Unabhängigkeit des Richterstandes, dem es ja naturgemäß an einer hierarchischen Ordnung mit einheitlicher Spitze fehlt, garantiert werden. In der französischen Verfassung (Art. 64 Abs. 1) wird der Präsident der Republik ausdrücklich als „Garant der Unabhängigkeit der Rechtspflege" bezeichnet. Zur italienischen vgl. Dino Del Bo, Die Krise der politischen Führungsschicht, Freiburg i. Br. 1966, S. 165. Das auch in der parlamentarischen Demokratie dem Staatsoberhaupt in der Regel eingeräumte Gnadenrecht ist ein Relikt aus der Zeit der richterlichen Gewalt des Monarchen und bedeutet ebenfalls keine richterliche Tätigkeit des Staatsoberhaupts. Auch gehört das Gnadenrecht nicht zum Wesen des Staatsoberhaupts in der parlamentarischen Demokratie, sondern zählt nur zu den traditionellen Obliegenheiten, die ohne Beeinträchtigung des Systems auch auf andere Weise erfüllt werden könnten.

219) Es geht nur um die politische Verantwortlichkeit, nicht um die rechtliche. Bei der letzteren wird herkömmlicherweise zwischen staatsrechtlicher, strafrechtlicher und zivilrechtlicher Verantwortung unterschieden. Daß die beiden letzteren für das hier behandelte Problem unerheblich sind, ist ohne weiteres klar. Aber auch die staatsrechtliche Verantwortung liegt auf einer anderen Ebene. Sie wird aktuell bei schuldhafter Verletzung von Verfassungsrecht oder sonstigem geltenden Recht durch die Amtsführung des Staatsoberhaupts. Ihre Folge ist in der Regel die Anklage vor einem Staatsgerichtshof (vgl. Art. 59 WRV, Art. 61 GG). — Daß diese Präsidenten-

tische Verantwortung liegt an dieser Stelle zu hoch, um sich ohne Schaden für den Staat verwirklichen zu lassen. Nochmals darf hier auf Constant verwiesen werden. Wie berechtigt seine Warnung ist, zeigt das Beispiel der Weimarer Republik[220]).

---

anklage nichts mit der politischen Verantwortung zu tun hat, zeigt die Herausbildung des impeachment im englichen Verfassungsrecht deutlich. Es leitet sich aus dem Widerstandsrecht ab. Vgl. hierzu Ingeborg Bode, Ursprung und Begriff der parlamentarischen Opposition, Stuttgart 1962, S. 12 ff. Die Beispiele, die Franz Josef Wuermeling, (Die rechtlichen Beziehungen zwischen dem Reichspräsidenten und der Reichsregierung, Archiv des öffentlichen Rechts, Bd. 11 NF, S. 341 ff.) zur Erläuterung der staatsrechtlichen Verantwortung anführt, sind unglücklich gewählt. „Ein Beispiel für eine solche Rechtsverletzung wäre die Ernennung einer offensichtlich dem Volkswillen nicht entsprechenden Persönlichkeit zum Kanzler oder das Verbleiben einer Regierung im Amte, der der Reichstag ausdrücklich das Mißtrauen ausgesprochen hat" (aaO., S. 375, Anm. 92). Der letztere Fall wäre eine Rechtsverletzung gewesen, da Art. 54 WRV bestimmte, daß die Regierung zurücktreten muß, wenn ihr der Reichstag das Vertrauen entzieht. Von dem Volkswillen in bezug auf den Kanzlerkandidaten stand dagegen in der WRV nichts. Die offensichtliche Mißachtung des Volkswillens bei der Kanzlerernennung wäre daher wohl unter die politische Verantwortung des Reichspräsidenten gefallen. Nach dem GG ist die Lage ganz anders (Art. 63 Abs. 2 GG): Der Bundespräsident muß den vom Bundestag Gewählten zum Kanzler ernennen. Die Verweigerung der Ernennung oder die Ernennung eines anderen würde daher die staatsrechtliche Verantwortlichkeit des Bundespräsidenten auslösen. Eine politische Verantwortlichkeit ist beim Bundespräsidenten in keinem Fall gegeben. Vgl. unten S. 83 f.

[220]) Benjamin Constant, aaO., S. 1086. — Die Weimarer Reichsverfassung wollte einerseits eine gewisse politische Verantwortung des Reichspräsidenten begründen, indem sie in Art. 43 Abs. 2 Satz 1 seine Absetzung durch Volksabstimmung ermöglichte. (Vgl. Otto Meißner, Der Reichspräsident in: Handbuch der Politik, 3. Bd., 3. Aufl. Berlin und Leipzig 1921, S. 43 f.; Hermann Breiholdt, Die Abstimmung im Reichstag, Archiv des öffentlichen Rechts, Bd. 10 NF, S. 327.) Andererseits sollte die Gegenzeichnung (Art. 50 WRV) den Reichspräsidenten von der politischen Verantwortung befreien (vgl. Heinrich Pohl in Anschütz/Thoma, Handbuch des Deutschen Staatsrechts, 1. Bd., Tübingen 1930, S. 481). Trotzdem sollte der Reichspräsident ein dem Reichstag ebenbürtiger „politischer Machtfaktor" sein (Pohl, aaO., S. 483; Hermann Pünder, Der Reichspräsident in der Weimarer Republik, Frankfurt/M.-Bonn 1961, S. 15). An den Inkonsequenzen dieses Systems hätte wahrscheinlich selbst der fähigste Reichspräsident scheitern müssen. Man konnte den Problemen auch nicht dadurch entrinnen, daß man erklärte, daß der Reichspräsident „im Positiven durchaus an die parlamentarische Mehrheitsregierung gebunden ist, aber im Negativen Kraft und Willen zu betätigen vermag" (Richard Thoma, Sinn und Gestaltung des deutschen Parlamentarismus, in: Recht und Staat im neuen Deutschland, hrsg. von Bernhard Harms, 1. Bd., Berlin 1929, S. 119). Auch für die Bundesrepublik ist gesagt worden, daß seine Tätigkeit gegenüber der Regierung „nur verhindernd" wirke (Rolf-Richard

So ist die Bilanz der bisherigen Untersuchung durchaus negativ: das republikanische Staatsoberhaupt einer parlamentarischen Demokratie ist kein pouvoir neutre, kein Repräsentant im Staat im Sinne des staatsrechtlichen Repräsentationsbegriffs und kein Hüter der Verfassung im engeren Sinne. Übrig bleibt die vielgerühmte, aber rechtlich schwer zu fassende Integrationswirkung[221]) und mit ihr zusammenhängend, wahrscheinlich ihr zugrundeliegend, die Symbolkraft[222]).

Grauhan, Der Bundespräsident — Aktiv oder neutral, JR 1965, S. 382). Aber abgesehen davon, daß dies für die wichtigsten Funktionen des Bundespräsidenten gerade nicht zutrifft (vgl. unten S. 84), besteht der wesentliche Unterschied zur WRV darin, daß man im GG nicht versucht hat, dem Bundespräsidenten politische Macht und politische Verantwortung zu verleihen.

[221]) Hierzu Rudolf Smend, Verfassung und Verfassungsrecht, München und Leipzig 1928, S. 18 ff. Allerdings betrachtet Smend die Integration nicht als spezifische Funktion des Staatsoberhaupts, sondern der Regierung. Sie sei diejenige „Staatstätigkeit", „die nach innen und nach außen eigens diesem Zwecke dient" (Smend, aaO., S. 103). In einem früheren Werk hatte Smend noch allgemein die „politische Gewalt" mit der Integrationsfunktion in Verbindung gebracht. (Vgl. Rudolf Smend, Die politische Gewalt im Verfassungsstaat und das Problem der Staatsform, in: Festgabe für Wilhelm Kahl, Tübingen 1923, Teil III, abgedruckt in: Staatsrechtliche Abhandlungen und andere Aufsätze von Rudolf Smend, Berlin 1955, S. 68 ff., insbes. S. 85 f.)

[222]) Die Fragen der Integration und Symbolwirkung werden in erster Linie von der Sozialpsychologie untersucht, deren Forschungsergebnisse aber in steigendem Maße von der Staatslehre verwertet werden. Vgl. hierzu Ernst Forsthoff, Verfassungsprobleme des Sozialstaates, Münster 1954, S. 19; Ernst von Hippel, Allgemeine Staatslehre, Berlin-Frankfurt/M. 1963, S. 222; Friedrich Glum, Staatsoberhaupt und Regierungschef, Zeitschrift für Politik 1959, S. 294, der von „Staatsmanifestation" spricht; Gerhard Leibholz, Das Wesen der Repräsentation, Berlin und Leipzig 1929, S. 36 f.; Herbert Krüger, Allgemeine Staatslehre, Stuttgart 1964, S. 242; Karl Loewenstein, Betrachtungen über politischen Symbolismus, in: Gegenwartsprobleme des internationalen Rechts und der Rechtsphilosophie, Festschrift für Rudolf Laun, Hamburg 1953, S. 559 ff.; auch abgedruckt in Karl Loewenstein, Beiträge zur Staatssoziologie, Tübingen 1961, S. 289 ff.; Karl Loewenstein, The Influence of Symbols on Politics, in: Introduction to Politics, hrsg. von Roy V. Peel und Joseph Roucek, New York 1946, S. 62 ff. Wie wenig das ernsthafte Bemühen um ein wissenschaftliches Verständnis des Symbolismus mit der sozialpsychologisch geschickten Demagogie zu tun hat, zeigt der Mißbrauch, den der Nationalsozialismus mit dem Reichspräsidenten Hindenburg als „Symbol" der konstitutionellen Staatseinheit getrieben hat. So schreibt etwa Poetzsch-Heffter über Hindenburg: „Immer war er der lebenden Generation Mahner zur Einigkeit gewesen; nun, nachdem er das Einigungswerk Adolf Hitler anvertraut hatte, blieb er noch Symbol der die Generationen überdauernden und sie verbindenden Gemeinschaft" (Fritz Poetzsch-Heffter, Carl Hermann Ule und Carl Dernedde, Vom Deutschen Staatsleben, Jahrbuch des öffentlichen

Übrig bleibt allerdings auch der Katalog von Befugnissen und Aufgaben, den die einzelnen Verfassungen für das Staatsoberhaupt der parlamentarischen Demokratie positivrechtlich aufstellen. Es sind gewisse Verrichtungen wie die Ausfertigung von Gesetzen, die Ernennung von Richtern und Beamten, das Begnadigungsrecht und dergleichen. Alle diese Funktionen können die Stellung des Staatsoberhaupts weder bestimmen noch fundieren[223]), vielmehr wird umgekehrt die prinzipielle theoretische Fixierung der Rolle des Staatsoberhauptes in der parlamentarischen Demokratie vielleicht manche Zweifel erhellen, die durch unklare positivrechtliche Bestimmungen entstanden sind.

Der Bundespräsident der Bundesrepublik Deutschland

[Vergleicht man die Ausgestaltung des Präsidentenamtes im Grundgesetz mit dem theoretischen Modell, das sich auf Grund der obigen Ausführungen für die Position des Staatsoberhaupts in der parlamentarischen Demokratie ergibt, so

Rechts der Gegenwart Bd. 22, S. 55). Eine wissenschaftliche Verortung des Symbols unternimmt Hans J. Wolff, Theorie der Vertretung, Berlin 1934, S. 19 ff. Er stellt es zwischen Identifikation und Repräsentation. Das Symbol sei keine Darstellung, wohl aber ein Ausdruck eines Sinns oder Wertes. „Dadurch macht es gewiß so gut wie die Darstellung und die Repräsentation etwas außerhalb seiner (selbst) Bestehendes konkret gegenwärtig, aber es repräsentiert nicht den Gegenstand seines „Bezuges" in toto, sondern erinnert nur an eine seiner funktionalen Bedeutungen.... Bei der Repräsentation schließt man auf das Repräsentierte, das im Repräsentanten vorgestellt wird; sie setzt daher eine Beziehung zwischen Repräsentant und Repräsentiertem voraus. Das Symbol dagegen setzt die Kenntnis des Symbolisierten voraus und schafft erst die Beziehung zu ihm kraft des in ihm selbst gelegenen Hinweises" (aaO., S. 21).

223) Wie wenig ergiebig eine solche Methode wäre, zeigt die Untersuchung Hans Kelsens, die zu folgendem Ergebnis kommt: „Mit dem Namen des ‚Staatsoberhauptes' bezeichnet man ein Organ, dem eine Reihe ganz bestimmter Funktionen übertragen ist, so zwar, daß ein gewisses Minimum von Kompetenzen gegeben sein muß, damit von ‚Staatsoberhaupt' die Rede sein kann" (Hans Kelsen, Allgemeine Staatslehre, Berlin 1925, S. 304 f.). Bis hierher ist die Definition ohne jeden Aussagewert; denn ersetzt man die Bezeichnung „Staatsoberhaupt" durch einen beliebigen anderen Begriff, so kann jener ebensogut mit diesem Satz definiert werden wie das Staatsoberhaupt. Im darauf folgenden Satz zählt Kelsen einige „Kompetenzen" des Staatsoberhauptes auf: „Repräsentation des Staates nach außen", „Ernennung der Beamten, Oberbefehl über das Heer, Recht der Begnadigung und Abolition". Im nächsten Satz betont Kelsen jedoch, daß von diesen Kompetenzen „die eine oder andere fehlen" kann. Zusammengefaßt müßte daher Kelsens Definition lauten: „Mit dem Namen Staatsoberhaupt bezeichnet man ein Organ, das die betreffende Verfassung als Staatsoberhaupt bezeichnet."

erkennt man, daß sie diesem Modell weitgehend entspricht. Untersucht man die Entstehungsgeschichte der betreffenden Grundgesetzartikel und die staatsrechtliche Literatur seit 1949, so wird man zu der Annahme neigen, daß diese Übereinstimmung eher eine zufällige als eine gewollte ist. Der Parlamentarische Rat beabsichtigte, noch unter dem Eindruck des „starken Präsidenten" der Weimarer Reichsverfassung, vor allem eine Schwächung der Präsidentenposition und eine Verhütung der „Präsidentendiktatur" und des „Präsidentenkabinetts". Über die Funktion der Restposition im gesamten System herrschten dagegen weniger klare Vorstellungen[224]).

Fast einhellig schreibt die Literatur dem Bundespräsidenten die Funktion eines pouvoir neutre zu und glaubt sich dabei von Constant gedeckt. Allerdings wird gelegentlich zugegeben, daß der Wortlaut des Grundgesetzes dafür nichts hergibt[225]). Neuerdings mehren sich jedoch die zweifelnden und verneinenden Stimmen[226]).

---

[224]) Vgl. Jahrbuch des öffentlichen Rechts NF Bd. 1, S. 397 ff.

[225]) So z. B. Maunz-Dürig, Grundgesetz, 2. Aufl., Randnr. 4 zu Art. 54: „Die Funktion des Bundespräsidenten als unabhängiger, ausgleichender Gewalt über den politischen Strömungen (pouvoir neutre), als Schlichter von Gegensätzen und als Wahrer der Einheit ist im Grundgesetz nicht besonders hervorgehoben, versteht sich aber von selbst"; Theodor Maunz, Deutsches Staatsrecht, 15. Aufl. München 1966, S. 331: „Über den Wortlaut des GG hinaus ist er vielmehr nach der Tradition der klassischen Demokratie auch die ordnende, schlichtende und ausgleichende Person im Staat, der große Schiedsrichter zwischen den politischen Strömungen, den man auch die ‚neutrale' Kraft, den ‚pouvoir neutre' nennt." v. Mangoldt/Klein, Das Bonner Grundgesetz, 2. Aufl. Bd. II, Vorbem. III i vor Art. 54 (S. 1067): „Dem Bundespräsidenten verbleiben die sehr wichtige verfassungsrechtliche Funktion eines ‚pouvoir neutre' (einer neutralen Gewalt) — im Gegensatz zum ‚pouvoir actif' (einer richtungspolitischen Gewalt) — und die Rolle eines ‚modérateur invisible' (unsichtbaren Schlichters)". Ähnlich Karl Schmid, Die politische und staatsrechtliche Ordnung der Bundesrepublik Deutschland, DÖV 1949, S. 205; Hermann von Mangoldt, Das Verhältnis von Staatschef und Regierung, Deutsche Landesreferate zum III. Internationalen Kongreß für Rechtsvergleichung (1950), S. 838 f.; Hans Schneider, Diskussionsbeitrag in VVDStRL Heft 16, S. 139. Vorsichtiger bereits Kern in Bonner Kommentar, Anm. II, 3 zu Art. 54: „Nach dem Bonner Regierungssystem ist die Betätigung einer pouvoir neutre i. S. einer ausgleichenden und auch verfassungsbildenden Kraft durchaus möglich und auch verfassungsgemäß."

[226]) Zweifelnd bereits Werner Weber, Spannungen und Kräfte im westdeutschen Verfassungssystem, 2. Aufl. Stuttgart 1958, S. 32. Er beklagt die „Entmachtung des Präsidenten" und untersucht den Einwand, der Präsident sei immerhin pouvoir neutre. Dazu bemerkt er, daß der pouvoir neutre zwar keiner betonten Macht bedürfe, aber auch nicht aus Schwäche entstehe und jedenfalls Autorität voraussetze; der Bundespräsident besitze jedoch weder Macht noch Auto-

So scheint sich eine realistische und dem Wortlaut der Verfassung angemessene Einschätzung der Position des Staatsoberhaupts in der Bundesrepublik Deutschland anzubahnen. Die Krisensituationen, in denen sich der Bundespräsident in den letzten Jahren gelegentlich befand, haben offenbar — so geringfügig sie auch im Verhältnis zu den großen innen- und außenpolitischen Problemen gewesen sein mögen — dazu beitragen, einen grundlegenden Irrtum der deutschen Nachkriegsliteratur zu beseitigen: die Meinung nämlich, daß pouvoir neutre nicht Macht bedeutet, sondern nur einen Schein der Macht, ein Ehrenprivileg oder gar nur präzeptoriales Ansehen. Dieses irrige Denken erreichte den Höhepunkt, wenn man den pouvoir neutre als „en quelque façon nul" bezeichnete[227]) und treuherzig meinte, der Bundespräsident könne durch persönliches Wirken so viel auctoritas hervorbringen, daß der Mangel an potestas ausgeglichen werde[228]). Daß auch die extrem entgegengesetzte Auffassung, der pouvoir neutre müsse die stärkste Macht sein, um alle anderen Mächte im Sinne des Hobbesschen Leviathan zu bändigen[229]), nicht dem Constantschen Modell entspricht, sei nur am Rande vermerkt.

Nur schwer läßt sich anscheinend auch die Meinung überwinden, der Bundespräsident müsse Hüter der Verfassung sein. Irrig ist hier vor allem die Auffassung, „pouvoir neutre" und „Hüter der Verfassung" seien ebenso identische Begriffe wie pouvoir neutre und pouvoir royal im Constantschen Modell[230]). Constant verwendet nicht zwei identische Begriffe, sondern nur den des pouvoir royal; dieser i s t neutral. Die

---

rität. Helmut L e h n e (Der Bundespräsident als neutrale Gewalt nach dem Grundgesetz der Bundesrepublik Deutschland, Diss. Bonn 1960, S. 200) meint, der Bundespräsident könne nur pouvoir neutre im Sinne eines pouvoir modérateur sein. Klar verneint wird ein pouvoir neutre des Bundespräsidenten von Norbert B o l l e n d o r f f, Die Staatsoberhäupter in der Bundesrepublik und in Frankreich bis zum Ende der 4. Republik, Diss. Würzburg 1965, S. 129; Karl D o e h r i n g, Der „pouvoir neutre" und das Grundgesetz, Der Staat 1964 (Bd. 3), S. 201 ff. (S. 209); Rolf-Richard G r a u h a n, Gibt es in der Bundesrepublik einen „pouvoir neutre"?, Diss. Heidelberg 1959; ders., Der Bundespräsident — Aktiv oder neutral, JR 1965, S. 379 ff.; Hartmut M a u r e r, Hat der Bundespräsident ein politisches Mitspracherecht?, DÖV 1966, S. 665 ff.; Karlheinz R o d e, Die Ausfertigung der Bundesgesetze, Diss. Bochum 1966, S. 69.

227) Vgl. v. M a n g o l d t / K l e i n, aaO., S. 1067.

228) Vgl. Theodor E s c h e n b u r g, Staat und Gesellschaft in Deutschland, München 1963, S. 650. Über auctoritas und potestas Carl S c h m i t t, Der Hüter der Verfassung, Tübingen 1931, S. 136.

229) Vgl. Gustav E. K a f k a, Die verfassungsrechtliche Stellung der politischen Parteien im modernen Staat, VVDStRL Heft 17, S. 96.

230) Vgl. G r a u h a n, JR 1965, S. 381.

Neutralität der königlichen Gewalt ist daher eine Eigenschaft. Die Verfassungshütung kann dagegen niemals Eigenschaft sein, sondern ist Funktion und Aufgabe. Daß diese ebenfalls neutral zu erfüllen sind, ergibt sich aus dem Wesen der Verfassungshütung. Die letztere ist daher sicher auch eine „neutrale“ Funktion, aber keine königliche Gewalt im Sinne Constants.

Doch setzt sich die Erkenntnis durch, daß nach dem GG nur das Bundesverfassungsgericht zum Hüter der Verfassung im engeren Sinn bestellt ist[231]). Die Notwendigkeit einer politischen Verfassungshütung, die Carl Schmitt[232]) bejaht hatte, wird heute mit Recht bezweifelt[233]).

Am wenigsten Klarheit herrscht noch immer hinsichtlich der Stellung des Bundespräsidenten als Repräsentant im Staat (nicht nach außen gegenüber dritten Staaten), d. h. genauer: Klarheit darüber, daß der Bundespräsident nicht Repräsentant des Volkes neben dem oder gar gegen den Bundestag ist. Am deutlichsten sagte es von Anfang an Hans Nawiasky[234]). „Er ist kein die Einheit von Bund und Volk vertretender Vertrauensmann als Gegenspieler gegen den vielköpfigen Bundestag.“ Doch kann hier erst Klarheit geschaffen werden, wenn die alte staatsrechtliche Repräsentationslehre, die in das System der modernen, republikanischen, parlamentarischen Demokratie nicht hineinpaßt, überwunden ist. Inzwischen hilft man sich mit dem Hinweis darauf, daß der Bundespräsident „Verfassungsorgan“ sei[235]). Grauhan betont, daß der Bundespräsident ein politisches Verfassungsorgan sei, um ihn dann als „pouvoir actif“ zu bezeichnen. „Der Bundespräsident kann zwar nur als ein besonderer pouvoir actif neben der Regierung tätig werden, seine Aktivität aber vermag sich gegenüber der parlamentarischen Regierung nur verhindernd, nicht unternehmend zu äußern[236]).“ Damit ist gesagt, daß der Bundespräsident nicht Vermittler und Schlichter ist, sondern nur

---

231) Vgl. Karl Doehring, aaO., S. 213; Rolf-Richard Grauhan, JR 1965, S. 381.

232) Positionen und Begriffe im Kampf mit Weimar-Genf-Versailles 1923—1939, Hamburg 1940, S. 180, 183.

233) Vgl. Eberhard Menzel, Ermessensfreiheit des Bundespräsidenten bei der Ernennung der Bundesminister, DÖV 1965, S. 589.

234) Die Grundgedanken des Grundgesetzes für die Bundesrepublik Deutschland, Stuttgart 1950, S. 116.

235) Vgl. v. Mangoldt/Klein, Das Bonner Grundgesetz, 2., Aufl., 2. Bd., Vorbem. III, 3 c vor Art. 54 (S. 1063); Maunz-Dürig, Grundgesetz, Randnr. 7 zu Art. 54; Kern im Bonner Kommentar, Anm. II, 2 zu Art. 54; Manfred Goessl, Organstreitigkeiten innerhalb des Bundes, Berlin 1961, S. 120.

236) JR 1965, S. 382.

gewisse Verrichtungen zu tätigen hat. Das ist insoweit richtig und entspricht dem Modell der modernen parlamentarischen Demokratie. Die negative Sicht der dem Staatsoberhaupt zugeteilten Funktionen gilt jedoch nur für die in Normalzeiten, d. h. zwischen Diskontinuitätsperioden im Inneren des Staates auszuführenden Verrichtungen wie die Ausfertigung von Gesetzen und die Beamten- und Richterernennung. Daß die völkerrechtliche Vertretung und die Kontinuitätswahrung positiv zu sehen sind, wird niemand bezweifeln. Leider hat sich das bisherige Schrifttum auf die Einzelprobleme der ersten Kategorie von Befugnissen konzentriert. Im Vordergrund des Interesses stand das sogenannte „Prüfungsrecht" des Bundespräsidenten bei der Ausfertigung von Gesetzen und bei Ernennungen. (Daß es sich nur um eine Befugnis handeln kann, ist mittlerweile erkannt worden.) Nach der richtigen Auslegung des Grundgesetzes, die auch dem Modell der parlamentarischen Demokratie entspricht, kann man dem Bundespräsidenten kein „Prüfungsrecht" im Sinne eines Vetos zusprechen[237]). Ebenso ist klar, daß er nicht rechtsverbindlich über die Verfassungsmäßigkeit von Gesetzen entscheiden kann. Das Bundesverfassungsgericht hat schon viele vom Bundespräsidenten ausgefertigte Gesetze für verfassungswidrig erklärt, ohne daß jemals die Ausfertigung durch den Bundespräsidenten als Indiz für die Verfassungsmäßigkeit des betreffenden Gesetzes angesehen worden wäre.

In Wirklichkeit geht es auch gar nicht um diese Fragen, sondern nur darum, ob der Bundespräsident verpflichtet ist, jeden ihm vorgelegten Gesetzesbeschluß auszufertigen. In dieser Form ist die Frage sicher zu verneinen; denn man kann den Bundespräsidenten nicht zu einem Verhalten zwingen, das man keinem anderen Träger eines öffentlichen Amtes zumutet, nämlich einen Akt zu setzen, der nach seiner Meinung verfassungswidrig wäre. Da er aber nicht entscheidungsbefugt ist, kann seine Weigerung die Sache nicht erledigen, sondern nur an das zur Entscheidung berufene Organ (Bundesverfassungsgericht) herantragen oder das zuerst tätig gewordene Organ (bei Gesetzesbeschlüssen: Bundestag, bei Ernennungen: Bundesregierung) an die Einhaltung der Verfassung gemahnen.

---

[237]) Vgl. hierzu die ausführliche Untersuchung von Ernst Friesenhahn, Zum Prüfungsrecht des Bundespräsidenten, in: Festschrift für Gerhard Leibholz, Tübingen 1966, S. 683, in der der unmißverständliche Satz steht: „Das materielle Prüfungsrecht ist dem Bundespräsidenten nicht ausdrücklich zugewiesen. Die Grundstruktur der Verfassung spricht dagegen, es ihm zu gewähren."

[238]) Vgl. Ulrich Scheuner, Probleme und Verantwortungen der Verfassungsgerichtsbarkeit in der Bundesrepublik, DVBl. 1952, S. 298.

Der in der Literatur häufig für wesentlich gehaltene Unterschied zwischen materiellem und formellem Prüfungsrecht verliert damit an Bedeutung. Wohl werden formelle Verstöße leichter zu erkennen sein und daher vom Bundestag oder der Bundesregierung in der Regel auf eine Rüge des Bundespräsidenten hin korrigiert werden. Diese Überlegung liegt offenbar der Ansicht Scheuners zugrunde, der eine Prüfungspflicht des Bundespräsidenten nur bei „offenkundigem Verstoß" formeller oder materieller Art annimmt[238]). Das ist richtig, weil nur von der Pflicht des Bundespräsidenten gesprochen wird und man ihm in der Tat nicht die Pflicht zur Nachprüfung komplizierter Rechtsfragen aufbürden kann, gerade weil er kein „Hüter der Verfassung" im eigentlichen Sinne ist. Aber eine juristische Erheblichkeit hinsichtlich des Umfangs der präsidentiellen Befugnisse kommt dieser Unterscheidung nicht zu.

Auch wird man der Bedeutung dieser Befugnisse nicht gerecht, wenn man sie als eine dem verfassungsgerichtlichen Verfahren vorgeschaltete „Vorprüfung" betrachtet. Der Tätigkeit des Bundespräsidenten kommt schon deshalb selbständige Bedeutung zu, weil sie vor Abschluß des Verfahrens erfolgt und den zuständigen Organen Gelegenheit gibt, ihre Entscheidung auf Grund einer besseren Einsicht zu revidieren. Ob der Bundespräsident durch diese Tätigkeit zum „Mithüter der Verfassung" wird[239]), kann dahingestellt bleiben, solange klar ist, daß er jedenfalls nicht „Hüter" im Sinne Carl Schmitts ist[240]).]

---

239) So Friedrich Schack, Die Prüfungszuständigkeit des Bundespräsidenten, Archiv des öffentlichen Rechts Bd. 89 (1964), S. 93; zustimmend mit Vorbehalt — „allenfalls" — Karl-Heinrich Hall, Überlegungen zur Prüfungskompetenz des Bundespräsidenten, JZ 1965, S. 306.

240) Zur Stellung des Bundespräsidenten im einzelnen vgl. Ernst Albert, Materielle Prüfungsbefugnis des Bundespräsidenten, Diss. Erlangen 1956; Georg Anders, Zum Prüfungsrecht des Bundespräsidenten, DÖV 1963, S. 653 ff.; Claus Arndt, Das Prüfungsrecht des Bundespräsidenten, DÖV 1958, S. 604 ff.; Bruno Belau, Das Recht des Bundespräsidenten zur Ernennung von Bundesbeamten und Bundesrichtern, DÖV 1951, S. 339 ff.; Ernst-Wolfgang Böckenförde, Die Organisationsgewalt im Bereich der Regierung, Schriften zum Öffentlichen Recht, Bd. 18, Berlin 1964, (zum Ablehnungsrecht des Bundespräsidenten bei der Kabinettsbildung: S. 140, Anm. 5); Peter Busse, Die Ernennung der Bundesrichter durch den Bundespräsidenten, DÖV 1965, S. 469 ff.; Alfred Dahlmann, Die Befugnis des Bundespräsidenten, Staatssymbole zu setzen, Diss. Saarbrücken 1959; Karl Doehring, Der „pouvoir neutre" und das Grundgesetz, Der Staat, Bd. 3 (1964), S. 201 ff.; Ernst Friesenhahn, Zum Prüfungsrecht des Bundespräsidenten, Festschrift für Gerhard Leibholz, Tübingen 1966, S. 679 ff., Ernst Friesenhahn, Parlament und Regierung im modernen Staat, VVDStRL Heft 16, S. 43, S. 151 (kein entscheidender Einfluß des Bundes-

Noch Note 240
präsidenten auf die Regierungsbildung) und S. 151 (Bundespräsident kein pouvoir neutre); Rolf-Richard Grauhan, Gibt es in der Bundesrepublik einen „pouvoir neutre"?, Diss. Heidelberg 1959; Rolf Richard Grauhan, Der Bundespräsident — Aktiv oder neutral?, JR 1965, S. 379 ff.; Willi Guntermann, Die Stellung des Bundespräsidenten in der Gesetzgebung, Diss. Marburg 1954; Karl-Heinrich Hall, Überlegungen zur Prüfungskompetenz des Bundespräsidenten, JZ 1965, S. 305 ff.; Hans Joachim Hallier, Die Ausfertigung und Verkündung von Gesetzen und Verordnungen in der Bundesrepublik Deutschland, Archiv des öffentlichen Rechts Bd. 85 (1960), S. 391 ff.; Andreas Hamann, Präsidialdemokratie? Bundespräsident und Bundeskanzler nach dem Grundgesetz, Recht im Amt, Jg. 1959, S. 161 ff.; Wilhelm Henke, Die Bundesrepublik ohne Staatsoberhaupt, DVBl. 1966, S. 723 ff.; Friedrich Wilhelm Janssen, Der Bundespräsident — Seine Rechte und Pflichten nach dem Bonner Grundgesetz vom 23. Mai 1949, Diss. Köln 1951; Ernst Ulrich Junker, Die Richtlinienkompetenz des Bundeskanzlers, Tübingen 1965, Tübinger Studien zur Geschichte und Politik Nr. 20 (zur Gegenzeichnung der Akte des Bundespräsidenten: S. 82 f.); Helmut Kaja, Ministerialverfassung und Grundgesetz, Betrachtungen zur Organisationsgewalt des Bundeskanzlers, Archiv des öffentlichen Rechts 1964 (Bd. 89), S. 381 ff. (Mitwirkung des Bundespräsidenten an der Organisationsgewalt: S. 414 ff.); Friedrich Klein, Grundgesetz und unmittelbarer Wechsel vom Mitglied der Bundesregierung zum Bundespräsidenten, insbesondere: Amtsverlust des Bundeskanzlers infolge Annahme der Wahl zum Bundespräsidenten?, Blätter für deutsche und internationale Politik 1959, Heft 6, S. 3 ff.; Franz Knöpfle, Das Amt des Bundespräsidenten in der Bundesrepublik Deutschland, DVBl. 1966, S. 713 ff.; Erich Küchenhoff, Präsentationskapitulation des Bundeskanzlers gegenüber dem Bundespräsidenten?, DÖV 1966, S. 675 ff.; Helmut Küppers, Das Prüfungsrecht des Bundespräsidenten gegenüber Gesetzen, Diss. Mainz 1953; Helmut Lehne, Der Bundespräsident als neutrale Gewalt nach dem Grundgesetz der Bundesrepublik Deutschland, Diss. Bonn 1960; Bruno Lindlar, Ausfertigung und Verkündung von Gesetzen durch den Bundespräsidenten, Diss. Köln 1951; Hermann von Mangoldt, Das Verhältnis von Regierung und Parlament in: Beiträge zum öffentlichen Recht, hrsg. von Ernst Wolff, Berlin und Tübingen 1950, S. 819 ff.; Hermann von Mangoldt, Das Verhältnis von Staatschef und Regierung, in: Beiträge zum öffentlichen Recht hrsg. von Ernst Wolff, Berlin und Tübingen 1950, S. 835 ff.; Hartmut Maurer, Hat der Bundespräsident ein politisches Mitspracherecht?, DÖV 1966, S. 665 ff.; Eberhard Menzel, Ermessensfreiheit des Bundespräsidenten bei der Ernennung der Bundesminister, DÖV 1965, S. 581 ff.; Fritz Münch, Die Bundesregierung, Frankfurt/M. 1954 (zur Ernennung der Bundesminister: S. 149 ff.); Hans Nawiasky, Der Einfluß des Bundespräsidenten auf Bildung und Bestand der Bundesregierung, DÖV 1950, S. 161 ff.; Karlheinz Rode, Die Ausfertigung der Bundesgesetze, Diss. Bochum 1966; Fritz Roß, Die staatsrechtliche Stellung des Staatsoberhauptes nach der Weimarer Verfassung vom 11. August 1919 und dem Grundgesetz für die Bundesrepublik Deutschland vom 23. Mai 1949, Diss. Würzburg 1962; Hermann Roßner, Die rechtliche Stellung des Bundespräsidenten nach dem Bonner Grundgesetz, Diss. Erlangen 1950; Friedrich Schack, Die Prüfungszuständigkeit des Bundespräsidenten bei Ausfertigung

Die einschlägigen Artikel des Grundgesetzes im einzelnen zu erörtern, kann nicht Aufgabe dieses Referats sein. Wohl aber müssen wir uns wieder die allgemeine Frage vorlegen, ob es denn Sinn hat, die Figur des Staatsoberhauptes um dieser Verrichtungen willen beizubehalten. Soweit es sich um rein mechanische Funktionen handelt, ist diese Frage zwar auch nicht von vornherein zu verneinen, aber sie wird zur reinen Zweckmäßigkeitsfrage. Wir haben nur noch zu prüfen, ob die Angelegenheiten in anderer Weise nicht billiger erledigt werden können[241]).

Durchforstet man so die Aufgaben und Befugnisse des Staatsoberhaupts, so stößt man alsbald auf eine Funktion, die gerade in unserer Zeit weit über das Mechanische hinausgeht, obwohl sie weder Repräsentation, noch Symbol, noch Verfassungshütung ist, sondern ganz einfach Kontinuität. Solange sich die parlamentarische Demokratie im monarchischen Staat abspielte, tauchte dieses Problem gar nicht auf. Erst in der Republik wird es aktuell. Und solange man sich auch dort noch das Staatsoberhaupt mit monarchischen Requisiten ausgestattet vorstellt, verschwindet die schlichte Funktion der Kontinuitätswahrung unter dem ganzen Flitter der neutralen Gewalt, der Verfassungshütung und der Repräsentation. Schiebt man ihn aber beiseite, wie es nun wohl getan werden muß, dann tritt diese Funktion um so deutlicher hervor. Über das Kommen und Gehen der Regierungen und die Diskontinuität der in Wahlperioden begrenzten Parlamente[242]) hinweg

---

Noch Note 240

der Gesetze, Archiv des öffentlichen Rechts 1964 (Bd. 89), S. 88 ff. Hans Schäfer, Das materielle Prüfungsrecht bei der Ausfertigung von Gesetzen, DVBl. 1951, S. 434 ff.; Hans Schneider, Die Regierungsbildung nach dem Bonner Grundgesetz, NJW 1953, S. 1330 ff.; Hans Spanner, Zur Stellung des Staatsoberhaupts in Deutschland und Österreich seit 1918, DÖV 1966, S. 619 ff.; Walter Strauß, Der Bundespräsident und die Bundesregierung, DÖV 1949, S. 272 ff.; Dimitris Tsatsos, Inkompatibilität zwischen dem Bundespräsidentenamt und dem parlamentarischen Mandat, DÖV 1965, S. 597 ff.; Wilhelm Wertenbruch, Für und wider das materielle Prüfungsrecht des Bundespräsidenten, DÖV 1952, S. 201 ff.; Werner Zoller, Die staatsrechtliche Stellung des Präsidenten der Bundesrepublik Deutschland, Diss. München 1951.

241) Eine Aufteilung der Funktionen des Staatsoberhauptes auf verschiedene andere, bereits bestehenden Organe ist z. B. in den einzelnen Ländern der Bundesrepublik erfolgt. Vgl. Otto Uhlitz, Zur Frage des Staatsoberhauptes in den Ländern, DÖV 1966, S. 293 ff.

242) Zu den Vor- und Nachteilen einer diskontinuierlichen Gesetzgebung vgl. Klaus Müller, Kontinuierliche oder intervallierte Gesetzgebung?, DÖV 1965, S. 505 ff.; Ulrich Scheuner, Vom Nutzen der Diskontinuität zwischen Legislaturperioden, DÖV 1965, S. 510 ff.

fungiert das Staatsoberhaupt weiter, vertritt den Staat völkerrechtlich, versieht die Verrichtungen, die ihm in dieser Zwischenzeit möglich sind und ernennt zu gegebener Zeit den neuen Regierungschef. Es ist eine Funktion — nichts weiter — und das Staatsoberhaupt insofern ein Funktionär[243]). Aber man möge von diesem an sich häßlichen Wort hier nicht schlecht denken. In der Dynamik unserer Zeit, von der alle Kulturelemente, einschließlich des Staates, erfaßt werden[244]), ist die Funktion der Kontinuitätswahrung wichtiger denn je[245]).

[243]) Der Ausdruck „Koordinationsfunktionär", den Karl Doehring (Der „pouvoir neutre" und das Grundgesetz, Der Staat 1964, S. 206) gebraucht, ist zu weitgehend. Doehring versteht darunter auch den pouvoir neutre und vertritt die richtige Auffassung, daß dem Bundespräsidenten eine solche Stellung nicht zukommt. Doch darf man andererseits das Staatsoberhaupt in diesen ihm in der parlamentarischen Demokratie verbliebenen Funktionen nicht mechanistisch auffassen. Freilich könnte jedes Staatsorgan, auch die Regierung und der mächtige Regierungschef, als „a cog in the mechanism" (vgl. oben Anm. 110) bezeichnet werden. Aber die Vorstellung einer mechanischen, routinemäßigen „Staatsvorstandschaft" (vgl. Carl Walther, Das Staatsoberhaupt in den Republiken, Breslau 1907, S. 119) oder der Position als „Maschinendirektor" oder „Staatsmaschinenmeister" (solche Ausdrücke wurden um die Wende des 18. Jahrhunderts zum 19. unter dem Einfluß der mechanistischen Kulturtheorie und des wissenschaftlichen Systemdenkens geprägt, die ihrerseits mit dem Organizismus zusammenhingen, vgl. Herbert Krüger, Allgemeine Staatslehre, S. 83) passen auf das Staatsoberhaupt ebensowenig wie auf den Regierungschef. Auch im modernen Staat funktioniert nichts automatisch. Auch wer die einfachsten Verrichtungen zu tätigen hat, bedient keine Maschine, sondern entscheidet mittelbar oder unmittelbar über Menschen. Und man unterschätzt sicher die dem Staatsoberhaupt in der parlamentarischen Demokratie verbleibenden Funktionen, wenn man sie als „einfach" bezeichnet.

[244]) Im Völkerrecht ist das Gespür für die Dynamik der Entwicklungen seit jeher ausgeprägter gewesen als in anderen rechtswissenschaftlichen Disziplinen. Die unrichtige Vorstellung, daß Normdenken und statisches Denken gleichzusetzen seien, hat viele Juristen dazu verleitet, das dynamische Element der Normologie zu vernachlässigen (vgl. hierzu Otto Kimminich, Die Erforschung von Wandlungsprozessen und Tendenzen in den internationalen Beziehungen, Jahrbuch für Forschung des Landes Nordrhein-Westfalen, Köln und Opladen 1966, S. 430). Das wird in Zukunft nicht mehr ohne Schaden für die Rechtswissenschaft möglich sein. Die kulturelle Beschleunigung hat ein solches Ausmaß erreicht, daß das Wort von der „zweiten Genesis" (Hans Freyer, Schwelle der Zeiten, Stuttgart 1965, S. 162) nicht unberechtig ist. Neben dem Völkerrecht ist es insbesondere die Staatslehre, die der kulturellen Dynamik nahesteht. Vgl. Betrand de Jouvenel, On the Evolution of Forms of Government, in: Futuribles — Studies in Conjecture, hrsg. von Bertrand de Jouvenel, Genf, S. 65 ff.; ders., L'art de la conjecture, Monaco (Editions du Rocher) 1964. Von der „Staatsgewalt als dynamisches Element" handelte schon Ludwig Waldecker, Allgemeine Staatslehre, Berlin 1927, S. 667 f.

[245]) Vgl. Rolf-Richard Grauhan, Der Bundespräsident — Aktiv

Es geht hier in erster Linie um die Kontinuität des Staatsapparates über die Regierungswechsel hinweg, ferner aber auch — im Zusammenhang mit der Symbolwirkung — um die Kontinuität des Staates als Einheit. So ist Menzel zuzustimmen, wenn er sagt, der Bundespräsident sei der Repräsentant der „neutralen Staatsdienerschaft", der Bundeskanzler dagegen der Repräsentant des „politisch-dynamischen Bereichs"[246]). Aber es muß berücksichtigt werden, daß die Dynamik der Gesamtentwicklung alle Bereiche, auch den der neutralen Staatsdienerschaft erfaßt. In der parlamentarischen Demokratie der modernen Republik gibt es keinen Dualismus. Alle Kräfte sind dynamisch, einige von ihnen aber haben die besondere Aufgabe der Kontinuitätswahrung; zu ihnen zählen das Berufsbeamtentum und das Staatsoberhaupt, und es ist daher durchaus sinnvoll, eine besondere Verbindung zwischen ihnen herzustellen. Auch Karl Pfister[247]) unterscheidet zwischen einer dynamischen und einer statischen Spitze des parlamentarisch-demokratischen Staates. Die „dynamische Spitze" sei der Regierungschef, die „statische Spitze" das Staatsoberhaupt. Ein solches System müßte zu unerträglichen Spannungen führen, wenn man die beiden „Spitzen" als gleichrangige Verkörperungen entgegengesetzter Prinzipien betrachtete. Im Kontrast zu dieser Auffassung zeigen sich die praktischen Vorteile der richtigen Konzeption: das Staatsoberhaupt erfüllt die Funktion der Kontinuitätswahrung in einem insgesamt auf die Dynamik des modernen Staates ausgerichteten System.

Freilich muß auch hier wieder gefragt werden, ob die Funktion nicht auf andere Weise wirtschaftlicher erfüllt werden könnte, zumal sie offenbar zeitlich begrenzt ist und nur in bestimmten Zwischenperioden Bedeutung erlangt. Da aber in der parlamentarischen Demokratie niemals voraussehbar ist, wann eine solche Zwischenperiode über den Staat hereinbricht, ist schon aus diesem Grunde eine durchgehende Kontinuitätswahrung durch eine ständige Einrichtung erforderlich.

---

oder neutral, JR 1965, S. 382; ders., Gibt es in der Bundesrepublik einen „pouvoir neutre"?, Diss. Heidelberg 1959, S. 42 ff.; Eberhard Menzel, Ermessensfreiheit des Bundespräsidenten bei der Ernennung der Bundesminister, DÖV 1965, S. 591.

246) Eberhard Menzel, Ermessensfreiheit des Bundespräsidenten bei der Ernennung der Bundesminister, DÖV 1965, S. 591. Daß der Ausdruck „Repräsentant" hierbei nicht im Sinne der staatsrechtlichen Repräsentationslehre gebraucht wird, sondern im Sinne der sozialen Repräsentation, von der Hans J. Wolff spricht, dürfte ohne weiteres klar sein.

247) Das ungelöste Wahlproblem, München 1949, S. 40.

Damit sollen keineswegs durch die Hintertür wieder jene romantischen Vorstellungen vom „ewigen Staat" hereingelassen werden, die soeben mit großer Mühe zum Portal hinauskomplimentiert wurden. Das Problem ist ganz nüchtern und funktional zu sehen und steht jeder Diskussion völlig offen.

Aber das ist keine Besonderheit des Problems des Staatsoberhaupts, sondern gilt für alles, was im modernen Staat zu bedenken und zu bewirken ist.

Leitsätze des Berichterstatters über:

Das Staatsoberhaupt in der parlamentarischen Demokratie

I.

1. Der Begriff des Staatsoberhaupts ist in der deutschen Staatsrechtslehre belastet mit Assoziationen der organischen Staatslehre, der Romantik und der konstitutionellen Monarchie.

2. Die Notwendigkeit eines Staatsoberhaupts ergab sich nicht aus der Rechtspersönlichkeit des Staates, sondern wurde aus der Überlagerung organologischer Elemente mit traditionellen Bestandteilen des monarchischen Staates konstruiert.

3. Kernstück der politischen und juristischen Problematik ist für die parlamentarische Demokratie wie für die Präsidialdemokratie das Verhältnis der Legislative zur Exekutive.

4. Die parlamentarische Demokratie ist dadurch gekennzeichnet, daß die Regierung in ihrem Bestand vom Vertrauen der Parlamentsmehrheit abhängig ist.

II.

5. Die Auffassung des Staatsoberhaupts als „neutrale Gewalt" entstammt einer Staatstheorie der konstitutionellen Monarchie und bezieht sich auf den konstitutionellen Monarchen.

6. Das Staatsoberhaupt kann auch dann noch als neutrale Gewalt fungieren, wenn sich die konstitutionelle Monarchie zu einer „parlamentarischen Monarchie" entwickelt hat. Dagegen ist es nicht möglich, das republikanische Staatsoberhaupt im System der parlamentarischen Demokratie als neutrale Gewalt zu verfassen.

III.

7. Die Probleme, die die Stellung des Staatsoberhaupts in der parlamentarischen Demokratie aufwirft, betreffen in erster Linie die Gewaltenteilung, die parlamentarische Kontrolle und die Repräsentation.

8. Parlamentarische Regierungsweise bedeutet Gewaltenverbindung. Trotzdem verwischt sie nicht den Unterschied zwischen Regieren und Kontrolle des Regierens.

9. Das Parlament kontrolliert nicht nur die Regierung, sondern auch sich selbst mit Hilfe der Opposition und mit Hilfe eines parlamentarischen Selbstverständnisses, das die Verschiedenheit der Funktionen von Parlament und Regierung betont. Unter diesen Bedingungen ist eine parlamentarische Kontrolle auch bei einer Allparteienregierung möglich.

10. Das in Deutschland besonders stark ausgeprägte Bewußtsein der Unterscheidung von Parlament und Regierung ist kein Überbleibsel monarchischen Staatsdenkens, insbesondere keine Folge einer immer noch empfundenen Zuordnung der Exekutivbürokratie zum Staatsoberhaupt, sondern gehört zum Wesen der parlamentarischen Demokratie.

11. Die Figur des Staatsoberhaupts in der parlamentarischen Demokratie vermag die Spannung zwischen dem nach der herkömmlichen Lehre als Gewaltendreiheit konzipierten Überbau der Staatsorganisation und dem Volk als Ursprung der Staatsgewalt nicht zu lösen.

12. Das Constantsche Modell hat zur Voraussetzung, daß in der Person des Monarchen Macht und Verantwortung getrennt werden können, weil die Macht, die das Staatsoberhaupt als pouvoir neutre besitzt, durch seine monarchische Stellung „geheiligt" ist. In der ausschließlich vom Prinzip der Volkssouveränität getragenen parlamentarisch-demokratischen Republik ist dagegen eine Trennung von Macht und Verantwortung unmöglich.

13. Alle Versuche, das republikanische Staatsoberhaupt einer parlamentarischen Demokratie politisch verantwortlich zu machen, müssen fehlschlagen, weil die Verantwortung innerhalb des Systems an dieser Stelle zu hoch liegt und sich nicht ohne Schaden für das Funktionieren des ganzen Systems realisieren läßt.

14. Das Staatsoberhaupt in der parlamentarischen Demokratie ist kein Repräsentant des Volkes, wie immer das Verfahren seiner Wahl gestaltet sein mag.

15. Das Staatsoberhaupt in der parlamentarisch-demokratischen Republik ist auch nicht Adressat der parlamentarischen Repräsentation.

IV.

16. Die völkerrechtliche „Repräsentation" unterscheidet sich wesentlich vom staatsrechtlichen Repräsentationsbegriff.

17. In der parlamentarischen Demokratie steht die auswärtige Gewalt nicht mehr allein der Exekutive zu. Die von der Völkerrechtsdoktrin auch heute noch überwiegend bejahte Vermutung eines umfassenden Repräsentationsrechts des Staatsoberhaupts entbehrt der Grundlage.

18. Die Wahrnehmung der völkerrechtlichen Vertretung durch das Staatsoberhaupt kann dessen Funktion im Staat weder kennzeichnen noch bestimmen. Die Tatsache, daß die völkerrechtliche Vertretung dem Staatsoberhaupt zu obliegen pflegt, ist historisch zu erklären.

V.

19. Die sogenannte „Krise des Parlamentarismus" ist eine Begleiterscheinung der Dynamik, von der die Industriekultur geprägt wird. Recht und Staat nehmen als bedeutende Kulturelemente an der dynamischen Gesamtentwicklung teil.

20. Die Veränderung des Wesens und der Techniken der parlamentarischen Kontrolle im Rahmen der dynamischen Gesamtentwicklung kann innerhalb des Parlaments, ohne Zuhilfenahme der Figur des Staatsoberhaupts, bewältigt werden.

21. Das Staatsoberhaupt in der parlamentarischen Demokratie kann nicht Hüter der Verfassung im engeren Sinne sein, d. h. nicht verbindlich über Verfassungsfragen entscheiden oder Verfassungsstreite schlichten. Die Tatsache, daß das Staatsoberhaupt nichts Verfassungswidriges tun darf und daher in seiner Amtsführung die Verfassung zu wahren hat, macht es noch nicht zu einem solchen „Hüter der Verfassung".

22. Die wichtigste Funktion des Staatsoberhaupts in der parlamentarischen Demokratie ist die Kontinuitätswahrung. Obwohl sie nur in bestimmten kurzen Zeitabschnitten aktuell wird, ist für ihre Erfüllung ein ständig funktionierendes Organ notwendig, weil die Kontinuitätsunterbrechungen nicht im voraus abzusehen sind und weil die Erhaltung der Kontinuität in der dynamischen Gesamtentwicklung eine dauernde Aufgabe ist.

23. Die funktionale Rolle des Staatsoberhaupts in der parlamentarischen Demokratie ist nicht aus der positivrechtlichen Regelung von Einzelbefugnissen in den verschiedenen Verfassungen zu bestimmen. Vielmehr muß umgekehrt das grundlegende Verständnis der Rolle des Staatsoberhaupts im System der parlamentarischen Demokratie dazu beitragen, unklare positivrechtliche Bestimmungen interpretieren zu helfen.

24. Das Grundgesetz für die Bundesrepublik Deutschland verfaßt die Figur des Bundespräsidenten in einer Weise, die der Rolle des Staatsoberhaupts in der parlamentarischen Demokratie entspricht, sofern keine falschen, anachronistischen Systemvorstellungen in die Interpretation der betreffenden Grundgesetzartikel hineingetragen werden.

Das Staatsoberhaupt in der parlamentarischen Demokratie*

2. Mitbericht von Professor Dr. Peter Pernthaler, Wien

Das Thema der heutigen Tagung birgt abstrakt gesehen eine Fülle von Fragestellungen, wenn man die darin angesprochenen Begriffe beliebig variieren will. So kann „parlamentarische Demokratie" als Staatsform oder Regierungssystem verschiedenster Ausprägung, „Staatsoberhaupt" als Inhaber oder Organ der Staatsgewalt in allen Abstufungen vom absoluten Monarchen bis zur bloßen Dekoration gedacht werden, und die Verknüpfung beider wieder in eine unabsehbare Fülle von Möglichkeiten der technischen Durchführung aufgefächert werden. Ich glaube aber, daß das Thema so betrachtet, seine typischen Fragestellungen im Dschungel aller intellektuell möglichen oder positivistisch auffindbaren Konstruktionen verlieren würde. Im Grunde liegt nämlich — so meine ich — in dem mir gestellten Thema unter den geschichtlichen Bedingungen des deutschen Staatsdenkens von heute eine einzige Frage: Wie im parlamentarischen Regierungssystem im engeren Sinne, wo also die Regierung in der diesem System entsprechenden Abhängigkeit und Unabhängigkeit vom Parlamente steht, ein oberstes Staatsorgan konstituiert werden könne, das weder vom Parlament, noch von der Regierung autorisiert sei, sondern gerade umgekehrt diesen beiden Organen gegenüber Stabilisierungs- und Balancierungsfunktionen ausübe, ohne daß dadurch das parlamentarische Regierungssystem zerbreche oder aufgehoben werde. Wenn man nun diese Frage untersuchen will, darf man offenbar nicht mehr wahllos alle Möglichkeiten der Konstruktion des Staatsoberhauptes oder des Parlamentes in der Demokratie durchspielen, sondern muß die viel strengeren methodischen Bedingungen der so konkretisierten Fragestellung beachten. Diese Bedingungen sollen aus Zeitgründen nicht ausdrücklich ausgebreitet werden, da sie aus dem Aufbau des Referates genügend klar hervorleuchten[1]).

*) Die eingeklammerten Abschnitte wurden aus Zeitgründen nicht vorgetragen.

[1]) Die Diskussion hat erwiesen, daß diese Annahme nicht berechtigt war; ich habe daher die methodischen Grundvoraussetzungen des Referates im Schlußwort ausdrücklich offengelegt.

A. Die außerdemokratischen und außerparlamentarischen Wurzeln der Institution „Staatsoberhaupt"

I. Monarchie und Patrimonium

a) Daß man zum Wesen der Einrichtung „Staatsoberhaupt" nur über den Weg des monarchischen Staatsrechtes gelangt, ist ein Gemeinplatz, der selbst in den ödesten Darstellungen nicht fehlen darf. Wie immer verbirgt sich freilich in solchen Fällen die ursprüngliche Wahrheit der Aussage im Gerede: Nicht der oberflächliche Befund der Reminiszenz einer längst entschwundenen Einherrschaft ist das geschichtliche Wesen des Staatsoberhauptes, sondern Anstoß und Widerpart der Entfaltung des konstitutionellen und demokratischen Staatsrechtes und damit des neuzeitlichen Staatswesens schlechthin gewesen zu sein. Von daher gesehen darf sich auch eine Staatslehre, die ihren Blick bewußt auf den Staat von hier und heute richtet, nicht von der Geschichte des monarchischen Staatsoberhauptes abschneiden, wenn sie ihren Gegenstand nicht in ideologischer Verzerrung traktieren will[2]).

[Und noch ein Vorurteil ist hier vorweg auszuräumen: Die willkürliche Verkürzung des deutschen Staatsrechtes und der Staatlichkeit in diesem Raume auf die beiden Grenzlinien des Absolutismus der Territorialfürsten einerseits[3]) oder der „epochemachenden" Besprechung des Maurenbrecherschen Staatsrechtes anderseits[4]), mit der die sog. „juristische" Betrachtungsweise des Staates ihren Siegeszug angetreten haben soll[5]). In Wahrheit sind diese „Anfänge" nichts anderes als

---

[2]) Das Referat nimmt also mit dieser Position den Vorwurf der „monarchischen Befangenheit" (siehe dazu: Merkl, Die monarchische Befangenheit der deutschen Staatsrechtslehre, in: Schweizerische Juristenzeitung, Heft 24, 1920) bewußt auf sich.

[3]) Siehe dazu statt aller: C. Schmitt, Verfassungslehre 1957[3], S. 48 f. und in derselben Richtung offenbar: Krüger, Allgemeine Staatslehre, 1964, S. 29 und passim; diese Auffassung geht zurück auf die Übertragung Hobbesscher Gedankengänge auf das positive (deutsche) Staatsrecht, die schon bei Pufendorf (De Jure Naturae et Gentium, 7. Buch, II. Kap., § 14) beginnt.

[4]) In: Göttinger gelehrte Anzeigen, 1837, III, S. 1489 ff.; „epochemachend" bei G. Jellinek, Allgemeine Staatslehre, 1914[3], S. 473; H. J. Wolff, Organschaft und juristische Person, Bd. 1, 1933, S. 41; siehe auch: Forsthoff, Lehrbuch des Verwaltungsrechts, 1. Bd., 1966[9], S. 47.

[5]) Zutreffende Zweifel äußern: Scheuner, Hegel und die deutsche Staatslehre des 19. und 20. Jahrhunderts, in: Studium Berolinense, 1960, S. 129 ff. (143); Ehmke, Staat und Gesellschaft, in: Staatsverfassung und Kirchenordnung, Festgabe für Smend, 1962, S. 23 ff. (41, Anm. 71) u. a. Gleich schon: Maurenbrecher, Die deutschen regierenden Fürsten und die Souveränität, 1839, S. 59 ff.

Rückzugslinien des deutschen Staatsdenkens von seinen eigenen und den gemeineuropäischen Traditionen und Institutionen; Rückzugslinien, die — so glaube ich — auch die Trennungslinien zum Schweizerischen Staatsdenken markieren[6]). Will man diese Abschnürungen, die durch die Logik der Geschichte unwiderruflich, wenngleich nicht unaufhebbar geworden sind, zunächst einmal in ihrer eigentlichen Bedeutung erkennen, so muß man sie im Verhältnis zu den Ordnungen sehen, die sie ihrerseits zu überwinden vermeinten: Dem frühen deutschen Reichs(staats)recht und den patrimonialen Fürstenordnungen.

b) Die Institutionen und Lehren des frühen deutschen Reichsrechtes[7]), die in den deutschen Territorien und erst recht in Österreich, wenn überhaupt gelehrt, so sorgfältig in die Rechtsgeschichte isoliert wurden, waren schon gekennzeichnet durch die unaufhebbare Spannung der drei disparaten Grundelemente jedes konstitutionellen Staatsdenkens überhaupt: Der Volkssouveränität[8]), der Macht der Regierung und der beide in ihrem Wesen haltenden Rechtsordnung, vorab der Verfassung[9]). Keines der drei Elemente konnte — so sehr sie

---

[6]) Instruktiv dafür: D. Schefold, Volkssouveränität und repräsentative Demokratie in der schweizerischen Regeneration 1830 bis 1848, 1966.

[7]) Der Begriff „Reichsrecht" wird hier nicht im positiv-rechtlichen Sinne, sondern als geschichtliche Kategorie des (deutschen) Staatsrechtsdenkens der Neuzeit, also der Theorie des reifen ständischen Reichsrechtes verstanden; insofern zeigt sich nämlich — entgegen dem Verständnis des 19. Jahrhunderts — eine durchgehende Kontinuität des Denkens von Nicolaus Cusanus über Althusius und die Monarchomachen, die Romanisten des 17. Jahrhunderts (Lampadius, Hypolithus a Lapide, siehe: Pütter, Literatur des Staatsrechts I, S. 207 ff.) bis zu Grotius, Pufendorf und ihre Schule.

[8]) „Des Grotius (II, 19. 16. 1. II. 9. § 8 n 3) Ausspruch: ‚imperium, quod per regem exercetur, non desinit esse populi' kann als wahrer Gemeinplatz der damaligen Staatsphilosophie gelten", Maurenbrecher, aaO., S. 33; siehe aber gleich schon Cusanus an den unten, Anm. 16 angef. Stellen.

[9]) Vgl. dazu: Gierke, Johannes Althusius und die Entwicklung der naturrechtlichen Staatstheorien, 1929[4], und Maurenbrecher, aaO., S. 32 ff. Es fehlte allerdings noch weithin das typisch neuzeitliche Element des Bezuges aller Staatlichkeit auf das Individuum und seine „Freiheit", so daß dieses Denken wohl als Wurzel, aber nicht als eine Verwirklichung des konstitutionellen Staatsdenkens bezeichnet werden kann. Vgl. im übrigen zum Begriff der „Konstitutionalität" im hier ständig verwendeten Sinne das grundlegende Referat von Maihofer auf dem VI. Int. Hegelkongreß in Prag (1966): Hegels Prinzip des modernen Staates (zur Veröffentlichung bestimmt in: Hegel-Jahrbuch, Jg. 1967) und C. Schmitt, aaO., S. 200.

alle dazu tendierten — das andere überwältigen oder ausschalten, ohne dadurch das „Reich" zu zerstören — eine Konsequenz, die freilich das politische Denken der Deutschen durch die Jahrhunderte als unmittelbar bevorstehende Katastrophe begleitete[10]). Es würde zu weit führen, die geschichtlichen Gründe dafür auszubreiten, warum gerade diese antagonistischen Elemente selbst wieder als verbindlich genommen wurden — sie waren jedenfalls vorhanden und mußten unter schärfstem politischem Druck von innen und von außen intellektuell und institutionell bewältigt werden. Dies geschah in bemerkenswerter Übereinstimmung mit dem gemeineuropäischen Staatsrecht durch eine, oft schwer zu durchschauende Vermengung bestehender deutschrechtlicher Institutionen mit den Ideen und Rechtssätzen des antiken, vor allem des römischen Gemeinwesens. Wenn ich daraus einige typische Rechtsvorstellungen über das Staatsoberhaupt greife, so um deutlich zu machen, wie alle folgenden geschichtlichen Epochen des deutschen Staatsdenkens von dem hier eingebrachten Kapital zehren. Das Oberhaupt eines Gemeinwesens war im vorabsolutistischen Rechtsdenken gekennzeichnet:

1. Durch den Gedanken des Amtes, d.h., den alten deutsch-rechtlichen Grundsatz, daß der individuelle Herrscher seine Befugnisse und Pflichten aus einer überindividuellen, aber sehr konkreten Ordnung nehme, die ihn ermächtige und begrenze und seine Verantwortlichkeit begründe[11]).

2. Durch das Prinzip der aufsteigenden Gemeinschaften und ihrer Autonomie, wobei die höhere Gemeinschaft nur die Aufgaben regeln durfte, die über die kleinere hinausgingen, und dabei an die Zustimmung der „Repräsentanten" der kleineren Gemeinschaft gebunden war[12]).

3. Durch das Prinzip der gemeinschaftlichen Rechtserzeugung im Repräsentantenkörper und der individuellen Vollziehung durch das Oberhaupt und seiner beratenden Regierung (die wieder repräsentativ zusammengesetzt

---

[10]) Vgl. schon Nicolaus Cusanus, De Concordantia Catholica, Ausgabe der Heidelberger Akademie, hrsg. von Kallen, III. Buch, §§ 482, 496 ff., 500 ff. (imperii destructio), 504 ff., 507 ff. (mortalis morbus imperium Germanicum invasit), 510 ff. (tantus lapsus) u. a.

[11]) Gierke, Das deutsche Genossenschaftsrecht, III. Bd. (1881), S. 563 f.; H. J. Wolff, Organschaft und Juristische Person, Bd. II (1934), S. 284 ff.; Hennis, Amtsgedanke und Demokratiebegriff, in: Staatsverfassung und Kirchenordnung, aaO., S. 51 ff.

[12]) Althusius, Politica methodice digesta hrsg. v. C. Friedrich (Harvard Political Classics, Bd. II) Cambridge, 1932.

war). Daraus notwendig folgend: Die grundsätzliche Bindung des Oberhauptes und der Exekutive an Recht und „Gesetz“[13]).

4. Durch den Gedanken einer über allen Ämtern und Repräsentanten — einschließlich des Oberhauptes — stehenden Gesamtordnung des Gemeinwesens, die bald civitas, bald populus, bald res publica oder imperium genannt wurde und unter dem Einfluß des Kirchenrechts schon sehr früh als eine persona moralis, und zwar als eine Corporation konstruiert wurde[14]).

Die entscheidenden Kennzeichen dieses Denkens scheinen mir — im Lichte der späteren geschichtlichen Entwicklung — die Gedanken der Rechtsgebundenheit und der repräsentativen Kraft des Oberhauptes eines Gemeinwesens. Beide Kriterien sind freilich nicht mit den heutigen Begriffen zu messen: An der Rechtsgebundenheit wirkte das Oberhaupt notwendigerweise selbst mit und hatte stets die Möglichkeit der Epikie, d. h., des Abweichens vom Rechtssatz im Einzelfall um des höheren gemeinen Besten willen. Und der Vorgang der Repräsentation war in einer uns unbegreiflich scheinenden Gleichzeitigkeit ein Instrument demokratischer und autokratischer Legitimation, der rechtlichen und politischen Vertretung des Gemeinwesens und der Wähler und der Verknüpfung von individueller und kollektiver Willensmacht im Vorgang der Herrschaft und der Rechtsetzung[15]). Nur ein derartiger, durch und durch dialektischer Prozeß der „Repräsentation“ konnte zugleich „electio“ und „consensus“, d. h., die Volkssouveränität, aber auch die „vera suprema — absque diminutione et conditione — imperialis potestas“, d. i. offenbar die Fürstensouveränität, als die Bestimmungsgründe der imperialen Herrschaft angeben, die anderseits durch den universellen Vertretungskörper in die

---

13) Nicolaus Cusanus, aaO., III, 375 ff.: „Non debet se solutum legibus aestimare rex ... in concilio cuncta universalia rem publicam statui ordinari. Illius vero sic per concordiam constituti executor rex esse debet, quoniam est ipsa constitutio regula, secundum quam subjecti potestatem regis ordinatam esse volunt.“ Wie sehr Cusanus dabei die geltende Verfassungsrechtslage seiner Zeit beachtete, hat erst die neuere rechtsgeschichtliche Forschung deutlich gemacht; vgl. dazu Conrad, Deutsche Rechtsgeschichte, I (1962), S. 241 ff.

14) Gierke, aaO., S. 357 ff., 437 ff., 450 ff. u. a.; Maurenbrecher, aaO., S. 32 ff.

15) Vgl. dazu den sehr typischen Streit um die Natur der Repräsentation bei Cusanus zwischen Kallen, Hist. Zeitschr. Bd. 165 (1942), S. 246 ff. (275 f.) und Koch, Sitzungsber. der Heidelberger Akademie, Phil.-hist. Klasse, Jg. 1944/1948, 2. Abh., S. 24 f.

„strictissima forma iuris“ zu bringen sei[16]). Das unschwer zu erkennende politische Ziel dieses Staatsdenkens war die Überwindung des aus einer verdorbenen Ämterordnung hervorgegangenen ständischen Eigenmachtsdenkens. Im Vorgang der Repräsentation suchte das Reichsrecht — und darin gibt es sich als echtes Verfassungsdenken zu erkennen — noch einmal die ungeheure politische Dynamik der Mächte seiner Zeit in das rechtliche Gemeinwesen zu holen und sie dadurch institutionell zu stabilisieren und das Gemeinwesen zu dynamisieren. Von diesem eminent „konstitutionellen“ Ziel des deutschen Reichsrechtes[17]) her gesehen, wird sein Zusammenbruch unter den Angriffen des Fürstenrechts von innen und der Volksherrschaft von außen — die es beide aus sich entlassen hatte — erst uns in seiner vollen geschichtlichen Tragik sichtbar[18]). Das Wesen dieser Angriffe, die das deutsche Staatsdenken bis heute von seiner eigentlichen Geschichte abgeschnitten haben, sei hier — wieder im Blickwinkel auf das Institut des Staatsoberhauptes — rekapituliert.

c) Die patrimoniale Staatstheorie, die ursprünglich vom Eigentum des Fürsten am Boden, später an der sog. „Souveränität“ ausging, stand zum Staatsdenken des Reichsrechtes mit seiner Grundkonzeption von einem über und hinter dem Fürsten stehenden souveränen Gemeinwesen, das ihn institutionell ermächtigt, aus politischen und rechtlichen Gründen in schärfster Opposition[19]). Aus politischen Erwägungen deshalb, weil sie in einem solchen Staatsdenken mit Recht

---

16) Alle Zitate aus Nicolaus Cusanus, aaO., III. Buch, ausführliche Nachweise bei: Pernthaler, Die Repräsentationslehre im Staatsdenken der Concordantia Catholica, in: Gedächtnisschrift der Univ. Innsbruck zum 500jährigen Todestag des Nicolaus Cusanus, im Drucke; gleichartige Gedankengänge führen bis ins Naturrecht des 18. Jh.s, siehe Maurenbrecher, aaO., S. 28 ff. und die dort angef. reichen Literaturhinweise.

17) So selbst C. Schmitt, Verfassungslehre, 1957^3, S. 47 f.: „Für eine normative Betrachtung war es ein idealer Fall eines Rechtsstaates ...“.

18) Diese Tragik hat niemand deutlicher formuliert und erlitten als der hier paradigmatisch hervorgehobene Nicolaus Cusanus; siehe dazu die in Anm. 10 angef. Hinweise, insbesonders die berühmten Sätze: „Per ordinem illis deformitatibus ac periculis in quibus respublica versatur ob promissa providendum esset diligenter et cito, quia mortalis morbus imperium Germanicum invasit: cui nisi subito salutari antidoto subveniatur, mors indubie sequetur et quaeretur imperium in Germania et non invenietur ibi. Et per consequens alieni capient loca nostra et dividentur inter nos et sic alteri nationi subiiciemur.“ (III, § 507.)

19) Maurenbrecher, aaO., S. 24 ff. u. a.; ebendort sämtliche Literaturhinweise auf die „ältere“ und „jüngere“ Patrimonialtheorie und ihre Gegner.

nicht nur eine Beschränkung, sondern die Aufhebung der Eigenmacht des Fürsten erblickte[20]). Aus rechtlichen Gründen deshalb, weil die politischen Ordnungen der Territorien, die ja aus verderbten Amtsgewalten des Reiches hervorgegangen waren, die volle Staatlichkeit noch nicht durchwegs erreicht hatten und daher rechtlich auf dem Patrimonium begründet werden mußten[21]). Im übrigen war die patrimoniale Staatstheorie nicht untrennbar mit der absoluten Monarchie verknüpft: Es war mit ihr durchaus vereinbar, daß durch eine vom Fürsten gewährte oder mit ihm vereinbarte „Verfassung" die Ausübung der Souveränitätsrechte in jeder beliebigen Hinsicht beschränkt wurde (z. B. ständische oder parlamentarische Mitwirkung, richterliche Unabhängigkeit, Klagbarkeit des Fiskus usw.)[22]); aber solange und soweit dies nicht ausdrücklich positiv-rechtlich festgelegt war, stritt die Vermutung für die unbeschränkte Verfügungs- und Herrschaftsgewalt über „seine" — im wörtlichen Sinne genommen — Untertanen.

Die in der Folge in das Kreuzfeuer juristischer und demokratischer Verspottung geratene Patrimonialtheorie ist in ihrer immanenten Geschlossenheit dem Heutigen aus mannigfachen Gründen nicht mehr zugänglich[23]). Dennoch scheint, daß

---

20) Vgl. z. B.: C. L. Haller, Restauration der Staatswissenschaften I (1820²), S. 511 ff.: „Die Fürsten sind nicht Administratoren eines Gemeinen Wesens ... nicht bloß das Oberhaupt des Staates, wie etwa der Meyer in einer Gemeinde, ... sondern die Fürsten sind selbständige Personen, unabhängige Herren, die ... ihre eigene Sache regieren."

21) Das gilt allerdings nur für die ältere Patrimonialtheorie, da seit der Überwindung der älteren (beschränkten) Landeshoheit die Territorialfürsten aus der Monarchenqualität an sich „Souveränität" beanspruchten; siehe dazu Krüger, aaO., S. 826; gleich schon G. Jellinek, aaO., S. 468 f.

22) Maurenbrecher, aaO., S. 3, 184 f., 188, 195, 203, insbes. 204: „... aber es wäre ein arger Mißgriff, dieselbe politisch d. h. so zu nehmen, als ob sie sagte: jede patrimoniale Monarchie müsse nothwendig eine absolute oder jeder Patrimonialist durchaus ein Absolutist seyn. Das patrimoniale Princip verhindert vielmehr nicht im Geringsten: daß die Verfassung die größtmögliche Beschränkung der monarchischen Gewalt enthalte. Es ist überhaupt auf das Mehr oder Weniger der politischen Freiheit der Unterthanen nicht vom mindesten Einflusse, nur will es, daß diese Freiheit im je einzelnen Staate auf ausdrücklicher positiver Satzung beruhe und läßt es keine sog. stillschweigenden Beschränkungen der landesherrlichen Gewalt zu." (Hervorheb. im Original.)

23) So auch andeutungsweise Ehmke, aaO., S. 28; seit der (rationalistischen) Naturrechtslehre verstand sich die Patrimonialtheorie als Theorie des positiven Staatsrechtes gegen alle Formen der Staatsideologie, Maurenbrecher, aaO., S. 84 ff., u. a.

sie zu ihrer Zeit eine durchaus realistische Rechtskonstruktion des sich spaltenden und in der fürstlichen Eigenmachtsordnung in entarteter Form sich wieder einigenden deutschen Staatswesens war. Ihre absurde Vermengung von Zivilrecht mit öffentlich-rechtlichen Institutionen und Gedanken entsprach der Rechtswirklichkeit und in gewisser Beziehung der deutschrechtlichen Tradition. Der Hauptangriffspunkt ihrer Gegner — das Eigentum des Fürsten an der Souveränität — ist natürlich in keiner Weise mit dem staatsfernen liberalistischen Eigentumsbegriff des 19. Jhdts. zu messen, sondern wäre noch adäquater mit dem marxistischen Begriffsapparat zu erfassen, wobei Marx seinerseits wieder das liberale Eigentum treffen wollte, indem er es mit dem patrimonialen gleichsetzte. Das geschichtliche Unheil, das die patrimoniale Staatslehre — die im 19. Jhdt. als einzige auf verlorenem Posten die Stabilität der Verfassung verteidigte — dem deutschen Staatswesen brachte, liegt nicht in ihrer privatrechtlichen Konstruktionslust, die ihre Gegner bald besser beherrschen lernten, sondern in der theoretischen Legitimierung und Hypostasierung der Institutionen des fürstlichen Absolutismus, die sie rechtlich „für alle Zeiten" verankern wollte. Die Ausschaltung der inneren Dynamik des Reichsrechtes, das in der Rechtsfigur der „Repräsentation" unbeirrbar die Fürstenmacht in der Balance von Volkssouveränität und Rechtsgebundenheit gehalten hatte, rächte sich sehr bald durch Versteinerung und absolute gesellschaftliche Entfremdung des fürstlichen Machtapparates. Und als die patrimoniale Theorie im Laufe des 19. Jhdts. notgedrungen die Konstruktion des Staates als juristische Person in sich aufnehmen mußte, war es bezeichnenderweise „der Punkt der Staatsdienerschaft", der dieses „Umschlagen" bewirkte, — wie gerade Maurenbrecher richtig vorhergesehen hatte[24]) — und damit im Sinne der Anstaltstheorie die gesellschaftliche Isolierung und Geschlossenheit des Staatsapparates juristisch perfekt machte.

In dieser durch die Aufnahme der juristischen Person verfeinerten, aber dadurch nicht wesenhaft veränderten Gestalt, hat das patrimoniale Staatsdenken die Verfassung Österreichs bis zum Untergang der Monarchie beherrscht. Daher ist mit vollem Recht an die Spitze der bekannten Sammlung der österreichischen Verfassungsgesetze von Bernatzik[25]) noch im

---

[24]) Maurenbrecher, aaO., S. 210 ff.

[25]) Bernatzik, Die österreichischen Verfassungsgesetze, 1911², S. 15 ff.; Textausgabe der Pragmatischen Sanktion hrsg. v. Turba, Wien, 1913; ebenda: Stürkgh, (Vorwort): „... ist noch gegenwärtig die Grundlage, auf welcher die wichtigsten öffentlich-rechtlichen Institutionen der Monarchie ruhen."

Jahre 1911 das „privatrechtliche" Instrument der Pragmatischen Sanktion von 1719 als das eigentliche Grundgesetz der österreichisch-ungarischen Monarchie gestellt. Und Friedrich Tezner hat im Jahre 1909 Art. 57 der Schlußakte vom 15. Mai 1820 zur deutschen Bundesakte, wonach „die gesamte Staatsgewalt in dem Oberhaupt des Staates vereinigt zu bleiben hat", ebenso als fundamentalen Grundsatz des österreichischen Staatsrechtes anerkannt, wie er die juristische Staatstheorie mit den typischen Worten zurückwies[26]): „Nach dem Wortlaut der Pragmatischen Sanktion und des Patentes über den österreichischen Kaisertitel vom 11. Aug. 1804 kann man noch heute von einem unzertrennlichen Besitz des Kaisers an seinen unabhängigen Königreichen und Staaten sprechen. Besitz ist Besitz der Staatsgewalt im Gebiet der Königreiche und Länder." Vollkommen der patrimonialen Theorie entsprechend vereinigte das Staatsoberhaupt in Österreich als einziges „Subjekt" der Staatsgewalt diese — ungeachtet aller verfassungsmäßigen Konzessionen betreffs der Art ihrer Ausübung und Organisation — die natürlich auch gegenüber dem Monarchen verbindlich geworden waren — der Idee nach vollständig und unteilbar in seiner Person. Dazu kam, daß das schließlich zugestandene parlamentarische System infolge der sog. „Obstruktion" immer mehr verfiel, und damit auch die praktischen Ansätze einer Verwirklichung der Gewaltenteilung und der Volkssouveränität — die beide der Theorie nach streng verworfen wurden[27]) — sehr bald vollständig verdorrten. Das Bild des patrimonialen Staatsoberhauptes wurde zudem durch die 68jährige Regierung des Antidemokraten und Parlamentsfeindes[28]) Franz Josef I. konserviert, der immer mehr in die Rolle des letzten Staatsbewahrers hineingedrängt wurde. Wenn daher die österr.-ungarische Monarchie zu Recht als letzter Ausläufer des mittelalterlichen „Reiches" in einer Welt von Staaten genannt wurde, so bedeutete das Festhalten am patrimonialen Staatsdenken eine doppelte und darum besonders ver-

---

[26]) F. Tezner, Der Kaiser, 1909, S. 6 ff. Im selben Sinne auch die Theorie Bernatziks, in: Republik und Monarchie, 1919[2].

[27]) Tezner, aaO.; Gumplowicz, Das österreichische Staatsrecht, 1907[3], S. 87 ff.; Ulbrich, Das österreichische Staatsrecht, 1904[3], S. 69 ff., 236 ff. u. a.; Herrnritt, Handbuch des Verfassungsrechts 1909, S. 120 f.

[28]) Für Belege dafür siehe z. B. Redlich, Das österr. Staats- und Reichsproblem, I. Bd. (1920), S. 504, II. Bd. (1926), S. 352 ff. 396 ff., 406 ff. u. a.; derselbe, Kaiser Franz Joseph von Österreich, 1929, S. 155; Kolmer, Parlament und Verfassung in Österreich, Bd. 1—8 (1902—1914).

hängnisvolle Geschichtswidrigkeit: Das Staatswesen Österreichs hatte sich sowohl von den Quellen des Reichsrechtes — das ihm offenbar das Angemessene gewesen wäre — wie von denen der demokratischen Volks- und Staatssouveränität fast zur Gänze abgeschnürt und schwebte damit als Fremdmacht über den „unzufriedenen" Völkern und Volksgruppen, den zukunftsträchtigen Klassen und Machthabern der Gesellschaft. Und dieses Staatswesen verkörperte in voller Reinheit das Institut des Staatsoberhauptes. Darf es danach verwundern, daß das Staatsrechtsdenken der jungen Republik von dieser so übermächtigen Rechtsfigur — je nach dem politischen Standort des Betrachters als reines Idol des Abscheues oder einer verdrängten Verehrung — in seinen entscheidenden Merkmalen geprägt wurde?

d) Hatte die patrimoniale Staatslehre das Reichsstaatsdenken vom Fürstenrecht her pervertiert und zugrunde gerichtet, so ging die radikaldemokratische Theorie seit den Monarchomachen denselben Weg von der Volkssouveränität her. Im Staatsdenken J. J. Rousseaus leuchten zum letzten Mal die gemeineuropäischen Wurzeln der nun den Siegeszug antretenden juristischen Souveränitätslehre auf, die schon deshalb — vor allem aber, weil sich das klassische deutsche Staatsdenken in der ununterbrochenen Auseinandersetzung mit den Rousseauschen Gedanken entfaltete — an dieser Stelle kurz beleuchtet werden müssen. Das eigentliche Neuartige an der neuen Staatstheorie und die Schnittlinie zum früheren Denken liegt nicht im Revolutionsrecht, Gesellschaftsvertrag oder in der Volkssouveränität, die eher das Verbindende mit der Tradition sind[29]), sondern viel tiefer im Menschenbild. Nämlich in der Vorstellung, daß ein staatliches Gemeinwesen nicht in der rechtlichen Gemeinschaft von Menschen als soziale Gesamtpersönlichkeiten begründet werde — was bis dahin der Sinn des „Gesellschaftsvertrages" war —, sondern ein reiner Akt des Willens sei, der daher mit den Vertragsformen des juristischen Denkens vollständig erfaßbar sei[30]). Nur so ist verständlich, wie nach der Konstruktion Rousseaus der bekannte „Gemeinwille" selbst der Souverän ist, was nichts anderes bedeutet, als daß ein Volk nur insofern Staat ist, als es selbst und unmittelbar den Willen zum Staat hat. Da dieser Wille aber ununterbrochen gewollt werden muß, um als sol-

[29]) Dazu nach wie vor grundlegend: Gierke, Johannes Althusius und die Entwicklung der naturrechtlichen Staatstheorien, 1929⁴, S. 76 ff. und 339 ff.

[30]) Gierke, aaO., S. 107 ff. (110) und 344.

cher zu sein, kann die Befugnis der staatlichen Willensbildung weder repräsentiert noch übertragen werden, ohne daß damit die Volkssouveränität zerstört würde[31]). Die einzige Rechtsfigur, die eine dem Gemeinwillen entsprechende Objektivierung ermöglicht, bleibt daher das vom Volk selbst beschlossene und jederzeit frei abrogierbare Gesetz. Die Regierung entspricht als ein „corps intermediaire" und damit von der Bildung des Gemeinwillens vollständig abgeschnittenes Organ nur dann dem Prinzip der Volkssouveränität, wenn sie den Gesetzen willensmäßig total unterworfen, das heißt „Exekutive" im strengen Sinn des Wortes ist[32]). Einem „Staatsoberhaupt" bleiben in diesem System weder Legitimierungs- noch Stabilisierungsfunktionen der Regierung oder der Gesetzgebung, da derartige Funktionen hier eine Beschränkung der Volkssouveränität bedeuten. Auch dieses Staatsdenken hat die österreichische Verfassungsgeschichte durch eine gewisse Zeit vollständig beherrscht[33]). Aber es war nicht mehr das Rousseausche Staatsdenken in seiner ursprünglichen Form, das nunmehr die Herrschaft antrat, sondern ein Denken, das gezeichnet war vom hundertjährigen Kampf der deutschen Staatslehre gegen J. J. Rousseau.

e) Dieser Kampf — der politisch um die Erringung oder Erhaltung der konstitutionellen Monarchie ging — bestand darin, in die geltende deutsche Staatsrechtsordnung, die nach dem ständisch-patrimonialen Prinzip konstruiert war, demokratische Elemente, vor allem die neuartig verstandene Volkssouveränität einzubauen, ohne dadurch die bestehende monarchische Legitimität zu zerstören[34]). Obwohl man sich zu diesem Zwecke reichlich Anregungen aus den idealisierten Institutionen des englischen Staatsrechtes und den Ideen der französischen Konstitutionalisten holte, schlug dieses Unternehmen — ungleich der Entwicklung in jenen Ländern — bekanntlich in eine radikale politische und gesellschaftliche Entfremdung des deutschen Staatsrechtsdenkens um. Auch am Staatsoberhaupt zeigte sich, wie die Konstruktionen der ju-

---

[31]) J. J. Rousseau, Du contrat social ou principes du droit politique, 1762 I, 6; II, 1; II, 4; III, 16; III, 18.

[32]) Rousseau, aaO., II, 4; III, 1; III, 12; III, 14.

[33]) Siehe dazu die Nachweise unten, II. Abschnitt, S. 114 ff.

[34]) Siehe dazu die zeitgenössischen Darstellungen: F. v. Raumer, Über die geschichtl. Entwicklung der Begriffe von Recht, Staat und Politik, 1861³, S. 132 ff., S. 157 ff., u. a.; Heeren, Über die Entstehung und den praktischen Einfluß der politischen Theorien im neuen Europa (Vermischte historische Schriften I, S. 305 ff.); Lerminier, De l'influence de la philosophie du 18 siécle sur la legislation la sociabilité du 19. 1833; Weitzel, Geschichte der Staatswissenschaft, 1833 II, 1; Maurenbrecher, aaO., S. 27 und 74 ff.

ristischen Staatslehre[35]) — deren politisches Ziel nur der jeweilige Gegner offen auszusprechen wagte — sich immer mehr vom Ziel des Staatsrechtes, der guten und gerechten Ordnung des Gemeinwesens entfernten und ein gespenstisches Eigenleben zu führen begannen.

1. Der entscheidende Schritt dieser Abschnürung scheint die juristische Umdeutung der überkommenen Volkssouveränitätslehre. Während noch bei Rousseau — wie es den reichsrechtlichen Traditionen entsprach — das Volk in seinen Institutionen das Gemeinwesen und daher souverän war[36]), deutete die deutsche Staatslehre — offenbar in Reaktion zum patrimonialen Staatsdenken — die Volkssouveränität immer mehr als eine Form der Organsouveränität um, die der Fürstensouveränität als absoluter Widerspruch entgegenstand[37]). Um die aus der Idee einer Volkssouveränität erfließenden und politisch erwünschten Strukturelemente der Staatsordnung neben der Fürstensouveränität, die man nicht beseitigen konnte oder wollte, halten zu können, übertrug man die alte Kategorie „Volkssouveränität" auf die juristische Person „Staat"[38]), die dadurch zugleich Bezugspunkt aller politischen Willensbildung des Gemeinwesens wurde.

2. Verborgen blieb oder wurde in dieser Konstruktion freilich, daß nunmehr der zur bloßen Organisationstechnik gewordene und beliebig veränderbare Vorgang der Erzeugung der Rechtsordnung nicht nur über die Organsouveränität entschied, sondern — in gleicher Weise wie dies die patrimoniale Staatstheorie gelehrt hatte — den Staat zur Verfügung des Organsouveräns stellte. Der Siegeszug der juristischen Staatslehre im 19. Jahrhundert erklärt sich also auch daraus, daß sie in gleicher Weise dem

---

[35]) Zum Begriff vgl.: Badura, Die Methoden der neueren Allgemeinen Staatslehre, 1959, S. 133 ff.

[36]) Rousseau verwendet noch wie die Naturrechtslehre die Ausdrücke „peuple", „état" und „souverain" synonym (aaO., III. 12 u. a.); erst bei Mirabeau taucht der Begriff „Volk" als Gegensatz zum Staat (Monarchen) auf; für Deutschland siehe zum ersten Male: Groß, Lehrbuch der philosophischen Rechtswissenschaft, 1802, § 329.

[37]) G. Jellinek, aaO., S. 473 ff.; Rehm, aaO., S. 57 ff.; Gerber, Grundzüge eines Systems des deutschen Staatsrechtes, 1880[3], S. 22 (alle mit weiteren Hinweisen).

[38]) Beginnend schon in der älteren Theorie der „Staatssouveränität" (Grotius, Pufendorf, Wolff), in deren Tradition Albrechts bekannte Rezension voll und ganz steht (vgl. Mayer, Einleitung in das Privatfürstenrecht, 1783, S. 44), wo aber Volk und Staat im Sinne der Anm. 36 schon scharf getrennt werden (aaO., S. 1512 ff.).

Monarchen eine juristische Verhüllung seiner patrimonialen Herrschaft bot, wie sie den Demokraten für den Fall der Machtergreifung nicht nur den legalen Besitz fürstlicher Macht zum Umbau oder der Konservierung gesellschaftlicher Verhältnisse, sondern auch die Legalität eines ununterbrochenen Wandels der Staats- und Gesellschaftsordnung verhieß.

3. Wie aus dem Bisherigen ohneweiters klar wird, konnte die juristische Staatslehre ebensowenig wie die patrimoniale oder radikal demokratische den reichsrechtlichen Vorgang der Repräsentation in ihr Begriffssystem aufnehmen, da dessen Elemente ihrem Denken unversöhnbare Gegensätze waren[39]). So kam man entweder zur Verwerfung des Repräsentationsgedankens — was sich aber aus praktisch-politischen Gründen nicht durchhalten ließ — oder zur Auflösung der Repräsentation in eine Fülle juristischer Organschaftsverhältnisse[40]). Wenngleich dabei mit großem Aufwand an juristischem Scharfsinn versucht wurde, die Besonderheiten der staatlichen Repräsentation aus den verwendeten zivilrechtlichen Vertretungsverhältnissen herauszufällen, blieben die Konstruktionen ohne innere Überzeugungskraft und konnten die in der politischen Wirklichkeit ungeordnet weiterwuchernden metajuristischen Repräsentationsvorstellungen nicht ins Staatsrecht zurückholen[41]).

4. Das hatte neben der Institution des Parlamentes vor allem das Staatsoberhaupt betroffen. Seine Befugnisse, die nach den geltenden Verfassungen noch immer „alle Rechte der

---

[39]) Triumphierend berichtet schon Maurenbrecher, aaO., S. 50: „Die Repräsentationsidee beim Monarchen ist der staatssouveränen Schule allmälig abgekommen, teils indem neue Vorstellungen, z. B. der Monarch sei das Organ des Staates (bei Jacob, Philosophische Rechtslehre, 1795, § 658) ... immer mehr eindrangen, teils dadurch, daß die repräsentativen Fiktionen durch Rousseau, Benjamin Constant u. a. eine andere Richtung (vom Monarchen ab) bekommen haben ...; denn gegen die Untertanen vertritt er nicht mehr den Staat (die Gesamtheit), sondern umgekehrt vertreten diese den Staat gegen ihn."

[40]) Gegen beides hat sich übrigens — was weithin verkannt wird — G. Jellinek, aaO., S. 567 und 580 f. sehr deutlich abgesetzt; derselbe, Ausgewählte Schriften und Reden, Bd. II (1911), S. 371 ff.

[41]) Typisch dafür H. J. Wolff, Theorie der Vertretung, 1934, S. 10 ff.; Leibholz, Das Wesen der Repräsentation, 1960², S. 25, 141 f., 149 u. a.; C. Schmitt, Römischer Katholizismus und politische Form, 1925, insbes. S. 26 ff. und Kelsen, Allgemeine Staatslehre, 1925, S. 314 ff.; siehe auch Klecatsky, Der Beamte in der Demokratie, in: Schriftenreihe des Institutes für Sozialpolitik und Sozialreform: „Gesellschaft und Politik", NF, Heft 2/1966 (Jg. 2), S. 17: „Nebulose Repräsentationsfiktionen vermögen die zerfallenden politischen Kollektive nicht mehr zusammenzuhalten."

Staatsgewalt" umfaßten[42]), mußten in rechtlich abgeschlossen normierte Organfunktionen umgedeutet werden, wobei die Antinomie zwischen seiner theoretischen Allmacht und den praktisch beschränkten Kompetenzen der Leitstern aller Konstruktionen war. Da der Zusammenhang der Monarchie mit der Volkssouveränität abgeschnitten war[43]), wurde der Monarch durchwegs als ein dem Volke gleichwertiges oder entsprechendes Organ konstruiert, womit zugleich die dem Monarchen auferlegten Beschränkungen seiner — theoretisch absoluten — Gewalt auch auf das Volk als Staatsorgan übertragen wurden: Beide „Souveräne" konnten ihren Willen nur mit Hilfe anderer von ihnen bestellter und sie „repräsentierender" Organe äußern[44]). Als sich in der 2. Hälfte des Jahrhunderts das parlamentarische Prinzip in der Staatswirklichkeit immer dringlicher ankündigte, wurde die Abgrenzung der Machtsphären der beiden Souveräne und ihrer „sekundären Organe" zur Achse des politischen Systems der späten deutschen Monarchien.

5. Diese Abgrenzung sicherte dem monarchischen Staatsoberhaupt — entsprechend der Organtheorie — zwei wichtige, aber völlig disparate Funktionsbereiche[45]). Der Monarch sollte einmal als sog. primäres Staatsorgan jene Gewalt sein, die den Staat in Bewegung setzt und erhält, d. h., er sollte nicht selbst regieren wie der absolute Monarch, sondern die verfassungsmäßig eingerichteten und nicht seinem Willen, sondern dem Gesetz unterworfenen „sekundären, aber unmit-

[42]) Siehe dazu insbes. Art. 57 der Wiener Schlußakte: „... so muß dem hiedurch gegebenen Grundbegriff zufolge die gesamte Staatsgewalt in dem Oberhaupt des Staates vereinigt bleiben, ..."; Stoerk-Rauchhaupt, Handbuch der Deutschen Verfassungen, 1913², S. 72, § 5; S. 90, Titel II, § 1; S. 116, § 3; S. 190, Art. 4; S. 236, Art. 4, § 2; S. 306, § 5; S. 322, § 4; S. 350, § 4; S. 393, § 3; S. 417, Art. 3; S. 448, Art. 5; S. 462, § 1; S. 471, § 8; S. 482, § 3; S. 503, § 4; S. 539, § 1.

[43]) Ranke, Historisch-politische Zeitschrift 1832, 1. Heft, S. 29: „Zwischen den Prinzipien [der königlichen und der Volkssouveränität] ist keine Aussöhnung." Eine Umkehr dieses Prozesses war — wie C. Schmitt, aaO., S. 284 richtig hervorhebt — auf plebiszitärer Grundlage nicht möglich, weshalb Versuche wie die von Naumann, Demokratie und Kaisertum, 1900, oder Seipel, Kaisertum und Demokratie, in: Der Kampf um die österr. Verfassung, 1930, S. 42 ff. scheitern mußten; siehe dazu auch den Abschnitt B. III. dieses Berichtes.

[44]) Beide waren sog. „primäre" Staatsorgane (G. Jellinek, aaO., S. 544 ff. und 591) oder „Träger" der Staatsgewalt (Rehm, aaO., S. 178 ff.), die regelmäßig „sekundärer" Organe oder „oberster Ausüber" der Staatsgewalt bedurften.

[45]) Vgl. zum Folgenden statt aller: G. Jellinek, aaO., S. 679 ff. und 683 ff.; Tezner, aaO., S. 5 ff. und 11 ff.

telbaren“ Staatsorgane in ihre Funktion bringen und erhalten. Zum andern aber standen dem Staatsoberhaupt die durch Verfassungsrecht und politische Praxis konservierten „Prärogativen“ zur Verfügung, wo ihm „ein wahres freies Befehlsrecht“ zukam, das eine Determinierung durch irgendein anderes Staatsorgan ausschloß. Diese Prärogativen waren nun nicht etwa politisch minderwichtige „Repräsentationsbefugnisse“, sondern die entscheidenden staatlichen Hoheitsrechte, wie Gesetzessanktion, internationale Beziehungen einschließlich der Kriegserklärung, militärischer Oberbefehl, Ernennung und Vereidigung der Befehlshaber, Minister und Beamten, Notverordnungsrecht, Ausnahmezustand usw. Diese Prärogativen bildeten wiederum den Kristallisationspunkt einer monarchischen Regierung, die die bürgerlich-parlamentarische nicht nur in Schach hielt, sondern jederzeit rechtlich und politisch ausschalten konnte[46]). Es war also hinter dem Juristenphantom der einheitlichen Staatsperson jener das Gemeinwesen „auflösende Dualismus“ in die Wirklichkeit getreten, vor dem Robert v. Mohl schon im Jahre 1855 unter dem Titel „Von der parlamentarischen und dualistischen Handhabung des konstitutionellen Systems“ gewarnt hatte[47]). Daß ein solcher — wie man meinte — „natürlicher Antagonismus“ von Parlament und Monarch[48]) im letzten auch nicht zur Sicherung der persönlichen Freiheit führt — wie die eindrucksvolle Entfaltung des deutschen Rechtsstaates zu dieser Zeit nahelegen könnte —, liegt in der untrennbaren Verknüpfung des rechtlichen Schicksals des Einzelnen mit dem politischen Geschick des Gemeinwesens begründet, die eine von monarchischer Autorität getragene und abgeschirmte freiheitliche Rechtsordnung und Staatslehre durch hundert Jahre ignorieren konnte.

f) Faßt man die staatsrechtlichen und die staatstheoretischen Determinanten — notwendigerweise simplifizierend und klas-

---

[46]) Siehe z. B. M. v. Seydel, Constitutionelle und parlamentarische Regierung, in: Staatsrechtliche und politische Abhandlungen, 1893, S. 121 ff., insbes. S. 124 ff. Machtvoller Ausdruck dieser Verfassungslage war die monarchische Wehrverfassung, vgl.: Pernthaler, Der Rechtsstaat und sein Heer, 1964, S. 10 ff.; C. Schmitt, Staatsgefüge und Zusammenbruch des Zweiten Reiches, 1934.

[47]) R. v. Mohl, Geschichte und Literatur der Staatswissenschaften, Bd. I, 1855, S. 288 f.

[48]) Kelsen, aaO., S. 257; gleich schon Klüber, Öffentliches Recht des deutschen Bundes und der deutschen Bundesstaaten, 1817, § 366.

sifizierend — zusammen, die die Einrichtung „Staatsoberhaupt" zu Ende der monarchischen Staatswesen in Deutschland und Österreich geprägt hatten, so erkennt man drei verschiedene Ideenkreise:

1. Die patrimoniale Auffassung: Das Staatsoberhaupt ist der „Eigentümer" der Souveränität. Diese Auffassung war teils durch die Verfassungen und die patrimoniale Staatslehre gegen alle demokratischen Anstürme erfolgreich verteidigt worden, teils aber durch die juristische Staatslehre in Form der Organsouveränität in das konstitutionelle Staatswesen eingeschmolzen worden. Nach beiden Auffassungen gaben aber die Funktionen des Staatsoberhauptes dem Staatswesen ein unaufhebbar dualistisches Gepräge.

2. Dieses Ergebnis widersprach in krasser Weise den politischen Intentionen der juristischen Staatstheorie, von denen sie ausgegangen war: Das Staatsoberhaupt ist ein Organ der (einheitlichen) juristischen Person „Staat", d. h., ein bloßer Normenkomplex , der vom (demokratischen) Rechtsetzer beliebig gestaltet werden kann. Aber gerade die theoretische Beliebigkeit der juristischen Organisation des Staatsoberhauptes führte dazu, daß der „rein politische" Grundsatz des monarchischen Prinzipes[49]) im Sinne der Schlußakte zur deutschen Bundesakte ohne weiteres in die theoretische Konstruktion integriert werden konnte, wenn dies auch begreiflicherweise nicht ohne „Fiktionen und leere Formeln" abging[50]).

3. Nur in verdorbenen Rudimenten konnte sich ein institutionelles Staatsrechtsdenken der Rechtsfigur des monarchischen Staatsoberhauptes bemächtigen. Dabei war die patrimoniale Staatslehre von vornherein in einer schiefen Lage, weil sie von einem Rechtsinstitut des „Eigentums an der Souveränität" ausgehen mußte, das freilich nur im Sinne des allgemeinen Besten gehandhabt werden durfte und daher folgerichtig alle Staatszwecke in sich barg[51]). Gegenüber den Forderungen der Demokraten war die patrimoniale Staatslehre auf die „Zufälligkeiten der positiven Verfassung" angewiesen, wobei das monarchische Prinzip grundsätzlich verbot, den Ständen oder einem Parlament ein eigenes Recht auf die Staatsgewalt zu übertragen. Immerhin wäre

---

[49]) Dazu die Hinweise bei G. Jellinek, Regierung und Parlament in Deutschland, 1909, S. 6 ff.

[50]) G. Jellinek, Allgemeine Staatslehre, aaO., S. 678.

[51]) Maurenbrecher, aaO., S. 322 ff.

die Dialektik von „Recht“ und „Ausübung des Rechtes“ auf die Staatsgewalt offenbar im Stande gewesen, die patrimoniale Staatsauffassung ohne Zerreißung des Staatswesens zur konstitutionellen, ja parlamentarischen Monarchie weiterzuführen, wenn sie sich nicht frühzeitig vom Gedanken der Repräsentation abgeschnürt hätte[52]). Das gleiche gilt ohne Zweifel für die juristische Staatslehre, deren Begriffsarsenal gute Handhabung geboten hätte, das parlamentarische System mit dem monarchischen Prinzip zu versöhnen. So zeigt sich z. B. in der vielverspotteten[53]) „Organologie“ G. Jellineks hinter aller Skurillität der Konstruktionen ein entscheidendes Verständnis dafür, daß „primäre“ Organe wie der Monarch oder das Volk in konstitutionellen Staaten notwendigerweise einer Repräsentation bedürfen und daß nur in diesem Repräsentationsprozeß eine Integration von entgegengesetzten politischen Willensträgern denkbar sei[54]). So werden unversehens die „sekundären“ Organe und ihr gedeihliches Zusammenwirken zur eigentlichen Bedingung der rechtlichen Existenz des Gemeinwesens — eine Erkenntnis, die freilich mit der Theorie der monarchischen Prärogative wieder völlig preisgegeben wurde. Die das konstitutionelle Staatsdenken Frankreichs und Englands bewegende Frage nach der aus dem System des Konstitutionalismus oder gar des Parlamentarismus notwendigen Beschränkung der königlichen Prärogativen war der deutschen Staatsrechtslehre im allgemeinen fremd geblieben oder wurde durch den Hinweis auf geltendes Verfassungsrecht und politische Praxis außer Diskussion gestellt[55]).

---

[52]) Ganz klar in diese Richtung: J. St. Pütter, Beyträge zum teutschen Staats- und Fürstenrechte, 1777, S. 60 und 62: „Ein König, dem ein Reichstag, oder ein Parlament, ein Reichsrath, ein Conseil permanent, an die Seite gesetzt ist, bleibt doch allezeit ein wahrer Regent; er ist es eigentlich, der die höchste Gewalt auszuüben hat; in ihm beruhet die wahre Majestät. Nur in Ausübung der Majestätsrechte ist nicht alles seinem eigenen Gutfinden bloß für seine Person überlassen; sondern da wird erfordert, daß erst eine reichstägliche Bewilligung vorhanden sey, ohne welche er in allen Fällen, wo Gesetze oder Herkommen solche erfordern, für sich nichts tun darf.“ (S. 60). „Das ist die wahre Theilnehmung eines Großbritanischen Parlaments, wie eines Teutschen Reichstages.“ (S. 62).

[53]) Siehe zuletzt den untauglichen Versuch: R. Holubek, Allgemeine Staatslehre als empirische Wissenschaft, 1961 (Schriften zur Rechtslehre und Politik, Bd. 35).

[54]) G. Jellinek, aaO., S. 587, 591, 683, u. a.; Rehm, aaO., S. 176 ff. 204 f. u. a.

[55]) So besonders deutlich im Bereich der Wehrverfassung; siehe dazu statt vieler: Marschall von Bieberstein, Verantwortlichkeit und Gegenzeichnung bei Anordnungen des Obersten Kriegsherrn, 1911 und die dort angef. Hinweise.

II. Der Kampf um den wahren Parlamentarismus

War das Verfassungsdenken der deutschen Monarchien durch den Druck des Obrigkeitsstaates und den Kampf dagegen immer mehr vom Bild des in seinen Institutionen stabilisierten Gemeinwesens abgedrängt worden, so begann in der Republik die entgrenzte rechtliche und politische Gestaltungsmöglichkeit des Staates den Gedanken an unverbrüchliche Institutionen — der alle Verfassungen trägt[56]) — immer mehr zu verdunkeln. Die juristische Staatsauffassung, die nunmehr die Herrschaft antrat, konnte mit ihren unbegrenzten rationalen Konstruktionsmöglichkeiten und der Fähigkeit, beliebige „politische" Ziele in Normenkomplexe umzumünzen, der demokratisch entgrenzten Verfassungsdynamik wohl die Rechtsformen zur Verfügung stellen, aber darüber hinaus begriffsmäßig keinerlei Schranken ziehen.] Wie sich das österreichische Staatsdenken in der Monarchie durch das zähe Festhalten am patrimonialen Fürstenrecht, so sollte es sich nunmehr durch die Perfektion der juristischen Staatsauffassung vom gemeindeutschen Staatsdenken in einem dialektischen Wechselbezug und Abstand halten:

a) Die neu zu schaffenden Institutionen einer parlamentarischen Republik waren geprägt von einer Fülle negativer Traditionen, politischer Wunsch- und Gegenbilder und nicht zuletzt vom charakteristischen Begriffsapparat der extrem juristischen Staatstheorie, die einen überwältigenden Einfluß auf die Verfassungskonstruktionen — nicht so sehr auf den politischen Gehalt — ausüben konnte. Es ergab sich daraus für das Bild eines republikanischen Staatsoberhauptes folgendes negatives Ergebnis[57]):

1. S t a a t s t h e o r e t i s c h beseitigte die radikale Reduktion der Ordnung des politischen Gemeinwesens auf die Orga-

---

[56]) So selbst K e l s e n, Die Organisation der vollziehenden Gewalt Deutschösterreichs ... in: ZöffR., Bd. I (1919/20), S. 49: „Denn nichts ist dem Staatsbewußtsein, dem notwendigen Vertrauen des einzelnen zur staatlichen Rechtsordnung abträglicher als die Unsicherheit und die stete Veränderung der Grundlage des ganzen Staatsgebäudes: der Verfassung."

[57]) Vgl. zum Folgenden hauptsächlich: M e r k l, Die Verfassung der Republik Deutschösterreich, 1919; K e l s e n, Die Verfassungsgesetze der Republik Deutschösterreich, Teil I—V (1919—1922); ZöffR. Bd. I (M e r k l, Die Organisation der Gesetzgebung in der Deutschösterr. Republik; N a w i a s k y, Der Aufbau der Regierungs- und Vollzugsgewalt Deutschösterreichs nach der Gesetzgebung der provisorischen Nationalversammlung; K e l s e n, Die Organisation der vollziehenden Gewalt Deutschösterreichs ...; W i t t m a y e r, Zu den Voraussetzungen und Grundproblemen der provisorischen Verfassung von Deutschösterreich).

nisation der juristischen Person „Staat“ den Grund aller Denkkategorien des konstitutionellen Staatsrechtes wie die institutionell stabilisierte Volkssouveränität, die Gewaltenteilung, die Repräsentation und ähnliche, und verwies diese Postulate in den Bereich einer das Staatsrecht ständig bedrohenden „Politik“ oder gar in das unerschöpfliche Arsenal der „überwundenen“ Fiktionen und Vorurteile[58]). An die Stelle der alten Volkssouveränität trat eine Souveränität des die juristische Person organisierenden Rechtes und damit — wie schon oben angeführt — die absolute Organsouveränität des Rechtserzeugers[59]). Die parlamentarische Regierungsform war eine in sozialtechnischen Erwägungen der Arbeitsteilung[60]) begründete Annäherung an das demokratische Prinzip, das alleinige Organschaft des Volkes — man beachte die neue Volkssouveränität — verlangt hätte[61]). Dem sich aufdrängenden Argument, daß nach dieser Theorie das Parlament als das über das Recht souverän verfügende Organ[62]) gerade nicht die Demokratie, sondern eine Autokratie begründe, wurde das — ohne Repräsentationsdenken in Wahrheit unbegründbare — Argument entgegengehalten, daß das Parlament infolge des allgemeinen Wahlrechtes und der Zahl seiner Mitglieder ein „Abbild der politischen Strebungen im Volk“ bilde[63]). Durch die Möglichkeit der inneren Mehrheitsbildung im Parlament sei eine, wenn auch abgeschwächte Form der Demokratie gewährleistet und zwar ausschließlich gewährleistet, da alle anderen Formen einer sog. Repräsentation oder Darstellung der Volkssouveränität „in Wahrheit“ undemokratische seien[64]). [Die Schwäche einer rein juristischen

---

[58]) Dafür siehe statt aller Kelsens „Allgemeine Staatslehre“ (1925) unter den im Text angef. Stichworten.

[59]) Typisch dafür Merkl, aaO., S. 27 und 31: „Die ursprüngliche Organschaft des Volkes (wonach die Nationalversammlung die Kompetenzhoheit höchstens ausüben, nie innehaben könnte) ist bloß die unserer demokratischen Staatsverfassung zugrunde liegende gesetzgebungspolitische Idee und nicht gesetzgeberische Wirklichkeit.“ (Hervorheb. im Original) Ebenso: Kelsen, aaO., S. 313 f.

[60]) Kelsen, Das Problem des Parlamentarismus, in: Soziologie und Sozialphilosophie, Schriften der Soziol. Gesellschaft in Wien, Bd. III, (1926), S. 7; umgekehrt ist die Arbeitsteilung bei Merkl, aaO., S. 32, Anm. 2 auch die Schranke des Parlamentarismus.

[61]) Kelsen, aaO. (Allgemeine Staatslehre), S. 345.

[62]) „Aristokratie“ bei Merkl, aaO., S. 30 f.; „autokratisch“ bei Kelsen, aaO. (Staatslehre), S. 317 f.

[63]) Kelsen, aaO. (ZöffR), S. 54; ebenso in: Österr. Staatsrecht, 1923, S. 136; vgl. auch denselben, aaO. (Parlamentarismus), S. 33 ff.

[64]) Kelsen, in den in der vorigen Anm. genannten Abhandlungen, noch schärfer in: Allgemeine Staatslehre, S. 317 f.; 363 f. u. a.

Staatstheorie der Demokratie zeigt sich handgreiflich: Sie kann mit ihrem Begriffsapparat als „demokratisch" nur die Organsouveränität des Volkes begründen und — wenn diese im konkreten Staat nicht vollständig durchführbar ist — die theoretische Beliebigkeit aller Formen einer rechtlichen Organisation des Volkswillens nur durch eine rein politische Argumentation ausschalten, die, weil sie in außerjuristischen Determinanten begründet ist — nach ihrer eigenen Auffassung frei austauschbar sein muß. Nur so ist das Paradox begründet, daß in der Aufhellung „außerdemokratischer und außerparlamentarischer Wurzeln" der Institution des Staatsoberhauptes die sich extrem parlamentarisch gebende Staatstheorie der reinen Rechtslehre mitangeführt werden muß: Sie hat ganz unabhängig von ihren politischen Vorstellungen in der Idee der freien Organisierbarkeit der Volkssouveränität durch den (parlamentarischen) Rechtserzeuger die juristischen Denkformen geliefert, mit denen ihre treuen Schüler, ohne die juristische Staatslehre verlassen zu müssen, die politischen Theorien ihrer Lehrer rechtlich beseitigen konnten[65]).

2. Diese politischen Vorstellungen der Staatstheorie der „Reinen Rechtslehre" waren — wie sich aus der Theorie der Parlamentssouveränität ohne weiteres ergibt — von einer affektiven und Ressentiment-geladenen Ablehnung des Institutes „Staatsoberhaupt" getragen, die nur als Reaktion gegen die patrimoniale Staatsauffassung und ihre Entartungserscheinungen verständlich war. Die Rechtstheorie suchte mit dem ebenso scharfsinnigen wie geschichtsfremden Argument der „monarchischen Befangenheit"[66]) — die man nicht nur in der deutschen Staatsrechtslehre, sondern sogar im Staatsrecht der Vereinigten Staaten bloßlegte[67]) — und den bekannten Argumenten von Rousseau, gegen die Repräsentation den Gedanken eines unabhängigen Staatsoberhauptes politisch zu diskreditieren und daran eine theoretische Widerlegung der Gewaltenteilungslehre überhaupt zu knüpfen.] Sie sei „ein Wesenszug der konstitutionellen Monarchie gewesen, die dem Monarchen ein letztes Übergewicht über die im Parlament konzentrierte Gewalt des Volkes sichern sollte"[68]) und könne

[65]) Siehe dazu den folg. Abschnitt, insbes. die Rolle von L. Adamovich in der Verfassungsreform von 1929 (Hinweis in Anm. 133 u. 135).

[66]) Siehe Anm. 2 und Hensel, Archiv d. öff. Rechts N. F. Bd. XV, S. 415.

[67]) Kelsen, aaO. (Allgemeine Staatslehre), S. 258 f., 363, u. a.; ebenso in den in Anm. 63 genannten Abhandlungen.

[68]) Kelsen, aaO. (Allgemeine Staatslehre), S. 255; ebenso in Kantfestschrift (Archiv der Rechts- und Wirtschaftsphilosophie, XVII, 3), S. 375 ff.

daher im demokratischen Staat nicht wieder in Form einer — wenngleich vom Volk gewählten — unabhängigen Exekutive oder Präsidentschaft eingeführt werden, ohne die Volkssouveränität zu beschränken. [In ihrer politischen Zielsetzung und praktischen Auswirkung richtete sich die Verwerfung der Gewaltenteilung viel massiver gegen die Exekutive als gegen die Gerichtsbarkeit, was wieder rein historisch begründet war und im republikanischen Staatsrecht zu ungeahnten Konsequenzen führen sollte. Leo Wittmayer[69]) wies schon im Jahre 1919 offen darauf hin, daß dem allgemeinen Autoritätssog zum Parlament nur die „hochheilige, richterliche Gewalt" widerstehen konnte, so daß im neuen Staatswesen — weil das Parlament keine Autorität im eigentlichen Sinne habe — der Richter an die Stelle der monarchischen Autorität eines Staatsoberhauptes getreten sei, womit Wittmayer klarsichtig die späteren Frontstellungen im Streit um den Hüter der Verfassung und das Problem der politischen Justiz vorweggenommen hatte.]

3. Diesen negativen politischen Vorstellungen der Staatstheorie über die Institution eines demokratischen Staatsoberhauptes entsprachen zunächst auch die Verfassungskonzepte der politischen Parteien, die mit Hilfe der Institution der „Provisorischen Nationalversammlung" die Staatsgewalt übernommen und neu einzurichten hatten[70]). War für die Einrichtung der Übergangsverfassung die Konstituierung einer absoluten Parlamentsherrschaft und die möglichste Erleichterung des Anschlusses an das Deutsche Reich noch von allen Parteien als maßgebliche Argumente gegen die Schaffung eines eigenen Staatsoberhauptes anerkannt gewesen[71]), so zeigte sich in der „Konstituierenden Nationalversammlung" und in den Entwürfen für eine endgültige Bundesverfassung und deren Begründungen ein differenzierteres Bild. [Vollständig ablehnend verhielten sich zunächst nur die Sozialdemokraten, und zwar aus denselben Gründen wie die Staatstheorie: Ein

---

[69]) L. Wittmayer, aaO., S. 93 ff.; vgl. auch Nawiasky, aaO., S. 29.

[70]) Vgl. dazu überblickshalber: Adamovich—Spanner, Handbuch des österr. Verfassungsrechtes, 1957⁵, S. 20 ff. und die dort angef. Hinweise; Skottsberg, Der österr. Parlamentarismus, 1940, S. 153 ff.

[71]) Nawiasky, aaO., S. 93; Sten. Verhandlungsschrift über die Länderkonferenz in Salzburg, 1920, S. 22; Merkl, Das Staatsoberhaupt der deutschösterr. Republik, Z. f. Verw. 1919, S. 19 ff. (22); Arbeiterzeitung v. 2. 3. 1919; gleichartige Erwägungen wurden bekanntlich im parl. Rat gegen ein eigenes Staatsoberhaupt vorgebracht, siehe dazu: Jahrbuch d. öff. Rechts, N. F., Bd. 1 (1951), S. 397 ff.

Staatsoberhaupt widerspreche dem parlamentarischen Prinzip von vornherein und sei ein übles Relikt des monarchischen Staatsdenkens, das die Demokratie und Volkssouveränität latent in Frage stelle. Seine Funktionen seien auf parlamentarische Organe aufzuteilen[72]). Die Großdeutschen dagegen — die im neuen Parlament in hoffnungsloser Minderheit und Opposition standen — vertraten eine strenge Gewaltentrennung zwischen Legislative und Exekutive, die ursprünglich in Form eines volksgewählten Komitees, später durch Ernennung der Regierung von einem volksgewählten Bundespräsidenten hergestellt werden sollte. Im endgültigen Verfassungsentwurf hatten die Großdeutschen dem Bundespräsidenten als Staatsoberhaupt eine an die Weimarer Verfassung angeglichene Machtstellung gegeben[73]). Die Haltung der Christlichsozialen war schwankend und in sich uneinig. Im ersten Verfassungsentwurf war ein von der Bundesversammlung gewählter Bundespräsident vorgesehen, dem beschränkte Befugnisse eines Staatsoberhauptes zukommen sollten[74]). Der nächste Verfassungsentwurf — der allerdings als Privatarbeit des Staatssekretärs für Verfassungs- und Verwaltungsreform Dr. Michael Mayr der Länderkonferenz in Salzburg vorgelegt wurde — hatte in Annäherung an die Sozialdemokraten ein besonderes Staatsoberhaupt nicht enthalten[75]). Da aber — wegen der Frage des bundesstaatlichen Aufbaues — auch so eine Übereinstimmung mit den verfassungspolitischen Zielen der Sozialdemokraten nicht zu erreichen war, suchte man in einem weiteren Vorentwurf nunmehr in radikalem Gegen-

---

[72]) Siehe dazu: Arbeiterzeitung vom 2. 3. 1919 und vom 14. 3. 1919; Stenographische Verhandlungsschrift über die Länderkonferenz in Salzburg am 15., 16. und 17. Februar 1920, Salzburg 1920, S. 80 f.; Arbeiterzeitung vom 15. 4. 1920; Sten. Verhandlungsschrift über die Länderkonferenz in Linz am 20., 21., 22. und 23. April 1920, S. 22 f.; schließlich den Verfassungsentwurf der Sozialdemokraten (Antrag Abram und Gen.) 904 d. Beilagen zu den sten. Prot. der Konst. Nationalvers., Art. 49 und 57.

[73]) Siehe dazu: Neue Freie Presse v. 13. 3. 1919 und vom 15. 3. 1919; Sten. Prot. der Konst. Nationalvers. I, S. 71 ff.; Salzburger Länderkonferenz, aaO., S. 81; Neue Freie Presse vom 14. 4. 1920; Linzer Länderkonferenz, aaO., S. 10; schließlich den Verfassungsentwurf der Großdeutschen (Antrag Dinghofer und Gen.) 842 d. Beilagen zu den sten. Prot. der Konst. Nationalvers., Art. 42 ff., 55, 63 u. a.

[74]) Siehe den Antrag Mayer u. Gen., 231 d. Beilagen zu den sten. Prot. der Konst. Nationalvers., Art. 41 ff. und 45; von diesem Konzept war die Christlich-soziale Partei bereits im Koalitionsabkommen vom 18. 10. 1919 (abgedruckt bei Kelsen, Die Bundesverfassung vom 1. Oktober 1920, 1922, S. 55 f.) abgegangen.

[75]) Siehe diesen Entwurf abgedruckt in: Reichspost vom 10. 2. 1920 (insbes. Art. 49 und 57); dazu Kelsen, aaO., S. 57; Salzburger Länderkonferenz, aaO., S. 81.

schlag durch einen vom ganzen Volk gewählten Bundespräsidenten die Großdeutschen zu gewinnen[76]). Dies scheiterte aber wiederum daran, daß dem volksgewählten Staatsoberhaupt nach Ansicht der Großdeutschen viel zu geringe Befugnisse zukamen, wobei ihm zudem eine rein parlamentarische Verantwortlichkeit und die totale Bindung an das Vorschlagsrecht der Regierung auferlegt worden sei[77]). Da der Entwurf im übrigen von der eigenen Partei aus anderen Gründen desavouiert und von den Sozialdemokraten erbittert bekämpft wurde, suchte man wiederum eine Verständigung mit den Sozialdemokraten und ihrem Konzept zu erreichen[78]). Innerhalb kurzer Zeit kam nun ein Kompromißvorschlag zustande, da nunmehr wieder die Sozialdemokraten ihren ursprünglichen Widerstand gegen die Einrichtung eines Bundespräsidenten fallen ließen und lediglich verlangten, daß er parlamentarisch gewählt werde, was schließlich die Christlichsozialen in Form der Wahl durch beide Kammern (Bundesversammlung) zubilligten[79]). Gegenüber ihren Anhängern rechtfertigten die Sozialdemokraten die Einrichtung eines Staatsoberhauptes — ungeachtet ihrer früheren Grundsatzerklärungen — mit den klassischen Argumenten eines parlamentarischen Staatsoberhauptes: „Der Bundespräsident ist kein Wahlmonarch wie der Präsident der französischen Republik oder der Vereinigten Staaten, er ist bloß ein oberster Volksbeauftragter mit voller parlamentarischer und gerichtlicher Verantwortlichkeit. Ihm liegt vor allem in der inneren Politik jene Vermittlerrolle ob, welche einige Schüler von Montesquieu als vierte der geteilten Gewalten, als pouvoir médiateur, bezeichnet haben[80]).“ In Wahrheit freilich war der Machtbereich des Bundespräsidenten schon nach diesem Kompromißvorschlag bewußt so gering gehalten worden, daß er in keiner Weise die absolute Parlamentsherrschaft stören konnte.] Im endgültigen Kompromiß der beiden Großparteien war die Einrichtung eines „Bundespräsidenten“ nur ein bedeutungsloses formales Zugeständnis an den politischen Gegner, um dafür echte Machtgewinne einzuhan-

---

[76]) Siehe zunächst: Neue Freie Presse vom 6. 4. 1920 und sodann: Vorentwurf einer Bundesstaatsverfassung, zweite Fassung (von Dr. Michael M a y r), abgedruckt in: Reichspost v. 14. 4. 1920; K e l s e n, aaO., S. 463 ff. (Art. 49 ff.); dazu auch: Reichspost vom 15. 4. 1920.

[77]) Neue Freie Presse vom 14. 4. 1920; Linzer Länderkonferenz, aaO., S. 10.

[78]) Vgl. zunächst Linzer Länderkonferenz, aaO., S. 12 f. (E n d e r) und S. 18 ff. (D a n n e b e r g); sodann K e l s e n, aaO., S. 59 f. und schließlich das Ergebnis der Verhandlungen zwischen Christlich-Sozialen und Sozialdemokraten in: Wiener Zeitung vom 8. 7. 1920.

[79]) Vgl. Art. 70 des in der vorigen Anm. zit. Kompromißentwurfes.

[80]) R e n n e r in: Wiener Zeitung vom 8. 7. 1920, S. 16.

deln[81]). Der Bundespräsident wurde zwar entgegen dem ursprünglichen sozialistischen Verfassungsentwurf geschaffen, hatte materiell in etwa dieselben Befugnisse erhalten, die dem Präsidenten des Nationalrates nach diesem Entwurf in Ersatz eines eigenen Staatsoberhauptes zukommen hätten sollen[82]). [Folgerichtig waren die Stellungnahmen der Parteien bei der Annahme des Entwurfes: Die sozialdemokratische Partei äußerte volle Befriedigung[83]), die Großdeutschen hegten grundsätzliche und schwerwiegende Bedenken[84]) und die Christlichsozialen zeigten zum erzielten Kompromiß ein verlegenes Schweigen, das schon nach zwei Jahren durch einschneidende Reformentwürfe interpretiert wurde[85]). Die Frage der Sachgerechtigkeit oder des Funktionierens des parlamentarischen Systems — als Regierungsform und nicht als politisches Schlagwort genommen — unter einem derartigen Staatsoberhaupt berührte niemand mit einem Wort[86]).

81) Über die Prozedur, die zu diesem Kompromiß führte — wobei die Einrichtung des Bundespräsidenten eine ganz untergeordnete Rolle in den Auseinandersetzungen spielte — siehe: Kelsen, aaO., S. 61 f.; Wiener Zeitung vom 8. 7., 18., 21., 22. 8., 2. 9., 4. 9., 23. 9., 25. 9., 26. 9. u. 28. 9. 1920; Seipel, aaO., S. 90 ff.; im Druck befindet sich eine Ausgabe des Sitzungsprotokolles des Unterausschusses des Verfassungsausschusses der Konst. Nationalvers. und anderer Materialien zur Entstehungsgeschichte der Bundesverfassung, hrsg. v. F. Ermacora, Wien.

82) Treffend Skottsberg, aaO., S. 207 ff.: „Der endgültige Verfassungsentwurf war das Endprodukt eines doppelten Kompromißverfahrens. Was der Linzer Entwurf noch gegen die sozialdemokratischen Wünsche enthielt, wurde zugunsten dieser Wünsche modifiziert. Der Form nach konnten die Christlichsozialen wohl gewisse Erfolge buchen ... Realiter wird der Unterschied zwischen der sozialdemokratischen Ordnung und der vom Ausschuß akzeptierten gering." Vgl. dazu im einzelnen den folgenden Abschnitt im Text, der die Analogien der Bundesverfassung v. 1920 und der provisorischen Verfassung Deutsch-Österreichs deutlich zu machen sucht.

83) Danneberg, in Sten. Prot. der Konst. Nationalvers., 1920, III., S. 3385 ff., insbes. S. 3390: „Allzuviel wird er nicht zu tun haben und ein allzu interessantes Amt wird es, wie ich glaube auch nicht sein, ein eigener Bundespräsident zu sein."

84) Clessin, in: Sten. Prot., aaO., S. 3400: „Der künftige Bundespräsident ... nach unserer Auffassung keine bloße Dekorationspuppe sein sollte; ... daß die Mehrheitsparteien das Volk für die Demokratie noch nicht für reif erachten ..."; Schönbauer, ebenda, S. 3414 ff.

85) Siehe zunächst: Seipel und Kunschak in: Sten. Prot., aaO., S. 3376 ff. und 3410 ff.; sodann: Antrag Miklas und Gen., Sten. Prot. des Nationalrates 1922, III., S. 3784, 964 der Beilagen und dazu: Seipel, aaO. (Kampf um die österr. Verfassung), S. 259 ff. (264).

86) Das war vor allem deshalb bemerkenswert, weil der österr. Parlamentarismus nicht nur in der Monarchie als Regierungsform

4. Das beleuchtet in eindrücklicher Weise die kritische Lage des demokratischen Staatsdenkens zu jener Zeit. In der vom Staat als bloß juristische Organisationsform[87]) genährten Überheblichkeit gegen den Gedanken von unverrückbaren Determinanten einer guten und gehörigen Einrichtung des Gemeinwesens glaubte man die grundlegenden Verfassungseinrichtungen beliebig nach den politischen Tagesbedürfnissen konstruieren, vermischen, vertauschen, einzuhandeln, fallen zu lassen, dem Gegner aufzwingen oder zumindest verderben zu können. Durch das Bewußtsein einer absoluten geschichtlichen, sachlichen und rechtlichen Entgrenzung der Verfassungsgestaltung[88]) wurde der Gedanke einer „Unterwerfung der politischen Kräfte unter die Institutionen der Verfassung"[89]), der diese allein zum Leben erweckte und am Leben erhalten hätte, von vornherein abgeschnitten. Nicht die Einrichtungen der Verfassung waren in diesem Denken das Maß der Macht, sondern die Macht maßte sich, wie eh und je im Obrigkeitsstaat, ihre Institutionen an, wobei freilich alle früheren Elemente der Stabilität und organischen Entwicklung der Institutionen verloren gegangen waren. Das Opfer dieses Staatsdenkens war vor allem jene Einrichtung geworden, die ihrem Wesen nach die Stabilität des Staates und seiner Institutionen verbürgen sollte und die nach ihrer nunmehrigen Einrichtung von allen Seiten zu Recht als ohnmächtige Schattenfigur empfunden wurde: Der Bundespräsident. Eine kurze Analyse der Rechtsnormen der Bundesverfassung (1920) und ihres Geistes wird dieses Urteil bestätigen.

---

total versagt hatte, sondern auch gleichzeitig mit der Beschlußfassung des B-VG in eine unlösbare Existenzkrise geraten war (siehe dazu: Skottsberg, aaO., S. 182 ff.) und nur durch eine prinzipiell verfehlte Notlösung überhaupt eine Regierung bestellt werden konnte; siehe: StGBl. Nr. 283/1920 und dazu Kelsen, Die Verfassungsgesetze der Republik Österreich, IV. Teil (1920), S. 105 ff.; in die Bundesverfassung hatte man nicht einmal diese Möglichkeit der Notlösung aufgenommen: Kelsen, aaO., V. Teil (1922), S. 167.

[87]) Skottsberg, aaO., S. 191 f. teilt mit, daß Kelsen im Jahre 1919 nicht weniger als 6 grundverschiedene Entwürfe für eine zukünftige Verfassung ausarbeitete, „um verschiedenen politischen Richtungen etwas zu bieten" (siehe dazu auch Kelsen, aaO., S. 54 f.), wodurch die geläufige Aussage von Kelsen als dem „Schöpfer der österr. Bundesverfassung" in einem sehr charakteristischen Sinne bestätigt würde.

[88]) Merkl, aaO. (Verfassung der Republik), S. 27: „Durch Beschluß einer Zweidrittelmehrheit der Nationalversammlung ... könnte der Gesetzartikel [über die demokratische Republik] fast auf demselben kurzen und leichten Wege, auf dem er eingeführt wurde, auch wieder beseitigt werden."

[89]) So: Draxler—Weiler, Freiheit und Recht (Textausgabe des B-VG), 1964, S. 5.

b) Zunächst muß auf die in der österreichischen Verfassungsgeschichte bis heute beharrlich ignorierte Wurzel der Institution des parlamentarischen Staatsoberhauptes in den Verfassungskämpfen der Republik Deutschösterreich hingewiesen werden. Die dort geschöpften Erfahrungen und sich fixierenden Vorstellungen haben das parlamentarische System der Bundesverfassung in entscheidender Weise geformt.

1. Die erste provisorische Verfassung war nach dem Typus der französischen Konventsverfassung von 1793 konstruiert[90]): An der Spitze der Regierungs- und Vollzugsgewalt stand ein 23köpfiger Ausschuß der Nationalversammlung, der sog. Staatsrat; innerhalb dieses Staatsrates führte das Staatsratdirektorium, das aus den drei Präsidenten der Nationalversammlung, dem Staatsnotar und dem Staatskanzler bestand, den Vorsitz. Der Staatsrat übte aber die eigentlichen Verwaltungsgeschäfte nicht unmittelbar aus — nur die Festlegung der grundsätzlichen politischen Linien und die Erlassung gesetzesergänzender Verordnungen waren ihm vorbehalten —, sondern durch eine ihm untergeordnete, nach dem Ministerialsystem organisierte Staatsregierung, deren Vorsitz infolge seiner politischen Dynamik schon bald der Staatskanzler an sich reißen konnte[91]). Interessanterweise waren der Staatsrat und sein Direktorium weder unmittelbar noch durch Gegenzeichnung parlamentarisch verantwortlich, sondern ausdrücklich als „ständig", d. h. während der ganzen Legislaturperiode der Nationalversammlung im Amt bleibend, konstruiert[92]). Also ein Regierungssystem, das dem schweizerischen gleicht, aber nicht eigentlich als parlamentarisches bezeichnet werden kann[93]). In der Folge wurden alle Befugnisse des ehemaligen Monarchen „einstweilen" auf den Staatsrat übergeleitet[94]).

---

[90]) Siehe dazu: Beschluß der prov. Nationalversammlung für Deutschösterreich v. 30. Oktober 1918 über die grundlegenden Einrichtungen der Staatsgewalt, StGBl. Nr. 1; Ges. v. 12. November 1918 über die Staats- und Regierungsform von Deutschösterreich; dazu: Kelsen, Verfassungsgesetze, aaO., I. Teil, S. 17 ff. und 29 ff. und die in Anm. 57 genannten Hinweise.

[91]) Erster Staatskanzler war Karl Renner; zum rechtlichen Vorgang siehe § 11 der Verfassungsnovelle, StGBl. Nr. 139, und dazu Kelsen, aaO., II. Teil, S. 147; Merkl, aaO., S. 123; Nawiasky, aaO., S. 43.

[92]) § 4 des in Anm. 90 zit. Beschlusses, dazu Merkl, aaO., S. 142 f.

[93]) So zutreffend Skottsberg, aaO., S. 153 f.; über das Schweizerische Regierungssystem als Gegensatz zum parlamentarischen, siehe z. B.: R. Bäumlin, Die Kontrolle des Parlaments über Regierung und Verwaltung, in: Referate und Mitteilungen des Schweizerischen Juristenvereins, 100. Jg. (1966), S. 168 ff. (176 f.).

[94]) Art. 3 des in Anm. 90 zit. Gesetzes, der von der Staatsrechtslehre

Von entscheidender Bedeutung für das weitere Schicksal des österreichischen Regierungssystems wurde der Umstand, daß der Staatsrat — der nunmehr die Befugnisse eines Staatsoberhauptes und einer Regierung in Anspruch nahm[95]) — schon den ersten Konflikt mit der Nationalversammlung verlor[96]): Der Staatsrat hatte sich geweigert, das Gesetz über die Staatsbürgerschaft zu beurkunden und kundzumachen und verlangte neuerlich Beratung durch die Nationalversammlung. Staatskanzler Renner[97]) begründete dieses Vorgehen als verfassungsgemäß, da die Nationalversammlung die Möglichkeit habe, den Beschluß zu wiederholen und nach Demissionierung des Staatsrates einen neuen Vollzugsausschuß zu wählen, was freilich in der Verfassung nicht ausdrücklich vorgesehen war, aber offenbar ihrem Geist entsprochen hätte. Statt dessen regnete es Vorwürfe über Vorwürfe auf den Staatsrat, der sich gegen die Souveränität der Nationalversammlung gestellt habe, in seiner Unverantwortlichkeit Rechte eines absoluten Monarchen arrogiert habe und mit seiner Weigerung der Beurkundung einen nackten Verfassungsbruch setze[98]). Der Staatsrat zog die Konsequenz und brachte wenige Tage später eine Verfassungsnovelle ein, die zwar ein suspensives Vetorecht des Staatsrates unter erschwerten Bedingungen institutionalisierte, aber seine Machtstellung gegenüber der Nationalversammlung empfindlich schmälerte und seine politische Dynamik durch Ausgliederung und Aufwertung des Direktoriums und des Staatskanzlers, die mit wichtigen Kompetenzen ausgestattet wurden, vollständig lähmte[99]). Aber selbst in dieser entmachteten, kollegialisierten und durch die Gegenzeichnungspflicht unter parlamentarischer Kontrolle gehaltenen Form sollte sich der Gedanke einer vom Parlament bestellten, aber unverantwortlichen Exekutive in Österreich nicht halten.

---

sehr restriktiv interpretiert wurde: Merkl, aaO., S. 147, Kelsen, aaO., S. 34.

95) Merkl, aaO. (Staatsoberhaupt); Nawiasky, aaO., S. 32 ff. und 46 f.

96) Vgl. dazu Sten. Prot. der Prov. Nationalversammlung 1918/19, S. 191 ff.; Skottsberg, aaO., S. 157 ff.; Merkl, aaO. (Verfassung der Republik), S. 142 und 148.

97) Sten. Prot., aaO., S. 193 ff.; vgl. dagegen § 4 Abs. 2 des in Anm. 90 zit. Beschlusses.

98) Siehe die in Anm. 96 genannten Hinweise; die Analogie des Vorganges zu den Ereignissen und Konsequenzen der Parlamentsauflösung durch Mac Mahon liegt auf der Hand, siehe dazu die Nachweise bei Redslob, Die parlamentarische Regierung in ihrer wahren und in ihrer unechten Form, 1918, S. 128 ff.

99) Siehe die §§ 4, 6 ff. und 11 der in Anm. 91 zit. Verfassungsnovelle; Nawiasky, aaO., S. 44 f.

2. Schon nach drei Monaten beschloß die neugewählte konstituierende Nationalversammlung eine Verfassungsnovelle, die das bisherige Regierungssystem völlig umstürzte und unmittelbar zu den Institutionen der endgültigen Bundesverfassung hinführte[100]). Der Staatsrat und sein Direktorium wurden beseitigt, es gab nur mehr die Staatsregierung als eigentliches Exekutivorgan, die von der Nationalversammlung auf Vorschlag ihres Hauptausschusses gewählt und von ihrem Vertrauen abhängig war. Auf sie wurden alle Befugnisse des Staatsrates, somit auch die des ehemaligen Monarchen, übergeleitet, soweit in der Verfassung nichts anderes angeordnet war. Daneben übte allerdings gewisse Funktionen eines Staatsoberhauptes der Präsident der Nationalversammlung aus, wie z. B.: Die Angelobung der Staatsregierung, Betrauung einer provisorischen Regierung bis zur Neuwahl, Enthebung der Staatsregierung in den gesetzlich bestimmten Fällen oder auf ihren Wunsch, Ernennung der Präsidenten der obersten Gerichtshöfe und des Oberbefehlshabers der bewaffneten Macht und aller höheren Staatsbeamten — allerdings auf Vorschlag der Staatsregierung —, Vertretung der Republik nach außen, Ratifikation von Staatsverträgen und — im Verein mit den beiden stellvertretenden Präsidenten — Begnadigung und Abolition im strafgerichtlichen Verfahren[101]). Erwähnt sei, daß das Erfordernis von Antrag und Gegenzeichnung der Akte des Präsidenten noch nicht allgemein festgelegt war und daher nur dort galt, wo die einzelne Kompetenzvorschrift dies ausdrücklich vorsah, während die Bundesverfassung bis heute das umgekehrte Prinzip normiert.

Die rechtliche Stellung des Präsidenten der Nationalversammlung als Surrogat eines Staatsoberhauptes hat den späteren Kompromiß der Bundesverfassung in wesentlichen Elementen vorweggenommen: Es hatte sich zunächst erwiesen, daß auch ein kollegiales, aber parlamentarisch unverantwortliches Staatsoberhaupt neben einer rein exekutiven Staatsregierung gegenüber dem Parlament eine bedeutende politische Eigendynamik und Autorität erringen konnte, wenn es als alleiniger Träger der Regierungs- und Vollzugsgewalt konstruiert war[102]). Man mußte also die Institution „Staatsober-

---

[100]) Siehe zum Folgenden: Gesetz v. 14. März 1919 über die Volksvertretung, StGBl. Nr. 179; Ges. v. 14. März 1919 über die Staatsregierung, StGBl. Nr. 180; zu beiden: Kelsen, aaO., III. Teil (1919), S. 129 ff. und 149 ff. und die in Anm. 57 genannten Hinweise.

[101]) Siehe dazu die ausführlichen Nachweise bei Merkl, aaO., S. 114 ff.

[102]) Treffend dazu: Wittmayer, aaO., S. 89 und 92.

h a u p t", die nach dieser Konstruktion erhalten blieb und nur den Träger gewechselt hatte, von ihren F u n k t i o n e n her zersplittern und vor allem die politische Willensbildung von der „Repräsentation" — im Sinne einer nicht mehr verstandenen persönlichen Kostümierung und Theaterveranstaltung des Staates, auf die man nicht verzichten wollte — trennen. Dazu bediente man sich eines ganzen Instrumentariums von Bindungen und Beschränkungen der Willensbildung des Präsidenten der Nationalversammlung, das die seinerzeitigen Fesseln des konstitutionellen Staatsoberhauptes in grotesker Form übersteigerte. So wurden die Funktionen des Präsidenten der Nationalversammlung als Staatsoberhaupt mittels einer strengen E n u m e r a t i o n s m e t h o d e auf zufällige, dekorative und in sich nicht zusammenhängende Befugnisse beschränkt, die den Gedanken einer institutionellen Geschlossenheit und Entfaltungsmöglichkeit sorgfältig zu verhindern trachteten. Und im Rahmen dieser Funktionen selbst wurde bereits — wie in der geltenden Verfassung — zwischen der politischen W i l l e n s b i l d u n g, die bei der Staatsregierung lag, und der „repräsentativen" persönlichen Einkleidung der präsidialen Akte unterschieden[103]). Darüber hinaus wurde das Staatsoberhaupt sorgfältig in einer Zwischenstellung von Legislative und Exekutive gehalten, was durch ein raffiniertes System von Bindungen des Staatsoberhauptes und Unabhängigkeiten der beiden Gewalten in eine totale I s o l i e r u n g von der staatlichen Willensbildung und dem staatlichen Machtapparat ausschlug[104]). Durch die Personalunion des Staatsoberhauptes mit dem Amt des Parlamentsvorsitzenden war zudem staatstheoretisch und politisch die absolute Organsouveränität des Parlamentes, dessen Mitglied ja das Staatsoberhaupt blieb, gewahrt[105]).

3. Das B u n d e s - V e r f a s s u n g s g e s e t z v o n 1920, BGBl. Nr. 1, hat an diesem Rechtszustand materiell wenig geändert. Der — als äußerstes Zugeständnis der Sozialdemokra-

---

103) M e r k l, aaO., S. 117 f.: „Hingegen ist die Vornahme der meisten vorbezeichneten Staatsakte des Präsidenten durch die Mitwirkung anderer Faktoren bedingt ... Ein weitergehendes Mitwirkungsrecht bei den meisten der dem Präsidenten vorbehaltenen Regierungsgeschäfte bedingt das verfassungsmäßige Erfordernis der Gegenzeichnung ...."

104) M e r k l, aaO., S. 119: „... steht er (der Präsident) im System der Staatsorgane — zwischen die Legislativ- und Exekutivorgane, beiden Gruppen angehörig — als oberstes Staatsorgan besonderer Art zwar u n a b h ä n g i g, aber auch a l l e i n da. ... Aber auch sonstige Unterbehörden hat er nicht ...". (Hervorhebung im Original.)

105) W i t t m a y e r, aaO., S. 91 f.: „... wie es auch das Wesen der Kammerrepublik bedingt".

ten — eingefügte „Bundespräsident“ (Art. 60 ff.) übernahm im wesentlichen die Befugnisse des Präsidenten der Nationalversammlung als Staatsoberhaupt. Ja, die politische und rechtliche Bindung und Isolierung des Staatsoberhauptes wurde — wohl wegen der Trennung von der Funktion des Parlamentsvorsitzenden — noch weiter vorangetrieben, indem nunmehr alle Akte des Bundespräsidenten nur mehr auf Vorschlag und unter Gegenzeichnung der Bundesregierung bzw. des zuständigen Bundesministers erfolgen durften (Art. 67). Der Bundespräsident wurde von der Bundesversammlung, in der nach der endgültigen Konstruktion grundsätzlich keine anderen Mehrheitsverhältnisse als im Nationalrat entstehen sollten[106]), gewählt (Art.60) und war ihr — zum Unterschied vom bisherigen Staatsoberhaupt — rechtlich verantwortlich[107]). Wie bisher wurde die Staatsregierung vom Parlament gewählt und vom Bundespräsidenten lediglich angelobt (Art. 70 und 72). Sie durfte nur bei Mißtrauensvotum oder auf eigenen Wunsch vom Bundespräsidenten entlassen werden (Art. 74). Gegenüber dem Nationalrat hatte der Bundespräsident weder ein Auflösungsrecht oder Vertagungsrecht (Art. 28), noch ein materielles Prüfungsrecht hinsichtlich der Gesetzesbeschlüsse (Art. 47), auch das seinerzeitige suspensive Vetorecht der Staatsregierung[108]) war beseitigt worden. Wenngleich der erste Kommentar zur Bundesverfassung[109]) neben den 18 in Artikel 65 genannten Funktionen noch 27 weitere Befugnisse aufzählen konnte, so darf dies nicht über die materielle Bedeutungslosigkeit der bloßen Repräsentationsaufgaben hinwegtäuschen: Das neue Staatsoberhaupt hatte sogar noch gegen-

---

[106]) Die Bundesversammlung besteht aus Nationalrat und Bundesrat; der Bundesrat wird nach einem abgeschwächt proportionalen Verhältnis der Bürgerzahlen der Länder indirekt durch die Landtage gewählt (Art. 34 und 38 B-VG). Zu den Kämpfen um die Zusammensetzung des Bundesrates, siehe Skottsberg, aaO., S. 199 ff., 202, 208 u. a. Die Mehrheitsverhältnisse des Nationalrates mußten sich in der Bundesversammlung schon wegen des Verhältnisses der Mitgliederzahl beider Vertretungskörper (165 zu 49) durchsetzen.

[107]) Art. 68; dazu: Kelsen, aaO., S. 163 ff. Eine „politische“ Verantwortlichkeit (siehe jetzt Art. 60 Abs. 6 B-VG) war allerdings noch nicht vorgesehen.

[108]) Art. 5 des in Anm. 100 zit. Ges. über die Volksvertretung.

[109]) Kelsen, aaO., V. Teil, S. 155 ff.; in einem Artikel anläßlich der Wiederwahl von Hainisch zum Bundespräsidenten in der Neuen Freien Presse v. 10. 12. 1924 suchte Kelsen ausdrücklich das „leider sehr verbreitete Vorurteil, daß der Bundespräsident von der Verfassung allzu stiefmütterlich bedacht worden sei“, zu entkräften und die Angemessenheit der Institution zu begründen; auf dieser Linie liegen auch seine Ausführungen in den in Anm. 63 genannten Abhandlungen. Siehe dazu auch Skottsberg, aaO., S. 353 f.

über dem Präsidenten der Nationalversammlung an Möglichkeiten einer politischen Stabilisierung oder Autorisierung verloren. Die Institution war — trotz alles persönlichen Einsatzes[110]) — zur völlig entleerten Dekoration des parlamentarischen Regierungssystems geworden.

c) Nun wäre sicher nichts verfehlter, als das Versagen der parlamentarischen Demokratie auf diese Stellung des Staatsoberhauptes zurückzuführen. Die Stabilität der Regierung aus der Dynamik des Parlaments zu gewinnen, ist in vielen Regierungssystemen ohne eigenes Staatsoberhaupt gelungen.] Aber da die Verfassungen Österreichs, so wie die politischen Konzepte der Parteien und Staatslehrer, die Institution des Staatsoberhauptes ' innerhalb von 2 Jahren nach Gründung der Republik unter dem Prätext einer Existenzfrage der parlamentarischen Demokratie in jeweils diametral entgegengesetzten Beziehungen zum Parlament und zur Regierung konstruiert und wieder verworfen hatten, fixierte sich die Vorstellung, daß die Konstruktion des Staatsoberhauptes besonders wichtige Konsequenzen für das parlamentarische System habe und offensichtlich in der — politisch erzwungenen — letzten Fassung fehlerhaft sein müßte, da das Regierungssystem solch entscheidende Funktionsmängel aufwies. [So ergibt sich auch aus der österreichischen Institutionsgeschichte die scheinbare Paradoxie, daß gerade das extrem parlamentarische Regierungssystem zur Quelle der Idee einer außerparlamentarischen Autorität des Staatsoberhauptes wurde: Weil das Parlament und seine Regierung — freilich aus ganz anderen Gründen — aus sich heraus offenbar keine entsprechende Stabilität und Ordnungsmacht der Exekutive verbürgen konnten[111]), rief man nach einer Autorität außerhalb des Parlamentes, die das System wenigstens in einer beschränkten Form erhalten könne. Daher ist die Regierungsform einer parlamentarischen Präsidentschaftsrepublik — zumindest ihrem historischen Ursprung nach — in Österreich nicht als eine Form der Entfaltung, sondern als eine Beschränkung des parlamentarischen Systems institutionalisiert worden. Der Parlamentarismus hatte es nicht verstanden, die in ihm angelegten Institutionen der Selbstdisziplinierung und Selbstbeschränkung[112]) zur Stabi-

---

[110]) Siehe dazu andeutungsweise die Reden des Bundespräsidenten Hainisch, abgedruckt in: Neue Freie Presse v. 13. 11. 1928 und Seipel, aaO., S. 265 ff.

[111]) Zu den historischen Vorgängen vgl. statt aller die sorgfältig dokumentierte Berichterstattung von Skottsberg, aaO., S. 239 bis 350.

[112]) Dazu K. Renner in der oben (Anm. 97) nachgewiesenen Auseinandersetzung und besonders klar: Merkl, aaO., S. 142 f.

lisierung des Regierungssystems zu gebrauchen und mußte darum von außen stabilisiert werden. Nach den weit verbreiteten politischen und staatstheoretischen Vorstellungen der Zeit bot sich dafür in der demokratischen Republik vor allem die Autorität eines volksgewählten Staatsoberhauptes.]

III. Die plebiszitäre Autorität

[Die Figur eines gewählten und das Gemeinwesen in seiner Regierung repräsentierenden Staatsoberhauptes reicht in seinen Wurzeln zurück bis ins alte deutsche Reichsrecht, wobei auch hier schon der Gegensatz des Regenten zum — ebenso repräsentativen — Gesetzgebungskörper in allen staatsrechtlichen Konsequenzen durchgedacht wurde[113]). Dieses im Wesen gemeineuropäische Bild der repräsentativen Regierung und ihres Verhältnisses zum Gesetzgebungskörper steht in der Regel unbewußt hinter den zahlreichen theoretischen Modellen eines Gleichgewichtes und der gegenseitigen Beschränkung bzw. Bindung von Legislative und Exekutive. Für das konstitutionell-monarchische Regierungssystem gewann dieses Gleichgewichtsdenken in der Figur des stabilisierenden und die politischen Auseinandersetzungen um die Regierung in Grenzen haltenden Monarchen eine besondere Bedeutung: Hier wurde die charakteristische Idee eines nicht regierenden, aber die Regierung autorisierenden Staatsoberhauptes als ein Wesenszug der ständischen, später der parlamentarischen Regierungsform einer Monarchie entwickelt.

a) Das österreichische Staatsdenken der Republik wurde, über alle Parteiungen hinweg, in entscheidender Weise durch den Umstand geprägt, daß das parlamentarische Prinzip von den maßgeblichen Staatstheoretikern ausnahmslos als Gegensatz zum Gewaltenteilungsgrundsatz konstruiert wurde[114]). Ja, es gab für diese Staatstheorie und die ihr folgende Verfassungsgesetzgebung im Rahmen der Demokra-

---

[113]) Siehe dazu oben, Abschnitt A. I. b.) und die Hinweise unter Anm. 7 ff.

[114]) Vgl. außer der Reinen Rechtslehre (Nachweise in den Anm. 63, 67 u. 68) z. B. Wittmayer, aaO., S. 93: „Nun spricht gewiß auch noch ungeheuchelte Einstellung auf haltlos gewordene Überlieferungen mit, wenn sie das Phantom eines regelrechten Staatshauptes herbeiwünschen, um die Gewaltentrennung zu sichern. Als ob diese von Haus aus halbtot geborene Lehre ... nicht schon in der parlamentarischen Monarchie und gar in der demokratischen Republik ... jede Daseinsberechtigung verloren hätte." Im selben Sinne: R. Springer (Pseud. f. K. Renner), Staat und Parlament, 1901, S. 21 f.; M. Adler, Politische oder soziale Demokratie, 1926, S. 132 ff. u. v. a.

tie überhaupt keine ernsthafte Alternative zum absoluten parlamentarischen System. Viel trug dazu bei, daß die Unabhängigkeit der Regierung von der Volksvertretung in der österreichischen Monarchie das Instrument der patrimonialen Herrschaft gewesen war und die österreichische Monarchie sich gerade dadurch theoretisch und praktisch sorgfältig von einer Demokratisierung abschließen konnte[115]). Daneben war aber auch die Struktur der österreichischen Staatslehre dazu angetan, den historischen Bruch mit den gemeineuropäischen Balance- und Autorisierungsvorstellungen in der jungen Demokratie endgültig zu vollziehen: Die Gegner der Staatstheorie der so dynamischen reinen Rechtslehre, die in der Monarchie noch einen Rückhalt an der Verfassung hatten, zogen sich — wie es gutösterreichischer Tradition entsprach[116]) — in das Verwaltungsrecht zurück[117]) und entfernten sich so immer mehr von den Problemstellungen einer demokratischen Staatstheorie. So kam es, daß das Problem der Beschränkung der absoluten Parlamentsherrschaft anders als in Deutschland nicht als theoretische, sondern als „rein politische" Frage behandelt wurde, und damit — wie es der Logik des juristischen Staatsdenkens

---

115) Siehe dazu oben, Abschnitt A. I. c.) und die Hinweise in Anm. 25 ff.; besonders deutlich trat dieser Umstand in der Auseinandersetzung Staatsrat—Nationalversammlung in Erscheinung (siehe Anm. 96 f.).

116) R. v. Mohl, aaO., Bd. II (1856); S. 337: „Bezeichnend für die ganze staatsrechtliche Literatur Österreichs ist die reiche Bearbeitung des Verwaltungsrechtes bis in seine kleinsten Einzelheiten und dagegen der Mangel aller Erörterungen über Verfassungsfragen; ferner die große, für die Benützung im täglichen Geschäftsleben berechnete Ausführlichkeit, bei der Vermeidung jedes Eingehens auf Grundsätzliches. —"; dazu: E. Voegelin, Der autoritäre Staat, 1936, S. 128 ff.

117) Tezner, der das Verfassungsrecht der Monarchie in mustergültigen Monographien analysiert hatte und vielleicht überhaupt als einziger das methodische Rüstzeug einer sinnvollen Gegenposition zur Staatstheorie der „Reinen Rechtslehre" besessen hätte (siehe dazu vor allem: Die wissenschaftliche Bedeutung der allgemeinen Staatslehre und Jellineks Recht des modernen Staates, in: Annalen des Deutschen Reiches, 1902, S. 638 ff.) schrieb ein vielbändiges Werk über „Die rechtsbildende Funktion der österr. verwaltungsgerichtlichen Rechtsprechung" (1925); Herrnritt, der in der Monarchie ein „Handbuch des Verfassungsrechtes" (1909) und eine wohlfundierte Monographie über „Die Staatsform als Gegenstand der Verfassungsgesetzgebung und Verfassungsänderung" (1901) verfaßt hatte, wandte sich dem „Verwaltungsverfahren" (1932) und den „Grundlehren des Verwaltungsrechtes" (1921) zu; selbst Merkl hat übrigens sein mehrfach angekündigtes (Zeitschrift für Verwaltung 1921, S. 209 und 1923, S. 84) „System des österr. Verfassungsrechtes" (nach dem B-VG) nie erscheinen lassen und statt dessen ein „Allgemeines Verwaltungsrecht" (1927) publiziert; der überragende Staatsrechtslehrer der späten Monarchie, E. Bernatzik, starb im Jahre 1919.

entsprach — schließlich in der parteipolitischen Operative und Taktik endete. Es gibt daher in der österreichischen Staatstheorie bis heute keine echte und unparteiische Staatslehre der parlamentarischen Präsidentschaftsrepublik, sondern nur parteipolitische Programme vor und rein juristische Verfassungsinterpretationen nach dem Inkrafttreten der Verfassungsnovelle von 1929[118]). Sucht man in diesen Äußerungen nach den staatstheoretischen Erwägungen für dieses Regierungssystem, so findet man begreiflicherweise gegenüber dem deutschen und dem französischen Staatsdenken nicht viel Originelles, sondern Allzubekanntes, das in diesem Rahmen nur Anspruch auf referierende Hinweise erheben kann.

b) 1. Die Erfahrung des inneren Versagens des parlamentarischen Regierungssystemes in der österreichischen Monarchie, wo sich das Parlament durch die für ganz Europa beispielgebende Obstruktion als ebenbürtiger Partner des patrimonialen Absolutismus im Vernichtungskampf gegen die Verfassung erwiesen hatte[119]), legte den Gedanken einer Übertragung des monarchischen Kontrollmechanismus des Parlamentes — wenn auch in modifizierter und gesicherter Form — in das republikanische Staatsrecht den Einsichtigen aller Parteien von vornherein nahe. Während die Sozialdemokraten ursprünglich einem abgeschwächten Gleichgewichtsdenken zwischen Regierung und Parlament — etwa nach dem schweizerischen Vorbild — nicht abgeneigt schienen[120])], gerieten die Theoretiker der sog. bürgerlichen Parteien immer mehr in das Denken eines durch die Autorität des Staatsoberhauptes beschränkten Parlamentarismus, den sie in Theorie und Praxis des Weimarer Staatslebens verwirklicht fanden[121]). Die Verteidiger des Präsidentschaftsregimes ließen

---

[118]) Siehe dazu die Hinweise bei Adamovich — Spanner, aaO., S. 27.

[119]) Vgl. z. B.: E. V. Zenker, Der Parlamentarismus, 1914, S. 22 ff.; L. Bucher, Der Parlamentarismus wie er ist, 1881², S. 119 ff.; G. Jellinek, Ausgewählte Schriften und Reden, 1911, Bd. II, S. 419 ff.; Koller, Die Obstruktion, 1910; Kolmer, aaO., Bd. I, S. V: „Seit in Österreich Verfassung und Parlament bestehen, lagen sie miteinander im Kampfe. Die Verfassung war und blieb das Angriffsobjekt der Parteien und Regierungen ... Die Rechte und Freiheiten, die sie bot, wurden verstümmelt, durch feile Interpretatoren in ihr Gegenteil umgewandelt, ihre freien Tribune durch Polizei geschändet, ihre Privilegien mißbraucht, die Verteidigungsmittel, die sie bot, zu Angriffswaffen gegen die Verfassung gekehrt und sie selbst zum Scheintod verurteilt."

[120]) Siehe insbes. K. Renner, in der in Anm. 97 nachgewiesenen Auseinandersetzung.

[121]) Symptomatisch ist insbesonders die Schwenkung der Großdeutschen vom Ausschußsystem zum Präsidialregime (Nach-

sich damit von ihren Gegnern die Denkformen der Auseinandersetzungen insofern oktroyieren, als auch sie diese Regierungsform als Gegengewicht und Beschränkung des Parlamentarismus auffaßten und damit den Gedanken eines Gegensatzes von Gewaltenteilung und Parlamentarismus, den ihre Gegner ununterbrochen verbreiteten, bewußt aufnahmen und weiterspannen[122]). Ein volksgewähltes und in seiner Machtstellung aufgewertetes Staatsoberhaupt sollte — wie einst der Monarch — das Parlament in Schranken halten, seinen „Absolutismus" im Interesse des Gemeinwesens zügeln. Der Grundgedanke des frühen Konstitutionalismus, die Bändigung der Macht des Fürsten durch das Parlament, war in diesem Konzept auf den Kopf gestellt, wobei freilich übersehen wurde, welch ungeheure politische Dynamik seinerzeit notwendig war, um einen Absolutismus zu bändigen. Erfolgreich konnte dies nur dem ebenso „absoluten" Volkssouveränitätsdenken gelingen.

2. Die politischen Gegner des Präsidentschaftsregimes[123]) hatten denn auch richtig vermutet, daß das Gegengewichtsdenken im Grunde von einem ebenso absolutistischen Konzept getragen wurde wie die Vorstellung einer „reinen" Parlamentsherrschaft selbst. Der eigentliche staatstheoretische Grund des Präsidialregimes war nämlich auch in Österreich die Überwindung des Parteienstaates in der Denkform des einheitlichen, neutralen und ewigen Staates[124]).

---

weise in Anm. 73) und der völlige Untergang des sehr klugen Tiroler Verfassungsentwurfes (von Senatspräsident Stephan Falser), abgedruckt in: Arbeiterzeitung v. 7. 1. 1920, siehe auch Neue Freie Presse v. 10. 2. 1920, der zum Unterschied von allen anderen Entwürfen das Vorbild der Schweizer Bundesverfassung richtig als nichtparlamentarisches System verwertete; siehe dazu auch Skottsberg, aaO., S. 193 u. 225 ff.

122) Typisch dafür z. B. Schönbauer in der 1. Lesung der Verfassungsnovelle 1929, in: Sten. Prot. des Nationalrates III. G. P. (1929/30), S. 2929 ff., insbes. 2932: „Es ist also notwendig, daß in der neuen Verfassung jene äußeren Schranken gesetzt werden, zunächst einmal gegen die unbeschränkte Parlamentsherrschaft; denn wenn die Gewaltenteilung verwischt, das Parlament zugleich Regent ist, ... dann kann es niemals eine starke und unparteiische Regierung geben." Ähnlich Schmitz, ebenda S. 2891 ff. (2894).

123) Vor allem die Sozialdemokraten, vgl. zunächst die Hinweise in Anm. 72; sodann Kommunique anläßlich der Bundespräsidentenwahl 1928, in: Reichspost v. 14. 11. 1928 (abgedruckt bei: Seipel, aaO., S. 120 ff.), Stellungnahme d. Bürgermeisters Seitz; Arbeiterzeitung v. 21. 11. und v. 5. 12. 1928; schließlich die Stellungnahmen anläßlich der Verfassungsreform v. 1929, insbes. Arbeiterzeitung v. 15., 16., 17. u. 21. 9., v. 19., 21. u. 26. 10., v. 25. 11. 1929 u. die Hinweise unten, Anm. 136.

124) Vgl. dazu insbes. Seipel, aaO., S. 151: „... indem wir die wahre Demokratie zu sichern, das Volk vor einer alle paar Jahre

Der Einheitsgedanke — die Wurzel alles Absolutismus — konnte freilich nicht mehr im Monarchen begründet werden, da dieser seine politisch-metaphysische Kraft eingebüßt hatte, dafür bot sich aber die von der Organtheorie verdorbene Volkssouveränität als eine gleichartige Denkform an: Das Volk als politische Einheit[125]). Dem wesensmäßig in sich zerspaltenen und nur „egoistische Parteihäupter" an die Macht bringenden Parlament sollte das die Einheit des Volkes sinnfällig repräsentierende Staatsoberhaupt entgegengestellt und dadurch das Volk gegen seine falschen Repräsentanten und Bedrücker in Schutz genommen werden[126]). [Das Staatsoberhaupt sollte die Regierung durch Ernennung und Entlassung, d. h., sein Vertrauen, unmittelbar demokratisch legitimieren und damit ein Zweifaches bewirken: Die politische Dynamik der Staatsführung sollte nicht mehr beim Parlament allein ruhen, sondern auf ein echtes Staatsorgan, d. h., ein Organ der politischen Einheit, übergehen und das Parlament bzw. die Parteihäupter sollten durch das Wirken des Staatsoberhauptes, ohne das keine Regierung bestellt werden konnte, zum staatlichen Gemeinschafts- und Einheitsdenken hingeführt wer-

---

volksfremder werdenden überspitzten parlamentarischen Pseudodemokratie zu schützen suchen ..." (Hervorhebung im Original); ferner die „Münchener Kritik der Demokratie" und die „Tübinger Kritik der Demokratie", ebenda S. 167 ff. und 177 ff.; schließlich Clessin in: Sten. Prot., aaO., S. 2910: „... eine Verfassung kann nur nach einer Weltanschauung, nach einem System zugeschnitten sein ... Die neue Vorlage der Regierung trägt einen eindeutigen Charakter ..."; über den Einfluß der (faschistisch orientierten) Heimwehrbewegung auf die Verfassungsreform von 1929 siehe Skottsberg, aaO., S. 365, 369 f., 372, 393, 403; Adamovich-Spanner, aaO., S. 29.

125) Seipel, aaO., S. 197: „... schwere Mängel in unserem Verfassungsleben, eine übermäßige Zerreißung des Volksganzen in Parteien, ein undemokratisches Dazwischenschieben der Parteimaschine, ... ohne innerliche Beziehung zum Volksganzen"; zu den theoretischen Grundlagen dieser Denkform siehe unten Abschnitt B. II.

126) Seipel, aaO., S. 181 f.: „... ich sehe die Wurzel des Übels in der Art der Parteienherrschaft, wie sie sich in den Zeiten der konstitutionellen Monarchie entwickelt hat" [siehe zu dieser Auffassung schon: Gneist, Der Rechtsstaat, 1879, S. 216 und 284 ff.] „und nach Wegfall der monarchischen Korrektur ungehemmt in die Halme geschossen ist. Nach meiner Ansicht rettet jener die Demokratie, der sie von der Parteiherrschaft reinigt und dadurch erst wiederherstellt"; ebenda, S. 186: „Nichts von den demokratischen Einrichtungen ist manchen Parteihäuptern heilig ... So wird die fälschlich Demokratie genannte Parteienherrschaft zu keinem Mittel des Fortschrittes, sondern der Behinderung"; ebenda, S. 219: „... Die gegenwärtige Verfassungsreformbewegung richtet sich in Wahrheit gar nicht gegen das Parlament an sich, nicht gegen jeden Parlamentarismus, sondern gegen ein durch Parteienherrschaft depossediertes Parlament." (Hervorhebung im Original!)

den[127]). Anderseits sollte aber das Wirken des Staatsoberhauptes durch seine beschränkten Machtbefugnisse und die parlamentarische Bindung der Regierung, auf die man keinesfalls verzichten wollte, seinerseits wieder gezwungen werden, die politische Erziehungsarbeit des Volkes ernsthaft und in demokratischer Weise zu betreiben und nicht selbst autokratisch, d. h., auf Kosten der Volkssouveränität, zu regieren[128]).]

3. Dieses politische Grundkonzept der Präsidentschaftsfreunde, in dem sich demokratische und autoritäre Elemente, romantisch irrationale Wunschbilder mit nüchternen politischen Erfahrungssätzen untrennbar vermischten, neigte wesensmäßig dazu, autoritär zu entarten bzw. als Legitimation autoritärer Machtausübung mißbraucht zu werden. Indem die Präsidentschaftsfreunde in der Institution des plebiszitären Staatsoberhauptes bewußt die Dialektik von „wahrer" und „falscher" Repräsentation der Volkssouveränität in Gang gesetzt hatten, beseitigten sie nicht nur — wie sie vermeinten — den Parlamentsabsolutismus, sondern die repräsentative Kraft des Parlamentarismus überhaupt[129]). Seine Ausschaltung wurde danach zur reinen Machtfrage, wobei das repräsentierende Staatsoberhaupt — so wie es die Konstruktion unter parlamen-

---

127) Siehe dazu insbes. Seipel, Die Aufgaben des Bundespräsidenten, aaO., S. 243 ff.; im selben Sinne schon Miklas in dem in Anm. 85 zit. Entwurf; Skottsberg, aaO., S. 403 weist zutreffend darauf hin, daß die als „Stabilisierung" gedachte Lösung in Wahrheit dynamisch, nämlich in Richtung einer Aufhebung der Statik des bisherigen parlamentarischen Systemes wirkte; siehe dazu die grundlegenden Ausführungen von Barthelemy, Le rôle du pouvoir exécutif dans les republiques modernes, 1907.

128) In dieser Hinsicht sind besonders die stereotypen Forderungen Seipels nach der (allerdings „wahren") Demokratie und Republik zu beachten, siehe z. B. aaO., S. 42 ff., 51 ff., 66, 153 ff., 167 ff., 177 ff. u. a.; aber auch die Haltung des Landbundes, der stets für eine Stärkung der Autorität des Bundespräsidenten und der Exekutive eingetreten war (siehe z. B. Sten. Prot. des N. R. III. G. P. 1928/29, S. 1937; Beiblatt zur Staatskorr. 182/A, S. 670), im Zusammenhang mit der Ausschaltung des Nationalrates 1933/34; dazu: Winkler, Die Diktatur in Österreich, 1935, S. 48 ff. Ähnlich die Haltung der ehemaligen „Großdeutschen" (später Nationaler Wirtschaftsblock), dazu siehe die Hinweise oben, Anm. 73 u. 84 sowie die Bemühungen Straffners um die Reaktivierung des Nationalrates, Skottsberg, aaO., S. 447 ff.

129) Darin — und nicht in der Volkswahl des Staatsoberhauptes — liegt das Geheimnis des Erfolges der plebiszitären über die parlamentarische Legitimierung, die in der modernen Zeit zum ersten Male von dem noch weithin als Operettenkaiser verkannten Napoleon III. in Gang gesetzt wurde; siehe dazu: Maurice Deslandres, Histoire Constitutionelle de la France de 1789 a 1870, II. Bd. (1932), S. 393 ff. (446 ff.).

tarischen Vorzeichen beabsichtigt hatte — eine rein dekorative Autorisierung lieferte. Auf die geschichtliche Rolle des Staatsoberhauptes in der Ausschaltung des Parlamentarismus muß in diesem Zusammenhang nicht eingegangen werden[130]). Hier war nur die theoretische Konsequenz eines „Beschränkungskonzeptes" aufzuzeigen, das auf dem Gegensatz von wahrer und falscher Repräsentation aufbaute, die wieder mit den Bildern der politischen Einheit und des Parteienegoismus verkoppelt wurden. [Ein solches Regierungssystem barg in sich den Keim zu einem viel radikaleren „Dualismus" als jener, vor dem der klarsichtige Robert von Mohl die konstitutionelle Monarchie gewarnt hatte.

c) Die verfassungsgeschichtliche Entwicklung schien zunächst Chancen einer Stabilisierung dieses Dualismus im konstitutionellen Raume zu bieten. Wohl waren alle Anstöße zu einer Verfassungsreform und einem Ausbau der Stellung des Bundespräsidenten zunächst aus der Richtung des sogenannten bürgerlichen Lagers gekommen — seit 1922 drei Vorstöße von der christlich-sozialen Partei und einer vom liberalen Landbund — und von den Sozialdemokraten ebenso entschieden wie im Rahmen der Schaffung der Bundesverfassung zurückgewiesen worden[131]). Aber im Jahre 1929 machte es die viel größere taktische Beweglichkeit der Sozialdemokraten in der Institutionenfrage möglich, die Auseinandersetzungen um die Verfassungsreform unter dem schärfsten politischen Druck außerparlamentarischer Kräfte[132]) noch ein letztes Mal im Rahmen des parlamentarischen Systems zu halten.

---

[130]) Dazu die Hinweise bei Skottsberg, aaO., S. 448 ff. (451); Schönbauer, Die Ausschaltung des Nationalrates, in: Verwaltungsarchiv Bd. 38 (1933), S. 184 ff. (186, 188, 190 f.); Frisch, Die Ausschaltung des Verfassungsgerichtshofes, ebenda, S. 232 (242); Merkl, Die Verfassungskrise im Lichte der Verfassung, in: Der österr. Volkswirt, 1933, S. 584 ff.; derselbe, Der Verfassungskampf, ebenda, S. 609 ff.; Die österreichischen Bundespräsidenten, 1963, S. 53; Durig, in: Österreichische Rechts- und Staatswissenschaften der Gegenwart, hrsg. v. N. Grass, 1952, S. 78; Verdroß, ebenda, S. 207; Spitzmüller, Und hat auch Ursach' es zu lieben, 1955, S. 384 u. a.

[131]) Siehe die Anträge Miklas u. Gen., v. 8. 6. 1922 und 20. 11. 1923, in: 964 d. Blgn. zu den Sten. Prot. (I. G. P.) und Beiblatt zur Staatskorrespondenz Nr. 1/A (abgedruckt bei: Seipel, aaO., S. 259 ff.); den Antrag des Landbundes v. 8. 11. 1928, Beiblatt zur Staatskorrespondenz 182/A (S. 670); schließlich Kommuniques der Parteiobmännerkonferenz v. 13. 11. 1928 anläßlich der Neuwahl des Bundespräsidenten, in: Reichspost v. 14. 11. 1928; Arbeiterzeitung vom 21. 11. 1928; Neue Freie Presse vom 21. 11. 1928 (teilweise abgedruckt bei: Seipel, aaO., S. 120 ff.).

[132]) Vgl. z. B. die Rede des Heimwehrführers Steidle, abgedruckt in: Neue Freie Presse v. 28. 10. 1929, insbes.: „Weder Ver-

1. Die Regierungsvorlage[133]) hatte noch — im Sinne des vorgenannten politischen Konzeptes — versucht, durch eine Reihe innerlich zusammenhängender Ermächtigungen und Notstandsmaßnahmen dem Bundespräsidenten bzw. der von ihm formal autorisierten Bundesregierung in geschickter Weise die Möglichkeit in die Hände zu spielen, das parlamentarische System — unter Wahrung der äußeren Formen — binnen kurzem zur „wahren Demokratie" zu erziehen[134]). Der Bundespräsident sollte danach die Regierung nach freiem Entschluß ernennen und entlassen können, wobei wohl das Erfordernis des parlamentarischen Vertrauens der Regierung bestehen blieb, aber zugleich die klassischen Möglichkeiten der Manipulierung einer parlamentarischen Mehrheit eingebaut wurden: Die Beschränkung der Tagungsperioden des Parlamentes, das Auflösungsrecht, verknüpft mit einer unbestimmten Ermächtigung, Neuwahlen auf unbegrenzte Zeit zu verschieben, ein zeitlich unbegrenztes außerparlamentarisches Budgetprovisorium, die Möglichkeit, verfassungsändernde Gesetze auch ohne parlamentarische Mehrheit mittels Volksabstimmung durchzusetzen und ein umfassendes gesetzänderndes Notverordnungsrecht des Bundespräsidenten; dazu kamen weitreichende Ermächtigungen der Polizei und des Militärs, die der Exekutive auch die realen Machtmittel des Staates zur Verfügung stellen und damit eine Auseinandersetzung mit ihrer Autorität von vorn-

---

ständigung noch Bürgerkrieg. Die Sozialdemokraten werden sich beugen müssen. Wir sind die Rächer des Volkes mit dem Richterbeil in der Hand."

[133]) Nr. 382 d. Beilagen zu den Sten. Prot. des N. R. III. G. P., abgedruckt bei: Seipel, aaO., S. 267 ff.; an der formalen Redaktion hatte L. Adamovich maßgebenden Anteil (siehe: Adamovich, in: Österreichische Rechts- und Staatswissenschaften, aaO., S. 15); für die typische Gestaltung der im Text erwähnten „Ermächtigungen" ist bereits der Einfluß des Sektionschefs im Landesverteidigungsministerium, Dr. R. Hecht, des späteren Theoretikers der „Selbstausschaltung des Nationalrates" (1933/34) nachweisbar; vgl. dazu: Jedlicka, Ein Heer im Schatten der Parteien, 1955, S. 78 ff. und Merkl, JBl. 1929, S. 469, Anm. 1 (der dort erwähnte Vizekanzler — Vaugoin — war der Ressortchef von Dr. Hecht).

[134]) Vgl. zur zeitgenössischen Kritik der Regierungsvorlage vor allem: Wechselrede über die Verfassungsreform in der Wiener Juristischen Gesellschaft, in: JBl. 1929, S. 479 f.; 503 f.; 522 ff.; sowie: A. Metall, Verfassungsreform und Verfassungsgerichtshof, in: JBl. 1929, S. 425 ff.; Kelsen, Die Verfassungsreform, ebenda, S. 445 ff.; Merkl, Die Verfassungsnovelle im Lichte der Demokratie, ebenda, S. 469 ff.; Lenhoff, Einige Bemerkungen zum Verfassungsnovellenentwurf, ebenda, S. 513 ff.; Merkl, Zur Verfassungsreform, in: Wiener Neueste Nachrichten v. 20. 10. 1929; derselbe, Verfassungsreform und Verfassungslegende, in: Der österr. Volkswirt, 1929, S. 209 ff.; derselbe, Verwässerung oder Verbesserung des Verfassungsentwurfes, ebenda, S. 130 ff.

herein aussichtslos machen sollte. In der entwaffnenden politischen Naivität der „rein" juristischen Staatsauffassung erklärte der Redaktor der Verfassungsnovelle — Ludwig Adamovich —, daß man damit freilich zum Rechtszustand des sogenannten „Prügelpatentes", des bestgehaßten Symboles des polizeistaatlichen Absolutismus, zurückkehre, daß aber anders eine erfolgreiche Sicherheitsverwaltung eben nicht zu führen sei[135]). Darf es nach all dem verwundern, daß die Regierungsvorlage von den politischen Gegnern und den eigentlichen Staatstheoretikern der reinen Rechtslehre aufs schärfste verurteilt und als eine Rückkehr zum vorkonstitutionellen Absolutismus gebrandmarkt wurde[136])?

2. Um so höher muß man die — vom Gedanken der gesellschaftlichen Revolution im Rahmen der parlamentarischen Demokratie getragene[137]) — taktische Meisterschaft der Sozialdemokraten veranschlagen, denen es gelang, durch eine zielstrebige Verhandlungs- und Kompromißbereitschaft[138]) den Geist der Regierungsvorlage völlig zu verändern und — oft durch wenige Worte — die

---

[135]) Adamovich, JBl. 1929, S. 479 f.: „Die Ermächtigung der Polizei zu Verordnungen praeter legem... sei notwendig, damit diese ihre Aufgaben erfüllen könne. Sie sei notwendig, wenn auch zugegeben werden müsse, daß dadurch ein Zustand geschaffen wird, wie er nach dem alten Prügelpatent bestanden hat."

[136]) Siehe zur ursprünglich grundsätzlichen Kritik der Sozialdemokraten die beiden Artikel in der Arbeiterzeitung vom 15. und 17. 9. 1929 und vom 19., 21. und 26. 10. 1929 sowie: Renner, in: Sten. Prot. des NR. III. G. P., S. 2875 ff. (2890): „Der Entwurf wirft Österreich nicht nur in die Zeiten der Monarchie, sondern in den Vormärz zurück... Er ist nichts anderes als ein Sozialistengesetz im 20. Jahrhundert"; siehe auch die Hinweise in Anm. 134, insbes. die Aufsätze von Merkl und Kelsen.

[137]) Siehe z. B. O. Bauer, Bolschewismus und Sozialdemokratie, 1921³, S. 114; derselbe, Die österreichische Revolution, 1965, S. 196; M. Adler, Politische oder soziale Demokratie, 1926, S. 112 f.; Merkl, aaO. (Die Verfassung der Republik Deutschösterreich), S. 29 f.

[138]) Siehe dazu die Reden von Deutsch (in: Arbeiterzeitung v. 16. 9. 1929), Seitz (in: Arbeiterzeitung v. 21. 9. 1929) und Bauer (in: Wiener Zeitung v. 26. 10. 1929); sowie den Bericht von Danneberg auf der „Sozialistischen Reichskonferenz über die Verfassungsverhandlungen", in: Arbeiterzeitung v. 25. 11. 1929; Eisler, in: Sten. Prot. des NR. III. G. P. S. 3010 ff.; die maßgebenden Kompromisse wurden — wie im Jahre 1920 — durch einen paritätischen Unterausschuß des Verfassungsausschusses erzielt, der vom 29. 10. bis 6. 12. 1929 (mit Unterbrechung durch direkte Parteiverhandlungen) tagte; siehe dazu: Wiener Zeitung v. 27. 10. und 7. 12. 1929 sowie Skottsberg, aaO., S. 373 ff.; Seipel, aaO., S. 316 ff.; die Protokolle der Ausschußarbeit sind nicht öffentlich zugänglich.

autoritären Ermächtigungen zu parlamentarischen Institutionen zu verwandeln. Darauf wird im Zusammenhang der systematischen Analyse der geltenden Verfassung im einzelnen zurückzukommen sein. Hier sei nur an einigen Beispielen die Taktik der Einschmelzung der autoritären Ermächtigungen demonstriert: Zwar konnte man sich — wie 1920 der Institution des Bundespräsidenten überhaupt — der Forderung nach der Volkswahl des Staatsoberhauptes, in der sich die politische Dynamik der ganzen Verfassungsnovelle konzentrierte, nicht widersetzen, dafür aber alle Energie auf den Kampf um die Beschränkung seiner politischen Befugnisse bzw. die Bindung derselben an das parlamentarische System aufwenden. Hier wurde ein Erfolg nach dem anderen erzielt: Zunächst beseitigte man den in der Regierungsvorlage künstlich zwischen Volkswahl und Wahl in der Bundesversammlung zusammengefügten Wahlvorgang, der seinen Zweck — die Manipulierung der zu erwartenden Mehrheitsverhältnisse — allzudeutlich an der Stirn trug[139]). Dann erzwang man eine Verlängerung der Tagungsperioden, die Beseitigung der Kompetenz des Bundespräsidenten, gegen den Willen des Nationalrates Tagungen zu schließen und bei Auflösung des Nationalrates die Neuwahl auf unbestimmte Zeit zu verschieben; das Budgetprovisorium wurde auf zwei Monate beschränkt, die Möglichkeit plebiszitärer Korrekturen der parlamentarischen Mehrheitsverhältnisse beseitigt[140]). Das Notverordnungsrecht des Bundespräsidenten schließlich, das in seiner ursprünglichen Fassung mit Recht als die schärfste Bedrohung des parlamentarischen Systems erkannt wurde[141]), konnte durch eine strenge inhaltliche und zeitliche Beschränkung und das zwingende Erfordernis der Mitwirkung des ständigen Unterausschusses des Hauptausschusses des Nationalrates parlamentarisiert und zugleich die Aktivität des Bundespräsidenten auf diesem Gebiete völlig gelähmt werden[142]). Die wichtigste Beschränkung der

---

[139]) So selbst: Seipel, aaO., S. 204 ff.; Strele, Rechtsstaat und Demokratie im neuen Österreich, 1931, S. 60 ff.; Wiener Zeitung v. 31. 10. 1929 (Ergebnis der Ausschußverhandlungen).

[140]) Vgl. dazu die erbitterten Auseinandersetzungen, dargestellt bei Skottsberg, aaO., S. 387 f.

[141]) Siehe dazu Kelsen, JBl. 1929, S. 448 ff. und 504, ebenso in: Neue Freie Presse vom 30. 10. 1929; Merkl, JBl. 1929, S. 470; zur Stellungnahme der Sozialdemokraten vgl. Arbeiterzeitung vom 25. 11. 1929 und Lenhoff, JBl. 1929, S. 515.

[142]) Wie Skottsberg, aaO., S. 386 f. richig bemerkt, wurde dadurch das Notverordnungsrecht des Bundespräsidenten praktisch zu einer außerordentlichen Verordnungsgewalt der Parlamentsmehrheit und konnte diese weder kontrollieren, noch substituieren, wie sich anläßlich der „Selbstausschaltung des Nationalrates“

Machtstellung des Bundespräsidenten blieb das von der Opposition gegen die Regierungsvorlage gehaltene absolute Antragsprinzip der präsidialen Akte, das von Verfassungs wegen nur zwei scheinbare Ausnahmen zuließ: Die Ernennung und die Entlassung des Bundeskanzlers bzw. der gesamten Bundesregierung, wobei auch in diesen Fällen die parlamentarische Verantwortlichkeit der Bundesregierung und damit die Rücksicht auf die parlamentarischen Mehrheitsverhältnisse eine enge Schranke der Entschlußfreiheit des Bundespräsidenten bildete. Damit schien der Grundcharakter des Staatsoberhauptes der Bundesverfassung von 1920, eine rein dekorative Einkleidung wichtiger Akte der dem Parlament verantwortlichen Bundesregierung zu liefern, aber von einer eigenen politischen Willensbildung ausgeschlossen zu sein, auch nach der Verfassungsnovelle von 1929 nicht wesentlich verändert zu sein und die Institution war für die Opposition zwar nicht erwünscht, aber — ebenso wie 1920 — annehmbar geworden. Es sollte sich in der Folge zeigen, daß das parlamentarische System durch die Verfassungsnovelle in der Tat nicht so umgestaltet worden war, daß es Handhaben zu einer konstitutionellen Diktatur nach den Absichten der Regierungsvorlage und der hinter ihr drängenden außerparlamentarischen Bewegungen bieten hätte können. Anderseits war aber auch nicht abzusehen, in welcher Weise der in das politische System des Parlamentarismus voll integrierte und persönlich entmachtete Bundespräsident eine Wendung im unaufhaltsam niedergehenden Parlamentarismus herbeiführen hätte können. Alle Verantwortung und alle Chancen des parlamentarischen Regierungssystems waren — trotz der Reform — bei den politischen Parteien verblieben[143].

(1933/34) sehr bald herausstellte (dazu siehe die folgende Anm.); zum österr. Notverordnungsrecht siehe ferner: Stier-Somlo, Die Ausnahmeverordnung des Reichspräsidenten und die Notverordnung des österr. Bundespräsidenten, in: ZöffR. Bd. XI (1931), S. 62 ff.

[143]) Dies sollten die Ereignisse der Jahre 1933/1934 erweisen: Alle Versuche, den Bundespräsidenten zu einer Lösung der parlamentarischen Krise einzusetzen, schlugen ebenso fehl wie dessen eigener Plan einer Wiederherstellung der parlamentarischen Demokratie mit Hilfe der Regierungspartei; siehe dazu außer den Hinweisen in Anm. 130 vor allem das (nach der Verfassung unverbindliche) Mißtrauensvotum des Bundesrates vom 17. März 1933 und die Antwort des Bundespräsidenten, abgedruckt in: Wiener Zeitung v. 22. März 1933, die in den Satz mündete: „Doch bedarf ich hierzu nach den ausdrücklichen Bestimmungen der Bundesverfassung eines Vorschlages der Regierung und der Mitwirkung der politischen Parteien des Nationalrates... An dem Einvernehmen der Parteien liegt alles."

3. Das zeigte sich in recht handgreiflicher Weise sehr bald in der weiteren Entwicklung des Verfassungslebens: Als der Bundespräsident anläßlich der nächsten schweren Regierungskrise — die kein Jahr auf sich warten ließ[144]) — von seinen neuen politischen Prärogativen Gebrauch machen wollte und eine Kampfregierung ernannte, die den Nationalrat am Tage ihres Amtsantrittes auflöste, hagelte es wieder — wie einst auf den Staatsrat, der den Konflikt mit der Nationalversammlung gewagt hatte — Vorwürfe über Vorwürfe wegen dieses „verfassungswidrigen" Vorgehens[145]). Mögen diese Vorwürfe in einer bestimmten Auslegung der Verfassungsbestimmung über die Vorstellung der neuen Bundesregierung — nicht jedenfalls im Wortlaut der Norm[146]) — begründet sein oder nicht, sie zeigten jedenfalls, wie wenig man geneigt war, den Mechanismus des bisherigen parlamentarischen Systems gegen den in der Verfassung nunmehr angelegten „wahren Parlamentarismus" im Sinne des Weimarer Modells zu vertauschen. Da das Vorgehen des Staatsoberhauptes und seiner Kampfregierung auch in den provozierten Wahlen eine empfindliche Niederlage erlitt, blieb dieser Versuch einer politischen Auseinandersetzung zwischen Bundespräsident und Parlament unter Anwendung der nunmehr verfassungsmäßig vorgesehenen Kampfmittel der einzige und letzte in der österreichischen Verfassungsgeschichte[147]). Damit verlor das „Vertrauen des Bundespräsidenten", das nach der Verfassung als gleichgewichtiger Faktor neben dem parlamentarischen Vertrauen konstruiert war, seine immanente, antiparlamentarische Spitze. Gleichzeitig war damit allerdings die Möglichkeit verschüttet, eine politische Eigendynamik des Bundespräsidenten gegenüber den parlamentarischen Mehrheitsverhältnissen und den von ihnen

---

144) Ausgelöst durch den — der Heimwehr nahestehenden — Vizekanzler V a u g o i n ; siehe dazu: S k o t t s b e r g , aaO., S. 409 ff.

145) Siehe dazu: Neue Freie Presse v. 1. und 3. 10. 1930, teilweise abgedruckt bei S k o t t s b e r g , aaO., S. 411 ff.

146) Die maßgebende Bestimmung (Art. 70 Abs. 3 B-VG) bezieht sich ihrem Wortlaut nach nur auf den Fall, daß der Nationalrat nicht tagt, und daher zu einer außerordentlichen Tagung (Art. 28 Abs. 2 B-VG) überhaupt einberufen werden kann. Für den Fall einer Ernennung der Bundesregierung w ä h r e n d einer Tagung des Nationalrates kann eine Vorstellungspflicht der Bundesregierung nur aus dem Geist des Art. 70 B-VG bzw. des parl. Regierungssystemes überhaupt ermittelt werden; diese Interpretationsfrage spielte auch im Weimarerer Verfassungsleben eine bedeutende Rolle, siehe z. B.: C. S c h m i t t , aaO. (Verfassungslehre), S. 356 ff.

147) Auf die Analogie dieses Vorganges zur verfassungspolitischen Bedeutung des Vorgehens von M a c - M a h o n anläßlich der Regierungskrise des Jahres 1877 sei ausdrücklich hingewiesen, siehe dazu R e d s l o b , aaO., S. 128 ff.

getragenen Regierungen zu entfalten und allenfalls in einer Konflikts- oder Krisensituation in Anspruch zu nehmen. Die Funktion des präsidialen Vertrauens beschränkte sich in der politischen Wirklichkeit darauf[148]), die Regierungsbildung unter einer gewissen fördernden Kontrolle zu halten, was zwar angesichts der immer mehr zerfallenden Parlamentsmehrheiten gegenüber dem bisherigen System der Wahl durch den Nationalrat bestimmte taktische Vorteile bot, aber keine materielle Änderung des politischen Vorganges bedeutete und der Regierung nicht mehr Autorität einbrachte, als ihr die politischen Parteien geben konnten oder wollten, die sich zu ihr bekannten.

4. Der Widerstand aller parlamentarischen Kräfte gegen die in der Verfassung angelegte plebiszitäre Autorität des Bundespräsidenten wurde aber am deutlichsten, als die erste Neuwahl nach dem verfassungsmäßigen Termin durchzuführen gewesen wäre[149]). Mit einer, dem wahren Verfassungsdenken ins Gesicht schlagenden Bereitwilligkeit und Eile beschloß der Nationalrat eine Verfassungsnovelle, in der die Wahl des Bundespräsidenten für diesen einen konkreten Fall wieder in die Bundesversammlung zurückverlegt wurde, worauf der im Amt befindliche Bundespräsident mit den Stimmen der Regierungspartei und unter Stimmenthaltung der Opposition mit knapper Mehrheit wiedergewählt wurde[150]). Diese Verfassungsnovelle, durch die eine nicht einmal zwei Jahre alte grundlegende Verfassungsnorm ausgeschaltet wurde, ist nicht nur für das extrem antiinstitutionelle Staatsdenken, das das österreichische Verfassungsleben weithin beherrscht, charakteristisch, sondern zeigt auch, wie wenig ernst man die Gleichgewichtsparole, unter der die Regierungsform der „parlamentarischen Präsidentschaftsrepublik" inauguriert wurde, im Lager beider politischen Großparteien nahm: Das Parlament hätte nach dem Geist der neuen Verfassung niemals legitimerweise die plebis-

[148]) Vgl. dazu: S k o t t s b e r g , aaO., S. 420 ff.; 427, 429 f.; 435, 438 f.

[149]) Die Wahl des Bundespräsidenten sollte gemäß § 16 V-ÜG 1929 in der ursprünglichen Fassung „binnen zehn Wochen nach dem Zusammentreten des nächsten neugewählten Nationalrates" erfolgen und wurde demgemäß tatsächlich für den 18. Oktober 1931 ausgeschrieben (BGBl. Nr. 55/1931); 10 Tage vor diesem Termin erging jedoch eine Verfassungsnovelle (BGBl. Nr. 303/1931), die die Wahl des Bundespräsidenten für dieses einzige Mal wieder in die Bundesversammlung zurückverlegte. Ähnliche Bestrebungen im Jahre 1951 blieben erfolglos (siehe dazu auch: A. S c h ä r f , Österreichs Erneuerung, 1955, S. 265 ff.), so daß ab diesem Zeitpunkt die Volkswahl des Bundespräsidenten der Verfassungsnovelle von 1929 gemäß durchgeführt wurde.

[150]) Zu den politischen Vorgängen um die Wahl vgl.: Die österreichischen Bundespräsidenten, aaO., S. 51.

zitäre Autorität des Bundespräsidenten einseitig beseitigen oder auch nur verhindern dürfen[151]), da sich eben darin die ungebrochene Parlamentssouveränität — entgegen allem Gerede von der Beschränkung und Balancierung des reinen Parlamentarismus — am deutlichsten äußerte. Das so von Gnaden der Regierungsmehrheit und der Opposition „noch einmal" parlamentarisch gewählte Staatsoberhaupt war weder theoretisch noch praktisch in der Lage, den Parlamentarismus kraft seiner persönlichen Autorität umzuwandeln oder auch nur zu erhalten[152]), wie es der Sinn der Verfassungsnovelle gewesen sein mag.] Das führt zum II. Teil des Referates, nämlich der systematischen Untersuchung der verfassungstheoretischen Frage, ob und unter welchen Voraussetzungen eine Verknüpfung von Präsidentschaftsregime und Parlamentarismus als stabiles Regierungssystem überhaupt denkbar sei.

B. Das Modell der parlamentarischen Präsidentschaftsrepublik

Wie schon aus der historischen Erörterung deutlich geworden ist, sind es im wesentlichen drei Zielvorstellungen, die diese Mischung der Regierungsformen im ganzen tragen:

I. Das Gleichgewichtsdenken im System der Staatsgewalten
II. Die Verkörperung der Einheit des Staates
III. Die Schaffung einer außerparlamentarischen Legitimitätsreserve im demokratischen Regierungssystem.

Das Staatsoberhaupt soll in allen diesen Bereichen mögliche Entartungen und Funktionsstörungen des sogenannten „absoluten Parlamentarismus" hintanhalten und seine Funktion streng nach diesem Zweck begrenzt werden, damit anderseits eine Überspielung des parlamentarischen Systemes vermieden werde. Diese nach abstrakten Prinzipien fast unlösbare Kombinations- und Konstruktionsaufgabe nimmt in den einzelnen Zielbereichen noch eine Reihe zusätzlicher konkreter Problem-

---

151) Zur Begründung dieser These siehe die Ausführungen unter B, III, d, 4 dieses Berichtes.

152) Vgl. zum zunehmenden Machtverfall des Bundespräsidenten vor allem seine innerparteiliche Isolierung in der Christlichsozialen Partei, dazu andeutungsweise: Die österreichischen Bundespräsidenten, aaO., S. 53 f.; Spitzmüller, aaO., S. 384: „Selbst der Bundespräsident, bei dem ich am 6. Dez. [1933] war, mißbilligte schärfstens das gewaltsame Vorgehen der Regierung ... Als ich bemerkte, die Verfassung gebe ihm ja die Möglichkeit, die Regierung zu entlassen, meinte er: ‚Kann der König von Italien Mussolini, Hindenburg Hitler entlassen? Es ist eben auch bei uns eine Diktatur'."

stellungen und Determinanten einer adäquaten institutionellen Verwirklichung in sich auf, die als solche bis jetzt noch kaum ausdrücklich bedacht wurden.

I. Das Staatsoberhaupt als Institut der Gewaltenbalance

a) Wenn auch die Einrichtung des Staatsoberhauptes in der verfassungspolitischen Vulgärdiskussion ebenso wie in staatstheoretischen Untersuchungen schon beinahe begriffsnotwendig mit dem Institut der Gewaltenteilung in Verbindung gesetzt wird[153]), zeigt sich darin bei genauerer Betrachtung sehr häufig nichts als die unkritische Herübernahme von Problemstellungen der sogenannten konstitutionellen Monarchie. Um zur eigentlichen Problematik des Balancedenkens in der Regierungsform der konstitutionellen Demokratie vorzudringen und mehr als eine zufällige Anhäufung von organisatorischen Details um ein Organ genannt „Staatsoberhaupt" zu entdecken, ist eine ausdrückliche Besinnung auf die spezifische Bedeutung des Gewaltenteilungsschemas für eine konstitutionelle Demokratie notwendig; eine Besinnung, die ja dem deutschen Staatsdenken eigentlich erst durch die Konfrontation mit der absoluten und totalitären Demokratie als ausdrückliche und unerbittliche Notwendigkeit wieder bewußt wurde. Die Gewaltenbalance ist zunächst — das ist eine Banalität — weder ein bloß historisch zu lokalisierendes, noch ein rein dogmatisch aus bestimmten theoretischen Voraussetzungen ableitbares Modell, sondern die institutionelle Antwort auf eine Reihe widersprüchlicher Forderungen an die Organisation der Staatsgewalt[154]). Trotzdem gelang es weder dem monarchischen noch dem republikanischen deutschen Staatsdenken an entscheidenden Wendepunkten seiner Geschichte, das Prinzip der Gewaltenbalance aus dem Banne des englischen Staatsrechtes und der französischen Staatsdoktrin zu lösen, was gerade für die Stellung des Staatsoberhauptes entscheidende

---

[153]) Siehe die Hinweise in Anm. 114; Vodopivec, Die Balkanisierung Österreichs, 1966, S. 319 und 329 unter Berufung auf: G. Winkler, Das österreichische Konzept der Gewaltentrennung in Verfassungsrecht und Wirklichkeit, ungedrucktes Vortragsmanuskript; Spanner, Zur Stellung des Staatsoberhauptes in Deutschland und Österreich, in: DÖV 1966, S. 619 ff. (623).

[154]) W. Kägi, Von der klassischen Dreiteilung zur umfassenden Gewaltenteilung, in: Verfassungsrecht und Verfassungswirklichkeit (Festschrift f. H. Huber), 1961, S. 151 ff.; Imboden, Gewaltentrennung als Grundproblem unserer Zeit, in: Gedanke und Gestalt des demokratischen Rechtsstaates, hrsg. v. Imboden, 1965, S. 37 ff.

Fehlkonstruktionen zur Folge hatte. Will man die darin liegenden konstitutionellen Exklaven von der Wurzel her erkennen, so muß man einmal die spezifischen Anforderungen an eine Gewaltenbalance in der parlamentarischen Demokratie erkennen und die diesen Anforderungen entsprechenden Institutionen in dieser Regierungsform aufdecken. Der Sinn einer Gewaltenbalance scheint mir in der parlamentarischen Demokratie schlagworthaft in folgenden, antagonistischen Postulaten zu liegen:

(1.) In der Beschränkung und Stabilisierung der Staatsgewalt;

(2.) In der Integrierung und Dynamisierung auseinanderstrebender Staatsfunktionen;

(3.) In der Gewährleistung des Bestandes und der normativen Entfaltung einer rechtlichen Verfassung des Gemeinwesens.

Erkennt man diese widersprüchlichen Anforderungen als den Sinn einer demokratisch-parlamentarischen Gewaltenbalance, so findet man diese nicht in einer einzigen, sondern in einer ganzen Reihe von Institutionen verwirklicht[155]), von denen ich im Rahmen der konkreten Themenstellung nur auf die folgenden grundlegenden verweisen möchte:

[Zunächst besteht im modernen Staat noch immer die klassische organisatorische und funktionelle Gewaltenteilung zwischen Exekutive, Legislative und Gerichtsbarkeit; daneben aber haben sich typische Balancierungen des parlamentarischen Regierungssystems entwickelt, wie die Trias Regierung, Parlament und Volk, die Dyarchie von Regierungspartei und Opposition, die kaum konstituierte Balance zwischen Staatsgewalt, Wirtschafts(verbände-)macht und Parteiherrschaft, die bedrohten Institutionen des Föderalismus, die Selbstverwaltung im Verhältnis zur Staatsverwaltung und schließlich die sich anbahnenden Balancierungen zwischen einer materiell angereicherten Verfassung, einer expansiven Legalität und einer gesetzesprüfenden Gerichtsbarkeit. Der Klarheit halber sei ausdrücklich darauf hingewiesen, daß diese Balancierungen — wenn sie echt sein sollen — jeweils in sich geschlossene Systeme sind, und daher die Glieder nicht untereinander vertauscht oder gegeneinander ausgespielt werden dürfen. Dennoch beruht darauf das entscheidende Mißverständnis über das Verhältnis von Gewaltenbalance und Staatsoberhaupt in der parlamentarischen Demokratie: So wurde — um nur ein

155) Ähnliche Beispiele findet auch Kägi, aaO., S. 165 ff.

Beispiel hervorzuheben — das Problem der inneren Balance des Parlamentarismus als Regierungssystem durch ein Staatsoberhaupt regelmäßig als ein Fall der klassischen Gewaltenteilung zwischen Exekutive und Legislative gesehen, womit die Brücke zu Regierungssystemen geschlagen wurde, die auf der politischen Trennung von Parlament und Regierung aufbauen, wie die deutsche konstitutionelle Monarchie oder die amerikanische Präsidentschaftsdemokratie[156]). Daß diese Regierungsformen zugleich eine strenge organisatorische und funktionelle Gewaltenteilung zwischen Exekutive und Legislative institutionalisierten, hat mit der Eigenart der politischen Balance ihres Regierungssystemes überhaupt nichts zu tun. Nicht die Übertragung des Prinzips der klassischen Gewaltenteilung, sondern ihre Gleichsetzung mit der Balancierung des Parlamentarismus als Regierungssystem führte zum unlösbaren konstitutionellen Dualismus in den deutschen Staatswesen. Und als die österreichische Staatsrechtslehre nach dem Sturz der Monarchie — wiederum unter dem Banne des falsch gestellten parlamentarischen Balancierungsproblems — das Prinzip der Gewaltenteilung als undemokratische Restriktion der Volkssouveränität absolut und prinzipiell verwarf, hat sie damit zugleich die Konstitutionalität der Konstitution, d. h., das Gesez ihres Wirkens verworfen[157]).

b) In ganz merkwürdiger Verquickung der rechtlichen und politischen Entwicklung hat das Modell des Parlamentsabsolutismus in seiner österreichischen Ausprägung die Konsequenzen eines solchen Verfassungsdenkens deutlich gemacht.

1. Es sei zunächst daran erinnert, daß dieses Modell theoretisch von einer fanatischen Ablehnung und Diskriminierung des Gewaltenteilungsgrundsatzes als Strukturgesetz der entarteten konstitutionellen Monarchie getragen war (siehe oben S. 114 ff.). Freilich hatte sich die a b s o l u t e Verwerfung der Gewaltentrennung in der österreichischen Verfassung schließlich nicht durchgesetzt, diese war vielmehr durchaus im herkömmlichen Sinne als ein System organisatorisch getrennter und dennoch aufeinander bezogener Staatsfunktionen der

---

[156]) So vor allem von K e l s e n , in den oben Anm. 63, 67 und 68 zit. Werken.

[157]) Über den untrennbaren Zusammenhang zwischen Konstitutionalismus und Gewaltentrennung siehe außer den Hinweisen in Anm. 154: C. S c h m i t t , aaO., S. 182 ff., der unter Berufung auf E. L a m b e r t , Le Gouvernement des juges, 1921, S. 120 ff., betont, daß „dieses Prinzip auch über jede Verfassungsänderung und Revision erhaben sei" (S. 199); im selben Sinne: A n t o n i o l l i , Herrschaft durch Gewaltentrennung, in: Verhandlungen des Zweiten österr. Juristentages, B. II, 7. Teil (1964), S. 29.

Legislative, Exekutive und Gerichtsbarkeit eingerichtet worden. Die Ablehnung der Gewaltentrennung äußerte sich schließlich in der Verfassung nur noch — übrigens durchaus im Sinne der Tradition des monarchischen deutschen Staatsrechtes — im Prinzip der Einheit und Souveränität des obersten Staatsorganes, des Parlamentes. Neben ihm — als dem einzig „richtig" demokratisch legitimierten Staatsorgan — konnten sich eigenständige und unabhängige Staatsgewalten weder begrifflich noch verfassungsrechtlich halten. Dieser Absolutismus im Regierungssystem wurde in Form der bekannten Kelsenschen Reduktion der Staatsgewalt derart konstituiert, daß dem vom Parlament geschaffenen Recht alle anderen Staatsfunktionen im Sinne eines bloßen Normenvollzuges unterworfen wurden[158]). Da aber gerade bei den „politischen" Grenzorganen — vor allem der Regierung, aber auch der Mitglieder des Verfassungsgerichtshofes u. ä. — diese Bindung wesensmäßig versagt hätte, trat zu ihr die politische Bindung durch Wahl bzw. ständiges Vertrauen des Parlamentes.

2. Die Balance der Gewalten ist in diesem Regierungssystem im Gegenschlag zum absoluten Stabilitätsdenken des patrimonialen Staatsrechtes zugunsten einer absoluten politischen Dynamik des Parlamentes beseitigt. Die Konsequenzen eines solchen permanent-revolutionären Staatsdenkens sind bekannt. Zunächst liegt darin die begriffliche Unmöglichkeit irgendeiner politischen Kontrolle der Aktivität des Parlaments, genauer gesagt der Parlamentsmehrheit und der von ihr getragenen Regierung. Da nach den im juristischen Parlamentsabsolutismus liegenden Denkvoraussetzungen weder die Öffentlichkeit noch die Opposition legitimiert sind, die Regierung in echter Weise in ihrer laufenden Tätigkeit zu kontrollieren[159]), bleiben nur die periodischen Wahlen zum Parlament als Abhilfe gegen den möglichen Mißbrauch der Parlamentssouveränität. Wenn die allgemeinen Wahlen in dieser Funktion versagen, was wiederum aus einer ganzen Reihe von Gründen das Wahrscheinlichere ist und in Österreich tatsächlich der Fall war, gibt es gegen den bösen Willen, die Fahrlässigkeit oder auch nur den Irrtum der Parlamentsmehrheit in diesem Regierungssystem keine institutionelle Abhilfe, was

---

[158]) Siehe Art. 18 Abs. 1 B-VG, der nach der Konzeption der Reinen Rechtslehre auch für die Gerichtsbarkeit gelten soll; siehe: Kelsen-Froehlich-Merkl, Die Bundesverfassung, 1922, S. 85.

[159]) Weil beide nicht „Rechtsnormen" setzen können, die eine Parlamentsmehrheit verpflichten würden; siehe dazu Merkl, aaO. (Die Verfassung der Republik Deutschösterreich), S. 31; Kelsen, aaO. (Allg. Staatslehre), S. 313 ff., 322 f. u. a.

bezeichnenderweise gerade Karl Renner im Jahre 1918 schon klar erkannt hatte[160]).

Ebenso führt aber — in dialektischem Gegenschlag — die Konstruktion der absoluten Abhängigkeit aller Staatsfunktionen von der Parlamentsmehrheit zur Instabilität, Ohnmacht und Regierungslosigkeit des Staatswesens, wenn etwa die Willensbildung des Parlamentes versagt, was nach der Geschichte des österreichischen Parlamentarismus eine immerhin zu bedenkende Konsequenz gewesen wäre[161]). Auch für diesen Fall bietet das System keinen Ausweg, so daß das Stocken der Gesetzgebungsmaschine nicht nur eine Organ- oder Regierungskrise, sondern eine unaufhebbare Staatskrise bedeutet und daher nicht ganz ohne Berechtigung als Legitimation parakonstitutioneller Notstandsmaßnahmen genommen werden konnte. Der tiefere Grund dieses Versagens wiederum — das unüberbrückbare Gegeneinander der politischen Parteien — war institutionell bedingt durch das Fehlen eines echten Integrationsvorganges von parlamentarischer Mehrheit und Minderheit, d. h., nach der zuvorgegangenen Begriffsbestimmung einer echten Gewaltenteilung zwischen den beiden. In gewisser Beziehung war das Verfassungsgesetz — als politischer Kompromiß gesehen — ein solches Instrument[162]) und der Präsident des Nationalrates in seiner Ordnungs- und Schiedsfunktion bot ein dürftiges Substrat der persönlichen Integration der Parlamentsfunktionen von Mehrheit und Opposition[163]). Beides bedeutete aber eine unheilvolle Entfremdung und Überforderung der erwähnten Institutionen, die ohne Schaden am Wesen dieser Einrichtungen nicht durchzuhalten waren.

---

[160]) Siehe oben Anm. 97; vgl. ferner K. Renner, Das Erbe des Rechtsstaates sichern!, in: Gutachten Nr. 25 der Sozialwissenschaftlichen Arbeitsgemeinschaft, 1963.

[161]) Dazu nicht nur die Hinweise in Anm. 119 (für die Monarchie), sondern auch Kelsen-Froehlich-Merkl, aaO., S. 167: „... Die Verfassung sieht für den Fall, als eine solche Koalition nicht zustande kommt, nichts vor ...".

[162]) Siehe dazu die Nachweise bei Skottsberg, aaO., S. 305, 318, 366 ff., 385 ff. u. a.; gegenwärtig ist diesbezüglich auf die Praxis der befristeten Verfassungsbestimmungen zu verweisen, die regelmäßig auf Grund eines politischen Junktims beschlossen werden.

[163]) Daher war — entgegen der herrschenden Auslegung — das Zurücktreten der drei Nationalratspräsidenten am 4. März 1933, das zur „Selbstausschaltung des Nationalrates" führte, kein bloß zufälliger Anlaß der Verfassungskrise, sondern ein entscheidendes Merkmal des Versagens der parlamentarischen Gewaltenbalance zwischen Mehrheit und Opposition; symptomatisch erscheint mir in diesem Zusammenhang die systematische Aufwertung der „Präsidialkonferenz" (§ 14 des Geschäftsordnungsges., BGBl. Nr. 178/1961) in der gegenwärtigen parlamentarischen Praxis.

3. Zusammenfassend scheint daher folgendes Urteil über den Parlamentsabsolutismus nach dem Modell der österreichischen Bundesverfassung von 1920 berechtigt: Dieses Regierungssystem konnte die in der Verfassung verwirklichte organisatorische Gewaltenbalance nicht garantieren, es tendierte vielmehr notwendigerweise zu einer Gewaltenfusion auf demokratischer Basis. Wurde diese Tendenz durch außerhalb der normativen Verfassung liegende Gründe gestört, so konnte der Umschlag in eine absolute Lähmung der Staatswillensbildung durch das System nicht erfolgreich verhindert werden, sondern wurde sogar institutionell begünstigt bzw. verschärft. Einen Ausweg aus diesem Teufelskreis konnte — nach der Eigenart des österreichischen Staatsdenkens — nur eine formelle Verfassungsänderung bieten, die die absolute Parlamentssouveränität beseitigte. Dafür boten sich nach den damaligen Leitbildern zwei Wege an: Der unmittelbare Appell von der parlamentarischen Mehrheit an das Volk als den eigentlichen Schiedsrichter zwischen den Repräsentanten oder die Restitution einer parlamentarischen Gewaltenteilung mit einem unmittelbar demokratisch legitimierten Staatsoberhaupt, das also im letzten ebenfalls plebiszitär schiedsrichterliche Funktionen erfüllen sollte. Der erste Weg, den ein sozialdemokratischer Verfassungsentwurf[164]) offensichtlich unter dem Einfluß der bekannten Kelsen schen Arbeit über den Parlamentarismus[165]) anregte, wollte wiederum schweizerische Erfahrungen hereinholen, wobei freilich — wie schon 1919 — übersehen wurde, daß das Schweizer Regierungssystem kein parlamentarisches ist, und daß die von dort in den Parlamentarismus verpflanzten Institutionen ganz andere Bedeutung und Wirksamkeit erlangen. Der zweite Weg hatte dagegen auf eine ganze Reihe von theoretischen und praktischen Modellen der Balance des Parlamentarismus mit Hilfe des Staatsoberhauptes zu verweisen[166]), aus denen natürlich für die konkrete geschichtliche Lage des österreichischen Parlamentarismus ebensowenig die entsprechende Lösung erfunden werden konnte. Da aber unter dem Banne dieser Modelle schließlich die Verfassungsreform

---

164) Antrag der Abg. Sever u. Gen., Sten. Prot. des NR. III. G. P. (1928/29), S. 2093, Beiblatt zur Staatskorr. 195/A (S. 726); dazu: O. Bauer, Über die Krise des Parlamentarismus, in: Arbeiterzeitung v. 6. 1. 1929; Skottsberg, aaO., S. 361 ff.

165) Kelsen, Das Problem des Parlamentarismus, in: Soziologie und Sozialphilosophie (Schriften der Soziologischen Gesellschaft in Wien), Bd. III, 1926, S. 11 ff.

166) Besonders einflußreich war das Vorbild der Weimarer Reichsverfassung, auf das alle Reformvorschläge in Richtung einer Stärkung der Präsidialautorität verweisen.

durchgeführt wurde, muß — um des Verständnisses der österreichischen Lösung willen — ausdrücklich jenen Balancierungsmodellen nachgegangen werden.]

c) Anders als das gebannte Starren auf die Konstruktion B. Constants vermeint[167]), gibt es von vornherein keinen theoretisch oder institutionell notwendigen Ort des Staatsoberhauptes in einem gewaltenteilenden Staatswesen. Dabei muß im Sinne der eingangs erörterten Vielheit von Balancesystemen streng unterschieden werden zwischen der Stellung des Staatsoberhauptes im Schema der klassischen Gewaltenteilung und im Rahmen der übrigen Balancesysteme, wobei die wesentlichen Determinanten möglicher Balancierungsfunktionen des Staatsoberhauptes jeweils durch das parlamentarische Regierungssystem relativ fix vorgegeben sind.

1. Im Rahmen des klassischen Dreiteilungsschemas sind zwei grundsätzliche Balancemöglichkeiten durch das Staatsoberhaupt denkbar: Dieses kann als oberstes Organ der Exekutive und in strenger Trennung und Bindung zu den übrigen Staatsfunktionen stehen oder in irgend einer Weise außerhalb der Dreiteilung konstruiert werden, aber dafür nur im Zusammenwirken mit den Organen der drei klassischen Staatsfunktionen tätig werden können. Das erste ist das Modell der echten „konstitutionellen Monarchie“[168]) bzw. der amerikanischen Präsidentschaftsdemokratie[169]), das zweite ist das System des Staatsoberhauptes als eines besonderen „pouvoir neutre et moderateur“, also eines der vielen Modelle einer sogenannten Vierten Gewalt neben den drei klassischen Gewalten[170]).

2. Mit dem parlamentarischen Regierungssystem sind beide Balancierungen von vornherein nur unter bestimmten Voraussetzungen vereinbar: Da die Regierung hier in spezifischer Weise vom Parlament abhängig sein soll, darf auch ein Staatsoberhaupt nach dem Sinn des Systemes Regierungsfunktionen

---

167) Seit C. Schmitt, Der Hüter der Verfassung, 1931, S. 132 ff.; vgl. dazu in jüngster Zeit etwa: Doehring, Der „pouvoir neutre“ und das Grundgesetz, in: Der Staat, 3. Band (1964), S. 201; Menzel, DÖV 1965, S. 589 und den Bericht Kimminichs auf dieser Tagung.

168) Zum ersten Mal klar durchgeführt in der französischen Verfassung von 1791 (Titel III Art. 2, 3 und 4); in der Folge war die belgische Verfassung von 1830 das einflußreichste Vorbild dieser Regierungsform.

169) Hamilton-Madison-Jay, Der Föderalist, hrsg. v. Ermacora, 1958, S. 285 ff.; 383 ff. u. a.

170) Modell des B. Constant, siehe die Hinweise in Anm. 167 dazu L. Gall, Benjamin Constant, 1963, S. 153 ff.

nur in derselben Abhängigkeit ausüben. Nach beiden oben erwähnten Modellen — als oberstes Organ der Exekutive wie als Vierte Gewalt — würde das Staatsoberhaupt unzweifelhaft wesentliche Regierungsfunktionen — im Sinne des parlamentarischen Prinzips — ausüben und daher der parlamentarischen Verantwortlichkeit unterliegen müssen. Da aber umgekehrt eine Balance in beiden Fällen nur denkbar ist, wenn das Staatsoberhaupt ein Gegengewicht gegen die Macht des Parlaments bildet, muß ihm sowohl als Organ der Exekutive wie als Vierte Gewalt zumindest eine relative parlamentarische Unabhängigkeit zukommen, was institutionell herkömmlicherweise durch das Erfordernis einer reduzierten persönlichen Verantwortung und dem Institut der Gegenzeichnung und Ministerverantwortlichkeit gelöst wird[171]).

Wenn man nun abstrakt erwägt, welche der beiden Konstruktionen der Gewaltenbalance — Staatsoberhaupt als Herr der Exekutive oder als Vierte Gewalt — im Rahmen des parlamentarischen Regierungssystems unter den erwähnten Voraussetzungen in Betracht kommt, so gelangt man zur überraschenden Lösung, daß beides theoretisch in gleicher Weise denkbar ist. Im ersten Falle müßte das Präsidialsystem bzw. das System der konstitutionellen Monarchie im Hinblick auf die Verantwortlichkeit der Regierung parlamentarisiert werden, im zweiten Fall müßte die Vierte Gewalt darauf beschränkt werden, die innerhalb des parlamentarischen Systems gelegenen neutralisierten und mäßigenden Gewalten in Gang zu setzen, statt selbst diese Funktionen zu erfüllen[172]). Diese Erkenntnis ist für ein institutionelles Staatsdenken deshalb so wichig, weil sich daraus zeigt, daß das parlamentarische Regierungssystem ganz entgegengesetzte stabilisierende Elemente in sich aufnehmen kann und so eine organische Entwicklung des Verfassungslebens aus den verschiedensten historischen Voraussetzungen zuläßt.

3. Damit sind wohl die Bedingungen der Vereinbarkeit und des Verhältnisses eines Staatsoberhauptes zu den drei

---

171) H. v. Frisch, Die Verantwortlichkeit der Monarchen und höchsten Magistrate, 1904; Perrin, De la résponsabilité pénal du chef de l'Etat et des ministres en France, 1900; R. Mohl, Die Verantwortlichkeit der Minister, 1837; B. Constant, De la responsabilité des ministres, 1815; Samuely, Das Prinzip der Ministerverantwortlichkeit in der konstitutionellen Monarchie; 1869; Pistorius, Die Staatsgerichtshöfe und die Ministerverantwortlichkeit nach heutigem deutschen Staatsrecht 1891 u. a.

172) So — anders als C. Schmitt und die Folgenden — schon: Redslob, Die parlamentarische Regierung in ihrer wahren und in ihrer unechten Form, 1918, S. 6 ff.

klassischen Staatsgewalten im parlamentarischen System grundsätzlich festgelegt, nicht aber, welche Balancefunktionen ihm innerhalb des parlamentarischen Regierungssystems zukommen sollen. Hier hat das genial simplifizierende Buch Redslobs die These verbreitet, daß im „wahren", d. h., im gemäßigten Parlamentarismus, das Staatsoberhaupt nicht selbst das Gegengewicht zur politischen Dynamik des Parlaments sein dürfe, sondern das Volk der Schiedsrichter und pouvoir moderateur sein müsse, den das Staatsoberhaupt bzw. die Regierung anzurufen habe[173]). Diese These bezieht sich von vornherein nur auf das Balancesystem Volk-Parlament-Regierung und bedeutet hier, daß der Befugnis des Parlaments, die Regierung zu stürzen, die Befugnis der Regierung, mit Hilfe des Staatsoberhauptes das Parlament aufzulösen, gegenübergestellt wird. Dieses Balanceschema, das nur unter ganz bestimmten Voraussetzungen mäßigend und keinesfalls stabilisierend wirkt, ist nicht etwa — wie ein falscher Begriff der Volkssouveränität meint — das einzig Zulässige im parlamentarischen Regierungssystem, und das Einzige, in das ein Staatsoberhaupt eingeschaltet werden darf.

4. Die entscheidende innerparlamentarische Gewaltenbalance, die auch dem Redslobschen Modell in Wahrheit zugrunde liegt, ist vielmehr — das hätte gerade die Geschichte des österreichischen Parlamentarismus in der Monarchie lehren sollen[174]) — die Dialektik von Regierungsmehrheit und Opposition. Wenn hier keine Mäßigung des politischen Prozesses stattfindet, hebt sich der Parlamentarismus sehr bald selbst auf[175]). Will man ein Staatsoberhaupt stabilisierend in diesen Prozeß einbauen, so müßte man ihm, rein logisch gesehen, zwei Funktionen übertragen: Die Integration der parlamentarischen Regierungsmehrheit zu fördern und den Schutz der parlamentarischen Minderheit zu gewährleisten. Die Institutionen der Ernennung und Entlassung der Regierung bzw. die Auflösung des Parlaments weisen in die Richtung dieser Zwecke. Umgekehrt können aber die Konstruktionen einer „Vierten Gewalt" oder einer „unabhängigen Exekutive" im parlamentarischen System nur bestehen, wenn

---

[173]) Redslob, aaO., S. 6, 49, 81, 99, 133, 151, 178 u. a.

[174]) Siehe dazu das umfassende Quellenwerk: Kolmer, aaO.; Skottsberg, aaO.; Zenker, aaO., und die Hinweise in Anm. 119 („Obstruktion").

[175]) So Kelsen, aaO., S. 31 ff. und in anderen Schriften; scharf angegriffen von C. Schmitt, aaO., S. 25 u. a.; siehe allerdings auch derselbe, Die geistesgeschichtliche Lage des heutigen Parlamentarismus, 1961³, wo das Parlament richtigerweise dem Liberalismus und damit der Toleranz der Minorität zugeordnet wird.

diese nicht darauf angelegt sind, durch minderverantwortliche persönliche Machtausübung die parlamentarischen Mehrheitsverhältnisse zu manipulieren oder zu überspielen. Das dagegen aus der Monarchie übernommene allgemeine Hilfsmittel der Bindung des Staatsoberhauptes an die Regierung ist sowohl für die Aufgabe der Integration einer Regierungsmehrheit wie für die ihrer Kontrolle im Interesse der Minderheit begriffsmäßig untauglich.

[5. Als institutionelle Zauberformel bot sich die Volkswahl und die Verantwortlichkeit des Staatsoberhauptes gegenüber dem Volk an. Man sah in einem derartig unmittelbar demokratisch legitimierten Staatsoberhaupt das einzig wirksame und zulässige Gegengewicht gegen das Parlament[176]). Das ist in dieser Form sicher nicht richtig, bot aber immerhin — im Zusammenhang mit einer längeren Funktionsperiode — einen echten Ansatz zu einer Lösung des Staatsoberhauptes von der Regierungsmehrheit und damit zur Bewältigung des zuvor erwähnten innerparlamentarischen Belanceproblemes. Inwieweit aber anderseits das Kriterium der Volkswahl in der Dialektik von wahrer und falscher Repräsentation des Volkswillens zur Sprengung des parlamentarischen Systems führen konnte, wurde bereits angedeutet und ist im Zusammenhang mit der Modellvorstellung der „Einheit des Staates" ausführlicher zu erwägen.]

6. Eine weitere Institution der modernen demokratischen Gewaltenbalance — das Verhältnis der Verfassungsgerichtsbarkeit zu den übrigen Staatsfunktionen[177]) — bietet ebenfalls zwei grundlegende Möglichkeiten der Einschaltung des Staatsoberhauptes. Einerseits könnte das Staatsoberhaupt ermächtigt werden, in verfassungsrechtlichen Konflikten mit Parlament oder Regierung den Gerichtshof anzurufen, und umgekehrt könnte der Gerichtshof in gleichartigen Konflikten unter dem Schutz des unparteiischen Staatsoberhauptes seine Rechtspre-

---

[176]) Für die Weimarer Verfassung war besonders einflußreich: Redslob, aaO., S. 112 f. (unter Berufung auf Tocqueville u. a.); M. Weber, z. B. in: Politische Schriften, 1921, S. 390; H. Preuss und F. Naumann (dazu die Hinweise bei C. Schmitt, aaO., S. 138); für Österreich vgl. schon Merkl, Das Staatsoberhaupt der deutschösterreichischen Republik, in: Z. f. Verwaltung 1919, S. 22 und später vor allem Seipel, aaO., S. 42 ff. u. a.

[177]) Dazu vor allem Marcic in zahlreichen Werken, insbes.: Verfassung und Verfassungsgericht, 1963; Verfassungsgerichtsbarkeit und Reine Rechtslehre, 1966; Verfassungsgerichtsbarkeit in Jugoslawien, in: JBl. 1963, S. 340 ff.; ferner: Verfassungsgerichtsbarkeit in der Gegenwart, 1961 (Beiträge z. ausl. öff. Recht und Völkerrecht, Bd. 36).

chung auch gegen Parlament und Regierung durchsetzen[178]). In dem berühmten Streit um den „Hüter der Verfassung"[179]) wurde weithin verdunkelt, daß auch eine innere Balance des „Hüters" denkbar und im Hinblick auf das elementare Strukturgesetz der konstitutionellen Demokratie offenbar das Angemessene ist.

7. Schließlich muß auf die Modelle des Gleichgewichtes im Balance-Schema: Staat — Verbände — politische Parteien hingewiesen werden, die dem Staatsoberhaupt hier — im Anschluß an die brillante Formulierung des Problemes durch C. Schmitt[180]) — eine wesentlich stabilisierende Funktion zuweisen. Der Grundgedanke ist dabei, daß Parlament und Regierung als Repräsentanten des gesellschaftlichen und wirtschaftlichen Pluralismus begriffsmäßig nicht in der Lage seien, diesem die mitunter sachlich notwendigen Schranken zu setzen, daß dagegen ein relativ unabhängiges Staatsoberhaupt dazu — vor allem mit Hilfe seiner Ernennungsfunktionen — besser geeignet sei[181]). Die auch für eine derartige Balancefunktion notwendige relative Unabhängigkeit des Staatsoberhauptes von Parlament und Regierung tendiert aber — in der schon erwähnten Dialektik von Staatseinheit und Partikularinteresse — zur Sprengung des parlamentarischen Systemes.

d) Nach der Aufweisung dieser wichtigsten theoretischen Determinanten sollen im folgenden die Grundlinien der Verwirklichung des Modelles in der österreichischen Verfassung aufgedeckt werden:

---

[178]) Vgl. Art. 64 der französischen Verfassung von 1958: „Der Präsident der Republik ist der Garant für die Unabhängigkeit der Gerichtsbarkeit"; ferner Durig, aaO., S. 78: „Es wurde darauf verwiesen, daß die Bundesverfassung dem Staatsoberhaupt die Exekution der einzelnen Erkenntnisse des Verfassungsgerichtshofes überträgt und daher um so mehr die Folgerung gerechtfertigt sein muß, dem Herrn Bundespräsidenten sei auch die Obsorge dafür anvertraut, daß der Gerichtshof überhaupt seinen Aufgaben vollinhaltlich gerecht zu werden vermag"; ähnlich: Simmons-Lammers, Die Rechtsprechung des Staatsgerichtshofes für das Deutsche Reich, II. Bd. (1929), S. 9 ff.; C. Schmitt, aaO., S. 139 f.

[179]) C. Schmitt, aaO; Kelsen, Wer soll der Hüter der Verfassung sein?, 1931. Der Streit setzt sich in die gegenwärtige Staatsrechtslehre fort, siehe dazu die Hinweise in Anm. 167.

[180]) AaO., S. 73 ff.; dazu: Kaiser, Die Repräsentation organisierter Interessen, 1956, S. 314 ff. u. a.

[181]) Siehe z.B. Menzel, aaO., S. 590 ff., der eine dualistische Grundstruktur des modernen Verfassungstaates zu erkennen glaubt und das Staatsoberhaupt dabei der „neutralen, kontinuierlichen und ewigen" Seite des Staates zuordnet.

1. Im System der klassischen Gewaltenteilung wurde der Bundespräsident — unabhängig von der rein optischen Lokalisierung im Rahmen der Exekutive — im wesentlichen nach dem Modell einer parlamentarisierten „Vierten Gewalt" konstituiert. Das zeigt sich nach der eingangs gegebenen Begriffsbestimmung darin, daß dem Bundespräsidenten annähernd gleichgewichtig im Rahmen aller drei klassischen Staatsfunktionen Aufgaben übertragen wurden, sein Wirken in diesem Rahmen aber materiell an die Akte der primär für diese Funktionen zuständigen Organgruppen gebunden wurde.

[Die folgende Zuordnung der Aufgaben des Bundespräsidenten zu den drei klassischen Staatsgewalten kann begriffsmäßig nicht von einer organisatorischen Gewaltenteilung ausgehen, sondern muß sich an materiellen Begriffen der Funktionen orientieren. Die wesentlichen Zuständigkeiten des Bundespräsidenten im Bereich der Exekutive entsprechen denen des parlamentarischen — und nicht, wie immer wieder behauptet wird, des konstitutionellen — Monarchen[182]). So — um die wesentlichen aufzuzählen — die völkerrechtliche Repräsentation der Republik einschließlich der Ratifikation der Staatsverträge, aber ohne die Kriegserklärung[183]); die Ernennung und Entlassung der parlamentarisch verantwortlichen Regierung, der Beamten und sonstigen Staatsfunktionäre[184]); die Verleihung von Auszeichnungen und gewissen Ehrenrechten[185]); eine — allerdings nur mehr beschränkte — Organisationsgewalt der obersten Bundesverwaltung[186]) und ein bloß

---

182) Zu dieser geläufigen Unterscheidung vgl. schon: G. Jellinek, Allgemeine Staatslehre, 1914³, S. 706 ff.; F. J. Stahl, Rechts- und Staatsphilosophie, § 97 f.; C. Schmitt, aaO., S. 289.

183) Vgl. Art. 65, 50 und 38 B-VG. Die sog. „Staatsvertrags-Novelle", BGBl. Nr. 59/1964 hat auch das Verhältnis des Bundespräsidenten zum Nationalrat im Rahmen des völkerrechtlichen Ratifikationsverfahrens berührt; siehe dazu: Klecatsky, Die Bundesverfassungsnovelle v. 4. 3. 1964 über die Staatsverträge, in: JBl. 1964, S. 349 ff. (355).

184) Art. 65 Abs. 2 lit. a und 70 ff. B-VG; siehe dazu jetzt auch: Bundesbahnfunktionäre-Bestellungsgesetz, BGBl. Nr. 304/1966; vgl. ferner die von der Praxis als geltend angesehenen Entschließungen des Bundespräsidenten zu Art. 66 B-VG, BGBl. Nr. 312/1924 und 168/1930.

185) Art. 65 Abs. 3 B-VG; dazu: BGBl. Nr. 58/1952 (Promotion „sub auspiciis Praesidentis"); Ehrenzeichengesetz, BGBl. Nr. 89/1952 i. d. F. d. Nr. 194/1954.

186) Vgl. Art. 77 Abs. 3 zweiter Satz B-VG und dazu die Entschließungen des Bundespräsidenten BGBl. Nr. 210/1960, 96/1961, 63/1963, 64/1964. Vgl. im übrigen zur Organisationsgewalt der obersten Bundesverwaltung Art. 77 Abs. 2 B-VG und Ermacora, Die Organisationsgewalt, in: VVDStRL. Heft 16 (1958), S. 191 ff. Die Praxis billigt

repräsentativer Oberbefehl, sowie sehr beschränkte Verfügungsrechte über das Bundesheer[187]). Im Bereich der Legislative wurde dem Bundespräsidenten die Einberufung, Vertagung und Auflösung des Nationalrates[188]), die Anordnung einer Volksabstimmung[189]) und ein Notverordnungsrecht im Zusammenwirken mit einem Parlamentsausschuß[190]) durch die Verfassungsnovelle 1929 neu übertragen, während ihm schon bis dahin die Beurkundung der Gesetze zukam[191]). Im Bereich der Gerichtsbarkeit blieben dem Bundespräsidenten auch nach der Verfassungsnovelle die Zuständigkeiten zur Begnadigung und Abolition strafgerichtlicher Verfahren[192]), die Ernennung der Richter und die Vollstreckung der Erkenntnisse des Verfassungsgerichtshofes, wobei man wohl die beiden zuletzt genannten Befugnisse als Ansätze einer Garantie der Unabhängigkeit der Rechtsprechung auffassen muß[193]). Ausdrücklich sei darauf hingewiesen, daß der Bundespräsident im Rahmen seiner typischen Befugnisse nach dem B-VG schon deshalb nicht als ein reines Organ der Exekutive konstruiert

---

dem Bundespräsidenten darüber hinaus volle Organisationsgewalt bezügl. der „Präsidentschaftskanzlei“ zu (siehe Anm. 317).

187) Siehe: Pernthaler, Der Rechtsstaat und sein Heer, 1964, S. 87 ff. und 105 ff.

188) Siehe Art. 27, 28 und 29 B-VG und die besonderen Verpflichtungen des Bundespräsidenten zur Einberufung des Nationalrates gemäß Art. 18 Abs. 4 und 70 Abs. 3 B-VG. Eine Auflösung des Nationalrates durch den Bundespräsidenten hat tatsächlich erst einmal stattgefunden: BGBl. Nr. 294/1930.

189) Art. 43 und 46 Abs. 3 B-VG und dazu das Volksabstimmungsgesetz BGBl. Nr. 248/1962; eine derartige Volksabstimmung hat noch nicht stattgefunden.

190) Art. 18 Abs. 3—5 B-VG; dazu die Hinweise in Anm. 142.

191) Art. 47 B-VG; damit ist nach österreichischer Auffassung ein formelles und materielles Prüfungsrecht des Bundespräsidenten (hinsichtlich der Verfassungsmäßigkeit der Gesetzesbeschlüsse) verbunden; Adamovich-Spanner, aaO., S. 304; Kelsen-Froehlich-Merkl, aaO., S. 126 (unbestimmt); Merkl, aaO. (Die Verfassung), S. 88; vgl. auch unten, Anm. 224. Über die deutschen Auffassungen zu diesem Prüfungsrecht siehe vor allem die Diskussion auf dieser Tagung.

192) Art. 65 Abs. 2 lit. c und 142 Abs. 5 B-VG (siehe auch § 25 V-ÜG 1920, womit dem Bundespräsidenten analoge Befugnisse im Disziplinarverfahren über Bundesangestellte eingeräumt werden); dazu: Knaipp, Das Niederschlagungsrecht in rechtsstaatlicher Sicht, in: JBl. 1965, S. 615 ff.; Pfeifer, Das Gnadenrecht des Bundespräsidenten, in: JBl. 1952, S. 256 ff.; Ent, Ein Beitrag zum österr. Gnadenrecht, in: ÖJZ. 1956, S. 356 ff.; Erk. d. Verw.GH. Slg. 3083 (A)/1953; R. Zitta, in: ÖJZ 1964, S. 229 ff. u. 253 ff.

193) Art. 86, 147 Abs. 2 sowie Art. 146 B-VG (Exekution der Erkenntnisse des VerfGH.); zur letzteren Bestimmung siehe auch Pernthaler, aaO., S. 160 ff.

werden kann, weil er insofern — entgegen der Grundstruktur der Exekutive nach der österreichischen Bundesverfassung[194]) — der Legislative weithin als gleichberechtigter Partner gegenübertritt[195]).]

2. Analysiert man die angeführte Balance der klassischen Gewalten durch den Bundespräsidenten, so erkennt man, daß seine Funktionen durchaus nicht darauf angelegt sind, eine Gewalt gegen die andere auszuspielen und dadurch zum „Schiedsrichter" der drei klassischen Gewalten zu werden, wie es meist unrichtigerweise unter dem Modell des „pouvoir moderateur" als Aufgabe des Verfassungshüters dargestellt wird. Viel eher scheint allen diesen Funktionen der Gedanke der Staatseinheit — verkörpert durch das Staatsoberhaupt — als Gegensatz zur Gewaltenteilung zugrunde zu liegen, und die Balance zwischen diesen beiden Prinzipien angezielt zu werden[196]). Auf die Berechtigung eines solchen Gegensatzes wird noch zurückzukommen sein. Hier ist aber schon festzuhalten, daß die Wandlung von der rein parlamentarischen zur parlamentarischen Präsidentschaftsdemokratie die Stellung des Staatsoberhauptes im System der klassischen Gewaltenteilung gerade nicht wesentlich modifiziert hat.

3. Im Rahmen des parlamentarischen Regierungssystemes im engeren Sinne mußten zwei antagonistische Balance-Ziele verwirklicht werden: Parlament und Regierung sollten durch das Staatsoberhaupt kontrolliert, dieses selbst wieder durch Gegenbefugnisse der beiden im parlamentarischen Regierungssystem gehalten werden.

---

[194]) Siehe Art. 18 B-VG und dazu jetzt statt aller: Klecatsky, Gedanken zum Rechtsstaatsprinzip, im besonderen zum Grundsatz der Gesetzmäßigkeit der Verwaltung, in: Journal der Internationalen Juristen-Kommission 1963, S. 213 ff.

[195]) Vgl. Art. 142 Abs. 2 lit. a B-VG, wonach der Bundespräsident nur wegen „Verletzung der Bundesverfassung", alle anderen obersten Staatsorgane wegen „Gesetzesverletzung" zur Verantwortung gezogen werden können; dazu: Ermacora, Der Verfassungsgerichtshof, 1956, S. 288 ff. und die Ausführungen unten S. 160 mit Anm. 221. Im Erk. v. 17. März 1966, G 30/65, hat der VerfGH ausdrücklich festgestellt, daß „die Vorschrift des Art. 18 Abs. 1 und 2 B-VG in Angelegenheiten des Art. 65 Abs. 2 lit. b B-VG nicht gilt", da sonst „dem Bundespräsidenten in Wahrheit nur eine Scheinkompetenz zukommt, weil alle seine Entschließungen durch die einfache Gesetzgebung durchkreuzt werden könnten." Ebenso (für Ernennungen): Art. II (Verfassungsbestimmung) des BGBl. Nr. 296/1964.

[196]) So auch C. Schmitt, aaO., S. 138 f. unter Hinweisen auf Preuss und Naumann.

[Daher entsprechen der Zuständigkeit des Bundespräsidenten, die Regierung zu ernennen und zu entlassen[197]), das Erfordernis des parlamentarischen Vertrauens der Regierung[198]); den Ansätzen eigener Exekutivfunktionen des Bundespräsidenten (siehe oben!) das Erfordernis von Vorschlag und Gegenzeichnung[199]); dem Auflösungsrecht[200]) die klassischen parlamentarischen Machtmittel gegenüber der Regierung und dem Bundespräsidenten[201]), insbesonders das Budgetrecht[202]) und die Verfassungsgewalt. Die völkerrechtliche Repräsentation wird materiell vollständig durch Parlament und Regierung determiniert[203]). Politische Auseinandersetzungen zwischen Bund und Ländern, Parlament und Regierung, Mehrheit und Opposition sind im hohen Maße verfassungsrechtlich formalisiert und damit der Verfassungsgerichtsbarkeit und nicht dem Bundespräsidenten als Schiedsorgan übertragen[204]), wobei

[197]) Art. 70, 71 und 78 B-VG; W e l a n , Entlassung und Rücktritt des Bundeskanzlers, der Bundesregierung und einzelner Mitglieder der Bundesregierung, in: ÖJZ. 1966, S. 29 ff.

[198]) Art. 74 B-VG (gegenüber dem Nationalrat); keine parlamentarische Verantwortlichkeit der Bundesregierung besteht gegenüber dem Bundesrat, siehe dazu Anm. 143.

[199]) Art. 67 Abs. 1 und 2 B-VG; der Versuch, das absolute Vorschlagsprinzip in der Verfassungsnovelle 1929 zu beseitigen (§ 38 der Regierungsvorlage, 382 der Beilagen zu den Sten. Prot. III. G. P.), schlug fehl; vgl. dazu den Bericht des Abgeordneten S c h u s c h n i g g über das Ergebnis der Beratungen des Unterausschusses des Verfassungsausschusses vom 18. 11. 1929, abgedruckt bei: S e i p e l , aaO., S. 316 ff. (324 f.).

[200]) Art. 29 Abs. 1 B-VG; durch das BVG. BGBl. Nr. 244/1932 (§ 3) wurde die Frist des Wiederzusammentritts des Nationalrates von 90 auf 100 Tage erhöht. Der Bundespräsident ist auch berufen, einen Landtag (mit Zustimmung des Bundesrates) aufzulösen: Art. 100 B-VG.

[201]) Der Bundespräsident unterliegt sogar einer reduzierten parlamentarischen Verantwortlichkeit, dergestalt, daß der Nationalrat und die Bundesversammlung die Geltendmachung sowohl der politischen (Art. 60 B-VG) wie auch der rechtlichen (Art. 68 und 142 B-VG) Verantwortlichkeit v e r h i n d e r n können; d. h., der Bundespräsident kann n i c h t zur Verantwortung gezogen werden, solange er das Vertrauen des Nationalrates (u. zwar hier einer Sperrminorität von über einem Drittel der Abgeordneten) besitzt.

[202]) In dieser Hinsicht ist zu beachten, daß die Sozialistische Partei, seit sie in Opposition steht, stets dem Budgetkapitel „Bundespräsident" (I, 1) zustimmte und damit offensichtlich einen Beweis des parlamentarischen Vertrauens zum gegenwärtigen Bundespräsidenten setzen wollte; siehe dazu den Minderheitsbericht zum Budget 1966, in: 79 der Beilagen zu den Sten. Prot. des NR., XI. G. P., S. 7 und ebenda, 258 der Beilagen, S. 9 (zum Budget 1967).

[203]) Siehe außer den Bestimmungen über die Staatsverträge (oben, Anm. 183) und das Vorschlags- und Gegenzeichnungsrecht (Anm. 199) BGBl. Nr. 70/1966, insbes. § 4.

[204]) Vgl. die Art. 138—143 B-VG und dazu E r m a c o r a , aaO.;

allerdings die Exekution der verfassungsgerichtlichen Erkenntnisse wiederum dem Bundespräsidenten zukommt[205]).]

Die entscheidende Integrierung des Bundespräsidenten in das parlamentarische Regierungssystem versteckt sich aber juristisch hinter einer unscheinbaren Generalklausel zugunsten der Bundesregierung[206]). Der Bundespräsident wird nach der Konstruktion der österreichischen Bundesverfassung von allen, ihm nicht ausdrücklich übertragenen Staatsfunktionen in derart radikaler Weise ausgeschlossen, daß nach Auffassung der Staatsrechtslehre in diesen Bereichen nicht einmal ein Berichts-, Besuchs- oder Informationsrecht des Staatsoberhauptes aus der Verfassung abzuleiten ist[207]). Die politische Konsequenz dieser Verfassungsstruktur ist, daß der Bundespräsident eine Auseinandersetzung mit der Bundesregierung nicht bestehen kann, [weil er nicht nur von allen staatlichen Machtmitteln, sondern auch von den Möglichkeiten einer sachlichen Überprüfung der Vorlagen der Bundesregierung durch die fehlende Verbindung mit den jeweils in Betracht kommenden Staatseinrichtungen — wenigstens rechtlich — sorgfältig isoliert wurde. Das lag durchaus im Sinne der Väter der Verfassung, für die der Zweck einer „Balance" des parlamentarischen Regierungssystemes die Stärkung der Regierung gegenüber dem Parlament und nicht die des Staatsoberhauptes bedeutete, wobei die Rolle der Opposition darin bestand, diese ermächtigende Funktion des Staatsoberhauptes möglichst zu

---

der Zusammenhang mit der Kelsenschen Staats- und Rechtstheorie liegt zwar auf der Hand (vgl. insbes. dessen Referat in: VVDStRL. 5/1928, S. 30 ff. und: Die Bundesexekution, in: Festgabe f. Fleiner, 1927, S. 127 ff.), doch ist die Idee einer Verfassungsgerichtsbarkeit in Österreich zweifellos schon durch die ausgebaute richterliche Kontrolle der öffentlichen Gewalt durch das Reichsgericht und den Verwaltungsgerichtshof in der Monarchie wesentlich vorgeformt worden.

205) Art. 146 Abs. 2 B-VG und dazu Kelsen, aaO. (Bundesexekution) sowie: Pernthaler, aaO.; Koropatnicki, Grundriß der Vollstreckung im öffentlichen Recht, 1929, S. 63 ff.

206) Art. 69 Abs. 1 B-VG; Adamovich-Spanner, aaO., S. 226 und 238.

207) Kelsen-Froehlich-Merkl, aaO., S. 154: „Bemerkenswert ist, daß die Ablehnung des Gelöbnisses vor der Bundesversammlung der einzige Anlaß ist, aus dem der Bundespräsident in dieser Eigenschaft in einer parlamentarischen Körperschaft des Bundes erscheinen darf"; vgl. auch das Rechtsgutachten Nr. 12 der Sozialwiss. Arbeitsgemeinschaft: „Die Verfügungsgewalt über das Bundesheer", das ebenso wie die Bundesregierung im Jahre 1966 die Berichterstattungspflicht an den Bundespräsidenten in Sachen der militärischen Verfügungsgewalt für verfassungswidrig hielt; siehe dazu auch die Hinweise in Anm. 230.

beschränken. Keine der beiden Großparteien wollte aber aus naheliegenden Gründen ein Staatsoberhaupt institutionalisieren, das ein Gegengewicht zur parlamentarischen Mehrheit und ihrer Regierung bedeutet hätte. Wenn sich die Verfassungspraxis der „Zweiten" Republik dennoch diesem Balance-Schema angenähert hat (siehe unten, Abschnitt C), so liegt darin einmal nach der Struktur des österreichischen Staatsdenkens keine Notwendigkeit, sondern nur eine beliebige auswechselbare politische Praxis[208]). Zum anderen wird aber daraus doch die Kraft der Institutionen sichtbar: Die unter dem Gesetz des „Gleichgewichtes" vom historischen Verfassungsgesetzgeber bewußt mangelhaft installierte Einrichtung konnte sich — allerdings unter günstigen politischen Voraussetzungen — zu einer diesem Gesetz strukturell entsprechenden Form entwickeln und relativ stabilisieren.

4. Das gilt auch von der unter dem besonderen Pathos des Gleichgewichtes von Staatsoberhaupt und Parlament eingeführten unmittelbaren Volkswahl des Bundespräsidenten. Sie hat — wie alle plebiszitären Rekurse — an sich keinerlei stabilisierende Wirkung, tendiert vielmehr dazu, die parlamentarische Repräsentation zu überspielen[129]). Daß diese Konsequenz in der „Zweiten" Republik hauptsächlich durch die Zugkraft der parteipolitischen Gleichgewichtsparole[209]), aber auch durch die innere Logik eines fast totalen Parteienstaates nicht zum Tragen kam, sondern der Bundespräsident immer von der im Parlament zweitstärksten Partei bestellt wurde, bedeutete zwar „eine glückliche Einfügung" der Institution in den Parlamentarismus[210]), war aber vom historischen Verfassungsgesetzgeber gerade so nicht gemeint und könnte offenbar jederzeit wieder in das Gegenteil umschlagen. Dabei würde die balancierende Wirkung der Volkswahl offenbar nicht nur im Falle des Sieges der Mehrheitspartei, sondern viel gefährlicher durch eine außerparlamentarisch begründete Autorität beseitigt. Im ersten Falle würden sich die Gewichte der Zuständigkeiten politisch vereinigen, im zweiten Falle aber die Autorität des Staatsoberhauptes notwendigerweise zum Gegenspieler des parlamentarischen Syste-

---

[208]) Die innig mit dem ehemaligen Koalitionssystem zusammenhängt; vgl. dazu Anm. 210 und R. Marcic, Die Koalitionsdemokratie, 1966.

[209]) Siehe dazu: Wahlen und Parteien in Österreich, hrsg. v. Inst. für höhere Studien und Wissenschaftliche Forschung (D. Marvick), Bd. 3, S. 205 ff. (C 5).

[210]) Grauhan, Der Bundespräsident — Aktiv oder neutral, in: JR. 1965, S. 379 ff. (382); siehe dazu aber auch: Vodopivec, Wer regiert in Österreich, 1962², S. 25 ff.

mes überhaupt werden. Dies würde zwar angesichts der beschriebenen innigen Verschränkungen der Funktionen des Bundespräsidenten mit denen von Parlament und Regierung nicht zum unaufhebbaren „konstitutionellen Dualismus“, sehr bald aber zur völligen Lähmung des Regierungssystemes führen.]

5. Das zeigt sich vor allem an der eigenartigen Konstruktion der inneren Balance zwischen Regierung und Bundespräsident, die sich in der österreichischen Verfassungspraxis sehr früh aus dem Institut von Vorschlag und Gegenzeichnung und der Teilung der Verantwortlichkeit beider Organe entwickelt hat. Soweit der Bundespräsident in seinem Wirken an Vorschläge anderer Organe gebunden ist — nach der Generalklausel des Artikels 67 B-VG in allen Zuständigkeitsbereichen mit Ausnahme der Ernennung des Bundeskanzlers und der Entlassung des Bundeskanzlers oder der ganzen Bundesregierung —, wird in der österreichischen Staatslehre seit 1919 einhellig die Auffassung vertreten, daß damit ein selbständiges Prüfungs- und Verwerfungsrecht des Staatsoberhauptes verbunden sei[211]), wenn nicht der jeweilige Gesetzestext eine Pflicht des Staatsoberhauptes, bestimmte Handlungen zu setzen, ausdrücklich statuiert. Dabei geht die politische Praxis darüber hinaus noch so weit, sogar entgegen dem eindeutigen Verfassungstext die Annahme des Rücktrittes einer Bundesregierung in das Ermessen des Bundespräsidenten zu stellen[212]). Aus diesem selbständigen Prüfungs- und Verwerfungsrecht wird abgeleitet, daß der Bundespräsident sowohl aus rechtlichen wie aus politischen Gründen einen Vorschlag — und zwar beliebig oft — zurückweisen dürfe, so daß die Legitimität einer politischen Eigendynamik des Bundespräsidenten im Rahmen seiner Zuständigkeiten in Österreich nie als problematisch gesehen wurde[213]). Dazu kommt, daß man die Bindung des Staatsober-

---

211) Merkl, aaO., S. 119: „Die Vornahme der übrigen Staatsakte ist aber wohl auch im Rechtssinne nur vom freien Willen des Präsidenten abhängig“; Kelsen-Froehlich-Merkl, aaO., S. 162; Adamovich-Spanner, aaO., S. 235; ebenso — unter Hinweis auf diese — Koja, Mitwirkung und Verantwortung eines Bundesministers bei Vollzugsakten (Bescheiden) des Bundespräsidenten, in: JBl. 1964, S. 440 ff.

212) So haben die Bundespräsidenten Körner und Schärf 1952 und 1960 jeweils die Demission einer Bundesregierung „nicht angenommen“ (Vodopivec, aaO., S. 25 ff.) und Bundespräsident Schärf hat eine Rücktrittserklärung des Bundeskanzlers für die Bundesregierung nur mit Einschränkung auf seine Person „angenommen“ (Welan, aaO., S. 29 f.).

213) So zutreffend auch Spanner, aaO., S. 624.

hauptes an die Regierung von vornherein nur auf „rechtsverbindliche Akte" beschränkt[214]), was — angesichts der zahlreichen anderen Äußerungsformen einer politischen Aktivität[215]) — dem Bundespräsidenten einen zusätzlichen politisch „freien" Raum gegenüber der Bundesregierung absichert. Man hat diese Surrogate einer echten Prärogative des Staatsoberhauptes mit seiner selbständigen rechtlichen und politischen Verantwortlichkeit und der Tatsache der Volkswahl zu legitimieren versucht[216]). Beides — so glaube ich — untaugliche Versuche, weil die Zuständigkeit eines Organes — und das freie Prüfungs- und Verordnungsrecht ist eine Kompetenz des Organes — weder mit der Bestellung noch der Verantwortlichkeit des Organwalters etwas zu tun hat. Selbst wenn man aber einen solchen Zusammenhang herstellen würde, ergäbe sich aus der geminderten und erschwerten Verantwortlichkeit nichts für die Annahme einer politischen und rechtlichen Selbständigkeit des Bundespräsidenten.

6. Diese Selbständigkeit ist vielmehr das Erbe der dualistischen Konstruktion des „Staatsoberhauptes" der provisorischen Verfassung[217]), die man in die Bundesverfassung unter dem Titel einer „dualistischen Spitze der Vollziehung" übernahm[218]). Schon für die provisorische Verfassung hat dabei Merkl die Auffassung verbreitet, daß man von einem Staatsoberhaupt als ein „oberstes Staatsorgan" nur

---

[214]) Kelsen-Froehlich-Merkl, aaO., S. 163 (überdies noch schriftlich); unbestimmt: Koropatnicki, aaO., S. 57.

[215]) Erinnert sei an die Phänomene der „Telekratie" oder der „Herrschaft durch Pressekonferenzen", sowie an die Vorgänge um Regierungsbildung, Demission u. dgl.; siehe dazu u. a.: Maurer, Hat der Bundespräsident ein politisches Mitspracherecht?, in: DÖV 1966, S. 665 ff. und E. Küchenhoff, Präsentationskapitulation des Bundeskanzlers gegenüber dem Bundespräsidenten?, in: DÖV 1966, S. 675 ff.

[216]) Spanner, aaO., S. 624.

[217]) Merkl, aaO., S. 120: „Die typischen Geschäfte eines Staatsoberhauptes werden in Österreich von zwei Faktoren, vom Präsidenten und von der Staatsregierung in teils arbeitsteiligem, teils komplementärem Zusammenwirken versehen." Ebenso, aaO. (Staatsoberhaupt in der deutschösterreichischen Republik), in: Das Kriterium von Republik und Monarchie (Z. f. Verwaltung 1923, S. 78 f.) spricht Merkl dem Bundespräsidenten nach der Verfassung 1920 die Qualität „Staatsoberhaupt" wegen dieser Aufteilung überhaupt ab.

[218]) Adamovich-Spanner, aaO., S. 226: „Die oberste Verwaltung des Bundes ist vielmehr auf dualistischer Grundlage aufgebaut: Der Bundespräsident und die Mitglieder der Bundesregierung sind die obersten Vollzugsorgane des Bundes, jedes dieser Organe innerhalb ihrer verfassungsgesetzlich bestimmten Kompetenzen." (Gleich schon in der ersten Auflage und in: Grundriß des tschechoslowakischen Staatsrechts, 1929, S. 135.)

sprechen könne, wenn „dieses bei Ausübung seiner spezifischen Befugnisse keinem Faktor unterstellt und an niemandes Aufträge gebunden sei“[219]). Diese Konstruktion entspricht der Stellung des Bundespräsidenten nach der geltenden Bundesverfassung deshalb nicht, weil sie dieses Organ im System der klassischen Gewaltenteilung falsch lokalisiert und so zur Vorstellung des Bundespräsidenten als eines — wenngleich umfangmäßig beschränkten — Herrn, d. h., obersten Organes der Exekutive, kommt. In Wahrheit aber liegt der Konstruktion der Bundesverfassung — anders als der konstitutionellen Monarchie —, das Modell einer parlamentarisierten Vierten Gewalt zugrunde, die — so wie etwa der parlamentarische Monarch — in keiner der drei Staatsfunktionen für sich genommen „der Herr“ ist, und daher materielle Bindungen ihrer Willensbildung durchaus zuläßt.

Wenn dies so ist, muß aber aus dem Geist der parlamentarischen Gewaltenbalance zumindest das Erfordernis der Loyalität der Bundespräsidenten gegenüber den politischen Aktivitäten der parlamentarischen Mehrheit und ihrer Regierung abgeleitet werden[220]). Denn es kann offenbar nicht der Sinn eines innerparlamentarischen Balance-Systemes sein, den parlamentarischen Regierungsmechanismus zu lähmen und zu zerbrechen, was andernfalls nach der Konstruktion der österreichischen Bundesverfassung — wie oben dargelegt wurde — binnen kurzem der Fall sein würde. Der Inhalt dieser verfassungsrechtlichen Loyalitätspflicht kann nicht abstrakt, sondern nur aufgefächert an Hand der einzelnen Funktionen des Bundespräsidenten ermittelt werden. Sie bedeutet — generell gesehen — nicht die Verpflichtung zum unbedingten Verzicht auf eine eigenständige Kritik und Kontrolle der Vorschläge der Bundesregierung oder zur ebensolchen Übereinstimmung mit Regierungspolitik; wohl aber die Verpflichtung zur grundsätzlichen Bereitschaft, die Möglichkeiten rechtlicher oder politischer Korrekturen

---

219) Merkl, aaO. (Die Verfassung), S. 119.

220) Andeutungsweise wie hier: G. E. Kafka, Die gelähmte Regierung, in: Wort und Wahrheit 1962, S. 590 ff. (599): „Das Bundesverfassungsgesetz setzt eine loyale Zusammenarbeit zwischen einer von der Mehrheit des Nationalrates unterstützten Bundesregierung und dem Bundespräsidenten voraus.“ Doch handelt es sich nach Kafka offenbar nicht um eine Rechtspflicht, sondern eine vorrechtliche politische Notwendigkeit; so ganz deutlich (unter dem Terminus „Koordination“) in: Die Rangordnung der Autorität, öZöffR. Bd. V (1953), S. 525 ff. (550 f.). Unrichtig ist die Auffassung von G. Otto, Die Rechtsstellung des österreichischen Bundespräsidenten, Leipziger Diss. 1932, S. 66 und 83, der aus Art. 22 B-VG Schranken des Ermessens des Bundespräsidenten ableitet.

der Akte der Bundesregierung und ihrer parlamentarischen Mehrheit nur als äußerstes Mittel einer Mißbrauchsverhütung oder Konfliktsbereinigung zu gebrauchen. Für diese Auslegung der Funktionen des Bundespräsidenten sprechen eine ganze Reihe von verfassungsdogmatischen Gründen: Vor allem der Umstand, daß das Staatsoberhaupt in einem parlamentarischen Regierungssystem nicht die Funktion der parlamentarischen Opposition übernehmen oder ausschalten darf, sondern als Instrument der Balance die Dialektik von parlamentarischer Mehrheit und Minderheit gerade schützen und erhalten muß. Oder etwa die Tatsache, daß die verfassungsmäßige Isolierung des Bundespräsidenten nach dem B-VG sachliche Korrekturen der Vorschläge oder eine eigenständige politische Dynamik auf sachlicher Grundlage fast unmöglich macht, eine präsidiale „Nebenregierung" aber zum „auflösenden Dualismus" oder zur Überspielung der parlamentarischen Regierung führen müßte.

Nur wenn man ein derartiges durch die Loyalitätspflicht stark beschränktes Prüfungs- und Verwerfungsrecht des Bundespräsidenten als verfassungsmäßig geboten annimmt, wäre auch die Institution einer Beschränkung und Überwälzung der Verantwortlichkeit für die Akte des Bundespräsidenten auf das vorschlagende bzw. gegenzeichnende Organ[221]) sinnvoll: Der Bundespräsident kann nämlich für seine laufende Tätigkeit nicht in derselben Weise verantwortlich gemacht werden, wie die vorschlagenden und gegenzeichnenden Organe, weil ihm ja auf Grund seiner Loyalitätspflicht die Möglichkeit einer selbständigen Willensbildung weitgehend genommen ist. So weit aber diese Möglichkeit besteht, muß sie — um Kontroll- und Korrekturfunktionen ausüben zu können — aus der parlamentarischen Verantwortungskette eximiert sein. Wollte man daher die hier aufgezeigte Beschränkung der selbständigen Willensbildung des Bundespräsidenten durch die Loyalitäts-

---

221) Siehe d. Erk. des VerfGH. Slg. 3457/1958: „Mit der Gegenzeichnung übernimmt der Bundesminister die Verantwortung für die Verfassungs- und Gesetzmäßigkeit des Aktes des Bundespräsidenten sowohl gegenüber dem Nationalrat als auch gegenüber dem Verfassungsgerichtshof. Von ihm muß auch die Initiative zur Herstellung des vom Verfassungsgerichtshof in seinem Erkenntnis geforderten Zustandes ausgehen." Die gegen dieses Erk. vorgebrachte Kritik (Koja, aaO. und Spanner, JBl. 1961, S. 170 ff.) beschäftigt sich vornehmlich mit der prozessualen Frage der Parteistellung des Bundespräsidenten in einem Verfahren nach Art. 144 B-VG und geht auf die eigentliche Problematik der Verantwortungsverschiebung durch die Gegenzeichnung nicht ein; siehe dazu auch den Diskussionsbeitrag Melichars auf dieser Tagung.

pflicht nicht akzeptieren, so wäre gerade die verminderte Verantwortlichkeit des Staatsoberhauptes der Hebel, das parlamentarische Mehrheitssystem aus den Angeln zu heben.

[7. Nach dem überwältigenden Einfluß der juristischen Staatstheorie auf das österreichische Verfassungsleben (siehe oben, S. 112 ff.) kann es nicht zweifelhaft sein, wer hier zum „Hüter der Verfassung" im Sinne der bekannten Antithese bestellt wurde. Trotzdem ist der Bundespräsident im beschränkten Rahmen seiner Funktionen und unter Beachtung der zuvor erwähnten Loyalitätspflicht durchaus in der Lage, die auch in Österreich immer wichtiger werdende Balance von materiell angereicherter Verfassung und expandierender Legalität zu sichern und zu erhalten und insofern zum „Hüter der Verfassung" in einem spezielleren Sinne zu werden, als dies auf alle Staatsorgane — also im letzten auch auf jeden Staatsbürger — zutrifft[222]). Die wichtigsten Instrumente dieser spezifisch verfassungsrechtlichen Balance sind die Beurkundung der Gesetzesbeschlüsse des Nationalrates[223]) und die Anordnung der Volksabstimmung bei Änderungen der Bundesverfassung[224]). Aber auch im Rahmen aller anderen Befugnisse des Bundespräsidenten kann dieser, was Kelsen übrigens nie bestritten hat[225]), zum „Hüter der Verfassung" im erwähnten Sinne werden. Dies zeigte sich z. B. in sehr typischer Weise im Streit um die Kennzeichnung von verfassungsändernden Staatsverträgen[226]), wo der Bundespräsident durch die Verweigerung der Ratifikation

---

222) Zur Problematik des Begriffes „Hüter der Verfassung" siehe außer den Hinweisen bei Menzel, aaO., S. 588 ff. und den einschlägigen Diskussionsbeiträgen auf dieser Tagung die prägnanten Ausführungen von Kelsen, aaO. (Wer soll der Hüter der Verfassung sein?), S. 48 f., denen nichts hinzuzufügen ist.

223) Art. 47 B-VG und dazu die Hinweise in Anm. 191.

224) Art. 46 Abs. 3 B-VG, eine Bestimmung, die im Hinblick auf das zwingende Erfordernis einer Volksabstimmung bei „Gesamtänderung der Bundesverfassung" (Art. 44 Abs. 2 B-VG) ein materielles Prüfungsrecht des Bundespräsidenten zu begründen scheint, weil die Qualität „Gesamtänderung" nur nach materiellen Kriterien beurteilt werden kann; siehe dazu Ermacora, aaO., S. 242 ff. Der Vorschlag auf Anordnung einer Volksabstimmung muß sowohl bei einer Gesamt- wie bei einer Teiländerung der Bundesverfassung von der Bundesregierung ausgehen (Art. 67 Abs. 1 B-VG), da keine verfassungsgesetzliche Ausnahmevorschrift besteht (vgl. dagegen Art. 28 Abs. 2 letzter Satz B-VG laut Art. I BGBl. Nr. 281/1955).

225) AaO. (Hüter), S. 47 ff.

226) Siehe dazu: Winkler, Der Verfassungsrang von Staatsverträgen, in: öZöffR. Bd. X (1960), S. 514 ff. und die Hinweise in Anm. 203.

den Verfassungsgesetzgeber zwang, einen unaufhebbaren Konflikt zwischen der Rechtsauffassung des Parlamentes und des Verfassungsgerichtshofes durch eine authentische Interpretation und Neuordnung zu lösen[227]). Und zweimal hat — in durchaus richtiger Erkenntnis verfassungstheoretischer Grundstrukturen — ein Präsident des Verfassungsgerichtshofes versucht, in existenziellen Krisen der Verfassungsgerichtsbarkeit beim Bundespräsidenten Schutz der richterlichen Unabhängigkeit gegen die Allmacht des Organsouveräns zu erwirken[228]). Dabei zeigte sich allerdings, daß die verfassungsrechtlichen Ansätze einer Verknüpfung zwischen Bundespräsident und Verfassungsgerichtshof[229]) nicht hinreichten, die so wesentliche Balance zwischen Verfassungsgerichtsbarkeit und oberster politischer Willensbildung des Staates zu schützen. Der Bundespräsident ist vielmehr — wie aus dem vorigen ohneweiters klar wird — fast unlösbar in den vom Verfassungsgerichtshof zu kontrollierenden Prozeß des parlamentarischen Regierungssystemes integriert, wobei allerdings die Schranken seiner Loyalitätspflicht gerade bei der Bedrohung der Verfassungsgerichtsbarkeit aktuell werden müßten. Umgekehrt ist aber auch der Bundespräsident nach der Bundesverfassung nicht in der Lage, die Hilfe des Verfassungsgerichtshofes gegen eine allenfalls verfassungswidrig agierende Parlamentsmehrheit oder ihre Regierung in Anspruch zu nehmen. Ja, er wird nach der Art seiner verfassungsmäßigen

---

227) Siehe dazu die Erl. Bem. der Regierungsvorlage (287 der Beilagen zu den Sten. Prot. des N. R. X. G. P.) zu Art. I Ziff. 2 der Staatsvertragsnovelle: „Der VerfGH. hat den Hinweis auf Art. 44 Abs. 1 B-VG im Art. 50 Abs. 2 B-VG in seinem Erk. 4049/1961 anders als der Nationalrat und anders als der weit überwiegende Teil der Lehre ausgelegt. Dies ist nicht nur sehr unbefriedigend, weil der VerfGH. seine Auffassung wieder ändern könnte, sondern auch, weil der Nationalrat offenbar nicht geneigt ist, der Meinung des VerfGH. zu folgen (vgl. die Vorgänge im Zusammenhang mit der parl. Genehmigung der Konvention zum Schutze von Kulturgut bei bewaffneten Konflikten)."

228) Im Jahre 1933 versuchte Präsident Durig den durch eine Verordnung der Bundesregierung ausgeschalteten VerfGH. im Einvernehmen mit dem Bundespräsidenten wieder zu reaktivieren (dazu: Durig, aaO., S. 78); im Jahre 1963 protestierte Präsident Antoniolli beim Bundespräsidenten gegen schwere parlamentarische Diskriminierungen der Richter („Juristenputsch", „juridische Staatsstreichtheorien") im Zusammenhang mit dem Fall Dr. Otto Habsburg; siehe dazu: G. E. Kafka, Der Fall Dr. Otto Habsburg, in: Arch. öff. Recht, Bd. 88 (1963), S. 451 ff.

229) Nämlich die Befugnis des Bundespräsidenten zur Ernennung der Richter des VerfGH. (Art. 147 Abs. 2 B-VG) und zur „Exekution" der Erkenntnisse des VerfGH. (Art. 146 Abs. 2 B-VG); siehe auch die Hinweise in Anm. 178.

Isolierung überhaupt nur mit Hilfe parakonstitutioneller Querverbindungen und Hilfeleistungen in der Lage sein, eine objektive verfassungsrechtliche Überprüfung der Vorschläge bzw. des Handelns der Bundesregierung im Rahmen seiner Kompetenzen jeweils zu improvisieren[230])].

II. Das Staatsoberhaupt als Verkörperung der Einheit des Staates

a) Die Idee einer absoluten „Einheit“ des Gemeinwesens als Staat ist nichts abstrakt Denknotwendiges, sondern der Ausdruck einer besonderen geschichtlichen Lage dieses Gemeinwesens. Den Wurzeln des staatlichen Einheitsdenkens, die so vielfältig sind wie die Gründe der Staatlichkeit überhaupt, hier nachzuspüren, wäre verfehlt. Es genügen die Hinweise auf das Erbe des mittelalterlichen, vom Neuplatonismus geprägten Hierarchiedenkens, auf Absolutismus und Souveränität, die in das Nationalbewußtsein und das Selbstbestimmungsrecht der Völker umschlagen, auf die Einheit des politischen Dezisionismus und seines Gegenspielers, des Integrationsdenkens, auf die deutschen Probleme des gesellschaftlichen Pluralismus und der monarchischen Einheit, die sich in der Republik in den affektiven Gegensätzen von Staat und Parteien, Staat und Verbände, Staat und Wirtschaft fortsetzten, auf den Gegensatz von geschichtlichem Staat und „totaler Mobilmachung“, und vor allem auf den gleichmütig durch die Jahrhunderte ziehenden Streit um die Wahrheit der Repräsentation und ihrer einigenden Kraft. Sucht man in diesen, nur beispielhaft angedeuteten, selbst wieder vielfältig ineinander verschlungenen Denkformen nach den großen Leitideen des staatlichen Einheitsdenkens, so finde ich drei grundsätzliche Typen, die ich hier bewußt unscharf wie folgt charakterisieren möchte:

1. Staatliche Einheit als Konsequenz der Eigenmacht des Herrschers, einen Vorgang, den C. Schmitt unter dem

---

230) So hat z. B. Bundespräsident Schärf in dem erwähnten Streitfall um die Kennzeichnung von Staatsverträgen (siehe Anm. 227) seine Haltung auf ein Gutachten des Verfassungsdienstes des Bundeskanzleramtes abgestützt, während Bundespräsident Jonas in einem Streit mit der Bundesregierung über den Umfang seiner Befugnisse als Oberbefehlshaber des Bundesheeres (siehe Anm. 207) sich der Autorität eines Gutachtens des Präsidenten des VerfGH. versicherte und so seinen Standpunkt — wenigstens teilweise — durchsetzen konnte: Auch in den neuen „Ermächtigungen“ der Bundesregierung (abgedruckt z. B. in: Österr. Militär. Zeitschr. 1966, S. 408) ist an der Berichterstattungspflicht grundsätzlich festgehalten.

in früheren Jahrhunderten als Schimpfwort gebrauchten[231]) politischen Identitätsprinzip in sein System des Dezisionismus einordnete. Hier liegt immer der Gedanke einer Subjektseinheit der Macht irgendwie zugrunde, wobei selbstverständlich weitere Bezüge zum Objektiven — etwa in der verpflichtenden Kraft sittlicher oder religiöser Postulate — mäßigend dazutreten können.

2. Die staatliche Einheit als dynamische Realität der Gesamtheit, die sich in Bildern der Repräsentation, der organischen Ordnung, des Prozesses, der Integration, aber auch der richtig verstandenen Verwirklichung der sittlichen Idee und ähnlichen niederschlägt. Diese Einheitsvorstellungen scheinen mir mehr als die zuerst genannten im Objekt den Grund der Einheit zu finden, wenngleich auch hier natürlich das diese Einheit realisierende Subjekt unentbehrlich ist.

3. Die staatliche Einheit als instrumental notwendige Fiktion einer politischen Ordnung, oder als Grund der unaufhebbaren Vielheit. Das sind offenbar die letzten noch denkbaren Einheitsformen einer konsequent individualistischen Staatsauffassung, wie sie sich etwa in der Auflösung der Repräsentation in juristische Organschafts- und Vertretungsverhältnisse oder in existentialistischen Kategorien wie dem „Alssein" oder dem „Sein der sozialen Rolle" manifestieren.

Es scheint mir wesentlich, darauf hinzuweisen, daß alle drei Typen von Einheitsvorstellungen für sich genommen zu einem politischen Absolutismus tendieren, umgekehrt aber auch alle geeignet sind, durch Aufnahme mäßigender Elemente zu einem konstitutionellen Denken hinzuführen. Das zeigt sich gerade an der Institution des Staatsoberhauptes. Der ersten Type des staatlichen Einheitsdenkens entspricht offenbar die Vorstellung, daß das Oberhaupt das Zentrum der staatlichen Autorität sei, wobei die konstitutionelle Variante dieses Gedankens auf irgendeine Konstruktion der Trennung der Autorität von der tatsächlichen Macht hinausläuft. Die an zweiter Stelle genannten Einheitsvorstellungen sehen im Staatsoberhaupt ein ausgezeichnetes Institut der Repräsentation oder Integration des Staatsganzen, das gleichwohl einer Balancierung durch andere Repräsentanten oder Integrationsprozesse zugänglich ist. Und für die zuletzt genannte Denkweise ist schließlich die jeweilige Zuständigkeitsverteilung und Organi-

---

[231]) Siehe z. B. Maurenbrecher, aaO., S. 3 f.: „Ich gebe sogar zu, ... daß die Identität zwischen Staat und Fürsten, welche das bekannte l'état c'est moi bespöttelt, aus dem deutschen Staatsleben, wenn es je dort bestanden hat, auf ewig nun verbannt sei ..."; siehe auch ebenda, S. 66 Anm. 1.

sation des Staates oder das geschichtlich konkrete Bild des Staatsoberhauptes in einer bestimmten Gemeinschaft dafür maßgebend, ob und wieweit durch dieses Organ die staatliche Einheit überhaupt konstituiert wird.

b) Konkretisiert man diese abstrakten Denkformen auf das Ordnungsproblem der parlamentarischen Demokratie, so zeigt sich zunächst — und das war der Grund ihrer Entfaltung —, daß alle in die Forderung einer Balancierung des Parlamentes als Verkörperung der Vielheit durch ein Staatsoberhaupt als Organ der Einheit münden können. Hier, im konkreten Ordnungsproblem verlieren freilich die zuvor genannten Gegensätze ihre Bedeutung völlig, gegenüber den Modell-immanenten Gegensätzen und Konsequenzen einer Konfrontation von einheitsstiftendem Staatsoberhaupt und pluralistischem Parlament in einem geschlossenen Regierungssystem. Hier zeichnen sich ganz andere Fronten ab, als in der Begründung des Einheitsdenkens, nämlich die Richtungen einer Unterordnung, einer Überwindung, oder einer inneren Stabilisierung des parlamentarischen Pluralismus durch das einigende Staatsoberhaupt.

1. Die Vorstellungen einer Unterordnung des Parlamentes unter die — außerhalb des parlamentarischen Regierungssystemes stehende — Autorität eines Staatsoberhauptes wollen zwar den Parlamentarismus grundsätzlich erhalten, aber in einem beschränkten Wirkungskreis und unter einer erzieherischen Kontrolle und Aufsicht. Es liegt diesem Modell offenbar die sehr typisch neuplatonische Vorstellung[232]) vom Selbst-Aufstieg des Volkes — das sich im Parlamentarismus verkörpert — zur Ordnungsnähe der Weisheit zugrunde, den ein an der Spitze stehender Allerweisester unermüdlich in Gang zu setzen und in Gang zu erhalten habe[233]). [Die Instrumente dieses Modells, das regelmäßig auf den Anfang oder eine existentielle Krise des Parlamentarismus hinweist, sind durch die „Erziehungs- und Kontrollaufgaben" des Staatsoberhauptes determiniert: Sanktion oder Veto im Gesetzgebungsverfahren, Erfordernis des doppelten Vertrauens der Regierung, Auflösung des Parlamentes, Schutz der Unabhängigkeit der Gerichte, persönliche Unverantwortlichkeit gegen-

---

232) Siehe dazu J. Koch, Platonismus im Mittelalter, Kölner Universitätsreden, Nr. 4 (1948).

233) So ganz klar: De Gaulle, Memoires de Guerre, Bd. III (1959), S. 280; derselbe, in der bekannten Rede von Bayeux abgedruckt in: Rev. Fr. de Sc. Pol. Bd. IX (1959), S. 188 ff.; siehe auch Wahl, ebenda, S. 30 ff. und: M. Debré, ebenda, S. 7 ff., 21 und in: La Republique et son Pouvoir, 1950; vgl. ferner die Hinweise bei: P. Zürn, Die republikanische Monarchie, 1965, S. 29 f. und 54 ff.

über dem Parlament verknüpft mit Ministerverantwortlichkeit, grundsätzlicher Ausschluß von der persönlichen Führung der Staatsgeschäfte und Erfordernis einer parlamentarischen Regierung.] Man darf dieses Modell nicht mit der konstitutionellen Monarchie identifizieren, weil es sich um ein reines Regierungssystem handelt, das mit der Staatsform nicht notwendig zusammenhängt. Allerdings ist zuzugeben, daß das Modell mit der Vorstellung des Staatsoberhauptes als der persönlichen Verkörperung der Staatseinheit steht und fällt. Aber diese Vorstellung ist beileibe nicht an die monarchische Staatsform gebunden, sondern kann ebenso in der Republik in einer der oben genannten Formen des staatlichen Einheitsdenkens zustande gebracht werden. Aber selbst, wenn man das beschriebene Modell nur als eine Type des Regierungssystemes versteht, versteckt sich darin — wie man schon unkritisch ohne weiteres einsieht — ein unaufhebbarer Dualismus der staatlichen Führung. Alle Voraussetzungen und Konsequenzen einer derartigen doppelten Repräsentation der Einheit und Vielheit eines Gemeinwesens wurden ja bekanntlich in der katholischen Kirche im historischen Streit um die Vorherrschaft von Papst oder Allgemeinem Konzil durchgedacht[234]). Lösungen dieses Konfliktes konnten nur dadurch gefunden werden, daß Papst und Konzil wiederum zur Einheit verschmolzen, wobei eine derartige übergreifende Einheit in sich — wie die gegenläufige Entwicklung von Reich und Kirche erwies — alle Möglichkeiten der Vorherrschaft offen ließ. Dabei ist es wiederum nicht denknotwendig, daß die Vorherrschaft des Vertretungskörpers zur Auflösung der Einheit des Gemeinwesens führen muß — etwa weil er die Vielheit repräsentiert — wie es die Legende vom Ursprung der Staatlichkeit aus dem Absolutismus verbreitet hat[235]). In diesem Fall scheint mir vielmehr die einzige Voraussetzung des Weiterbestandes der doppelten Repräsentation[236]), daß der Repräsentant der Einheit diese neue Führung akzeptiert und von ihr akzeptiert wird. So oder so hat sich aber das ursprünglich

---

[234]) Vgl. dazu: K. Hirsch, Die Ausbildung der konziliaren Theorie im 14. Jahrhundert, 1903; B. Tierney, Foundations of the Conciliar Theory, 1955; schließlich Bulle „Pastor aeternus", die die Konzilsoberhoheit endgültig verwarf (1516).

[235]) Daher ist auch die bekannte Alternative „Pluralismus" und „staatliche Einheit" als solche ein konstruierter Gegensatz ohne Notwendigkeit, worauf besonders E. Fraenkel in zahlreichen Werken hingewiesen hat, siehe z. B.: Strukturdefekte der Demokratie und deren Überwindung, in: öZöffR. Bd. XIV (1964), S. 105 ff. (115 ff.).

[236]) B. de Jouvenel, Du Pouvoir, 1942, S. 296; für die Geschichte der USA, die insofern sehr wechselvoll war, siehe etwa Corwin-Koenig, The Presidency today, 1956, S. 22 ff.

dualistische politische Erziehungs- und Leitungssystem aufgelöst. Soweit dieses System aber sich selbst ernst nimmt und nicht als bloße Verhüllungstaktik gemeint ist, hat es — so meine ich — gerade in diesem Übergang seine eigentliche Funktion erfüllt[237]).

2. Dieser Übergang kann auf die Überwindung oder die Vervollkommnung des Parlamentarismus als Regierungssystem angelegt sein. Zur Überwindung drängende Elemente sind — wie immer wieder hervorgehoben wurde — die Dialektik von „wahrer" und „unrichtiger" Repräsentation der Einheit des Volkes, die Tendenz zur Selbstüberordnung des hierarchischen über ein auf der Gleichheit der Menschen begründetes generalisierendes Ordnungsdenken und der in tiefsten Schichten des menschlichen Denkens überhaupt eingeschriebene Grundsatz von der Herrschaft und Gewalt des Erziehers über den Erziehenden[238]). Die Voraussetzung einer solchen Überwindung des Parlamentarismus durch das auf die Beschränkung des Parlamentarismus konstruierte Staatsoberhaupt ist freilich, daß es diesem Organ gelingt, über die im Modell begründeten bloßen „Erziehungs- und Kontrollfunktionen" hinaus, Regierungs- und Führungsaufgaben des Parlamentes und seiner Regierung an sich zu reißen, da es nur auf diese Weise überhaupt in echte Konkurrenz mit dem Parlamentarismus, die dieser aus den erwähnten Gründen regelmäßig verlieren wird, treten kann. Den zahlreichen historischen Ausprägungen dieser Arrogation parlamentarischer Funktionen durch die — ursprünglich stabilisierend gedachte — Staatsspitze, die von der deutschen monarchischen Prärogative einem überbordenden Notverordnungsrecht bis zur Manipulation und Erpressung der Parlamentsmehrheit durch außerparlamentarische Appelle an das Volksganze reichen, ist hier nicht nachzugehen. Wesentlich scheint mir aber, an dieser Stelle festzuhalten, daß alle diese Überwindungsinstrumente nicht unmittelbar im zuvorgenannten Erziehungsmodell des Parlamentarismus, sondern auf der Vorstellung eines endgültigen Versagens dieser Erziehung, in der Denkform eines

---

237) In diesem Sinne war auch die scharfe Parteien-Kritik Seipels letztlich gemeint, siehe dazu insbes. „Die Münchener Kritik der Demokratie", aaO., S. 167 ff. (175): „...wann ein Volk für die Demokratie reif ist, weil es verdient, sein Schicksal selbst in der Hand zu haben" und die Hinweise oben, Anm. 128.

238) Vgl. dazu M. Horkheimer, Studien über Autorität und Familie, 1936, S. 88; sowie das Phänomen des „Sekundärpatriarchalismus", dargestellt bei: Schelsky, Wandlungen der deutschen Familie in der Gegenwart, 1955, S. 324 ff.

endgültig pervertierten und begriffsmäßig nicht mehr zur staatlichen Einheit führbaren Parlamentarismus begründet sind[239]). Erst an dieser Vorstellung, nicht an der Denkfigur des unabhängigen pouvoir moderateur kann der Prozeß einer Ausschaltung des Parlamentes aus dem parlamentarischen Regierungssystem ansetzen.

3. Nur wenn man diese Komplexität des Umschlagens von Stabilisierung in Ausschaltung des Parlamentes durch eine neutrale Staatsspitze ernst nimmt, kann man überhaupt an die Frage herantreten, ob und wie eine derartige Institution ohne jene Sprengungstendenzen in das parlamentarische Regierungssystem einzuschmelzen sei. Will man die bloß stabilisierende Wirkung der Institution erhalten, so darf ihre einheitsstiftende Kraft nach dem zuvor Erörterten weder als Substrat, noch als Beschränkung der parlamentarischen Funktionen wirken, d. h., die Einheit des Staates und seiner Leitung muß schon — wenn und wieweit man sie überhaupt für notwendig erachtet — durch das Wirken eines Parlamentes gewährleistet sein.

4. Dem Staatsoberhaupt kann daher in einem reifen parlamentarischen Regierungssystem nur die Aufgabe zukommen, durch seine einheitsstiftenden Funktionen die Integrationskraft des Parlamentes als Institution zu wahren und zu unterstützen. Darin liegt der aktuelle Sinn der uralten Formel vom „king in parliament" und der ununterbrochen erneuerten Rückbindung von Opposition und Königtum im englischen Staatsrecht[240]). Alle Vorstellungen aber, die — wie die österreichische Bundesverfassung — in der strikten Trennung und Isolierung des Staatsoberhauptes vom Parlament die Rettung des Parlamentarismus erhoffen, stehen dagegen durchaus in dem Banne des Gegenbildes eines parlamentarischen Staatsoberhauptes und müssen — wenn sie konsequent sind — scheitern, weil sie von einer antagonistischen Repräsentation der staatlichen Einheit mehr an Einheit erhoffen, als von einer monistischen. Sie können nämlich im Grunde weder auf die Funktion des Parlamentes, die staatliche Einheit voll zu reprä-

---

[239]) Das ist vor allem gegen das geläufige Klischee von der „Fehlkonstruktion" der Weimarer Verfassung festzuhalten; vgl. im selben Sinne jetzt U. Scheuner, Das Amt des Bundespräsidenten als Aufgabe verfassungsrechtlicher Gestaltung, 1966, S. 15 ff. (mit Nachweisen); ebenso das Schicksal des österr. Parlamentarismus in der konst. Monarchie, siehe dazu die Nachweise in Anm. 119.

[240]) Siehe dazu außer der „klassischen" Darstellung: W. Bagehot, The English Constitution. Introduction by R. H. S. Crossman, 1964, vor allem: H. Morrison, Government and Parliament, a Survey from the Inside, 1960^2.

sentieren[241]), noch auf die Denkform einer ebenso absoluten persönlichen Repräsentation der Staatseinheit im Staatsoberhaupt verzichten. Wenn man schon die Rechtsfigur des Staatsoberhauptes mit der Darstellung der staatlichen Einheit in Verbindung setzen will — und das liegt aus vielerlei Gründen nahe —, so darf dies im parlamentarischen Regierungssystem weder eine parlamentskonkurrierende, noch gar eine exklusive Darstellung der staatlichen Einheit sein[242]), sondern muß mit allen anderen Repräsentanten der Staatseinheit selbst wieder zur Einheit gelangen können.

5. Das führt zur letzten und entscheidenden Frage des Bestandes einer parlamentarischen Präsidentschaftsdemokratie überhaupt, zur Frage nämlich, wie es denkbar sei, die staatliche Einheit mehrfach darzustellen und diese mehrfachen Darstellungen der Einheit wieder gegeneinander zu einer neuen Einheit zu balancieren. Diese Frage läßt sich — glaube ich — nicht kurzschlüssig von der Einheit des Volkes in der Demokratie her lösen, weil eine derartige für sich bestehende Einheit des Volkes eine vorstaatliche Kategorie ist und das Absterben des Staates und seiner einigenden Kraft gerade voraussetzen würde. Ich glaube vielmehr, daß eine derart gestellte Frage an die Bedingung der Denkbarkeit des konstitutionellen Staatsdenkens rührt, das seine Eigenart gerade nicht in der Einheit, sondern in der durchgehenden Balance des Staates in seinen Institutionen findet. Wenn in diesem System ein Organ für sich genommen die staatliche Einheit verkörpern soll, so kann es nach den Denkvoraussetzungen des Konstitutionalismus begriffsmäßig nur ein Aspekt dieser Einheit sein, der sich im Wirken dieses Organes darstellt.

[Die frühe Repräsentationstheorie hat diesen Tatbestand durch die heute verschollenen Kategorien einer Graduation der Repräsentation von der „vollkommenen", aber ganz „unbestimmten" Repräsentation im Leiter des Gemeinwesens bis zur „unvollkommenen", aber sehr „bestimmten" Repräsentation im Vertretungskörper der partikulären Gemeinschaften und der daraus fließenden Notwendigkeiten des Zusammenwirkens beider Repräsentantentypen zur Darstel-

---

241) Auf die Problematik dieser Vorstellung der parlamentarischen Repräsentation, die mit den Analysen von C. Schmitt untrennbar verbunden ist (vgl. aber im selben Sinne auch G. Leibholz und U. Scheuner), kann hier nicht eingegangen werden; sie wird jedenfalls von der angelsächsischen Parlamentstheorie abgelehnt; siehe z. B. L. S. Amery, Thoughts on the Constitution, 1953² (London), S. 17 ff.

242) So doch wohl bei C. Schmitt, aaO. (Hüter).

lung der Einheit des Gemeinwesens zu erklären versucht[243]). Diese Vorstellung ist für das Verhältnis Staatsoberhaupt—Parlament in einer parlamentarischen Regierungsform unanwendbar, was nicht ausschließt, daß sie in Wahrheit noch immer den Grund der meisten hier geläufigen Konstruktionen bildet. Und zwar spricht gegen ihre Anwendbarkeit nicht sosehr die Unzeitgemäßheit der Repräsentationsvorstellungen, die durch entsprechende Rationalisierungen leicht aufhebbar wäre, sondern die Tatsache, daß in diesem Denkschema die Staatsspitze die Einheit der aktiven Staatsleitung darstellt, während dem Vertretungskörper die stabilisierende Funktion der Schöpfung des Rechts zufällt. Beide Funktionen müssen im parlamentarischen Regierungssystem zwischen Parlament und Regierung ausgewogen bleiben[244])]. Der vom Staatsoberhaupt darzustellende Aspekt der Staatseinheit muß in der Demokratie viel radikaler als es bisher geschehen ist, vom neuplatonischen Hierarchiedenken gelöst werden und einen viel näher liegenden Grund für die Doppelrepräsentation der staatlichen Einheit ins Bewußtsein heben. Im Staatsoberhaupt stellt sich nämlich — wie in keinem anderen Institut der Demokratie — die Einheit des Staates im einzelnen Menschen dar, während das parlamentarische Regierungssystem die staatliche Einheit durch ein Gefüge unkörperlicher Funktionen[245]) oder das Verhältnis einer Fülle von Menschen zueinander und zu Dritten darstellt.

6. Dieser Befund klingt trivial und wurde auch immer wieder in popularisierenden Darstellungen als die eigentliche Funktion des Staatsoberhauptes in der parlamentarischen Regierungsform herausgestellt[246]). Wenn sich die wissenschaftliche

---

243) Diese Lehre stammt aus dem mittelalterlichen Kirchenrecht und wurde (z. B. von Nicolaus Cusanus und Althusius) auch auf reichsrechtliche Verhältnisse, insbes. das Verhältnis von Kaiser und Reichstag übertragen, vgl. dazu die Hinweise oben, Anm. 10, 15 und 16.

244) Daß ein „echtes" parlamentarisches Regierungssystem viel weniger von einer äußeren Balancierung durch König oder Staatsoberhaupt, als von einer straffen innerparlamentarischen Leitungsgewalt bzw. Fraktionsdisziplin abhängt, hat schon E. Hula, Deutscher und englischer Parlamentarismus, in: ZöffR. Bd. XI (1931), S. 368 ff. gegen Redslob richtig hervorgehoben; vgl. dazu jetzt auch die Einführung von Crossmann zu Bagehot, aaO., S. 51 ff.; E. Fraenkel, aaO., sowie: K. Loewenstein, Der britische Parlamentarismus, rde. 208 (1964), S. 94 ff.

245) Für Beispiele siehe unten, Abschnitt B III b über die Legitimationsfunktionen des Parlamentes.

246) Siehe z. B. die Rede des Bundespräsidenten Hainisch anläßlich der Zehnjahresfeier der Republik am 12. November 1928, abgedruckt bei Seipel, aaO., S. 265: „... Sodann bin ich in unse-

Analyse mit Ernst auf diese Banalität einläßt, so einmal aus dem Grund, weil der Staat rein phänomenal gesehen gerade nicht auf rationalen Konstruktionen ruht und daher die Anschaulichkeit eines staatlichen Vorganges kein Argument gegen seine Wahrheit sein kann. Darüber hinaus versetzt sich diese Aussage bewußt in die Lage des neuzeitlichen Gemeinwesens[247]) und glaubt, in der Rückverbindung einer so abstrakten und zugleich wesentlichen Kategorie wie die „Einheit des Staates" in der unmittelbarsten und radikalsten Einheit des neuzeitlichen Denkens überhaupt — nämlich in der Existenz des Individuums — wesentliche Quellen der Staatlichkeit erschließen und sichern zu können. Schließlich aber darf eine realistische Staatslehre der reifen Großdemokratie den für sie tödlichen Antagonismus zwischen der notwendigen Einigung des Gemeinwesens im Bewußtsein der Bürger und der Höhe der Abstraktion und Unanschaulichkeiten nicht ignorieren, in der sich die funktionale Verkörperung dieser Einheit gerade im gemäßigt parlamentarischen Regierungssystem[248]) vollzieht, wo Pluralismus und Polykratie nicht minder legitime Balancierungsfunktionen ausüben, wie eine in ihrem Rahmen wesensmäßig „politische" Verfassungsgerichtsbarkeit.

Wenn man diese Funktionseinheit des Gemeinwesens seine „Verfassung" nennt[249]), kann man ein Staatsoberhaupt, das ja prinzipiell dieselbe Staatseinheit — wenngleich in anderer Seinsweise — darstellen soll, zwar nicht den „Hüter der Verfassung", wohl aber in einem entfernten Sinne die „personifizierte Verfassung" eines Staates nennen. Das würde offenbar auch dem grundlegenden Denkschema des konstitutionellen Staatswesens entsprechen, das in der Konstitution nicht eine beliebige Modalität, sondern die Bedingung der Existenz des Staates nehmen muß. Wenn dieser Staat in

---

rem Vaterland viel gereist und selbst in entlegene Gegenden gekommen. Ich glaube damit Sympathien für die Republik geworben zu haben, was unbedingt notwendig ist, weil der einfache Mann auf dem Lande sich unter Republik nicht viel vorstellen kann. Wenn nun der Repräsentant des Staates im Dorfe erscheint... so erscheint der Bevölkerung die Republik in einem freundlicheren Lichte."

247) Dazu die tiefschürfenden Untersuchungen von Krüger, Allgemeine Staatslehre, 1964, S. 32 ff., deren Ausgangspunkt — „Staat" als Frucht des Absolutismus — der Berichterstatter allerdings nicht für richtig hält (siehe oben, Anm. 3).

248) Dazu siehe die Hinweise im Abschnitt C, 3 dieses Berichtes.

249) Im entfernten Sinne so: Th. Tsatsos, Der Staat als funktionelle Vereinigung von Gesellschaft und Recht. Sitzungsber. der Heidelberg. Ak. d. Wiss., Phil. hist. Klasse, 1966 1. Abhandlung.

einem Menschen als Einheit zur Existenz gebracht werden soll, so kann jedenfalls die Verfassung von dieser Personifizierung nicht abgetrennt werden.

7. Die Aussage vom konstitutionellen Staatsoberhaupt als der „personifizierten" Verfassung muß vor allem in zwei Richtungen gegen naheliegende Mißverständnisse und Mißbräuche abgesichert werden: Einmal soll damit nicht ausgesagt werden, daß der Staat und damit seine Einheit nur in der Verfassung existiere, und das Staatsoberhaupt die Einheit des Staates daher nur als Darstellung der Verfassung verkörpere. Sondern der Sinn dieser Aussage war der, daß die Verfassung einer konstitutionellen Demokratie in wesentlicher Weise die Einheit des Staates bilde und anderseits wegen ihrer Eigenart die Verfassung gerade in dieser Regierungsform einer persönlichen Verkörperung in besonderer Weise bedürftig sei[250]. Anderseits soll durch diese theoretische Aussage natürlich überhaupt nichts über die rechtlichen Funktionen des Staatsoberhauptes nach den einzelnen Verfassungen ausgesagt werden, die diesem theoretischen Modell entsprechen können oder nicht. Das muß eigens betont werden, weil das Staatsoberhaupt in der Geschichte des deutschen Konstitutionalismus gerade unter den Bildern des Souveräns, d. h., der verkörperten Verfassungshoheit, und des „Hüters der Verfassung" immer wieder die Fesseln der Konstitutionalität überspringen konnte (und mußte, weil die Konstitution nicht funktionierte). Aber schon aus dem Bilde einer personifizierten Verfassung im oben genannten Gegensinn zur funktionierenden Verfassung scheint mir zwingend hervorzugehen, daß daraus allein keine unmittelbaren Verfassungsfunktionen abgeleitet werden können, sondern daß es hier prinzipiell um die Darstellung dieses Funktionierens in einem Menschen gehe. Daß einem solchen, die Verfassung als funktionelle Einheit „verkörpernden" Organ im Rahmen aller seiner konkreten Befugnisse — die sich sinnvoller Weise wieder an diesem Modell orientieren werden —

---

[250]) Das vielzitierte Gegenbeispiel der Schweiz ist aus einer Reihe von Gründen, auf die hier nicht einzugehen ist, untauglich, die im Text vorgetragene These zu widerlegen; soweit die „Einheit des Staates" hier nicht in den entsprechenden Kategorien des Föderalismus auszudrücken wäre, „verkörpert" sich diese theoretisch im Parlament, praktisch weitgehend in der Regierung; siehe zu diesem Problem: R. Bäumlin, Verfassung und Verwaltung in der Schweiz, in: Verfassungsrecht und Verfassungswirklichkeit, aaO., S. 69 ff. (89); derselbe, Die Kontrolle des Parlaments über Regierung und Verwaltung, in: Referate und Mitteilungen des Schweizerischen Juristenvereins, 100. Jg. (1966), S. 165 ff.

das Recht und die Pflicht zufällt, schon durch seine Existenz die Verfassung des Gemeinwesens in besonderer Weise funktionsfähig zu halten, ist eine Selbstverständlichkeit, die aus dem Begriffe folgt, aber über einen Auslegungsgrundsatz hinaus keine rechtliche Bedeutung hat. Doch das ist keine Besonderheit dieser Aussage, sondern trifft für alle unser Staatswesen konstituierenden theoretischen Postulate wie Demokratie, Rechts-, Bundesstaat usw. zu.

[c) Will man erkennen, in welcher der beschriebenen Denkformen die österreichische Bundesverfassung den Bundespräsidenten als Instrument oder Repräsentant der staatlichen Einigung eingerichtet hat, so muß man sich die geschichtlichen, verfassungstheoretischen und parteipolitischen Determinanten der Verfassungsnovelle von 1929 — die ich oben versucht habe zu entfalten — ins Gedächtnis rufen[251]). Man wird daraus unschwer erkennen, daß noch die Regierungsvorlage die typischen Züge des Erziehungsmodelles trug und damit auf die Unterordnung des Parlamentarismus unter ein neutrales Staatsoberhaupt angelegt war. Die schließlich Gesetz gewordene Zweite Bundes-Verfassungsnovelle war dagegen bestrebt, den Bundespräsidenten in einer merkwürdigen Vermengung von Bindungen und Isolierungen in das parlamentarische System voll einzuschmelzen. Das würde dann dem als oben drittes Modell genannten Typus einer inneren Stabilisierung des Parlamentarismus durch das Staatsoberhaupt entsprechen, wenn dem Bundespräsidenten im Zuge der Einschmelzung überhaupt noch rechtliche Möglichkeiten verblieben wären, die Konstitutionseinheit des Staates in seiner Person zu verkörpern. Daher muß zunächst diese Frage — und zwar in besonders strenger Weise an Hand der Bestimmungen des positiven Verfassungsrechtes — untersucht werden.

1. Hier ist es vor allem das Institut der unmittelbaren Volkswahl des Bundespräsidenten, das immer wieder als die rechtliche Begründung für die Verkörperung einer überparlamentarischen Einheit des Gemeinwesens im Staatsoberhaupt herangezogen wird[252]). Soweit diese Begründung mit der Einheit des politischen Volkes argumentiert, die im Wahlakt — sei es in dezisionärer, repräsentativer oder organschaftlicher

---

[251]) Siehe oben, Abschnitt A III c mit Anm. 133 ff.

[252]) So vor allem von C. Schmitt, aaO., S. 156 ff. und den oben (siehe vorige Anm.) genannten „Präsidentschaftsfreunden" zur Zeit der Zweiten Bundes-Verfassungsnovelle. Im selben Sinne schon: L. Stein, Das Königtum, die Republik und die Souveränität der französischen Gesellschaft seit der Februarrevolution 1848, 1855², S. 184 f.

Form — übertragen werde, geht sie, wie mehrfach angeführt, über das konstitutionelle Staatsdenken hinaus und operiert mit einem Volksbegriff, der erst nach dem Absterben des „Staates“ im Sinne dieses Staatsdenkens sinnvoll wäre. Darüber hinaus verkennt eine derartige Konstruktion das Wesen der demokratischen Wahl, die begriffsmäßig nicht zur Einheit, sondern zur Mehrheit führen soll, in fundamentaler Weise[253]). Dennoch ist die Volkswahl des Staatsoberhauptes nicht ohne Bedeutung für die Darstellung einer persönlichen Verkörperung der Staatseinheit in der parlamentarischen Demokratie. Zunächst wird ein bedeutender Teil des Volkes gerade durch diese Wahl — entgegen der Übertragungsvorstellung — zur Einigung geführt. Darüber hinaus gehört die Wahl der Repräsentanten so sehr zum Kern des demokratischen Verfassungsdenkens, daß umgekehrt ein nichtgewähltes Staatsorgan niemals dieses Verfassungsdenken im ganzen repräsentieren könnte. Daraus ist freilich in keiner Weise die Notwendigkeit einer unmittelbaren Volkswahl ableitbar, dieses Postulat entsteht vielmehr aus der Vorstellung einer fortdauernden Abhängigkeit des Gewählten vom Wähler, die sich — trotz aller Gegenbemühungen[254]) — im modernen Repräsentationsdenken immer mehr eingelebt hat[255]). Wenn schließlich die Volkswahl des Staatsoberhauptes deshalb als einheitsstiftendes Institut dargestellt wird, weil sie ein Gegengewicht zum Pluralismus der Parlamentswahl bilde[256]), so ist dies zwar insofern unrichtig, als sich natürlich auch in der Präsidentenwahl ein „Pluralismus“ — möglicherweise ein anderer als im

---

253) Zu erinnern ist an die heftigen Auseinandersetzungen zwischen Kelsen und C. Schmitt über das Wesen des Parlamentarismus und der Demokratie, wobei dem konstitutionellen Staatsdenken eher die Kelsensche Konzeption zu entsprechen scheint, siehe die Nachweise in Anm. 165 und 167.

254) Siehe dazu einerseits die staatsrechtliche Repräsentationstheorie, die den Unterschied zu zivilrechtlichen Vertretungsverhältnissen stets besonders betont hat (dazu auch: Weisungsfreiheit des Abgeordneten) und anderseits die Klarstellungen der Reinen Rechtslehre über die Unabhängigkeit des Kreationsvorganges von den Funktionen eines Organes, siehe z. B. Kelsen, Allgemeine Staatslehre, 1925, S. 303 ff.

255) Typisch dafür: H. Kurz, Volkssouveränität und Volksrepräsentation, 1965, S. 308 ff.

256) C. Schmitt, aaO., S. 158: „Der Reichspräsident wird vom ganzen deutschen Volk gewählt... Die Bezugnahme auf das Ganze der politischen Einheit enthält immer einen Gegensatz gegen die pluralistischen Gruppierungen des wirtschaftlichen und sozialen Lebens und soll eine Überlegenheit über derartige Gruppierungen herbeiführen.“ Anders L. Stein, aaO., der die Volkswahl gerade als Instrument der Sicherung der Macht einer bestimmten Klasse der Gesellschaft erkennt.

Parlament — darstellt. In einem entfernten Sinn jedoch ist das Argument zutreffend, weil durch die Ausschaltung des Parlamentes bei der Bestellung des Staatsoberhauptes die Möglichkeit entsteht, schon hier nicht die einzelnen Funktionen der parlamentarischen Demokratie, die ja alle durch das Parlament integriert werden, sondern die überfunktionale Einheit dieses Regierungssystemes zur Darstellung zu bringen.

2. Die Funktionen des Bundespräsidenten wurden — infolge der konkreten geschichtlichen Situation der Verfassungsreform von 1929 — nicht bewußt auf das Ziel einer Darstellung der staatlichen Einheit geschaffen, sondern sind im Widerstreit der politischen Konzeptionen der Präsidentschaftsfreunde und Präsidentschaftsgegner in Form von Kompetenzen und Gegenkompetenzen, Beschränkungen und Isolierungen des Staatsoberhauptes vor allem nach dem Bild und Gegenbild des politischen aktiven Monarchen entstanden[257]). Trotzdem scheint mir — List der Institution — der Bundespräsident nach der österreichischen Verfassung geradezu in typischer Weise zur persönlichen Darstellung der Staatseinheit, vor allem der Konstitutionalität des Staates, berufen. Das kann hier nur beispielhaft an Hand der wesentlichsten Funktionen erläutert werden. Der Bundespräsident ist zunächst in eine Reihe von symbolischen und repräsentativen Funktionen des konstitutionellen Monarchen eingerückt: Er vertritt die Republik nach außen und hat alle damit herkömmlicherweise verbundenen repräsentativen Funktionen des diplomatischen Verkehrs (Art. 65 Abs. 1 B-VG); er gelobt die Bundesregierung, die Präsidenten des Rechnungshofes und der höchsten Gerichte sowie die Landeshauptleute an[258]); verleiht Titel[259]), Orden, Auszeichnungen und besondere Ehrenrechte

---

[257]) Insofern kam der ständigen (theoretischen) Rückbeziehung der Funktionen des republikanischen Staatsoberhauptes auf den konstitutionellen Monarchen geradezu die Bedeutung einer Vertauschung von Ursache und Wirkung zu, weil die Institution erst aus dieser Rückbeziehung ihr Wesen erhielt.

[258]) Vgl. Art. 72 Abs. 1, 122 Abs. 4, 101 Abs. 4 B-VG, § 2 Verwaltungsgerichtshofges., § 8 Verfassungsgerichtshofges., § 29 Abs. 2 Richterdienstgesetz.

[259]) Die Verfassung unterscheidet „Amtstitel“ (Art. 65 Abs. 2 lit. a B-VG) und „Berufstitel“ (Art. 65 Abs. 2 lit. b B-VG); die ersten werden durch Gesetz geschaffen, d. h., dem Bundespräsidenten steht weder hinsichtlich der Titelgestaltung, noch der Bedingungen der Titelverleihung ein Anordnungsrecht zu; die zweiten werden vom Bundespräsidenten generell geschaffen und individuell verliehen, d. h., der Gesetzgeber ist insofern nach der Rechtsprechung des VerfGH. sogar von jeder Gestaltung des Titelwesens ausgeschlossen (Erk. d. VerfGH. v. 17. 3. 1966, G

(Art. 65 Abs. 3 B-VG) und tritt vor allem bei Festlichkeiten, Eröffnungen, Jubiläen, Kongressen und dergleichen als oberster Würdenträger und Repräsentant des Staates auf, wobei in der Praxis die Verbindung zur äußersten monarchischen Repräsentationstechnik bewußt gepflegt wird[260]).

Die Konsequenzen einer Übertragung derartiger Funktionen auf ein republikanisches Staatsoberhaupt scheinen mir, trotz der ununterbrochenen Rückbeziehung zum monarchischen Staatsrecht noch weithin verkannt zu werden: Nicht, weil der konstitutionelle Monarch Alleinherrscher war, sondern weil er die Monarchie vollständig in seiner Person „verkörperte", konnte er die Staatseinheit repräsentieren. Wenn das republikanische Staatsoberhaupt aber gleichartige Funktionen ausübt, so wird es dadurch gerade nicht zum „Monarchen", verkörpert vielmehr — so wie der Monarch die Monarchie — die „Republik", d. h., den Inbegriff der alle Staatsgewalt legitimierenden Ordnung in seiner Person vollständig und ausschließlich. Ebenso wie in der Monarchie gewährleistet auch in der Republik die konstitutionelle Regierungsform, daß aus dieser Darstellung nicht Alleinherrschaft wird. Nur in dieser Sicht sind jene in das republikanische Staatsrecht eingebrachten monarchischen Hausgüter überhaupt theoretisch geeignet, eine spezifisch republikanische Bedeutung zu erlangen und die diesem Staatswesen eigene Einheit zur Darstellung zu bringen.

3. Das zeigt sich nicht nur an den — regelmäßig als „bloß symbolisch" abgewerteten[261]) — Repräsentationsbefugnissen des Staatsoberhauptes, sondern an den wesentlichen Aufgaben des Bundespräsidenten überhaupt: Sie sollen durchwegs den republikanischen Einheitsbezug bestimmter, zur Desintegration neigender Staatsfunktionen herstellen. So bedeuten die

---

30/65). Bezüglich der Arten von zu verleihenden Berufstiteln siehe die Entschließungen: BGBl. Nr. 103/1921, 241/1926, 365/1926, 197/1930; der häufig verliehene Titel „Professor" ist außerhalb des Hochschulrechtes (vgl. z. B. § 26 Abs. 2 lit. g Hochschulorganisationsges.) nicht geregelt, so daß die Standesvertretung der Hochschulprofessoren mehrmals beim Bundespräsidenten gegen die — sehr großzügige — Verleihungspraxis dieses Titels protestierte.

[260]) Siehe: A. Toldt, Der Bundespräsident, in: Mensch und Staat, Handbuch d. österr. Politik, hrsg. v. Pittermann, Bd. I (1962), S. 94 ff. (101 f.).

[261]) Kelsen, aaO. (Hüter), S. 42 f.: „... daß es zur Funktion des Staatsoberhauptes gehört, die unverzichtbare Forderung nach einer mehr als formalen, nach einer materialen Einheit des Staates symbolisch auszudrücken. Darin kann man sogar die Hauptfunktion jenes Organes erblicken, das die verschiedenen Verfassungen als Staatsoberhaupt berufen."

dienstrechtlichen Befugnisse (Art. 65 B-VG; § 25 V-ÜG 1920) selbstverständlich nicht, daß der Bundespräsident der „Dienstherr“ aller Beamten und Funktionäre des Bundes sei[262]), sondern, daß das republikanische Staatsoberhaupt auch in den Kategorien des Dienstrechtes den Staat als Beamtenapparat und als Republik zur Einheit bringen soll[263]).

Dieselbe Funktion soll der militärische Oberbefehl — hier auf Grund des Befehlsverhältnisses — gegenüber dem Staat als bewaffnete Macht erfüllen[264]). Der Staat als politische Führung soll durch ineinandergreifende Befugnisse des Bundespräsidenten gegenüber Regierung und Parlament zur Einigung gebracht werden. Im Rahmen des Notverordnungsrechtes wird ganz ausdrücklich von einem nicht wieder gutzumachenden Schaden für die „Allgemeinheit“ gesprochen, den der Bundespräsident abwehren soll (Art. 18 Abs. 3 B-VG), und damit deutlich eine den Staat noch umspannende Einheitskategorie des bürgerlichen Gemeinwesens angesprochen, zu der der Bundespräsident in Beziehung treten soll. Und im Rahmen der Exekution der Erkenntnisse des Verfassungsgerichtshofes soll der Bundespräsident die Bund und Länder überspannende förderalistische Konstitutionseinheit[265]) mit allen verfügbaren Organen des Staates einschließlich des Bundesheeres gegen die Länder und — das ist eine österreichische Spezialität — den Bund selbst durchsetzen[266]). Schließlich wurde bereits oben darauf hingewiesen, daß die Stellung des Bundespräsidenten in allen Systemen der vielfältigen Gewaltenbalance des parlamentarischen Regierungssystemes unverständlich bleibt, wenn sie nicht von der Idee einer

---

262) Das ist — wenn man die Kategorie überhaupt für anwendbar hält — der Bund als juristische Person, vertreten durch die zuständigen Dienstrechtsorgane; siehe dazu: Gallent, Die beamtenrechtliche Pflicht zur Wahrung des Standesansehens, in: JBl. 1966, S. 61 ff.

263) So — wenn auch unter verzerrter „dualistischer“ Perspektive — im Grunde auch: Menzel, aaO.

264) Über den zweiten Oberbefehl als wichtiges Integrationsmittel der militärischen Ordnung in die Zivilstaatsverwaltung, siehe die Hinweise bei: Pernthaler, Der Rechtsstaat und sein Heer, 1964, S. 77 ff.

265) „Gesamtrechtsordnung“ im Sinne der Kelsenschen Bundesstaatstheorie, vgl. dazu: Ermacora, Über das Wesen des österr. Bundesstaates in Theorie und Praxis, in: JBl. 1957, S. 521 ff. unter Berufung auf Kelsen, Die Bundesexekution, in: Festgabe f. Fleiner, 1927, S. 127 ff.

266) Art. 146 Abs. 2 B-VG und dazu: Pernthaler, aaO., S. 160 ff.

gegen jede der Gewalten zu schützenden übergreifenden Einheit getragen wäre, die sich im balancierenden Staatsoberhaupt in einer besonderen Weise darstelle.

4. Aus der Analyse dieser verfassungsmäßigen Einigungsfunktionen des Bundespräsidenten ergibt sich nunmehr die Frage, inwieweit das parlamentarische Regierungssystem in Österreich durch eine außerparlamentarische Einigungskraft des Bundespräsidenten modifiziert wurde. Dazu ist vorweg zu erinnern, daß im reifen Parlamentarismus diese Einigungskraft primär gerade nicht funktionell wirken soll, d. h., in das Funktionieren des konstitutionellen Mechanismus grundsätzlich nicht eingreifen darf. Was daher dem Bundespräsidenten vom „Erziehungsmodell" an Kontroll- und Korrekturbefugnissen der parlamentarisch-konstitutionellen Staatsfunktionen herübergekommen ist — vor allem die Entlassung der Regierung (Art. 70 B-VG), die Auflösung des Parlamentes (Art. 29 B-VG), die individuelle Begnadigung und Abolition (Art. 65 B-VG) u. ä. —, muß daher im reifen, d. h., funktionierenden Parlamentarismus unwirksam sein, soll nicht ein konstitutionell unaufhebbarer Dualismus herrschen. Alle jene Einigungsfunktionen, die aber das Funktionieren des parlamentarischen Regierungssystemes, das ja — wie immer wieder hervorgehoben werden muß — als ganzes ebenfalls zur staatlichen Einheit führen muß, durch Rückbindungen an eine persönliche Darstellung der Staatseinheit stabilisieren und anschaulich zur Einheit überhöhen wollen, können — wie ich meine — in einem parlamentarischen Regierungssystem in der geschichtlichen Lage des österreichischen überhaupt nicht entbehrt werden[267]). Darauf werde ich noch im Rahmen der Fortbildung der Institution in der Verfassungswirklichkeit zurückkommen. Hier soll abschließend noch einmal und nachdrücklich darauf hingewiesen werden, daß der Dualismus zwischen funktionaler und existenzieller Verkörperung der Staatseinheit —

---

[267]) Von hohem symptomatischem Wert für die konstitutionelle Einigungsfunktion des Bundespräsidenten im Rahmen des parlamentarischen Regierungssystemes scheint mir die gegenwärtige Praxis (vgl. dagegen Anm. 207) der Teilnahme des Bundespräsidenten an den gemeinsamen Festsitzungen des Nationalrates und Bundesrates aus Anlaß des „österreichischen Nationalfeiertages" (26. Oktober 1965 und 1966); siehe dazu das offizielle Protokoll dieser Festsitzungen, hrsg. von der österr. Staatsdruckerei, insbes. die aus diesem Anlaß gehaltenen Reden des Nationalratspräsidenten und Bundespräsidenten, welche durchaus auf das vom Bundespräsidenten darzustellende konstitutionell-parlamentarische Einigungsgefüge des österr. Regierungssystemes abgestellt waren.

wie er im Modell der parlamentarischen Präsidentschaftsrepublik bewußt angelegt und verwertet wird — dem konstitutionellen Staatswesen, das beiden Verkörperungen zugänglich ist, nur dann nicht schadet, wenn

(1.) jeder der beiden Vorgänge „funktioniert", d. h., tatsächlich zur Einheit des konstitutionellen Staatswesens führt; und

(2.) keiner der beiden Vorgänge den anderen aus seinem legitimen Raum verdrängen, d. h., die einzig „wahre" Verkörperung der staatlichen Einheit des Gemeinwesens sein will.

Das fehlende Verständnis für diese beiden unabdingbaren Voraussetzungen des Bestandes der parlamentarischen Präsidentschaftsrepublik hat seine verheerendsten Konsequenzen in der letzten zu erörternden Denkform dieses Regierungssystemes gezeitigt.]

III. Das Staatsoberhaupt als Legitimitätsreserve der parlamentarischen Demokratie

[a) Daß ausgerechnet die parlamentarische Demokratie auf jenes Begriffsmerkmal des Staatsoberhauptes abgestützt werden solle, das den monarchischen Absolutismus durch die Jahrhunderte trug, scheint zunächst absurd. Und auch die Argumente, die die Übernahme des Prinzipes „Legitimität" ins demokratische Staatsrecht herkömmlicherweise begründen, machen die Verbindung mit dem Staatsoberhaupt nicht einsichtiger: Die demokratische Legitimität beruhe nämlich — im Gegensatz zur dynastischen — in der Einheit des politischen Volkes, das Recht und Staat in ihrer konkreten Form wolle[268]). Das Staatsoberhaupt legitimiere also nach dieser Vorstellung demokratisch, indem es Plebiszite herstelle und darstelle. Auch unter diesem Aspekt wird man — was wohl auch der historische Sinn des Vorganges gewesen sein dürfte[269]) — allenfalls eine Beschränkung, aber keinesfalls eine Legitimierung des parlamentarischen Systemes durch ein republikanisches Staatsoberhaupt für denkbar halten können. Also auch in der Republik zwei Legitimierungssysteme und erneut ein konstitutioneller Dualismus? Wenn man diese Frage nicht wiederum aus dem mehrfach erwähnten vorschnel-

---

268) So vor allem C. Schmitt, aaO. (Verfassungslehre), S. 90 f.

269) Dazu sind vor allem die Theorien Max Webers über die plebiszitäre Legitimierung des Reichspräsidenten — im Zusammenhang seiner Legitimitätstheorie überhaupt — zu beachten; dazu: J. Winckelmann, Legitimität und Legalität in Max Webers Herrschaftssoziologie, 1952; siehe ferner die Hinweise bei Scheuner, aaO., S. 60, Anm. 7.

len Rückgriff auf die „Einheit“ der demokratischen Volkssouveränität beantworten will, ist offenbar eine ausdrückliche Besinnung auf den spezifischen Sinn einer konstitutionellen Legitimität in der parlamentarischen Demokratie notwendig[270]).

1. Diese Besinnung hat davon auszugehen, daß das Prinzip „Legitimität“ nicht erst in der Restauration, sondern schon im Herrschaftssystem des frühen Absolutismus verwendet wurde und hier auf eine vorabsolutistische konstitutionelle Ordnung weist, in die sich der Organsouverän bewußt verankern wollte[271]). Die legitime absolute Monarchie — etwa eines Ludwig XIV. — verstand sich selbst gerade nicht als autoritäres Regime — wie man ihr mit dem Identitätsprinzip zusinnen wollte[272]) —, sondern als strikten Gegensatz zur bloßen „arbiträren“ Herrschaft (etwa des „Sultans“) und als Vollzug der geltenden politisch-rechtlichen Grundordnung einer staatlichen Gemeinschaft[273]). Wenn man diesen Tatbestand verkennt und die Legitimität der Herrschaft ausschließlich auf die politische Existenz des Machthabers bezieht, hat man nicht nur die typische Spannkraft des Legitimitätsdenkens verloren, das gerade im Widerstreit von Autorität und Macht, von Recht und Gesetz, von Ordnung und Führung u. ä. Kategorien beheimatet ist[274]). Man wird aus einer solchen Sicht auch unfähig, die Perversion des Legitimitätsdenkens in der dynastischen Eigenmachtspolitik des 19. Jhdts. zu erkennen[275]), und kann schließlich auch — das ist das Gefährlichste — das Prinzip „Legitimität“ begrifflich nicht

270) Die folgenden Gedankengänge verdanken das Wesentliche: J. Winckelmann, Die verfassungsrechtliche Unterscheidung von Legitimität und Legalität, in: Z. f. d. ges. Staatswissenschaft, 112. Bd. (1956), S. 164 ff.

271) O. Brunner, Vom Gottesgnadentum zum monarchischen Prinzip, in: Das Königtum, seine geistigen und rechtlichen Grundlagen (Vorträge und Forschungen, hrsg. vom Konstanzer Arbeitskreis für mittelalterliche Geschichte geleitet v. Theodor Mayer, Bd. III), 1956, S. 279 ff. (290 f.).

272) So doch wohl C. Schmitt, aaO., S. 48, 205, 214 u. a.

273) Dazu siehe vor allem: M. Goehring, Weg und Sieg der modernen Staatsidee in Frankreich, 1946; R. v. Albertini, Das politische Denken in Frankreich zur Zeit Richelieus, 1951; F. Hartung, L'Etat c'est moi, in: Hist. Zeitschr. Bd. 169 (1949), S. 1 ff.

274) Dazu: O. Kirchheimer und N. Leites, Bemerkungen zu Carl Schmitts „Legalität und Legitimität“, in: Arch. f. Soz. wiss. und Soz. pol. Bd. 68 (1933), S. 457 ff.

275) Dazu: Srbik, Metternich, Bd. 1 (1928), S. 362 ff.; Th. Ellwein, Das Erbe der Monarchie in der deutschen Staatskrise, 1954; R. Smend, Der Einfluß der deutschen Staats- und Verwaltungslehre des 19. Jh.s auf das Leben in Verfassung und Verwaltung, in: Staatsrechtl. Abhandlungen, 1955, S. 326 ff.

vom politischen Absolutismus lösen. Nicht in der absoluten Macht über alle Untertanen, sondern in der Ordnung des absoluten Regierungssystemes, das ein Organ ausschließlich und voll zu solcher Herrschaft, also zur Organsouveränität ermächtigte, liegt das Wesen eines legitimen Absolutismus[276]).

2. Will man daher die Kategorie „Legitimität" ins konstitutionelle Staatsdenken zurückholen, wo sie ihren Ursprung nahm, so darf man nicht den Begriff der Legitimität zersplittern, indem man auf die bloße Legalität oder die politische Machtordnung abstellt, weil damit das eigentliche Anliegen des Legitimitätsprinzipes — die wechselseitige Rückbindung und Einordnung dieser Ordnungsvorstellungen — verloren gegangen wäre[277]). Nicht an der Kategorie „Legitimität" selbst, sondern am Legitimierungsvorgang muß daher die Konstitutionalität ansetzen, will sie eine absolute Legitimität beseitigen oder verhindern. Und tatsächlich haben sich im gemeineuropäischen Staatsdenken seit ältester Zeit — mit Hilfe von Balance- und Repräsentationsvorstellungen — typische Teilungskategorien des Legitimierungsvorganges entwickelt, die jeweils auf ein Grundprinzip des konstitutionellen Legitimitätsdenkens zurückzuführen sind, der Trennung von Autorität und durchführender Macht in der Ordnung des politischen Gemeinwesens[278]). Nach diesem Prinzip soll das legitime und das legitimierende Staatshandeln grundsätzlich auf verschiedene Organe verteilt sein, wobei sich nach der dieser Teilung zugrundeliegenden Dialektik immer längere und differenziertere Legitimationsketten aufgliedern. Dabei nimmt die konstitutionelle Teilung der Legitimierung bewußt in Kauf, daß das legitime Organ die Legitimität erst konkretisiert und insofern in gewisser Hinsicht auch ordnend zurückwirkt auf die legitimierende Kraft selbst[279]). Je nach der Art des Legitimierungsvorganges — die wiederum von der Art der legitimierenden Ord-

---

276) Siehe außer den Hinweisen in Anm. 273 etwa: W. Näf, Die Epochen der neueren Geschichte, Bd. 1 (1945), S. 411 ff.; Olivier-Martin, Histoire du droit français, 1951², S. 342 f.

277) C. Schmitt, Die Lage der europäischen Rechtswissenschaft, 1950, S. 28 ff.

278) Offenbar auch in diese Richtung: H. Krüger, aaO., S. 843, mit im einzelnen anderer Differenzierung von „Autorität" und „Gewalt" als hier.

279) Vor allem so im Verhältnis zwischen „Volk" und „Volksrepräsentanten", dem Kern des demokratisch-konstitutionellen Legitimierungsvorganges, dazu siehe unten lit. b.

nung determiniert ist[280]) — wird eine Konstitutionalisierung des Vorganges verschiedene Institutionen hervorbringen. Zwei Grundanforderungen der institutionellen Entfaltung bleiben aber unabdingbar:

(1.) In einem konstitutionellen Legitimierungssystem darf es keinen einheitlichen und absoluten organisatorischen Endpunkt der Legitimierung geben, sondern alle legitimierenden Organe müssen selbst wieder an eine Legitimation anderer Organe gebunden werden, so daß ein geschlossener Legitimierungskreislauf entsteht.

(2.) Die einzelnen Legitimierungsorgane und -funktionen müssen organisatorisch und in ihren jeweiligen Ordnungsaspekten derart aufeinander bezogen sein, daß nicht der Charakter der Legitimität als Bindung der Macht an eine einheitliche politisch-rechtliche Grundordnung des Gemeinwesens in unaufhebbaren Legitimitätskämpfen zerrieben wird.

b) 1. Konkretisiert man danach das konstitutionelle Legitimitätsproblem auf das Regierungssystem der parlamentarischen Demokratie, so muß man sich zunächst über den Begriff „Volkssouveränität" im klaren sein, auf dem dieses Modell seine Legitimierung gründet. Die konstitutionelle Demokratie kann auch eine Organsouveränität des Volkes nicht zulassen[281]). Das „Volk" in seiner Qualität als politisches Entscheidungs- und Kreationsorgan ist denn auch im konstitutionellen Parlamentarismus nur in einem relativen Sinn das „oberste" Legitimierungsorgan, indem es das Parlament politisch legitimiert. Dabei darf freilich nicht übersehen werden, daß in diesem Regierungssystem die politische Legitimierungskraft des Organes „Volk" selbst wieder rechtlich legitimiert und beschränkt wird[282]). Im übrigen

---

280) Dazu nach wie vor: M. Weber, Die drei reinen Typen der legitimen Herrschaft, in: Preuss. Jahrb. Bd. 187, Heft 1 (1922), S. 1 ff.

281) Das hat gerade C. Schmitt — wenngleich in unglückseliger und verfehlter Trennung des repräsentativen vom demokratischen Prinzip — immer wieder klar hervorgehoben; siehe z. B. aaO. (Verfassungslehre), S. 216 ff.

282) Nämlich durch Art und Intensität der plebiszitären Elemente im Repräsentativsystem, d. h., vor allem im Rahmen der sog. „politischen Rechte" der Staatsbürger; diese haben in einem echt konstitutionellen Staatswesen durchaus nichts an demokratischer Legitimität vor den repräsentativen Funktionen voraus; insofern mißverständlich: C. Schmitt, Legalität und Legitimität, 1932, S. 62 ff., unter Hinweis auf Jacobi, Reichsgerichtsfestgabe, Bd. I (1929), S. 233 ff.

ist im parlamentarischen Regierungssystem schon definitionsgemäß das Parlament das politisch und rechtlich primär legitimierende Organ, wenngleich es — mit dem Funktionswandel des Verfassungsgesetzes — diese Rolle im Staat der Gegenwart immer mehr mit der Verfassungsgerichtsbarkeit zu teilen hat. Aber auch die Regierung übt im klassischen parlamentarischen System eine gewisse eigenständige Legitimierungsfunktion gegenüber der Verwaltung aus, in die nach dem konstitutionellen Staatsdenken das Parlament gerade nicht eingreifen soll.

2. Wie schon aus dem bisherigen deutlich wird, ist das parlamentarische Regierungssystem durch die Teilung der Legitimationsketten in eine „politische" und eine „rechtliche" Legitimierung der Staatsorgane gekennzeichnet. Die sogenannte politische Legitimierung wird in diesem System durch die Institutionen „Wahl" und „Konsens" in Gang gehalten. Das legitimierende Organ muß also zunächst durch eine — im demokratischen Staatsdenken untrennbar zwischen der plebiszitären und elitären Bedeutung ausgewogenen — Auswahl der Bewerber über die Person des Machthabers eine existenzielle Vorentscheidung treffen und damit zugleich Macht anvertrauen bzw. übertragen. Im Zuge der Machtausübung selbst besteht die politische Legitimierung des Machthabers im ununterbrochenen „Vertrauen" des legitimierenden Organes, d. h., in der Überzeugung, daß sein Handeln richtig im politischen Sinne sei. Die sogenannte rechtliche Legitimierung der Machthaber vollzieht sich dagegen in der Schaffung eines relativ starren Systemes von Ämtern, Verpflichtungen und Gehorsamsansprüchen durch die Rechtsordnung und deren wirksame Durchsetzung, die im deutschen Staatsdenken nach uralter Tradition dem Richter übertragen sein soll. Der Kategorie des Vertrauens entspricht die Vermutung für die Rechtmäßigkeit des staatlichen Handelns und das Prinzip der tatbestandsmäßig beschränkten Rechtskontrolle durch den Richter. Eine gesetzesprüfende Gerichtsbarkeit ist mit einem rein parlamentarischen Legitimierungsprozeß natürlich ebensowenig vereinbar, wie eine selbständige Autorität der Regierung: Beides deutet vielmehr typischerweise auf ein beschränkt-parlamentarisches Legitimierungssystem hin. In diesem Zusammenhang muß ausdrücklich darauf hingewiesen werden, daß der rechtliche Legitimierungsvorgang seine spezifische Funktion nur bei einer zumindest relativen Stabilität der Ermächtigungsordnung entfalten kann. Es wäre etwa sinnlos, von einer Verfassung die rechtliche Legitimation eines Machthabers zu verlangen, dem die Verfassungsgestal-

tung im Wege einer Globalermächtigung selbst übertragen wurde.

Außerdem scheint mir wesentlich festzuhalten, daß im konstitutionellen Legitimitätsdenken die Vorgänge der rechtlichen und politischen Legitimierung verschiedene Aspekte eines einheitlichen Vorganges sind und miteinander wieder in vielfältigen Wechselbeziehungen stehen. So umfaßt z. B. die politische Wertordnung, an der das legitimierende Organ die „Richtigkeit" des Handelns des Machthabers mißt, selbstverständlich auch die rechtlich stabilisierten Werte und Institutionen des Gemeinwesens, und umgekehrt wären die Kategorien der „Ermächtigung" und der Rechtmäßigkeitsvermutung der Staatsorgane offenbar sinnlos, wenn sie als Hebel zur politischen Entmachtung des legitimierenden Organes verstanden würden[283]). Der konstitutionelle Legitimierungsprozeß setzt daher im letzten die Geltung (d. h., die Anerkennung der verpflichtenden Kraft) einer bestimmten politisch-rechtlichen Grundordnung des Gemeinwesens voraus; eine Grundordnung, die wiederum nicht einfach da ist, sondern durch geeignete Institutionen ununterbrochen hergestellt und nötigenfalls durchgesetzt werden muß.

3. Aus all dem folgt, daß ein konstitutionelles Legitimierungssystem im allgemeinen und das parlamentarische im besonderen sehr anfällig gegen Störungen aller Art sind. Von den vielen abstrakt denkbaren und aus konkreten geschichtlichen Beispielen zu belegenden Fällen interessiert im gegebenen Zusammenhang vor allem das Problem der sogenannten „Krise des Parlamentarismus", weil sie wiederum den Ansatz für alle Konstruktionen einer Ersatzlegitimierung durch das Staatsoberhaupt bildet. Unter dem Gesichtswinkel des Legitimitätsproblemes verbergen sich unter diesem Schlagwort mehrere Möglichkeiten des Versagens: Einmal kann das Parlament nicht als gehörig legitimiertes Organ des Volkes zustande kommen, wenn etwa Wahl und Konsens als Institutionen der demokratischen Legitimierung versagen (wofür wiederum eine ganze Reihe von Gründen maßgebend sein können). Derselbe Prozeß kann sich im Parlament als Legitimierungsorgan abspielen: Das Parlament kann in seiner legitimierenden Funktion gegenüber der Regierung versagen, weil ihm entweder die Autorität

---

[283]) Noch 1932 ganz in diesem Sinne: C. Schmitt, aaO., S. 14 f., 49 ff. u. a. unter Bezugnahme auf zahlreiche andere, heute hochgeachtete Vertreter einer „materialen Verfassungstheorie"; siehe dazu auch die Hinweise bei Klecatsky, Hat Österreich eine Verfassung?, in: JBl. 1965, S. 544 ff. (548).

oder der Bezug zur überspannenden politisch-rechtlichen Grundordnung fehlt; oder das Parlament kann die Regierung aus ihrer legitimierenden Funktion vollständig verdrängen (System des Parlamentsabsolutismus), womit die Konstitutionalität des Legitimierungsvorganges aufgehoben wäre. Phänomenal zeigt sich im parlamentarischen Regierungssystem ein Zusammenbruch der legitimierenden Kraft des Parlamentes in der Unfähigkeit, seine Funktionen als Gesetzgeber und als Garant einer ebenso wirkungskräftigen wie kontrollierten Regierung des Staates zu erfüllen. Untrennbar verknüpft mit diesen Phänomenen sind wiederum all die Denkformen der wahren und falschen Repräsentation des Volkes, der politischen Einheit und des Pluralismus bzw. der Polykratie, die schon im Rahmen des Gleichgewichts- und Einheitsdenkens angedeutet wurden. Und wiederum war es die Institution des Staatsoberhauptes, an die in einer gewissen Phase des deutschen Staatsdenkens alle Hoffnungen der Restauration der Legitimität des parlamentarischen Regierungssystemes geknüpft wurden.]

c) Daß diese Hoffnung vom monarchischen Staatsdenken vorgeprägt wurde, das die Dialektik einer doppelten Legitimierung des Staates von der Spitze und vom Volk her zuallererst in Gang gesetzt hatte, wird niemand bestreiten können. Ebenso wichtig scheint es mir aber, auf den Grund der legitimierenden Kraft des Monarchen einzugehen, um die Bedingung der Möglichkeit einer Übertragung dieser Funktion in die Staatsverfassung der Republik exakt zu ermitteln. Dabei kann die legitimierende Kraft des absoluten Monarchen von vornherein unberücksichtigt bleiben, weil ihr eine andere Kategorie der Legitimität zuzuordnen ist, als dem konstitutionellen Staatsdenken überhaupt zugänglich ist (siehe oben, lit. a). Um den Vorgang der (konstitutionellen) Legitimierung der Staatsorgane durch den sog. „konstitutionellen Monarchen" zu erkennen, müßte man zuvor die traditionellen inhaltsarmen Unterscheidungskriterien zwischen Monarchie und Republik auf ihre spezifische Bedeutung für das Regierungssystem reduzieren[284]). Danach wird klar werden, daß auch die Legitimierung staatlicher Organe durch den konstitutionellen Monarchen auf jener Trennung von Autorität und durchführender Macht aufbaut, die als Kennzeichen der konstitutionellen Legitimierung überhaupt bezeichnet wurde.

---

[284]) Die folgenden Ausführungen beruhen im wesentlichen auf den Gedankengängen von: E. Bernatzik, Republik und Monarchie, 1919² und: A. Merkl, Das Kriterium von Republik und Monarchie, in: Z. f. Verwaltung, 56. Jg. (1923), S. 63 ff.

Es wird dabei vom Grad der Demokratisierung einer Monarchie abhängen, inwiefern hier das Volk oder der Monarch als das „höchste" der legitimierenden Organe in jenem relativen, oben genannten Sinne angesehen wird, wobei der Gedanke einer Legitimierung des Monarchen durch das politische Volk — entgegen der weitverbreiteten Ideologie des monarchischen Legitimismus — weder theoretisch noch praktisch unvollziehbar wäre[285]). Aber unabhängig vom Grad der Demokratisierung einer Monarchie beruht die legitimierende Funktion des Monarchen im konstitutionellen Staatswesen gerade nicht auf seiner (vorrechtlichen und vorstaatlichen) persönlichen Machtstellung, sondern auf seiner verfassungsmäßig zumindest anerkannten Autorität. Dabei soll nicht verkannt werden, daß die echte monarchische Legitimierung wesenhaft andere Elemente ins Spiel bringt, als die demokratische oder parlamentarische[286]). Doch solange daraus kein Anspruch auf eine absolute Legitimation der staatlichen Ordnung durch den Monarchen abgeleitet wird, ist die Integrierung dieser spezifischen monarchischen Legitimation ins konstitutionelle Staatswesen möglich. Unter dieser Voraussetzung ist aber auch der Monarch hier nie der Endpunkt, sondern nur ein — allerdings in gewisser Beziehung ausgezeichnetes — Glied der Legitimationskette.

Nur im System des Caesarismus verbürgt der Monarch eine „demokratische" Legitimation, die unmittelbar vom Volk als politisches Entscheidungs- und Kreationsorgan abgeleitet wird[287]). In allen anderen monarchischen Regierungsformen ist die Autorität des Monarchen ein Gegengewicht zur sog. demokratischen Legitimation der Staatsführung und damit — unter den vielfältigsten Konstruktionen — dem staatlichen Gleichgewichts- und Einheitsdenken verbunden, das in den vorigen Abschnitten erörtert wurde. Nur in dem offenkundig am Rande der Konstitutionalität stehenden Caesarismus ist die monarchische Autorität befähigt,

---

[285]) Vgl. dazu außer der reichsrechtlichen und mittelalterlichen Lehre der Volkssouveränität (siehe oben, Anm. 8) an modernen Versuchen etwa § 1 des „Entwurfes der Grundrechte des österr. Volkes" v. 1848 (Kremsierer Reichstag), abgedruckt bei: Bernatzik, Die österr. Verfassungsgesetze, 1911², S. 133 ff.; und dazu die bei Ermacora, Handbuch der Grundfreiheiten und Menschenrechte, 1963, S. 8, abgedruckten Dokumente.

[286]) Siehe vor allem: P. E. Schramm, Das englische Königtum im Licht der Krönung, 1937; derselbe, Der König von Frankreich, Bd. I (1939), S. 264; (weitere Hinweise bei Brunner, aaO.).

[287]) Vgl. für das Phänomen des Bonapartismus Anm. 129; für das „demokratische Kaisertum" Naumann und Seipel Anm. 43.

die Dynamik der Demokratie und der Konstitution zu benutzen, um die Autorität des Parlamentes zu verdrängen und die Funktion der monarchischen Legitimierung in eine Selbstregierung umzusetzen. Alle anderen Monarchen müssen als Elemente der Statik gegen die Dynamik von Demokratie und Verfassung — in der geschichtlich hoffnungslosen Lage der Reaktion — ankämpfen, um absolut zu werden. Schon daraus folgt, daß bei einer Übertragung der legitimierenden Funktion des monarchischen Staatsoberhauptes ins republikanische Staatsdenken gerade nicht der Gegensatz, sondern die Verknüpfung der legitimierenden Kraft des Staatsoberhauptes mit der Idee einer plebiszitär verstandenen Volkssouveränität und Demokratie der kritische Punkt für die Konstitutionalität einer republikanischen Verfassung ist.

d) Diese These erhärtet ihre Richtigkeit in der Prüfung der entscheidenden verfassungstheoretischen Frage, wie eine eigenständige Legitimierung des Parlamentarismus durch ein republikanisches Staatsoberhaupt unter den eingangs erläuterten Bedingungen einer konstitutionellen Legitimierung überhaupt denkbar sei.

1. Dabei ist als selbstverständlich vorauszusetzen, daß einem republikanischen Staatsoberhaupt jene, oben als spezifisch „monarchisch" gekennzeichnete Legitimierungskraft, die weit hinter die parlamentarische Demokratie zurückreicht, nicht zukommen kann[288]). Statt dessen stellt die Institution des republikanischen Staatsoberhauptes, wie oben erläutert wurde, im parlamentarischen Regierungssystem eigenständige Autorität und Legitimierungskraft in den Kategorien des politischen Gleichgewichts- und Einheitsdenkens zur Verfügung; und zwar im wesentlichen unter den beiden Denkformen des Staatsoberhauptes als besondere plebiszitärdemokratische Darstellung der Einheit des politischen Volkes und als eine besondere „existenzielle" Darstellung der Konstitutionseinheit des Gemeinwesens. Im ersten Falle ist das Staatsoberhaupt prinzipiell ein parlamentskonkurrierendes demokratisches Legitimierungsorgan; im zweiten Fall hängt es von der Art der funktionellen Rückverwertung der Einheitsdarstellung im Regierungssystem ab, ob dadurch alle anderen Legitimierungsfunktionen — einschließlich der des

---

[288]) Ein völlig geschichtsfremder Vorgang ist daher die Übertragung spezifisch monarchischer Repräsentationstechniken, die dem sog. „Hoftheater" entsprechen (dazu: C. Schmitt, Hamlet oder Hekuba. Der Einbruch der Zeit in das Spiel, 1956, S. 42 ff.), auf republikanische Staatsoberhäupter (siehe den Hinweis in Anm. 260); vgl. dagegen den Hinweis von Scheuner, aaO., S. 21.

Parlamentes — mediatisiert und partikularisiert werden oder nicht. Von der Idee einer besonderen außerparlamentarischen Legitimation durch ein Staatsoberhaupt, sind also latent beide oben genannten Bedingungen einer konstitutionellen Legitimität des Gemeinwesens bedroht: Die Einheit der Legitimität durch das demokratische Konkurrenzverhältnis Staatsoberhaupt-Parlament und der organisatorische Legitimierungskreislauf durch die Vorstellung einer obersten und vollständigen Darstellung der Konstitutionalität des Staatswesens. Entsprechend diesen denknotwendigen Tendenzen der Institution und den geschichtlichen Erfahrungen der deutschen konstitutionellen Monarchie mit den ihr zugeordneten Störungsquellen sind daher folgende Voraussetzungen des Bestandes eines derart komplexen Legitimierungsmodelles, wie es die parlamentarische Präsidentschaftsrepublik darstellt, unabweisbar: Die legitimierende Kraft des Staatsoberhauptes muß

(1.) durch geeignete Rücklegitimationen in den parlamentarischen Legitimierungskreislauf integriert werden und

(2.) durch eine sinnvolle funktionelle Relativierung beschränkt und von der Mediatisierung des Parlamentes ausgeschlossen werden.

2. Die institutionelle Konkretisierung dieser beiden Postulate hängt nicht nur von der Art des Balancierungs- und Einheitsmodelles ab, das die legitimierende Kraft des Staatsoberhauptes begründet, sondern vor allem von den konkreten Legitimierungsfunktionen, die das Staatsoberhaupt neben oder über dem Parlament ausüben soll. Nach den erwähnten Determinanten einer Legitimitätskrise des Parlamentarismus scheint mir, daß das Staatsoberhaupt abstrakt gesehen in zwei grundverschiedenen Funktionsweisen in den parlamentarischen Legitimierungsprozeß eingeschaltet werden kann: Einmal als förderndes und sicherndes Glied der Legitimierungskette des funktionierenden Parlamentarismus und zum anderen als legitimierendes Organ der Wiederherstellung oder Ersetzung des außer Funktion geratenen Parlamentarismus.

Im funktionierenden Parlamentarismus können dem Staatsoberhaupt — abstrakt gesehen — legitimierende Mitwirkungs-, Aufsichts- und Kontrollbefugnisse sowohl zur Sicherung der Legitimität, wie der legitimierenden Kraft des Parlamentes übertragen werden. [Die Legitimität des Parlamentes sichert ein Staatsoberhaupt, das Wahl und Konsens des politischen Volkes in ihrer legitimierenden Funktion erhält. Die legitimierende Funktion des Parlamentes wahrt ein Staatsoberhaupt, das die politische Autorität des Parlamentes gegenüber der Regierung vom Einheitsdenken her überhöht und zugleich im Rahmen des Gleichgewichtsdenkens in Schranken hält, und das die parlamentarische Gesetzgebung durch analoge Funktionen in Gang setzt, bzw. auf die Konstitutionseinheit hin beglaubigt. In ähnlicher Weise können die Ernennungsfunktionen und der militärische Oberbefehl des Staatsoberhauptes die parlamentarische Legitimierungskette in bestimmte Richtungen hin schließen, wenn dabei die oben angeführten Voraussetzungen erfüllt werden.] Im Rahmen einer sog. Notstandsgewalt muß das Staatsoberhaupt begriffsmäßig gewisse legitimierende Funktionen des Parlaments substituieren. Damit wird der Raum des konstitutionellen Staatsdenkens und des Parlamentarismus — in dem die Notstandsgewalt ohnehin eine bewußt exzentrische Stellung einnimmt — nur dann nicht verlassen, wenn diese Substitutionsbefugnisse selbst wieder mit einem parlamentarischen Substitutionsorgan geteilt sind, und dem verkürzten Legitimierungsvorgang ein gesteigertes Bewußtsein der Verbindlichkeit der legitimierenden Grundordnung des Gemeinwesens entspricht. Dabei wird als Selbstverständlichkeit vorausgesetzt, daß eine konstitutionelle Notstandsgewalt weder in der Hand des Staatsoberhauptes noch in der irgend eines anderen Organes zum Umbau des Regierungssystemes oder gar der Verfassung — und sei es auch nur durch die latente Drohung im Rahmen des Erziehungsmodelles — legitimieren kann und daher im konstitutionellen Staatsdenken gerade nicht „souverän" im Sinne des bekannten Schlagwortes ist.

e) Untersucht man nach diesen Kriterien die Legitimierung und die legitimierende Kraft des österreichischen Bundespräsidenten im Rahmen des Regierungsmodelles der parlamentarischen Präsidentschaftsrepublik, so ergibt sich folgendes widersprüchliches Bild:

[1. Der Bundespräsident wird unmittelbar vom politischen Volk gewählt[289]), und ist damit — trotz aller Versuche, diesen Tatbestand theoretisch zu widerlegen[290]) — im Rahmen seiner Funktionen demokratisch in gleicher Weise wie das Parlament und vor allem unabhängig von diesem Organ legiti-

---

[289]) Art. 60 B-VG; Bundespräsidentenwahlges. BGBl. Nr. 247/1962; siehe auch die Anm. 149.

[290]) So vor allem: Kelsen, Österr. Staatsrecht, 1923; derselbe, ZöffR. Bd. I (1919/20), S. 53; derselbe, Allgemeine Staatslehre, 1925, S. 363.

miert[291]). Davor die Augen zu verschließen, wäre ebenso unrealistisch wie gefährlich. Allerdings wird diese Unmittelbarkeit der plebiszitären Legitimation teilweise wieder dadurch aufgehoben, daß der Bundespräsident in seinem Wirken nicht nur vom Vertrauen des politischen Volkes, sondern in gleicher Weise vom Vertrauen des Nationalrates und der Bundesversammlung abhängig ist, die über eine allfällige Absetzung des Bundespräsidenten Beschluß fassen müssen[292]). Ebenso ist der Gedanke einer Rücklegitimation des politischen Volkes durch den Bundespräsidenten, aber auch die Institution eines von ihm provozierten Sachplebiszites der österreichischen Bundesverfassung nicht fremd; so muß der Bundespräsident z. B. die Durchführung einer Volksabstimmung ausdrücklich „anordnen"[293]) oder veranlaßt durch die Auflösung des Nationalrates oder eines Landtages die Neuwahlen dieser Vertretungskörper[294]). Aber — und das scheint mir für die Geschlossenheit der parlamentarischen Legitimierungskette ausschlaggebend — alle diese unmittelbaren Bindungen und Appelle des Bundespräsidenten an die Autorität des politischen Volkes sind nach der österreichischen Bundesverfassung jeweils untrennbar mit parlamentarischen Autorisierungen verknüpft[295]). Dadurch wird der in einer Kombination von Volkswahl und Volksabstimmung gelegene plebiszitäre Autorisierungsmechanismus des Staatsoberhauptes[296]) seiner traditionellen antiparlamentari-

---

[291]) Dafür spricht vor allem, daß der Bundespräsident nach der Verfassung mit dem Volk auch durch die Legitimitäts-Kategorie des Konsenses verbunden ist; vgl. dazu die Modalitäten der sog. „politischen Verantwortlichkeit" des Bundespräsidenten in Art. 60 Abs. 6 B-VG.

[292]) Der Bundespräsident unterliegt insofern einer parlamentarischen Vor-Verantwortlichkeit, die die plebiszitäre zwar nicht ersetzen, aber ausschließen kann; siehe dazu die in der vorigen Anm. genannte Gesetzesstelle und Anm. 201.

[293]) Art. 46 Abs. 3 B-VG; Volksabstimmungsges. BGBl. Nr. 248/1962. Eine Volksabstimmung nach diesen Bestimmungen hat bis jetzt noch nicht stattgefunden.

[294]) Art. 29 und 100 B-VG; eine Auflösung des Nationalrates nach dieser Bestimmung hat erst einmal (BGBl. Nr. 294/1930) stattgefunden, siehe dazu die Ausführungen oben A III c 3 mit Anm. 146 ff.

[295]) Insbes. ist eine Volksabstimmung nach dem B-VG nur auf Verlangen des Nationalrates (Art. 43 B-VG) oder einer Minderheit des Nationalrates oder des Bundesrates bzw. zwingend bei einer Gesamtänderung der Bundesverfassung (Art. 44 Abs. 2 B-VG) zulässig und zwar in jedem Falle nur über einen gültigen Beschluß des National- und Bundesrates gemäß Art. 42 B-VG; darüber hinaus bedarf die Anordnung der Volksabstimmung eines Vorschlages der Bundesregierung (Art. 67 Abs. 1 B-VG).

[296]) Vgl. Napoleon III: „Sortir de la légalité pour rentrer dans

schen Spitze weitgehend beraubt und — zumindest von den Institutionen her — die Einheit eines geschlossenen demokratischen Legitimierungsprozesses wieder hergestellt[297]).

2. Demgegenüber muß allerdings ausdrücklich festgehalten werden, daß die in der österreichischen Bundesverfassung angelegte plebiszitäre Legitimierung des Staatsoberhauptes als solche nicht stabilisierend wirkt, weil sie das Staatsoberhaupt — wie oben erläutert wurde — nicht auf die Konstitutionseinheit des Staatswesens, sondern auf die dynamische Einheit der politischen Willensbildung des Wahlkörpers hin legitimiert[298]). Von dieser Legitimierung her gesehen muß der Bundespräsident geradezu „politisch aktiv" seine Funktionen erfüllen[299]), und es hängt allein von der Art dieser Funktionen und der im Plebiszit je und je neu begründeten politischen Wertordnung ab, ob die eigenständige demokratische Dynamik des Staatsoberhauptes die der Parlamentsmehrheit „in glücklicher Weise" ergänzt[300]), in Schach hält oder sich mit ihr in irgend einer Form summiert. Keinesfalls läßt sich — wie schon erwähnt — aus der isoliert betrachteten Volkswahl die existentielle Darstellung der Konstitutionseinheit durch das Staatsoberhaupt legitimieren, da selbst ein einstimmiges Plebiszit nicht aus der funktionellen Legitimierungskette — in der diese Darstellung ja gerade nicht steht — herausführen könnte.

3. Die legitimierenden Funktionen des österreichischen Bundespräsidenten tragen wiederum jene plebiszitär-parlamentarische Doppeldeutigkeit, die den Modus seiner eigenen Legitimation kennzeichnet. Einerseits wurden dem Bundespräsidenten, nach der Bundesverfassungsnovelle von 1929, eine Reihe von Aufgaben übertragen, die gar nicht anders denkbar sind, als parlamentsunabhängige Autorisierungen zu liefern. So z. B. die vorschlagsfreie Bestellung und Entlassung der Bundesregierung (Art. 70 B-VG), die Einberufung des

---

le droit", zit. nach Winckelmann, aaO., S. 165 und die Hinweise bei C. Schmitt, aaO. (Verfassungslehre), S. 86 f.

297) In diesem Zusammenhang ist auch auf die scharfe Auseinandersetzung um die Aufweichung des parlamentarischen Prinzipes durch plebiszitäre Rekurse im Rahmen der zweiten Bundes-Verfassungsnovelle 1929 hinzuweisen; siehe dazu: §§ 23, 25 und 26 der Regierungsvorlage (382 d. Beilagen, III. G. P. abgedruckt bei Seipel, aaO., S. 275 f.) und die Hinweise bei Skottsberg, aaO., S. 387 ff.

298) Siehe dazu auch: E. Küchenhoff, aaO., der die im Text angef. Feststellung in analoger Anwendung auf die mittelbare Wahl des deutschen Bundespräsidenten bestätigt.

299) Siehe die Hinweise in Anm. 215; wie hier Spanner, aaO.

300) Grauhan, aaO., S. 382.

Nationalrates (Art. 28 B-VG), die Auflösung des Nationalrates und der Landtage (Art. 29 und 100 B-VG), die Erlassung von gesetzändernden Notverordnungen (Art. 18 B-VG), Oberbefehl und Verfügungsrecht über das Bundesheer (Art. 80 B-VG), die Exekution von Erkenntnissen des Verfassungsgerichtshofes gegen alle Organe des Bundes (gegenzeichnungsfrei!) und der Länder (Art. 146 Abs. 2 B-VG). Dazu kommen außerparlamentarische Autorisierungen, die offenbar nicht in der plebiszitären Autorität des Bundespräsidenten begründet sind, sondern eher seinem Wesen als Verkörperung der konstitutionellen Staatseinheit zuzuordnen sind, wie die Vertretung der Republik nach außen und die Ratifikation von Staatsverträgen (Art. 65 B-VG), die Festsetzung der Zahl der Mitglieder des Bundesrates (Art. 34 B-VG), die Beurkundung der Bundesgesetze (Art. 47 B-VG), Angelobungen u. ä.

Anderseits sind aber alle diese legitimierenden Funktionen des Bundespräsidenten nach der österreichischen Bundesverfassung durch Gegenfunktionen anderer Organe, durch die absolute Bindung an das Vorschlagsrecht und durch die oben dargestellte verfassungsrechtliche Loyalitätspflicht des Staatsoberhauptes selbst wieder in den parlamentarischen Autorisierungsprozeß rückverbunden. Da im übrigen die typischen rechtlichen und politischen Legitimierungsfunktionen des Parlamentes im parlamentarischen Regierungssystem auch nach der Bundes-Verfassungsnovelle von 1929 völlig unangetastet blieben und durch den Bundespräsidenten weder im funktionierenden Parlamentarismus noch im Rahmen seiner Notstandsgewalt substituiert werden können[301]), folgt auch aus dem Verhältnis der Legitimierungsfunktionen von Parlament und Staatsoberhaupt eine konkrete verfassungsrechtliche Loyalitätspflicht des Bundespräsidenten: Er muß seine legitimierenden Funktionen in den Dienst der Erhaltung des parlamentarischen Legitimierungsprozesses stellen. Der Rechtsinhalt dieser Loyalitätspflicht muß unter zwei Gesichtspunkten geprüft werden: Der Bedeutung und der Tragweite der speziellen legitimierenden Funktionen des Bundespräsidenten und der konkreten Gestalt der politisch-rechtlichen Grundordnung, auf der die konstitutionelle Legitimität überhaupt beruht. Beide Gesichtspunkte sind natürlich untrennbar aufeinander bezogen, so daß — da eine verfassungsrechtliche Einzelinterpretation der Befugnisse des Bundespräsidenten hier weder möglich noch not-

---

[301]) Das ist im wesentlichen das Ergebnis des Verfassungskampfes um die Zweite Bundes-Verfassungsnovelle; siehe dazu die Hinweise oben A III c 2 mit Anm. 134 ff. und Spanner, aaO.

wendig ist — vom Standpunkt der konstitutionellen Gesamtordnung her argumentiert werden soll.

4. Danach ist der Bundespräsident natürlich vor allem befugt und verpflichtet, einem — „offenkundig und schwerwiegend"[302]) — die konstitutionelle Grundordnung bedrohenden Regime alle Autorisierungen zu verweigern oder zu entziehen. Das kann im Ernst auch der nicht bestreiten, der glaubt, nur der Verfassungsgerichtshof könne über die Verfassungswidrigkeit eines staatlichen Handelns befinden, weil beide Funktionen — worauf gerade Kelsen hingewiesen hat — einander in keiner Weise ausschließen[303]). Darüber hinaus ist der Bundespräsident sowohl vom Auftrag des politischen Volkes, wie von der verpflichtenden Kraft der Verfassung als Ganzes her gesehen jedenfalls ermächtigt, im Falle eines Versagens oder unlösbarer Konfliktssituationen des parlamentarischen Regierungssystemes jene Legitimierungsfunktionen einzusetzen, die eine Lösung der Krise im Sinne einer Wiederherstellung der konstitutionellen Ordnung ermöglichen[304]). Anderseits läßt sich aus dem Verhältnis der Funktion des Bundespräsidenten zur Verfassung als ganzes zweifellos die immanente Schranke ableiten, daß präsidiale Legitimierungen keinesfalls zu dem Zweck oder auch nur mit der Konsequenz eingesetzt werden dürfen, den parlamentarischen Legitimierungsprozeß — vor allem auch im Hinblick auf das Verhältnis Mehrheit-Opposition — zu stören, zu überlagern oder unwirksam zu machen. Das nicht nur deshalb, weil das parlamentarische Prinzip eindeutig zum unabdingbaren Kern der Bundesverfassung zählt[305]); denn diese Hürde könnte gerade durch plebiszitär verbrämte Aktionen — einschließlich der Gesamtänderung der Bundesverfassung (Art. 44 Abs. 2 B-VG) — gerade unter der Autorität

---

302) Zu diesen auch im geschlossensten Rechtsstaat unverzichtbaren Kriterien fehlerhaften Staatshandelns, siehe G. Winkler, Die absolute Nichtigkeit von Verwaltungsakten, 1960 (Recht und Staat, Heft 223).

303) So ganz klar: Kelsen, aaO. (Hüter), S. 47; vgl. auch Pernthaler, aaO., S. 168 ff. über die Abgrenzung der Kompetenzen des Bundespräsidenten nach Art. 146 (Exekution der Erkenntnisse des VerfGH.) und Art. 80 in Verbindung mit 79 Abs. 2 und 4 B-VG (militär. Einsatz zum Schutz der verfassungsmäßigen Einrichtung).

304) Daher wäre das Vorgehen des Bundespräsidenten im Falle des Konfliktes um die verfassungsändernden Staatsverträge als verfassungskonform, die Verweigerung der Annahme des Rücktrittes der Bundesregierung als verfassungswidrig im Sinne der im Text erwähnten speziellen Loyalitätspflicht zu beurteilen; siehe dazu die Hinweise in Anm. 227 und 230 einerseits, 212 andererseits.

305) So zutreffenderweise das Erk. des VerfGH. Slg. 3134/1956.

eines Bundespräsidenten formal übersprungen werden. Sondern deshalb, weil damit der Raum der konstitutionellen Legitimierung überhaupt verlassen würde, wozu keine verfassungsmäßige Funktion denkmöglicherweise ermächtigen kann. Umgekehrt ist der Bundespräsident gerade von seinem unmittelbaren plebiszitären Mandat her gesehen legitimiert, alle seine Funktionen einzusetzen, eine Beseitigung oder Beschränkung seiner legitimierenden Kraft durch das Parlament zu verhindern. Daraus zeigt sich aber, daß sogar die verfassungsgebende Gewalt des Parlamentes die Autorität des Bundespräsidenten legitimerweise nicht ausschalten kann[306]). Unter dem Gesichtswinkel des Legitimitätsdenkens wird daher besonders deutlich, daß die parlamentarische Präsidentschaftsdemokratie nach dem österreichischen Modell von der parlamentarischen Demokratie doch im grundsätzlichen verschieden ist, so daß — wenn nicht schon die Einführung — so jedenfalls die Rückkehr zu einer rein parlamentarischen Demokratie eine „Gesamtänderung der Bundesverfassung" bedeuten würde.]

C. Die Institution „Staatsoberhaupt" im Wandel der Verfassungswirklichkeit

1. Der Bericht soll mit einem Ausblick in die — natürlich nicht antinormativ — verstandene Verfassungswirklichkeit schließen, von der sich gerade ein Staatsdenken in der Lage der Restauration nicht straflos abtrennen kann. Auszugehen ist dabei von einem Phänomen, das man vergröbernd als „Funktionieren" oder „Versagen" des parlamentarischen Regierungssystemes bezeichnen könnte. Unter diesem Aspekt fällt nun schon dem unkritischen Beobachter die merkwürdige Diskrepanz zwischen den Schicksalen der Weimarer Republik und der sog. „Ersten" österreichischen Republik einerseits und der sog. „Zweiten" Republik Österreichs anderseits ins Auge, die geradezu klassische Beispiele des Funktionierens und Versagens ein und desselben Regierungssystemes zu liefern scheinen[307]). Der Fall der österreichi-

---

[306]) Vgl. dazu Kafka, aaO., S. 551 f., sowie die Vorgänge um den 18. 10. 1931, die selbst eine so anspruchslos referierende Arbeit wie G. Otto, aaO., klar als „Verfassungsdurchbrechung" (offenbar im Sinne von C. Schmitt, aaO., S. 99 u. 106; vgl. auch: derselbe, Legalität und Legitimität, aaO., S. 49 u. a.) erkannte; siehe oben, Anm. 149.

[307]) Wie Spanner, aaO., richtig hervorhebt, stimmt die Parallele zwischen Weimarer Verfassung und österr. Bundesverfas-

schen Verfassung ist dabei besonders eindrucksvoll, weil sie nicht nur wörtlich das zusammengebrochene Regierungssystem restaurierte, sondern in ihrem nunmehrigen 20jährigen Neubestand politische Krisen schwerster Art im Rahmen dieses Systemes lösen konnte. Dabei ist vorweg zu betonen, daß dieses „Funktionieren" der Verfassung sich nicht etwa auf Kosten der Einrichtung des Präsidentenamtes — also in Form eines reinen Parlamentarismus — vollzog, sondern daß sich diese Einrichtung in ihrer politischen Eigendynamik erst in der „Zweiten" Republik entfaltete und in zahlreichen Fällen im Sinne des zugrundeliegenden Modelles gegen die politischen Parteien[308]), die Regierung[309]), aber auch das Parlament als ganzes[310]) eingesetzt wurde. Es ist also tatsächlich die parlamentarische Präsidentschaftsrepublik, die jetzt funktioniert und damals versagte. [Angesichts dieses Befundes könnte der Rechtswissenschaftler resignieren und die Schuld den versagenden Menschen, den ökonomischen Bedingungen, außenpolitischen Zwangslagen oder — schlicht der „Geschichte" zuschieben. Aber, so gewiß die Konstruktion einer Verfassung nicht derartige Bedingungen des Unterganges einer politischen Gemeinschaft ausschalten kann, so sicher ist auch, daß ein Regierungssystem immanente Fehler aufweisen kann, die seine vornehmste Aufgabe — nämlich das Bestehen all der genannten tödlichen Gefahren des Gemeinwesens — verhindern können. Dabei sind die kontinentalen Verfassungen wegen ihrer Starrheit ununterbrochen darauf verwiesen, ihre Konstruktionen streng auf die dem Gemeinwesen jeweils drohenden Gefahren derart hinzurichten, daß sie eine angemessene Ordnung des politischen Prozesses ermöglichen.]

2. Die dem demokratischen Parlamentarismus der Zwischenkriegszeit drohenden Gefahren hat C. Schmitt als politischer Pluralismus, Polykratie der Wirtschaft und Totalität des Staatlichen formuliert, womit er eine durchaus scharfsinnige

---

sung nicht ganz, weil dem österr. Bundespräsidenten auch nach der Zweiten Bundes-Verfassungsnovelle wesentliche Befugnisse des Reichspräsidenten — allerdings hauptsächlich im Rahmen der Notstandsgewalt — fehlten.

308) Siehe dazu die Hinweise bei Vodopivec, Wer regiert in Österreich?, 1962², S. 24 ff. und derselbe, Die Balkanisierung Österreichs, 1966, S. 52, 65, 112 u. a.

309) Vgl. insbes. die Auseinandersetzungen um die Berichterstattungspflicht im Rahmen des militärischen Verfügungsrechtes (Anm. 207 und 230), aber auch um den Rücktritt von Bundesregierungen und Bundeskanzler (Anm. 212).

310) Vor allem im Zusammenhang mit dem Streit um die verfassungsändernden Staatsverträge (Verweigerung der Ratifikation), dazu siehe Anm. 227 und 230.

und richtige Analyse des Sachverhaltes lieferte[311]). [Aber die theoretische Untersuchung des Modelles „parlamentarische Präsidentschaftsrepublik" hat zwingend ergeben, daß die Konstruktion einer „Erziehung" oder „Wandlung" des Parlamentarismus durch die plebiszitäre Autorität des Staatsoberhauptes, die er als Gegenmittel gegen jene Gefahren empfahl, scheitern muß und daher weder den Parlamentarismus retten noch die Ordnung jener, als krisenhaft bezeichneten Phänomene gewährleisten kann. Weiters hat die theoretische Analyse der österreichischen Bundesverfassung im besonderen gezeigt, daß hier das Modell ambivalent institutionalisiert wurde und eine Entwicklung zur Integration des Staatsoberhauptes in ein besonders stabilisiertes parlamentarisches Regierungssystem offen läßt, ja begünstigt. Als unabdingbare Voraussetzung einer derartigen Entwicklung wurde ein grundsätzlich funktionierender Parlamentarismus und eine spezifische Loyalitätspflicht des Staatsoberhauptes von verschiedenen Aspekten her begründet. Die Verfassungswirklichkeit bestätigt diese Thesen in einer ganz anderen Ebene voll und ganz.]

3. Zunächst ist darauf hinzuweisen, daß jene als Krisensymptome des Parlamentarismus bezeichneten Phänomene sich im Staat der Gegenwart noch verstärkt und — was C. Schmitt noch nicht erkennen konnte — im Rahmen der zwischenstaatlichen Integration beschleunigt und unaufhebbar radikalisiert haben[312]). Es hat sich aber gezeigt, daß nur ein bestimmt gearteter Parlamentarismus — nämlich ein auf den Kriterien des monarchischen Absolutismus gegründeter, mit einem ausschließlichen gesellschaftlichen Ordnungsanspruch auftretender — an diesen Phänomenen wesensmäßig zerbrechen muß. Der Parlamentarismus der Gegenwart ist gekennzeichnet durch eine — zwar noch weithin unreflektierte oder bekämpfte, aber sehr wirkungsvolle — Balance zwischen gesellschaftlichen und staatlichen Ordnungsfunktionen, worin man die jenen „Krisen"-Symptomen entsprechende institutionelle Antwort[313]) erblicken mag. Es bedarf in diesem

---

[311]) Siehe C. Schmitt, aaO. (Hüter), S. 71 ff.; wie im Text: Kaiser, Repräsentation organisierter Interessen, 1956, S. 315.

[312]) Darauf weist vor allem Klecatsky in zahlreichen Untersuchungen hin, z. B.: Die Verfassungsnovelle über die Staatsverträge, in: JBl. 1964, S. 349 ff.; derselbe, aaO., S. 549 u. a.

[313]) In diesem Sinne offenbar auch Kaiser, aaO., der zu Recht betont, daß es sich hierbei höchstens um Anfänge ausgeprägter konstitutioneller Institutionen handeln könne; siehe über den Widerspruch zur normativen Verfassung vor allem: Klecatsky, Die kollektiven Mächte usw., in: Floretta-Strasser, Die kollektiven Mächte im Arbeitsleben, 1963, S. 29 ff. (mit zahlreichen Hinweisen).

Zusammenhang keiner weiteren Begründung dafür, daß durch eine derartige balancierende Verknüpfung sowohl gesellschaftliche wie staatliche Institutionen ihr Wesen verändern; [ein Vorgang, der vom Staat her in den Kategorien der Vergesellschaftung und Reprivatisierung der öffentlichen Gewalt, des Sozial- und Wirtschaftsstaates u. ä., von der Gesellschaft her als Verstaatlichung und Verpolitisierung das deutsche Staatsdenken der Gegenwart beunruhigt. Im ganzen gesehen läuft dieser Vorgang auf eine Mediatisierung und Relativierung der politischen Führungs- und Einheitsansprüche des parlamentarischen Regierungssystems zugunsten gesellschaftlicher und zwischenstaatlicher Neben- und Überordnungen hinaus, wobei zu beachten bleibt, daß die Kategorien „gesellschaftlich“ und „zwischenstaatlich“ in diesem Vorgang ihre Funktion verändern, aber als Gegensätze zur Kategorie „staatlich“ erhalten bleiben[314]).]

4. Auf die Institution des Staatsoberhauptes der parlamentarischen Präsidentschaftsrepublik hat diese Wandlung des Parlamentarismus wesentliche Rückwirkungen: Da das Funktionieren des modernen Parlamentarismus entscheidend vom Zusammenwirken außerparlamentarischer Kräfte und Balancierungen abhängig geworden ist, verliert die Denkfigur einer Garantie dieses hochdifferenzierten Funktionsgefüges durch eine isolierte und beschränkte persönliche Autorität eines Staatsoberhauptes gegenüber den staatlichen Institutionen „Parlament“ und „Regierung“ jeden Zusammenhang mit der Wirklichkeit. Wenn das Staatsoberhaupt in einem derartigen Parlamentarismus stabilisierende Funktionen ausüben soll, kann dies gerade nicht in Überwindung jener als Krisensymptome aufgefaßten Phänomene geschehen, sondern in bewußter Hereinnahme und Aktivierung ihrer stabilisierenden Wirkung auf den modernen Parlamentarismus. Das hat nach der Art der Phänomene einmal zur Folge, daß das Staatsoberhaupt die vom absoluten Souverän herübergekommene Führungs- und Erziehungsrolle viel radikaler zugunsten einer politischen Koordinations- und Ausgleichskraft[315]) verliert, als dies durch alle verfassungsmäßigen Sicherungen und Isolierungen

314) Zumindest im (durch die Grundrechte verbürgten) freiheitlichen Staatswesen; dazu statt aller: H. Ehmke, aaO. (Staat und Gesellschaft), S. 25; Böckenförde, Lorenz von Stein als Theoretiker der Bewegung von Staat und Gesellschaft zum Sozialstaat, in: Alteuropa und die moderne Gesellschaft (Festschrift f. Otto Brunner), 1963, S. 254.

315) Siehe dazu vor allem die schöne Analyse der Amtsführung von Th. Heuss bei: Scheuner, aaO., S. 40 ff. und den Diskussionsbeitrag von Krüger auf dieser Tagung.

gegenüber den parlamentarischen Regierungsfunktionen oder gar durch plebiszitäre Autorisierungen angeordnet werden könnte. Zum anderen werden aber durch ein derartiges gesellschaftliches Ausgreifen des — wie kein anderes Organ auf die Trennung von Staat und Gesellschaft konstruierten — Staatsoberhauptes ganz neuartige Sicherungs- und Balancierungsprobleme zur Erhaltung des parlamentarischen Regierungssystemes akut, die hinter dem Schlagwort von der „parteipolitischen Neutralität" mehr verhüllt als geklärt werden. So kann sich — um ein markantes Beispiel zu bieten — die oben erwähnte verfassungsrechtliche Loyalitätspflicht des Staatsoberhauptes gegenüber dem parlamentarischen Regierungssystem von heute nicht mehr darauf beschränken, die politischen Parteien bei der Regierungsbildung ausschließlich nach ihrer Vertretung in der „staatlichen" Institution Parlament zu wägen, sondern muß in den „rein gesellschaftlichen" Raum ihres Programmes und ihrer gesamten Struktur eindringen, um ihre Regierungsfähigkeit und Regierungswürdigkeit vom Standpunkt des parlamentarischen Regierungssystemes zu beurteilen; umgekehrt darf ein derartiges Urteilen aber wiederum nicht zu einer Überlagerung oder Verfälschung des Prinzipes der parlamentarischen Mehrheitsherrschaft und zur politischen Filtrierung und Lizensierung der Parteien durch das Staatsoberhaupt führen[316]. [Eine Stabilisierung des Prozesses der parlamentarischen Mehrheitsherrschaft kann einem Staatsoberhaupt heute — wenn überhaupt — so nur in der Weise gelingen, daß es die Integrationskraft der politischen Parteien in Regierung und Opposition gegenüber den außerparlamentarischen Kräften erhalten kann, was aber anderseits ohne Bindung und Zusammenwirkung mit jenen Ordnungsmächten nicht vorstellbar ist und daher gerade zugunsten der politischen Parteien einer immanenten Schranke unterliegen muß.]

5. Aber nicht nur in der Aussöhnung und Balancierung des parlamentarischen Regierungssystemes mit den in ihm angelegten und aus ihm entlassenen Gegenstrebungen ge-

---

316) Vgl. dazu die Haltung des Bundespräsidenten Th. Körner, der im Jahre 1953 einen Eintritt des „Verbandes der Unabhängigen" (heute: Freiheitliche Partei Österreichs) in die Regierung ausdrücklich ablehnte und diese Haltung sogar durch eine offiziöse Erklärung in der amtlichen „Wiener Zeitung" fixierte; siehe Vodopivec, aaO. (Wer regiert?), S. 28; begründet wurde diese Haltung im Sinne des Textes mit der fehlenden Regierungswürdigkeit des damals erstmals im Parlament vertretenen V. d. U.; siehe dazu auch Vodopivec, aaO. (Balkanisierung), S. 112 (Kommunisten) und S. 65 (kleine Koalition).

lang in der Verfassungswirklichkeit eine Stabilisierung jener politischen Krisensymptome, sondern auch durch eine bewußte Steigerung der typisch systemimmanenten Ordnungskategorien des Parlamentarismus, nämlich durch eine ungemein intensivierte Rationalisierung, Objektivierung und Legalisierung der politischen Auseinandersetzungen. Unter den Leitbildern der Versachlichung und der Verrechtlichung der Staatsführung gelang es nicht nur, wichtige außerparlamentarische Kräfte zu integrieren, sondern auch die innerparlamentarischen Auseinandersetzungen in den systemnotwendigen Schranken zu halten. Auch aus dieser Wandlung des politischen Stils des funktionierenden Parlamentarismus ergeben sich bisher ungewürdigte Rückwirkungen auf die Stellung des Staatsoberhauptes: Eine persönliche staatspolitische Autorität kann sich nach diesem Prozeß nur auf Grund des (parlamentsbeschlossenen) Gesetzes oder wissenschaftlich erhärteter „sachlicher" Unterlagen der konkreten Entscheidung entfalten. In beiden Hinsichten ist das vom parlamentarischen Regierungssystem bewußt rechtlich und politisch isolierte Staatsoberhaupt an der Erfüllung seiner Funktionen behindert. In krasser Weise zeigt sich dies beim österreichischen Bundespräsidenten: Es steht ihm kein wie immer gearteter legaler Entscheidungsapparat[317]) zur Verfügung und trotzdem soll seine Autorität sogar den parlamentarischen Gesetzgeber — der ideell und praktisch (über die Regierung und die Verbände) alle verfügbare Rationalität des Staates überhaupt verkörpert — in Schranken halten bzw. kontrollieren. Dazu kommen aus der monarchischen Staatsspitze — die sich auf den Apparat der Regierung abstützen konnte — herübergeleitete paralegale Befugnisse des Bundespräsidenten wie das Gnaden- und Abolitionsrecht oder das Titelwesen, die ohne irgendeine sachliche Notwendigkeit noch immer aus der Legalität ausgeklammert sind[318]), und ebenso wie eine Fülle untergeordneter Verwaltungsaufgaben ohne legalen Vollzugsapparat erfüllt werden müssen[319]), was die Institution des Staatsoberhauptes einer

---

317) Die sog. Präsidentschaftskanzlei umfaßt gegenwärtig außer dem Kabinettsdirektor und -vizedirektor, Kabinettssekretäre, Presse- und Informationsdienst, österreichische Ehrenzeichenkanzlei, Adjutant des Bundespräsidenten und das nötige gehobene Verwaltungs- und Ministerialkanzleipersonal (siehe dazu den offiziösen „Österr. Amtskalender", Bd. 34/1966, S. 6); eine Verwaltungsorganisation, die ohne jede gesetzliche Grundlage besteht; siehe dazu schon Merkl, aaO. (Die Verfassung), S. 119.

318) Siehe oben Anm. 192 und 259.

319) Zu beachten ist in dieser Hinsicht auch das Phänomen des sog. Intimationsbescheides, d. h. der bescheidmäßigen Mit-

sachlich völlig überflüssigen Legitimitätskonkurrenz gegenüber dem parlamentarischen Regierungssystem aussetzt. Die Verfassungspraxis der „Zweiten" Republik Österreichs hat diese Konstruktionsmängel in nicht ungefährlicher Weise übersprungen: Die Entscheidungsgrundlagen seiner Autorität verschafft sich das Staatsoberhaupt durch ad hoc improvisierte parakonstitutionelle Bindungen und Zusammenarbeiten[320]) und die Illegalität des Vollzuges der Verwaltungsgeschäfte des Bundespräsidenten wird durch eine großzügige Rechtsprechung des Verfassungsgerichtshofes abgesichert bzw. auf das gegenzeichnende Organ überwälzt[321]). Richtiger wäre es offenbar, auf derartige überflüssige Legalitätskonkurrenzen, die das Staatsoberhaupt in Nebensächlichkeiten als parlamentarische Exklave konstruieren und in den Geruch des Autoritären setzen, zu verzichten, und die oben dargelegten, in der Verfassung angelegten Wurzeln einer Zusammenarbeit aller Staatsorgane mit dem Bundespräsidenten im Rahmen seiner Funktionen[322]) zu entwickeln, statt dessen Isolierung theoretisch ebenso eifrig zu verbreiten, wie praktisch zu ignorieren. Andernfalls wird die Alternative: Illegale Nebenregierung im Präsidentenpalais oder illegale Bindungen zu Präsidentenfreunden innerhalb des parlamentarischen Regierungssystemes als latente Legitimitätsbedrohung der Entscheidungen des Bundespräsidenten bestehen bleiben.

6. Beide Wandlungen des Parlamentarismus in Richtung einer bewußten Hinordnung auf jene als krisenhaft bezeichneten Phänomene der Verfassungswirklichkeit konnten schließlich

---

teilung der Entschließung des Bundespräsidenten durch das gegenzeichnende Organ; Rill, Der Intimationsbescheid, in: JBl. 1960, S. 60 ff. und Koja, aaO., S. 450 haben eindeutig nachgewiesen, daß die „Intimierung" von Akten des Bundespräsidenten durch den Minister der geltenden Verfassungs- und Verfahrensrechtslage widerspricht.

[320]) Siehe die Hinweise in Anm. 230.

[321]) Dazu vor allem das Erk. Slg. 3457/1958 mit Kritik von Koja, aaO., S. 440 ff.

[322]) Die Wurzeln dieses Zusammenhanges liegen natürlich nicht in Art. 22 B-VG, wie G. Otto, aaO., mehrfach behauptet (siehe dazu allgemein: Erk. des VerfGH. Slg. 3237/1957; 2598/1953), sondern in den oben dargelegten verfassungsrechtlichen Institutionalisierungen des Modelles einer parlamentarisierten „Vierten Gewalt" des Bundespräsidenten. Über mögliche Formen einer derartigen Zusammenarbeit berichtet: Scheuner, aaO., S. 41 f.; für Österreich ist in dieser Hinsicht lediglich auf gewisse Ansätze im militärischen Organisationsrecht hinzuweisen, siehe dazu außer der oben, Anm. 207 erwähnten Berichterstattungspflicht die Zusammensetzung des Landesverteidigungsrates (§ 5 Wehrges., BGBl. Nr. 185/1966).

nicht ohne Rückwirkungen auf die traditionellen Notstandsbefugnisse des Staatsoberhauptes bleiben. Es hat sich nämlich in dieser Hinordnung erwiesen, daß der reife und in zahlreichen gesellschaftlichen Ordnungssystemen rückverbundene Parlamentarismus durchaus in der Lage ist, für politische Krisenlagen des Gemeinwesens hinreichend Autorität im Rahmen des Regierungssystemes zur Verfügung zu stellen. Darüber hinaus hat sich das rationalistische Grundkonzept der parlamentarischen Demokratie, ein rein pragmatisches System präventiver politischer Krisenkontrolle zu sein, über alle Weltanschauungen hinweg derart im common sense verankert, daß politische Krisen ihre systembedrohende und revolutionierende Kraft weithin eingebüßt haben und als Funktionsmängel relativiert werden. Man mag darin einen gefährlichen Schwund an existenziellem politischem Verständnis der Krise sehen, der in gewisser Beziehung dem psychologischen Verdrängungsmechanismus der Wohlstandsgesellschaft entspricht; feststeht, daß dieser Prozeß die Irrealität des klassischen Staatsnotstandsrechtes und die daraus entspringenden autoritären Funktionen des Staatsoberhauptes bewirkt hat, soweit sich diese auf die nunmehr als technisches Versagen verstandene „Krise des Parlamentarismus" beziehen. Da aber gerade diese Notstandsbefugnisse weithin die Eminenz der Institution Staatsoberhaupt gegenüber dem Parlamentarismus begründet haben, scheint das Absterben der Ausnahmegewalt des Staatsoberhauptes ein wichtiges Symptom der Wandlung der Verfassungswirklichkeit: Auch in diese Richtung verliert nämlich die „Krise des Parlamentarismus" ihren so suggestiven Appell einer autoritären Bereinigung durch das Staatsoberhaupt und der von ihm legitimierten Regierung.

Leitsätze des Mitberichterstatters über:

Des Staatsoberhaupt in der parlamentarischen Demokratie

A.

1. Als parlamentarische Demokratie wird im Mitbericht eine Regierungsform verstanden, in der ein frei und allgemein gewählter Vertretungskörper — das Parlament — nicht nur die Gesetzgebung ausübt, sondern auch die Regierung durch sein „Vertrauen" ununterbrochen legitimieren bzw. durch Entzug des Vertrauens aus dem Amt entfernen kann; nur in diesem Regierungssystem ergeben sich nämlich die im Thema angezielten Einordnungs- und Differenzierungsprobleme eines relativ parlamentsunabhängigen Staatsoberhauptes im Verhältnis zum parlamentarischen System, während sie in Systemen einer parlamentsunverantwortlichen Regierung ihren spezifischen Sinn verlieren. Aus Gründen der Arbeitsökonomie werden die im Thema liegenden Problemstellungen an Hand des Modelles der parlamentarischen Präsidentschaftsrepublik beleuchtet, weil dieses Modell alle Fragestellungen, die im Thema liegen, bis zur letzten Konsequenz verschärft und historisch die besondere Bedeutung der Lösung dieser Fragen unmittelbar einsichtig gemacht hat.

2. Eine geschichtliche Grundlegung der Institution Staatsoberhaupt im parlamentarischen Regierungssystem müßte hinter den monarchischen Absolutismus und den deutschen Konstitutionalismus des 19. Jahrhunderts zurückgreifen, weil beide schon begrifflich keinen sinnvollen Ansatz für die Integration des Staatsoberhauptes in ein parlamentarisches Regierungssystem bieten können; wohl hätte einen solchen Ansatz nach Auffassung des Berichterstatters das vorabsolutistische deutsche Reichsrecht geboten. Die darin gelegenen geschichtlichen Anknüpfungspunkte eines Parlamentarismus haben aber sowohl die Lehre von der patrimonialen Fürstensouveränität wie die sogenannte juristische Staatslehre von ihrem Begriffsapparat her nicht erkennen können und das „monarchische Prinzip" in vielen Variationen als Gegensatz zu Demokratie und Parlamentarismus konstruiert.

3. Der darin gelegene „auflösende Dualismus" (R. v. Mohl) des konstitutionellen Regierungssystemes — der in der Staatspraxis durch eine Überordnung der monarchischen über die parlamentarische Regierungsgewalt überspielt wurde — sollte in der Republik durch den „wahren" Parlamentarismus ersetzt werden. Darunter verstand man je nach dem theoretischen oder politischen Standort zwei grundverschiedene Typen des parlamentarischen Regierungssystemes: Den Parlamentsabsolutismus oder die Balance des Parlamentes durch ein plebiszitär legitimiertes Staatsoberhaupt. Österreich hat zunächst die erste Type institutionalisiert und alle dafür sprechenden staatstheoretischen Erwägungen in der frühen Staatstheorie der Reinen Rechtslehre dogmatisch entfaltet. Sie basierten insgesamt auf einer Verwerfung der „Gewaltenteilung" als ein durch die monarchische Befangenheit konserviertes undemokratisches und antiparlamentarisches Prinzip.

4. Besonders unter dem Schlagwort der „Krise des Parlamentarismus" trat im deutschen Staatsdenken der Zeit bis 1933 die Denkform des (plebiszitär autorisierten) Staatsoberhauptes als Wahrer der Staatseinheit, Demokratie und Verfassung gegen die Egoismen und unlösbaren Zwistigkeiten der politischen Parteien und der hinter ihnen stehenden Mächtegruppen immer stärker in Erscheinung; die präsidialen Befugnisse, insbesondere die Autorisierung der Regierung, erhielten dadurch eine antiparlamentarische und spezifisch autoritätssteigernde Bedeutung. Die österreichische Verfassungsnovelle von 1929 suchte diese Funktion des Staatsoberhauptes bewußt in das Regierungssystem (zu Gunsten der Regierung) hereinzuholen, wobei aber — infolge der Mitwirkung der Sozialdemokraten — gegenüber der Weimarer Verfassung stärkere parlamentarische Bindungen des Staatsoberhauptes bestehen blieben. Aber auch in dieser gemilderten Form konnte die Steigerung der Autorität des Staatsoberhauptes die parlamentarische Regierungsform zunächst nicht stabilisieren.

5. Es ist daher zu untersuchen, ob — und allenfalls unter welchen Bedingungen — dieses Ziel nach den Denkvoraussetzungen des parlamentarischen Regierungssystemes und der Vorstellung einer Stabilisierung dieses Systemes durch ein Staatsoberhaupt überhaupt theoretisch erreichbar wäre; diese Frage ist in den drei grundlegenden Vorstellungsbereichen der Stabilisierungsidee — dem Gleichgewichtsdenken, der Antinomie von Einheit und Pluralität und der doppelten Legitimität der Staatsführung — jeweils in verschiedener Weise zu entfalten.

6. Um zu den eigentlichen Balance-Problemen zwischen einem parlamentsunabhängigen Staatsoberhaupt und den einzelnen Funktionen des parlamentarischen Regierungssystemes vorzustoßen, muß das Prinzip der Gewaltenteilung von der Beschränkung auf die historische Dreiteilung der Staatsgewalten ebenso wie die Stellung des Staatsoberhauptes von der Konstruktion B. Constants gelöst werden. Erst dann wird man erkennen, daß

a) es innerhalb der modernen parlamentarischen Demokratie eine Vielzahl jeweils in sich geschlossener Balance-Verhältnisse gibt und

b) ein Staatsoberhaupt in fast jedes dieser Balance-Verhältnisse, aber jeweils in den diesem Balance-Verhältnis entsprechenden Kategorien und Funktionen eingeschaltet werden kann,

c) aber alle diese Einschaltungen nur dann das parlamentarische Regierungssystem stabilisieren, wenn das Staatsoberhaupt keine der balancierten Gewalten konkurrieren, überspielen oder systemwidrig verstärken kann, sondern alle seine Funktionen darauf beschränkt werden, immanente Störungstendenzen der einzelnen Systeme auszuschalten.

7. Die Möglichkeit einer institutionellen Verwirklichung dieser theoretischen Postulate wird an Hand des Beispieles der geltenden österreichischen Bundesverfassung verifiziert und modifiziert; dabei zeigt es sich, daß

a) der Bundespräsident im Rahmen der klassischen (Drei-) Gewaltenteilung nicht die Gewalten gegeneinander, sondern jede der Gewalten gegen das Prinzip der Staatseinheit balancieren soll;

b) die Funktionen des Bundespräsidenten innerhalb des parlamentarischen Regierungssystemes im engeren Sinn nicht als Gegengewicht zur parlamentarischen Mehrheit und der Bundesregierung, sondern als plebiszitäre Verstärkungen deren Autorität konstruiert wurden, und durch Gegenfunktionen sowie durch Isolierung und Unabhängigkeit seiner Funktionen die balancierende Wirkung des Vorganges gesichert werden sollte;

c) eine Stabilisierung des parlamentarischen Regierungssystemes nach dieser Konstruktion aber nur unter der Annahme einer spezifischen verfassungsrechtlichen Loyalitätspflicht des Bundespräsidenten im Rahmen seiner Befugnisse stattfinden kann;

d) die moderne konstitutionelle Balance zwischen Verfassungsgesetz, Legalität und allzuständiger Gerichtsbarkeit durch den Bundespräsidenten nur im Wege einer parakonstitutionellen Überspielung seiner absoluten Isolierung von allen anderen Staatsfunktionen und gleichzeitigen Bindung an die Bundesregierung gesichert werden kann, wobei die Notwendigkeit einer solchen Sicherung durch Idee und Institution einer Verfassungsgerichtsbarkeit nicht aufgehoben, sondern gerade bedingt wird.

8. Die staatstheoretischen Quellen des Einheitsdenkens sind vielfältig; ihnen im einzelnen nachzuspüren, ist im Rahmen der konkreten Fragestellung überflüssig, weil sie alle in die Vorstellung eines Gegensatzes von einheitsstiftendem Staatsoberhaupt und pluralistischem Parlament münden können und die spezifischen Probleme eines solchen Gegensatzes im Rahmen eines einheitlichen Regierungssystemes von der Begründung des Einheitsdenkens unabhängig sind; diese Probleme liegen in den Denkformen der Unterordnung, der Aufhebung oder Gewährleistung des Pluralismus durch das einigende Staatsoberhaupt.

9. Die Vorstellung einer Unterordnung des Parlamentarismus unter das einigende Staatsoberhaupt beruht auf einem politischen Erziehungsmodell des Parlamentarismus, einem Modell, das seiner Konstruktion nach instabil sein will und zu einem reifen Parlamentarismus oder zur Ausschaltung des Parlamentes tendiert; der reife Parlamentarimus soll selbst eine geschlossene Funktionseinheit des politischen Gemeinwesens gewährleisten, so daß die Frage nach der Bedeutung und Denkmöglichkeit einer außerhalb des parlamentarischen Systemes stehenden Verkörperung der Staatseinheit hier besonders akut wird. Sie läßt sich im konstitutionellen Staatsdenken nur durch die gedankliche Teilung in eine funktionelle Staatseinheit und die existentielle Verkörperung dieser Einheit in der Person des Staatsoberhauptes lösen; beide Einheiten des Staates sind in der Verfassung begründet und verwirklichen die Verfassung auf ihre Weise.

10. Aus dieser existentiellen Darstellung der Staatseinheit lassen sich unmittelbar keinerlei einigende Funktionen des Staatsoberhauptes ableiten, sondern es hängt von der funktionalen Rückverwertung dieser Einheitsdarstellung im Rahmen des Regierungssystemes ab, ob und inwiefern daraus Gegenfunktionen des (pluralistischen) Parlamentes entstehen; die österreichische Bundesverfassung tendiert in diese Richtung durch eine Reihe von Rückbindungen zur Desintegration nei-

gender Staatsfunktionen an den Bundespräsidenten, dessen konstitutionell-einigende Kraft sie zwar nicht in der Volkswahl, aber durch typische Funktionen des Staatspräsentanten und Staatseinigers begründet. Diese besonderen Einigungsfunktionen des österreichischen Bundespräsidenten führen nur deshalb nicht zum Zerbrechen des parlamentarischen Regierungssystemes, weil sie dessen Einigungskraft nicht ersetzen oder korrigieren, sondern unterstützen.

11. Um zur Problematik einer parlamentsunabhängigen Legitimierung der Staatsorgane im Rahmen eines parlamentarischen Regierungssystemes vorzudringen, muß der Begriff „Legitimität" auf seine konstitutionelle Tragfähigkeit überhaupt untersucht werden. Dabei zeigt sich, daß eine Konstitutionalisierung dieser in Absolutismus und Restauration pervertierten Kategorie nur gelingt, indem der Legitimierungsvorgang organisatorisch aufgesplittert und zu einem geschlossenen Legitimierungskreislauf gebunden wird; das parlamentarische Regierungssystem beruht auf einer Teilung und Integration der Kategorien „rechtliche" und „politische" Legitimation, hauptsächlich in den Organen Parlament — Volk — Regierung — Gerichtsbarkeit.

12. Den Ansatzpunkt für alle Konstruktionen einer demokratischen „Ersatzlegitimierung" dieses Regierungssystemes durch das Staatsoberhaupt bildet die Krise des Parlamentarismus — hier als Legitimitätskrise gesehen; — das republikanische Staatsoberhaupt kann zur Behebung dieser Krise legitimierende Funktionen nur unter den Denkvorstellungen einer plebiszitären oder aus der Darstellung der Konstitutionseinheit geschöpften Autorität einsetzen. Beides tendiert zur Ausschaltung oder Mediatisierung der parlamentarischen Legitimierung und muß deshalb in besonders strenger Weise nach den im vorigen Satz genannten Bedingungen konstitutionalisiert werden, soll die legitimierende Kraft des parlamentarischen Regierungssystemes erhalten bleiben.

13. Die Art der institutionellen Verwirklichung dieser theoretischen Postulate hängt vom konkreten Balance- und Einheitsmodell ab, aus dem das Staatsoberhaupt seine legitimierende Kraft erhält und von den möglichen Legitimitätskrisen des Parlamentes, die durch das Staatsoberhaupt ausgeschaltet oder behoben werden sollen; nach dem letzten Gesichtspunkt wird man zweckmäßigerweise zwischen legitimierenden Aufgaben im funktionierenden und im außer Funktion getretenen Parlamentarismus unterscheiden. Die österreichische Bundesverfassung institutionalisiert ein uneinheitliches, ja wider-

sprüchliches Modell einer konkurrierenden demokratischen Legitimierung zwischen Parlament und Bundespräsident, indem

a) der Bundespräsident plebiszitär legitimiert ist, gleichzeitig aber durch seine Rücklegitimierungen des politischen Volkes und eine gemäßigte parlamentarische Verantwortlichkeit gerade die Geschlossenheit der parlamentarischen Legitimierungskette gewährleisten soll;

b) das Parlament und die Regierung in zahlreichen Funktionen auf die Legitimierung durch den Bundespräsidenten angewiesen sind und anderseits der Bundespräsident infolge seiner verfassungsrechtlichen Bindung und Isolierung eine das Parlament mediatisierende oder substituierende Legitimierung nicht leisten kann;

c) der Bundespräsident daher wohl grundsätzlich verpflichtet ist, das parlamentarische Regierungssystem als legitim funktionierend darzustellen und zu autorisieren, daß er aber — gerade vom plebiszitären Mandat und der Verkörperung der Konstitutionseinheit her — in Grenzfällen befugt ist, auch ein funktionierendes System als illegitim zu stören oder das Nichtfunktionieren eines Systemes durch Entzug und Erteilung von Autorität parlamentskonkurrierend und parlamentssubstituierend zu beheben.

C.

14. Die theoretisch erarbeiteten Bedingungen des „Funktionierens" eines gemischt parlamentarisch-präsidialen Regierungssystemes bewähren sich in einer Analyse der gegenwärtigen österreichischen Verfassungswirklichkeit. In ihr sind zwar alle Phänomene, die zur Krise des Parlamentarismus in der Zwischenkriegszeit geführt haben, grundsätzlich noch immer vorhanden, konnten aber durch Wandlungen der staatlichen und gesellschaftlichen Ordnung — und des Verhältnisses beider zueinander — im Rahmen eines „gemäßigten Parlamentarismus" angemessen integriert werden.

15. Dieser Prozeß hat Rückwirkungen auf die Konstruktion eines parlaments-stabilisierenden Staatsoberhauptes: Die Bedingungen des Funktionierens des parlamentarischen Regierungssystemes liegen z. T. in gesellschaftlichen Ordnungen, in die das Staatsoberhaupt koordinierend ausgreifen und anderseits zu Gunsten der Integrationskraft der andern staatlichen Organe und der politischen Parteien beschränkt werden muß;

die persönliche Autorität des Staatsoberhauptes als Grund der Einheit, Balance und Legitimation der Staatsorgane verliert gegenüber der Rationalität und Legalität der modernen staatlichen und parastaatlichen Entscheidungsapparaturen an konkurrierender Kraft; die Ausnahmegewalt des Staatsoberhauptes schließlich verkümmert im funktionellen Pragmatismus einer laufenden politischen und ökonomischen Krisenkontrolle der dynamischen Wohlstandsgesellschaft und ihres Staatswesens.

Das Staatsoberhaupt in der parlamentarischen Demokratie

3. Aussprache und Schlußworte

Bettermann (Diskussionsleiter): Das Thema ließ sich von sehr verschiedener Seite und in sehr verschiedener Methode anfassen: Die Referenten haben eine vorzugsweise staatstheoretische Behandlung des Themas gewählt*). Das war ihr gutes Recht, es präjudiziert uns heute nachmittag aber nicht. Meine Aufforderung geht deshalb dahin, auch das positive Staatsrecht in die Diskussion einzubeziehen.

Nach Herrn Kimminichs Leitsatz 23 soll das grundlegende Verständnis der funktionalen Rolle des Staatsoberhaupts in der parlamentarischen Demokratie nicht aus den positiv-rechtlichen Einzelregelungen geschlossen, vielmehr sollen umgekehrt diese Einzelregelungen aus jenem Verständnis heraus interpretiert werden. Demgegenüber meine ich, daß sich das Modell und das allgemeine Verständnis, die Beschreibung der Rolle, der Funktionen und der Institution des Staatspräsidenten aus den positiven Bestimmungen der Verfassung erschließen, und daß die Rolle des Staatspräsidenten in einer bestimmten Verfassung und in einem bestimmten Staatswesen nicht begriffen werden kann, wenn man die Individualität, die einmalige historische und unverwechselbare Individualität dieses Staates, die sich einerseits in seinem Verfassungsrecht, zum anderen in seiner Verfassungswirklichkeit manifestiert, ignoriert. Zudem glaube ich, daß auch auf die institutionelle Seite, nicht nur auf die Funktionen abgestellt werden muß. Was hat es z. B. zu bedeuten, daß die Verfassung den Amtseid des Präsidenten regelt, aber nicht der anderen Staatsorgane? Was hat es zu bedeuten, daß der Staatspräsident nach dem Grundgesetz durch den Präsidenten des Bundesrates vertreten wird? Kommen da nicht die speziellen Bezüge des Bundesstaates ins Spiel: ist nicht die Stellung des Bundespräsidenten vielleicht mitbedingt durch die bundesstaatliche Struktur unseres Gemein-

*) Der sich mit dem Bundespräsidenten des Grundgesetzes befassende Teil des Erstreferats konnte aus Zeitmangel leider nicht vorgetragen werden.

wesens? Das könnte auch bei den Funktionen der Integration und der Neutralisierung eine wesentliche Rolle spielen.

Über die Funktionen des Staatspräsidenten in unseren Gemeinwesen sollte nicht nur in politologischer, sondern vor allem in juristischer Sicht diskutiert werden. Es wäre deshalb nicht nur Stellung zu nehmen zu der Differenz zwischen den beiden Referenten in der Beschreibung und Anerkennung der Staatspräsidentenfunktionen. Diese Differenz besteht, wenn ich recht sehe, darin, daß Herr Kimminich die Funktionen der Neutralisierung, der Repräsentation, des Verfassungsschutzes oder der Verfassungshütung leugnet und als alleinige Funktion die Kontinuitätswahrung übrig läßt. Herr Pernthaler hat dagegen mehrere Funktionen gelten lassen: die Integrationsfunktion, die Rolle des Einheitsbewahrers in der Vielheit ohne deren Aufhebung: das uns alle sicher bewegende Problem der Einheitsstiftung und Staatsbewahrung innerhalb einer pluralistischen Gesellschaft, die auch den Staat zu pluralisieren im Begriff ist oder schon pluralisiert hat. Als zweites hat Herr Pernthaler die Gegenfunktion angesprochen, die Hemmungs- oder Entstörungsfunktion: wenn die anderen Staatsorgane nicht mehr miteinander harmonieren oder gar ein Staatsorgan auf Kosten eines anderen sich Übergriffe zuschulden kommen läßt. Drittens die Frage der Legitimation: Wenn ich recht verstanden habe, sieht Herr Pernthaler im Bundespräsidenten doch noch eine Legitimations- oder Legitimitäts-Reserve. Nach unserem Grundgesetz ist ja der Bundespräsident unter Umständen auch eine Legalitäts-Reserve: er spielt eine Rolle im Gesetzgebungs-Notstand.

Es wäre auch über die Mitwirkung des Bundespräsidenten im normalen Gesetzgebungsverfahren zu reden: Ist die Gesetzesausfertigung und -verkündung eine leere Hülse, die beseitigt werden kann? Das führt zu der Frage nach dem formellen und materiellen Prüfungsrecht des Staatspräsidenten — ein Thema, das m. E. auch zum Gegenstand der Diskussion gemacht werden sollte. Das gleiche Problem stellt sich bei den Personalbefugnissen, die der Bundespräsident im zivilen und im militärischen Sektor hat — eine Funktion, die m. E. in ihrer Bedeutung und in ihren politischen Möglichkeiten gewaltig unterschätzt wird. Auch hier stellt sich die Frage, wie weit ein Prüfungsrecht oder gar ein politisches Mitwirkungsrecht besteht. Schließlich die wichtige, sicherlich politische Mitwirkungsfunktion des Bundespräsidenten bei der Kreation der Regierung und bei der Parlamentsauflösung, die ja mit der Kreation und Beseitigung der Regierung aufs engste zusammenhängt.

Ein Komplex, der von Herrn Kimminich in seinen Thesen angesprochen ist, im Referat aber aus Zeitmangel verkürzt werden mußte, ist die Frage der völkerrechtlichen Funktionen — was sich überschneidet und seinen innerstaatlichen Aspekt besonders deutlich macht in der Mitwirkung des Bundespräsidenten bei der Verkündung des Verteidigungsfalles, eine Kompetenz, die in vergleichbarer Weise in der konzipierten Notstandsregelung der Bundesrepublik wiederkehrt.

Schließlich könnten wir uns bemühen, die rechtlichen Grenzen einer politischen Tätigkeit des Staatspräsidenten herauszuarbeiten. Herr Kimminich hat das Problem u. a. angesprochen mit der alten Formel von Macht und Verantwortung, der Trennung beider. Ich frage mich, ob nicht auch mit der anderen Formel hier etwas auszurichten ist, die für den konstitutionellen Monarchen galt: daß er regiere, aber nicht verwalte. Schließlich wären auseinanderzuhalten die rechtlichen Befugnisse, teils obligatorischer, teils fakultativer Natur, auch die ungeschriebenen Verfassungskompetenzen oder Verfassungsmöglichkeiten, und die politischen Möglichkeiten, die vielleicht keinerlei verfassungsgesetzlicher Legitimation bedürfen. Ich bin keineswegs sicher, daß hier von einem Enumerationsprinzip auszugehen ist: daß der Staatspräsident unter allen Umständen nur die Befugnisse hat, die ihm die Verfassung ausdrücklich zuweist.

Darf ich mir abschließend eine Bemerkung speziell zu unserer bundesrepublikanischen Situation erlauben. Es ist die Meinung unserer politischen Öffentlichkeit wie auch wohl unter uns Staatsrechtlern, daß die Stellung des Bundespräsidenten des Grundgesetzes sehr schwach sei und hinter allen anderen Regierungsorganen zurücktrete. Ich glaube, daß dieses Dogma, das sich in der ersten Phase der Konstituierung dieses neuen Gemeinwesens entscheidend geprägt hat — wie so vieles bei uns, im Rückblick auf die Weimarer Verfassung — nun unkritisch tradiert wird. Könnte es nicht sein, daß das Bild, das sowohl die Öffentlichkeit wie auch die Juristen von der Funktion und der Institution des Bundespräsidenten haben, wesentlich geprägt ist durch die Amtsführung des ersten Bundespräsidenten dieser Bundesrepublik? Es wäre zu fragen, ob nicht auch eine ganz andere Amtsführung und Ausfüllung dieses Amtes möglich und von der Verfassung her legitimiert ist.

Ich darf vorschlagen, daß wir zu Beginn der Aussprache auf der Basis der Referate diskutieren, also mehr im Bereich der allgemeinen Staatslehre und Theorie bleiben, und daß wir dann zunehmend uns den Fragen des konkreten Verfassungsrechtes zuwenden.

E. Küchenhoff: Ich wollte das, was der Herr Diskussionsleiter jetzt einleitend gesagt hat, die Problematik aus dem Leitsatz 23 des Herrn Erstberichterstatters angehen. Wie es hier im Leitsatz 23 des Erstberichterstatters ausgedrückt ist, soll „die funktionale Rolle des Staatsoberhaupts in der parlamentarischen Demokratie ... nicht aus der positivrechtlichen Regelung von Einzelbefugnissen in den verschiedenen Verfassungen zu bestimmen" sein. Diesen Ansatzpunkt, diese Anlage der Referate wollte ich angehen von der These des Leitsatzes 22 über die Kontinuitätswahrung. Danach soll „die wichtigste Funktion des Staatsoberhaupts in der parlamentarischen Demokratie" sein: „die Kontinuitätswahrung" und zwar im Sinne eines „ständig funktionierenden Organs"; „gleichsam über dem Kommen und Gehen der Parlamente und der Kabinette" — so war es in dem Referat erläutert worden. Ich frage mich und wäre hier für eine Präzisierung dankbar, wie das Staatsoberhaupt in der parlamentarischen Demokratie die Eigenschaft eines ständig funktionierenden Organs haben kann, wo doch seine Organwalter in allen parlamentarischen Demokratien auf Zeit gewählt werden. Und da auch der Herr Erstberichterstatter ja in seinem letzten Leitsatz das Grundgesetz herangezogen hat und zwar das Grundgesetz geprüft hat an seinen Thesen, ist es wohl auch in seinem Sinne erlaubt, exemplarisch auf die vom Grundgesetz und von der Verfassungswirklichkeit der Bundesrepublik herbeigeführte voraussichtliche Situation des Jahres 1969 hinzuweisen; und diese Situation ist ja auch noch nicht so tagespolitisch aktuell. Also dieses Jahres 1969, in dem sowohl ein Bundestag als auch ein Bundeskanzler und seine Bundesregierung, als auch der gegenwärtige Herr Bundespräsident gehen werden und jedenfalls gerade der gegenwärtige Herr Bundespräsident nicht wiederkommen wird.

Seidl-Hohenveldern: Ich möchte auch etwas zu der These 23 von Herrn Kollegen Kimminich sagen. Ich glaube, er hat es zwar nicht nötig, daß ich hier als sein Verteidiger auftrete. Ich möchte dennoch einen Gedanken mit in die Debatte werfen, nämlich die Tatsache, daß die positiv-rechtlichen Bestimmungen über die Macht des Bundespräsidenten, sei es im Grundgesetz, sei es im österreichischen Bundesverfassungsgesetz, so zweideutig sind, daß man nur mit rechtstheoretischen Überlegungen ihnen einen konkreten Sinn geben kann. Ich bin vielleicht jetzt hier in der Rolle des berühmten Kamels, das Gras, das über eine dumme Sache gewachsen ist, wieder abfrißt. Aber ich will, auch auf diese Gefahr hin, auf ein paar ganz konkrete Beispiele verweisen. Der Bundespräsident ernennt die Beamten. Frage: Wie verhält sich der deutsche oder der österreichische Bundespräsident in einem konkreten Fall? Kann er sagen, ich unterschreibe die Ernennung des Beamten N. nicht, der Mann kommt zu jung in die Stellung, da gibt es soundsoviel alte verdiente Herren, die noch nicht in dieser Gehaltsstufe sind. Ein anderer Fall: Ein Staatsvertrag sieht eine Kündigungsmöglichkeit vor. Die parlamentarische Mehrheit will die Kündigung dieses Vertrages. Der Präsident sagt: „Ich denke nicht daran. Ich vollziehe die vom Parlament gewollte Kündigung des Vertrages nicht." Sie sehen: Die Bestimmungen lauten positiv-rechtlich: „Der Präsident schließt die Verträge." (Gegenschluß: Er ist auch für die Kündigungen zuständig.) „Der Präsident ernennt die Beamten." Mehr finden Sie nicht. Sie müssen auf die staatstheoretischen Erwägungen zurückgreifen, um hier eine richtige Auslegung zu finden. Meine Herren, ich habe das Problem angeschnitten. Ich will nicht irgendwelche Vorträge hier wiederholen. Ich möchte nur kurz meine eigene Antwort hierzu geben. Ich stehe zur Theorie des Staatsnotars. Der Präsident hätte in diesen Fällen die Vollziehung der begehrten Akte nicht verweigern können, obwohl man sachlich über die Berechtigung seiner Auffassung streiten kann. Als Ministerialbeamter hätte er vielleicht recht, den Beamten für zu jung oder die Kündigung des Vertrages als untunlich zu bezeichnen. Aber als Bundespräsident könnte er in der parlamentarischen Demokratie es nicht mit seiner Stellung verantworten, sich gegen diesen Willen zu stellen, der von den Repräsentanten der Volkssouveränität hervorgebracht wird.

Pfeifer: Erlauben Sie mir, weil es doch ganz lohnend ist, rechtsvergleichend auf die eigenartige Entwicklung hinzuweisen, die sich in der Rechtsstellung des deutschen Reichspräsidenten und des deutschen Bundespräsidenten einerseits und des österreichischen Bundespräsidenten andererseits ergeben hat.

Während die Weimarer Verfassung dem Reichspräsidenten eine überaus starke Stellung gegeben hat, während er dort vom Volke gewählt wurde und weitgehende Befugnisse hatte — ich darf nur an den Artikel 48 erinnern, nach dem er außerordentliche Maßnahmen treffen konnte, seien es nun Notverordnungen, oder sei es die vorübergehende Außerkraftsetzung von Grundrechten, ferner an sein Recht, den Reichskanzler zu ernennen und zu entlassen und den Reichstag aufzulösen und daß er vor allem von sich aus initiativ handeln konnte —, war die Rechtsstellung des österreichischen Bundespräsidenten nach der österreichischen Bundesverfassung von 1920 bis zum Jahre 1929 eine äußerst bescheidene, ich möchte fast sagen vornehmlich repräsentative, wenn das freilich auch etwas zu wenig ist. Das hatte seine Gründe darin, daß die Bundesverfassung 1920 ja bekanntlich ein Kompromiß vor allem zwischen den beiden großen Parteien war und die sozialdemokratische Partei einen Bundespräsidenten überhaupt für überflüssig befunden hatte. Für sie hätte es genügt, bei dem Zustand zu bleiben, der vorher war, daß der Präsident der Volksvertretung (Nationalversammlung, ab 1. 10. 1920 Nationalrat) auch die Befugnisse des Staatsoberhauptes wahrnimmt, während die Bundesverfassung doch im Sinne der Vorschläge der Christlich-Sozialen und auch der Großdeutschen einen eigenen Bundespräsidenten vorgesehen hat. Es ist hierzu daran zu erinnern, daß Professor Kelsen in seinem Kommentar zu der Bundesverfassung ausdrücklich sagt, daß für die Schaffung eines eigenen Verfassungsorganes „Bundespräsident" in erster Linie das Bestreben maßgebend war, „den mit der Repräsentation der Republik nach außen betrauten Funktionär den Zufälligkeiten der parlamentarischen Situation, insbesondere aber den parlamentarischen Kämpfen zu entrücken, dann aber vor allem aber auch das Bedürfnis, diesen Funktionär außerhalb jeder Parteiorganisation zu stellen", was bei dem kraft seiner Parteistellung gewählten Vorsitzenden des Nationalrates nicht möglich war. Die parteifreie Stellung des Bundespräsidenten führt Kelsen also als einen leitenden Gesichtspunkt an, und hier ergibt sich — wie ich glaube — ein Berührungspunkt mit einem Punkt von Herrn Kimminich, mit der neutralen Stellung des Staatsoberhauptes, die, zumindestens wenn dieser Gedanke konsequent verwirklicht worden wäre, die Neutralität des Bundespräsidenten in sehr augenscheinlicher Weise verwirklicht hätte. Aber ich darf jetzt schon bemerken, daß die Entwicklung leider nicht so verlaufen ist, sondern daß nur der erste österreichische Bundespräsident von 1920—1928, Bundespräsident Hainisch, keiner politischen Partei angehört hat, also hier das tatsächlich eingetreten ist, was Kelsen als einen maßgeblichen Gesichtspunkt für die Schaffung eines eigenen Organes „Bundespräsident" angegeben hat. In aller folgenden Zeit sind hingegen Parteipolitiker, und zwar in der Ersten Republik ein christlichsozialer, in der Zweiten Republik sozialistische Parteipolitiker Bundespräsidenten geworden. Soviel zur neutralen Stellung des Bundespräsidenten, die insbesondere in Österreich überhaupt zur Schaffung des Amtes eines Bundespräsidenten geführt hat.

Nun, was die Bestellung des Staatsoberhauptes anlangt, ist auch wieder von Interesse, daß im Deutschen Reich der Reichspräsident durch Volkswahl bestellt wurde, um ihn gewissermaßen als Gegenpol ebenbürtig dem Reichstag gegenüberzustellen, den er auch, wenn er nicht funktionierte, auflösen konnte. In Österreich war es zunächst nicht so. Aber Schobers Verfassungsreform von 1929 hat dazu geführt, daß Österreich vielfach, aber doch nicht im vollen Ausmaß die Bestimmungen der Weimarer Reichsverfassung über den Reichspräsidenten übernommen hat. So wurde zunächst im Prinzip die Wahl des Bundespräsidenten durch das Bundesvolk vorgesehen. Aber ich darf gleich anfügen, daß in Österreich Übergangsbestimmungen üblich sind. Man hat das Inkrafttreten der Volkswahl noch hinausgeschoben; das erste Mal verwirklicht wurde sie im Jahre 1951 nach dem Tode des Bundespräsidenten Renner (31. 12. 1950). Ich habe mich damals selbst als Abgeordneter im Nationalrat in dessen Sitzungen vom 7. 12. 1950 und 12. 1. 1951 für die endliche Verwirklichung der Volkswahl, die in der Bundesverfassung seit 1929 vorgesehen war, ausgesprochen, auch aus dem Gedanken, daß eben der Bundespräsident in gewisser Hinsicht einen demokratischen Gegenpol zu dem Nationalrat darstellen soll. Und auch aus anderen Gründen, vor allem, um ihn aus den Parteispekulationen, insbesondere aus einem Aushandeln innerhalb der Bundesversammlung herauszuhalten. Er soll nicht ein Geschöpf des Parlamentes und der Parteien sein. Die Bundesversammlung besteht in Österreich aus den Mitgliedern des Nationalrates und Bundesrates, ähnlich wie in der Schweiz, aber doch nicht ganz so, weil bei uns eben die Bundesversammlung nur als vereinigte Versammlung auftritt, während in der Schweiz die Bundesversammlung in der Regel getrennt als Nationalrat und Ständerat, und nur hie und da als vereinigte Bundesversammlung auftritt. Anders zusammengesetzt ist hingegen die Bundesversammlung in der Bundesrepublik, die den Bundespräsidenten wählt. Sie besteht aus den Mitgliedern des Bundestages und einer gleichen Anzahl von Mitgliedern, die von den Volksvertretungen der Länder nach dem Grundsatz der Verhältniswahl gewählt werden. Auf diese Weise nehmen die Länder an der Wahl des Bundespräsidenten völlig gleichberechtigt mit dem Bundestag teil.

So viel also über die Art der Bestellung. Diese hat natürlich dann schon ihren besonderen Sinn, wenn man etwa, wie es die Weimarer Verfassung vorsah und die österreichische Bundesverfassung seit 1929 vorsieht, dem Staatsoberhaupt das Recht gibt, aus dem gleichen Anlaß einmal die Volksvertretung, den Nationalrat (Art. 29, Abs. 1) oder einem Landtag (Art. 100), im

Deutschen Reich seinerzeit den Reichstag (Art. 25) aufzulösen. Ein sehr weitgehendes Recht, das in dieser Allgemeinheit dem Bundespräsidenten in der Bundesrepublik nicht mehr zusteht, sondern nur in zwei ganz besonderen Fällen: 1. wenn bei der Wahl des Bundeskanzlers auch im dritten Wahlgang kein Kandidat die absolute Mehrheit erlangt (Art. 63, Abs. 4, Satz 3); 2. wenn der Bundeskanzler die Vertrauensfrage stellt, ihm das Vertrauen aber nicht ausgesprochen wird und der Bundeskanzler sodann — statt zurückzutreten — dem Bundespräsidenten die Auflösung des Bundestages vorschlägt (Art. 68 Abs. 1, Satz 1). Im zweiten Fall löst der Bundespräsident nicht aus eigener Initiative, sondern auf Vorschlag auf.

Wenn ich aber nun von Initiative spreche, so will ich wieder dazu etwas sagen. Viel geläufiger ist mir die Weimarer Verfassung und die österreichische Verfassung, vielleicht, daß ich hie und da mal bei der Verfassung der Bundesrepublik Deutschland nicht ganz das Richtige treffe. Es ist so, daß nach der Weimarer Verfassung der Reichspräsident weitgehend sein eigener Herr war und aus eigener Initiative handeln konnte. Dagegen ist die Rechtsstellung des Bundespräsidenten nach der ursprünglichen österreichischen Bundesverfassung von 1920 die gewesen, daß er kein Initiativrecht besaß und er so gewissermaßen ein Gefangener der Regierung war in dem Sinne nämlich, daß er nur auf Vorschlag der Regierung oder des von ihr ermächtigten Ministers handeln konnte. Diese Abhängigkeit von der Regierung besteht grundsätzlich heute noch (Art. 67, Abs. 1). So auch im Falle der Auflösung des Nationalrates oder eines Landtages. Erst durch die einschneidende Schober'sche Verfassungsreform ist sie in gewisser Hinsicht durchbrochen worden. Sie gab ihm entscheidende politische Rechte, die von Anfang an der Reichspräsident im Deutschen Reich hatte, daß er nämlich den Bundeskanzler ernennt, ohne an einen Vorschlag gebunden zu sein, und auf Vorschlag des Bundeskanzlers dann die übrigen Mitglieder der Bundesregierung, und daß er aus eigener Initiative — ohne Vorschlag — den Bundeskanzler oder die gesamte Bundesregierung entlassen kann.

Meine Herren, das ist ungeheuer wichtig, vielleicht ist dieses Ernennungs- und Entlassungsrecht potentiell das wichtigste Recht des österreichischen Bundespräsidenten. Dies hängt irgendwie mit etwas anderem zusammen, was, wie ich glaube, im ersten Referat in einem Punkt erwähnt wurde, nämlich mit der Frage, ob das Staatsoberhaupt auch Hüter der Verfassung ist. In diesem Punkte kann ich dem Herrn Kollegen Kimminich, der die Frage, glaube ich, verneint hat, nicht zustimmen. Und zwar, bitte jetzt einmal von der österreichischen Verfassung aus gesehen, aus zweifachen Gründen nicht: Erstens weil der österreichische Bundespräsident ein Beurkundungsrecht hat, d. h. er hat die vom Bundeskanzler vorgelegten Gesetzesbeschlüsse des Nationalrates, die unter Mitwirkung des Bundesrates zustande kommen, zu beurkunden. Diese Beurkundung, die der Gegenzeichnung des Bundeskanzlers und der zuständigen Minister bedarf, ist keine reine Formalität, sondern der Bundespräsident hat das verfassungsmäßige Zustandekommen der Gesetzesbeschlüsse zu beurkunden (Art. 47). Damit ist ihm aufgegeben, darüber zu wachen und zu prüfen, ob die Gesetzesbeschlüsse tatsächlich verfassungsmäßig zustande gekommen sind. Wenn es z. B. offenkundig ist, daß ein Gesetz als einfaches Gesetz beschlossen worden ist, es aber seinem Inhalt nach ein verfassungsänderndes Gesetz ist, dann hat der Bundespräsident nicht nur das Recht, sondern auch die Pflicht, die Beurkundung des verfassungsmäßigen Zustandekommens zu verweigern. Wenn aber ein Verfassungsgesetz beschlossen worden ist, das so weittragend ist, daß es leitende Grundsätze der Verfassung aufhebt, etwa ein politisches Ausnahmegesetz, das den Gleichheitssatz aufhebt, oder wenn etwa eine Totaländerung der Verfassung in dem wahrhaft totalen Umfang beschlossen worden ist, wie wir sie unter Dollfuß erlebt haben, dann darf der Bundespräsident das qualifizierte Verfassungsgesetz nur beurkunden, wenn es zuvor in einer Volksabstimmung angenommen worden ist (Art. 44 Abs. 2). All dies ergibt sich zwingend aus der Verfassungsurkunde selbst. Diese beantwortet bereits die Frage, ob der österreichische Bundespräsident als Staatsoberhaupt eines Staates mit einer parlamentarischen Demokratie auch Hüter der Verfassung ist.

Aber auch wenn der österreichische Bundespräsident merkt, daß eine Regierung ununterbrochen verfassungswidrige Maßnahmen setzt, sagen wir, etwa eine Art autokratisches Regime errichtet und unter Ausschaltung des Parlamentes unausgesetzt mit Notverordnungen arbeitet, die sich zu Unrecht auf ein gar nicht in Betracht kommendes kriegswirtschaftliches Ermächtigungsgesetz stützen, wie es 1933/1934 geschehen ist, dann ist es ebenfalls Pflicht des Bundespräsidenten, aus diesem Titel heraus von seinem ihm allein ohne Vorschlag zustehenden Entlassungsrecht Gebrauch zu machen. Denn er ist ja auf die Bundesverfassung angelobt und staatsrechtlich und politisch verantwortlich. Hier bestehen, glaube ich, weitgehende Übereinstimmungen zwischen der österreichischen Bundesverfassung nach dem Stande von 1929 und der Weimarer Reichsverfassung, hinsichtlich der Gesetzesprüfung bei der Beurkundung bzw.

Ausfertigung der Gesetze aber auch mit dem Bonner Grundgesetz. Ich muß aber betonen, daß dennoch die Schobersche Verfassungsreform, die ja im Verhandlungswege mit der sozialdemokratischen Partei als Opposition zustande gekommen ist, dem Machtbreich des Bundespräsidenten weit engere Grenzen gezogen hat als die Weimarer Verfassung. Er durfte und darf insbesondere nicht mit dem ihm zugestandenen und heute noch zustehenden Notverordnungsrecht die Verfassung berühren, und er kann dieses Notverordnungsrecht nur auf Vorschlag der Bundesregierung unter seiner und deren Verantwortlichkeit ausüben. Die Bundesregierung hat aber ihren Vorschlag im Einvernehmen mit dem ständigen Unterausschuß des Hauptausschusses des Nationalrats zu erstatten (Art. 18, Abs. 3 bis 5). Dadurch ist das Nortverordnungsrecht gegen jeden Mißbrauch abgeschirmt.

Nun, bitte, das ist nur ein knappes Bild. So will ich nur abschließend sagen, daß, wenn man sich das Bild der Weimarer Verfassung, der reformierten österreichischen Bundesverfassung und des Bonner Grundgesetzes vor Augen hält, daß dann die Stellung des Bundespräsidenten nach dem Bonner Grundgesetz bescheidener ist, nicht nur im Vergleich zu dem, was die Reichsverfassung dem Reichspräsidenten an Rechten und Befugnissen zugemessen hat, sondern in gewisser Hinsicht auch im Vergleich zu dem, was der österreichische Bundespräsident nach der gegenwärtigen Bundesverfassung an Befugnissen besitzt.

Thieme: Ich möchte zu zwei Punkten Stellung nehmen, zunächst zum Leitsatz 13 von Herrn Kimminich, in dem es um das Problem der Verantwortlichkeit des republikanischen Staatsoberhaupts in der parlamentarischen Demokratie geht. Herr Kimminich hat gesagt, daß alle Versuche, eine politische Verantwortlichkeit des Staatsoberhaupts zu begründen, fehlschlagen müssen. Er hat das damit begründet, daß die Verantwortung innerhalb des Systems an dieser Stelle zu hoch liegt. Diese Auffassung hat Herr Kimminich, wenn ich ihn recht verstanden habe, vor allem mit einem Hinweis auf die Weimarer Verfassung gerechtfertigt. Nun möchte ich Zweifel anmelden, daß die Weimarer Verfassung ein Verfassungssystem war, das wir als parlamentarische Demokratie im echten Sinne bezeichnen können. Wenn ich Herrn Kimminich in seinen allgemeinen Ausführungen folge, so kann ich nicht erkennen, daß das Staatsoberhaupt im System zu hoch steht. Herr Kimminich hat ja zunächst schon bei dem Wort „Staatsoberhaupt" das „Ober" herausgenommen und hat dann in seinen weiteren Ausführungen die Stellung des „Hauptes“ außerdem noch der Sache nach weitgehend entleert und den Kompetenzen des Staatsoberhauptes eine rein funktionale Deutung gegeben. — Nach der Auffassung von Herrn Kimminich scheint mir nun die Behauptung nicht konsequent zu sein, daß der Bundespräsident im System zu hoch stehe, um ihn verantwortlich machen zu können, mit der weiteren Folge, daß das Funktionieren des ganzen Systems Schaden nehme, wenn er zur Verantwortung gezogen wird, wie es in der zweiten Begründung seines Leitsatzes heißt. Es scheint mir hier in dem Leitsatz 13 gerade das Zentralproblem angeschnitten zu sein.

Dagegen hat es mir weitgehend eingeleuchtet, wie Herr Pernthaler methodisch vorgegangen ist, ohne daß ich damit jetzt die gedanklichen Deduktionen mit den verschiedenen logischen Möglichkeiten nachvollziehen möchte. Damit möchte ich auch zu Ihrer speziellen Antwort, Herr Pernthaler, keine Stellung nehmen. Aber Herr Pernthaler scheint mir doch, jedenfalls nach dem Referat, durchaus eine Möglichkeit zu geben, eine Verantwortlichkeit zu begründen. Möglicherweise habe ich Herrn Kimminich aber auch mißverstanden. Vielleicht gibt er darauf noch eine Antwort.

Der zweite Punkt, zu dem ich Stellung nehmen möchte, ist der Leitsatz 21 im Referat von Herrn Kimminich. Es geht um das Problem des Staatsoberhauptes als „Hüter der Verfassung“. Auch hier kann ich Herrn Kimminich nicht folgen. Sicherlich, wenn man das, was in der dritten Zeile dieses Leitsatzes steht, „verbindlich über Verfassungsfragen zu entscheiden oder Verfassungsstreite zu schlichten“, in einem prozessualen Sinne versteht, hat Herr Kimminich selbstverständlich recht. Aber ich meine, daß wir die Frage, „Hüter der Verfassung“ oder nicht, nicht in dem Sinne sehen dürfen, daß es hier nur um prozessuale Probleme geht. Ich denke etwa an das Betriebshandelsgesetz, zu dem ja der deutsche Bundespräsident eine verfassungsrechtlich höchst streitige Frage entschieden hat, und zwar, wenn auch nicht in einem rechtskräftigen Urteil, so aber doch materiell dahin, daß er — wie ein Gericht — die Rechtmäßigkeit, die Verfassungsmäßigkeit verneint hat. Es scheint mir wichtig zu sein, daß wir über diese Funktion nachdenken. Hüter der Verfassung kann immer nur jemand sein, der auch die Möglichkeit zum Eingreifen hat. Die Frage, wie weit etwa das Bundesverfassungsgericht Hüter der Verfassung ist, hängt weitgehend davon ab, inwieweit Antragsrechte bestehen. Bei einem so starken Ausbau der Verfassungsgerichtsbarkeit, wie wir sie haben, zeigen sich aber dort noch die Lücken, wo es um die Antragsrechte geht. Der

Bundespräsident scheint mir eine Chance zu haben, in die Lücken unseres an sich recht perfekten Verfassungsrechtsschutzsystems im Grundgesetz einzusteigen und eine Teilfunktion in diesem Bereich wahrzunehmen.

Böckenförde: Ich darf vielleicht unmittelbar an das anknüpfen, was Herr Thieme gesagt hat. Ich möchte der These 21 von Herrn Kimminich auch etwas entgegentreten. Zwar ist der von Herrn Thieme angeführte Fall — glaube ich — noch kein Beweisgrund dafür, daß der Bundespräsident auch als Hüter der Verfassung angesehen werden müsse. Der Bundespräsident hat bei dem Kantinenhandelsgesetz sein materielles Prüfungsrecht in Anspruch genommen, das hat damals deshalb zu keinen Weiterungen geführt, weil in der konkreten politischen Situation alle damit zufrieden waren, daß dieses Gesetz nicht verkündet wurde; deshalb ist die Sache nicht an das Bundesverfassungsgericht weitergegangen. Es hätte hier durchaus ein Organstreit zwischen dem Bundespräsidenten und dem Bundestag vor dem Bundesverfassungsgericht stattfinden können. Ich glaube aber, daß die Frage, ob der Bundespräsident Hüter der Verfassung ist, nicht allein vom materiellen Prüfungsrecht her bestimmt werden kann; es ist hier notwendig, die von Carl Schmitt entwickelte Unterscheidung zwischen der Verfassung als dem Inbegriff der politischen Grundentscheidungen über die Art und Form der staatlichen Einheit und den Verfassungsgesetzen anzuwenden. Mir scheint, daß ein Bundesverfassungsgericht immer nur die Funktion des Hüters der Verfassung wahrnehmen kann, soweit es sich um die Einhaltung und um die Sicherung der Verfassungs*gesetze* handelt, und zwar deswegen, weil ein Gericht von seiner Aufgabe und seinen Möglichkeiten her immer nur im nachhinein tätig werden kann; es kann prüfen, ob bestimmte Gesetze, bestimmte Maßnahmen, die getroffen worden sind, den verfassungsgesetzlichen Regelungen widersprechen oder nicht. Wenn es sich aber darum handelt, daß die Verfassung im Sinne der Grundentscheidungen bedroht ist, wird das Verfassungsgericht immer zu spät kommen. Geht es darum, daß die Grundsubstanz der Verfassung, die den einzelnen Normierungen voraus- und zugrunde liegt, angegriffen wird, so kann diese Gefahr für die Verfassung nur abgewendet werden, wenn ein Organ *präventiv* dagegen vorgehen kann — ich darf als Beispiel auf die nationalsozialistische Machtergreifung verweisen. Im Grunde war in dem Moment, als der Reichspräsident den Führer einer erklärt verfassungsfeindlichen Partei mit der Regierungsbildung beauftragte und zum Reichskanzler ernannte, die Verfassungsbeseitigung im ersten

Akt schon geschehen, der zweite Akt war dann die Zustimmung des Reichstags zum Ermächtigungsgesetz. Auch wenn wir in der Weimarer Verfassung einen Staatsgerichtshof gehabt hätten, der die Befugnis der Normenkontrolle, die Zuständigkeiten unseres Verfassungsgerichts gehabt hätte, hätte er an diesem Faktum gar nichts mehr ändern können. Auch bei einer Kontrolle im nachhinein ist in einem solchen Fall nur ein Organ als Hüter der Verfassung möglich, das die Befugnis hat, aktiv politisch zu handeln.

Nun ist die verfassungstheoretische Frage, ob in einer parlamentarischen Demokratie das Staatsoberhaupt in dieser Weise mit einer Befugnis, aktiv politisch zu handeln, ausgestattet werden kann. Die Begründung, die Herr Kimminich für seine negative Antwort unter anderem gegeben hat, daß die Trennung von Macht und Verantwortung nicht stattfinden dürfe, der ich im Ausgangspunkt zustimme, scheint mir aber die Folgerung nicht zu tragen, denn es ist doch nicht abzuweisen, daß auch das Staatsoberhaupt mit einer entsprechenden Verantwortung ausgestattet werden kann, auch im Grundgesetz etwa ist ja eine solche Verantwortung durch das Institut der Präsidentenanklage und durch die besondere Verpflichtung, die aus dem Amtseid hervorgeht, vorgesehen worden. Allerdings muß man fragen, ob bei der sehr mittelbaren Bestellung unseres Bundespräsidenten im Hinblick auf die demokratische Legitimation er wirklich in einem solchen Ernstfall die Autorität, die demokratische Autorität hat, um in dieser Weise tätig werden zu können, oder ob diese Autorität nicht durch das System der mittelbaren Bestellung über die Bundesversammlung auch selbst zu „mittelbar" geworden ist. Man kann das aber nicht schon aus dem Begriff oder aus einer allgemeinen Vorstellung vom Staatsoberhaupt abweisen. Wir unterliegen dann der Gefahr, daß wir uns zu sehr von der konkreten Ausgestaltung der Stellung des Staatsoberhaupts wegwenden. Geschichtlich ist ja das Staatsoberhaupt bisher immer zugleich auch beteiligtes Organ der Exekutive gewesen, zunächst sogar Inhaber der Exekutive und der Regierungsgewalt. Wenn wir nun, wie Herr Kimminich es wohl versucht hat, davon abstrahieren und fragen, was dann noch für das „reine" Staatsoberhaupt übrigbleibt, dann ziehen wir uns, auch wenn wir die Frage verfassungstheoretisch stellen, zu sehr in das Allgemeine und in die Abstraktion zurück. Deshalb muß man auch bei der Beurteilung solcher Möglichkeiten davon ausgehen, daß konkret das Staatsoberhaupt doch immer in irgendeiner Weise mit der Exekutive verbunden ist. Die Frage stellt sich dann auch in der Richtung, woher die möglichen Gefährdungen, die für eine Verfassung entstehen können, überhaupt drohen. Drohen sie aus dem Parlament, von der Exekutive, von politischen Parteien oder von einer anderen Stelle? Je nachdem kann das Staatsoberhaupt entweder sehr wohl oder aber überhaupt nicht das richtige Organ sein, um den Gefährdungen entgegenzutreten.

Bettermann: Darf ich noch darauf hinweisen, daß nach Herrn Kimminichs eigener These eine Funktion vorliegt, die ebenfalls dem Bundesverfassungsgericht nicht zusteht und sich sofort die Frage erhebt: wer soll diese Funktion ausüben, wenn nicht der Staatspräsident. Das ist die Schlichtung von Verfassungsstreitigkeiten, eine sehr wichtige, gerade auch zur Entlastung des Bundesverfassungsgerichts notwendige Funktion, die aber gerade ihm nicht obliegt. Ich darf daran erinnern, daß einer der Vorläufer des Bundesverfassungsgerichts, der alte Bundesrat, Entscheidungs- und Schlichtungsfunktion in einer Hand vereinigte. Das hat lange Zeit funktioniert.

Herr Kafka wollte sich zum Problem des Hüters der Verfassung noch äußern.

Kafka: Ich frage mich, ob überhaupt dieser Begriff sehr sinnvoll ist. Die einen sagen: Der Bundespräsident ist der „Hüter der Verfassung". Schön. Die Gegenthese lautet: Der Verfassungsgerichtshof ist der Hüter der Verfassung. Mir scheint, diese Formulierungen beruhen auf einem überholten und verfehlten Trennungsdenken; sie lassen es außer acht, das alle Organe eines Staates verpflichtet sind, die Verfassung zu vollziehen und die Verfassung zu hüten. Und die Verfassung selbst ist in Wirklichkeit gar nicht auf einem solchen Trennungsdenken aufgebaut, sie setzt ja geradezu diese Kooperation der Verfassungsorgane voraus. Auch ein Verfassungsgericht bedarf der Organe, die sich an die Erkenntnisse dieses Verfassungsgerichtshofes halten. Beispielsweise nutzt es dem österreichischen Verfassungsgerichtshof nichts, wenn er ein Gesetz aufhebt, wenn dann ein Bundeskanzler etwa die Aufhebung nicht im Bundesgesetzblatt publiziert, denn von da ab fängt erst die generelle Wirkung des Verfassungsgerichtshofs-Erkenntnisses an. Der Bundespräsident wieder ist nach österreichischem Recht bei den meisten Akten auf Gegenzeichnung angewiesen, auf die Gegenzeichnung eines Bundeskanzlers, der wieder des Vertrauens der Mehrheit im Nationalrat bedarf. Mit anderen Worten: Man muß sich eine Verfassung doch vorstellen als ein arbeitsteiliges System, das dadurch funktioniert, daß die verschiedenen Organe zusammenarbeiten. Natürlich ergibt sich das Problem des „quis custodiet custodes". Aber das ergibt sich schließlich unter jeder Verfassung, nicht nur im repräsentativ-demokratischen Rechtsstaat.

Melichar: Ich möchte zu den letzten Bemerkungen etwas sagen, das nach österreichischem Bundesverfassungsrecht aufklärungsbedürftig erscheint. Was Herr Kollege Kafka gesagt hat, ist an sich richtig. Was nützt es — so waren die Ausführungen —, wenn der Verfassungsgerichtshof etwa ein Gesetz aufhebt und nachher der Bundeskanzler nicht publiziert. Richtig ist: es liegt eine Arbeitsteilung vor, die Aufgabe ist aufgeteilt auf verschiedene Organe des Staates. Aber der Bundespräsident ist auch berufen zur Exekution der Erkenntnisse des Verfassungsgerichtshof. Wenn die Publikation unterbleibt, so kann der Verfassungsgerichtshof den Antrag auf Exekution stellen. Es gibt für den Bundespräsidenten überhaupt keine Beschränkung, weder nach Bundesverfassungsrecht noch durch einfaches Gesetz, was er zu diesem Zwecke veranlaßt. Man muß also doch auch politisch denken, nicht nur rein juristisch. Juristisch gesehen hätte der Bundespräsident die Pflicht, in einem solchen Falle die Bundesregierung zu entlassen und eine neue zu bestellen, die das Richtige macht. Ob er das tut oder nicht, ist aber keine juristische Frage, sondern eine politische.

Kafka: Ich bin ganz einverstanden.

Dürig: Wenn ich richtig sehe, ist doch der ganze Begriff des „Hüters der Verfassung" ein dialektischer Begriff mit Stoßrichtung gegen den Parlamentarismus. Er beruht auf der dualistischen Konstruktion, daß gegenüber dem Parlamentarismus mit seinen angeblichen Ausfallerscheinungen des Interessenten- und Parteipluralismus ein „pouvoir neutre" vorhanden ist, der in Gestalt des Staatsoberhaupts dem Parlament entgegensteht. Ich meine, daß die Zeit dieser latent antithetischen Vorstellung vom Staatsoberhaupt wohl vorbei ist. Die parlamentarische Demokratie ist jedenfalls bei uns in Deutschland gleichsam in Reinkultur verwirklicht worden, z. B. bis hin zum Parlamentsheer mit parlamentarisch verantwortlichem Oberbefehlshaber. Aber auch sonst habe ich für das geltende Recht nicht viel für den Begriff „Hüter der Verfassung" übrig. Denn die „Juristerei" wird auch sonst heute insofern in Karlsruhe gemacht und der Präsident hat gar nicht den Apparat, den Gehirntrust und die Expertokratie zu einer wirksamen rechtlichen Kontrolle. Aber so schwach auch die gängige Vokabel seine Bedeutung in normalen Zeiten, nämlich beim Funktionieren des Parlaments umschreibt: um eines kommen wir nicht herum, und das ist dann echte Macht. Herr Bettermann, Sie nannten es Legalitätsreserve. Und hier ist er nach wie vor Antipode des Parlaments, zwar nicht statisch gesehen, aber im Sinne eines zeitlichen Ablaufs. Sobald nämlich das Parlament nicht mehr funktioniert, z. B. im Falle des Art. 81 GG oder etwa bei Verkündung des Verteidigungsfalles, steht der Bundespräsident als echter Machtfaktor bereit. Da ist dann nichts mehr von „pouvoir neutre“ und nichts von bloßem „Notar“. Das ist Macht; und zwar nicht usurpiert, sondern verliehen von der Charta, Macht aus seiner konstitutionellen Position heraus. Freilich stets auflösend bedingt durch die Entscheidungsfähigkeit des Parlaments. Also ich würde den Begriff „Hüter der Verfassung“ bedeutend niedriger hängen. Wenn Sie wollen, geht es um den „Reservetank“ oder das „Reserverad“ der Verfassung, das auch bei vorübergehendem Nichtfunktionieren des parlamentarischen Betriebs den Karren noch in Gang hält. Und so, Herr Kimminich, verstehe ich Ihre Kontinuitätsthese. Wenn Sie sich von Herrn Küchenhoff auf BGB-Fristen festlegen lassen, gehen Sie natürlich „baden“, nicht wahr. Sie meinten doch gar nicht die fünfjährige Amtsfrist und mögliche zeitliche Überlappungen. Sie meinen doch: Er ist das Organ, das, wenn in der Kontinuität irgendwelche Intervalle der parlamentarischen Funktionsfähigkeit eintreten, von Verfassungs wegen bereitsteht, um — wie ich etwas burschikos sagte — den Karren am Laufen zu halten, bis er wieder ganz „fit“ ist.

Kimminich: Ich stimme Herrn Dürig voll und ganz zu. In diesem Sinne war es gemeint, in einem anderen Sinne kann es gar nicht gemeint sein.

Bettermann: Herr Kimminich, dann verstehen Sie also die Kontinuitätsfunktion als das, was ich vorhin Entstörungsfunktion nannte; daß Ausfälle im normalen Funktionieren der Verfassungsorgane ausgeglichen oder überbrückt werden durch den Staatspräsidenten?

Kimminich: Sie erwarten jetzt eine Erwiderung. Ich wollte an und für sich zur Frage der Kontinuität im Schlußwort kommen, weil meines Erachtens diese Frage eine noch tiefere Frage berührt, nämlich die Dynamik der Gesamtentwicklung, eine Dynamik, die viel weiter geht als die der staatlichen Entwicklung. Es ist eine Gesamtentwicklung der Kultur. Ich glaube, daß man Hans Freyer wohl zustimmen muß, wenn er sagt, daß unser gegenwärtiges Zeitalter von dieser Dynamik der kulturellen Entwicklung geprägt wird. Der Staat nimmt an dieser Dynamik teil, ob es nun die Juristen wahrhaben wollen oder nicht. In diesem Bereich der dynamischen Gesamtentwicklung hat die Kontinuitätswahrung eine besondere Bedeutung, und ich sehe nun in dem so verstandenen Staatsoberhaupt eine Möglichkeit, die Kontinuität zu wahren, nicht im Sinne des Dualismus, wie das von einigen auch bereits herausgearbeitet worden ist — ich darf an den Aufsatz von Menzel erinnern (DÖV 1965 S. 581 ff.), wo davon gesprochen wurde, daß auch der moderne Staat von einem Dualismus geprägt sei, in dem Sinne, daß wir praktisch zwei Staatsspitzen haben, eine statische und eine dynamische. Die dynamische Staatsspitze sei der Bundeskanzler, die statische der Bundespräsident. Es steckt in diesem Gedanken ein richtiger Kern, auf den ich dann vielleicht doch noch im Schlußwort eingehen kann, weil das etwas weiterführt. Aber ich muß doch schon hier, wenn ich aufgefordert bin, zur Kontinuität zu sprechen, sagen, daß diese Sicht trotz ihres richtigen Kerns falsch ist, weil nämlich der gesamte Staat von dieser Dynamik erfaßt wird. Wir können nicht mit einem Staat weiteroperieren, wenn wir der Auffassung sind, dieser Dualismus sei in ihm enthalten. Der moderne Staat hat diesen Dualismus nicht. Wir müssen uns dazu durchringen, die Dynamik des gesamten Staates zu erfassen. Das hat natürlich Auswirkungen, beruht auch auf gewissen Bekenntnissen, die man sicherlich nicht wird vermeiden können. So beruht diese Auffassung nicht zuletzt auf dem Bekenntnis, daß der Staat nicht als etwas Seiendes betrachtet wird — im Hegelschen Sinne —, sondern als etwas zu Bewirkendes. Aber damit gerate ich wahrscheinlich gerade in diese Bereiche, die Herr Bettermann bereits gerügt hat — ich möchte deshalb wenigstens fürs Erste schließen. Ich danke Ihnen.

Herrfahrdt: Der Bundespräsident hat als Hüter der Verfassung gegenüber dem Bundesverfassungsgericht den Vorzug, daß er sofort eingreifen kann, indem er die Verkündung eines Gesetzes, das er für verfassungswidrig hält, ablehnt. Daß ein Gesetz, das vielleicht später doch vom Bundesverfassungsgericht für unbedenklich erklärt wird, zunächst nicht in Kraft treten kann, ist ein geringeres Übel, als wenn ein zweifelhaftes Gesetz zunächst in Kraft tritt und erst nach längerer Zeit vom Bundesverfassungsgericht aufgehoben wird. Die Nachprüfung, ob ein Gesetz verfassungsmäßig zustande gekommen ist, darf beim Bundespräsidenten nicht zur Formalität herabsinken und nicht auf das formale Zustandekommen beschränkt werden. Wenn z. B. bei einem umstrittenen Gesetz in der Öffentlichkeit die Frage auftaucht, ob einige zum Zustandekommen der Mehrheit erforderliche Abgeordnete unter unsachlichen Einflüssen gestanden haben, die gegen ihre Pflichten als „Vertreter des ganzen Volkes“ verstoßen, könnte das für den Bundespräsidenten ein Grund sein, die Verkündung abzulehnen.

Kafka: Eine Zwischenfrage: Warum ist denn eigentlich immer das Parlament so sehr des Verfassungsbruchs verdächtig und steht der Bundespräsident außerhalb dieses Verdachts?

Herrfahrdt: Der Bundespräsident steht unter der moralischen Verantwortung, die Gegensätze im Volk zu überbrücken, „Gerechtigkeit gegen Jedermann“ zu üben. Je größer das entscheidende Gremium ist, um so schwächer wird beim Einzelnen dieses Verantwortungsgefühl, weil er annehmen kann, daß auch die Vertreter der Gegenseite einseitig urteilen. Das Gefühl für Unparteilichkeit ist erfahrungsgemäß von den Monarchen auf republikanische Präsidenten übergegangen, in den USA wie bei uns. Der Unterschied zwischen Monarchen und republikanischen Staatsoberhäuptern, den Herr Kimminich in Ziffer 6, 14, 15 macht, scheint mir daher nicht gerechtfertigt. Wenn die Parteien Sonderinteressen ihrer Wähler vertreten, kann das Staatsoberhaupt der einzige wahre „Vertreter des ganzen Volkes“ sein.

Melichar: Es ist heute das Wort gefallen, der Verfassungsgerichtshof sei Hüter der Verfassung, und der liebe Herr Kollege Pernthaler hat bezüglich des österreichischen Verfassungsgerichtshofes einige harte Worte gebraucht, indem er gesagt hat, eine großzügige Praxis des Verfassungsgerichtshofes decke vielleicht die Illegalität der Akte des Bundespräsidenten. Ich glaube eine Berichtigung geben zu sollen und dabei gar nicht im Gegensatz zum Kollegen Pernthaler zu sein. Einleitend möchte ich ganz kurz sagen: Der Verfassungsgesetzgeber ist kein Professor, nicht einmal ein Systematiker. Er regelt die Dinge, die ihm — und hinter ihm steht die politsche Meinung — notwendig erscheinen. Es werden nachher systematische Kritiken durchaus richtig und am Platze sein. Ob sie politisch richtig sind oder nicht, das wollen wir dahingestellt sein lassen. Nun, gerade zu dem Problem, das Sie, lieber Herr Kollege Pernthaler, angeschnitten haben. Der Verfassungsgerichtshof hat tatsächlich einmal in einer Beschwerdesache nicht den Bundespräsidenten, sondern den gegenzeichnenden Bundesminister als belangte Behörde behandelt. Es war ein Dienstrechtsfall: eine dem Bundespräsidenten vom zuständigen Bundesminister vorgeschlagene Ernennung eines Bundesbeamten hat auch eine Anrechnung von Vordienstzeiten enthalten, die der Beschwerdeführer für verfassungswidrig hielt. Also ein politisch völlig uninteressanter Fall. Das möchte ich vorausschicken. Der Verfassungsgerichtshof stand vor der Frage, wer nun die belangte Behörde sei? Der Verfassungsgerichtshof hat — Sie haben es richtig referiert — gesagt: Der gegenzeichnende Bundesminister ist der Verantwortliche. Sie haben kritisiert, insofern richtig kritisert, als Sie gesagt haben, daß nicht der gegenzeichnende Bundesminister, sondern der unterschreibende Bundespräsident derjenige ist, gegen den die Beschwerde gerichtet ist. Wenn man das aber kritisiert, dann muß man auch das Problem von der Gegenseite zeigen. Bekanntlich stammt die Gegenzeichnung aus der Theorie der konstitutionellen Monarchie. Der Monarch ist sakrosankt. Man braucht einen schwarzen Peter; das ist der von ihm ernannte Minister; er muß die ganze Verantwortung übernehmen. Im System der konstitutionellen Monarchie ist dies durchaus folgerichtig. Nun sieht man gerade daraus, daß diese Gegenzeichnung uneingeschränkt in die Republik übernommen wurde, wie ideologisch befangen — ja ich will nicht einmal sagen ideologisch, sondern historisch befangen der historische Verfassungsgesetzgeber ist. Beim österreichischen Bundespräsidenten liegt der Fall insofern besonders, als er für die Verletzung der Bundesverfassung verantwortlich ist, nicht aber verantwortlich ist für sonstige Rechtsverletzungen. Konsequenterweise müßte man sagen, bei Verletzung der Bundesverfassung ist die Gegenzeichnung zumindest in dieser Hinsicht nicht wirksam, denn da ist der Bundespräsident ja selbst verantwortlich. Dort wo eine einfache Gesetzesverletzung vorliegt, ist die Gegenzeichnung des zuständigen Bundesministers mit Recht vorgesehen. Diese Unterscheidung trifft das österreichische Bundesverfassungsrecht nicht. Es verlangt für alle Akte des Bundespräsidenten die Gegenzeichnung. Wenn daraus der österreichische Verfassungsgerichtshof den Schluß gezogen hat, das Wort des Verfassungsgesetzgebers und somit die Gegenzeichnung ernst zu nehmen, dann glaube ich, ist das Urteil zu hart, der Verfassungsgerichtshof decke damit Illegalität des Bundespräsidenten.

Pernthaler: Ich glaube, ich bin mißverstanden worden. Ich habe nämlich überhaupt nicht die Verfassungspraxis der G e g e n z e i c h n u n g als „illegal“ angegriffen, sondern gerade umgekehrt versucht, aus der Loyalitätspflicht des Bundespräsidenten heraus und aus seiner geminderten Freiheit — bzw. Ermessen, wenn Sie so wollen — d e n S i n n der Überwälzung der Verantwortlichkeit zu begründen. Ich wollte durch den Hinweis auf die Verfassungsrechtsprechung etwas anderes sagen: die mangelnde Legalität des Vollzugsapparates des Bundespräsidenten. Der Bundespräsident übt nämlich als einziges Organ der Vollziehung in Österreich seit 1920 — und trotz der sonst so rigorosen Rechtsprechung des Verfassungsgerichtshofes — seine Aufgaben durch gesetzlich nicht begründete Hilfsorgane und Verfahren aus, was sich auf die Legalität jedes Bescheides, jeder Verordnung und jedes sonstigen Rechtsaktes, den er setzt, auswirken muß, aber vom Verfassungsgerichtshof bis heute toleriert wird. Darauf wollte ich hinweisen.

Bachof: Ich will zum materiellen Prüfungsrecht nicht Stellung nehmen, sondern nur zur Beantwortung von Herrn Kafkas Frage ein Beispiel bringen. Bei dem schon erwähnten Entwurf eines Belegschaftshandelsgesetzes ist folgendes passiert: Der Bundesjustizminister hat in einem Gutachten gesagt: verfassungswidrig; der Bundesinnenminister hat gesagt: höchst wahrscheinlich verfassungswidrig; der Bundeswirtschaftsminister und elf befragte Wirtschaftsminister der Länder haben gesagt: jedenfalls praktisch undurchführbar. Dann hat sich der Rechtsausschuß des Bundestages damit befaßt und gemeint, mit Rücksicht auf den Zeitdruck — es war kurz vor Ablauf der Legislaturperiode —, sei er außerstande, diese schwierige Frage der Verfassungsmäßigkeit im Detail zu erörtern; man sei ja wohl übereinstimmend der Meinung, so gehe das nicht mit dem Gesetzentwurf, und man könne es deshalb den Abgeordneten überlassen, dieses Gesetz im Plenum zu verwerfen. Im Plenum ist das Gesetz dann aber bei zwei Enthaltungen einstimmig angenommen worden, weil niemand in der damaligen Situation, kurz vor einer Wahl, es wagte, dieses politisch heiße Eisen gegenüber einer mächtigen Interessengruppe anzufassen und das Gesetz zu Fall zu bringen. Der Bundespräsident hat dann die Unterzeichnung verweigert. Ich will nicht untersuchen, ob er dazu nach geltendem Verfassungsrecht berechtigt war. Aber jedenfalls zeigt der Fall, daß der Bundespräsident sich nicht so unmittelbar dem Druck von Interessen ausgesetzt sieht, wie das beim Parlament der Fall ist. So gesehen, könnte also das Prüfungsrecht doch wohl die legitime Funktion eines Organes sein, das einen größeren Abstand zu den Interessenten und dem von ihnen ausgeübten Druck hat, als das Parlament.

Das, Herr Kafka, als Beantwortung Ihrer Frage.

Friesenhahn: Gerade das Schicksal des Belegschaftshandelsgesetzes gibt uns Anlaß, die Frage des Prüfungsrechtes etwas genauer ins Auge zu fassen. Wir reden hier dauernd von

„Hütern der Verfassung" und begreifen darunter alles Mögliche. Ich beschränke mich auf das materielle Prüfungsrecht des Bundespräsidenten und möchte ganz primitiv fragen: wer ist denn eigentlich der Bundespräsident, der prüft? Herr Bachof hat uns den Fall sehr instruktiv von der politischen Seite her dargestellt. Bitte beachten Sie erst einmal: es hat elf Monate gedauert, ehe der Herr Bundespräsident sich zu einer Entscheidung durchgerungen hat. Also wäre es meiner Meinung nach richtig, die ganze Frage von der Frage der Ausfertigung und Verkündung her anzupacken. Schon die Ausfertigung und Verkündung durch den Bundespräsidenten ist mir höchst problematisch. Man sollte auch einmal etwas in andere Rechtsgebiete hinüberschauen: Die französische Verfassung von 1946 z. B. sieht ganz konsequent vor, daß, wenn der Staatspräsident nicht binnen 10 Tagen verkündet, der Präsident der Assemblée Nationale verkündet. Und sogar die Verfassung von 1958 schreibt vor, daß der Staatspräsident binnen 15 Tagen verkünden muß, wenn er nicht Neuberatung fordert oder den Conseil Constitutionnel anruft. Ich will jetzt nicht untersuchen, wie das nun in Frankreich im einzelnen ist, ob der Conseil ein Gericht ist usw. Jedenfalls ist dort eine Frist vorgeschrieben, binnen der verkündet werden muß. Bei uns ist es erstens unhaltbar, daß wir keinerlei Fristen haben, und zweitens scheint mir die Ausfertigung und Verkündung durch den Bundespräsidenten überhaupt ein Relikt aus der Zeit der konstitutionellen Monarchie zu sein, in der das Staatsoberhaupt mit der Ausfertigung zugleich seinen Konsens als Gesetzgeber gab. Dazu kommt weiterhin der Zusammenhang mit dem richterlichen Prüfungsrecht. Bei Laband lesen wir, daß selbst der Kaiser der Bismarckschen Verfassung, der an der Gesetzgebung nicht beteiligt war, durch sein Ausfertigungsrecht ein Gesetzgebungsamt hätte. Und ein solches Gesetzgebungsamt wird nun heute sozusagen dem republikanischen, demokratischen Staatspräsidenten auf dem Wege über das materielle Prüfungsrecht einfach unterschoben. Aber kann er überhaupt prüfen? Wenn der Herr Bundespräsident das Belegschaftshandelsgesetz nicht verkündet hat, so hat er das erst getan, nachdem zu den eben erwähnten Ministerial-Gutachten noch ein weiteres Gutachten eines unserer Herren Kollegen hinzukam, der in diesem Fall sagte: verfassungswidrig! Also, die Herren Bundespräsidenten, die prüfen, sitzen sozusagen hier im Raum. Denn wir haben einen anderen Fall gehabt, bei dem 312-DM-Gesetz, da wurde ein anderer Kollege um das Gutachten gebeten; der sagte, das ist verfassungsmäßig, und das Gesetz wurde verkündet. Also kommt es sozusagen darauf an, von welcher Seite dem Herrn

Bundespräsidenten der Gutachter empfohlen wird, damit das „richtige“ Ergebnis herauskommt.

Bachof: Darf ich eine Zwischenbemerkung machen: Die Auswahl des Gutachters trifft wohl in der Regel der Staatssekretär des Bundespräsidialamts. Ist er ein guter Jurist und Kenner des staatsrechtlichen Schrifttums, so wird er das Ergebnis des Gutachtens mit einer gewissen Wahrscheinlichkeit voraussehen können.

Friesenhahn: Es ergibt sich also, daß letzten Endes demokratisch nicht legitimierte und parlamentarisch nicht verantwortliche Berater des Bundespräsidenten maßgebend — ich will nicht sagen, entscheidend — aber doch daran mitwirken, ob ein Gesetz verkündet wird oder nicht. Und das ist doch eigentlich ein unhaltbares Ergebnis.

Dazu ein Weiteres: Herr Bachof sagte, daß der Herr Bundespräsident einen größeren Abstand von dem unmittelbaren Interessenkampf hätte. Ich möchte umgekehrt sagen, das Prüfungsrecht wird überhaupt nur aktualisiert, und die Frage, welchen Gutachter der Herr Staatssekretär in dem betreffenden Fall empfiehlt, wird überhaupt nur akut, wenn irgendwelche Lobbyisten oder Gruppen da sind, die den Anstoß geben. Über die Vereinbarkeit eines Gesetzes mit Artikel 12 GG, wohl mit das Subtilste und Schwierigste was es gibt, soll also „der Bundespräsident“ negativ entschieden haben. Denken Sie aber etwa an den Paragraphen aus dem Personenbeförderungsgesetz, der vom Bundesverfassungsgericht wegen seiner eklatanten Rechtsstaatswidrigkeit, auf die Herr Bachof schon in seiner Besprechung des Urteils des Bundesverwaltungsgerichts hingewiesen hatte, für nichtig erklärt worden ist. Dieser Paragraph hatte anstandslos die Hürde des präsidialen Prüfungsrechts passiert. Was bedeutet denn dann das Prüfungsrecht, wenn nur auf besonderen Anstoß hin überhaupt der ganze Apparat in Bewegung gesetzt wird?

Daher bin ich also nach wie vor der Meinung, daß in einer Verfassung, in der ein Bundesverfassungsgericht eingesetzt ist, das dazu berufen ist, maßgeblich die Gesetze zu prüfen und auch zu verwerfen, daß in einer solchen Verfassung für das materielle Prüfungsrecht des Bundespräsidenten kein Raum ist. Dazu noch ein Weiteres. Der Bundespräsident kann immer nur das Gesetz als Ganzes verwerfen. Das Gericht kann einen einzelnen Paragraphen herausnehmen, und das ist von großer Bedeutung. Es gibt Gesetze, wo nur ein paar Kleinigkeiten verfassungswidrig sind. Der Herr Bundespräsident kann nur im ganzen sagen, ich verkünde „das Gesetz“ nicht, weil § X gegen Art. Y GG verstößt. Das Gericht kann einen einzelnen Paragraphen herausnehmen, das Gesetz im übrigen aber aufrechterhalten. Im Gegensatz zu Herrn Kimminich bin ich der Meinung, daß es sehr wohl auf die positiven Funktionen des Staatspräsidenten und darauf ankommt, wie in einer konkreten Verfassung die organisatorischen Strukturen angelegt sind. In einer Verfassung, die einerseits den Präsidenten nur mit schwachen Kompetenzen ausstattet und andererseits ein Verfassungsgericht mit den umfassenden Kompetenzen unseres Bundesverfassungsgerichts vorsieht, ist nach meiner Meinung für ein materielles Prüfungsrecht des Präsidenten kein Raum mehr.

Stern: Herr Friesenhahn, ich möchte direkt zu Ihrem Beitrag erwidern, obwohl mir dies nicht als der Sinn der Diskussion erscheint; denn die Diskussion soll sich eigentlich auf die Referate beschränken. Das Problem materielles Prüfungsrecht des Bundespräsidenten war ja im Referat nicht angesprochen, vielleicht nur in dem einen Punkt, als Herr Kimminich den Begriff des Hüters der Verfassung doch sehr sehr vorsichtig anging und allerhand Vieldeutigkeit in ihm fand. Es ist zweifelsohne richtig, daß das Bundesverfassungsgericht letztverbindlich darüber entscheidet, ob ein Gesetz verfassungswidrig ist. Aber ich glaube, daß davor durchaus ein anderes Organ die gleiche Prüfung übernehmen kann, wenn es selbst wieder wegen der Berechtigung oder Nicht-Berechtigung der von ihm in Anspruch genommenen Befugnis vor das Bundesverfassungsgericht gebracht werden kann, etwa in einem Organstreit. Wenn der Bundespräsident, um das erwähnte Belegschaftshandelsgesetz noch einmal heranzuziehen, hier dezidiert gesagt hätte, ich unterschreibe dieses Gesetz nicht, dann wäre der Bundestag in der Lage gewesen, mit ihm im Wege des Organstreites vor dem Bundesverfassungsgericht zu rechten. Dann wäre die Frage, hat er ein materielles Prüfungsrecht oder nicht, zur Entscheidung gekommen. Das ist bekanntlich nicht geschehen. Nur meine ich, die Argumentation, weil das Bundesverfassungsgericht existiert und Gesetze überprüft, die scheint mir nicht auszureichen, um dem Bundespräsidenten ein Prüfungsrecht abzusprechen. Vielmehr ist meiner Meinung nach durch die betonte Rechtsstaatlichkeit, die unser Grundgesetz eingeführt hat, jedes Organ, das Gesetze zu erlassen hat oder beim Gesetzgebungsverfahren beteiligt ist — Ausfertigung, Verkündung usw. — gehalten, die Verfassung zu beachten. Jedes Organ muß daher auch zu einer Prüfung des Gesetzes auf seine Verfassungsmäßigkeit berechtigt sein.

Salzwedel: Ich wollte nur feststellen, daß es meines Erachtens keine gemeinsamen Aussagen über das Staatsoberhaupt in der parlamentarischen Demokratie gibt oder geben kann. Wir müssen uns vor allem darüber im klaren sein — was in den Referaten nicht ganz deutlich war —, daß zwischen dem Staatsoberhaupt von Weimar und dem von Bonn kaum irgendwelche Parallelitäten hergestellt werden können. Das zeigt sich ganz deutlich an den Punkten, über die wir jetzt im Augenblick diskutieren. Dazu möchte ich Herrn Stern sofort antworten.

Der entscheidende Punkt liegt doch in folgendem: wenn der Bundespräsident von sich aus die Unterzeichnung verweigert, dann begibt er sich mit einer verfassungsjuristisch gefärbten, aber doch in ihrer Wirkung rein politischen Aussage in den Meinungskampf der Parteien. Das ist unvermeidlich. Es gibt zwischen politischen Fragen und Verfassungsfragen eigentlich keinen anderen Unterschied als den, daß die ersteren Verfassungsfragen werden in dem Augenblick, in dem man mehr als zwei Verfassungsjuristen um eine Stellungnahme ersucht. Also muß sich der Bundespräsident zwangsläufig mit einer solchen Verwerfung, gleichviel, wie sie motiviert ist, in den politischen Tageskampf begeben. Im Gegensatz zur Weimarer Verfassung ist das Grundgesetz aber darauf angelegt, daß er ganz entschieden aus diesem Meinungskampf herausgehalten wird. Deshalb bin ich auch der Auffassung, daß für den Bundespräsidenten nur ein formelles Prüfungsrecht in Betracht kommen darf, welches nämlich darauf abzielt festzustellen, ob die Kompetenzen politischer Verfassungsorgane, so wie *diese* das Gesetz jeweils qualifiziert haben, etwa als verfassungsändernd oder nicht verfassungsändernd, richtig beachtet worden sind. Wie der Bundespräsident oder seine Berater das Gesetz selbst qualifizieren, ist unerheblich. Nur so kann er das sein, was er nach der Gesamtkonzeption des Grundgesetzes sein soll, nämlich pouvoir moderateur, der in einer mäßigenden Weise auf die politischen Kräfte Einfluß nimmt, aber nicht als vierte oder fünfte politische Kraft rivalisierend in Erscheinung tritt. Immer ausgenommen den Fall der Legalitätsreserve, auf den Herr Dürig mit Recht hingewiesen hat.

Partsch: Ich möchte nur einen Satz sagen: Es sollte uns allen doch geläufig sein, daß diese Trennung zwischen formeller Prüfung und materieller Prüfung gar nicht vollzogen werden kann.

Böckenförde: Das wollte ich auch sagen. Gerade deswegen, weil der Gesetzgeber auch inhaltlich gebunden ist an die Beachtung der Grundrechte usw., ist ein Gesetz nur dann gemäß den Bestimmungen der Verfassung zustande gekommen, wenn es diese Bindung einhält. Zum anderen möchte ich noch einmal betonen, da Herr Bachof dazu anregt, daß meine Bemerkung über den Hüter der Verfassung doch in eine andere Richtung zielte als die des richterlichen Prüfungsrechts, sie sollte das Problem stellen: kann das Staatsoberhaupt allgemein gesehen, Hüter der Verfassung in dem Sinne sein, daß es Angriffe auf den Verfassungskern, auf die politische Substanz der Verfassung abwehren kann? Meine Meinung ist, daß dazu ein Gericht einfach von seinen Funktionsbedingungen nicht in der Lage ist, sondern immer nur ein Organ, das die Möglichkeit hat, politisch aktiv zu handeln. Das Gericht muß ja immer warten, bis es angegangen wird — wo kein Kläger ist, ist kein Richter — und es kann immer nur im nachhinein urteilen, während es gerade bei diesen Gefahren darum geht, daß präventiv gehandelt werden muß. Wenn der Verfassungsbruch eingetreten ist, die Verfassungsbeseitigung im Sinne der Beseitigung der politischen Grundsubstanz erst einmal begonnen hat, dann kann ein Verfassungsgericht daran nichts mehr ändern, dann ist es schon geschehen.

Bachof: Mit anderen Worten: ein Angriff auf den Verfassungskern ist etwas ganz anderes als die Prüfung eines Paragraphen des Personenbeförderungsgesetzes. Man könnte sich durchaus auf den Standpunkt stellen, daß der Bundespräsident nicht dazu da ist, zweifelhafte Rechtsfragen, die letztlich für den Staatsbestand von ganz sekundärer Bedeutung sind, zu entscheiden; daß er aber sehr wohl berufen wäre, das zu tun, was Herr Böckenförde die Abwehr eines Angriffs auf den Verfassungskern genannt hat.

Friesenhahn: Das Belegschaftshandelsgesetz!

Bachof: Das Verbot des Belegschaftshandels enthält genau wie das Personenbeförderungsgesetz keinen Angriff auf den Verfassungskern, Herr Friesenhahn.

Ridder: Ich habe eine Frage: Was ist denn bei Herrn Böckenförde ein konkretes Beispiel für einen Angriff auf den Verfassungsbestand?

Böckenförde: Es war zum Beispiel 1932/33 das Problem, ob eine verfassungsfeindliche Partei, wenn sie die Mehrheitspartei oder die stärkste Partei ist, mit der Regierungsbildung beauftragt werden kann. Damit war doch im Grunde entschieden, daß diese Verfassung beseitigt wird. Das muß vorher abgewehrt werden. Wenn das erst passiert ist, also nachdem Hitler Reichskanzler geworden war, spielt sich das andere dann weiter ab. Nachdem der Führer einer erklärt verfassungsfeindlichen Partei die Regierungsgewalt in den Händen hatte, war die erste Entscheidung gegen die Verfassung schon gefallen.

Ule: Wenn das so einfach und so klar wäre, wie Sie es darstellen, dann möchten Sie recht haben. Aber damals war die NSDAP nach der Rechtsprechung der Gerichte und nach der herrschenden Meinung keine verfassungsfeindliche Partei. Das müssen Sie doch mit in Rechnung stellen, denn ich fürchte, der Bundespräsident wird in solchen Fällen, in solchen Existenzfragen noch viel weniger einer eigenen Meinungsbildung fähig sein, als beim Belegschaftshandelsgesetz und in vielen anderen Fällen, die Herr Friesenhahn im Hintergrund hat aufleuchten lassen.

Ridder: Daher denn ja auch heute die Vorschrift des Art. 21 Abs. 2 GG.

Böckenförde: Damals war die herrschende Lehre und die Staatspraxis eben deshalb nicht der Auffassung, weil diese Unterscheidung, daß der Verfassungskern im Grunde gesichert werden muß und nicht durch Verfassungsänderung beseitigt werden kann, nicht durchgedrungen war. Das war doch der ganze Streit um den Art. 76 WRV.

Ehmke: Herr Böckenförde, nehmen Sie einmal an, daß eine verfassungsrechtliche Pflicht des Präsidenten bestand. Dann hat er sie doch sowieso aus der Verfassung, dann brauchen sie ihn doch nicht zum Hüter der Verfassung „hochzujubeln", nur weil der Mann seine verfassungsrechtlichen Pflichten erfüllt. Oder aber er hat die Pflicht nicht, dann hat er sie auch dann nicht, wenn sie ihn zum Hüter der Verfassung erklären. Die Unterscheidung zwischen Verfassungskern und sonstiger Verfassung — welche Verdienste sie bei anderen Themen auch haben mag — kann zu dieser Frage nichts beitragen. Ich sehe nicht, was sie zu der Stellung des Präsidenten als Verfassungsorgan hinzufügen oder aber von ihr wegnehmen könnte. Der „Hüter der Verfassung" ist lediglich ein Etikett, das sie dem Amt geben, ohne daß sich rechtlich irgendetwas ändert.

Zwischenruf: Es könnte eine Generalklausel sein.

Dürig: Ich habe mir schon einmal Gedanken gemacht, ob man hier nicht nach Art der Verstöße „liquide" und „illiquide" unterscheiden kann. Aber es gibt eigentlich nichts „Liquideres" als etwa einen unausgeglichenen Haushalt. Das kann man nachrechnen, aber trotzdem würde ich meinen, da hat der Präsident nichts zu sagen. Oder im Sinne einer derartigen „Evidenztheorie“ sei er zuständig, wenn der „Verfassungskern“ getroffen wird. Aber das wird dann eine Generalklausel. Nun sind aber gerade seine exzeptionellen Eingriffsmöglichkeiten rechtsstaatlich, in Form einer Enumeration abschließend, typisiert (Art. 81 GG usw.).

Bettermann: Ja, die Schwierigkeit liegt aber bei diesem Prüfungsrecht darin, daß er es ausübt in einem Vorgang, an dem er verfassungsmäßig mitwirkt.

Dürig: Das ist der Nerv, ja.

Melichar: Ich glaube, das ist juristisch ein nicht beherrschbares Problem, ein rein politisches Problem.

Bettermann: Nein, es ist ein Kompetenzproblem, das durch Interpretation der Verfassung beantwortet werden muß, ob er dieses materielle Prüfungsrecht hat und in welchen Fällen er es hat.

Melichar: Ja, nimmt er es in Anspruch oder nimmt er es nicht in Anspruch in der konkreten politischen Situation?

Bettermann: Das kann bei uns zum Gegenstand des Verfassungsstreits gemacht werden, ob er es zu Recht in Anspruch nimmt oder nicht. Der Bundestag hätte im Organstreit auf Verkündung des Belegschaftshandelsgesetzes klagen können.

Krüger: Ich halte es für unerläßlich, die Frage zur Diskussion zu stellen, wie man richtigerweise an den Gegenstand herangehen soll — die Frage nach dem approach oder nach der Methode. Nach dem historischen Ansatz von Herrn Kimminich ist mir etwas unbehaglich geworden, schon wegen des Tenors, auf den er dieses Präludium gestimmt hat. Ich habe wiederholt gehört, daß die ihm vorhergehenden Generationen befangen waren in bestimmten Auffassungen. Das braucht ja nicht schlimm gemeint zu sein, es kann aber auch gemeint sein im Sinne eines Brettes vor dem Kopf. Die historische Entwicklung bestünde dann darin, daß mit jeder Generation ein Brett vom Kopf genommen wird, durch einen selbst oder durch eine höhere Macht; es ist nur eine Frage der Zeit, ob man das noch erlebt. Wenn wir uns als Wissenschaftler zu der Auffassung bekennen, daß niemand die absolute Wahrheit weiß und erkennen kann, dann gilt das auch für die vorhergehenden Generationen, gilt also nicht nur im Raume, sondern auch in der Zeit. Ich würde aber ferner — und das möchte ich nur für die jüngeren Herren hier sagen, gewissermaßen zu Protokoll des Notars geben, daß mir die historischen Ausführungen in der Sache höchst bedenklich vorkommen. Ich halte das — deutsch gesprochen — alles für falsch.

Ich halte aber auch die juristische Methode hier für nicht im Letzten fruchtbar. Denn im Bereich des Verfassungsrechts sind es ja nicht primär die Ämter, die die Person bestimmen, sondern vom Abgeordneten über die Regierung bis zum Staatsoberhaupt ist es immer mehr die Person, die aktiv das Amt bestimmt. Das ist ja auch hier wiederholt zum Ausdruck gekommen. Wenn wir die Dinge hier lediglich juristisch betrachten, dann heißt das, sie unpersönlich betrachten, d. h. also gerade das personale Element beim Amt des Bundespräsidenten auszuschalten. Es ist doch weithin die Persönlichkeit, die hier das Amt prägt, selbst ein so schwaches Staatsoberhaupt wie der französische Präsident der 4. Republik. Wenn dieses Amt von einem Mann wie Vincent Auriol besetzt ist, gibt er diesem Amt eine Gewichtigkeit, die die Rolle des Parlaments gemäß der geschriebenen Verfassung sogar zu überragen vermag. Wir müssen dieses personelle Element in den Blick bekommen und deswegen auf die alleinige Herrschaft der juristischen Methode in diesem Falle verzichten.

Das gilt noch unter einem zweiten Gesichtspunkt. Wenn man die Verfassung durchgeht, wird man finden, daß die juristischen Vollmachten des Staatsoberhauptes vielfach sehr gering sind. Das sagt aber nichts darüber aus, was ihm an nicht juristischem Instrumentarium zur Verfügung steht. Der Richter darf die Parteien gewiß nicht zum Abendessen einladen, um einen Vergleich zustandezubringen. Ich halte es aber für unbedenklich, daß der Herr Bundespräsident zu einer Working-Party oder zu einem — schrecklicher Ausdruck — Arbeitsabendessen Leute, die irgendwie nicht zusammenfinden, einlädt, um sie, dank der Macht seiner Persönlichkeit, zusammenzubringen. Wir bringen auch dieses nicht juristische Instrumentarium nicht in unseren Blick, wenn wir uns auf die juristische Methode beschränken.

Wo sollen wir also ansetzen? Ich würde sagen bei der Funktion. Eine Verfassung ordnet doch einen Funktionszusammenhang: Wenn man den Schwerpunkt dieses Funktionszusammenhangs auf das Parlament legt, dann muß man von dort aus versuchen, die Funktion des Staatsoberhauptes zu definieren. Denn offenbar ist es doch nicht ganz entbehrlich für dieses in die erste Rolle gestellte Organ oder diese in die erste Rolle gestellte Institution. Wenn ich diese Funktion mit einem Bild bezeichnen darf, dann würde ich sagen, es ist eine kontrapunktische Funktion. Damit scheint mir das Verhältnis Staatsoberhaupt—Parlament auch in den Stil der Gewaltenteilung hineinzupassen. Da ist ja auch eine beiderseitig kontrapunktische Funktion — beide Gewalten haben sich gegenseitig bei der richtigen Melodie zu halten, zu vermeiden, daß Mißtöne vorkommen. Wenn sie vorgekommen sind, haben die Richter sie zu beseitigen. Also das ist der Sinn, wobei die kontrapunktische Funktion des Staatsoberhauptes nicht darin bestehen wird oder, wie ich annehmen möchte, bestehen sollte, in der Hauptsache Fehler zu revidieren, sondern die Funktion in Gang zu halten, wie das Herr Dürig ausgedrückt hat: Der Karren muß laufen, die Geschäfte müssen gehen. Es ist ja nicht immer gesagt, daß die Vitalität von innen heraus das leistet, was vom Parlament erwartet wird. Da muß es jemanden geben, der anstößt — das ist ja zum Teil auch in der Verfassung niedergelegt: das Auflösungsrecht — oder der, wenn keine Koalition zustande kommt, seine Hebammendienste anbietet oder Kupplerdienste, oder wie Sie das nennen wollen, und der bei der Formulierung des Programmes mithilft. Da ist so viel zu tun, von dem nichts in der Verfassung steht, das getan werden muß, wenn die Dinge laufen sollen. Daß wir jemanden brauchen, der dann, wenn das primär zuständige Organ nicht weiterkommt, sich nicht darauf beschränken darf, Fehler zu berichtigen, etwa in Gestalt des eben so innig und heftig diskutierten Prüfungsrechts, sondern der überhaupt, wie gesagt, die Vitalität dieses Organismus erhält. Das ist die kontrapunktische Funktion über dem Hauptstaatsorgan.

Das scheint mir aber noch nicht einmal das Entscheidende zu sein. Denn auch Staat und Gesellschaft — Staat jetzt als Organismus von Ämtern verstanden, vor allen Dingen der politischen Ämter in der Verfassungssphäre — steht ja wieder in einem kontrapunktischen Verhältnis zur Gesellschaft, die ja diesen Staat mit Ämtern und Funktionen wieder hervorbringen kann. Es ist ja nicht gesagt — ebenso wenig wie das Parlament immer aus sich heraus funktioniert —, daß die Gesellschaft immer von sich aus funktioniert. Es muß also da auch ein Staatsorgan vorgesehen sein, das die Gesellschaft immer wieder aktiviert, insbesondere zur Erfüllung ihrer Pflicht in der Hervorbringung des Staates, der ja hier mit Recht nicht als ein vorgegebenes Sein, sondern als ein hervorzubringendes Sein definiert ist. Er muß auch die Atmosphäre dafür schaffen. Es muß ja in jeder Gruppe jemanden geben, der verantwortlich ist für die Atmosphäre, von der — mit Ranke zu sprechen

— alle unsere Entscheidungen letztlich abhängen. Atmosphäre bilden, etwa nach 1945 — ich glaube, es genügt die Bezugnahme auf diesen Zeitpunkt, um die Bemühungen etwa von Herrn Heuss, vielleicht auch von Herrn Lübke in diese Betrachtung einzustellen. Dann orientieren, beinahe wie ein Knigge, man tut das und das in politicis, das und das tut man nicht, — wobei ich hier nicht konkret sagen möchte, was man m. E. nicht tut. Es kann ja auch gerade der Bundespräsident das Beispiel dafür geben, was man eigentlich nicht tun sollte — das kann natürlich auch schief gehen; das ist leider menschlich und infolgedessen nicht zu vermeiden. Das geht bis zur konkretesten Funktion der Gesellschaft selbst, ich denke etwa an die Schiffbrüchigen: Wenn der Herr Bundespräsident bei der Taufe eines neuen Rettungskreuzers erscheint, dann erinnert er die Gesellschaft an ihre Pflichten, sich dieser neuen Aufgabe zu widmen.

Von alledem steht nichts in der Verfassung. Deswegen würde ich sagen, die Methode, die ich ja nicht positiv bezeichnen will, deutet darauf hin, daß nicht nur aus der Verfassung heraus und dem, was Heck das Inversionsverfahren genannt hat, gewisse Grundsätze abgeleitet werden können, aus denen man dann wieder schöpft, um Lücken der Verfassung auszufüllen. Sondern es gibt weite Partien der ungeschriebenen Verfassung, auf die man den Bundespräsidenten oder das Staatsoberhaupt verweisen muß, so daß wir also für ihn eigentlich am allerwenigsten auf die geschriebene Verfassung rekurrieren können, so seltsam das klingt. Bagehot, der ja in seinem Buch über die englische Verfassung die Rolle der Königin gegenüber der Gesellschaft geschildert hat, scheint mir da der richtige Orientierer zu sein. Also, meine Herren, ich würde sagen, bei all unseren Betrachtungen und Diskussionen sollten wir nicht vergessen, daß wir das alles nicht aus dem Juristischen schöpfen können, daß vor allem die Aufgabe des Bundespräsidenten sich nicht erschöpft in juristischen Aktionen, in ihnen vielleicht am allerwenigsten, sondern ich hätte beinahe gesagt, in der menschlichen Aktion: das Klima, die Atmosphäre zu schaffen, ganz unsichtbar, hinter den Kulissen — das ist so etwas verdächtig — der gute Geist zu sein, der über dem Staat und vor allen Dingen über der Gesellschaft waltet. Der ohne Befehl und Zwang, aber doch durch die Macht der Persönlichkeit dafür sorgt, daß in diesem Funktionszusammenhang jedes Glied seiner Funktion so gerecht wird, wie die Verfassung sich das vorstellt.

Bettermann: Herr Krüger, was Sie das Menschliche genannt haben in der Funktion des Bundespräsidenten, das jenseits geschriebener Verfassungszuweisungen steht, scheint mir aber doch eben einen juristischen Aspekt zu haben oder haben zu können. Die Zulässigkeit, bei der Seenotkreuzertaufe mitzuwirken, wirft wahrscheinlich kein solches Problem auf. Es gibt aber Vorgänge unseres öffentlichen Lebens, bei der die Teilnahme des Bundespräsidenten eine dezidierte politische Stellungnahme enthalten kann, die möglicherweise in diametralem Gegensatz zur Politik der Bundesregierung und des Bundesparlamentes steht.

Krüger: Ist das eine Rechtsfrage oder eine Tatfrage?

Bettermann: Es scheint mir bereits den Bereich des Verfassungsrechtes, und zwar eines wichtigen Teils, zu erreichen: zu bestimmen, wie weit der Präsident das kann oder nicht kann. Ich darf daran erinnern, daß einer der entscheidenden Verfassungskonflikte des späten deutschen Kaiserreiches die Daily-Telegraph-Affäre war, wo der Kaiser ein Presseinterview gegeben hatte ohne Gegenzeichnung oder möglicherweise unter Verleugnung der tatsächlich vorhandenen Zustimmung des damaligen Reichskanzlers. Die Frage ist bisher kaum behandelt worden: Hat der Bundespräsident überhaupt die Befugnis, außerhalb der ihm von der Verfassung zugewiesenen Funktionen Politik zu machen? In welchem Umfang, und welche Grenzen hat er dabei einzuhalten? Ich glaube, daß das nicht nur Fragen des Stiles sind, sondern von gewissen Punkten an einfach Kompetenzfragen: wie weit er die Politik der Regierung und des Parlamentes behindern oder auch fördern kann.

Ehmke: Herr Kimminich hat gesagt, an sich brauchen wir gar kein Staatsoberhaupt, das ist nur aus verschiedenen Gründen in die parlamentarische Demokratie herübergenommen worden. Eigentlich hat das Amt keine Substanz mehr, es erfüllt nur bestimmte Funktionen. Ich habe schon unsere Schweizer Kollegen gefragt, warum sie in der Schweiz eigentlich ohne Staatsoberhaupt oder jedenfalls ohne Staatspräsidenten auskommen, aber sie haben mir gesagt, das sei historisch zu kompliziert, um uns das hier schnell zu erklären. Meine Frage an Herrn Kimminich lautet: „Sind Sie der Meinung, daß man, ohne wesentliche Nachteile für Funktionsfähigkeit und Repräsentativkraft des Staates die Funktionen des Bundespräsidenten auf andere Staatsorgane verteilen und das Staatsorgan „Bundespräsident" einfach abschaffen könnte, ja daß das im Sinne einer reinen parlamentarischen Demokratie besser wäre?"

Kimminich: Ich habe diesen Gedanken nicht so weit verfolgt, aber ich glaube, Sie haben mich insofern richtig verstanden, daß ich zu dem Schluß gekommen bin, man könnte durchaus die Funktionen, die dem Staatsoberhaupt in der parlamentarischen Demokratie noch übrigbleiben, ohne weiteres verteilen auf andere Funktionsträger, Amtsträger, vielleicht auch Gremien usw. und doch noch zu einem Staat kommen, der als parlamentarische Demokratie bezeichnet werden kann und funktioniert. Das müßte aber alles noch viel sorgfältiger überlegt werden. Das kann man nicht so ohne weiteres hier in einem Satz beantworten. Ich möchte nur darauf hinweisen, daß wir z. B. in den Ländern der Bundesrepublik Deutschland ja auch eine Aufteilung der Funktion des Staatsoberhauptes auf Ministerpräsident und Landtagspräsident haben. Es blieben noch einige Dinge, wie z. B. die völkerrechtliche Vertretung. Wie man die einem anderen Organ überträgt, ist eine weitere Frage. Es gibt Länder, wie z. B. jenseits des Eisernen Vorhangs, wo die Beglaubigungsschreiben dem Landtags-, dem Parlamentspräsidenten überreicht werden und dergleichen. Es gibt also solche Möglichkeiten. Nur müßte man sie sich sorgfältiger überlegen. Ich möchte deswegen in diesen kurzen Sätzen nicht unbedingt sagen, wir müssen das Staatsoberhaupt abschaffen. Im Gegenteil, ich möchte sagen, daß wir in unserem Grundgesetz die Figur eines Staatsoberhauptes geschaffen haben, das sehr wohl wichtige Funktionen wahrnimmt, und daß es eigentlich wenig Sinn hat, gerade diese Figur mit anachronistischen Dingen zu überladen, und hier meine ich wirklich das Wort „überladen" im Sinne eines gewissen Vorwurfs. Ich meine, daß ein Bundespräsident nach dem Grundgesetz für die Bundesrepublik Deutschland gerade diese Kontinuitätswahrung so ausgestalten kann — wohl auch ausgestalten muß —, daß man vielleicht zu dem Ergebnis kommt, diese Funktion könne gerade das Staatsoberhaupt in der parlamentarischen Demokratie am besten erfüllen.

Bettermann: Sind noch Wortmeldungen zum Thema Notwendigkeit oder wenigstens Nützlichkeit eines Staatsoberhauptes? Will jemand etwas zu der Frage sagen, warum wir in den Ländern keine Staatspräsidenten haben und offenbar auch ohne sie auskommen, im Bunde aber diese Institution übernommen haben und mit einem gewissen Leben erfüllt haben?

Bachof: Ich möchte zur Frage Notwendigkeit und Nützlichkeit keine eigenen Ausführungen machen, aber an Herrn Kimminich für sein Schlußwort eine provokatorische Frage richten. Wenn ich die Leitsätze ansehe, so scheint in der Tat für die Funktion des Staatsoberhauptes nicht viel übrigzubleiben außer der Kontinuitätswahrung. Herr Kimminich hat aber eben wohl schon eingeräumt, daß es doch noch mehr an Funktionen geben könnte, die das Staatsoberhaupt — konkret: der Bundespräsident — am besten erfüllten könnte; er hat aber nicht gesagt, welche Funktionen das sind. Ich habe mir heute morgen bei Leitsatz 22, als Herr Kimminich diesen erläuterte, notiert: „Integration und Symbolkraft." Diese beiden Worte hat Herr Kimminich uns nämlich zwar hingeworfen, aber er hat merkwürdigerweise weder Näheres dazu gesagt, noch kommen die Worte selbst in den Leitsätzen vor. In diesen beiläufigen Worten scheint also doch noch eine Reserve — keine „Legalitätsreserve", aber eine „Reserve Kimminich" — zu stecken, die er vielleicht aus Zeitmangel nicht näher ausgeführt hat. Ich würde es deshalb begrüßen, wenn er in seinem Schlußwort dazu Stellung nähme.

Scupin: Ich möchte noch fragen, ob Herr Kimminich seine Aussage über Funktion der Kontinuität beim Staatsoberhaupt aufrechterhalten will, ob er wirklich meint, daß die Kontinuität überhaupt eine Funktion sei, oder ob es sich nicht vielmehr um die Kontinuität der Funktionen handelt. Ich wäre dankbar, wenn das noch etwas deutlicher klargestellt würde. Dann dürfte sich vielleicht doch das, was Sie eben angerührt haben, Herr Bachof, als optimale Wirkung eines Staatsoberhauptes herausstellen: Integration und Symbolwirkung des Bundespräsidenten! Diese Funktionen (aber auch vielleicht noch andere) werden zutreffend für kontinuierlich gehalten.

Partsch: Ich möchte die Frage von Herrn Bachof an Herrn Kimminich noch etwas präzisieren. Wenn von Integration die Rede ist, besteht häufig der Verdacht, daß sich dahinter doch etwas Substantielleres versteckt. Und mir scheint, hier versteckt sich dahinter die Frage, ob das Staatsoberhaupt die Funktion hat, die Würde des Staates zu wahren. Ich weiß, man hat heute eine gewisse Scheu vor so großen Worten wie „Würde", bezeichnet sie gar als alten Zopf. Dennoch scheue ich mich nicht, die zentrale Aufgabe des Staatsoberhauptes darin zu sehen, daß es die Würde des Staates wahrt, und dies selbst für wichtiger zu halten als die Sicherung der Kontinuität. Unser Thema verleitet nun einmal zur Wesenschau, gegen die ich nach sechsjähriger Nachbarschaft zu Wilhelm Scheuerle naturgemäß skeptisch geworden bin. Wir hören, das Amt des Bundespräsidenten beruhe auf Repräsentation oder aber das sei nicht der Fall. Er sei Hüter der Verfassung oder sei es nicht. Beide Male ist an den scheinbar widersprechenden Aussagen etwas Richtiges. Sein Amt weist wohl Repräsentationselemente auf, wenn es auch nicht ganz auf Repräsentation beruht. Er hat auch die Aufgabe des Hüters der Verfassung, ist aber nicht der einzige, dem dies aufgetragen ist. Aber die einzige Aufgabe, die ihm allein zusteht und seinem Amt die Mitte gibt, ist die Aufgabe, die Würde des Staates zu wahren. Man wende dagegen nicht ein, dafür sei in einer parlamentarischen Demokratie kein Platz. Das wird schon allein dadurch widerlegt, daß das Parlament, das man gern als die demokratischste Institution bezeichnet, in autonomer Rechtsschöpfung den Satz entwickelt hat, sein Präsident habe die Aufgabe, die Würde des Hauses zu wahren. Dort fühlt man also ein Bedürfnis nach diesem Wert. Soll der Staat selbst dieses Bedürfnis nicht haben?

Wolff: Ist es dann wirklich zutreffend, daß das Staatsoberhaupt das Volk nicht repräsentiert, wie Herr Kimminich formuliert hat?

Bettermann: Dann kommt auch die Legitimationsfrage hinein.

Dürig: Ich bin ganz Ihrer Meinung, Herr Partsch, auctoritas. Aber dann verträgt sich damit nicht die potestas auf irgendeinem Gebiet, die ihn in den politischen Tageskampf hineinzieht.

Partsch: Darauf würde ich antworten, daß diese scharfe Scheidung zwischen auctoritas und potestas einem bedenklichen Trennungsdenken entspricht. Die auctoritas braucht in gewissen Fällen auch die potestas. Ich fand die Beispiele, die Herr Seidl-Hohenveldern vorhin gebracht hat, nicht sehr überzeugend. Wenn der Bundeskanzler z. B. dem Staatsoberhaupt einen Verbrecher als Minister vorschlägt, dann hat — nach meiner Auffassung — der Bundespräsident als Wahrer der Würde des Staates das Recht, die Ernennung zu verweigern. Ihr Beispiel mit dem jungen Mann hilft uns hier nicht. Dafür, daß die Demokratie funktioniert, ist der Bundespräsident nicht verantwortlich. Das ist Sache anderer Organe. Aber wenn die Würde des Staates angetastet wird, hat er dann auch ein Recht und eine echte Kompetenz. Insofern würde ich sagen: Ich kann aucoritas und potestas nicht so stark scheiden. Sondern es gibt Fälle, in denen die auctoritas auch eine potestas verleiht.

Knöpfle: 1) Funktionen und Befugnisse des Staatspräsidenten in einer parlamentarischen Demokratie lassen sich wohl nur auf der Grundlage einer konkreten verfassungsmäßigen Ordnung bestimmen. Diese wird konstituiert durch die Normen des geschriebenen Rechts und ungeschriebene Verfassungsgrundsätze, die von Verfassung zu Verfassung verschieden sind. Die These Nr. 23 von Herrn Kimminich, wonach zurückzugreifen ist auf „das grundlegende Verständnis der Rolle des Staatsoberhaupts im System der parlamentarischen Demokratie“, erscheint deshalb nicht unbedenklich. Beurteilungsgrundlage wird nämlich dann ein bestimmtes verfassungstheoretisches Vorverständnis, das je nach den zugrundeliegenden metajuristischen Vorstellungen und Wertungen zu verschiedenen Schlußfolgerungen rechtlicher Art führen kann. Dieses Rekurrieren auf Theoreme, die möglicherweise unter anders gearteten parlamentarischen Regierungssystemen entwickelt wurden, führt allzu leicht dazu, daß an eine bestimmte Verfassungsordnung ein vorgeformtes „Gesamtbild“ des Präsidentenamtes herangetragen und daß darob dessen spezifische Ausgestaltung in einer konkreten Verfassungsordnung und die in ihr liegenden Möglichkeiten zu wenig gewürdigt werden. Auf dieser Linie einer gewissermaßen „exogenen“ Beurteilung der Institution „Staatsoberhaupt“ liegt wohl auch die These Nr. 18 von Herrn Kimminich, wonach die dem Staatsoberhaupt obliegende völkerrechtliche Repräsentation „dessen Funktion im Staat weder kennzeichnen noch bestimmen“ kann. Auch wenn die völkerrechtliche Vertretung durch das Staatsoberhaupt, wie es im folgenden Satz dieser These Nr. 18 heißt, „historisch zu erklären“ ist, so dürfen Verfassungsbestimmungen dieses Inhalts, die für die Funktion des Staatsoberhauptes mit konstitutiv sind, bei der Bewertung des Amtes im ganzen nicht außer Betracht bleiben. Eine solche „endogene“ Interpretation einer verfassungsrechtlichen Institution unter sorgfältiger Berücksichtigung aller normativer Gehalte dürfte der rechtsstaatlichen Verfassung angemessener sein als das „Herantragen“ konstruierter Idealtypen an eine bestimmte Verfassungsordnung.

2) Für die Auslegung der oft unklaren positivrechtlichen Einzelregelungen über die Befugnisse des Bundespräsidenten der Bundesrepublik Deutschland lassen sich fruchtbar machen insbesondere seine Eigenschaft als Verfassungsorgan im materiellen Sinn und das Rechtsstaatsprinzip:

Aus diesem und der Qualifikation des Präsidenten als Verfassungsorgan läßt sich der Grundsatz ableiten, daß ein solches Organ als keinem anderen subordinierter oberster Träger eines Teils der Staatsgewalt für die Verfassungs- und Rechtmäßigkeit aller Akte, die es erläßt oder an denen es in Ausübung seiner verfassungsrechtlichen Befugnisse mitwirkt, die Verantwortung selbst zu tragen hat, soweit nicht ausnahmsweise die Rechtsordnung eine Bindung an die (rechtliche)

Entscheidung eines anderen Organs vorschreibt, wie z. B. an die des Verfassungsgerichts. Der Bundespräsident hat deshalb bei allen Akten, die er erläßt oder an denen er mitwirkt, das Recht und die Pflicht zur Prüfung in rechtlicher Hinsicht und gegebenenfalls — vorbehaltlich einer anderen Entscheidung des Verfassungsgerichts — zur Verweigerung seiner Mitwirkung.

3) Auch für die Beurteilung der umstrittenen Frage, ob und inwieweit der Bundespräsident aus politischen Erwägungen einen ihm angesonnenen Akt verweigern darf, lassen sich aus der verfassungsmäßigen Ordnung des Grundgesetzes Anhaltspunkte gewinnen: In der Diskussion war heute wiederholt die Rede vom „Trennungsdenken". Seine Überwindung führt auch in unserer Frage zu plausiblen Ergebnissen. Wenn das Grundgesetz dem Bundespräsidenten in einer ganzen Reihe von Fällen, nicht nur bei „Krisen des Parlamentarismus", Entscheidungen abverlangt, die sich nicht nach rechtlichen, sondern nur nach staatspolitischen Gesichtspunkten treffen lassen (z. B. in den Fällen des Art. 59 a Abs. 2, 63 Abs. 1 und Abs. 4 Satz 3, 68 Abs. 1 Satz 1 und 81 Abs. 1 GG), dann bedürfte wohl die Annahme, daß er sich bei Wahrnehmung seiner übrigen verfassungsrechtlichen Befugnisse strikter politischer Abstinenz zu befleißigen habe, einer besonderen verfassungsrechtlichen Begründung. Für eine derartige Aufspaltung des Amtes des Bundespräsidenten in einen Amtsbereich, in dem staatspolitischen Erwägungen entscheidendes Gewicht zukommt, und einen anderen, in dem er nur rechtliche Gesichtspunkte berücksichtigen darf, bietet die Verfassung ebenso wie das „sekundäre Verfassungsrecht" in Gestalt der Geschäftsordnungsbestimmungen keinen Anhalt.

Aus der das parlamentarisch-demokratische System kennzeichnenden und aus der Verfassung zu entnehmenden Prädominanz der parlamentarischen Körperschaften bei politischen Entscheidungen wird allerdings zu folgern sein, daß sich der Bundespräsident deren politischem Votum zu beugen hat, und zwar ausnahmslos. Er darf also die Ausfertigung eines verfassungsmäßigen Gesetzes und die Ernennung der vom Bundestag oder Bundesrat gewählten Bundesverfassungsrichter nicht wegen eigener politischer Bedenken verweigern.

Wenn und soweit der Bundespräsident bei einer Amtshandlung staatspolitische Gesichtspunkte zu berücksichtigen berufen ist, verletzt er nicht das von ihm im pluralistisch strukturierten Staat grundsätzlich zu beachtende Gebot der partei- und gruppenpolitischen Neutralität. Neutralität des Staatsoberhauptes gegenüber gruppen- und parteipolitischen Zielsetzungen bedeutet nicht Indifferenz in staatspolitischen Grundsatzfragen.

4) Dem Staatsoberhaupt eröffnet sich ein weites Feld zu staatspolitisch relevanter Tätigkeit durch Akte der protokollarischen Repräsentation des Staatsganzen, wie Staatsbesuche, Empfänge, Ansprachen, Schirmherrschaften usw., denen gemeinsam ist, daß ihnen keine unmittelbaren rechtlichen Wirkungen zukommen. Besonders auf diesem Gebiet kann sich das Selbstverständnis des Staatspräsidenten von seinem Amt und sein eigener Stil der Amtsführung entfalten. Die Möglichkeit zu staatspolitischer Wirksamkeit liegt für ihn nicht nur in der pflichtgemäßen Ausübung seiner in der Verfassung enumerativ aufgeführten Zuständigkeiten, sondern auch auf diesem Tätigkeitsbereich außerhalb der Kompetenzwahrnehmung, in dem Persönlichkeit und Autorität des Amtsträgers erheblich ins Gewicht fallen. Er darf deshalb bei der Beurteilung des Präsidentenamtes in der „Parteiendemokratie" der Gegenwart nicht außer Betracht bleiben.

Ridder: Ich wollte darum bitten, daß wir bei der weiteren Diskussion davon absehen, von Fällen der puren Fiktion auszugehen. Der eine Beispielsfall, den uns Herr Böckenförde gebracht hatte, der zeigt sich nunmehr unter dem Grundgesetz als geklärt. Das Beispiel von Herrn Partsch: Dazu möchte ich sagen: Sie haben ja nicht gesagt, wer der Verbrecher ist. Wenn jemand wegen Raubmordes von einem Gericht verurteilt worden ist, dann wird er niemals vom Bundeskanzler als Bundesminister vorgeschlagen. Also, der Fall kommt in der Praxis nicht vor.

Partsch: Es gibt aber auch Mörder, die noch nicht verurteilt sind.

Ridder: Wenn jemand aus anderen als juristisch greifbaren Gründen dem Bundespräsidenten als ein „Mörder" erscheint, dann wird der Bundespräsident das freilich bei seiner Entscheidung, glaube ich, im parlamentarisch-demokratischen System, das ihm jedenfalls nicht primär die politische Verantwortung gibt, nicht ins Feld führen und die Ernennung verweigern können. Ich fürchte, unsere Diskussion läuft am Ende noch darauf hinaus, daß das Staatsoberhaupt nicht bloß „Hüter der Verfassung", sondern Hüter eines Stückes von „Staat" wird, das jenseits der Verfassung liegt und infolgedessen von ihm gegen die Verfassung mobilisiert werden kann.

Merkl: In diesem Augenblick fühle ich mich zu einer Verbeugung vor einem genius loci gerufen. Als ich einige Minuten vor dem Betreten dieses Saales vor dem Denkmal des steiermärkischen Volksdichters Peter Rosegger und kurz vorher vor dessen Grazer Wohnhaus gestanden war, kam mir ein aus einer lange zurückliegenden Lektüre verbliebenes Wort dieses bedeutenden, trotz allem bedeutenden Mannes zum Bewußtsein. Er sagt in einem seiner Romane: „Jeder Staat braucht wie jede Uhr eine Unruhe." Es ist das ein Bekenntnis zu dem richtigen Gehalt eines guten Liberalismus, wobei ich bemerken will, daß jede gute Idee eine Gegenidee hat, die zu bereinigen ist. Rosegger hat mit diesem Wort für eine verhältnismäßig ruhige und ausgeglichene Zeit einen höchst bedeutsamen Gedanken bewußt und lebendig gemacht. In Österreich war der Liberalismus zeitweilig eine verbreitete politische Ideologie. Das ist auch ein Bekenntnis! Wie wohl etwa ein Hitler auf die Äußerung einer solchen politischen Ideologie durch Rosegger reagiert hätte? Jeder nationale Staat, pseudonationale Staat braucht Konzentrationslager für politische Gegner.

Ich hätte vieles zu der heutigen Diskussion zu sagen und bin besonders dafür dankbar, daß in geballter Weise so viele Probleme der allgemeinen Staatslehre angeschnitten worden sind. Ich wurde in letzter Zeit vielfach gefragt, mit welchen Problemen ich mich befasse. Ich bin gegenwärtig hauptsächlich mit einer Zusammenstellung von Früchten der schöngeistigen Weltliteratur befaßt, die einen Bezug auf Fragen der allgemeinen Staatslehre hat. Aus dem Eindruck dieser Arbeit wollte ich einiges sagen, insbesondere im Hinblick auf Äußerungen, die heute gefallen sind. Aber Peter Rosegger sollte nicht gleich vielen anderen vergessenen Schriftstellern vergessen werden; insbesondere nicht von den Österreichern. Ich sah mich daher veranlaßt, seine bedeutsame Aussage zu zitieren. Ich bin nicht überzeugt, daß alle österreichischen Fachgenossen dieses Wort gelesen und behalten haben.

E. Küchenhoff: Ich hätte nur eine Bitte für das Schlußwort: Nachdem von verschiedener Seite ja doch klargestellt worden ist und auch verbal und physiognomisch von Herrn Professor Kimminich eingeräumt worden ist, daß der Leitsatz 22 in einigen Punkten der Präzisierung bedarf und hier auch schon von der Frage die Rede war, ob nicht vielleicht eine Kontinuität der Aufgaben gemeint sei, möchte ich doch herzlich bitten, auch die Frage der Kontinuität der Amtszeit, worüber er ja gesprochen hatte, miteinzubeziehen in das Schlußwort. Ich halte es zwar für eine große

Ehre, mit dem BGB in Verbindung gebracht zu werden, meine aber doch, daß es eine ernste Frage ist, wenn der Fall des Jahres 1969 eintritt, dann eine Krise sein sollte, irgendein Ausfall. Wer soll dann entscheiden? Der vor seinem Abtritt stehende Bundespräsident? Noch einmal anders gefragt: Haben Sie bei der Modellvorstellung des Staatsoberhauptes in der parlamentarischen Demokratie, von der Sie ja ausgegangen sind, auch eine bestimmte Vorstellung der optimalen Amtszeit oder einer anderen Regelung, in der die Überlagerung der Amtszeit der verschiedenen Organe gewährleistet sein soll?

Herrfahrdt: Ich habe noch eine Frage: Herr Kimminich legt den Schwerpunkt auf die a l t e n Gründe, die Anfang des 19. Jahrhunderts in der konstitutionellen Monarchie zum Begriff der „neutralen Gewalt" geführt haben und heute nicht mehr passen. Seit Ende des 19. Jahrhunderts sind aber mit dem Pluralismus neue Gründe für die Notwendigkeit überparteilicher Kräfte entstanden; es sind dieselben, die im alten Pluralismus des Ständestaates und Fehdewesens zur Stärkung der monarchischen Autorität als des Rechts- und Friedenswahrers geführt hatten. Wenn Herr Kimminich in Ziffer 1 sagt, der Begriff des Staatsoberhauptes sei mit alten Assoziationen „belastet", so würde ich sagen: Im Staatsoberhaupt sind alte Forderungen aus vordemokratischer Zeit lebendig geblieben, die sich heute im neuen Pluralismus als unentbehrlich für eine gesunde Staatsordnung erweisen. Ich habe das in meinen Schriften seit 1919 unter der Bezeichnung „schiedsrichterliche Führung" (nicht „neutrale Gewalt") vertreten, und zwar zunächst nicht in Bezug auf den Reichspräsidenten, sondern gerade für das Parlament, indem ich z. B. vorgeschlagen habe, durch Verlegung der Gesetzgebung in kleine bevollmächtigte Ausschüsse nach Art richterlicher Kammern den Parlamentariern zu ermöglichen, „Vertreter des ganzen Volkes" im Sinne unparteilicher Schiedsrichter gegenüber den Gruppeninteressen zu werden. Heute ist die Forderung schiedsrichterlicher Führung vor allem in Entwicklungsländern von Bedeutung, wo westlicher Parlamentarismus versagt. Der thailändische Außenminister Thanat Koman hat das ausgedrückt: Wir brauchen eine Autorität, nicht eine tyrannische, sondern eine zusammenführende Autorität, um die sich alle Glieder des Volkes scharen können.

Pernthaler (Schlußwort): Ich möchte zuerst auf den Vorwurf der „Abstraktion" und „Konstruktion" — ich weiß nicht, ob ich da mit angesprochen worden bin — antworten. Auf diesen Vorwurf hin muß ich — entgegen meiner ursprünglichen Absicht, da ich geglaubt habe, daß dies klar aus dem Referat und seinem methodischen Aufbau hervorgehe — nun doch ausdrücklich meinen methodischen Standpunkt offenlegen. Ich habe gerade nicht eine freischwebende rationale Konstruktion oder Spekulation zum Thema angestrebt, sondern empirische Erkenntnis der Bedingungen und Funktionen einer bestimmten Institution — des Staatsoberhauptes — im Rahmen einer konkreten Verfassungslage des Gemeinwesens, nämlich der parlamentarischen Demokratie. Selbstverständlich weiß auch ich, daß eine solche Themenstellung verfassungstheoretische, also primär verfassungsrechtliche oder auch politologische Analysen der jeweils gewählten konkreten Verfassungsordnung bedingen würde. Aber Institution — „Staatsoberhaupt“ — und Verfassungslage — „parlamentarische Demokratie“ — reichen im Thema wie in der Wirklichkeit in die Geschichte hinein. Sie sind geschichtliche Kategorien der Staatlichkeit schlechthin, die nicht nur im gemeindeutschen, sondern im gemeineuropäischen Staatsdenken wurzeln, so daß von dort her zu allererst die Denkformen des Problemes zur Kenntnis kommen und zur Kenntnis genommen werden müssen, wie ich glaube. Weil ich diesem methodischen Ausgangspunkt Rechnung tragen wollte, bin ich streng vom historisch-konkreten Modell der parlamentarischen Präsidentschaftsrepublik nach der geltenden österreichischen Bundesverfassung und ihrer Geschichte ausgegangen. Ich habe damit geglaubt, die Fragestellungen der Allgemeinen Staatslehre und des vergleichenden Verfassungsrechtes nicht ausgeschlossen zu haben, sondern gerade umgekehrt die Bedingungen der Denkbarkeit beider Fragestellungen gesichert zu haben.

Ich darf dann noch auf eine Bemerkung von Herrn Böckenförde antworten, daß die Funktion eines präventiven Verfassungsschutzes irgendwie mit der plebiszitären Legitimierung des Staatsoberhauptes zusammenhänge. Ich glaube, daß das nicht richtig ist. Eine plebiszitäre Legitimierung hat an sich mit der Legitimität der Konstitutionseinheit des Staatswesens überhaupt nichts zu tun, sondern kann allenfalls das Staatsoberhaupt auf die dynamische Einheit der politischen Willensbildung des Wahlkörpers hin legitimieren. Von dieser demokratischen Legitimierung her — die in Österreich tatsächlich verfassungsrechtlich angeordnet ist — muß das Staatsoberhaupt selbstverständlich politisch unabhängig und aktiv seine Funktion erfüllen. Und es hängt nun gerade von der Art der Funktionen ab und von der im Plebiszit je und je neu zu begründenden Wertordnung, ob die eigenständige demokratische Dynamik des Staatsoberhauptes die der Parlamentsmehrheit irgendwie „in glücklicher Weise" ergänzt, wie man der österreichischen Verfassungspraxis nachgesagt hat, sie in Schach hält oder sich mit ihr in irgendeiner Form summiert, was die Voraussetzung jeder Machtergreifung ist. Keinesfalls läßt sich aber aus der isoliert betrachteten Volkswahl das, was mir am Herzen gelegen ist, nämlich die existentielle Darstellung der Konstitutionseinheit des Staatswesens durch das Staatsoberhaupt legitimieren, da selbst ein einstimmiges Plebiszit nicht aus der funktionellen Legitimierungskette — in der die existenzielle Verkörperung gerade nicht steht — herausführen könnte. Damit komme ich zu dem in der Diskussion auch irgendwie unterschwellig angeklungenen Vorwurf, daß die menschliche Verwirklichung des Amtes des Staatsoberhauptes besonders wichtig sei und in der wissenschaftlichen Analyse zu wenig beachtet worden sei. Ich glaube, daß gerade die Konstruktion einer Teilung von funktioneller Staatseinheit und existentieller Verkörperung diese Staatseinheit im einzelnen Menschen als „Staatsoberhaupt" auf diese Problematik hinzielte. Abschließend darf ich noch auf eine in der Diskussion angeklungene Legitimierungsfrage eingehen, nämlich auf die Frage, ob das Staatsoberhaupt von seinen legitimierenden Funktionen her in das parlamentarische Funktionsgefüge eingreifen darf oder nicht. Ich glaube, man muß hier unterscheiden: Im funktionierenden parlamentarischen System kommt der Legitimierung des Staatsoberhauptes vorzugsweise eine negative Funktion zu. Gerade durch Nichteingreifen und Übereinstimmen stellt das Staatsoberhaupt augenscheinlich die Legitimität des Parlamentes und der parlamentarischen Regierung in rechtlicher und politischer Hinsicht dar. Und darin liegt, glaube ich, auch das Wesen, nicht die Korrolarien eines Staatsoberhauptes in einer reifen parlamentarischen Demokratie. Aber, und das ist natürlich die Kernfrage der ganzen Legitimierungsproblematik, wann darf ein Staatsoberhaupt ein parlamentarisches Regierungssystem als legitim funktionierend darstellen und wann ist es umgekehrt verpflichtet, in den Regierungsprozeß einzugreifen, indem es Funktionen der Regierung oder des Parlamentes als illegitim kennzeichnet und die demokratische Legitimität gegen das Parlament oder die Regierung herstellt. Diese Frage muß man, glaube ich, unter zwei Gesichtspunkten prüfen: Einmal von den speziellen legitimierenden Funktionen des Staatsoberhauptes her und dann von der konkreten politisch-rechtlichen Grundordnung her, auf der die konstitutionelle Legitimität beruht. Beide Gesichtspunkte sind in Wahrheit aufeinander bezogen und auch hier ist also die Einheit der Verfassung und der Funktion des Staatsoberhauptes in der konstitutionellen Demokratie gewährleistet. Danke.

Kimminich (Schlußwort): Sehr geehrte Herren! Es ist mir schon immer klar gewesen, daß der Dank, den die Referenten am Schluß eines solchen Nachmittags dem Vorstand und den Diskussionsrednern abstatten, nicht eine leere Floskel ist. Ich möchte diesmal dem Vorstand besonders dafür danken, daß er dieses Thema gestellt hat und mir ausdrückliche und — wie ich meinte — klare Weisungen über die Auffassung des Themas mitgegeben hat. Das Thema lautete, wie Sie wissen: Das Staatsoberhaupt in der parlamentarischen Demokratie. Ob man dazu etwas sagen kann — Herr Salzwedel hat diese Frage mit Recht aufgegriffen —, werden wir noch zu erörtern haben. Ich hatte es nicht für meine Aufgabe gehalten, in einem solchen Referat den sehr schönen Aufsätzen, die in den letzten Tagen zum Thema „Bundespräsident" erschienen sind, einen weiteren hinzuzufügen. Auch das Ergebnis, das sehr häufig bei der Interpretation der Grundgesetzartikel herauskommt, daß es auf das Persönliche ankommt, erscheint mir etwas unbefriedigend. „Man muß halt den richtigen Mann finden." Das gilt für jedes öffentliche Amt. Das charakterisiert nicht den Staatspräsidenten. Ich meine, den richtigen Mann muß man immer finden, auch wenn es nur um einen Briefträger geht.

Die Auseinandersetzung mit Constant konnte schon deshalb nicht vermieden werden, weil es Kommentare des Grundgesetzes gibt, die sich bei der Interpretation des geltenden Verfassungstextes ausdrücklich auf Constant berufen. Ich glaube, daß unter diesen Umständen auch ein Positivist sich hätte Gedanken darüber machen müssen. Der Einwurf von Herrn Friesenhahn hat mir dann aber doch gezeigt, daß ich im Leitsatz Nr. 23 mißverstanden worden bin, weil ich diesen Leitsatz sicherlich etwas unbeholfen formuliert habe. Es ging hier nur um den methodologischen Ansatz. Wenn hier gesagt ist, daß die funktionelle Rolle des Staatsoberhauptes in der parlamentarischen Demokratie nicht aus den einzelnen Vorschriften heraus zu bestimmen ist, so hoffe ich, daß niemand mir ernsthaft unterstellen wird, ich wollte die Verfassung ignorieren. Ich bin jedoch nach wie vor der Auffassung, daß es nicht die richtige Methode ist, einzelne Artikel des Grundgesetzes herzunehmen und je nach verschiedenen bekannten Methoden zu interpretieren, um dann zu sagen: das ist die Rolle des Staatsoberhauptes in der parlamentarischen Demokratie.

Zustimmen möchte ich weiterhin auch Herrn Friesenhahn in dem, was er über den Zusammenhang zwischen dem Verfassungstext, also der Norm, und dem Modell, gesagt hat. Ich glaube aber, ich sollte mich nicht so mit den Zustimmungen aufhalten. Ich bin sehr glücklich darüber, daß es sehr viel ist, dem man zustimmen muß, sondern möchte vielleicht noch einiges sagen zu einzelnen Fragen und einzelnen Kritiken, die an mich gerichtet worden sind.

Herr Thieme hat gemeint, daß ich die These, die Verantwortung läge in dem System beim Präsidenten zu hoch, allein mit dem Hinweis auf die Weimarer Verfassung begründe. Das ist nicht ganz richtig, sondern ich begründe sie aus dem Constantschen Modell heraus und mit Constant selbst. Ich glaube, daß Herr Friesenhahn auch auf diesen Einwand schon geantwortet hat mit seinem Hinweis auf die ganze Art und Weise, wie sich das Handeln des Bundespräsidenten in der Wirklichkeit vollzieht, und wie der Bundespräsident eben seine Verantwortlichkeit, wenn er sie hätte, doch nur realisieren könnte. Es ist weiter von Herrn Thieme die These aufgestellt worden, daß der Bundespräsident in die Lücken einsteigen könnte, die das Grundgesetz hinsichtlich der Antragsrechte noch zeigt. Und hier würde ich ihm aber doch zustimmen und würde die Frage aufwerfen — und wohl auch bejahen —, ob der Bundespräsident ein Mithüter der Verfassung sein kann. Auch dieser Ausdruck ist schon gefallen.

An dieser Stelle müßte — wenn Sie mir soviel Zeit gestatten — ein wenig über das Grundgesetz selbst gesagt werden, weil man das doch von mir erwartet hat. Ich möchte mich ganz kurz fassen. Vergleicht man die Ausgestaltung des Präsidentenamtes im Grundgesetz mit dem theoretischen Modell, das sich auf Grund meiner Ausführungen für die Position des Staatsoberhauptes in der demokratischen Demokratie ergibt, so erkennt man, daß sie diesem Modell weitgehend entspricht. Untersucht man die Entstehungsgeschichte der betreffenden Grundgesetz-Artikel und die staatsrechtliche Literatur seit 1949, so wird man zu der Annahme neigen, daß diese Übereinstimmung eher eine zufällige als eine gewollte ist. Der Parlamentarische Rat beabsichtigte, noch unter dem Eindruck des starken Präsidenten der Weimarer Reichsverfassung, vor allem eine Schwächung der Präsidentenposition und eine Verhütung der Präsidenten-Diktatur und des Präsidenten-Kabinetts. Über die Funktion der Restposition im gesamten System herrschten dagegen sehr unklare Vorstellungen. Das kann man alles auch im Jahrbuch des öffentlichen Rechts nachlesen (Bd. 1, S. 397 ff.). Und fast einhellig schreibt die Literatur dem Bundespräsidenten die Funktion eines pouvoir neutre zu und glaubt sich dabei von Constant gedeckt. Allerdings wird dabei gelegentlich zugegeben, daß der Wortlaut des Grundgesetzes dafür nichts hergibt. Die Liste dieser Literatur ist recht lang. Es ist aber ganz interessant, daß sich neuerdings die zweifelnden und die verneinenden Stimmen mehren; auch diese Liste ist schon lang geworden. So scheint sich eine realistische und dem Wortlaut des Grundgesetzes angemessene Einschätzung der Position des Staatsoberhauptes in der Bundesrepublik Deutschland anzubahnen. Die Krisensituationen, in denen sich der Bundespräsident in den letzten Jahren gelegentlich befand, haben offenbar — so geringfügig sie auch im Verhältnis zu den großen innen- und außenpolitischen Problemen gewesen sein mögen — dazu beigetragen, einen grundlegenden Irrtum der deutschen Nachkriegs-Literatur zu beseitigen. Die Meinung nämlich, daß pouvoir neutre nicht Macht bedeutet, sondern nur einen Schein der Macht, ein Ehrenprivileg oder gar nur ein praeceptoriales Ansehen. Dieses falsche Denken erreichte den Höhepunkt, wenn man etwa treuherzig meinte, der Bundespräsident könne durch persönliches Wirken so viel auctoritas hervorbringen, daß der Mangel an potestas ausgeglichen werde.

Daß auch die extrem entgegengesetzte Auffassung, der pouvoir neutre müsse die stärkste Macht sein, um alle anderen Mächte im Sinne des Hobbesschen „Leviathan" zu bändigen, nicht dem Constantschen Modell entspricht, sei nur am Rande bemerkt. Nur schwer läßt sich anscheinend auch die Meinung überwinden, der Bundespräsident müsse Hüter der Verfassung sein. Die Auffassung übrigens, daß pouvoir neutre und Hüter der Verfassung identisch seien, wie pouvoir neutre und pouvoir royal im Constantschen Modell, kann nicht richtig sein. Sie ist kürzlich in einer Dissertation vertreten worden (Grauhan, Gibt es in der Bundesrepublik einen pouvoir neutre?, Diss. Heidelberg 1959; ebenso Grauhan in JR 1965, S. 379 ff.). Constant verwendet nicht zwei identische Begriffe, sondern nur den des pouvoir royal. Dieser ist neutral. Die Neutralität der königlichen Gewalt ist eine Eigenschaft. Die Verfassungshütung dagegen kann niemals Eigenschaft sein, sondern ist Funktion und Aufgabe. Daß diese ebenfalls neutral zu erfüllen sind, ergibt sich aus dem Wesen der Verfassungshütung. Letztere ist daher sicher auch eine neutrale Funktion, aber keine königliche Gewalt im Sinne Constants. Doch setzt sich die Erkenntnis durch, daß nach dem Grundgesetz nur das Bundesverfassungsgericht zum Hüter der Verfassung im engeren Sinne bestellt ist. Die Notwendigkeit einer politischen Verfassungshütung, die Carl Schmitt bejaht hatte, wird heute mit Recht bezweifelt. Nach der richtigen Auslegung des Grundgesetzes, die auch dem Modell der parlamentarischen Demokratie entspricht, kann man dem Bundespräsidenten kein Prüfungsrecht im Sinne eines Vetos zusprechen. Ich stimme hier Herrn Friesenhahn durchaus zu. Ebenso ist klar, daß er nicht rechtsverbindlich über die Verfassungsmäßigkeit von Gesetzen entscheiden kann. Das Bundesverfassungsgericht hat schon viele vom Bundespräsidenten ausgefertigte Gesetze für verfassungswidrig erklärt, ohne daß jemals die Ausfertigung durch den Bundespräsidenten als Indiz für die Verfassungsmäßigkeit des betreffenden Gesetzes angesehen worden wäre. In Wirklichkeit geht es auch gar nicht um diese Fragen, sondern nur darum, ob der Bundespräsident verpflichtet ist, jeden ihm vorgelegten Gesetzesbeschluß auszufertigen. Insofern möchte ich auch die hier mehrmals vertretene Ansicht unterstützen, daß diese Probleme von der Ausfertigung her erörtert werden sollten. In dieser Form ist die Frage nämlich durchaus zu verneinen. Denn man kann den Bundespräsidenten nicht zu einem Verhalten zwingen, das man keinem anderen Träger eines öffentlichen Amtes zumutet, nämlich einen Akt zu setzen, der nach seiner Meinung verfassungswidrig wäre. Da er aber nicht entscheidungsbefugt ist, kann seine Weigerung die Sache nicht erledigen, sondern nur an das zur Entscheidung berufene Organ, also das Bundesverfassungsgericht, herantragen oder das zuerst tätig gewordene Organ — bei Gesetzesbeschlüssen den Bundestag, bei Ernennungen die Bundesregierung — an die Einhaltung der Verfassung gemahnen. Der in der Literatur häufig für wesentlich gehaltene Unterschied zwischen materiellem und formellem Prüfungsrecht verliert damit seine Bedeutung. Auch das ist hier in dankenswerter Weise schon gesagt worden.

Ich glaube, daß wir die Behandlung dieses Punktes nicht allzulang ausdehnen sollten. Ich glaube auch, daß das alles im wesentlichen gerade hier in der Diskussion bereits zum Ausdruck gekommen ist. Ich möchte aber doch noch einen weiteren Punkt aufgreifen, den Herr Böckenförde hier vorgebracht hat, nämlich die Präsidentenanklage und ihre Verwechselung mit der politischen Verantwortung. Das sind zwei verschiedene Dinge. Es geht hier nur um die politische Verantwortlichkeit, nicht um die sogenannte rechtliche Verantwortlichkeit. Bei der letzteren, bei der rechtlichen also, wird herkömmlicherweise zwischen staatsrechtlicher, strafrechtlicher und zivilrechtlicher Verantwortung unterschieden. Daß die beiden letzteren für das hier behandelte Problem unerheblich sind, ist ohne weiteres klar. Aber auch die staatsrechtliche Verantwortung liegt auf einer anderen Ebene. Sie wird aktuell bei schuldhafter Verletzung von Verfassungsrecht oder sonstigem geltenden Recht durch die Amtsführung des Staatsoberhauptes. Ihre Folge ist in der Regel die Anklage vor einem Staatsgerichtshof. Daß diese Präsidentenanklage nichts mit der politischen Verantwortung zu tun hat, zeigt die Herausbildung des „impeachment" im englischen Verfassungsrecht deutlich. Es leitet sich nämlich vom Widerstandsrecht ab. Aber ich möchte auch hierzu keine Vorlesung halten, sondern wollte nur auf dieses Mißverständnis hinweisen.

Auf den Einwand von Herrn Küchenhoff hat — glaube ich — Herr Dürig bereits so ausführlich geantwortet, daß ich Sie nun damit nicht mehr belästigen muß. Es ist ganz klar, daß dieses Problem des Überlappens ein Problem ist, das leicht zu lösen ist. Wir haben es z. B. bei der Verfassung für die Ruhr-Universität Bochum gehabt, wo wir auch einen Rektor sozusagen als Staatsoberhaupt haben, einen Senat usw. Es hat ungefähr eine halbe Stunde gedauert, daß wir das einmal durchrechneten, um ein solches Überlappen der Amtsperioden zu erreichen.

Wenn Herr Krüger den historischen Ansatzpunkt für falsch hält, so ist das ein offenes Wort, das auf Historiker-Kongressen immer wieder fällt und dort niemals als Beleidigung empfunden wird. Aber wir müssen uns doch mit der Geschichte auseinandersetzen. Auch mit der von Herrn Bettermann so genannten Literaturgeschichte. Dazu sind wir m. E. verpflichtet, und ich fühlte diese Verpflichtung jedenfalls im Rahmen dieses Themas. Ich würde es sehr bedauern, wenn diese Auseinandersetzung mit der Geschichte als ein Generationenproblem betrachtet würde. Freilich ist es eine Frage, ob ich in vierzig Jahren noch genau dasselbe sagen würde, aber es ist jedenfalls nicht auszuschließen, daß ich in vierzig Jahren auch noch dasselbe sage.

Der Hinweis auf die Geschichte führt noch zu einem anderen Detail. Die Daily Telegraph-Affäre ist wohl nicht ganz so zu sehen, wie Herr Bettermann sie dargestellt hat. Einmal ist es fraglich, ob dabei überhaupt die Gegenzeichnung erforderlich war, weil es sich ja um ein Interview handelte. Zum zweiten war dabei durchaus eine vorherige Stellungnahme des Reichskanzlers und auch des Auswärtigen Amtes beabsichtigt und auch durchgeführt worden. Nur deshalb, weil sich die zuständigen Beamten auf Urlaub befanden, nämlich in einem Ostseebad, der Kaiser aber in der Rominter Heide, ist hier ein Kommunikationsproblem entstanden. Ich glaube also nicht, daß dies ein zutreffendes historisches Beispiel ist.

Herr Salzwedel hat nun sozusagen zusammenfassend die Frage gestellt, ob über das Staatsoberhaupt in der parlamentarischen Demokratie denn überhaupt etwas gesagt werden könnte. Diese Frage muß uns selbstverständlich bewegen. Das einzige, was man bei einer solchen Themenstellung machen kann, ist tatsächlich eine Modellbetrachtung. Und selbstverständlich dürfen die Ausführungen mit dieser Modellbetrachtung nicht enden. Wir müssen weiterfragen: entspricht unsere Verfassung dem Modell? Und weiter: wollen wir eine dem Modell entsprechende Verfassung? Und noch weiter: wollen wir das Modell? Das alles sind politische Entscheidungen, über die selbstverständlich von der Vereinigung der Deutschen Staatsrechtslehrer gesprochen werden soll und kann, aber es bleibt doch die Frage, ob eine solche Vereinigung sich nicht auch einer Modellbetrachtung widmen kann und soll. Denn die Modellbetrachtung ist eine wissenschaftliche Methode.

Ich fürchte, daß die Bemerkungen zur Integration und Symbolkraft — das, was Herr Bachof angeführt hat — auch hier wieder dem Zeitmangel zum Opfer fallen. In der Tat waren hier einige Bemerkungen im Text vorgesehen, die aber dann weggefallen sind, und ich glaube, ich handele in Ihrem Sinne, wenn ich nicht mehr darauf eingehe und das vielleicht einer anderen Publikation vorbehalte.

Nur noch ein Wort zu der Bemerkung von Herrn Scupin zur Kontinuitätswahrung. In der Tat geht es nicht um die Kontinuität nur schlechthin, sondern um die Kontinuität des Staates, also auch der Funktion. Und das wichtigste Wort — auf diesen Hinweis möchte ich mit Ihrer Erlaubnis nun doch nicht verzichten — ist die Bemerkung von Herrn Wolff gewesen: die Frage, ob denn nicht vielleicht das Staatsoberhaupt doch das Volk repräsentiert. Das ist eine Frage des Repräsentationsbegriffes, und ich hatte die Ausführungen über die Repräsentation so gehalten, daß man, so hoffte ich wenigstens, zwischen den zunächst nur gesprochenen Zeilen meinen Zweifel an der herkömmlichen Repräsentationslehre spüren würde. Nach der herkömmlichen — sagen wir: klassischen — Repräsentationslehre bedeutet repräsentieren: herrschen. Das ist wohl der Kernpunkt der Repräsentationslehre von Leibholz. Und hieran scheitert wohl auch diese Repräsentationsfunktion, und ich bin deswegen — allerdings nur deswegen — der Auffassung, daß in der Tat eine Veränderung des Repräsentationsbegriffes stattgefunden hat, und daß wir im Zeichen einer solchen Veränderung vielleicht doch auch von einer Repräsentation durch das

Staatsoberhaupt sprechen können. Ich hatte gehofft, daß die Diskussion sich etwas auf die Repräsentation konzentrieren würde, und es ist sehr schwer, jetzt nur an dieser Bemerkung, für die ich Ihnen aber besonders herzlich danke, das Ganze, außerdem noch in den letzten dreißig Sekunden, aufzuhängen. Ich glaube aber, daß ich ohnehin zu Ende kommen muß, weil wir ja heute abend noch anderes vorhaben. Von hier aus, von der Erkenntnis, daß der klassische Repräsentationsbegriff überholt ist, wird man zu anderen Erkenntnissen vorstoßen müssen, vor allem daß der Staat nicht als ein System von Repräsentationen zu begreifen ist, sondern vielleicht — damit werfe ich noch etwas in die Diskussion — als ein System von Machtdelegationen, eine Auffassung, die in der angelsächsischen politischen Theorie gerade der letzten Jahre in den Vordergrund rückt. Damit würde ich an sich noch zu der Bemerkung von Herrn Herrfahrdt über den Pluralismus kommen. Aber ich glaube, daß Herr Herrfahrdt schon merkt, wie sehr ich ihm zustimme und wie sehr unsere Auffassungen in dieselbe Richtung gehen.

Zu meinem Dank für den Auftrag des Vorstandes, dieses Thema zu bearbeiten, und zu meinem Dank für die vielen Anregungen und Erkenntnisse, die die Herren Diskussionsredner mir gegeben haben, muß ich nun noch den Dank für Ihre Geduld hinzufügen, mit dem Sie auch dieses Schlußwort noch haben über sich ergehen lassen. Ich danke Ihnen.

Zweiter Beratungsgegenstand:

Verwaltung durch Subventionen

1. Bericht von Professor Dr. Hans Peter Ipsen, Hamburg

Übersicht

Mit meinen Leitsätzen liegt Ihnen ein Exemplar meiner Miniatur von 1956[1]) vor. Einmal mag das die Diskussion zu Einzelfragen erleichtern. Außerdem wird auf diese Weise mir — und Ihnen — erspart, das zum Thema wiederholen zu müssen, was ich nach 10 Jahren selbst noch glaube, und es wird möglich, das in knapper Verweisung zu korrigieren oder zu ergänzen, was ich inzwischen hinzugelernt habe. Im folgenden genannte Seitenzahlen beziehen sich also auf das Produkt von 1956.

A. Exposition

Die Subvention als Erscheinung unserer staatlichen Existenz hat eine Skala sprachschöpferischer Kennzeichnungen hervorgebracht, die dem Gegenstand unserer Betrachtung offensichtlich nicht schmeichelhaft sind: man spricht von „Subventionismus"[2]) — und meint damit wohl eine Ideologie zur Rechtfertigung ihrer Bewertung und Einschätzung; man spricht von „Subventionsmentalität"[3]) — und meint damit eine verantwortungslose Ansprüchlichkeit und Begehrlichkeit auf staatliche Finanzhilfen im Falle eigenen Versagens oder Unvermögens ebenso wie die Bereitwilligkeit der Machthaber, Gruppen-

---

1) Ipsen, Öffentliche Subventionierung Privater (1956) = DVBl. 461 ff., 498 ff., 602 ff.

2) Meinhold, Art. Subventionen, in: HDSW Bd. 10 (1958) S. 237 ff.

3) Clara Menck hat daraus (FAZ Nr. 177 v. 3. 8. 1966 S. 20) „Subventionalität" gemacht, um damit die notwendig auf „Breitenwirkung" bedachte Haltung subventionierter Bühnen zu kennzeichnen.

konflikte vor allem der Wirtschaft durch Subsiduen zu überbrücken und sich damit das Wohlwollen ihrer aller zu bewahren; man spricht von „Subventionitis“[4]) — und meint damit pathologische Erscheinungen als Infekte oder gar Frakturen der Demokratie und des Rechtsstaats; man spricht schließlich (in gleicher Tendenz) vom „Subventions-Absolutismus“[5]) — und meint damit die Vorstellung, daß die Subventionsverwaltung sich hors de la loi fühle und aufführe und den Subventionsbewerber als Almosenempfänger behandle.

Daß die Subvention in dieser Weise von Ökonomen und Juristen, von der Wirtschaftspolitik und der Rechtslehre mit insgesamt kritisch-skeptischer Einstellung bedacht worden ist, hat seinen Grund einmal in einer Reihe von Faktoren, die als Realitäten unserer staatlichen Existenz und unserer Wirtschaftsverfassung schlechterdings nicht zu leugnen sind, die aber in eigenartiger Antinomie stehen zur rechtlichen Bewerbung der Subventionsverwaltung. Von den Realitäten werde ich fünf an der Zahl hervorheben. Jene kritische Einstellung zur Subvention, die ihren Realitäten widerstreitet, äußert sich in zahlreichen Beanstandungen rechtsdogmatischer und verfassungsrechtlicher Art. Deren sind im folgenden nicht weniger als elf zu nennen. Mit dieser Gegenüberstellung von Realfaktoren und Rechtsproblemen, die sich auf denselben Gegenstand „Subvention“ beziehen, also Gesichtspunkten einer Real-Analyse und solchen einer Problem-Analyse, will ich das zu liefern versuchen, was die Dramaturgie eine „Exposition“ nennt.

I. Fünf Punkte einer Real-Analyse

Ich beginne mit den fünf Realitäten:

1. In der Amtssprache des Bundesfinanzministeriums[6]) formuliert, die den Begriff der Subvention offenbar für so vulgär

---

[4]) Bernhard Müller, Ist „Subventionitis“ heilbar? In: Der langfristige Kredit 1966 S. 8 ff.; Hämmerlein, „Subventionitis“ — Krankheit oder Heilmittel, ebenda S. 44 ff.

[5]) Klecatsky, Wirtschaftspolitische Blätter, hrsg. von der Bundeskammer der gewerblichen Wirtschaft (Wien) 1959 S. 133; ebenso Kolb, Das Förderungswesen unter dem Blickwinkel des Legalitätsprinzips, Gutachten für den 2. österr. Juristentag Wien 1964, Verh. Bd. I 3. Teil S. 93.

[6]) Finanzbericht 1966 des Bundesfinanzministeriums, Abschnitt 4: Die Entwicklung der finanziellen Hilfen im Bundeshaushalt sowie der Steuer- und Zinsbegünstigungen von 1963—1965, S. 177—201; dazu: Kunze, Wer von Subventionen lebt ..., in: Die Zeit Nr. 11 v. 11. 3. 1966 S. 36 ff.; instruktiv auch die Beiträge in Folge 1/2, Januar

hält, daß sie ihn gänzlich vermeidet und an seiner statt nach „sichtbaren" und „unsichtbaren" „Begünstigungen" unterscheidet, die beide aber gleichermaßen fühlbar sind, stieg der Haushaltsaufwand des Bundes für sie von 1962 bis 1965 von 20,69 auf 29,52 Mrd., also um 43 %. Der Subventionsaufwand hat sich, seit 1959 gerechnet, mehr als verdoppelt; er macht heute, etwa je zur Hälfte sichtbar oder unsichtbar, rund ein Drittel des Gesamtsteueraufkommens aus. Auf den Kopf eines jeden Bundesbürgers entfallen damit pro anno 500 DM[7]). Daß es uns Juristen gelingen wird, durch rechtliche Eingrenzung des Subventionsbegriffs den in solchem Sinne echten Subventionsaufwand des Etats einzugrenzen, kann diese Realität der Zahlen quantitativ um einiges verkleinern, ihre Erscheinung an sich aber nicht bagatellisieren.

2. Die Subventionierungszwecke sind vielfältig wie die öffentlichen Interessen[8]), vornehmlich dann, wenn finanzielle Förderung von Kultur-, Sozial-, Sport- und Parteiaufgaben einem Rechtsbegriff der Subventionierung einbezogen wird, wie das zum Teil geschieht[9]). Den nach Mitteleinsatz, Variationsbreite,

---

1966, der Zeitschrift „Der langfristige Kredit" unter dem Generalthema: Licht und Schatten bei der öffentlichen Subventionierung. — Vollständige Bestandsaufnahme des österreichischen Subventionswesens für 1963 im Gutachten Kolb (vgl. Anm. 5) S. 17—69.

[7]) Nach einer Berechnung des Deutschen Industrieinstituts; vgl. FAZ Nr. 82 v. 7. 4. 1966 S. 27.

[8]) Beste Übersicht bei Meinhold, aaO., S. 241 ff.: IV. Motive und Ziele der Subventionen, gesondert nach ökonomischen und außerökonomischen Motivgruppen.

[9]) So Hans J. Wolff, Verwaltungsrecht III (1966) S. 218 — dort S. 215—223 in § 154 „Subventionierungen" eine geschlossene Darstellung des Subventionsverwaltungsrechts mit Schrifttumsübersicht S. 215, auf die zur Vermeidung von Wiederholungen ebenso verwiesen sei wie die bei Meinhold, aaO., S. 246/247 zur wirtschaftswissenschaftlichen Seite der Sache; ferner: Rinck, Wirtschaftsrecht (1963) S. 101—111; Stöcker. Bürgschaften und Garantien des Staates. Rechtstatsachen und Rechtsfragen. Versuch einer Standortbestimmung. Hamb. Diss. (1957) (Masch.-Schrift). — Auf eine „Geschichte" des Subventionswesens, die tief hineinführen würde in die Lehre von den Staatszwecken, den Staatstypen und die Verwaltungslehre, ist hier nicht einzugehen; vgl. hierzu die Hinweise bei Wolff, aaO., S. 217 unter I d) sowie U. P. Ritter, Die Rolle des Staates in den Frühstadien der Industrialisierung. Die preußische Industrieförderung in der ersten Hälfte des 19. Jahrhunderts. Volkswirtschaftliche Schriften, Heft 60 (1961). — Anhaltspunkte einer Realanalyse des Subventionswesens von Aktualität liefern heute insbesondere Subventionserscheinungen im Energie-, Agrar- und Wohnungsbausektor. Sie werfen zugleich zahlreiche, im folgenden unter A II aufgeworfene, unter B z. T. erörterte Rechtsfragen der Verwaltung durch Subventionen auf. Zum Energiesektor beispielhaft folgendes:

1. Die durch das Vordringen anderer Energieträger (Edöl, Erdgas, künftig Atomenergie) und den Importdruck billigerer USA-Kohle

Noch Note 9

ausgelösten Strukturschwierigkeiten insbes. der Ruhrkohle-Wirtschaft, für die der auf Kohlenmangel zugeschnittene EGKSV eine Absatzgarantie in den anderen Gemeinschaftsstaaten nicht vorsieht, haben eine Flut vielfältiger Subventions-Erscheinungen hervorgerufen. Ihre Abstimmung macht Schwierigkeiten wegen föderaler Kompetenz- und Haushaltsabgrenzungen zwischen dem Bund und dem Land Nordrhein-Westfalen, wegen unzulänglicher Energieplanung im Bund und in den drei Gemeinschaften, wegen gemeinschaftsrechtlicher Kontrolleinwirkungen auf deutsche Strukturmaßnahmen, nicht zuletzt wegen allgemein-politischer Anfälligkeit des Gesamtproblems und offenbar nicht ausreichender Eigeninitiative und Weitsicht der Ruhrkohlenwirtschaft selbst gegenüber den Anforderungen eines Strukturwandels.

a) Der Förderung des Kohleabsatzes sollen Anreize zu ihrer vermehrten Verstromung dienen, und zwar durch die Verpflichtung zur Stromerzeugung durch anteiligen subventionierten Kohleeinsatz und durch steuerliche Abschreibungserleichterungen für den Neubau von Kohlekraftwerken (Ges. z. Sicherung d. Steinkohleneinsatzes in der Elektrizitätswirtschaft v. 5. 9. 1966 BGBl. I S. 545; dazu: H e i n z e, BB 1966, S. 1085 ff.). Dabei ist streitig geworden, ob auch der Transport von Strom in revierferne Gebiete (Leitungsbau) zu subventionieren sei, was revierferne Stromerzeuger zur Ankündigung einer auf Art. 3 und 14 GG gestützten Verfassungsbeschwerde gegen das genannte Gesetz veranlaßt hat (Die Welt Nr. 161 v. 14. 7. 1966, S. 14; dazu H a m m, Sondersubventionen für Zechenkraftwerke? FAZ Nr. 148 v. 30. 6. 1966, S. 15). Demselben Zweck soll eine „Einzelfall"-Subventionierung des Landes Nordrhein-Westfalen (in Gestalt einer Zinssubvention) an ein neues „Gemeinschaftskraftwerk West" dienen (FAZ Nr. 150 v. 2. 7. 1966, S. 8).

b) Eine „geordnete Rücknahme der Kohleförderung" soll durch Stillegung von Zechen erreicht werden, die ihrerseits durch Subventionierungen verschiedener Art mitfinanziert wird. Die früher in der Energiepolitik der Bundesregierung genannte Zielmenge einer Förderung von 140 Mio. t ist aufgegeben worden (BWMin. S c h m ü c k e r in der Energiedebatte des BTages am 16. 3. 1966; dies in Fortführung meiner Darstellung in: K a i s e r, Planung II, 1966, S. 18 ff.). Vorgesehen sind sog. Stillegungsprämien als verlorene Zuschüsse in Höhe von DM 15 je Tonne stillgelegter Kapazität sowie eine entsprechende Ablösung der Lastenausgleichsabgabe. Eine „Aktionsgemeinschaft deutsche Steinkohlenreviere", deren Stammkapital von DM 200 Mio. die Unternehmen der Wirtschaft als Gesellschafter einbringen sollen und deren Kreditbedarf (maximal 400 Mio. DM) vom Bund verbürgt werden wird, soll die durch Stillegung verfügbar werdenden Zechengrundstücke erwerben und an andere Industrien weitergeben. Die Gemeinschaft soll die Stillegungsprämien gegen Abgabe der Zechengrundstücke auszahlen und die auf ihnen lastenden Bergschadenrisiken unter öffentlicher Subventions-Gewährleistung abwickeln (vgl. FAZ Nr. 65 v. 18. 3. 1966, S. 27, Nr. 186 v. 13. 8. 1966, S. 7, Nr. 211 v. 12. 9. 1966, S. 15; Materialien zur Energie-Debatte in: FAZ Nr. 60 v. 12. 3. 1966, S. 5). Die „Aktionsgemeinschaft" vereinigt in sich also Funktionen der wirtschaftlichen „Selbstverwaltung" und „beliehener" Subventionsverwaltung.

c) Die aus Haushaltsmitteln geleisteten sozialen und Lohnhilfen für Bergarbeiter wegen der von den Unternehmen nichtbezahlten Feierschichten (sog. Härteausgleich; vgl. FAZ Nr. 188 v. 16. 8. 1966, typischer Finalität und — wie ich meine — auch an rechtlicher Problematik ergiebigsten Subventionstyp bildet die Wirtschaftssubvention, weshalb ich die anderen bislang auch vernachlässigt habe (S. 8). Für sie ist es nach dem Stil unserer Wirtschaftsverfassung eine wirtschaftswissenschaftlich und wirtschaftspolitisch ebenso wie verfassungsrechtlich anerkannte Realität, daß die Subvention ein praktikables und praktiziertes Instrument des Wirtschaftsinterventionismus darstellt. Sie hat ihren unbestreitbaren Platz in den Gestaltungsformen, mit denen der Staat seine Verantwortung für das Funktionieren und das Wachstum einer Wirtschaft wahrnimmt, die selbst prinzipiell nicht staatliche, sondern private Wirtschaft ist.

Noch Note 9

S. 9) und nach Stillegungen haben insoweit keinen Subventionscharakter, als sie den „Endverbraucher" begünstigen. Gleiches gilt von der im Juni 1966 zur Abwendung des Streiks vereinbarten Lohnerhöhung, die im wesentlichen aus Haushaltsmitteln von Bund und Land NRW gezahlt wird. (FAZ Nr. 144 v. 25. 6. 1966, S. 7; Roeper, FAZ Nr. 151 v. 4. 7. 1966, S. 1.)

2. Der Importdruck billigerer USA-Kohle, dem gegenwärtig durch montanrechtlich zulässige deutsche Einfuhrkontingentierung begegnet wird, könnte auch durch nationale Exportsubventionen gemildert werden, die aber gemeinschaftsrechtlicher Sanktionierung bedürften. Andererseits fordert die deutsche Stahlindustrie Subventionierung zum Wettbewerbsausgleich mit ausländischer Stahlproduktion, die billigere USA-Kokskohle einsetzen kann, ohne den sie zur „Auswanderung" tendiert (Hartmann, Wirtschaftsdienst 1966 V, S. 241 ff.). Eine Gemeinschaftslösung etwa nach Art des früheren Schrottausgleichs ist nicht zustandegekommen (Die Welt Nr. 160 v. 13. 7. 1966, S. 17), was bestätigt, daß integrierte Subventionshoheit nationale Verantwortlichkeiten nicht zwangsläufig abnimmt, woraus Frankreich für seine Stahlindustrie die Folgerungen gezogen hat (Kreditgewährung auf 25 Jahre aus dem französischen Entwicklungs- und Modernisierungsfonds); vgl. hierzu: Throm FAZ Nr. 100 v. 30. 4. 1966, S. 8. — Die Unternehmen des deutschen Erzbergbaues haben eine Umsatzsteuererstattung von 16 Mio. DM zum Ausgleich der internationalen Preis- und Frachtentwicklung erhalten (FAZ Nr. 48 v. 26. 2. 1966, S. 7).

3. Die deutsche Mineralölwirtschaft, die seit 1963 Beihilfen für Aufschlußarbeiten im Ausland und in der Nordsee als sog. Bohrdarlehen mit 5%iger Verzinsung erhalten kann, die bei Fündigkeit zurückzuzahlen sind, hat den Subventionscharakter dieser Darlehen bestritten (vgl. Erdölinformationsdienst v. 8. 8. 1966). Er liegt indes unbestreitbar in der Zinsverbilligung und der Abnahme des Risikos, fündig zu werden. Im Falle des 90%igen Aktienerwerbs der DEA durch die amerikanische Texaco ist erörtert worden, ob die der DEA gewährten Bohrdarlehen vom Bund zurückgefordert werden können, weil internationale Ölgesellschaften nicht subventionsberechtigt sind (Die Welt Nr. 112 v. 14. 5. 1966, S. 19). Dem Subventionszweck würde das entsprechen. Die Kreditanstalt für Wiederaufbau hat inzwischen die der DEA in den Jahren 1963/64 zugeteilten Bundesdarlehen von 35 Mio. DM gekündigt; vgl. FAZ Nr. 207 v. 7. 9. 1966, S. 15.

3. Realität ist auch das allseitige Einverständnis damit, daß die verfassungsrechtliche Staatszielbestimmung der Sozialstaatlichkeit die Erscheinung der Subventionsverwaltung erklärt[10]), das Sozialstaatsprinzip des Grundgesetzes also, das seinerseits Angewiesenheit auf staatliche Sozialgestaltung nicht geschaffen, sondern — wie Forsthoff zehn Jahre vorher[11]) — gefunden hat. Das heißt noch nicht, daß dieses Prinzip allein die Subvention legitimierte. Das heißt aber sehr wohl, daß dieses Prinzip das öffentliche Subventionieren in den Bereich unbestrittener Wahrnehmung öffentlicher Aufgaben einbezieht, ohne diesen Staat deshalb schon, wie das geschehen ist, einen „Subventionsverein auf Gegenseitigkeit"[12]) nennen zu müssen.

4. Es bedurfte nicht der Tageserfahrung der letzten Parlamentswahlen im Bund und in Nordrhein-Westfalen und des für das Wahljahr 1965 errechneten auffälligen Anstiegs des Subventions-Etats um fast 4 Mrd., um zu erkennen, daß die Einsetzbarkeit der Subvention als eines „politischen Mehrwertes" zu jenen „über-legalen Prämien" gehört, die der legale Machtbesitz auszahlt[13]). Wenn ein Ökonom[14]) es in seiner Begriffserfassung geradezu zu ihrem Wesen rechnet, den Machthaber die Früchte ihres Einsatzes noch während ihrer Funktionsdauer reifen sehen zu lassen, erklärt diese ihre Spontanwirkung zur aktuellen Gruppenbefriedigung ihre Eignung als politisches Instrument zur Machtbehauptung und Mehrheits-Verlängerung — und das gilt nicht nur für Regierungen, sondern ebensosehr für Parlamente und wirkt somit jenseits aller Fragen nach der demokratischen und rechtsstaatlichen Legalisierung der Subvention durch Parlamentsgesetz, Etatposten oder Verwaltungsrichtlinie. Es gibt eben — wie unser Vorstand mit seiner schönen Thema-Formulierung festgestellt hat — „Verwaltung durch Subventionen", und es gibt offenbar auch „Verführung durch Subventionen".

5. Die letzte Realität sehe ich darin, daß diese Erscheinungen und Faktoren keine Erfindung des deutschen Grundgesetzes und seiner Sozialstaatsklausel und ebensowenig Produkte spe-

---

[10]) Wolff, aaO., S. 219; Loebenstein, Referat auf dem 2. österr. Juristentag Wien 1964, Verh. Bd. II, 3. Teil, S. 46; Ipsen, Öffentliche Subventionierung Privater (1956), S. 11.

[11]) Forsthoff, Die Verwaltung als Leistungsträger (1958); Teilabdruck der hier interessierenden Partien in: Rechtsfragen der leistenden Verwaltung, res publica, Band 1 (1959), S. 22 ff.

[12]) So: Hämmerlein, aaO., S. 44 als eine Soziologen-Diagnose des heutigen Staates.

[13]) C. Schmitt, Legalität und Legitimität (1932), S. 35.

[14]) Meinhold, aaO., S. 246.

ziell deutscher Wirtschaftsverfassung und -politik sind. Sie existieren gleichermaßen — wenn ich dabei in Analogie zur Verbandsstruktur unserer Vereinigung die grenzüberschreitende Vergleichung insoweit beschränken darf — in Österreich und in der Schweiz. Vereinigen wir uns dabei im Trost der Erkenntnis, daß wir der schweizerischen Rechtslehre[15]) erste dogmatische Ansätze des Subventionswesens verdanken und daß die österreichische Rechtswissenschaft, wie der Wiener Juristentag von 1964 demonstriert hat, vor noch größeren Legitimitätssorgen zur Subventionsverwaltung steht als wir. Dies deshalb, weil sie ihrem Verfassungsartikel 18 gerecht werden muß[16]), während gleichzeitig die österreichische Bundesfinanzverwaltung — horribile dictu — mit Hilfe eines von ihr entworfenen Gesetzes[17]) das ganze Subventionswesen in den Stil privater Bankiertätigkeit des Staates qua Fiskus verwiesen wissen will.

II. Elf Punkte einer Problem-Analyse

Nach diesen fünf Realitäten nunmehr elf in Stichworten formulierte Rechtsfragen, die das Subventionswesen als eine, am Überlieferten gemessen, durchgängig non-konforme Verwaltungsart erscheinen lassen; non-konform nämlich mit tragenden Verfassungsprinzipien, non-konform mit überlieferter Dogmatik des Verwaltungsrechts, non-konform zum Teil auch mit der Gesamtgestalt der sog. Leistungsverwaltung, der die Subventionierung üblicher Weise zugerechnet wird.

1. Subventionsverwaltung erfüllt die Anforderungen des Prinzips der Gesetzmäßigkeit, des Vorrangs und des Vorbehalts des Gesetzes, wie sie für die Eingriffsverwaltung überliefert sind, für die Leistungsverwaltung gefordert werden, nach dem gegenwärtigen Befund vorhandener Subventionsgrundlagen nicht in der Regel, sondern nur in der Ausnahme. Deshalb wird einmal gefragt, ob das Subven-

---

15) Fleiner, Institutionen des Deutschen Verwaltungsrechts, 8. Aufl. (1928), S. 127; Matti, Die Bundessubvention als Rechtsinstitut des schweizerischen Bundesrechts, Züricher Diss. 1929; Schindler, Die Bundessubventionen als Rechtsproblem (1952).

16) Die Verhandlungen des 2. österr. Juristentages Wien 1964 sind in der Legalitätsfrage zu keiner Beschlußfassung gelangt; vgl. Vanura, Verh. aaO., Bd. II, 7. Teil, S. 52: „... die tiefe Kluft zwischen den Verfechtern der Anwendung des Legalitätsprinzips auf das Förderungswesen und den Vertretern der Nicht-Anwendbarkeit des Artikels 18 Abs. 1 BVG auf die Förderungstätigkeit des Bundes und der Länder... (ließ) keine übereinstimmende Auffassung zum Thema erzielen und es kam daher zu keiner Beschlußfassung".

17) Text in Verh. aaO., Bd. I, 3. Teil, Anhang S. 121 ff.

tionieren mit der Leistungsverwaltung insgesamt oder jenes für sich als Verwaltung eigener Gesetzlichkeit des Legitimitätsprinzips entraten könne; ob seine demokratische Komponente durch Etatisierung mit zusätzlichem einfachen Parlamentsbeschluß über den Subventionsauftrag oder auch ohne ihn abgegolten, ob seine rechtsstaatliche Komponente durch Globalauftrag dieser Art oder durch gesetzliche Globalermächtigung — letztlich gar durch die Sozialstaatsklausel der Verfassung — befriedigt werden kann. Dieser Komplex ist der Tummelplatz grundsätzlichster Auseinandersetzungen der Rechtsprechung (bis zu Urteilen in Gestalt richterlicher Dissertationsleistungen[18])) und der Lehre, wobei ich mit „Tummelplatz" als locus agendi auf jenen Stil der Auseinandersetzung anspiele, der die an Alter jüngeren Streitgenossen „zornige junge Juristen" nennt, die ihre „Legalitätswütigkeit ... in Doktorschriften und Zeitschriftenaufsätzen" austoben[19]), und die sich ihrerseits geistig tummeln gegen — wie sie es formulieren — „nie verstummende und einer erstaunlichen Naivität bzw. einem antidemokratischen Impuls entstammende Vorstellungen" ihrer wissenschaftlichen Altvordern[20]). Daß in der Legitimitätsfrage zur Subventionsverwaltung aber offenbar nicht nur ein Generationsproblem, sondern auch ein solches nationalen Rechtsbewußtseins und theoretischen Staatsverständnisses liegt, wird gerade der Verfassungsboden, auf dem wir hier zu Gast sind, sicherlich noch erweisen.

2. Die Subventionierung besitzt kein allgemeines Rechtsstatut, noch weniger einen geschriebenen oder ungeschriebenen Allgemeinen Teil ihrer Rechtsgestaltung, und es gelingt nur in Einzelzügen — und auch dies erst nach Vor-Beantwortung höchst streitiger Zuordnungszweifel —, auf Rechtsfragen der Subventionierung im allgemeinen Zivil- oder Verwaltungsrecht Antwort zu finden. So darauf, ob und inwieweit die Verwaltung den Subventionsempfänger durch Auflagen oder Bedingungen nach anerkannten Regeln der Lehre vom Verwaltungsakt an den Subventionszweck binden darf, erst nach der Vorentscheidung, daß die Subventionsbewilligung Verwaltungsakt (und nicht privatrechtliche Willenserklärung) ist; so darauf, daß ein Subventionsdarlehen nicht im Verwaltungszwangsverfahren wieder beigetrieben werden darf, son-

---

[18]) Urteil des Hess. VGH v. 29. 11. 1962, VRspr. Bd. 15, S. 918 ff.

[19]) H. Schneider, NJW 1962, S. 1275 mit der Reaktion von Rupp, Grundfragen der heutigen Verwaltungsrechtslehre (1965), S. 123, Anm. 48.

[20]) Rupp, NJW 1966, S. 1097 mit Anm. 3 — in polemischem Stil, der für manches, aber nicht für den Autor spricht.

dern vor dem ordentlichen Gericht eingeklagt werden muß, wenn die Subventionierung als zweistufig verstanden und die zweite Stufe dem Zivilrecht zugeordnet wird. Es kann auch keine Rede davon sein, daß ein allgemeines Rechtsstatut der Subventionierung, ungeschrieben nach Art der Allgemeinen Lehren des Verwaltungsrechts, wissenschaftlich oder gar gewohnheitsrechtlich anerkannt oder zu postulieren sei.

3. Die Subventionsverwaltung verfügt über keine spezifischen Gestaltungsmittel eigener Hervorbringung, und was ihr im Verwaltungs- und im Zivilrecht an Gestaltungsmitteln verfügbar ist, bedarf konstruktiv umständlicher Bereitstellung (so etwa im Zwei-Stufen-Verfahren), stößt sich am öffentlichen Subventionierungszweck, weil es der Privatautonomie privater Interessenverfolgung entstammt (so die rein zivilrechtliche Gestaltung) oder setzt ihre Verwendbarkeit im Verwaltungsrecht voraus, ohne daß diese selbst schon hinreichend gesichert wäre (so die Gestaltung durch öffentlichrechtlichen Vertrag).

4. Das hat letztlich seinen Grund in der Tatsache, daß in aller Regel der Satz gilt: omnis subventio est pecuniaria, daß Subventionieren den Einsatz öffentlicher Finanzmittel bedeutet und diese Verwaltungstätigkeit sich daher im Zwielicht von Fiskalität und Hoheitlichkeit vollzieht. Das erklärt sich teils aus Tradition, aus verfehlter Verlängerung von Fiskalvorstellungen, die heute ihren Verfassungsbezug verloren haben, teils aus noch bestehender, wenn auch weithin erfolgloser Neigung der Exekutive, sich öffentlich-rechtlichen Bindungen durch privat-autonomes Gebaren zu entziehen. Daß die Subventionsverwaltung im Vollzug mit Hilfe nichtstaatlicher Finanzierungs-, Bank- und Kreditinstitute operiert, ist auch kaum geeignet, dieses Zwielicht organisatorisch aufzuhellen. Im beschränkten Bereich der hier möglichen Rechtsvergleichung scheint mir die Einstellung der Verwaltung in Österreich[21]) das markanteste Beispiel solcher Zwielichtigkeit zu bieten, in der unsere österreichischen Kollegen wahre Fackelträger genannt werden müssen. Einer von ihnen[22]) hat diese Praxis (zeitgeschichtsbewußt oder literarisch bewandert) eine „Köpenickiade" genannt.

5. Subventioniert wird in aller Regel auf Antrag, auf private Initiative, und dies letztlich auch im Falle der sog. „Gießkan-

---

[21]) Vgl. den in Anm. 17 zitierten Ressortentwurf; dazu unten: B III.

[22]) Klecatsky, Die Köpenickiade der Privatwirtschaftsverwaltung, Jur. Blätter 1957, S. 333 ff.; dazu: Kobzina, Der Staat als Privatwirtschaftssubjekt, Österr. JZ 1961, S. 421 ff.

nen"-Subventionierung. Unmittelbar gesetzlich zuwendende Subventionierung steht nicht in Frage. In diesem Sinne gilt wohl auch der Satz: omnis subventio est voluntaria, und dahinter steht der für das Subventionsverhältnis grundrechtlich problematische Satz: volenti non fit iniuria. Dies nach der Interessenlage deshalb, weil Subventionierung begünstigt, nur ihre Verweigerung oder ihre Verknüpfung mit Auflagen im Verhaltensbereich belastet. Schließlich kann Belastung des einen, der keine Subvention begehrt, wegen Chancen-Verungleichung schon daraus erwachsen, daß ein anderer Subvention erhält — jenes Problem, dem Köttgen in seiner „Fondsverwaltung"[23]) im Anschluß an Imboden[24]) unter dem Aspekt der Freiheit des Wettbewerbs und der verfassungsrechtlichen Grenzen der staatlichen Wirtschaftsintervention nachgegangen ist. Gleichwohl ist die Subventionierung im Regelfall aus der Sicht ihres Empfängers Begünstigung[25]) und deshalb primär kein Vorgang mit Grundrechtsberührung, soweit ihr überkommener und auch vom Grundgesetz recipierter Wirkungsbereich in Frage steht. Die insoweit allein gewichtige Grundrechtsposition des Subventionsbewerbers, die mit ihrer Verweigerung tangiert würde, wäre ein Grundrecht auf Subventions-Teilhabe, und gerade hierfür ist in nahezu allen Subventions-Regelungen die stereotype Wendung typisch: „Ein Rechtsanspruch besteht nicht." Was diese Wendung im Grunde bedeutet und verfassungs- und verwaltungsrechtlich bedeuten oder nicht bedeuten darf, bleibt noch zu erörtern[26]). Für die Fragestellung hier genüge zunächst die Bemerkung, daß diese Wendung mindestens ein Symptom dafür sein will, daß eine Subventions-Teilhabe vom deklinierten Grundrechtskatalog nicht erfaßt ist und ihre grundrechtliche Charakterisierung vor allen jenen Schwierigkeiten steht, denen das Bemühen begegnet, den Verteilerstaat seinen Bürgern gegenüber ähnlich wirksam zu binden, wie den, der durch Eingriff oder Abgabenforderung belastet, der also das betreibt, was man in Kontrast-Anlehnung an unser Thema nennen könnte: Verwaltung durch Kontributionen. Hier geht es im Grunde um Sozialgestaltung mit dem Mittel der Steuerhoheit, also um eine rechtsstaatlich gebändigte Potenz des Staates, unter verteilendem Einsatz der mit Be-

---

[23]) Köttgen, Fondsverwaltung in der Bundesrepublik, res publica Band 14 (1965), S. 53 ff.; 63, Anm. 138.

[24]) Imboden, Das Gesetz als Garantie rechtsstaatlicher Verwaltung (1954), S. 42: „Interdependenz von Eingriffen und Leistungen."

[25]) Köttgen, aaO., S. 68.

[26]) Vgl. unter B I 3.

steuerungsgewalt abgeschöpften Ergebnisse des Sozialproduktes gestaltend einzuwirken auf die soziale Zuordnung und die öffentliche Funktion der privaten Wirtschaftsteilnehmer. Die Verwaltung durch Subventionen ist — ob wir das beklagen oder bejubeln — eine typische Exekutive des Sozialstaates. Und indem er sich hierzu seiner Steuerhoheit zur Beschaffung ihrer Verwaltungsmittel bedient, versetzt er sich in den Stand, das zu betreiben, was Verwaltung durch Subventionen bedeutet: Umverteilung nach dem Maß öffentlicher Interessen. Das Unbehagen stellt sich ein, wenn der Staat sich Subventionsmittel auf Kosten der Währung verschafft und verteilt. Währung verlangt, gewahrt zu werden.

6. Die Konsequenzen dieser grundrechtlichen Malaise für den Rechtsschutz und die Grenzen aller Justiziabilität liegen auf der Hand. Man müßte eben nochmal zwanzig — nein, man müßte Gymnastik- und Tanz-Privatschulunternehmer in Schleswig-Holstein sein, dem Subventionierung wegen Fehlens aller gesetzlichen und haushaltsmäßigen Voraussetzungen aus guten Gründen verweigert worden war, bis das Bundesverwaltungsgericht ihn am 11. März 1966[27]) nicht nur prozessual zur Feststellungsklage zuließ, denn — so das Urteil in lapidarer Kürze — es solle „im Rechtsstreit ein konkretes Rechtsverhältnis geklärt werden, nämlich die Frage, ob das beklagte Land die Gewährung staatlicher Zuschüsse verweigern darf", sondern in Art. 7 Abs. IV GG auch eine Grundlage dafür entdeckte, „die Verletzung des Grundsatzes der Chancen-

---

[27]) NJW 1966, S. 1236 ff.; dazu kritisch: Weber, NJW 1966, S. 1798 und Menger-Erichsen, VerwArch. Bd. 57 (1966), S. 377 ff.; im weiteren Verfahren vor dem V. Senat des OVG Lüneburg ist den Parteien aufgegeben worden, die Ausbildungsziele der Schule und ihren Ausbildungsabschluß zu bezeichnen, nach Form und Umfang vergleichbare öffentliche Schulen, die ihnen zukommenden Vorteile sowie weiterhin anzugeben, ob die Privatschulunternehmerin dem Land Kosten erspart. Außerdem soll sie ihren Berufungsantrag fixieren (vgl. den Prozeßbericht in: Winsener Anzeiger Nr. 198 v. 26. 8. 1966). Die Beweisthemata verdeutlichen die Schwierigkeit richterlicher Aufgabe unmittelbaren Verfassungsvollzuges, zumal der schleswig-holsteinische Gesetzgeber keinen Subventionierungseifer zu haben scheint. — Zum Gesamtthema der Privatschul-Subventionierung vgl. die Referate zum Gegenstand „Verwaltung und Schule" auf der Kieler StRLTagung (1964) von Evers und Fuß, VeröffVDStRL, Heft 23 (1966), S. 192 ff., 221 mit weiteren Literaturnachweisen bei Evers, Anm. 154—161, bei Fuß, Anm. 79—82. Beide Referenten haben einen allgemeinen, aus Art. 7 GG ableitbaren Subventionsanspruch — entgegen dem BVerwG — mit guten Gründen abgelehnt, und zwar im Hinblick auf die Freiheit und Eigenverantwortlichkeit der Privatschule und ihres Unternehmers.

gleichheit und die Wahrnehmung öffentlicher Bildungsaufgaben durch eine gleichwertige Privatschule (müßten) dazu führen, daß ein Anspruch auf Subventionierung nicht grundsätzlich verneint werden kann" — und dies ohne besondere landesgesetzliche Regelung, die bei ihrem künftigen Ausbleiben durch die Weisheit des Gerichts ersetzt werden soll, an das die Sache zurückverwiesen ist und dem unser Kollege Naumann präsidiert. Die Zulassung — wie hier — der Feststellungs- oder sonst der Vornahmeklage, also die Zulassung zu gerichtlicher Geltendmachung überhaupt, danach die Ermittlung eines zur Subventionierung verpflichtenden Rechtssatzes von Verfassungsrang und schließlich eine justiziable Eingrenzung von Maß und Merkmal der Finanzhilfe sind die für den Rechtsschutz des Bewerbers im ungeregelten Gebiet entscheidenden Fragen, die um so prekärer werden, je mehr der Bewerber, der nicht gerade Privatschul-Unternehmer für Gymnastik und künstlerischen Tanz ist, letztlich nur das Sozialstaatsprinzip und den Gleichheitssatz für sein Begehren ins Feld führen kann.

7. Die eigentliche Crux der Subventionsverwaltung — für ihre rechtsstaatliche und ihre demokratische Legitimierung, für ihre normative Erfaßbarkeit und die Einfügung ihrer Kontrolle in das Rechtsschutzsystem — liegt im Bereich der Wirtschaftssubventionierung. Das erklärt sich aus den durch ihren Gegenstand bedingten Motiven und Strukturen der wirtschaftspolitischen Ingerenz des Staates in der Wirtschaft. Es geht um eine Komplexität von Daten, Prognosen, Zielen, Maßnahmen und Wirkungen, die auf eine Pluralität von privat-autonomen Marktteilnehmern, -faktoren und -vorgängen bezogen sind und die sich, als solche prinzipiell nicht-staatlicher Disposition und außerrechtlicher Determination privater Wirtschaftsfreiheit, hoheitlichem Befehl und normierender Ordnung im Grunde entziehen. In diesem Bereich ist der Einsatz der Subvention ein Mittel staatlicher Ingerenz unter vielen anderen, ihrerseits aber — noch mehr als die Lenkung von Produktion und Investition — deshalb rechtlicher Erfaßbarkeit aus jenen Gründen der Komplexität und Pluralität besonders schwer zugänglich, weil sie in jedem einzelnen subventionierten oder übergangenen Wirtschaftsteilnehmer legitime vermögenswerte Individualinteressen berührt. Nicht jeder subventionierte Unternehmer ist eben ein solcher öffentlicher Bedeutung im Stile der Krügerschen Staatslehre[28]), der sich an Gemeinwohlgesinnung nicht einmal vom Staat

---

[28]) Herb. Krüger, Allgemeine Staatslehre (1964), S. 407 ff.

übertreffen läßt, oder jener Ontologie, für die — wie Gygi es formuliert hat[29]) — die Vorsehung es so glücklich fügte, „daß der westliche Mensch und er allein dazu auserkoren wurde, daß sich in ihm und durch ihn der summierte Eigennutz in der Potenz zum Gemeinwohl verwandelt". Der subventionierende Staat wird eben mit Wirtschaftssubjekten rechnen müssen, deren legitimes Gewinnstreben mit dem öffentlichen Subventionszweck in Einklang zu bringen ist. Alle Ermächtigung, alle Regelung, alles Verfahren der Wirtschaftssubventionierung steht vor der Aufgabe, Komplexität und Pluralität des Wirtschaftsablaufs und die Konfrontation öffentlicher und privater Interessen in Rechnung zu stellen, die sich vertikal zwischen Staat und Einzelnem, horizontal unter wettbewerbenden Wirtschaftsteilnehmern zur Geltung zu bringen suchen. Weder unsere im Zivilrecht noch unsere im öffentlichen Recht entwickelten Strukturen der Gesetzgebung sind hinreichend gerüstet darauf, den Vorgang der Subventionierung in ein schon gewachsenes System staatlicher Wirtschaftslenkung oder eine gesicherte gesetzgeberische Technik ihrer Regelung einzufügen. Eher könnte man umgekehrt nur hoffen, daß eine verfassungsrechtlich befriedigende Rechtsgestaltung des Subventionswesens wenigstens ein Element einer erstrebenswerten Strukturierung der gesamten Wirtschaftslenkung liefern könnte.

8. Das gilt insbesondere für das Phänomen, das neuerlich — nach und neben den Wirtschaftspolitikern und der ökonomischen Theorie — als sog. Wirtschaftsplanung in das Blickfeld juristischer Betrachtung rückt. Damit werde ich Sie hier aus naheliegenden Gründen nicht behelligen, zumal ich dazu eines „kaiserlichen" Imprimatur bedürfte[30]). In einer mit Mitteln korrekter Rechtsgestaltung operierenden und in einen Rechtsrahmen verwiesenen Wirtschaftsplanung hat auch das Subventionieren seinen Platz, wenn es — in einem höheren Integrationssinn als das punktuelle Intervenieren — als Planungsinstrument eingesetzt wird. Es mag vorkommen, daß eine der Verwaltung gestellte oder von ihr usurpierte Subventionsaufgabe an sich den vollen Vorstellungen einer zeitbemessenen Planung für einen Wirtschaftsbereich entspricht oder nahekommt. In aller Regel ist die Subventionierung aber nur ein Planungsinstrument unter anderen, und das im spezifi-

---

29) Gygi, Neue höchstrichterliche Rechtsprechung zu verwaltungsrechtlichen Grundfragen, Ztschr. d. Bernischen Juristenvereins, Bd. 102 (1966), S. 122.

30) Dazu Ipsen, Fragestellungen zu einem Recht der Wirtschaftsplanung, in: Kaiser, Planung I (1965), S. 35—66; ders., Rechtsfragen der Wirtschaftsplanung, in: Kaiser, Planung II (1966), S. 63—112.

schen Subventionszweck verfolgte Planungsziel ist dann nicht Plan, sondern nur planulum, die Subventionierung also ein Vorgang dessen, was mir als „Planulismus“ vorschwebt[31]). Die rechtliche Komplikation liegt dann darin, die für die Subventionsbewilligung vorausgesetzte Finalität, die Orientierung von Subventionsauflagen an ihr, die Berücksichtigung der Chancengleichheit und andere rechtserhebliche Merkmale des Vorgangs an den Zielen der Gesamtplanung zu orientieren, was insbesondere für eine Ermessenshandhabung der Verwaltung maßstäblich sein kann. Wenn das Subventionieren als solches schon ohne spezifische Konformität ist zur überkommenen Dogmatik der Verwaltungshandlungen und zu den Strukturen unserer Gesetzgebung, gilt das in erhöhtem Maße für eine Verwaltung, die zur Wirtschaftsplanung oder zum Planvollzug berufen ist und berufen wird. Mit diesen Problemen stehen wir aber, verglichen mit der Subventionierung, im Grunde heute erst in den 50er Jahren.

9. Was ich bisher — in 8 Punkten — rechtsproblematisch genannt habe, waren querelles allemandes, wie sie, wenn auch unterschiedlich, entsprechend solche anderer nationaler Provenienz sind und sein können, die ich hier in den Rundblick einbeziehe. Anders aber als in Österreich und in der Schweiz — Österreich jedenfalls noch gegenwärtig, die Schweiz, solange sie das Neutralitätsbanner statt der Europafahne schwingt — befindet sich das deutsche Subventionsrecht im Zustand zunehmender gemeinschaftsrechtlicher Verwandlung oder einer Art Rechts-Osmose. Es gibt Wirtschaftsbereiche — wie die Grundstoffindustrie, den Agrar- und den Verkehrsmarkt —, in denen die Verwaltung durch Subventionen schon heute vom Gemeinschaftsrecht her ausgerichtet wird[32]). Das wirft rechtserhebliche Fragen der Grundlagen,

---

[31]) Ipsen, Planung I, aaO., S. 55, RdZiff. 72; Planung II, aaO., S. 76 ff.

[32]) Das Subventionsrecht des Gemeinsamen Marktes ist an seinen Zielsetzungen orientiert und — im EGKSV und EWGV — nach dem Integrationsgrad und Charakter der Märkte unterschiedlich geregelt. Die Subvention hat im Gemeinschaftsrecht eine andere „Dimension“, weil ihre Wirkung für die Wettbewerbslage im Gemeinsamen Markt für seine Herstellung und Funktion wesentlich ist.

1. Primäre Rechtsgrundlagen sind Art. 4 lit. c) EGKSV, Art. 92—94 EWGV. Nach Art. 4 lit. c) aaO. werden als unvereinbar mit dem gemeinsamen Markt für Kohle und Stahl gemäß den Bestimmungen des Vertrages aufgehoben und untersagt: von den Staaten bewilligte Subventionen oder Beihilfen, in welcher Form dies auch immer geschieht. Nach Art. 92 Abs. 1 aaO. sind, soweit der Vertrag nicht etwas anderes bestimmt, staatliche oder aus staatlichen Mitteln gewährte Beihilfen gleich welcher Art, die durch die Begünstigung bestimmter Unternehmen oder Produktionszweige den

Noch Note 32

Wettbewerb verfälschen oder zu verfälschen drohen, mit dem Gemeinsamen Markt unvereinbar, soweit sie den Handel zwischen Mitgliedstaaten beeinträchtigen. Nach Art. 5 EWGV dürfen die Mitgliedstaaten derartige Beihilfen nicht gewähren; Art. 93 EWGV regelt das Kontroll- und etwaige Verbotsverfahren der Kommission; Art. 94 EWGV erteilt dem Rat die Ermächtigung zum Erlaß von Verordnungen zur Durchführung der Art. 92, 93. Art. 92 Abs. 2 erklärt bestimmte Beihilfen als mit dem Gemeinsamen Markt vereinbar (soziale Verbraucherbeihilfen, Schadensausgleichs-Beihilfen bei Naturkatastrophen usw., Beihilfen für die deutsche Wirtschaft zum Ausgleich der deutschen Teilung). Nach Art. 92 Abs. 3 können (generell durch Ratsverordnung nach Art. 94 oder im Einzelfall durch Rat oder Kommission nach Art. 93 Abs. 2) bestimmte Beihilfen als mit dem Gemeinsamen Markt vereinbar erklärt werden (zur wirtschaftlichen Förderung in unterentwickelten Gebieten, zur Förderung wichtiger Gemeinschaftsinteressen, zur Behebung beträchtlicher Wirtschaftsstörungen, zur Entwicklungsförderung gewisser Wirtschaftszweige oder -gebiete).

2. Das einschlägige Sekundärrecht wächst mit dem Fortschritt der Integration an. Seiner Ausgestaltung gehen regelmäßig umfangreiche Erhebungen über den Stand des Subventionswesens in den Mitgliedstaaten voraus; vgl. etwa: Bericht und Aufstellung der EWG-Kommission über die Beihilfen für die Landwirtschaft vom 23. 3. 1966 — SEK (66) 920 (dazu: Mitteilungen zur Gemeinsamen Agrarpolitik — Agrarinformation der EWG-Kommission, Gen. Dir. Landwirtschaft — Nr. 5 v. April 1966). Auf dieser Grundlage beruht der Vorschlag der Kommission für eine Ratsverordnung zur Änderung der Verordnung Nr. 26 (ABl. Nr. 30 v. 20. 4. 1962), die solche Agrarbeihilfen beseitigen soll, die sich wettbewerbsverfälschend auswirken können (KOM [66] 60 endg. v. 23. 3. 1966). Ein entsprechender Kommissionsvorschlag (KOM [66] 95 endg. v. 30. 3. 1966) soll die Bedingungen und Einzelheiten festlegen, die Voraussetzung für die Anwendung des Art. 94 im Rahmen des Art. 93 bilden. Ein weiterer Kommissionsvorschlag einer Ratsverordnung betrifft Beihilfen an Verkehrsunternehmen, die ebenfalls den Art. 92, 93 unterfallen, soweit Art. 77 keine Ausnahmen zuläßt (Text in VWD Europa Nr. 142/66 v. 25. 7. 1966, S. I/3 ff.).

3. Einen einheitlichen Subventionsbegriff kennt das Gemeinschaftsrecht nicht. Der des EGKSV ist kategorischer als der des EWGV, insofern im Montanrecht alle Beihilfekompetenzen auf Gemeinschaftsinstanzen übergegangen sind und ihre nationale Wahrnehmung als im Sinne des Art. 5 Abs. 2 Ziff. 3 EGKSV vertragswidrig verboten ist (der rationellsten Verteilung der Produktion auf dem höchsten Leistungsstand und normalen Wettbewerbsbedingungen zuwiderlaufend); vgl. Urt. d. GHofs v. 23. 2. 1961 Rs. 30/59 (Bergmannsprämie) Bd. VII, S. 43 ff. — Nach Art. 92 EWGV ist begriffswesentlich, daß die Subvention a) eine staatliche oder aus staatlichen Mitteln gewährte ist, daß sie b) ein wirtschaftliches Unternehmen oder einen Produktionszweig begünstigt, daß c) durch diese Begünstigung eine Wettbewerbsverfälschung auf dem Gemeinsamen Markt dadurch bewirkt wird oder droht, daß sie den Handel zwischen Mitgliedstaaten beeinträchtigt. Die für den Verkehr maßgebliche Sondervorschrift des Art. 77 läßt solche Beihilfen zu, die den Erfordernissen der Verkehrskoordinierung oder der Abgeltung bestimmter, mit dem Begriff des öffentlichen Dienstes zusammenhängender Leistungen

Noch Note 32
entsprechen (Sozialtarife der Deutschen Bundesbahn, Bedienung unrentabler Strecken, deren Stillegung aus politischen Gründen ministeriell nicht genehmigt wird, usw.). Daß es für den Diskriminierungscharakter einer Subvention (hier: Unterstützungstarif im Montanbereich) nicht auf eine durch sie verursachte Schädigung des nicht begünstigten Unternehmens ankommt, hat der GHof in seiner Entscheidung Rs. 3/58, Bd. VI, S. 411 festgestellt.

4. Zunehmend bedeutsam für die deutsche Subventionsverwaltung wird die Kontrollzuständigkeit der EWG-Kommission gemäß Art. 93; vgl. z. B. Bericht über Kommissionsprüfungen im Bulletin der EWG Nr. 3/66, S. 32 ff. (deutsche Schiffbausubventionen, italienische Film- und Textilsubventionen); Beispiel eines von der Kommission gemäß Art. 93 Abs. 2 eingeleiteten, nach staatlicher Abhilfe eingestellten Vertragsverletzungsverfahrens in AWD Europa Nr. 106/66 v. 2. 6. 1966 (italienisches Filmsubventionsgesetz Nr. 694, das nach Änderung als Gesetz Nr. 1213 von der Kommission mit Art. 92 EWGV vereinbar erklärt worden ist). Im Montanbereich ist der Subventionscharakter bestimmter deutscher Eisenbahn-Ausnahmetarife (Art. 70 Abs. 4 i. Verb. mit Art. 4 lit. b) EGKSV) letztlich durch die Entscheidungen des GHofs v. 10. 5. 1960 in den Rs. 3/58 ff. und v. 15. 7. 1960 in den Rs. 27/58 ff. festgestellt worden (Bd. VI, S. 373, 513 ff.); dazu: Much, Ausnahmetarif und Wirtschaftsintegration, Ztschr. f. d. ges. Handels- und Wirtschaftsrecht 1961, S. 110 ff.; Klaer, Der Verkehr im Gemeinsamen Markt für Kohle und Stahl (1961), S. 71 ff.

5. Mit zunehmender Vergemeinschaftung bestimmter Wirtschaftszweige und dem Übergang der Subventions-Kompetenz auf Gemeinschaftsorgane entsteht das Problem der Beschaffung und des Anfalls von Subventionsmitteln zur Verfügung von Gemeinschaftsorganen und der Kontrolle ihrer Bewirtschaftung durch die Beratende Versammlung. Es wirft prinzipielle Verfassungs- und Strukturfragen der Gemeinschaften auf. Hier fragt sich, ob die Gemeinschaft letztlich — außer der Verteidigung — auch einer Währungshoheit entraten kann, die beide klassische Kompetenzen der Staatlichkeit sind, und ob die Gemeinschaft wirklich erst dort beginnt, wo der Staat früher endete, der „zunächst nur Polizist und Soldat (war), bevor er sich auch zum Industriellen und Händler machte"; vgl. Cartou, Der Gemeinsame Markt und das öffentliche Recht (1960), S. 220. Es ist bezeichnend, daß Bundesernährungsminister Höcherl im EWG-Ministerrat am 1. 7. 1966 die Auffassung vertreten hat, Beihilfen „beeinflußten das Haushaltsrecht und berührten klassische Staatsaufgaben, die ... weiterhin im Einflußbereich der Nationalstaaten bleiben" müßten; vgl. FAZ Nr. 150 v. 2. 7. 1966, S. 3. An der Subventionsfrage kann sich die Integrationsfrage der Währungshoheit entzünden. — Sonderregelungen zur Subventions-Finanzierung enthalten Art. 58, § 2 EGKSV (Krisenumlage, bisher nicht praktiziert; vgl. Weides, Das Finanzrecht der EGKS, 1960), Art. 54 Abs. 1 EGKSV (Investitionskredite), Art. 56 EGKSV (Finanzierungshilfen für Unternehmen in Krisensituationen, evtl. unter paritätischer Beteiligung des Mitgliedstaates), Art. 55 EGKSV (Forschungssubventionen). Der Europäische Sozialfonds (Art. 123 EWGV, nach Art. 200 EWGV gespeist aus mitgliedstaatlichen Beiträgen) gewährt den Mitgliedstaaten Zuschüsse zu ihren Beihilfeprogrammen zur Verbesserung der Beschäftigungsmöglichkeiten der Arbeitskräfte (eine Art horizontalen Finanzausgleichs); hiervon VO Nr. 9 (Text im Handbuch für Europäische Wirtschaft Bd. 4 hinter Art. 128) sowie Bericht des

der öffentlichen Zweckbestimmung, ihres Rechtsstatuts und ihrer Gestaltungsmittel, ihrer Etatisierung und des Rechtsschutzes, ja sogar ihrer Begriffsbestimmung auf, weil das

---

Noch Note 32

Sozialausschusses des Europ. Parlaments über die Vorschläge der EWG-Komission an den Rat (Dok. 152/1964—1965) betr. die Verordnungen zur wirksameren Gestaltung der Hilfen aus dem Europ. Sozialfonds, Dok. 53 v. 14. 6. 1965. Die gemäß Art. 129 EWGV errichtete Europäische Investitionsbank eigener Rechtspersönlichkeit (Satzung gemäß Art. 239 EWGV) gewährt aus ihrem Sondervermögen Darlehen und Bürgschaften zur Finanzierung von Vorhaben aller Wirtschaftszweige gemäß Art. 130 an Mitgliedstaaten und Unternehmen (Zinsvergütung nur im Rahmen des Art. 92); vgl. Europäische Investitionsbank, Neue Zürcher Zeitung Nr. 172 v. 25. 6. 1966; Killmer, Die europäische Investitionsbank. Eine rechtliche Untersuchung ihrer Aufgaben, ihres Aufbaues und ihrer Geschäftsgrundsätze. Frankfurter Diss. 1966.

6. Die Gestaltung von Gemeinschaftssubventionierungen folgt im Montanrecht dem Zweistufenverfahren, wobei die Durchführung zweiter Stufe dem Privatrecht des betreffenden Mitgliedstaates untersteht; vgl. Börner, Die Entscheidungen der Hohen Behörde (1965), S. 18 ff. Das EWG-Verfahren ist vielgestaltig und z. T. im Abschöpfungsverfahren speziell geregelt (für das Agrarrecht in den Verordnungen Nrn. 19—22); vgl. Jaenicke, ZaöRV Bd. 23 (1963), S. 489 ff., 508 ff. („Erstattungen" als Subventionen). Zu den finanziellen Auswirkungen auf den Bundeshaushalt und seine „Subventionsbeteiligung" am Europ. Agrarfonds vgl. „Die Agrarfinanzierung in der EWG", Institut Finanzen und Steuern, Brief 80 v. März 1966.

7. Der Rechtsschutz folgt dem Rechtsschutzsystem der Gemeinschaftsverträge und der Subventionsgestaltung. So kann ein Unternehmen i. S. des EGKSV eine Subventionsentscheidung der Hohen Behörde nach Art. 33 vor dem Gerichtshof anfechten. Aus Rechtsbeziehungen zweiter Stufe steht der Rechtsweg zum nationalen Gericht offen, das montanrechtliche Vorfragen zu prüfen befugt ist; für EWG und EAG sind Art. 177 EWGV und Art. 50 EAGV (Vorlage beim Gerichtshof) zu beachten.

8. Aus dem Schrifttum vgl. weiter: Hellwig, Steuern und Subventionen in der EWG, in: Europ. Wirtschaft 1959, S. 371 ff.; Hochbaum, Das Diskriminierungs- und Subventionsverbot in der EGKS und EWG, Bd. 13 der Schriftenreihe zum Handbuch für Europ. Wirtschaft (1962); Koppensteiner, Das Subventionsverbot im EGKSV (1965); Gizzi, La Communità Economica Europea, il regime di concorrenze e il divieto degli „aiuti", in: RivDirEuropeo 1963, S. 120 ff.; Loerke, Hoheitliche Gewalt und Diskriminierungsverbot nach dem Montanvertrag (1964), insbes. S. 103 ff.; Nissen, Zum Subventionsverbot des Montanunion-Vertrages, BB 1962, S. 1229 ff.; Obernolte, Subventionen im Gemeinsamen Markt, Europ. Wirtschaft 1961, S. 388 ff.; ders., Bestimmungen über staatliche Beihilfen im EWGV, AWD 1961, S. 68 ff.; Rinck, aaO., S. 110 ff.; Venceslai, Sulla estensibilità della normativa degli Artt. 92 e segg. del trattato di Roma alla piattaforma continentale, RivDirEuropeo 1965, S. 35 ff.; N. N., Agrarsubventionen durch die Brille des Juristen, Europ. Wirtschaft 1962, S. 104 ff.

Gemeinschaftsrecht den nationalen Marktteilnehmer in seiner Funktion auf dem gemeinsamen Markt erfaßt. Ich werde versuchen, den zweiten Teil meiner Ausführungen — um mit Marbach zu sprechen — mit einer europarechtlichen „Tortenverzierung" zu versehen, wobei sich erweisen wird, wie sie und wem sie mundet. Einen — allerdings nur dünnen und trockenen — Tortenboden liefere ich in Anmerkung 32.

10. Am Ende dieser Äußerungen verfassungsrechtlichen Unbehagens stehen zwei Gesichtspunkte, die im weitesten Sinne organisationsrechtlich genannt werden könnten — einmal von Verfassungsrang, zum anderen verwaltungsorganisatorisch. Das ist zunächst die Anfälligkeit und die Eignung der Subvention, die bundesstaatliche Kompetenzverteilung der ersten und der zweiten Gewalt zu unterwandern und auch die Gewährleistung der kommunalen Selbstverwaltung in Frage zu stellen — also das seit Weimar erörterte Problem der Fondsverwaltung, für dessen Aufhellung Lassar[33]) in Köttgen[34]) einen würdigen Nachfolger gefunden hat. Man muß wohl Preuße oder mit Berlin verbunden sein, um diesem Thema näherzukommen.

11. Und letztlich stellt sich für die Subventionsverwaltung ein mit Hilfe der Figur des „Beliehenen" nur sehr unvollkommen und als solches systematisch noch nicht abgeklärtes Organisationsproblem, weil die Subventionsverwaltung weithin eben nicht Verwaltung durch staatliche oder sonst öffentliche Apparatur, sondern Wahrnehmung mit Hilfe ziviler Gebilde ist, die gewohnheits- und gewerbsmäßig mit Geld umzugehen verstehen.

Beide Organisationsfragen — zu 10. und 11. — werfe ich nur auf, ohne sie im weiteren noch zu erörtern, wobei ich nicht nur einem Maßhaltegebot in der Zeit nachkomme, sondern auch einer Abwägung eigener Interessiertheit. Ich kann hierfür auch auf S. 51 ff. verweisen.

B. Subventionsverwaltung und Verfassung

Nach dieser Exposition stehen die aufgeworfenen Fragen — mit Ausnahme der letzten zur Fondsverwaltung und Organisation — in veränderter Reihenfolge und unter gewissen Zusammenfassungen zur weiteren Erörterung. Diese Erörterung wird auch versuchen, in schrittweiser Stellungnahme einen

[33]) Lassar, HdbDStR Bd. I (1930), S. 316 ff.; ders., JbÖffR Bd. 14, S. 20.

[34]) Vgl. Anm. 23.

Rechtsbegriff der Subvention einzukreisen, soweit seiner Präzisierung ein rechtserheblicher Wert beizumessen ist[35]).

I. Öffentliche Subventions-Interessen

1. Eine Dogmatik des Subventions-Verwaltungsrechts scheint einer Begriffsbestimmung der Subvention zu bedürfen. Da die Subvention ein Anschauungsgegenstand verschiedener Disziplinen ist, verdient zunächst festgehalten zu werden, daß es eine übergreifende, allgemeingültige Begrifflichkeit für sie nicht gibt. Das ist erklärlich, weil etwa die ökonomische Wissenschaft mit ihrer Erfassung anderen Zwekken folgt und in ihren tatsächlichen Zusammenhängen anderes für wesentlich hält als die Rechtswissenschaft, der es — in Ermangelung eines Legalbegriffs — darauf ankommen muß, die Erscheinung der Subvention in denjenigen Merkmalen zu kennzeichnen, die in den für sie etwa maßgeblichen Normbereichen relevant sein können. Und darin liegt zugleich auch hier die gebotene Selbstbescheidung aller juristischen Begriffsbemühungen: sie hat keinen Selbstzweck, sondern nur den, die Subvention als Tatbestand und in den Rechtsfolgen ihres Auftretens an den Maßstäben einschlägiger Normenbestände zu messen, und soweit es dessen nicht oder nicht einheitlich bedarf, bleibt eine Bemühung um ihren Rechtsbegriff entbehrlich.

Soviel im Hinblick auf zahlreiche Definitionsvorschläge — bis hin zu Wolffs mutigem Schritt, den § 154 seines „Verwaltungsrechts III" sogleich mit einer Begriffsbestimmung zu beginnen[36]) — und im Rückblick auf meine eigene Impotenz,

---

[35]) Über die Rechtserheblichkeit der Begriffsbestimmung an sich ist hier nicht zu streiten; dazu speziell zur Subvention: Lerche, DÖV 1961, S. 486; ders., Die Gemeinden in Staat und Gesellschaft als Verfassungsproblem, in: Buch deutscher Gemeinden 1965, S. 20 („Tausend und ein Topf"); allgemeiner zur Leistungsverwaltung im Verhältnis zur überkommenen Dogmatik und Systematik des Verwaltungsrechts: Forsthoff, Rechtsfragen der leistenden Verwaltung, aaO., S. 56; ferner die Auseinandersetzung zwischen Welter und Fischer zum Thema „Subventionen als Rechtsbegriff" im BB 1962, S. 493 ff., 1185 ff. sowie Eppe, Subventionen und staatliche Geschenke. Begriffliche Abgrenzung und verwaltungsrechtliche Bedeutung. Diss. Münster 1966, S. 38 ff. — Die Subvention kann schwerlich in anderer Methode erfaßt werden, als sie für die Umgrenzung der Wirtschaftsplanung geboten ist; dazu Ipsen, Planung I, aaO., S. 43, RdZiff. 25, Planung II, aaO., S. 86 ff.: wechselseitig verschränkende Überprüfung hypothetisch anzunehmender Merkmale nach den pragmatischen Erkenntnissen einer Typologie.

[36]) AaO., Bd. III, S. 215, wobei dieser Begriff im folgenden Text mancherlei Ausbuchtungen (Subvention i. w. S.) und Eingrenzungen (Subvention i. e. S.) erfahren muß.

die statt eines Begriffs nur eine Typologie und Rechtsmerkmale zuwege gebracht hatte (S. 45 ff., S. 54 ff.). Die üppige Dissertationsliteratur seit 1956 hat mir das denn auch — wohl als Alterserscheinung — hinreichend vorgehalten.

2. Da ich inzwischen nicht jünger geworden bin, bleibe ich auch heute zunächst bei einem typologischen Ansatz. Ich will dem Subventionsbegriff en passant an Hand jenes Subventionstyps zu Leibe gehen, der — im Sinne jener juristischen Maßstäblichkeit einer Definition — in den meisten einschlägigen Normbereichen echte Rechtsfragen aufwirft. Sie treten nicht oder von nur geringerem Gewicht auf, wo — nach der Artunterscheidung von Wolff — etwa eine Sozialsubventionierung stattfindet für das Deutsche Müttergenesungswerk, das ja in gewisser Weise mit unserer gestrigen „staatsoberhauptlichen" Thematik weiblicher Linie zusammenhängt, oder eine Wirtschaftssubventionierung nach Art der früheren, bundesgesetzlich geregelten Förderung der deutschen Eierwirtschaft[37]), die jedes erfolgreiche Gackern mit 3 Pfennigen honorierte. Solche Subventionserscheinungen sind juristisch höchst uninteressant, obwohl sie das Entzücken jedes Legalisten sein dürften. Problematisch sind jene anderen Typen, die ohne gesetzliche Regelung im Stil der Etat- und Richtliniensubventionierung ein komplexes wirtschaftspolitisches Interventions- oder Planziel verfolgen. In ihnen konzentrieren sich alle wirklichen Fragwürdigkeiten der Verwaltung durch Subventionen, ohne daß ich deshalb — in Korrektur von S. 8 meiner Schrift von 1956 — mich auch heute noch darauf versteifen wollte, Subventionierung finde, und zwar rechtsbegrifflich beschränkt, nur im Bereich der Wirtschaft statt[38]). Es handelt sich bei den Typen, an die ich denke, im Grunde um Subventionserscheinungen, für die die primäre generelle staatliche Entscheidung für die Subventionierung sich darin erschöpft, ihren Zweck zu setzen[39]) und für seine Erfüllung öffentliche Mittel bereitzustellen.

---

[37]) Ges. v. 31. 3. 1956 (BGBl. I S. 239) nebst 4 Durchführungsverordnungen.

[38]) Wolff, aaO., S. 216, will begrifflich darauf abstellen, daß die Subvention der „Stärkung der Leistungsfähigkeit (Produktionskraft) der Unternehmer zwecks besserer Befriedigung öffentlicher Bedürfnisse" dient. Das grenzt den Begriff aber denn doch wesentlich auf die Wirtschaftssubvention ein.

[39]) Die „Nur-Zweck-Setzung" hält Herb. Krüger, Das Recht und die soziale Wirklichkeit, Schrift 232 des Deutschen Vereins für öff. und priv. Fürsorge (1965) S. 15/16 als für das besondere Gewaltverhältnis maßgeblich. Diese Folgerung ist für das Subventions-

Unsere Schweizer Kollegen greifen in diesen Zusammenhängen des Wirtschaftsinterventionismus nach dem Uhrenstatut oder der Käsemarktordnung als typischen Beispielen. Mir liegt an der Wasserkante die „Förderung der deutschen Seeschiffahrt" näher, über die der Bundesminister für Verkehr im Bundesanzeiger Nr. 94 vom 20. Mai 1965 zuletzt „Grundsätze" verlautbart hat. Ihr entscheidender Passus in Abschnitt I Ziffer I Abs. 1 Abs. (1) und (2) lautet:

„Der Bundesminister für Verkehr kann im Einvernehmen mit dem Bundesminister der Finanzen zur Verbesserung der Struktur und der Wettbewerbsfähigkeit der deutschen Handelsflotte sowie der Beschäftigungslage der deutschen Werftindustrie aus Mitteln, die der Bund für diese Zwecke in den Haushalten der Jahre 1965 bis 1969 vorsieht, die in diesen Grundsätzen genannten Schiffahrtshilfen gewähren, wenn der Zweck, für den sie der Empfänger verwenden will, nach den schiffahrtspolitischen Zielen der Bundesregierung und mit Rücksicht auf die verfügbaren Haushaltsmittel gefördert werden kann. Ein Rechtsanspruch auf diese Hilfen besteht jedoch in keinem Fall.

(2) Der Bundesminister für Verkehr kann im Einvernehmen mit dem Bundesminister der Finanzen

a) Programme für die Bauvorhaben aufstellen, die durch Neubauhilfen gefördert werden sollen,

b) die Grundsätze für die Schiffahrtshilfen ändern oder ergänzen oder von ihnen im Einzelfall abweichen,

c) die Hilfen von Bedingungen abhängig machen und mit Auflagen verbinden,

wenn dies der Schiffahrtspolitik der Bundesregierung dient oder sonst geboten erscheint."

Von allen anderen, noch zu erörternden Rechtsfragen abgesehen, die dieser Subventionstyp und seine Regelung in „Grundsätzen" dieser Art aufgibt, verdeutlicht er dreierlei:

(1) Die Förderung zielt auf Erfüllung öffentlicher schiffahrtspolitischer Interessen durch den Subventionsempfänger. Das ist ihr allein zugelassener, rechtserheblicher Zweck, der zugleich Hoheitsbefugnisse und Anwartschaften begrenzt, Ermessensmaßstäbe liefert und begrifflich prägt.

Rechtsverhältnis indes eindeutig abzulehnen; vgl. Ipsen, Öffentliche Subventionierung Privater, S. 72 ff.; und auch Köttgens Zweifel (in: Fondsverwaltung, aaO., S. 56, Anm. 121) können diesen Standpunkt nicht erschüttern; vgl. auch unten B IV 3.

(2) Die Umschreibung dieser öffentlichen Interessen in den „Grundsätzen" ist komplexer Natur: Verbesserung der Struktur und der Wettbewerbsfähigkeit der deutschen Handelsflotte sowie der Beschäftigungslage der Werften.

(3) Diese in den „Grundsätzen" umschriebenen öffentlichen Interessen sind variationsfähig, und zwar nach exekutiver Entscheidung der für die Subventionsverwaltung zuständigen beiden Ressortminister im Sinne der Schiffahrtspolitik der Bundesregierung — und variationsfähig nicht nur generell, sondern auch im Einzelfall der Subventionsentscheidung. Diese Technik einer exekutiven Subventions-Ermächtigung und Zweckbestimmung erscheint denjenigen Erfahrungen adäquat, die der punktuelle Wirtschaftsinterventionismus ebenso wie eine umfassendere Wirtschaftsplanung einschließlich planulistischer Mittelanwendung machen mußten, als es darum ging, staatliche Interventions- und Planungsziele rechtserheblich zu erfassen — in normativen Regelungen, in Maßnahmen oder Exekutivermächtigungen. Auch gemeinschaftsrechtliche Akte dieser Thematik haben keinen anderen Stil. Wer nach gesetzlicher Ausgestaltung der Subventionierung und dabei auch nach Art. 80 GG ruft, hat die aus der Sache gegebene, einer abstrakten Tatbestandsumschreibung genereller Unnachgiebigkeit widerstreitende Besonderheit der Aufgabe allenfalls gesehen, aber noch nicht bewältigt.

Da dieser Subventionstyp repräsentativ genannt werden kann für die wichtigste Gruppe der gesetzlich nicht geregelten Wirtschaftssubventionen, sehe ich in ihm die Auffassung bestätigt, daß die Subventionierung rechtsbegrifflich ein Verhalten des Empfängers bedingt, das „dem öffentlichen Interesse als Gegenleistung erscheint" (S. 56)[40]). Zu ihr gehört das Merkmal, daß der Subventionsempfänger in seiner primär privatwirtschaftlich motivierten Leistung zugleich öffentliches Interesse befriedigt, was von nicht geförderter privater Wirtschaftstätigkeit nicht generell und nicht rechtsnotwendig verlangt werden dürfte.

Wo die öffentliche Finanzhilfe nicht aus konkretisiertem öffentlichen Interesse auf Verhaltensbeeinflussung ihres Empfängers zielt, die dem Staat im Sinne seiner Realisierung als Gegenleistung erscheint, mag eben von öffentlicher Finanz-

---

[40]) Dieses Merkmal ist wirtschaftswissenschaftlich akzeptiert worden von Meinhold, aaO., S. 238, rechtswissenschaftlich von Wolff, aaO., S. 216; entsprechend Kölble, NJW 1966, S. 475.

hilfe, kann aber im Rechtssinne nicht von Subventionierung die Rede sein. Deshalb sind sog. Konsumentensubventionierungen privater Haushalte als Endverbraucher, also generelle Preisverbilligungen[41]), ebensowenig Subventionen wie Finanzausgleichsdotationen unter öffentlichen Finanzmassen[42]), staatliche Ersatz- und Ausgleichs-[43]) oder Sozialleistungen. Die bei Wolff geschriebene Dissertation von Eppe[44]) hat daher — in Anlehnung an Imbodens sog. aufgabenübertragende Subvention[45]) — für das Subventionsbild ein begrifflich notwendiges Dreiecks-Verhältnis angenommen, in dem der Subventionsempfänger als Privater mittelbar öffentliche Aufgaben erfülle, was für den Sozialhilfeempfänger nicht zutreffe[46]). Für ihn ist die staatliche Finanzhilfe unmittelbar aufgaben-erfüllend, nicht verhaltens-bindend, und im Interesse rechtserheb-

---

41) Ipsen, Öffentliche Subventionierung Privater, S. 9, 48.

42) Wolff, aaO., S. 216.

43) Deshalb — und weil die Deutsche Bundesbahn öffentliche Verwaltung wahrnimmt — sind auch wesentliche Leistungen des Bundeshaushalts an sie (so zur Abnahme anerkannt betriebsfremder Versorgungslasten und zur Abgeltung von Sozialtarifen) nicht Subventionen; richtig: Oeftering, Der rechtliche und wirtschaftliche Gehalt der Bundeshaushaltsleistungen an die Deutsche Bundesbahn, in: Finanzwissenschaft und Finanzpolitik, Festschrift für Schöttle (1964), S. 187 ff. — Die Hauptverwaltung der DBB hat zu Berichten über den Finanzbericht 1966, in denen von „Subventionen" für die DBB die Rede war, festgestellt, diese Leistungen des Bundes seien fast ausschließlich „Abgeltungszahlungen für von ihr im staatlichen Interesse erbrachte Leistungen, nicht aber Subventionen"; vgl. FAZ Nr. 52 v. 3. 3. 1966, S. 5. — Art. 77 EWGV hat das berücksichtigt, indem er solche „Beihilfen" zur Abgeltung bestimmter, mit dem Begriff des öffentlichen Dienstes zusammenhängender Leistungen unter Abweichung von Art. 92 EWGV zuläßt; vgl. auch oben Anm. 32 unter 3. Dogmatisch gehören solche Ausgleichsleistungen für Aufgabenerledigung durch Private zu denen, die auch aus „gesetzlicher Indienstnahme" Privater für Verwaltungsaufgaben erwachsen; vgl. zuletzt hierzu: Ipsen, Gesetzliche Bevorratungsverpflichtung Privater, AöR Bd. 90 (1965), S. 393 ff., 421 ff.

44) Eppe, aaO., S. 62.

45) Imboden, Der verwaltungsrechtliche Vertrag (1958), S. 154, unter Hinweis (S. 156, Anm. 472) auf Ipsen, Öffentliche Subventionierung Privater, S. 8 ff.

46) Imboden, aaO., S. 157, weist zutreffend darauf hin, daß die nur aufgaben erfüllende Subvention, d. h. die sonstige „Förderung" etwa des Sozialhilfeempfängers, keine Verhaltensbindung des „Unterstützten" gestattet, wie jene des Empfängers einer aufgabenübertragenden, also echten Subvention. Über die Zeiten, in denen der „Unterstützte" eben wegen seiner Unterstützungsbedürftigkeit das Recht demokratischer Teilhabe wie das Wahlrecht entbehren mußte, sind wir hinweg; vgl von Rönne, Das Staats-Recht der Preußischen Monarchie, 3. Aufl. Bd. I 2. Abt. (1870) S. 372 (für das preußische Wahlrecht), S. 785 (für das Wahlrecht im Norddeutschen Bund).

licher Eingrenzung sollte sie nicht Subvention, sondern etwa — mit Wolff — sonstige Förderung[47]) genannt werden.

Begriffswesentlich für die Subventionierung ist eben ein verdichtetes, konkretisiertes öffentliches Interesse, dessen Verwirklichung durch den Subventionsempfänger erwartet wird. Einen in diesem Sinne zweckfreien Subventionismus lediglich allgemein öffentlichen Interesses[48]) gibt es ebensowenig wie eine zweckfreie Wirtschaftsaufsicht, obwohl Bullinger in Saarbrücken anderes angenommen hat[49]). Ob die erwartete Subventionswirkung öffentlichen Interesses tatsächlich eintritt, wird und sollte die Wirtschaftspolitik und die Ökonomen interessieren. Für den Rechtsbegriff der Subvention ist das nicht entscheidend. Die Subvention erweist sich danach als ein typisches Verwaltungsinstrument zweckbezogener Staatsverwirklichung, deren rechtliche Kategorisierung nach den überkommenen „zweckentleerten Rechtsformen“ der Verwaltung (Verwaltungsakt, Fiskalgeschäft oder öffentlich-rechtlicher Vertrag) zwar notwendig und nützlich, aber doch nur zweitrangig von Bedeutung ist gegenüber der Aufgabe, ihre Einsetzbarkeit an der verfassungsrechtlichen Verantwortlichkeit zu messen. Ihre Grenzen bemessen sich grundgesetzlich an den Staatszielbestimmungen und der Grundrechtsordnung, im Bereich der integrierten Wirtschaft vorrangig an den Zielsetzungen des Gemeinsamen Marktes und ihren Konkretisierungen durch primäres und sekundäres Gemeinschaftsrecht.

Die Bestimmung des öffentlichen Subventionsinteresses in seiner Komplexität, deren Variationsbreite, deren wechselseitige Bedingtheiten, Antinomien und Anfälligkeiten gegenüber nichtjuristischen Faktoren zu beschreiben eine Sache der Ökonomen wäre, und die generelle oder fallweise Abwandlung seines Inhalts durch die Subventionsverwaltung ist aus der Natur der Sache, ihres Objektes wegen, eine wirtschaftspolitische Entscheidung, die, letztlich in den Grenzen der Zweckbestimmung des Etattitels, in der Kompetenz der Exekutive liegt und als solche im Rechts-

---

47) Vgl. Wolff, aaO., § 155, S. 223—229, „Sonstige Förderungen“.

48) Richtig: Wolff, aaO., S. 216, im Sinne einer spezifischen Konkretisierung des öffentlichen Subventionsinteresses. Sein Zusatzpostulat „Die Subventionszwecke dürfen einander nicht widersprechen“ ist leichter geschrieben als vollzogen, kontrolliert und sanktioniert.

49) VeröffVDStRL Heft 22 (1965) S. 289; dagegen Ipsen, ebenda S. 332; Salzwedel, ebenda S. 259 LS 3 hat betont: „Zur Staatsaufsicht gehört nicht die Gewährung von Subventionen.“

streit das Gericht an die Grenzen seiner Prüfungsbefugnisse und Erkenntnismöglichkeiten bringt.

Ein solches Gericht[50]) hat z. B. erwogen, ob eine beantragte Schiffsneubau-Hilfe von einigen Millionen versagt werden durfte, weil die antragstellende Partenreederei zu 49 % im Besitz des ausländischen Korrespondenzreeders war, weil der deutsche Anteil primär Kapitalanlage und nicht das freie Meer suchte, weil dieser überdies aus schiffahrtsfremder Branche stammte, weil der Neubau in Zeitcharter des Korrespondenzreeders unter seiner Flagge zwischen ausländischen Häfen fahren sollte, weil die Reederei eine neue ad-hoc-Gründung nur für diesen Neubau war, während eine alte renommierte Reederei Neubauhilfe erhalten hatte, obwohl ihre Kapitalmehrheit auch nicht dem Meer entrissen, sondern der Produktion von Puddingpulver entzogen worden war. Das Gericht hat angenommen, daß die Behörde in der Anwendung und Auslegung ihrer Richtlinien grundsätzlich frei sei, soweit sich nicht aus dem Gleichheitssatz oder dem Verfassungsrecht sonst ihre Bindung ergebe. Unter diesen Maßstäben hat das Gericht sämtliche, von der Subventionsverwaltung angestellten Entscheidungserwägungen überprüft, aber im Sinne des Subventionszwecks als Gründe für die Verweigerung für vertretbar gehalten. Ob das Gericht einen Beurteilungsspielraum der Exekutive anerkannte oder ein Subventionsermessen auf Fehlanwendung überprüfte, bleibt dahingestellt.

Insoweit will ich mit diesem Urteil nicht rechten, zumal es vom I. Senat des Hamburgischen Oberverwaltungsgerichts ergangen ist. Im Grunde aber wird hier sichtbar, daß der Subventionsverwaltung letztlich in den Zweckgrenzen des Etattitels und der allgemeinen Regeln rechtsstaatlichen Verfahrens eine Gestaltungsfreiheit zusteht, die über Elemente der Subventions-Zweckbestimmung entscheiden darf und als solche keine Rechtsanwendung darstellt. Hier handelt die Subventionsverwaltung nicht im Bereich eines Beurteilungsspielraums, sondern im gestaltenden Verwaltungsermessen[51]), im „subventionären“ Ermessen, dessen gerichtliche Überprüfung nur dahin geht, ob die der Gestaltung zugrundegelegten Tatsachen vorhanden sind und ihre Würdigung verfahrens-korrekt und mit dem gesetzten Subventionszweck in noch vertretbarer Weise vereinbar erscheint[52]).

---

[50]) Urteil des Hamb. OVG Bf I 9/64 v. 7. 4. 1965 (unveröff.).

[51]) Wolff, aaO., S. 221, 137 spricht, über Ermessen hinausgreifend, von „Gestaltungsfreiheit“.

[52]) Es handelt sich dabei um eine Ermessenskategorie, wie sie das Bundesverwaltungsgericht in etwa vergleichbaren Zusammen-

Das wäre in der zitierten Reederei-Entscheidung etwa — ich lasse jetzt meine Phantasie spielen — nicht der Fall gewesen, wenn die Subvention im Grunde verweigert worden wäre, weil der deutsche Partenreeder aus der Versicherungsbranche entgegen früherer Bereitwilligkeit sich geweigert hatte, der Partei des Subventionsministers eine Wahlspende zu machen.

3. Dieser Subventionstyp und seine Ausgestaltung durch die Exekutive lehrt also, daß ihre Disposition über den Subventionszweck in seiner variablen Komplexität und die Einschätzung der ebenso komplexen Gegenleistungserwartung beim Subventionsempfänger eine Verfügung über die Subventions-Chance des Antragstellers bedeutet, die den üblichen Ausschluß eines Rechtsanspruchs auf Subventionierung in einer Hinsicht erklärt und rechtfertigt. Dieser Ausschluß erklärt sich zum anderen aus § 24 RHO und aus der Beschränkung aller Förderungskompetenz durch die Quantität der verfügbaren Etatmittel. Da im Zweifel das Volumen der Subventionsanträge das des Etattitels immer übersteigt, muß die Subventionsverwaltung kontingentieren oder Prioritäten anerkennen. Diese Kompetenz zur Dosierung oder Rangierung zählt daher zwangsläufig auch im Rechtssinne zu den typischen Befugnissen einer Subventionsverwaltung und könnte als Zuteilungs-Kompetenz bezeichnet werden — dies mit der Rechtsfolge, daß der nicht voll oder überhaupt nicht mehr subventionierte Bewerber einen Verwaltungsfehler nicht deshalb rügen könnte, weil die Verwaltung überhaupt kontingentierte oder rangierte, sofern sie dies in rechtsstaatlich einwandfreiem Verfahren tat.

Diese Zuteilungskompetenz der Subventionsverwaltung für den Einzelfall muß indes wohl unterschieden werden von der entsprechenden, die sich vorher, primär und generell im verwaltungsfremden Bereich der Gesetzgebung, des einfachen Parlamentsbeschlusses oder der Etatbewilligung äußert. Diese Frage der Dosierung und Rangierung von Sub-

---

hängen (erhebliche öffentliche Interessen i. S. des Wohnsiedlungsgesetzes) umschrieben hat; vgl. BVerwGE Bd. 10 S. 202 [205]: öffentliches Interesse, das „nicht immer ausschließlich durch Erkenntnis und Wertung im voraus objektiv gegebener äußerer Tatsachen und Verhältnisse erfaßbar" ist; „Richtung und Inhalt dieses Interesses können zuweilen einer gestaltenden Beeinflussung der ... Behörde unterlegen haben, die insoweit mit Ermessensfreiheit tätig geworden sein kann"; dazu: Kellner, Referat auf der Tagung der Vereinigung der Verwaltungsgerichtspräsidenten v. 23./24. 9. 1965, Masch.-Schrift S. 37 ff.; allgemein hierzu: Gygi, Rechtsstaatsprobleme der heutigen Wirtschafts- und Sozialordnung, in: Journal der Internat. Juristen-Kommission Bd. IV (1962—1963) S. 23, 27, 29 ff.

ventionsmitteln gehört letzlich zum Problem der Legalisierung, das uns (unter III) noch beschäftigen wird, und ihre Beantwortung kann unter sich wandelnden wirtschaftlichen Bedingungen für eben denselben Wirtschaftsbereich nacheinander die unterschiedlichsten Motive haben. Um bei der See zu bleiben: es ist nachgewiesen worden[53]), daß z. B. die Subventionierung der deutschen Hochseefischerei seit dem 1. Weltkrieg nacheinander bezweckt hat: die Versorgung der ärmeren Bevölkerungsschichten mit billigem Eiweiß, die Nachwuchsförderung für die Kriegsmarine, die Förderung der Seegeltung und der Wirtschaftsautarkie, die Verminderung der Arbeitslosigkeit, die Wettbewerbsbehauptung der Fischwirtschaft und der deutschen Häfen gegenüber dem Ausland und endlich die Anpassung im Gemeinsamen Markt.

4. Im Vergleich zu anderen als Wirtschaftssubventionen, von denen — in der Systematik bei Wolff etwa — Kultur-, Sozial-, Sport- und Parteisubventionen in Frage stehen, dürfte das Merkmal ihrer öffentlichen Zweckverfolgung durch ihr entsprechende erwartete Leistung des Empfängers allen Erscheinungsarten gemeinsam sein. Umschreibung, Komplexität, Variabilität und normative Unzugänglichkeit des Subventionszwecks — mit allen rechtlichen Folgerungen, die sich daraus für ihre Rechtsgestaltung, ihre Legalisierbarkeit, ihre Handhabung und den Rechtsschutz ergeben — sind aber offensichtlich im Bereich der Wirtschaftssubventionierung am kompliziertesten, und in der Skala der genannten Subventionsarten führt ein Gefälle zu einfacheren, deshalb normativ auch eher erfaßbaren Zweckbestimmungen, wenn etwa auch die simple Zweckbestimmung „Sondermittel für die Aufgaben der Parteien nach Art. 21 GG" im Einzelplan 06 Kapitel 02 Titel 612 des Bundeshaushalts und ihre Verteilung nach Adam-Riese-Art künftig nicht mehr ausreichen wird, wenn es um die noch zugelassene Wahlkampffinanzierung gehen soll.

II. Subventionierung als Hoheitsaufgabe

Wir verdanken es dem genius loci unserer Tagung, daß wir mit einer weiteren, für die rechtliche Begriffsbestimmung der Subvention, das Problem ihrer Legalisierung, ihrer Handlungsformen und ihres Rechtsschutzes entscheidenden Frage durch die Diskussion des Zweiten Österreichischen Juristen-

[53]) Müller-Möhwald, Die Rechtsordnung und die finanzielle Förderung der deutschen Großen Hochseefischerei und ihrer Abnehmer sowie die Neuregelung der Fischereigrenzen in der Nordsee und im Nordatlantik, Hamb. Diss. 1966, Masch.-Schrift S. 67 ff.

tages in Wien 1964 konfrontiert worden sind. Sein Thema „Das Förderungswesen unter dem Blickwinkel des Legalitätsprinzips" war u. a. geradezu provoziert worden durch die Arbeiten österreichischer Wissenschaftler (wie es hier jetzt von Amts wegen heißt), und es hat eine an Deutlichkeit nicht zu überbietende Zuspitzung erfahren durch die Bekanntgabe des schon erwähnten Entwurfs der zuständigen Sektion des österreichischen Finanzministeriums für ein Bundesgesetz betreffend Bundesförderungen[54]).

Der Entwurf will, wie seine Begründung ausführt, „einem Teilbereich der Privatwirtschaftsverwaltung des Bundes eine Rechtsgrundlage geben"; er ordnet die Subventionsverwaltung eindeutig der nicht-hoheitlichen, der nicht-behördlichen sog. Privatwirtschaftsverwaltung zu, sieht als Gestaltungsmittel für die Subventionierung nicht den Bescheid, sondern allein den privatrechtlichen Vertrag vor und nennt in der Begründung die als „Zuwendungen" bezeichneten Subventionen „Schenkungen" im Sinne der Rechtseinrichtung des Allgemeinen Bürgerlichen Gesetzbuches. Der Entwurf, der jetzt im Nationalrat eingebracht werden soll, ist inzwischen überarbeitet, aber offenbar in seinen Grundzügen nicht verändert worden.

Der Entwurf ist ein klassischer Fluchtversuch der Hoheitsverwaltung ins Privatrecht, wenn es zutrifft, daß die Subventionsverwaltung Hoheitsverwaltung ist und der subventionierende Staat keine Geschenke austeilt. Das aber ist nun in der Tat anzunehmen, und ich bin nicht davon überzeugt, daß diese jedenfalls in der deutschen Theorie und Praxis wohl einhellige und auch in der Schweiz vertretene Auffassung eine durch eine nationale Rechtsordnung begrenzbare Deutung einer Aufgabe moderner Staatlichkeit ist. Indes gibt der österreichische Entwurf allen Anlaß, diese Position zu überprüfen, und dies nicht zuletzt angesichts des uns seit langem geläufigen Vorhalts, eine Richtung der deutschen Verwaltungsrechtslehre, von der ich — zumal ich ihr angehöre — offenlassen will, ob sie eine moderne oder eine reaktionäre ist, verleugne die perfekte Legalitätsbindung der Verwaltung im Stil des Art. 18 des österreichischen Bundesverfassungs-Gesetzes. Mir liegt bei solchem Vorbehalt gegenüber jenem österreichischen Entwurf die Gretchenfrage an Faust auf der Zunge: „Nun sag, wie hast Du's mit der Religion? Du bist ein herrlich guter Mann, allein ich glaub', Du hältst nicht viel davon." Nur würde ich nicht

---

[54]) Vgl. Anm. 17.

mehr nach der Religion, sondern nach der Grundrechtsgeltung fragen, nachdem Pernthaler[55]) noch im vorigen Jahr mit dürren Worten unter Berufung auf die Praxis feststellen mußte: „Der gesamte Bereich der sogenannten Privatwirtschaftsverwaltung, der ... einen wesentlichen Teil der Leistungsverwaltung ausmacht, wird in Österreich von der Anwendbarkeit der Grund- und Freiheitsrechte praktisch ausgeschlossen."

1. Die Wirtschaftswissenschaften[56]) haben unter deutlicher Ausscheidung zweckgebundener oder allgemeiner Finanzausgleichsleistungen zwischen den Finanzmassen öffentlicher Verwaltungsträger die Subventionen primär als Ausgaben aus öffentlichen Haushalten ohne spezifische Deckungsart charakterisiert, denen die unter hoheitlicher Mitwirkung von der Wirtschaft selbst aufgebrachten Finanzhilfen im Stil der Investitionshilfe oder der Brüsseler Schrottausgleichskasse, die Köttgen[57]) den „horizontalen Finanzausgleich der Wirtschaft" genannt hat, nur in einem weiteren Sinne zugerechnet werden können. Diese Eingrenzung ist rechtserheblich, da die Etatisierung der Subventionsmittel im öffentlichen Haushalt automatisch mit Hilfe der parlamentarischen Budgethoheit, der Zweckbindung der Mittel und des öffentlichen Haushaltsrechts die Subventionsverwaltung gleichzeitig ermächtigt und bindet, was in Fällen des horizontalen Finanzausgleichs der Wirtschaft erst durch ein besonderes Rechtsstatut[58]) herbeigeführt werden kann, in dem zunächst auch die Mittelaufbringung normiert werden muß. Subventionen dieser Eingrenzung belasten also die Ausgabeseite des Haushalts und scheiden sich von solchen haushaltsmäßig unsichtbaren Begünstigungen, die letztlich zwar auf Kosten der Allgemeinheit gehen, von zahlreichen positiven, förderlichen Maßnahmen der Wirtschaftspolitik ohne Subventionscharakter aber kaum zu unterscheiden sind[59]). Daß, wie

---

55) Jur. Blätter Jg. 87 (1965) S. 70.

56) Meinhold, aaO., S. 237, 240.

57) DVBl. 1953 S. 489 Anm. 33.

58) Beispiel: Das Investitionshilfegesetz v. 7. 1. 1952 (BGBl. I S. 7); zur Mittelaufbringung: Ipsen, AöR Bd. 78 (1953) S. 285 ff.; Köttgen, aaO., S. 489.

59) Meinhold, aaO., S. 239; dazu: Friauf, Verfassungsrechtliche Grenzen der Wirtschaftslenkung und Sozialgestaltung durch Steuergesetze, Recht und Staat, Heft 325/326 (1966) S. 20: gezielte steuerliche Begünstigungen als „negative Staatsleistungen"; Strickrodt, Das Subventionsthema in der Steuerpolitik unter besonderer Berücksichtigung der Landwirtschaft (1960); ferner das bei Friauf, aaO., Am. 55 weiterhin genannte Schrifttum und Material.

behauptet worden ist[60]), sichtbare und unsichtbare, direkte und indirekte Subventionen gleiche Rechtsfragen aufwerfen und ein Rechtsbegriff der Subvention sie deshalb einheitlich umfassen müsse, erscheint mir nicht einleuchtend und ist es allenfalls finanzwissenschaftlich oder finanzpolitisch[61]).

2. Wenn die Subvention Zuwendung aus öffentlichem Haushalt ist, wird damit die Frage, ob die Subventionsverwaltung ihre Zuteilung hoheitlich oder fiskalisch-privatwirtschaftlich verfügt, noch nicht beantwortet, und die Antwort liegt auch nicht in der Rechtsförmlichkeit des einzigen oder letzten Rechtsaktes, der die Zuwendung bewirkt. Die heute noch maßgeblichen Strukturen des öffentlichen Auftragswesens können illustrieren, daß Zuschlag, Vergabe und Vertragsschluß nach Verdingungsordnung zur Ausgabe öffentlicher Haushaltsmittel durchaus im Stil fiskalischer Privatrechtsgestaltung führen können, obwohl — mit Forsthoff[62]) — anzunehmen ist, daß das öffentliche Auftragswesen nicht Hilfsgeschäft der Verwaltung, sondern eminent öffentliche Verwaltung ist. Für die Subventionsverwaltung gilt das aber deshalb nicht, weil sowohl die generelle, verwaltungsfremde Primärentscheidung über das „ob" und das „wieviel" der Subventionierung durch Etatisierung, sofern sie nicht ohnehin durch Gesetz erfolgt, wie auch die Einzelentscheidung der Subventionsverwaltung über das „Ja" oder „Nein" zum Subventionsantrag originär öffentliche Zwecke verfolgt und hoheitlich-öffentliche Verwaltungsaufgaben erfüllt[63]).

Zählt die Subventionsverwaltung danach prinzipiell zur Hoheitsverwaltung, weil sie Primärzwecke öffentlichen Interesses verfolgt, so muß damit auch die Vorstellung ausscheiden, Subventionen seien Geschenke und folglich sei der Staat nicht nur ungebunden in ihrer Zusage und Zuwendung, sondern auch in der Placierung seiner Handlung im Hoheits- oder Fiskalbereich. Hierzu kann zunächst nur wiederholt werden, daß die Subventionierung begrifflich bedingt ist durch die erwartete Gegenleistung ihres Empfängers, mit seinem Verhalten den öffentlichen Subventionszweck zu fördern — eine Gegenleistung, die zwar keine

60) von Welter, aaO., S. 496.
61) Richtig: Wolff, aaO., S. 215.
62) Forsthoff, Der Staat als Auftraggeber, res publica, Bd. 12 (1963) S. 21.
63) Ebenso Wolff, aaO., S. 217.

marktwirtschaftliche ist[64]) und die Subventionierung nicht tauschwirtschaftlich kennzeichnet, es aber ausschließt, das Subventionieren ein staatliches Geschenkemachen zu nennen. Viel zitiert ist Schumpeters[65]) Wendung: „Das Geschenk ist keine ökonomische Kategorie." Ich würde — à la Köttgen, wohl aber originär österreichisch — abwandeln: „Das Schenken ist keine Verwaltungsagende."

3. Die Qualität des Staates, in zivilrechtlichen Gestaltungsformen fiskalisch handeln zu dürfen, kann daher — wie Klecatsky[66]) es formuliert hat — nicht zu der Folgerung berechtigen, der Staat besitze kraft dieser Qualität — in Österreich vielleicht gemäß Art. 130 Abs. II BVG — als Fiskus eine „gigantische formalgesetzliche Delegation" zur Subventionsverwaltung, wie sie übrigens ebensowenig bei uns in unmittelbarem Verfassungsvollzug der Sozialstaatsklausel des Grundgesetzes entnommen werden kann[67]). Und wenn der zitierte österreichische Ressortentwurf, der unter Aufzählung der förderungswürdigen Vorhaben und in Positivierung eines Subsidiaritätsprinzips jede anweisende Stelle der Bundesverwaltung ermächtigt, nach Maßgabe der zweckbestimmten Etattitel zu subventionieren, dabei die Förderung nicht als Hoheits-, sondern als Privatwirtschaftsverwaltung ausschließlich privatvertraglicher Gestaltung ausweist, so will es hier der Gesetzgeber unternehmen, eine öffentliche Staatsaufgabe notwendiger Hoheitsqualität zu fiskalisieren — mit allen Konsequenzen, die das für den Grundrechts- und den Rechtsschutz nach sich ziehen muß. Ich kann hier nur wiederholen: „Der Staat darf seine Finanzvermögensmacht nicht in privatrechtlicher Form zu Zwecken gebrauchen, deren Verfolgung mit den ihnen adaequaten Mitteln des öffentlichen Rechts ihm verfassungsrechtlich verwehrt wäre. Mit anderen Worten: Die an sich der Verwaltung zulässige Verfügung über privatrechtliche Gestal-

---

64) Meinhold, aaO., S. 238.

65) Schumpeter, Theorie der wirtschaftlichen Entwicklung, 3. Aufl. (1931) S. 220. — „Schenken" und „Wirtschaften" sind in veränderte Relation unter den Gesichtspunkten der Wirtschaftshilfe für Entwicklungsländer gerückt, obwohl der Zusammenhang mit Verhaltenserwartung und Verhaltensbindung nicht zu übersehen ist. Auch hier erweist sich, daß der Begriff „Wirtschaft" Bedeutungswandlungen unterliegt, deren wesentliche sich im 16.—18. Jahrhundert vollzogen hat; hierzu: Laum, Schenkende Wirtschaft. Nichtmarktmäßiger Güterverkehr und seine soziale Funktion (1960), insbes. S. 40 ff., 361 ff., 435 ff. Für das Subventionsthema ist bezeichnend, daß Laum von ihrer Erscheinung keine Notiz nimmt und sie (ebenso wie der Begriff „Förderung") nicht einmal im Sachverzeichnis erscheint.

66) AaO., S. 337, 338.

67) Ipsen, Öffentliche Subventionierung Privater, S. 10 ff., 36.

tungsformen eröffnet ihr keine außergesetzliche Subventionskompetenz — ein Satz, der getrost aus den Elementen der verfassungsmäßigen Ordnung abgeleitet werden darf und zu erkennen gibt, daß der Staat stets strengeren Handlungsgrenzen unterworfen ist als der Einzelne, dem nur der Mißbrauch wirtschaftlicher Machtstellung verwehrt ist" (S. 43/44).

III. Gesetzmäßigkeit der Subventionsverwaltung

Es ist gebräuchlich geworden, die Subventionsverwaltung als Teil der sog. Leistungsverwaltung mit ihr pauschal einer Art „Legalitätsprobe" zu unterziehen, d. h. zu fragen, ob die Verwaltung zum Subventionieren einer gesetzlichen Ermächtigung bedürfe wie die Polizei und die Steuerverwaltung. Diese Methode verfährt, als ob die abstrakt-generelle Normierbarkeit von Subventionszwecken ebenso selbstverständlich sei wie die gesetzliche Tatbestandsumschreibung des § 14 PVG oder eines Einkommensteuertatbestandes. Diese Methode[68]) verfährt auch ohne Logik und im Zirkelschluß, wenn sie meint: die allgemeine Polizeiermächtigung aus § 10 II 17 ALR für eine Eingriffsverwaltung sei erst durch die Rechtsprechung konkretisiert worden, gleichwohl habe niemand die Polizei mit ihren der Leistungsverwaltung an Vielfalt und Fallbezogenheit vergleichbaren Aufgaben für gesetzesunabhängig gehalten und folglich sei ein entsprechender Schluß aus ihrer Aufgabe im Sinne der Gesetzesfreiheit der Leistungsverwaltung verfehlt. Was die Rechtsprechung für die Polizei geleistet hat, kann sie heute mindestens gleichermaßen für die Leistungsverwaltung zu Wege bringen, und deshalb ist jene Folgerung ohne jede Beweiskraft. Jedenfalls gilt das für die Besonderheiten der Subventionsverwaltung.

Für sie übersieht jene Methode die beispielhaft beschriebene konkrete öffentliche Zweckhaftigkeit und Verhaltenserwartung des Subventionierens, und sie übersieht die im rechtlich problematischen Fall nicht-gesetzlicher Subventionsregelung durch den Haushaltstitel parlamentarisch sanktionierte Zweckbindung der Subventionsverwaltung. Im Zusammenhang mit der Legalitätsfrage, die hier zu erörtern ist, halte ich nämlich eine Eingrenzung und Spezifizierung des allgemeinen Problems der Legalisierung der Leistungsverwaltung, das uns ja schon hinlänglich beschäftigt hat, für möglich und für geboten. Wenn Wolff in der Leistungsverwaltung die großen Gruppen der Vorsorge-, der Sozial- und der Förderungsverwaltung unter-

---

[68]) Rupp, Grundfragen, aaO., S. 126/127.

scheidet[69]), so kann keine Rede davon sein, daß sich die spezifische Legalitätsfrage der Subventionsverwaltung einheitlich und gleichermaßen etwa für die Sozialversicherung oder die Sozialhilfe stellte — und in der Förderungsverwaltung stellt sie sich für eine Wirtschaftssubventionierung anders als für das Honnefer Modell, weil sein Förderungstatbestand und -Zweck im Vergleich zum wirtschaftspolitischen Subventionszweck eine Adam-Riese-Rechnung ist. Aller Erörterung der Legalitätsfrage sei indes der Satz vorangestellt, daß eine gesetzliche oder dem Art. 80 GG genügende Normierung des Subventionswesens rechtsstaatlich und demokratisch zu befördern und zu begrüßen ist, wo die Materie dies nur irgend gestattet. Daß dies generell möglich sei, kann aber nicht angenommen werden, und hierfür bleibt die Legalitätsfrage zu erörtern.

1. Über eine ungeschriebene Subventionskompetenz — etwa aus Amtsauftrag oder Organisationsgewalt — verfügt die Exekutive nicht, und eine ungeschriebene selbständige Fondszuständigkeit nach Art der Weimarer Fondsverwaltung des Reichs, die die föderale Kompetenzverteilung unterwandern konnte, findet für die öffentliche Subventionierung Privater keine Parallele. Ich kann nur wiederholen (S. 41): „Jede öffentliche Subventionierung Privater mit ihren möglichen Rechtswirkungen der öffentlichen Gewalt gegenüber Einzelnen setzt voraus, daß die Exekutive mit ihr öffentliche Aufgaben wahrnimmt, zu denen sie nach den Grundsätzen verfassungsmäßiger Ordnung überhaupt legitimiert ist. Es gibt also keine außerhalb dieser Ordnung bestehende, freischwebende staatliche Subventionskompetenz der Exekutive an sich, kraft deren sie — unter Berufung auf eine der Rechtsordnung zugehörige, für die Etatgestaltung verbindliche Kompetenznorm — vom Parlament die etatmäßige Bereitstellung von Haushaltsmitteln verlangen könnte. In jedem Fall ist hierfür eine hinreichend präzise Legalisierung der Subventionsaufgabe selbst erforderlich."

Von diesen Sätzen war ich ausgegangen. Ihnen hatte ich hinzugefügt (S. 36), das Sozialstaatsprinzip, das staatliche Verantwortlichkeit für die soziale und wirtschaftliche Ordnung, wohl auch für Wachstumsvorsorge umfaßt, bilde keine verfassungsrechtliche Subventionsermächtigung an sich, woraus sich ergibt, daß die Subventionsverwaltung sich insoweit nicht auf eine Ermächtigung zum unmittelbaren Verfassungsvollzug berufen kann. Das ergibt sich eindeu-

[69]) Wolff, aaO., Bd. III S. 127/128.

tig aus der Etathoheit des Parlaments und der Eigenschaft der Subventionierung, regelmäßig als Ausgabe oder Bindung öffentlicher Haushaltsmittel zu wirken, zu der die Verwaltung erst durch parlamentarische Haushaltsbewilligung ermächtigt wird. Im Sinne der allgemeinen Legalitätsfrage für die Leistungsverwaltung hat sich die Legalitätsfrage für die Subventionsverwaltung deshalb dahin konzentriert, ob die zweckbestimmte Etattitel-Ausweisung im gesetzlich festgestellten Haushalt dem Prinzip der Gesetzmäßigkeit genüge oder zusätzliche Legalisierung erforderlich sei. Das Bundesverwaltungsgericht hält bekanntlich den Etattitel für ausreichend[70]). Dem schließe ich mich heute an, nachdem ich 1950 und 1956 (S. 41—42), als die Subvention juristisch noch Neu- und Niemandsland war, zusätzlich wenigstens eine hinreichend deutliche parlamentarische Willensäußerung — etwa in Gestalt des einfachen Parlamentsbeschlusses — für erforderlich gehalten habe. Eine solche hatte vorgelegen, als der Bundestag am 31. März 1950 die Förderung der deutschen Filmproduktion beschloß und der Film „Eva im Abendkleide“, der nicht subventioniert werden sollte und uns deshalb entgangen ist, mich zweistufig zum Subventionsthema inspirierte.

Die Rechtfertigung für den Etattitel als ausreichende Rechtsgrundlage sollte in einer neu durchdachten verfassungsrechtlichen Bewertung des Haushaltsgesetzes, seines Zusammenhangs mit dem Budget, seiner planhaften Zuordnung zur planausführenden Exekutive[71]) und

---

[70]) BVerwGE Bd. 6 S. 282. — Sellmann, Der schlichte Parlamentsbeschluß, Schriften zum öffentlichen Recht, Bd. 29 (1966) S. 116, wendet sich hiergegen mit der Begründung, nur der Gesamt-Haushaltsplan mit den Schlußzahlen der Einzelpläne werde publiziert. Obwohl die Einzelpläne als sachlich nach Zweck und Inhalt bestimmte und begrenzte Ermächtigung gewertet werden können, scheitere ihr Ermächtigungscharakter an gehöriger Kundmachung. Im Parteienfinanzierungsurteil des BVerfG v. 19. 7. 1966 (BVerfGE Bd. 20 S. 93) ist dieser Gesichtspunkt mit guten Gründen entkräftet worden: haushaltsgesetzliche Verweisung auf die Einzelpläne und ihre tatsächliche Zugänglichkeit für die Öffentlichkeit (und insbes. auch für die Gerichte) genügen den Anforderungen des Art. 82 Abs. I GG.

[71]) Weil die Exekutive den Plan ausführt, kann sie gegenüber der Wirtschaft keine Bindungen mit Ausgabefolgen eingehen, die der Etathoheit des Parlaments vorgreifen würden; dies zu Köttgen, Fondsverwaltung, aaO., S. 24 und in Wiederholung meines Standpunktes in: Öffentliche Subventionierung Privater, S. 41. Wo das Parlament gleichwohl Etattitel „nachschiebt“, mag das politisch zwangsläufig geschehen, verfassungsrechtlich jedenfalls nicht. Rechtliche Zwangsläufigkeiten für die Etathoheit des Parlaments können aber kraft Gemeinschaftsrecht entstehen, so etwa im Zuge der Agrarmarkt-Integration.

— nicht zuletzt — in der politisch gestaltenden und ermächtigenden Funktion der zweckgebundenen Mittelzuweisung durch das Parlament an die Exekutive liegen, die der Eigenart der Subventionierung entspricht, konkretisierte Staatszwecke zu erfüllen. In diesem Sinne ist dem Bundesverfassungsgericht in seiner Entscheidung vom 19. Juli 1966[72]) beizupflichten, wonach Haushaltsgesetz und Haushaltsplan eine Einheit bilden, aus der das Haushaltsgesetz die Verwaltung ermächtigt, die Titelbeträge des Etats für die bei ihnen festgelegten Zwecke auszugeben, und dies in Gestalt eines ermächtigenden Rechtssatzes, der jedenfalls im Verhältnis zwischen Parlament und Regierung normativ wirksam ist[73]). Und da Art. 110 ff. GG diese so verständliche Zuordnung von Parlament und Regierung für eine Verwaltungsaufgabe sanktionieren, deren Substanz beim Subventionieren im Einsatz öffentlicher Haushaltsmittel für konkretisierte öffentliche Zwecke besteht, kann dieser Stil einer Subventionsermächtigung auch nicht aus Gesichtspunkten des Art. 80 GG oder solchen anderen verfassungsrechtlich beanstandet werden, die dem Art. 80 entsprechende Spezifizierungsanforderungen an gesetzliche Handlungsgrundlagen für die Exekutive aus allgemeinen rechtsstaatlichen Erwägungen stellen wollen[74]). Das Etatrecht des Grundgesetzes liefert eben seine besondere Ausgestaltung des demokratischen und des Gesetzmäßigkeitsprinzips für den Subventionsbereich der Leistungsverwaltung, die sich als für ihre spezifischen Strukturen geeignet und adaequat erweist.

2. Die zweite Legalitätsfrage zielt dahin, ob dem staatlichen Subventionieren Verfassungsgrenzen gesetzt sind, denen auch die Etattitel-Subventionierung unterworfen wäre. Wolff[75]) sieht sie (übrigens insoweit in Übereinstimmung mit § 5 Ziff. 1 des österreichischen Ressort-

---

72) BVerfGE Bd. 20 S. 91.

73) Diese normative Wirksamkeit ist auch nicht ohne bindende Kraft im Sinne einer Vollzugsanweisung zu verstehen; vgl. Leisner, Öffentlichkeitsarbeit der Regierung im Rechtsstaat (1966) S. 98; Friesenhahn, VeröffVDStRL Heft 16 (1958) S. 70 LS II 2: Auch ein „politisch akzentuierter Haushaltsansatz (kann) die Verpflichtung der Regierung begründen, den bewilligten Betrag für den vorgesehenen Zweck auszugeben." — Auch Köttgen, Fondsverwaltung S. 76 schließt einen „Bedeutungswandel" des Haushaltsplans (zur rechtsstaatlichen Ermächtigung) offensichtlich nicht aus, bleibt aber — mit Recht — bei seiner Forderung, grundrechtliche Grenzen der Wirtschaftsförderung zu respektieren.

74) Vgl. die Nachweise bei: Leibholz-Rinck, GG (1966) S. 241.

75) AaO., S. 219, 136 ff.

entwurfs) im Subsidiaritätsprinzip, das es verbiete, zwangsweise eingezogene Abgaben beliebig zu verschenken, ferner im Gemeinschaftsrecht (Art. 92 EWGV, Art. 4 EGKSV), das Wettbewerbsverfälschungen und zwischenstaatliche Handelsbeschränkungen durch Subventionen, diese im Montanbereich noch kategorischer verbietet. Dem ist beizupflichten, wenn das verfassungsrechtliche Verbot der Subventionierung aus Subsidiarität, zutreffenderweise herzuleiten aus Art. 2 Abs. I GG[76]), auf die grundsätzliche Verfassungsentscheidung für die primäre Eigenverantwortlichkeit des Einzelnen abstellt, aus der allein auch die rechtliche Freiwilligkeit jeder Subventionsannahme und die Befugnis hergeleitet werden kann, sich der Mitwirkung an der Erfüllung öffentlicher Subventionszwecke zu versagen: omnis subventio est voluntaria. Die Vorstellung einer Zwangs-Subventionierung ist jedenfalls verfassungsrechtlich ausgeschlossen, wobei nicht verkannt wird, daß die ökonomische Angewiesenheit auf ihre Erlangung oder Hin- oder Mitnahme einer Zwangslage entspringen kann, deren faktische Pression hinter Rechtszwang nicht zurücksteht. Das aber ist der unvermeidliche Preis für eine grundrechtlich gewährleistete Wirtschaftsfreiheit und Eigenverantwortung.

Daß Art. 15 GG mit der Bereichseingrenzung sozialisierbarer Wirtschaft weder die dort nicht genannten Wirtschaftszweige von Subventionierungen ausschließt noch den dort genannten subjektive Subventionsprivilegien verschafft (S. 13), sollte klar sein, obwohl wir in diesem Jahr die Alternativ-Forderung: „Subventionen, sonst Sozialisierung“ an der Ruhr gehört haben[77]). Daß aber Art. 15 GG im Konfliktfall für gesetzgeberische und wirtschaftspolitische Erwägungen eine Art Rangordnung der Subventionswürdigkeit abgeben kann, sollte ihm schon entnommen werden (S. 14).

Im Parteienfinanzierungs-Urteil vom 19. Juli 1966 hat das Bundesverfassungsgericht ein verfassungsrechtliches Subventionierungsverbot für die Parteien —

---

[76]) Ipsen, NJW 1963, S. 2107 ff.; Wolff, aaO., S. 136 ff. leitet das Subsidiaritätsprinzip als allgemeinen Rechtsgrundsatz aus dem von ihm sog. Rechtsprinzip ab und nennt es Bestandteil des Rechtsstaatsprinzips der Art. 20, 28 GG; vgl. ferner: v. Münch, JZ 1960, S. 303 ff.

[77]) Vgl.: Verstaatlichung als letzter Ausweg? in: Die Zeit, Nr. 11 v. 11. 3. 1966, S. 35. — Die beiden bei H. Nipperdey geschriebenen Kölner Dissertationen (1965) von Lenzen, Die verfassungsrechtlichen Grundlagen für die Vergabe von Subventionen durch den Gesetzgeber (Art. 2 Abs. 1 und 3 Abs. 1 GG), und von Pöttgen, Verfassungsrechtliche Grenzen staatlicher Wirtschaftsförderung durch Subventionen, berühren die Frage nicht.

dem Grunde nach, nicht nur des Vollzuges — hergeleitet aus der Verfassungsentscheidung „für einen freien und offenen Prozeß der Meinungs- und Willensbildung des Volkes", die in den Art. 5, 20 Abs. II, 21, 38 und 28 GG zum Ausdruck komme. Andere Verfassungsschranken begrenzen nicht das Subventionieren an sich, sondern die Modalitäten seines Vollzuges, so etwa solche aus Art. 3 und 18 GG, wenn der Subventionsvollzug Grundrechtseinbußen oder -verzichte fordert, wo allenfalls Grundrechtsverwirkung in den in Art. 18 GG gesetzten Grenzen und Verfahren zugelassen wäre (S. 36 Anm. 66). „Die Welt" (Nr. 77 v. 1. 4. 1966) hat über vergleichbare Sorgen berichtet, die hier in Graz mit einer Subventionskürzung für das „Forum Stadtpark" entstanden sein sollen, wozu ich nicht sagen kann, was das Datum (1. April) damit zu tun hat. Das gehört aber bereits in einen späteren Zusammenhang (unter IV).

3. Vor seiner Erörterung zählt zur Legalitätsfrage die nach dem jeweils maßgeblichen Subventions-Statut. Soweit es explicit gesetzlich in detaillierter Normierung bereitgestellt wird — wie etwa im klassischen Beispiel des Gesetzes zur Förderung der deutschen Eierwirtschaft vom 31. März 1956, dessen Objekt sich jetzt in integrierte Gemeinschafts-Eier verwandelt hat —, stellen sich keine bewegenden Fragen. Sie erheben sich, wo das Subventions-Statut in der üblich gewordenen Richtlinien-Regelung der Subventionsverwaltung besteht. Hier geht es ins Grundsätzliche — etwa des Art. 80 GG, des Rechtssatzcharakters der Verwaltungsverordnung, ihrer Binnen- oder auch Außenwirkung, ihrer spezifischen Auslegbarkeit und der Disposition über eine Auslegungsbefugnis.

Die Richtlinie des Subventionsrechts ist zum Prüfstein unseres verwaltungsrechtlichen Rechtsquellensystems und seiner verfassungsrechtlichen Verortung geworden in einem Zeitpunkt, in dem die ebenso genannte Richtlinie des sekundären Gemeinschaftsrechts[78]) die Probe für die Integrationstiefe der Supranationalität aufgibt. Diese Koinzidenz ist kein Zufall: beide Arten Richtlinien sind ziel- und zweckhaft motivierte Rechtsakte der Exekutive zum rechtsstaatlich einwandfreien Vollzug konkretisierter öffentlicher Interessen — dort von Subventionsinteressen, hier von Integrationsinteressen, beide regelmäßig oder überwiegend wirtschaftspolitischen Gehalts. Wenn in der Beschleunigung der Rechtssetzung über Verfassung, Gesetz, Rechtsverordnung und Anordnung in den 30er

---

[78]) Hierzu: Ipsen, Richtlinien-Ergebnisse, in: Zur Integration Europas, Festschrift für C. F. Ophüls (1965) S. 67 ff.

Jahren von einer „Motorisierung“ der Normgebung gesprochen worden ist[79]), sollte die Richtlinie, deren Fähigkeit zur Selbstbeschleunigung außer Frage steht, in entsprechender Motorensprache als „Kompressor“ bezeichnet werden: als ein Eigenmittel der Verwaltung nämlich, ihre nur zweck- und mittelbegrenzt vom Parlament freigesetzte Aktivität zu drosseln und zu verdichten, was unsere Prozessualisten dann Selbstbindung im Ermessen nennen, wenn der Kompressor gewirkt hat.

Nach den Maßstäben des Art. 80 GG gemessen, würden solche Subventions-Richtlinien inhaltlich seinen Verfassungsanforderungen — von gewissen Fehlzündungen abgesehen — in der Regel genügen, wenn sie eben auf gehöriger gesetzlicher Grundlage ausreichender Programmdichte ergingen; und auf Grund solcher Ermächtigung erlassen, würden ihr Rechtssatzcharakter und ihre Außenwirksamkeit schwerlich bestreitbar sein. An dieser Voraussetzung einer nicht nur im Haushaltsgesetz erteilten gesetzlichen Ermächtigung aber fehlt es. Das macht sie rechtsstaatlich suspekt und degradiert sie — so Gygi[80]) — zum bloßen „Entschlußbehelf hinsichtlich nicht zuverlässig voraussehbarer Situationen“ mit der Folge, daß die Legalitätsidee auf den „Nullpunkt“ zu gelangen scheint. Daß solche Richtlinien oft unter formloser Mitwirkung eines zuständigen Parlamentsausschusses zustandekommen und unter seiner Kontrolle bleiben, könnte diese Bedenken mildern. Daß sie oft nicht einmal im Bundesanzeiger oder Ministerialverkündungsblättern publiziert[81]), sondern dem Subventionsbewerber allenfalls über seine Verbandspublizität oder gar erst durch Transferierung in den Text von Antragsformularen (im Stil „allgemeiner Geschäftsbedingungen“) bekannt werden, kann diese Bedenken noch verstärken.

Die Selbstbindung der Verwaltung durch ihre eigene Richtlinie in der Art, die die Rechtsverordnung der Exekutive als

---

[79]) C. Schmitt, Die Lage der europäischen Rechtswissenschaft (1943/44), in: Verfassungsrechtliche Aufsätze (1958) S. 407; ders., Das Problem der Legalität (1950), ebenda S. 443.

[80]) Gygi, Journal d. Internat. Juristenkommission, Bd. IV (1962—1963) S. 30.

[81]) So sind die Richtlinien zur Förderung des Warenverkehrs mit Berlin (West) zur Durchführung des Gesetzes zur Förderung der Wirtschaft von Berlin (West) v. 9. 9. 1952 (BGBl. I S. 621) i. d. F. d. Ges. v. 25. 3. 1959 (BGBl. I S. 160) nicht veröffentlicht; vgl. auch Schlauwitz, Der Bund als Finanzier. Kredite, Leistungen und Bürgschaften des ERP-Sondervermögens (1964) S. 184. Interessierte Wirtschaftskreise werden durch ein entsprechendes Merkblatt informiert. Den Garantieübernahmen werden „Allgemeine Bedingungen“ zugrundegelegt.

Rechtssatz herstellt, wird heute üblicherweise angenommen mit Hilfe des Gleichbehandlungsgebotes[82]), also als Rechtsbindung kraft Rechtsanwendung, nicht originär kraft Rechtserzeugung — weshalb eben der Richtlinie der Rechtssatzcharakter abgesprochen wird. Soweit Theorie und Praxis des Finanzrechts[83]), ohne weitere Begründung z. T. auch das Bundesverwaltungsgericht gleichwohl Selbstbindung und Außenwirksamkeit der Richtlinie angenommen haben, hat ihnen das den Vorwurf einer Duldung grundgesetzwidriger Usurpation einer Verwaltungs-Autonomie eingetragen — „ein Vorgang, gegenüber dem sich der ehedem so verhaßte Stil der Cabinet-Ordres fast bescheiden ausnimmt", wie eine zornige rechtsstaatliche Aufwallung gemeint hat[84]).

Für die Subventions-Richtlinie sollte der Annahme, daß sie alle in der Subventionsverwaltung zuständigen Organe als Rechtssatz und kraft Rechtserzeugung, nicht erst kraft Anwendung binde, nichts im Wege stehen. Daß der Rechtserzeuger sich selbst derart verpflichte, kann weder damit bestritten werden, daß er sich dieser Verpflichtung pro futuro wieder entledigen könne — das vermag auch der Gesetzgeber und die Exekutive als Setzer einer Rechtsverordnung —, noch damit, daß Rechtssätze öffentlichen Rechts nur im Außenbereich zu binden vermöchten. Mit Nachdruck sollte der Rechtsnormcharakter auch solcher genereller Verhaltensregeln der Verwaltung bejaht werden, die sie in anderer als der von Art. 80 GG vorbehaltenen Weise selbst erzeugt[85]). Ihre Selbstbindung an ihre Richtlinien begründet die Subventionsverwaltung deshalb kraft ihrer Setzung, nicht erst kraft ihrer Durchsetzung.

Die Frage ihrer sog. Außenwirkung löst sich damit in eine Scheinfrage auf: daß die Richtlinie prinzipiell anders strukturiert sei als die Rechtsverordnung, ist nicht ersichtlich. Was sie von ihr unterscheidet, ist ihre Erzeugungsregel. Sie aber besteht im sonst nicht normierten Subventionsrecht in der rechtssätzlichen parlamentarischen Ermächtigung zur Subventionsmittel-Austeilung zum parlamentarisch fixierten öffentlichen Subventionszweck, und indem das Parlament diese Ermächtigung in einer durch Art. 110 ff. GG verfassungsrechtlich

---

[82]) Vgl. die Nachweise bei Rupp, Grundfragen, aaO., S. 118 ff.; Vogel, Gesetzgeber und Verwaltung, VeröffVDStRL Heft 24 (1966) S. 160 mit Anm. 112.

[83]) Dazu: Vogel, aaO., 158 ff.; Rupp, aaO., S. 121.

[84]) Rupp, aaO., S. 122.

[85]) Insoweit richtig: Rupp, aaO., S. 146; in gleicher Richtung — auch im Sinne ihrer Außen-Wirksamkeit —; Forsthoff, Verwaltungsrecht I, 8. Aufl. (1961) S. 123.

besonderen, durch Art. 80 GG nicht praejudizierten oder sonst ausgeschlossenen Weise erteilte, erlangt die Richtlinien-Selbstbindung der Subventionsverwaltung eine demokratische Legitimation, die hinter Art. 80 GG nicht zurücksteht. In diesem Zusammenhang müßte auch § 64 a RHO neu durchdacht werden, der die Subventionsverwaltung zum Erlaß von Verwendungs-Bestimmungen ermächtigt.

Man halte dem nicht entgegen, danach bedürfe es z. B. nicht mehr etwa des Sozialhilfegesetzes; es genüge fortan in den zuständigen öffentlichen Haushalten ein Etattitel der Zweckbestimmung „Sozialhilfe", die die Sozialverwaltung dann nach ihren Richtlinien verteile. Hier geht es um guten Grundes verfassungsrechtlich anerkannte Leistungsansprüche des Einzelnen unter Tatbestandsvoraussetzungen wirtschaftspolitischer Unwandelbarkeit, nämlich menschlicher Existenz und Persönlichkeitsbehauptung, und es geht bei ihrer Befriedigung nicht um die Verfolgung komplexer öffentlicher Gemeinschaftsinteressen, zu deren Realisierung ein Staat freier Wirtschaft und freier Gesellschaft die Mitwirkung ihrer Glieder mobilisieren muß.

Was verfassungsrechtlich gefordert bleibt, soweit die Subventionsverwaltung nicht gemein-gesetzlich ausnormiert wird oder werden kann, ist eine zunehmende Anpassung der Subventions-Richtlinien an bewährte Methoden staatlicher Normsetzung und die strikte Durchsetzung ihrer amtlichen Publizität mindestens im Bereich der Subventions-Interessenten.

IV. Subventionsverwaltung und Freiheitsrechte

Mit der Charakterisierung der öffentlichen Zweckhaftigkeit der Subvention, der Zuordnung der für sie zuständigen Erzeugungs- und Verteilungsbefugnis in den Bereich der hoheitlichen Staatshandlungen und ihrer verfassungsrechtlich letztlich ausreichenden Legalisierung im Etattitel ist auch bereits der Kreis der zugelassenen Handlungsformen der Subventionsverwaltung abgesteckt und jene Grenze bezeichnet, die ihrer Betätigung und Kontrolle rechtsstaatlich durch die Grundrechte gezogen ist. Das bleibt abschließend zu erörtern.

1. Als Handlungsformen stehen die des bürgerlichen Rechts, insbesondere der Vertrag für die Gestaltung der Rechtsbeziehungen zwischen Subventionsbewerber und Subventionsverwaltung regelmäßig jedenfalls nicht zur Verfügung, so-

weit es — positiv oder negativ — um die Entscheidung über die Teilhabe des Einzelnen an der Subventionsmasse geht. Sie steht — soweit gesetzliches Subventionsrecht darüber nicht normativ bei Tatbestandserfüllung befindet (S. 68) — der Subventionsverwaltung zu und ist Hoheitsentscheidung. Wenn man die Vergabe öffentlicher Aufträge und ähnliches an gesetzlich Privilegierte der Subventionierung zurechnet, wie ich das — ebenso wie Wolff[86]) — unter dem Kennwort „Realförderung" getan habe, liegt diese Hoheitsentscheidung bereits in der Legal-Privilegierung bei Erfüllung ihrer Tatbestandsvoraussetzungen. Alles weitere ist dann Subsumtion[87]). Aus diesen Gründen würde eine Regelung nach Art des österreichischen Entwurfs — Gestaltung auch des „Ob" oder „Ob nicht" durch bürgerlich rechtlichen Vertrag vom Typ der Schenkung — eine den Charakter der Subvention und ihrer Verwaltung mißachtende und das Zivilrecht mißbrauchende, daher unzulässige Gestaltung genannt werden müssen.

2. Was nach dem „Ob" oder „Ob nicht" geschieht, halte ich im Prinzip für eine cura posterior. Ich bin weit entfernt davon, mit Beharrnis auf meinen beiden Stufen hocken zu wollen, nur vermag ich nicht einzusehen, daß es kräftigeren Jüngeren — wie etwa Zuleeg[88]) — schon gelungen sei, die Rechtsprechung, andere Stufenhocker und mich abgesetzt zu haben. Immerhin hat ein kundiger Ministerialrat[89]) eines deutschen

---

86) Wolff, aaO., S. 219.

87) Wolff, aaO., S. 223 unter VI d) hat mich (Öffentliche Subventionierung Privater, S. 71) insoweit unvollständig zitiert; meine Meinung gilt nur für den gesetzlich privilegierten Auftragnehmer; zur Entwicklung der Rechtsprechung des BVerwG in dieser Frage vgl. Bachof, JZ 1966, S. 266.

88) Zuleeg, Die Rechtsform der Subventionen (1965).

89) Paul Werner, Auswirkungen der Zweistufentheorie im Subventionsrecht, in: Wandlungen der rechtsstaatlichen Verwaltung; 30. Staatswiss. Fortbildungskursus der Hochschule für Verwaltungswissenschaften (1962) S. 97 ff., 113. — Der Bundesrichter a. D. und Verwaltungsgerichtspräsident Kniesch, der sich dabei auf seine „fast zehnjährige Tätigkeit als Bundesrichter bei einem zuständigen Senat des Bundesverwaltungsgerichts" beruft (in BB 1966 S. 951 bei einer Besprechung von Zuleeg, Die Rechtsform der Subventionen — 1965 —), erklärt, meine Zweistufentheorie habe ihm eigentlich nie richtig „geschmeckt", wobei er mir unterstellt, ich habe mit ihr durch „zivilrechtliche Konstruktionen, die teilweise in das Subventionsrecht nicht passen, dem zweifellos doch dominierenden öffentlichen Recht etwas korrigierend ‚am Zeuge flicken' wollen." Wenn ich unterstellen darf, daß der Bundesrichter a. D. ernst genommen werden will und kann, beweist er mit seiner Bemerkung, die ich einem Studenten des 5. Semesters nicht verzeihen könnte, daß er den Sinn der Zweistufigkeit nicht nur nicht begriffen, son-

Landesinnenministeriums auf dem 30. Staatswissenschaftlichen Fortbildungskursus in Speyer 1962 über „Wandlungen der rechtsstaatlichen Verwaltung“ zum Thema „Auswirkungen der Zweistufentheorie im Subventionsrecht“ festgestellt, daß die Zweistufigkeit sich als praktikabel erwiesen hat — und das ist mir wenigstens deshalb ein Trost, weil ich rund 12 Jahre lang auch einmal mehr oder weniger Verwaltungsbeamter gewesen bin.

Imboden[90]) hat gemeint, die deutsche Konstruktion einer Zweistufigkeit der Subventionsverwaltung, die nach seiner Auffassung übrigens überwiegend auch in der Schweiz der Hoheitsverwaltung zugerechnet wird, sei vermutungsweise „durch die besondere Art des verwaltungsgerichtlichen Rechtsschutzes mitbedingt“, was man nur eine ein wenig neckische Verharmlosung einer nun in der Tat ernsthaften rechtsstaatlichen Bemühung nennen könnte. Er fügt hinzu: „Losgelöst von diesem Nebenzweck wird aber die deutsche Lehre kaum als eine den praktischen Gegebenheiten konforme begriffliche Konstruktion zu betrachten sein“, und sie dürfte „letztlich ein juristisches Scheinkonzept ... bedeuten“[91]). Gehen wir also in uns!

Soweit das positive Subventionsrecht Zuteilung und Vollzug konstruktiv klärt, bedarf es keiner anderen Konzepte. Wo es schweigt, drängt die Besonderheit der Subventions-Rechtsbeziehung, nämlich den in seinem Lebensbereich wirkenden Einzelnen durch Förderung seiner Aktivität zur Mitwirkung an der Erreichung des öffentlichen Subventionszwecks zu gewinnen, zur Gestaltung durch Vertrag, und zwar den des öffentlichen Rechts. Aus vergleichbarer Interessenlage wie in der Wirtschaftsplanung[92]) sollte hierin ein konstruk-

---

dern pervertiert hat. Erfreulicherweise hat die Rechtsprechung des Bundesverwaltungsgerichts in jenen 10 Jahren darunter nicht gelitten.

[90]) AaO., S. 159 ff.

[91]) AaO., S. 161/162.

[92]) Vgl. Ipsen, Planung II, aaO., S. 100 ff.; daß das Vertragsinstitut im Verwaltungsrecht seinen Platz hat, ist von Rupp, Grundfragen, aaO., S. 144 zutreffend gegen Bullinger bejaht worden; eine neue Übersicht über ein „System des subordinationsrechtlichen Verwaltungsvertrages“ gibt die Hamb. Diss. dieses Titels von Kottke (1966); dort S. 28 ff. zum Subventionsvertrag; allgemein hierzu: Herb. Krüger, NJW 1966, S. 623; ders., Von der Notwendigkeit einer freien und auf lange Sicht angelegten Zusammenarbeit zwischen Staat und Wirtschaft; Vortrag vor der Freiherr-vom-Stein-Gesellschaft v. 5. 2. 1965 (1966). — Daß in den Staaten der Zentralverwaltungswirtschaft neuerlich der Vertrag zunehmende Bedeutung und normierte Ausgestaltung erfahren hat, darf nicht darüber hinwegtäuschen, daß diese Vorgänge nur begrenzten

tives Ziel gesehen werden, dem die Schweiz ersichtlich bereits nähergekommen ist als wir deutschen Stufenhocker. Was diese Aufgabe angesichts des Fehlens eines allgemeinen — geschriebenen oder ungeschriebenen — öffentlich-rechtlichen Vertragsstatuts bedeutet, brauche ich hier nicht zu vertiefen. Am Rechtsschutz sollte ein solcher Fortschritt nicht scheitern, wenn § 40 Abs. I VwGO recht genutzt wird.

3. Mit vertraglicher Ausgestaltung könnten gewisse rechtsstaatliche Besorgnisse gemildert werden, die zweistufige Gestaltung hervorrufen kann, wenn der Zuteilungs-Verwaltungsakt auflagenbelastet wird und solche Gefahren heraufziehen, die sonst aus der sog. Unterwerfung im besonderen Gewaltverhältnis erwachsen. Dies vor allem deshalb, weil der Vertragshandel um Subventionierung weithin nicht dem Einzelnen obliegt, sondern seiner Verbandsorganisation, und auch der Einzelne nicht immer nur der Schwächere sein muß.

Daß das Subventions-Rechtsverhältnis kein besonderes Gewaltverhältnis darstellt, „weil der private Subventionsempfänger trotz Subventionierung freies Subjekt ... der an sich freien Allgemeinheit ist und bleibt" (S. 74/75), ist schwerlich zu erschüttern[93]) — und dies auch nicht — da die Subvention in der Regel Interventionsmittel ist und Intervenieren Absonderung voraussetzt — durch Ehmkes[94]) provozierende Frage, ob „wir — die wir alle sowohl dem Staat wie der Gesellschaft angehören — dabei offenbar in uns selbst intervenieren"? Wenn irgendwie bewiesen wird, daß Staat und Gesellschaft nicht in einer volkssouveränen Demokratie eingeschmolzen sind, dann durch die Existenz der Subvention. Mit anerkannten allgemeinen Grundsätzen des Verwaltungsrechts und dem Grundrechtsschutz sind der belastenden Ausgestaltung der Subventionsbewilligung mit Auflagen und anderen Nebenbestimmungen hinreichend rechtsstaatliche Grenzen gesetzt (S. 76 ff.).

Vergleichswert haben, da sie sich nicht im Verhältnis zwischen Staat und privater Wirtschaft abspielen; vgl. hierzu: Loeber, Der hoheitlich gestaltete Vertrag (Östlicher Planvertrag und westlicher diktierter Vertrag); (ungedr.) Hamb. Habil. Schrift (1966); Wirtschaftskodex der ČSSR v. 4. 6. 1964 Art. 151 ff., Text (in französ. Übersetzung) in: Bulletin de Droit Tschechoslsovaque 1965 S. 43 ff.; hierzu ist eine dogmatische Arbeit des Prof. Spišiak (Univ. Preßburg) in Kürze zu erwarten; vgl. ferner: Pleyer, Zentralplanwirtschaft und Zivilrecht; Juristische Untersuchungen zur Wirtschaftsordnung der SBZ (1965) S. 43 ff.

[93]) Dies gegen Köttgen, Fondsverwaltung, aaO., S. 56 Anm. 121.

[94]) Ehmke, Wirtschaft und Verfassung (1961) S. 5; gegen diese grundsätzliche Haltung zutreffend: Böckenförde, Alteuropa und die moderne Gesellschaft; Festschrift für O. Brunner (1963) S. 254 Anm. 24.

4.) Was — und dies jetzt vornehmlich unter den neuen Aspekten des Gemeinschaftsrechts — ihr Spezifikum bleibt, ist die Auswirkung der Subventionierung als Wirtschaftsförderung auf die Wirtschafts- und Wettbewerbsfreiheit, worin Köttgen in seiner „Fondsverwaltung"[95]) unter dem Titel „Fondsverwaltung und bürgerliche Freiheit" die verfassungsrechtliche Crux der Etatsubventionierung gesehen hat. Mit dieser Fragestellung und einem Versuch ihrer knappen Beantwortung sei abgeschlossen.

Der subventionierende Staat erbringt Leistungen. So gehört die Subventionsverwaltung zur Leistungsverwaltung, unterscheidet sich aber von ihren übrigen Bereichen. Sie besorgt eine Umverteilung bestimmter Quantitäten des Sozialprodukts, die der Sozialstaat kraft seiner Steuerhoheit, und das heißt: in rechtsstaatlich geordnetem Zugriff, in Anspruch genommen hat, nach Maßstäben sozialer Zuordnung und öffentlicher Funktion der privaten Wirtschaftsteilnehmer, deren Verhalten die Subventionsverwaltung durch ihre Zuwendungen stimuliert und im öffentlichen Subventionszweck bindet. In dieser Eigenart gleicht sie keiner anderen Leistungsverwaltung, entspricht sie aber der rechtlich entscheidenden Berührung zwischen Staat und Einzelnem in Wirtschaftsintervention- und Planung, zu deren Instrumenten sie zählt. Diese primär nicht mit Zwang, sondern mit Ingerenz ohne Befehl wirkende Präsenz des Staates in der Wirtschaft stellt neue, eigenartige Fragen an die Grenzen staatlich gewährleisteter Wirtschaftsfreiheit[96]). Sie reichen über das Subventionsrecht weit hinaus und können hier nicht en passant beantwortet werden. Sie sind — und dies mit Nachdruck gegen Köttgen — also keine solche, die nur und gerade die Subvention aufwirft. Soviel sei dazu bemerkt:

Freiheits- und Grundrechtsberührung durch Subventionierung steht zunächst nicht in Frage, soweit sie im wettbewerbsneutralen Bereich stattfindet[97]). Damit scheidet ihre eingreifende Wirksamkeit in aller Regel aus, wo sie in

---

[95]) AaO., S. 53 ff.

[96]) Hierzu: Ipsen, Planung II, aaO., S. 93 ff. Die angelsächsische Wirtschaftswissenschaft nennt die Verhaltensbeeinflussung der privaten Wirtschaft durch staatliche Planung „announcement effect"; vgl. Colm, Economic Planning in the United States, in: Weltwirtschaftliches Archiv 1965, S. 31 ff. „Rechtsfragen zur Wirtschaftsplanung" sind in den USA, soweit ersichtlich, noch nicht gestellt worden. Planning ist für die Rechtstheorie dort im wesentlichen noch ein zoning-Thema.

[97]) Richtig: Welter, aaO., S. 496.

kulturellen und sozialen Lebensgebieten Platz findet, wenn ich auch Erscheinungen grundrechtsgefährdender Auflagenpraxis nicht ignoriere. Sie sind aber zu bewältigen. Wirtschaftssubventionierung wird nicht durch das Bild sozialer Angewiesenheit und Hilfsbedürftigkeit spezifischer Individualität gezeichnet[98]), und den Schutz vor staatlicher Nötigung zur Bettlergesinnung zu beschwören, wie Rupp[99]) gefordert hat, verfehlt das Bild der Wirtschaft. Der private Wirtschaftsteilnehmer steht in der grundrechtlichen Gewährleistung einer Wirtschaftsfreiheit, die Unternehmerinitiative und Dispositionsfreiheit zum Wesensgehalt hat[100]) und die nicht nur — wie das Bundesverfassungsgericht im Investitionshilfeurteil[101]) zu verstehen sein muß — im Schutzaspekt des Art. 14 GG steht.

Ob Art. 14 GG imstande und dazu bestimmt ist, den Einzelnen gegenüber der Steuerhoheit zu schützen, die letztlich auch die Subventionsmittel beschafft, ist eine prekäre Frage, die Forsthoff schon auf der Bonner Staatsrechtslehrertagung[102]) in unseren Zusammenhang der Sozialverteilung gestellt hat. Sie stellt sich noch dringlicher, wenn Subventionsmittel auf Kosten der Währungsstabilität genommen und verteilt werden. Für die andere Frage, aus welcher grundrechtlichen Schutzsphäre der Subventionsbewerber und -empfänger gegenüber der Subventionsverwaltung operieren kann, bietet sich primär sicherlich nicht Art. 14 an, sondern sein Grundrecht der Wirtschaftsfreiheit. Diese Wirtschaftsfreiheit bedarf des Schutzes, wo

98) Richtig: Stern, JZ 1960, S. 557.

99) Grundfragen, aaO., S. 142.

100) Ipsen, Planung II, aaO., S. 95 ff.

101) BVerfGE Bd. 4 S. 7 ff.

102) VeröffVDStRL Heft 12 (1954) S. 31 ff. Das Referat von Hettlage über „Die Finanzverfassung im Rahmen der Staatsverfassung", VeröffVDStRL Heft 14 (1956) hat das Thema nur von der Eingriffsseite der Steuerhoheit her berührt; vgl. Hettlage, LS 5, aaO., S. 33. Auch Maunz (ebenda S. 37 ff.) hat die Frage nicht verfolgt. Auf den Zusammenhang zwischen dem Nehmen durch Steuern und Abgaben oder auch durch Geldentwährung und der Umverteilung des Sozialprodukts hat C. Schmitt, Nehmen/Teilen/Weiden (1953) in: Verfassungsrechtliche Aufsätze (1958) S. 503 hingewiesen. Die aktuellen Relationen zwischen subventionären Wahlversprechungen des Jahres 1965, ihrer Drosselung, Eindämmung und Vertagung durch das Haushaltssicherungsgesetz vom 20. 12. 1965 (BGBl. I S. 2065) und dem einer Grundgesetzänderung bedürftigen Stabilisierungsgesetz illustrieren dieses Thema: der Staat kann kraft Steuerhoheit aus dem abgeschöpften Sozialprodukt ohne Gefährdung des Eigentums nur subventionieren, wenn er die Währung wahrt.

subventionierende Wirtschaftsplanung- und Lenkung „potentiell offensiv“ einzuwirken vermag, und zwar, der Intention der Subventionierung entsprechend, durch Verhaltensbeeinflussung des privaten Wirtschaftsträgers. Hier zielt die Subvention mit ihrem durch Auflagen und Kontrollen realisierten Bindungseffekt in einer gewollten und erwarteten Gleichrichtung öffentlicher Interessen und privater Freiheitsentfaltung auf eine Grundrechtsbindung öffentlichen Interesses.

Wer frei wirtschaftet und am Wettbewerb teilnimmt, kann in dieser Freiheit beeinträchtigt werden, weil sein Wettbewerber gleicher Marktinteressen subventioniert wird, während er trotz Bemühung leer ausgeht. Hier muß und kann das Gleichbehandlungsgebot helfen, wenn der übergangene Bewerber ungleich privilegiert wurde, und die Ausgestaltungen des gerichtlichen Rechtsschutzes bieten hierfür reale Chancen ebenso wie die Praktikabilitätsregeln, die sich zum Gleichheitssatz herausgebildet haben.

Wo die Subventionierung einen einzelnen Marktbereich fördert, einen anderen vernachlässigt, obwohl — in einer Formulierung des Bundesgerichtshofs vom 31. Januar 1966[103]) — dadurch seine Wettbewerbslage gerade zum vergleichbaren Bereich ungleich und deshalb nachteilig gestaltet wird, kann sich der Teilnehmer des diskriminierten Bereichs ebenfalls auf Art. 3 GG berufen. Es gibt also im Subventionsrecht einen Grundrechtsschutz auf hoheitliche Respektierung der wettbewerblichen Ausgangslage. Über allem steht also entscheidend, daß die Subventionsverwaltung grundrechtsgebunden ist, und das gilt auch für den Haushaltsgesetzgeber.

Wer Subvention begehrt und annimmt, macht damit letzlich auch von seiner eigenen Wirtschaftsfreiheit Gebrauch. Und wer sich in ihrer Entfaltung derart binden läßt, bindet sich zur Mitwirkung an der Verwirklichung öffentlicher Subventionsinteressen. Solange diese Interessen — wie Wolff[104]) es warnend formuliert hat — echte Gemeinwohlinteressen sind, bindet der Einzelne seine Freiheit ohne solche Einbußen, die die Verfassung nicht zulassen könnte. Soweit kann eine rechtstheoretische Einsicht vordringen. Daß die Subventionsverwaltung überhaupt Gemeinwohl-Verwaltung, damit legitime öffentliche Verwaltung ist, liegt allerdings nicht in unserer — das liegt in anderer Hand.

---

103) BGHZ Bd. 45 S. 91; zum Gebot gleicher Berücksichtigung der Wettbewerbslage vgl. ferner BGH DÖV 1959 S. 710; BVerfGE Bd. 18 S. 1; Wolff, aaO., S. 142.

104) Wolff, aaO., S. 219.

Leitsätze des Berichterstatters über:

Verwaltung durch Subventionen

1. Rechtslehre und -praxis benötigen einen Rechtsbegriff der Subvention nur, um ihre Erscheinung als Tatbestand und in den Rechtsfolgen ihres Auftretens an den Maßstäben einschlägiger Normenbestände zu messen. Einen Rechts- und Wirtschaftswissenschaften übergreifenden einheitlichen Subventionsbegriff gibt es nicht.

2. Nach Tatbestand und Rechtsfolgen im Maßzusammenhang mit der geltenden Rechtsordnung stellen sich die wesentlichsten Rechtsfragen für den Typ der Wirtschaftssubvention, die ohne Gesetzesstatut im Stil der Etat- und Richtlinien-Subventionierung auftritt. Rechtsbegrifflich mögen Förderungen auch außerhalb des Wirtschaftsbereichs Subventionen genannt werden.

3. Wirtschaftssubventionen dieses Typs beruhen auf allgemeiner staatlicher Entscheidung, die sich in ihrer Zwecksetzung und der zweckgebundenen Bereitstellung von Haushaltsmitteln erschöpft. Diese (meist oder oft komplexe) Zwecksetzung bestimmt und begrenzt Hoheitsbefugnisse der Subventionsverwaltung und Anwartschaften der Subventionsbewerber, liefert Ermessensmaßstäbe und prägt den Subventionsbegriff. Im Zuge der Wirtschaftsintegration gehen diese Befugnisse zunehmend auf Gemeinschaftsorgane über oder werden von solchen auf ihre Vereinbarkeit mit Gemeinschaftsinteressen kontrolliert.

4. Die in allgemeiner Zwecksetzung und Mittelbereitstellung liegende Ermächtigung befugt die Subventionsverwaltung zur variablen Zweckverfolgung in den Grenzen der allgemeinen Zweckbestimmung, um ein Verhalten des Subventionsempfängers zu stimulieren oder zu unterstützen, das dem öffentlichen Subventionsinteresse als Gegenleistung erscheint. Wo Verhaltensbindung oder -erwartung dieser Art nicht in Frage steht, sollte begrifflich nicht von Subvention die Rede sein, zumal subventions-typische Rechtsfragen hier in aller Regel nicht auftreten.

5. Die beim Subventionsempfänger erwartete oder bedingte „Gegenleistung“ ist keine markt- oder tauschwirtschaftliche, sondern eine Sozialbindung öffentlichen Interesses. Das Schenken ist keine „Verwaltungsagende".

6. Subventionen im Rechtssinne sind (regelmäßig) antragsbedürftige Zuwendungen durch Leistungen oder Bindungen aus dem öffentlichen Haushalt, weshalb generelle, durch Rechtssatz begründete, haushaltsmäßig „unsichtbare" Begünstigungen, die auch keine der Subventionierung typischen Rechtsfragen aufwerfen, rechtsbegrifflich den Subventionen nicht zuzurechnen sind.

7. Subventionsverwaltung im Bereich der Zuteilungskompetenz ist Hoheitsverwaltung und privatrechtlicher Gestaltung verschlossen.

8. Die Antragsbescheidung der Subventionsverwaltung ist, soweit gesetzlich nicht anders geregelt, ihres Gegenstandes wegen nicht Normanwendung, sondern Gestaltung.

9. Diese Entscheidung ist eine solche „subventionären" Ermessens, deren gerichtliche Überprüfung nur dahin geht, ob die ihr zugrundeliegenden Tatsachen vorhanden sind und ihre Würdigung verfahrenskorrekt und mit dem allgemein gesetzten Subventionszweck in noch vertretbarer Weise vereinbar erscheint.

10. Die Subventionsverwaltung muß wegen regelmäßigen Überhangs der Subventionsbewerbungen über die Subventionsmasse kontingentieren und Prioritäten setzen. Solche Entscheidungen der Dosierung und Rangierung im Rahmen der Zuteilungskompetenz sind als solche in einer im übrigen rechtsstaatlich korrekt verfahrenden Subventionsverwaltung nicht zu beanstanden.

11. Daß das Rechtsstatut der Subvention regelmäßig einen Rechtsanspruch auf Bewilligung ausschließt, ist rechtsstaatlich nicht suspekt, sondern entspricht dem geltenden Haushaltsrecht (§ 24 RHO), folgt konseqent aus ihrer Funktion, das Verhalten des Subventionsempfängers im vorrangigen öffentlichen Subventionsinteresse zu stimulieren oder zu unterstützen, folgt aus dem der Verwaltung zustehenden subventionären Ermessen und ihrer Befugnis zur Dosierung und Rangierung.

12. Die Legalitätsfrage zur Subventionierung stellt sich spezifiziert und ist mit einer generellen Beantwortung für die Leistungsverwaltung schlechthin nicht zu erledigen. Wo sein Gegenstand und seine Zweckbestimmung dies gestatten, ist eine gesetzliche oder den Anforderungen des Art. 80 GG genügende Normierung des Subventionswesens rechtsstaatlich und demokratisch zu befördern. Generell ist diese Vorausset-

zung der Natur der Sache wegen indes nicht vorhanden und zu erreichen.

13. Die Exekutive verfügt weder aus Amtsauftrag noch aus Organisationsgewalt noch zum unmittelbaren Verfassungsvollzug der Sozialstaatsklausel über eine allgemeine Subventionskompetenz.

14. Ihre Subventionskompetenz kann in hinreichend rechtsstaatlicher und demokratischer Legitimation gestützt werden auf zweckbestimmte Mittelzuweisung durch Haushaltsgesetz in Verbindung mit dem Haushaltsplan. Art. 110 ff. GG sanktionieren dieses Ermächtigungsverfahren in verfassungsrechtlicher Spezialisierung gegenüber Art. 80 GG. Die europäische Wirtschaftsintegration wirft mit der Herstellung von Subventionskompetenzen der Gemeinschaftsexekutiven neue Fragen demokratischer Disposition und Kontrolle über Subventionsmittel auf.

15. Verfassungsgrenzen der Subventionierung liefert das dem Art. 2 Abs. I GG zu entnehmende Subsidiaritätsprinzip, gesetzgeberische Maßstäbe der Subventionswürdigkeit liefert Art. 15 GG. Sog. Parteiensubventionierung wird vom Bundesverfassungsgericht nach Art. 5, 20 Abs. II, 21, 38 und 28 GG für verfassungswidrig gehalten.

16. Ein allgemeines Rechtsstatut der Subventionsverwaltung besteht nicht und ist weder erreichbar noch erstrebenswert. Die Richtlinie der Exekutive, als „Kompressor" zur Verdichtung der vom Parlament zweck- und mittelbegrenzt erteilten Ermächtigung wirkend, bindet die Subventionsverwaltung kraft Rechtserzeugung, nicht erst kraft Anwendung, so daß ihre Außenwirksamkeit nicht nur durch Selbstbindung im Ermessen eintritt. Ihre Erzeugungsregel liefert das nach Art. 110 ff. GG ergehende Haushaltsgesetz in einem durch Art. 80 GG nicht praejudizierten, verfassungsrechtlich zugelassenen Verfahren, wozu auch § 64 a RHO neu durchdacht werden muß. Gefordert bleibt amtliche Publizität der Richtlinie und ihre zunehmende Ausgestaltung nach bewährten Methoden staatlicher Normsetzung.

17. Willenserklärung und Vertrag des Zivilrechts sind als Handlungsformen der Zuteilungskompetenz der Subventionsverwaltung nicht verfügbar, diese ist also auf öffentlich-rechtliche Handlungsformen verwiesen. Die Gestaltung der an die Zuteilung sich anschließenden Handlungsformen ihres Vollzuges ist von zweitrangiger Bedeutung. Zuteilung und Vollzug sind einheitlicher Gestaltung öffentlich-rechtlichen Vertrages grundsätzlich nicht verschlossen.

18. Das Subventions-Rechtsverhältnis ist kein besonderes Gewaltverhältnis. Seine Ausgestaltung zur Bindung des Subventionsempfängers durch Nebenbestimmungen ist durch anerkannte Grundsätze des Verfassungs- und allgemeinen Verwaltungsrechts in rechtsstaatlich hinreichender Weise gesichert und gerichtlich überprüfbar.

19. Auswirkungen der Wirtschaftssubventionierung, in deren Annahme der Einzelne rechtlich seine Wirtschaftsfreiheit äußert, können den abgewiesenen Subventionsbewerber, den gebundenen Subventionsempfänger und den übergangenen Wirtschaftsteilnehmer in seiner grundrechtlich geschützten Wirtschaftsfreiheit (Unternehmerinitiative, Dispositionsfreiheit, Wettbewerbsfreiheit) berühren, deren Wesensgehalt unantastbar ist, nicht aber im Schutzbereich des Art. 14 GG. Praktikable Regeln des Gleichbehandlungsgebotes können gegen wesentliche Verungleichung der Wettbewerbslage durch Subventionierung schützen.

20. Subventionierung ist Sozialgestaltung mit den Mitteln rechtsstaatlich verfaßter Steuerhoheit zur Umverteilung abgeschöpfter Ergebnisse des Sozialprodukts, um die soziale Zuordnung Privater und die Funktion ihrer Handlungsfreiheit nach konkreten öffentlichen Interessen zu binden. Verwaltung durch Subventionen ist typische, im Bereich der Leistungsverwaltung besondere Exekutive des Sozialstaates. Ihr Einsatz, der Mittelbeschaffung kraft Steuerhoheit bedingt, findet Grenzen an der Wahrung der Währung.

Verwaltung durch Subventionen

2. Mitbericht*) von Professor Dr. Hans. F. Zacher,

Saarbrücken

Einleitung[1])

I.

In einer wirtschaftspolitischen Diskussion über „verschleierte Staatsgunst" wurde die Gesellschaft im subventionierenden Staat in das Bild einer „magischen Millionenkette" von Leuten

---

*) Was im Folgenden in eckige Klammern gesetzt ist, wurde beim mündlichen Vortrag des Referates weggelassen.

1) Einleitend sei hier eine Auswahl zentraler Hinweise wiedergegeben, von denen aus die weitere Literatur unschwer erschlossen werden kann. In eckiger Klammer ist jeweils der abgekürzte Titel hinzugefügt, unter dem das Werk im Folgenden zitiert wird (so daß diese Übersicht zugleich die Funktion eines Abkürzungsverzeichnisses erfüllen soll). Vornehmlich zum deutschen Recht: Köttgen, Subventionen als Mittel der Verwaltung [Subventionen], DVBl. 68. Jhg. (1953) S. 485 ff.; ders., Fondsverwaltung in der Bundesrepublik [Fondsverwaltung], 1965; Ernst Rudolf Huber, Wirtschaftsverwaltungsrecht, 2. Aufl., Bd. I 1953, Bd. II 1954 — zu den Subventionen insbes. Bd. II S. 258 ff. — [Wirtschaftsverwaltungsrecht I und II]; Herbert Krüger, Die Auflage als Instrument der Wirtschaftsverwaltung [Auflage], DVBl. 70. Jhg. (1955) S. 380 ff., 450 ff., 518 ff.; ders., Von der Notwendigkeit einer freien und auf lange Sicht angelegten Zusammenarbeit zwischen Staat und Wirtschaft [Zusammenarbeit], 1966. Ipsen, Öffentliche Subventionierung Privater [Subventionierung], 1956 = DVBl. 71. Jhg. (1956) S. 461 ff., 498 ff., 602 ff. (im Folgenden nach der selbständigen Veröffentlichung zitiert); ders., Verwaltung durch Subventionen [Referat], abgedruckt oben S. 257 ff.; Henze, Verwaltungsrechtliche Probleme der staatlichen Finanzhilfe zugunsten Privater [Finanzhilfe], 1958; Stern, Rechtsfragen der öffentlichen Subventionierung Privater [Rechtsfragen], JZ 15. Jhg. (1960) S. 518 ff., 557 ff.; Bellstedt, Bedürfen Subventionen gesetzlicher Grundlage? [Gesetzliche Grundlage], DÖV 14. Jhg. (1961) S. 161 ff.; Albers, Art. „Subventionen" [Subventionen] in: Staatslexikon, 6. Aufl. Bd. VII 1962 Sp. 833 ff.; Flehinghaus, Die Bundesfondsverwaltung — Verfassungsrechtliche Probleme der staatlichen Verwaltung durch Vergabe von Subventionen und Zuschüssen [Bundesfondsverwaltung], Diss. München 1962; Maunz, Die staatliche Verwaltung der Zuschüsse und Subventionen [Subventionen], BayVBl. n. F. 8. Jhg. (1962) S. 1 ff.; Zängl, Die Subventionen und

gebracht, die im Kreis stehend je die Hand in der Tasche ihres rechten Nachbarn haben, jeder „in dem Glauben, seinem Nachbarn zur Rechten mehr Geld aus dem Portemonnaie nehmen zu können, als ihm selbst von seinem Nachbarn zur Linken aus der Hosentasche gezogen wird“[2]). Das treffende Bild führt

ihre verfassungsmäßigen Schranken [Schranken], Diss. Würzburg 1963; Hamann, Zur Problematik des Subventionsrechts [Problematik], DVBl. 78. Jhg. (1963) S. 486 ff.; Möller, Gemeindliche Subventionsverwaltung [Subventionsverwaltung], 1963; ders., Kommunale Wirtschaftsförderung [Wirtschaftsförderung], 1963; Schneider-Gädicke, Der öffentliche Kredit an die gewerbliche Wirtschaft [Kredit], 1963; Janknecht, Rechtsformen von Subventionierungen [Rechtsformen], Diss. Münster 1964; Lenzen, Die verfassungsrechtlichen Grundlagen für die Vergabe von Subventionen durch den Gesetzgeber (Art. 2 Abs. 1 und Art. 3 Abs. 1 GG) [Grundlagen], Diss. Köln 1965; Pöttgen, Verfassungsrechtliche Grenzen staatlicher Wirtschaftsförderung durch Subventionen [Grenzen], Diss. Köln 1965; Zuleeg, Die Rechtsform der Subventionen [Rechtsform]), 1965; Bitter, Zur Zulässigkeit kommunaler Förderungsmaßnahmen [Förderungsmaßnahmen], BayVBl. n. F. 11. Jhg. (1965) S. 45 ff., S. 85 ff.; Götz, Recht der Wirtschaftssubventionen [Wirtschaftssubventionen], 1966 — dort (S. 327 f.) auch das neueste Verzeichnis des einschlägigen Schrifttums —; Friauf, Bemerkungen zur verfassungsrechtlichen Problematik des Subventionswesens [Bemerkungen], DVBl. 81. Jhg. (1966) S. 729 ff.; Schlichter, Klageformen bei der verwaltungsgerichtlichen Durchsetzung von Subventionsansprüchen [Klageformen], ebd. S. 738 ff.; Wolff, Verwaltungsrecht I, 6. Aufl. 1965, Verwaltungsrecht II, 1962, Verwaltungsrecht III, 1966 [VerwR I, II und III]. — Für das österreichische Recht s. vor allem die Verhandlungen des Zweiten österreichischen Juristentages Wien 1964, der u. a. „Das Förderungswesen unter dem Blickwinkel des Legalitätsprinzips“ behandelte; zu diesem Thema: Kolb, Gutachten [Gutachten], Verhandlungen des Zweiten österreichischen Juristentages Wien 1964, Bd. I, 3. Teil; Referate von Loebenstein und Plöchl [je: Referat] sowie Diskussionsbeiträge hierzu, ebd. Bd. II, 3. Teil; Schlußbericht von Vanura, ebd. Bd. II, 7. Teil, S. 46 ff. — Vornehmlich für das schweizerische Recht: Schindler, Die Bundessubventionen als Rechtsproblem [Bundessubventionen], Diss. Zürich 1952; Kistler, Contributions à l'étude juridique des subventions fédérales [subventions fédérales], Diss. Lausanne 1956. — Zu den wirtschaftstheoretischen Aspekten: Meinhold, Art. „Subventionen“ [Subventionen], Handwörterbuch der Sozialwissenschaften, Bd. 10, 1959, S. 236 ff.; Hansmeyer, Finanzielle Staatshilfen für die Landwirtschaft — Zur Theorie einer sektoralen Finanzpolitik [Staatshilfen], 1963; ders. (Herausgeber), Subventionen in der Bundesrepublik Deutschland — Materialien zu einem wirtschaftspolitischen Problem [Subventionen], 1963; Gundlach, Subventionen als Mittel der Wirtschaftspolitik [Subventionen], 1965. — Eine Auswahl von zentralen Hinweisen auf Vorschriften und gerichtliche Entscheidungen s. u. Anm. 16, 17 und 20.

[2]) Pfannschmidt, Diskussionsbeitrag in: Soll der Staat Geschenke verteilen? Aktionsgemeinschaft soziale Marktwirtschaft, Tagungsprotokoll Nr. 18, 1962, S. 94 ff. (95).

zu dem zentralen Grund der juristischen Sorgen, die das Subventionswesen bereitet: zum mangelnden Rechtswillen, ja zum Rechtsunwillen, der die Entwicklung einer gesicherten und publiken Ordnung des Subventionswesens so wenig vorankommen läßt. Subvention ist — nicht in der Masse, aber in einer bestimmenden Spitze — Vorsprung, Chance des Über-Vorteils[3]). Und diese Chance scheut das Licht[4]). Sie zu artikulieren, ist die Rechtsordnung außerstande. Aber wer, der sie hat, möchte sie missen? So korrumpiert die Rechtsgemeinschaft sich selbst. In einer unüberschaubaren Vielzahl von Situationen vor und in der staatlichen Organisation wird so die Möglichkeit des Rechts utilitaristisch preisgegeben. Der meist kollektive Wettbewerb um Subventionen[5]) ist neben den guten alten ökonomischen Wettbewerb getreten und entspricht dem Wettbewerb um die politische Macht[6]) viel zu sehr[7]), um von der politischen Autorität Züchtigung befürchten zu müssen[8]). [Wir treffen diese Ausfallerscheinungen allgemeiner wieder in der Kraftlosigkeit der juristischen Bemühungen um die Leistungsverwaltung, die heute noch als jung, neu und unbewältigt vorgestellt wird, obwohl ihre moderne Problematik wenigstens seit dem ersten Weltkrieg nicht mehr übersehen werden konnte. Und wir finden sie paradigmatisch wieder in dem Ringen um den Gesetzesvorbehalt für eben diese leistende Verwaltung. Warum ist alles Papier geblieben, was für ihn geschrieben wurde? Weil es den,

---

[3]) Gygi, Rechtsstaatsprobleme der heutigen Wirtschafts- und Sozialordnung, Journal der internationalen Juristen-Kommission, Bd. IV (1962/63) S. 3 ff. (25); s. a. Bellstedt, Gesetzliche Grundlage S. 165 ff.

[4]) Wesemann, Was bewirken Subventionen? in: Heiße Eisen im Wahlkampf, Aktionsgemeinschaft soziale Marktwirtschaft, Tagungsprotokoll Nr. 14, 1960, S. 56 ff., insbes. S. 64, 73. Siehe auch unten Anm. 14 und 242 und den Text hierzu.

[5]) Dazu z. B. Götz, Wirtschaftssubventionen S. 24 ff. m. w. Nachw.; s. a. Strickrodt, Das Subventionsthema in der Steuerpolitik unter besonderer Berücksichtigung der Stellung der Landwirtschaft, 1960, S. 11 f.

[6]) Zu dieser Relation s. Bellstedt, Gesetzliche Grundlage S. 165 ff. m. w. Nachw.; s. a. Schmölders, Subventionsmentalität und Marktwirtschaft, in: Soll der Staat Geschenke verteilen? [Anm. 2] S. 26 ff. und die Diskussionsbeiträge dazu (ebd. S. 38 ff.).

[7]) Siehe dazu im allgemeinen Herder-Dorneich, Theorie der sozialen Steuerung, 1965, mit eingehenden weiteren Hinweisen. — Eine eindrucksvolle Studie zu diesen Zusammenhängen auf dem landwirtschaftlichen Sektor bei Hansmeyer, Staatshilfen S. 60 ff., insbes. S. 76 ff.; informatives Material aus dem kommunalen Bereich bei Möller, Subventionsverwaltung S. 53 f. und passim.

[8]) Götz, Wirtschaftssubventionen S. 24: „Mit Subventionen interveniert weniger der Staat in die Wirtschaft als die Wirtschaft in den Staat."

der eine Leistung lieber nicht annimmt als ohne Gesetz, nur als Sonderling gibt[9]).]

Hinsichtlich des Vorteils, den Subventionen gewähren, befindet sich das soziale Bewußtsein vor allem in Bezug auf zwei Umstände im Selbstwiderspruch, so daß es sie verdrängt und als Erreger der Rechtsbildung lähmt. Der erste ist der notwendige Zusammenhang mit den Lasten der Aufbringung. Was die Subvention zu einem Liebling demokratischer Politik macht, ist die Anonymität und Diffusion der Last bei Bestimmtheit der Gunst[10]); es ist der Anschein, als ob das, was die Wohlstandsökonomie das Pareto-Optimum nennt, nämlich der Vorteil für wenigstens einen ohne Nachteil für irgend andere[11]), allein im Wege der Verteilung realisiert würde. Das zweite Spannungsfeld liegt zwischen dem Verlangen gesicherter Teilhabe, der Begrenztheit der Mittel und der Unendlichkeit konkurrierender Subventionswünsche. Der Zustand, der hier herrscht, wird zu Recht als „Windhundsystem"[12]) charakterisiert. Was allgemein und offen zu haben ist, genießt weder für den Geber noch für den Nehmer den vollen Reiz der Subvention. Nur selten wird die Möglichkeit, Subventionen als öffentliche Anerkennung zu interpretieren[13]), höher eingeschätzt als der geheime und ungestörte Genuß[14]).

---

[9]) Herbert Krüger, Auflage S. 381: „Es liegt auf der Hand, daß es nicht auf die Möglichkeit ankommen kann, Wohltaten abzuwehren." — Dazu, daß gegenüber dem wirtschaftlich intervenierenden Staat die effektive Position der rechtlichen Sicherung vorgezogen wird, s. a. Hans Huber, Das Staatsrecht des Interventionismus, ZSR n. F. Bd. 70 (1951) S. 173 ff. (184); Herbert Krüger, Diskussionsbeitrag, VVDStRL Heft 11 (1954) S. 137 ff. (138); Ipsen, Subventionierung S. 14, Anm. 23; Jesch, Gesetz und Verwaltung, 1961, S. 233.

[10]) Siehe dazu z. B. Gundlach, Subventionen, S. 28 f. — Siehe zum Problem auch Strickrodt [Anm. 5], S. 21 ff.

[11]) Vgl. Bössmann, Zur neueren Diskussion über soziale Wohlfahrtsfunktionen, Zeitschrift für die gesamte Staatswissenschaft, Bd. 121 (1965), S. 221 ff., insbes. S. 224 ff.; siehe auch Giersch, Allgemeine Wirtschaftspolitik, 1960, S. 125.

[12]) Die Vokabel findet sich z. B. bei Steding, Der Grüne Plan, Kommentar des Planes der Richtlinien und wichtigen Ausführungserlasse, I. und II. Teil (2 Bde.) 1959, II. Teil, S. 12; Paul Werner, Auswirkungen der Zweistufentheorie im Subventionsrecht, in: Wandlungen der rechtsstaatlichen Verwaltung, Bd. 13 der Schriftenreihe der Hochschule Speyer, 1962, S. 97 ff. (104); Hansmeyer, Staatshilfen, S. 206.

[13]) Ein Beispiel bei Hansmeyer, Staatshilfen, S. 63.

[14]) Zum Wunsch nach Geheimhaltung siehe Möller, Subventionsverwaltung, S. 45, 123; dens., Wirtschaftsförderung, S. 89 f. — Siehe demgegenüber die Forderung nach Publizität gerade der Betroffenen bei Schmölders [Anm. 6], S. 35 ff.; Vialon, Staat-

Gewiß gibt es auch technische Schwierigkeiten, das Subventionsrecht zu gestalten, so etwa die Bewegtheit der Mittel und Bedarfe. Aber sie wären nicht unüberwindlich, wenn nicht der Rechtswille fehlte. Daß er fehlt, beweist nicht zuletzt der oft bemerkte Tatbestand, daß in unserer prozeßfreudigen Zeit kaum um Subventionen gestritten wird[15]). Nolens volens: man weiß, daß hier mit den Mitteln des Rechts nichts zu wollen ist.

II.

Daß der Gesetzgeber[16]) sich zurückgehalten hat, daß die Rechtsprechung[17]) wenig tun konnte, aber auch wenig tat, um ein Subventionsrecht zu entwickeln, und daß es der Literatur[18]) versagt blieb, zu rundum überzeugenden Ordnungsprojekten vorzustoßen, darf nicht daran vorbeiführen, daß sich ein Ordnungssurrogat[19]) herausgebildet hat: die Verwaltungs-

liche Subventionspolitik, Politisches Seminar der staatsbürgerlichen Vereinigung 1954 e. V., neunte Tagung, 1961, S. 14 ff. (35 ff.).

15) Siehe oben Anm. 9, ferner Bachof, Der Rechtsschutz im öffentlichen Recht: Gelöste und ungelöste Probleme, DÖV 6. Jg. (1953), S. 417 ff. (423); Schüle, Die staatliche Intervention im Bereich der Wirtschaft, VVDStRL Heft 11 (1954), S. 103; Ipsen, Subventionierung, S. 14, Anm. 23, S. 16, 60; Zeidler, Einige Bemerkungen zum Verwaltungsrecht und zur Verwaltung in der Bundesrepublik seit dem Grundgesetz, Der Staat, Bd. 1 (1962), S. 321 ff. (332); Pöttgen, Grenzen, S. 3, 119 ff.

16) Umfassende Darstellungen der einschlägigen Gesetzgebung fehlen. Einzelne Beispiele aus der Gesetzgebung bringen: Ernst Rudolf Huber, Wirtschaftsverwaltungsrecht II, S. 259 ff.; Ipsen, Subventionierung, S. 27 ff.; Henze, Finanzhilfe, S. 31 f.; Schneider-Gädicke, Kredit, S. 178 ff. Siehe ferner die unter Anm. 20 genannten Zusammenstellungen. — Der Mangel an umfassenden oder auch nur für Teilbereiche erschöpfenden Dokumentationen läßt den Gesetzgeber noch mehr passiv erscheinen als er in Wirklichkeit ist. Damit soll aber nichts an der Feststellung korrigiert werden, daß der Gesetzgeber als Träger der Ordnungsaufgabe „Subvention" versagt hat. Denn auch wenn er tätig geworden ist, so hat er die Subvention regelmäßig nur bewilligt, nicht dagegen als Rechtsverhältnis geordnet.

17) Siehe Witten, Subventionen in der Rechtsprechung, DVBl. 72. Jg. (1958), S. 699 ff. Zur prozeßrechtlichen Praxis: Schlichter, Klageformen. Siehe ferner die Sammlung subventionsrechtlicher Entscheidungen bei Buchholz, Rechtsprechung des Bundesverwaltungsgerichts, 451.55, Nr. 1—21. Gerade diese Zusammenstellung zeigt, daß auch die Rechtsprechung fast ausschließlich damit befaßt war, den Anspruch auf (schon erdiente Ex-post-)Subventionen zu klären, während der Ausbau des Subventionsverhältnisses kaum zur Erörterung stand.

18) Siehe oben Anm. 1.

19) Siehe insbes. Kolb, Gutachten, S. 103 mit weiterem Nachw.; Friauf, Bemerkungen, S. 735 mit weiterem Nachw.; Götz, Wirtschaftssubventionen, S. 286.

vorschrift[20])[21]). Das Volumen des so geschaffenen apokryphen Subventionsrechts erweist sich näherem Zusehen als bestürzend groß. Welcher Ordnungsbedarf tritt hier zutage und wie inkompetent wird er befriedigt[22]). Die Verwaltung reguliert ihr Verhalten als Kontrahent, ist also zunächst einmal Partei. Die Interessen des Subventionsempfängers bleiben primär doch einer vorausgesetzten Subventionsrechtsordnung anvertraut.

Die Einseitigkeit der Verwaltung[23]) muß aber auch unter dem Gesichtspunkt gesehen werden, daß der Apparat sich bei

---

[20]) An umfassenden Zusammenstellungen fehlt es ebenso wie hinsichtlich der Gesetzgebung (siehe oben Anm. 16). Den breitesten Überblick bieten die früher von Heinrich Dittes, nun von Ellen Dittes bearbeiteten jährlich erscheinenden Sonderausgaben der Zeitschrift für das gesamte Kreditwesen; Die Finanzierungshilfen des Bundes und der Länder an die gewerbliche Wirtschaft (seit 1960); Die Finanzierungshilfen des Bundes und der Länder an die Landwirtschaft (seit 1961); Die Finanzierungshilfen des Bundes und der Länder für den Wohnungsbau (seit 1962). Aufschlußreiches Material bietet ferner die Sammlung „Der Bund als Finanzier — Kredite, Leistungen und Bürgschaften des ERP-Sondervermögens", hrsg. zunächst von Carstens, später von Schlauwitz (ab Bd. 1960/61 jährlich). An spezielleren Zusammenstellungen einschlägiger Verwaltungsvorschriften seien erwähnt: Grüner Bericht und Grüner Plan, hrsg. im Auftrage des Bundesministeriums für Ernährung, Landwirtschaft und Forsten (soweit feststellbar: von 1956 bis 1964 jährlich); siehe auch Steding, Der Grüne Plan 1959 [Anm. 12]; Schneider-Gädicke, Kredit, S. 178 ff. — Von zentraler Bedeutung sind ferner die Richtlinien der Bundesregierung vom 1. April 1953 betr. Zuwendungen des Bundes an außerhalb der Bundesverwaltung stehende Stellen und für den Nachweis der Verwendung der Mittel nach § 64 a Abs. 1 RHO mit den Allgemeinen Bewilligungsbedingungen für die Gewährung von Zuwendungen des Bundes nach § 64 a RHO vom 1. April 1953 (GMBl. S. 150; abgedruckt bei Vialon, Öffentliche Finanzwirtschaft, 1956, S. 94 ff.; dems., Haushaltsrecht, 2. Aufl. 1959, S. 822 ff.); siehe auch die Richtlinien für das Förderungsprogramm der Bundesregierung vom 4. 12. 1962, BAnz. Nr. 238.

[21]) Im Hinblick auf die mangelnde Darstellung und Aufbereitung der gesetzlichen und administrativen Regelungen von Subventionen (Anm. 16 und 20) erscheint eine entsprechende Dokumentation dringend notwendig. Der Verfasser hat es deshalb auch sehr wohl als seine Pflicht empfunden, dem Referat eine Übersicht des vorhandenen normativen Materials beizufügen, wie das etwa dem schönen Vorbild Hans Schneiders in Heft 19 der Veröffentlichungen der deutschen Staatsrechtslehrer (1961) entsprochen hätte. Es erwies sich jedoch als unmöglich, eine einigermaßen sinnvolle Darstellung zu einem für die Drucklegung des Referats noch erträglichen Termin zu erstellen. Der Verfasser hofft jedoch, das angefangene Vorhaben abzuschließen und seine Ergebnisse an anderer Stelle veröffentlichen zu können.

[22]) Kritisch zu einzelnen Aspekten der Praxis auch Wesemann, Verschleierte Staatsgunst, in: Soll der Staat Geschenke verteilen? [Anm. 2], S. 58 ff.

[23]) Zur Rolle der Verwaltung — nicht durchwegs im Sinne des Textes — Hansmeyer, Staatshilfen, S. 112 ff.

Eingriff und Erlaubnis, Anstalt und Gemeingebrauch sicherer fühlt als bei der Subvention. Die Verantwortung dafür ist ihm lästig und wird ihm von Parlament und Regierung zugeschoben[23a]). Die Verwaltungsvorschriften sollen den Apparat daher auch nach dort ausweisen und abschirmen. Sie tendieren so daher zum potemkinschen Dorf. Gleichwohl drängt ihr Gegenstand nach Außenwirkung[24]). So verlangt die Verwaltung vom Bürger Unterwerfung[25]). Mitunter wird diese Unterwerfung schon zur Voraussetzung dafür gemacht, daß die Behörde die Subventionsbitte überhaupt prüft[26]). Aber irgendwann muß sich fast jeder Bürger, der Subventionsleistungen will, mehr oder weniger ausgedehnten und gestaffelten Verwaltungsvorschriften unterwerfen[27]). Verwaltungsvorschriften also als Rechtsetzung auf Unterwerfung[28])!

23a) Siehe zum Tatbestand auch Maunz, Subventionen, S. 4.

24) Dabei geht es nicht primär um die Außenwirkung von Subventionsrichtlinien, wie sie als relative, im Rahmen des Umschalteffektes des Art. 3 Abs. 1 GG und der sog. Selbstbindung der Verwaltung wohl allgemein anerkannt ist (siehe z. B. Stern, Rechtsfragen, S. 558 f., 560; Friauf, Bemerkungen, S. 735; siehe ferner unten Anm. 245). Diese Art der Außenwirkung hat vor allem zwei technische „Mängel". Sie begünstigt einseitig den Partner der Verwaltung; und sie läßt die Verwaltungsrichtlinien nur als Indiz dafür gelten, wie die Verwaltung allgemein gleichgelagerte Fälle behandelt. Was die Verwaltung aber braucht, das sind Normen, die erstens unmittelbar und zweitens auch zuungunsten des privaten Betroffenen wirken. — Zur Tendenz, diese Außenwirkung Subventionsrichtlinien „per se" beizulegen: Ipsen, Referat. Die Allgemeine Diskussion um diese unmittelbare und umfassende „Außenwirkung" von Verwaltungsvorschriften ist vor allem von Vogel (Gesetzgeber und Verwaltung, VVDStRL Heft 24, 1966, S. 125 ff.; [156 ff.]) in eine neue Runde getrieben worden. Zur Meinung des Verfassers hierzu siehe seinen Diskussionsbeitrag, ebd. S. 234 ff. (236 ff.).

25) Siehe z. B. BVerwG 13, 47 (52 f.); Ipsen, Subventionierung, S. 73 f.

26) So werden z. B. im Rahmen der Studienförderung nach dem Honnefer-Modell Antragsformulare verwendet, auf denen der Studierende zu versichern hat: „Die auf der Rückseite dieses Vordrucks wiedergegebenen Darlehensbedingungen werden von mir anerkannt ...". Ein anderes Beispiel sind die Bürgschaftsrichtlinien der Kreditgarantiegemeinschaft für den Gemüse-, Obst- und Gartenbau Köln GmbH (abgedr. in: Der Bund als Finanzier, 1965 [Anm. 20], S. 40 ff.): „Die kreditgebenden Banken haben sich bei der Weitergabe der Bürgschaftsanträge an die Kreditgarantiegemeinschaft mit diesen Richtlinien einverstanden zu erklären und das Einverständnis des Kreditnehmers der Kreditgarantiegemeinschaft gleichzeitig nachzuweisen." — Zur Anerkennung von Kontrollbefugnissen bereits im Antragsformular, siehe die eingehenden Belege bei Götz, Wirtschaftssubventionen, S. 51 mit Anm. 20.

27) Das durch die Richtlinien der Bundesregierung zu § 64 a RHO [Anm. 20] etablierte Regelsystem ist folgendes: Neben allgemeinen Bewilligungsbedingungen (Nr. 12 der Richtlinien und Anlage 2 hier-

Mit diesem Instrumentarium kann das Ordnungsproblem der Subventionen nicht gelöst werden. Nur das Medium des Rechts im Sinne der objektiven und allgemeinen Norm ist dazu imstande[29]). Es ist jedoch wichtig, diesen Satz nicht vorschnell auf die Drehscheibe der Diskussion über die notwendige Funktion des Gesetzes[30]) geraten zu lassen. Daß das Gesetz das primäre Ordnungsinstrument auch und gerade hier sein mußte, ist ebenso sicher, wie daß gewisse Entscheidungen nur durch das Gesetz getroffen werden können. Aber die Ordnungsaufgabe stellt sich materiell dem voraus[31]).

---

zu) sind besondere Bewilligungsbedingungen festzusetzen (Nr. 13 der Richtlinien); beide sind im Bewilligungsbescheid in bezug zu nehmen bzw. aufzuführen (Muster in Anlage 3 zu den Richtlinien). Der Bewilligungsbescheid schließt mit der Formel: „Dieser Bescheid wird erst wirksam, wenn Sie sich schriftlich mit seinem Inhalt einverstanden erklärt haben. Geht Ihre Erklärung nicht bis zum ... bei mir ein, so behalte ich mir vor, Ihren Antrag als gegenstandslos zu betrachten." — Praktisch schiebt sich jedoch zwischen die allgemeinen Bewilligungsbedingungen im Sinne der Richtlinien und die besonderen Bewilligungsbedingungen, die den konkreten Fall betreffen, eine weitere Schicht von Bedingungen, welche die Fälle eines gewissen Förderungsprogramms generell betreffen. So liegt mir etwa der Vordruck eines Landesministeriums vor, wonach die Bewilligung verbunden wird mit 1. den Allgemeinen Bewilligungsbedingungen für die Gewährung von Zuwendungen des Landes nach § 64 a RHO, 2. den Richtlinien über die Gewährung von Zuschüssen des Staates aus dem Einzelplan ... vom ... und 3. den im Bescheid aufgeführten besonderen Bewilligungsbedingungen. Die Einverständniserklärung, an welche die Wirksamkeit des Bewilligungsbescheides geknüpft ist, und hinsichtlich deren Abfassung die Verwaltung dem Bürger ebenfalls durch einen Vordruck zuhilfe kommt, erstreckt sich auf den ganzen „Turmbau" der Bewilligungsbedingungen.

[28]) Kritisch dazu z. B. Köttgen, Fondsverwaltung, S. 65 f.; siehe auch Pernthaler, Über Bedeutung und Standort der leistenden Verwaltung in der österreichischen Rechtsordnung, JBl. 87. Jg. (1965), S. 57 ff. (70), der insofern von einer lex contractus spricht.

[29]) Vgl. Gygi, [Anm. 3], S. 3 ff.

[30]) Zentral zum Vorbehalt des Gesetzes für Subventionen: Bellstedt, Gesetzliche Grundlage. Zum neueren Meinungsstand siehe Friauf, Bemerkungen, S. 734; Götz, Wirtschaftssubventionen, S. 281 ff.; je mit weiteren Nachw. — Sehr aufschlußreich auch die österreichische Diskussion, siehe insbes. Loebenstein, Referat; Plöchl, Referat.

[31]) Nur von der Hypothese aus, das förmliche Gesetz sei ausschließliches Ordnungsinstrument, würde sich die juristische Aufgabe schlicht als gesetzgebungspolitische und nur hinsichtlich der Abwicklung der ungezählten danach unzulässigen Subventionsverhältnisse als rechtsfindende darstellen. Dieser Ausgangspunkt wird aber nicht nur durch eine übermächtige Rechtswirklichkeit als falsch und unnütz indiziert; auch die theoretische Forderung, den Gesetzesvorbehalt auszudehnen, wird zumeist nur in dem Sinne der gesetzlichen Entscheidung über das Ob, Wofür und Wieviel staatlicher Leistungen erhoben und spart so die Ordnung des konkreten Subventionsverhältnisses aus. Gerade sie aber ist notleidend.

III.

Wenn über Verwaltung durch Subventionen als rechtliche Ordnungsaufgabe gesprochen werden soll, so ist es notwendig, deren Gegenstand so abzugrenzen[32]), daß er einheitlichen Ordnungsvorstellungen[33]) zugängig ist[34]) und alle danach gleich-

---

[32]) Das Schrifttum zum Begriff der Subvention ist außerordentlich reichhaltig, so daß hier nur eine Auswahl gegeben werden kann (wegen der weiteren Nachweise siehe die Zitierten): Ipsen, Subventionierung, S. 6 ff.; Henze, Finanzhilfe, S. 27 ff.; Stern, Rechtsfragen, S. 519 ff.; Welter, Subventionen als Rechtsbegriff, Betriebsberater, 17. Jg. (1962), S. 493 ff., 1186 f.; Fischer, dass., ebd. S. 1185; Hamann, Problematik, S. 492 f.; Zuleeg, Rechtsform, S. 13 ff.; Götz, Wirtschaftssubventionen, S. 3 ff., 13 ff.; Friauf, Bemerkungen, S. 731. — Siehe auch Anm. 35.

[33]) Damit ist nicht gemeint, daß ein Subventionsbegriff sinnvoll ist, dessen Gegenstand zu ausschließlich einheitlichen Ordnungsvorstellungen führt. Vielmehr ist zu unterstreichen, was Friauf (Bemerkungen, S. 731) für einen umfassenden Subventionsbegriff postuliert: „... muß man allerdings im Auge behalten, daß nicht notwendig sämtliche staatlichen Leistungen, die unter ihn fallen, in jeder Beziehung denselben Rechtsregeln folgen. Unterschiede in der Anwendung des Instruments, etwa hinsichtlich Sachbereich, Zielsetzung oder Wirkungsweise, können zu einer verschiedenartigen rechtlichen Bewertung zwingen. Eine generelle Betrachtung von Rechtsproblemen des Subventionswesens sollte sich dieser Bedingtheit stets bewußt sein."

[34]) Dazu insbes. auch Götz, Wirtschaftssubventionen, S. 4 ff., 16 ff. Ihm ist insbes. darin zuzustimmen, daß für das europäische Gemeinschaftsrecht ein besonderer Subventionsbegriff gelten muß (S. 19 ff.). Das gilt jedenfalls insoweit, als das Vertragsrecht von Subventionen und Beihilfen spricht (s. dazu z. B. EuGH Urteil 30/59 RsprGH Bd. VII, S. 9 ff. [42 f.]; Börner, Diskriminierungen und Subventionen, in: Zehn Jahre Rechtsprechung des Gerichtshofes der Europäischen Gemeinschaften, 1965, S. 215 ff. [238]; Koppensteiner, Das Subventionsverbot im Vertrag über die Europäische Gemeinschaft für Kohle und Stahl, 1965, S. 67 f.). Insofern hat der Subventionsbegriff nicht nur einen textlich-normativen, also interpretatorisch zu erschließenden Ansatz, sondern auch eine ganz spezifische Funktion, nämlich das Konfliktsfeld abzustecken, in dem die wirtschaftspolitischen Kompetenzen der Gemeinschaft durch nationale Maßnahmen der Finanzhilfe und der Abgabenpräferenz umgangen und gestört werden könnten. Von da her kündet sich freilich auch die Möglichkeit an, daß vielleicht noch ein weiterer europarechtlicher Begriff gebildet werden muß, nämlich für diejenigen Subventionen, die von den Europäischen Gemeinschaften selbst geleistet und geordnet werden (s. dazu z. B. Koppensteiner, aaO., S. 54 ff.). — Dagegen kann Götz nicht darin zugestimmt werden, wenn er schlicht zwischen einem verfassungs- und verwaltungsrechtlichen Subventionsbegriff unterscheidet (insbes. S. 18 f.; s. a. Wolff, VerwR III S. 215). Gewiß sind damit relevante Zäsuren angesprochen. Aber sie ziehen nicht die allein beherrschenden Linien durch das Phänomen. Übergreifende Gemeinsamkeiten werden bei dem von Götz vorgeschlagenen Vorgehen nicht weniger vernachlässigt als andere bedeutsame Zäsuren.

artigen Erscheinungen[35]) erfaßt. Die Kürze der Zeit verbietet, abzuleiten, warum dies dann der Fall ist, wenn Subventionen im Sinne der folgenden Definition begriffen werden, die hier als Arbeitshypothese vorgelegt sei. Danach sind Subventionen vermögenswerte Zuwendungen, die vom Staat, seinen besonderen Verwaltungseinheiten oder einer supranationalen Organisation (Subventionsträger) unmittelbar oder durch Dritte (Subventionsvermittler) natürlichen Personen oder juristischen Personen des Privatrechts (Subventionsempfänger) zu einem öffentlichen Zweck gewährt werden, der weder ausschließlich in der unmittelbaren Gewährung oder Mehrung des Einkommens der Subventionsempfänger noch im Entgelt für eine Leistung bestehen darf. Dabei können Subventionen erbracht werden, indem der Subventionsträger sein Vermögen durch Leistung oder Verpflichtung zu einer Leistung mindert oder dem Risiko der Minderung aussetzt, und den Empfängern hieraus effektiv oder potentiell Vermögensvorteile erwachsen (Leistungssubventionen), oder indem die Subventionsempfänger von allgemein zu erbringenden öffentlichen Leistungen ganz oder teilweise ausgenommen[35a]) werden (Verschonungssubventionen)[36]).

---

35) Der Begriff muß also sowohl von der Sache als auch von der Norm — und zwar der relativ unabänderlichen Verfassungsnorm und der dem Gesetzgeber disponiblen, von der ergänzenden Rechtsfindung dagegen hinzunehmenden Norm unterverfassungsrechtlichen Ranges — her und auf die zu findende oder zu gestaltende, grundlegende oder im Detail ergänzende neue Norm zu gebildet werden. Das schließt — was der häufigen polemischen Hervorhebung gar nicht bedürfte — die schlichte Übernahme ausschließlich an der Sachstruktur orientierter wirtschafts- und finanztheoretischer Begriffe aus. (Abgesehen davon, daß auch diesen Begriffen meist ein Ordnungs- oder Darstellungszweck vorausliegt, der kritischer Reflexion bedarf.) Das bedeutet aber auch, daß der Subventionsbegriff, der ein Ordnungsphänomen zu umschreiben hat, an den Sachstrukturen nicht vorbeigehen kann, die naturgemäß in der wirtschafts- und finanztheoretischen Diskussion um den Subventionsbegriff besonders hervortreten. Siehe dazu z. B. Masoin, Die öffentlichen Ausgaben, Handbuch der Finanzwissenschaft Bd. II, 1956, S. 25 ff.; Meinhold, Subventionen S. 237 f.; Hansmeyer, Subventionen als wirtschaftspolitisches Instrument, in: Hansmeyer (Herausgeber), Subventionen S. 9 ff.; ders., Staatshilfen S. 20 ff. (wozu zu betonen ist, daß Hansmeyers Ausführungen, indem sie den Begriff der Subvention auf Transferzahlungen ohne direkte Verwendungsauflagen beschränken, nicht weniger erhellend sind, da sie gleichwohl die Sachstrukturen umfassend aufzudecken suchen); Schmölders, Finanzpolitik, 2. Aufl. 1965, S. 218 ff.; Gundlach, Subventionen S. 7 ff.

35a) Den intensivsten Beitrag, zwischen den Differenzierungen der allgemeinen Belastung und der begünstigenden Ausnahme zu unterscheiden, leistet Strickrodt [Anm. 5]. Doch bleibt sein Versuch in vielem problematisch (s. dazu auch Götz, aaO., S. 17 f.).

36) Zwischen Leistungssubventionen und Verschonungssubventio-

Konstituiert wird die Einheitlichkeit des Phänomens also im wesentlichen durch die Vermögensbezogenheit des Vorganges[37]), durch den Zusammenhang zwischen der unmittelbar lästigen Betroffenheit des Staates oder eines ihm ein- oder gleichgeordneten Trägers und der unmittelbar günstigen Betroffenheit eines Subjekts der Bürger-Sphäre und den öffentlichen Zweck, der schließlich in oder aus der Bürger-Sphäre verwirklicht werden soll.

Dieser öffentliche Zweck ist das am schwierigsten zu erfassende und doch am stärksten prägende Element[38]). Wären wir hier als Theologen oder wenigstens als Kirchenrechtler, so würde ich sagen: er ist das Geheimnis des Subventionsbegriffs. Daß er sich durch den Subventionsempfänger erfüllt, muß die Zuwendung gegenüber dem Gleichheitssatz rechtfertigen. Dennoch ist die Zweckverwirklichung nicht einfach Gegenleistung[39]) und schon gar nicht Tauschleistung[40]).

---

nen verläuft zweifellos der tiefste Graben innerhalb des von dem gegebenen Subventionsbegriff umklammerten Phänomens. Er hat bisher regelmäßig zur Ausscheidung dessen, was hier Verschonungssubventionen genannt wird, aus dem Subventionsbegriff geführt (siehe z. B. Henze, Finanzhilfen S. 29; Stern, Rechtsfragen S. 521; Janknecht, Rechtsformen S. 6; Zuleeg, Rechtsform S. 16; siehe auch Götz, aaO., S. 15 ff.). Dennoch verbieten nicht nur die Interdependenzen, sondern auch die Gemeinsamkeiten, die sich näherem Zusehen erschließen, die völlige Trennung (für Einbeziehung Strickrodt [Anm. 5] S. 11 u. passim; Welter [Anm. 32] S. 496; Bitter, Förderungsmaßnahmen S. 47; für das europäische Gemeinschaftsrecht siehe Koppensteiner [Anm. 34] S. 91 m. w. Nachw.; siehe auch den Hinweis auf die Gemeinsamkeiten bei Friauf, Bemerkungen S. 730). Dagegen ist die Annahme von Götz und Wolff (siehe oben Anm. 34), die Gemeinsamkeiten beschränkten sich auf das Verfassungsrecht, zu eng.

[37]) Wolff, VerwR III S. 215.

[38]) Siehe z. B. Schindler, Bundessubventionen S. 95, 141 ff., 152 f., 219; Ipsen, Subventionierung S. 7, 45 ff.; Imboden, Der verwaltungsrechtliche Vertrag, 1958, S. 156 ff.; Lepsien, Prinzipien der Leistungsverwaltung, Diss. Münster 1961, S. 111 ff.; Reuß, Öffentliche Wirtschaftsverwaltung mit privatrechtlichen Gestaltungsmitteln, in: Staatsbürger und Staatsgewalt, Bd. II 1963, S. 255 ff. (270 f.); Loebenstein, Referat S. 21 f.; Friauf, Bemerkungen S. 730 f. S. a. BVerwG, Urt. v. 19. 12. 1958, DVBl. 74. Jg. (1959) S. 573 ff.; OVG des Saarlandes AS 7, 231 (232).

[39]) Siehe die klassische Frage Ipsens (Subventionierung S. 56): „Erwartet der Staat, der den Privaten subventioniert, und darf er aus Rechtsgründen erwarten, daß der Private aufgrund der Subventionierung sich in einer Weise verhält, die dem öffentlichen Interesse als Gegenleistung erscheint — und darf der Staat diese Erwartung rechtlich sanktionieren?“

[40]) Siehe Schindler, Bundessubventionen S. 141 ff., 152; Kistler, Subventions fédérales S. 58, 61; Bellstedt, Gesetzliche Grundlage S. 169; Lepsien, aaO.; Werner [Anm. 12] S. 101, 103; w. Hinw. s. insbes. bei Lepsien, aaO. — Zu den Sachstruk-

Die Interessenstruktur ist primär kooperativ[41]) und erst sekundär synallagmatisch[42]). Die Subvention setzt dem öffentlichen Interesse objektiv kongruente oder teilgleiche private Interessen voraus, deren Verwirklichung sie ermöglichen, unterstützen oder wenigstens einleiten soll[43]). Die Verwirklichung des öffentlichen Interesses kann mit der Erfüllung des privaten Interesses zusammenfallen aber auch nur davon abhängig sein. Die evident relevanten Größen öffentlicher Einsatz, privater Einsatz, privater Erfolg, private Leistung für den öffentlichen Erfolg und öffentlicher Erfolg stehen deshalb in keinem festen funktionellen Verhältnis zueinander und vor allem weder notwendig noch regelmäßig in jener Gleichgewichtsbeziehung, in der sich Tauschgrößen zueinander verhalten. Die Konstellationen sind vielmehr situationsbedingt verschieden[44]). Der Versuch, sie zu registrieren[45]), ist zudem durch die Schwierigkeiten behindert, diese Größen — insbesondere unter Einschluß des öffentlichen Erfolges — funktionell richtig

---

turen besonders aufschlußreich und mit zahlreichen weiteren Hinweisen: Hansmeyer, Staatshilfen S. 22 ff.

[41]) Siehe dazu insbes. — mit im einzelnen verschiedener Nuancierung — Herbert Krüger: Diskussionsbeitrag [Anm. 9] S. 139; Aufl. S. 382; Allgemeine Staatslehre, 1964, S. 436 Anm. 100; Rechtsetzung und technische Entwicklung, NJW 19. Jg. (1966) S. 617 ff. (623); Zusammenarbeit, passim. S. ferner Kistler, Subventions fédérales S. 68 ff. Möller (Subventionsverwaltung S. 92) und Schneider-Gädicke (Kredit S. 72) machen auf die Parallele zur stillen Gesellschaft aufmerksam. Siehe auch Anm. 106. — Siehe zu dem im Gesellschaftsverhältnis prototypisch herausgebildeten Wesen des kooperativen Rechtsverhältnisses und seiner Abgrenzung vom synallagmatischen Rechtsverhältnis Esser, Schuldrecht, 2. Aufl. 1960, S. 57 ff., insbes. S. 66 ff., S. 716 ff., insbes. S. 717.

[42]) Für Synallagma z. B. Hochdörfer, Die staatlichen Subventionen der Nachkriegszeit in Deutschland, 1929, S. 19 ff.; Kistler, Subventions fédérales S. 75 ff.; Welter [Anm. 32] S. 494. Zweifelnd und differenzierend demgegenüber: Lepsien, aaO., S. 106, 111 ff., 117 ff; Eckert, Leistungsstörungen in verwaltungsrechtlichen Schuldverhältnissen, DVBl. 77. Jg. (1962) S. 11 ff. (S. 13 mit Fußn. 36); Lenzen, Grundlagen S. 79 f. — Siehe zum Vorstehenden auch Friauf, Bemerkungen S. 738.

[43]) Zur Relevanz dieses Tatbestandes für die Ordnungsaufgaben siehe Krüger, Auflage S. 455; ders., Zusammenarbeit S. 21.

[44]) Die bisher wohl intensivste, wenngleich exemplarische Tatbestandsaufnahme findet sich bei Hansmeyer, Staatshilfen. S. dort auch das weitere Material. Ergänzend etwa Gundlach, Subventionen S. 36 ff.

[45]) S. dazu auch Meinhold, Subventionen S. 241: „Eine empirische Erfassung der Subventionsmotivierungen erscheint wegen ihrer Fülle, gegenseitigen Überschneidung und unterschiedlichen Gewichtigkeit im allzeit komplexen Verbande aussichtslos, zumal ihr Wahrheitsgehalt im konkreten Einzelfalle kaum festgestellt werden kann."

zu ermitteln und einer einheitlichen Messung zuzuführen[46]). Daß hier eine Verantwortung der Ökonomie, vor allem der Finanzwissenschaft, besteht[46a]), befreit den Juristen nicht davon, die Relevanz der Verschiedenheit der Sachstrukturen für die Richtigkeit der rechtlichen Ordnung des Subventionswesens zu sehen[47]). [Die Diskussion über das Subventionswesen wird schädlich vereinfacht, wenn die Unsicherheit über die mit dem öffentlichen Zweck angesprochenen Strukturprobleme übergangen wird[48]).

Das mit diesem Subventionsbegriff angesprochene Ordnungsanliegen und seine — über evidente und ungewisse Differenzen hinweggreifende — Einheit eröffnet sich am schnellsten, indem die Subvention mit verwandten Erscheinungen in Beziehung gebracht wird. Der Gegensatz zum rein synallagmatischen Geschäft liegt im jeweils Typischen und kennt ein breites Feld problemreicher Übergänge. Neben den anderen Wert- und Bemessungsrelationen weist die Subvention vor allem dem typischen Güteraustausch gegenüber auch andere Ablauf- und Risikostrukturen auf[49]). Zur Idee der Subvention gehört, daß die Verwirklichung des öffentlichen Zwecks ganz oder für ein Wegstück der Triebkraft und autonomen Verwirklichung des privaten Interesses anvertraut wird. Daraus erwächst das spezifische Problem der ebenso notwendigen wie a priori begrenzten Kontrollen der Zweckverwirklichung, das augenfällig zur einfachen Leistungskontrolle der Austauschgeschäfte kontrastiert.

---

[46]) Den partiellen Versuch einer präziseren Aussage siehe bei Bennecke, Die Subventionspolitik der Hohen Behörde der Europäischen Gemeinschaft für Kohle und Stahl und ihre Auswirkungen auf den Kohlenbergbau dieser Gemeinschaft, 1965.

[46a]) Siehe Strickrodt, [Anm. 5] S. 18 f., 5; f. und passim.

[47]) Für differenzierende Betrachtung auch Kistler, Subventions fédérales S. 58, 61; Imboden [Anm. 38] S. 156 ff. — Siehe auch das Vorgehen des IX. Kongresses des internationalen Instituts für Verwaltungswissenschaften in Istanbul (Bericht hierüber von Kern, DVBl. 68. Jg. (1953) S. 721 ff. [723]).

[48]) Zur methodischen Basis des Vorstehenden s. Zacher, Aufgaben einer Theorie der Wirtschaftsverfassung, in: Wirtschaftsordnung und Rechtsordnung, Festschrift für Franz Böhm, 1965, S. 63 ff., S. 81 ff. und — exemplifizierend — S. 89 ff. Siehe ferner Jahr, Funktionsanalyse von Rechtsfiguren als Grundlage einer Begegnung von Rechtswissenschaft und Wirtschaftswissenschaft, in: Das Verhältnis der Wirtschaftswissenschaft zu Rechtswissenschaft, Soziologie und Statistik, herausgegeben von Raiser-Sauermann-Schneider, 1964, S. 14 ff.; Stützel, Entscheidungstheoretische Elementarkategorien als Grundlage einer Begegnung von Wirtschaftswissenschaft und Rechtswissenschaft, ebd. S. 27 ff.

[49]) Siehe dazu nochmals Hansmeyer, Staatshilfen, insbes. S. 22 ff. mit weiteren Nachw.

Im Bereich der Zwecksicherung liegt auch der Unterschied zu den reinen Einkommenshilfen[50]). Ihr Zweck ist präsumtiv mit der Leistung erreicht[51]). Bei Zuwendungen jedoch, die produktive Selbstversorgung ermöglichen und so öffentliche Einkommenshilfen erübrigen sollen, setzt die Zwecksicherungsproblematik der Subvention wieder ein. Einkommenshilfe und Subvention unterscheiden sich aber auch durch die Kompliziertheit des egalitären Ansatzes hier und seine Schlichtheit dort.

Entlastungseinrichtungen und -leistungen — wie z. B. Veranstaltungen der wissenschaftlichen Forschung, regionale oder lokale Erschließungsmaßnahmen, die gewissen Produktionszweigen oder Unternehmen zugute kommen sollen[52]) — gleichen im Effekt den Subventionen nicht selten vollkommen. Sie bilden deshalb eine bedeutsame Formalternative zur Subvention[53]) und ziehen so auch die Kontrolle des Verfassungs- und Europarechts[54]) der Subvention auf sich. Gleichwohl fehlt ihnen die rechtliche Gezieltheit auf bestimmte Subventionsempfänger[55]) und somit die Möglichkeit des individuel-

---

[50]) Die Abgrenzung ist üblich; die Begründung dafür sehr verschieden. S. z. B. Köttgen, Subventionen S. 490; Kistler, Subventions fédérales S. 24; Ipsen, Subventionierung S. 8 f.; Henze, Finanzhilfen S. 17 f.; Pöttgen, Grenzen S. 18; Zuleeg, Rechtsform S. 15; Wolff, VerwR III S. 217.

[51]) In der Richtung dieser Unterscheidung auch Imboden [Anm. 38] S. 157.

[52]) Beispielhaft zu den Erscheinungsformen Möller, Wirtschaftsförderung S. 152 ff.; bes. eingehend Hansmeyer, Staatshilfen S. 191 ff. m. w. Nachw. Der Ausdruck „Entlastungseinrichtungen und -leistungen" ist von Hansmeyer übernommen, der den Begriff jedoch in einem weiteren Sinn gebraucht.

[53]) Siehe auch Möller, Subventionsverwaltung S. 29 f. — Zur Relevanz der Unterscheidung im Kommunalrecht siehe z. B. VG Münster, Urteil vom 18. Dezember 1962, DÖV 1963, S. 622 ff. (624).

[54]) Das hat — neben anderem — wohl auch der erweiterte verfassungsrechtliche Subventionsbegriff bei Götz (Wirtschaftssubventionen S. 18 f.) im Auge. Inwieweit der „wirtschaftsrechtliche Subventionsbegriff des europäischen Gemeinschaftsrechts" (ebd. S. 19 ff.) Entlastungen erfaßt, kann hier nicht im einzelnen untersucht werden. Siehe dazu auch Anm. 55 a.

[55]) Dem entspricht auch die wirtschaftstheoretische Abgrenzung des Subventionsbegriffs; s. z. B. Wessels, Art. „Subventionen" in Handwörterbuch der Betriebswirtschaft, 3. Aufl. Bd. III 1960, Sp. 5321 ff. (5321); s. a. Gundlach, Subventionen S. 10.

[55a]) Diesen Aspekt greift denn auch das europäische Gemeinschaftsrecht im besonderen auf. Siehe z. B. für Frachten und Beförderungsbedingungen Art. 80 EWG-Vertrag, Art. 70 Montanvertrag; vgl. dazu noch Much, Ausnahmetarif und Wirtschaftsintegration, Zeitschr. f. d. ges. Handelsrecht und Wirtschaftsrecht, Bd. 124 (1962) S. 110 ff.; Rebhan, Die Beseitigung und Verhinderung von Diskriminierungen sowie Subventionen in den Verkehrstarifen Westeuropas, 1965, insbes. S. 71 ff.

len Subventionsverhältnisses, des zentralen Ordnungsanliegens der Subvention. Erst wenn die Destinatäre bei der generell entgeltlichen Inanspruchnahme von Entlastungseinrichtungen oder -leistungen durch Verschonung begünstigt werden[55a]), bilden sich sekundär auch Subventionsverhältnisse.

Ein großer Teil insbesondere des klassischen Instrumentariums der Wirtschaftslenkung steht neben der Subvention als Protektion zulasten Dritter[56]). Damit sind so unterschiedliche Erscheinungen wie Schutzzölle, Preis- und Bestandsschutzvorschriften[57]), Beimengungspflichten[58]) und Wettbewerbsvergünstigungen[59]) gemeint. Ihnen ist gemeinsam, daß die öffentliche Hand als belasteter Träger des Vermögenseffekts ausscheidet. Soweit konkrete Rechtsverhältnisse impliziert oder betroffen sind, bestehen sie entweder zwischen Privaten oder den belasteten Privaten und der nehmenden öffentlichen Hand. Wo — wie im Rahmen von Ausgleichsgemeinschaften — Abgabenaufkommen vor allem über Hilfsfisci gebunden in Subventionsleistungen übergeführt werden, verschmilzt jedoch die Problematik[60]).

Bei öffentlichen Finanzzuweisungen[61]) finden sich die mit den Subventionen angesprochenen Werte, Tendenzen und Möglichkeiten des Individuums und seiner freien Kollektive gegen die spezifischen Werte und Kompetenzen der öffentlichen Organisationseinheiten ausgetauscht. Das verändert die Problematik nicht nur hinsichtlich der Leistungsmotive sondern auch der Kontrollen der Zweckverwirklichung,

---

56) Zu einigen Erscheinungen s. Götz, Wirtschaftssubventionen S. 77 ff., s. a. S. 29 ff.

57) Insbes. die Kündigungsschutzvorschriften in den verschiedenen Bereichen.

58) Siehe Gesetz über die Unterbringung von Rüböl aus inländischem Raps und Rübsen v. 12. August 1966 (BGBl. I S. 497) mit VO v. 19. 8. 1966, BAnz Nr. 157. Siehe dazu auch Götz, Wirtschaftssubventionen S. 75 f.

59) Z. B. die Vorschriften über die besondere Kennzeichnung von Blindenware.

60) Siehe dazu zentral Götz, Wirtschaftsverwaltungsrechtliche Ausgleichsabgaben, AöR Bd. 85 (1960) S. 200 ff.; dens., Wirtschaftssubventionen S. 63 ff.; s. a. Weides, Europäisches Subventionsverbot und staatliche Selbsthilfefonds, Außenwirtschaftsdienst 1963, S. 295 ff.; Koppensteiner, [Anm. 34] S. 91 f.

61) Für Ausklammerung aus dem Subventionsbegriff z. B. Ipsen, Subventionierung S. 5; Bitter, Förderungsmaßnahmen S. 47; Zuleeg, Rechtsform S. 18; Wolff, VerwR III S. 216. Ganz anders die schweizerische Lehre, s. Schindler, Bundessubventionen S. 127; Kistler, Subventions fédérales S. 14, 22; w. Nachw. s. dort.

der vorgegebenen allgemeinen Rechtsbeziehungen und der Sanktionen. Somit entsteht für die Subventionsordnung eine qualitative Einheit der öffentlichen Hand.

So bedeutsam und aufschlußreich diese Nachbarschaften sind, so wenig darf das Ordnungsanliegen der Subvention mit heterogenen Erscheinungen belastet und die jeweils höhere Kategorie der speziellen Gemeinsamkeiten ignoriert werden. Dagegen verdient manche übliche Ausklammerung Kritik[62]). Das gilt vor allem für die Negation oder Vernachlässigung der nichtwirtschaftlichen Subventionen[63]). Zwar mag die tatsächliche Problematik dadurch vereinfacht werden, daß die Zuwendung von einem wirtschaftlichen Unternehmer produktiv verwertet und das öffentliche Interesse dadurch befriedigt wird. Die den Ordnungsbedarf bestimmende elementare Interessenlage ist aber nur stärker entfaltet[64]),

---

[62]) Z. B. die Ausklammerung sozialpolitischer Zuwendungen allein schon wegen ihres spezifischen Motivs. Siehe dazu oben Anm. 50 und 51 und den Text hierzu (insbes. auch nach Anm. 51), s. ferner das Folgende.

[63]) Der Ausgangspunkt dieser Tradition liegt wohl in der Wirtschaftstheorie (s. z. B. Meinhold, Subventionen S. 238 f.). Mit Variationen hinsichtlich des Gegenstandes und der Begründung im Sinne der Ausklammerung z. B. Ipsen, Subventionierung S. 8 (dagegen nicht mehr im Referat s. o.); Henze, Finanzhilfen S. 30; Stern, Rechtsfragen S. 519 f.; von Münch, Die Bindung des Gesetzgebers an den Gleichheitssatz bei der Gewährung von Subventionen, AöR Bd. 85 (1960) S. 270 ff. (270); Welter [Anm. 32] S. 494 ff.; Hamann, Problematik S. 492 f.; Reuß, Wirtschaftsverwaltungsrecht I, 1963, S. 15; Pöttgen, Grenzen S. 14 ff.; Lenzen, Grundlagen S. 5 ff. Für Einbeziehung demgegenüber Jesch, Gesetz und Verwaltung, 1961, S. 178; Friauf, Bemerkungen S. 731; für Einbeziehung aller privaten „Unternehmer oder Verbraucher" jedoch Beschränkung auf wirtschaftspolitische Zwecke: Bellstedt, Gesetzliche Grundlage S. 161 f. Umgekehrt für Beschränkung auf Unternehmer (allerdings „im weitesten Sinne") aber Einbeziehung auch sozialer und kultureller Zwecke: Siebert, Privatrecht im Bereich öffentlicher Verwaltung, Festschrift für Hans Niedermeyer, 1953, S. 215 ff. (235). Kritisch zur herkömmlichen Ausklammerung neuerdings Götz, Wirtschaftssubventionen S. 8 ff., der schließlich aber doch nicht zu einer geschlossenen Konzeption durchstößt. Unpolemisch für umfassende Definition: Möller, Subventionsverwaltung S. 49; Zuleeg, Rechtsform S. 18 f.

[64]) Auszugehen ist vom Subventionselement der vermögenswerten Zuwendung. Die einfachste Entfaltung dieses Tatbestands liegt darin, daß damit von einem wirtschaftlichen Unternehmer produziert wird. Wenn dadurch auch schon das öffentliche Interesse befriedigt wird, so bleiben die Probleme der Ablaufstrukturen, des Risikos und der Kontrolle der Zweckverwirklichung und der Vergleichsmessung (s. o. Text zu und nach Anm. 43) relativ schlicht. Dagegen werden durch die Umsetzung eine vermögenswerten Einsatzes in

nicht hingegen wesentlich anders, wenn sich das immaterielle öffentliche Interesse von den materiellen Voraussetzungen seiner Befriedigung greifbar abhebt oder die Zuwendung schon in der privaten Sphäre dazu dient, daß nicht vermögenswerte Leistungen oder Güter hervorgebracht werden. Daß für die sogenannten wirtschaftlichen und nichtwirtschaftlichen Subventionen darüber hinaus je andere Grundrechtskonflikte und Drittinteressen typisch sind, bestätigt nur die funktionelle Gleichartigkeit bei gegenständlicher Differenz.

Hauptteil

Der Versuch, in diesem Rahmen einige Fragen der Ordnungsproblematik der Subvention zu erörtern, muß sich auf das innerstaatliche Recht beschränken. Weder das supranationale Recht[65]) noch das Völker- und Kollisionsrecht, das Subventionen als Mittel der Außenpolitik und Entwicklungshilfe[66]) mitbeherrscht, kann einbezogen werden.]

---

nicht (unmittelbar) vermögenswerte Güter diese Strukturen und Relationen kompliziert. Auf das Subjekt abgestellt, könnte man beim wirtschaftlichen Unternehmer von einer subjektiv bedingten maximalen Wahrscheinlichkeit der ökonomischen Zweckverwirklichung des vermögenswerten Einsatzes sprechen. Insofern finden sich verwandte Erscheinungen und — cum grano salis — Vereinfachungen auch außerhalb des ökonomischen Bereichs; nämlich überall dort, wo sich ein Subjekt spezifisch der Verwirklichung des mit der Subvention angestrebten Zwecks gewidmet hat (so z. B. bei karitativen Verbänden, kulturellen Vereinigungen und dergleichen). Deshalb ist auch nicht selten festzustellen, daß speziellen Vereinigungen und Einrichtungen pauschale Zuschüsse ohne konkrete Kontrolle der Zweckverwirklichung zugewendet werden (Haushaltszuschüsse i. S. von Zängl, Schranken S. 21 f.). Daß dabei gelegentlich die Mißbrauchsgefahr vernachlässigt wird, sei hier dahingestellt. Als wesentlich sei hier nur festgehalten, daß der Gedanke der subjektiven Zweckverwirklichungsgarantie sowohl im wirtschaftlichen als auch im nichtwirtschaftlichen Bereich berechtigt sein kann.

65) Siehe dazu Ipsen, Referat Anm. 32 und seine Nachw. (ebd. Ziff. 8); Götz, Wirtschaftssubventionen, insbes. S. 77 ff, 101 ff., ebenfalls mit weiteren Nachw. Siehe auch oben Anm. 34, 54 und 55 a.

66) Aus der innerstaatlichen Rechtsordnung s. hierzu Gesetz über die Finanzierungshilfe für Entwicklungsländer aus Mitteln des ERP-Sondervermögens (ERP-Entwicklungshilfegesetz) vom 9. Juni 1961, BGBl. II S. 577; Gesetz über steuerliche Maßnahmen zur Förderung von privaten Kapitalanlagen in Entwicklungsländern (Entwicklungshilfe-Steuergesetz) vom 23. Dez. 1963, BGBl. I S. 1013. Siehe auch Woll, Multilaterale und bilaterale Entwicklungshilfe, in: Entwicklungspolitik, Handbuch und Lexikon, hrsg. v. Besters und Boesch, 1966, S. 765 ff. und Esche, Art. „Organisationen deutscher Entwicklungshilfe", ebd. S. 1442, passim.

A. Das Subventionsrechtsverhältnis: Der Bürger in der Subvention

I.

Die Überlegungen müssen von der Situation ausgehen, in der sich die Subvention rechtlich verwirklichen muß: von der Situation des Bürgers in der Subvention — vom Subventionsverhältnis. Und dieses Subventionsverhältnis muß aus seinem Gegenstand heraus verstanden und entwickelt werden. Erst von den funktionellen Bedingungen seines Inhalts her kann gefragt werden, ob es dem öffentlichen oder privaten Recht angehört, ob es der gesetzlichen Legitimation bedarf, und wie es begründet werden kann[67]). Die umgekehrte Fragestellung[68]) geht meist mit Kurzschlüssen einher. Teils wird unterstellt, die Einordnung aktiviere jeweils vorrätige Regelungstypen — ein Vertrauen, das etwa der Kategorie des öffentlichrechtlichen Vertrags gegenüber ebenso absurd wie häufig ist[69]).

---

[67]) In diesem Sinne auch Willigmann, Koppelung von Verwaltungsakten mit wirtschaftlichen Gegenleistungen, DVBl. 78. Jg. (1963) S. 229 ff. (229).

[68]) Zu ihr neigt vor allem die Arbeit von Zuleeg (Rechtsform) hinsichtlich der Einordnung in das öffentliche Recht.

[69]) Auch Stern (Rechtsfragen S. 560 f.) konstatiert kritisch eine „auffällige Neigung zur Annahme öffentlich-rechtlicher Verträge". Positiv zum verwaltungsrechtlichen Vertrag vor allem Janknecht, Rechtsformen S. 96 ff., 99 ff.; s. a. Möller, Subventionsverwaltung S. 155; Eckert [Anm. 42] S. 13 m. Fußn. 36; OVG Saar, AS 7, S. 231 ff.; VG Frankfurt, Urteil v. 22. 4. 1966, BB 15. Jg. (1960) S. 1040; unkritisch Maunz, Subventionen S. 3; für die besondere schweizerische Einstellung repräsentativ Imboden [Anm. 38] S. 156 ff. — Der öffentlich-rechtliche Vertrag ist in der deutschen Lehre jedoch vorwiegend als allgemeine Kategorie entwickelt und hinsichtlich seiner Zulässigkeit abgeklärt. Dagegen fehlt es so gut wie völlig an der Herausbildung konkreter Vertragstypen, von denen her konkrete Ordnungsaufgaben normativ-dogmatisch bewältigt werden könnten. Ansätze zur Typisierung vor allem bei Salzwedel, Die Grenzen der Zulässigkeit des öffentlich-rechtlichen Vertrages, 1958, der jedoch mehr die allgemeine Zulässigkeit der Vertragstypen behandelt als deren dogmatische Ausprägung; darüber hinaus fehlt in der Typologie Salzwedels ein dem Subventionsverhältnis angemessener — kooperativer — Vertragstyp. Versuche zur dogmatischen Ausprägung des verwaltungsrechtlichen Vertrags finden sich vor allem bei Imboden [Anm. 38] und Beinhardt, Der öffentlich-rechtliche Vertrag im deutschen und französischen Recht, Verwaltungsarchiv Bd. 55 (1964) S. 151 ff., 210 ff. Speziell zum Subventionsrecht hat vor allem Ipsen immer wieder darauf aufmerksam gemacht, daß beim gegenwärtigen Stand der Lehre vom öffentlich-rechtlichen Vertrag das Subventionsrechtsverhältnis diesem noch nicht überantwortet werden könne (Subventionierung S. 67 Anm. 103, S. 85; Entscheidungsanmerkung DVBl. 78. Jg. (1962) S. 136 f. (137); Rezension, Verwaltungsarchiv Bd. 50 (1959) S. 94 ff. (95);

Teils glaubt man der Einordnung Anpassungen zu schulden, auch wenn die Funktion des Rechtsverhältnisses gefährdet wird[69a]).

Die funktionsbedingte Elementarstruktur der Subventionsverhältnisses ist die eines Schuldverhältnisses[70]). Nur von dessen Modell kann der Ordnungsbedarf des Subventionsverhältnisses befriedigt werden. Es betrifft Leistungspflichten. Auf der einen Seite muß über die Zuwendung[71]) und ihr Verbleiben beim Subventionsempfänger[72]) entschieden werden; auf der anderen Seite muß entschieden werden, welche Handlungs- und Duldungspflichten[73]) dem Subventionsempfänger auferlegt werden, um sowohl den Zweck der Subvention zu sichern[74]) als auch seinen Vorteil zulasten der Allgemeinheit in gleichheitsgerechten Grenzen zu halten[75]). Dazu gehören die Ordnungsbedürfnisse der Er-

---

s. a. o. Referat S. 299 f.). Zurückhaltend zur Leistungsfähigkeit des öffentlich-rechtlichen Vertrages auch Giacometti, Allgemeine Lehren des rechtsstaatlichen Verwaltungsrechts, Bd. 1 1960, S. 442 ff. — Siehe im übrigen zum Vorstehenden vor allem Stein, Der Verwaltungsvertrag und die Gesetzmäßigkeit der Verwaltung, AöR Bd. 86 (1961) S. 320 ff.; Bullinger, Vertrag und Verwaltungsakt, 1962.

69a) Siehe z. B. Anm. 153—156 und den Text hierzu.

70) Siehe dazu und zum Folgenden Kistler, Subventions fédérales insbes. S. 71 ff., 84 ff., 107 ff. Siehe auch Wolff, VerwR I S. 250.

71) Zwischen Zuwendung und Subventionsverhältnis muß unterschieden werden. Es konnte nicht unterbleiben, daß sich diese Sachstruktur im Rahmen der gerichtlichen Verwirklichung von Subventionsansprüchen durchsetzte (s. Schlichter, Klageformen insbes. S. 740 f. m. w. Nachw.). Zur Trennung von Subventionsverhältnis und Zuwendung s. a. Götz, Wirtschaftssubventionen S. 42, 44.

72) Siehe z. B. den Katalog von Rückzahlungsgründen in Nr. 22 der Richtlinien für den Bundesjugendplan vom 28. Oktober 1964, GMBl. S. 513.

73) Siehe Kistler, Subventions fédérales S. 123 ff. — Zu Handlungspflichten im Stadium der Begründung des Subventionsverhältnisses s. Ipsen, Subventionierung S. 77 f.

74) Siehe dazu Schindler, Bundessubventionen S. 247 ff.; Ipsen, Subventionierung S. 57 f., 81 ff., 96; Henze, Finanzhilfen S. 84 f., 112 f.; Krüger, Zusammenarbeit S. 21; Götz, Wirtschaftssubventionen S. 50 ff. und passim; BVerwG 20, 101 (102). Einzelbeispiele bieten fast alle zur Vergabe von Subventionen erlassenen Richtlinien. Einen ersten Einblick in das elementare Instrumentarium geben die Richtlinien zu § 64 a RHO [Anm. 20], insbes. Nr. 13, Nr. 15 bis 22 und die Allgemeinen Bewilligungsbedingungen hierzu. Jedoch ist der Einfallsreichtum der verschiedenen Richtlinien und nicht weniger der konkreten Bewilligungsbescheide darüber hinaus außerordentlich groß.

75) Siehe Nr. 13 (4) der Richtlinien zu § 64 a RHO [Anm. 20]; dazu auch Vialon, Haushaltsrecht, 2. Aufl. 1959, S. 816. Allgemein s. hierzu auch Forsthoff, Lehrbuch des Verwaltungsrechts 1. Bd. Allgem. Teil, 9. Aufl. 1966, S. 337 ff.

füllung[76]) und sonstige Beendigung[77]), der Leistungsstörung[78]) — gerade auch im Hinblick auf den öffentlichen Zweck —, des Wegfalls der Geschäftsgrundlage[79]) und der Abwicklung[80]), ferner der Sicherheiten[81]). Dagegen unterliegen die Verfügungsgeschäfte der Sicherung und Erfüllung jedenfalls nicht notwendig funktionellen Besonderheiten.

Die konkreten Bedingungen der Ordnung sind vielfältig. Doch kann und muß typisiert werden. Wichtig ist vor allem das zeitliche Verhältnis der Zuwendung zur Zweckverwirklichung und die Eigenart, vor allem die Überschaubarkeit des Zweckverwirklichungsprozesses[82]). Hieran orientiert sich die wachsende Entfaltung des Subventionsverhältnisses. Die geringsten Ordnungsansprüche stellt die ex post gewährte Subvention[83]), die als Anreiz ausgeboten und zugewendet wird, wenn der Private getan hat, was seinerseits zur Zweckverwirklichung zu tun ist. Dieser Typ tritt vor allem als Ver-

---

[76]) Siehe Kistler, Subventions fédérales S. 125 ff.; Zuleeg, Rechtsform S. 70 ff.

[77]) Zum Erfüllungssurrogat der Aufrechnung s. Kistler, aaO., S. 112; BGHZ 25, 211 (215). — Zur Frage der Ersatzvornahme s. Kistler, aaO., S. 131 f. Siehe auch dazu z. B. Ipsen, Subventionierung S. 76, 87 f.; Henze, Finanzhilfen S. 66 ff.; Bellstedt, Gesetzliche Grundlage S. 169; Maunz, Subventionen S. 4; Zuleeg, Rechtsform S. 68 ff. — Zur Kündigung s. Zuleeg, aaO., S. 72 f. Zum Rücktritt s. Janknecht, Rechtsformen S. 94. — Zur Möglichkeit des Verzichts Krüger, Auflage S. 454 f.

[78]) Siehe Schindler, Bundessubventionen S. 253; Kistler, Subventions fédérales S. 133 ff. Siehe auch die Hinweise in Anmerkung 77.

[79]) Siehe dazu Ipsen, Subventionierung S. 90; Janknecht, Rechtsformen S. 39 f.; Zuleeg, Rechtsform S. 65; s. a. Nr. 13 (4) der Richtlinien zu § 64 a RHO [Anm. 20].

[80]) Siehe dazu Schindler, Bundessubventionen S. 260 ff.; Bellstedt, Gesetzliche Grundlage S. 170. Zur Anordnung von Erstattungsansprüchen durch Rechtsverordnung s. BVerwG 20, 295 (297). Zu vereinbarten Ausgleichsansprüchen s. BVerwG, Urteil vom 19. 12. 1958, DVBl. 1959 S. 573 (575); BGH, Urteil v. 1. 7. 1966, NJW 1966 S. 1711 ff.; s. a. Nr. 2 der Allgemeinen Bewilligungsbedingungen zu § 64 a RHO [Anm. 20]. — Für den Bereich der Verschonungssubvention ist hier vor allem das Institut der Nachversteuerung zu nennen.

[81]) Kistler, aaO., S. 129; s. a. Nr. 13 (2) b der Richtlinien zu § 64 a RHO [Anm. 20]. Vgl. dazu auch Krüger, Auflage S. 383 m. Fußn. 19.

[82]) Siehe dazu von den Sachstrukturen her Hansmeyer, Staatshilfen S. 29 ff. und passim m. w. Nachw.

[83]) Siehe zu diesem Gedanken auch Kistler, Subventions fédérales S. 84; Götz, Wirtschaftssubventionen S. 46 (am Ende des ersten Absatzes). Zur Parallele zwischen der „endgültigen und bedingungslosen Aufhebung von Steuern“ durch Steuerpräferenzen und der ohne Auflagen (ex post) ausgeschütteten Leistungssubvention s. a. Hansmeyer, Staatshilfen S. 161.

schonungssubvention auf[84]). Die Obligation des Subventionsempfängers kann hier bis zur Wahrheitspflicht bei der Erwirkung der Zuwendung schrumpfen. Wird die Zuwendung jedoch ex ante gewährt[83]), so muß der Subventionsempfänger zur Zweckverwirklichung angehalten werden. Bei einfachen Abläufen und geringen Risiken genügt es, die Zweckverwirklichung als Last mit der Rückzahlungspflicht zu sanktionieren[85]). Mit der Kompliziertheit der Abläufe und der Eigenständigkeit der privaten Zweckverwirklichung nimmt jedoch die Notwendigkeit der laufenden Kontrolle, der Verteilung des Risikos der Unmöglichkeit der Verwirklichung des privaten oder des öffentlichen Zwecks, entsprechender Ausgleichsansprüche und schließlich entsprechender Sicherheiten zu[86]).

Ein ähnliches Gefälle ist hinsichtlich des Vorteilsausgleiches zu beobachten. Während bei einfach abzuschätzenden Abläufen die Zuwendung leichter von vornherein so gestaltet werden kann, daß ungerechtfertigte Privatvorteile vermieden werden, können Schwierigkeiten der Ablaufsprognose zu Vorbehalten zwingen, wobei freilich auch das private Risiko mit in Anschlag zu bringen ist[87]).

II.

Die skizzierte Ordnungsproblematik stellt sich rein nur dar, wo eine Zuwendung ausschließlich im spezifischen Rahmen der Subvention erfolgt. Die Fälle sind zahlreicher als gemeinhin angenommen wird[88]). Im Bereich der

---

84) Aber nicht nur. Zur Ex-post-Leistungssubvention s. u. Anm. 89. Andererseits ist sehr wohl auch die Ex-ante-Verschonungssubvention denkbar. So trägt etwa die steuerliche Begünstigung von Sparverträgen wesentliche Züge einer Ex-ante-Subvention. Wenn die steuerliche Förderung gewährt wird, hat der Begünstigte noch nicht alles getan, was er tun muß, um sie endgültig zu erhalten. Er hat zwar „gespart". Aber er hat die „Sparzeit" noch nicht durchgehalten.

85) Das ist das übliche: Nr. 2 der Allgemeinen Bewilligungsbedingungen zu § 64 a RHO [Anm. 20].

86) Einige Hinweise hierzu in den Anm. 70 bis 81.

87) Hinweise hierzu in den Anmerkungen zu den beiden vorigen Absätzen.

88) Die Untersuchung folgt weder in den vorausgegangenen Absätzen noch hier und in folgenden beiden Absätzen der üblichen Einteilung und Typisierung der Subventionen, deren Nutzen für die Erhellung des Phänomens damit nicht geleugnet werden soll. Siehe z. B. Ipsen, Subventionierung S. 54 f.; Henze, Finanzhilfen S. 27 ff.; Stern, Rechtsfragen S. 520 f.; Möller, Subventionsverwaltung S. 79 ff.; Janknecht, Rechtsformen insbes. S. 8 ff.; Koppensteiner [Anm. 34] S. 84 ff.; Zuleeg, Rechtsform S. 19 ff.; Gundlach, Subventionen S. 12 ff.; Wolff,

Leistungssubvention gehören hierher: Prämien[89]), sogenannte „verlorene Zuschüsse"[90]) (einschließlich der sogenannten Zinszuschüsse)[91]), unentgeltliche Sach- und Dienstleistungen[92]), Garantieversprechen[93]) und Bürgschaften (der öffentlichen Hand als Bürge für den Subventionsempfänger als Hauptschuldner)[94]), auch Sach- und Dienstleihe[95]) und unverzinsliches

---

VerwR III S. 218 f. — Zur „Etikettierung" der Subventionstypen vgl. Götz, Wirtschaftssubventionen S. 7.

[89]) Gemeint ist damit vor allem die klassische Ex-post-Leistungssubvention, bei der „als Bemessungsgrundlage für die Höhe der Subventionszahlungen bestimmte wirtschaftliche Vorgänge in den zu subventionierenden Unternehmungen" dienen (Gundlach, Subventionen S. 13; s. zu diesem Begriff der Prämie auch Meinhold, Subventionen S. 240). Zängl (Schranken S. 22 f.) unterscheidet dabei nochmals zwischen „Betriebsbeihilfen" und „Prämien". Doch gehören hierher auch andere Ex-post-Leistungssubventionen, wie etwa „Preise" (Kunstpreise, Filmpreise, Auszeichnungen für „den schönsten Ort" u. dgl.), bei denen die Zuwendung an wirtschaftlich nicht (fest) meßbare Werte anknüpft und auch keineswegs nur wirtschaftlichen Unternehmen zufließt. — Die dem Namen nach hier scheinbar einschlägige Spar-„Prämie" steht dagegen infolge der periodischen jährlichen Gutschrift, deren Verbleib gleichwohl noch künftiges Sparen voraussetzt, als Ordnungsproblem dem „verlorenen Zuschuß" nahe.

[90]) Siehe dazu außer den in Anm. 88 Genannten: Zängl, Schranken S. 20 ff.; Möller, Subventionsverwaltung S. 79 ff.

[91]) Siehe insbes. Menzel, Die Mitwirkung der Hausbanken bei der Vergebung und Verwaltung öffentlicher Kredite, 1960, S. 114 ff.; Schneider-Gädicke, Kredit S. 76 f.; Götz, Wirtschaftssubventionen S. 49 f.

[92]) Dieser Bereich der „geldeswerten sonstigen Leistungen" (Ipsen, Subventionierung S. 55) wird meist vernachlässigt. Das hängt damit zusammen, daß in der Marktwirtschaft die unentgeltliche Sach- und Dienstleistung nicht in größerem Umfang zum wirtschaftspolitischen Lenkungsinstrument werden kann. Im Verwaltungsalltag stellt sich das Problem jedoch häufig. Die Interessenlage ist auch hier die der Subvention, weil der Staat auch insofern „nichts zu verschenken" hat, seine Leistung also durch die Verfolgung eines öffentlichen Zwecks rechtfertigen muß. Der spezielle Gegenstand der Zuwendung erfordert aber innerhalb der Subventionen eine eigenständige Ordnung. Man denke an die besonderen Probleme der Gewährleistung, der Haftung usw.

[93]) Siehe insbes. Möller, Subventionsverwaltung S. 90 f.; dens., Wirtschaftsförderung S. 143 f.; s. auch Zuleeg, Rechtsform S. 23 mit Anm. 151—153. Zu den ökonomischen Kriterien der Subvention in diesen Fällen s. Gundlach, Subventionen S. 14 f. Zur Exportrisikogarantie vgl. auch Imboden [Anm. 69] S. 206 ff.; Huber, WirtschVR II S. 290 f.

[94]) Siehe außer den in Anm. 88 Genannten (Henze, aaO., s. auch S. 73 ff.): Hansmeyer, Der öffentliche Kredit, 1965, S. 116 ff.; Bay.-VerfGH 13, 101 ff. — Einen informativen Überblick über Bürgschaftsprogramme mit Durchführungsrichtlinien bietet: Der Bund als Finanzier [Anm. 20] 1965 S. 120 ff. — Zum ökonomischen Wesen dieser Subvention s. Gundlach, Subventionen S. 14 f. — Juri-

Darlehen[96]). Im Bereich der Verschonungssubvention rechnen hierzu alle schlichten Befreiungsfälle.

Häufig fallen Leistungssubventionen jedoch mit Austauschverhältnissen zusammen, so daß die Ordnungsproblematik der Subvention und des Austausches miteinander konkurrieren und vor allem der meist herkömmlich oder gesetzlich ausgeprägte Regelungstyp des Austauschverhältnisses zur Herrschaft über den Gesamtkomplex drängt. Hierher gehören[97]): Darlehen zu günstigen Zinsen oder ohne die kapitalmarktübliche Sicherheit[98]), vom Subventionsträger überzahlte oder vom Subventionsempfänger minderbezahlte Sach-, Dienst- und Werkleistungen[99]), insbes. also auch Vorzugsaufträge im Rahmen der öffentlichen Auftragsvergabe[100]).

---

stisch ist darauf zu achten, daß das spezifische subventionsrechtliche Ordnungproblem nicht dasjenige ist, das im Privatrecht den Gegenstand des Bürgschaftsrechts bildet, sondern das Verhältnis Hauptschuldner-Bürge, das im Privatrecht keine allgemeine Regelung gefunden hat und meist entweder als Auftrag oder als Schenkung angesehen wird (z. B. Siebert-Erdsiek-Mühl, Bürgerliches Gesetzbuch, 9. Aufl. 1962, Randn. 4 vor § 765). — Siehe auch Anm. 109.

95) Siehe Anm. 92.

96) Die Rückzahlung ist keine Gegenleistung. — Siehe übrigens zur Gefahr des Formenmißbrauchs (unverzinsliches Darlehen statt verlorenem Zuschuß): Möller, Subventionsverwaltung, S. 86 f. (Buchst. d). — Zum Kredit im übrigen unten Anm. 98.

97) Siehe dazu nochmals Anm. 88.

98) Gundlach, Subventionen, S. 14: „Eine Kreditgewährung an und für sich stellt natürlich keine Subventionierung dar, solange sie zu marktgerechten Modalitäten erfolgt. Erst wenn Bedingungen in bezug auf Verzinsung oder Tilgung günstiger als unter gleichen Umständen am freien Kapitalmarkt möglich vereinbart werden, ergibt sich ein Subventionstatbestand." — Siehe im übrigen ergänzend zum Kredit als Subvention: Schneider-Gädicke, Kredit; Hansmeyer, [Anm. 94], S. 100 ff.; spezielle Beispiele siehe ferner bei Möller, Subventionsverwaltung, S. 84 ff.

99) Zu den ökonomischen Kriterien der Subvention siehe Gundlach, Subventionen, S. 15. — Beispiele siehe bei Möller, Subventionsverwaltung, S. 105 f.; dems., Wirtschaftsförderung, S. 115, 138 ff.; Koppensteiner, [Anm. 34], S. 98, 100.

100) Voraussetzung für den Subventionscharakter ist auch hier, daß ökonomisch bevorzugt wird, also zumindest potentiell zu einem teureren Preis vergeben wird, als er unter Ausschöpfung der Marktgegebenheiten gezahlt werden müßte. Siehe z. B. Forsthoff, Der Staat als Auftraggeber, 1963, S. 29; (dazu, daß Auftragsvergabe nicht an sich schon Subvention ist, siehe auch das Beispiel BVerwG 5, 325 [327 ff.]). Unter dieser Voraussetzung ist jedoch der Subventionscharakter nicht zu leugnen, vgl. Ipsen, Subventionierung, S. 55; Janknecht, Rechtsformen, S. 8, 14; Bitter, [Anm. 36], S. 47; Eyermann-Fröhler, Verwaltungsgerichtsordnung, 4. Aufl., 1965, Randn. 41 zu § 40; Wolff, VerwR III, S. 219, 222 f.; Maunz-Dürig, Grundgesetz, Kommentar, Randn. 137, Fußn. 1 zu Art. 1 Abs. III. A. A. Henze, Finanzhilfen, S. 29; Zuleeg, Zweistufige

Die Differenz, die den Vorzug ausmacht, ist Subvention; der Rest ist Austausch. Der Zweck der Subvention kann nun schon dadurch erfüllt werden, daß diese den Austausch ermöglicht[101]). Ist das aber nicht der Fall, so entsteht jene innere Spaltung des Rechtsverhältnisses, die von gemischten Schuldverhältnissen her bekannt ist[102]). Dann erhebt sich die Frage nach dem Regulativ der Kollision oder der Integration eines neuen Typs[103]).

Eine besondere Gruppe bilden die Subventionen durch Beteiligung an Vereinen und Gesellschaften[104]). Es entspricht dem kooperativen Wesen der Subvention[105]), daß das Beteiligungsverhältnis das Ordnungsanliegen der Subvention grundsätzlich zu absorbieren imstande ist[106]). [Gerade

---

Rechtsverhältnisse bei der Vergabe öffentlicher Aufträge? NJW 15. Jg. (1962), S. 2231 ff. [2233]; ders., Rechtsform, S. 16 f.; Hamann, Problematik, S. 492. Nur darf diese Charakterisierung nicht zu Kurzschlüssen in Richtung auf bestimmte Rechtskonstruktionen, Verfahrensarten und Gerichtszuständigkeiten verleiten (siehe dazu insbes. die gegensätzlichen Entscheidungen BVerwG 7, 89 und 14, 65; im übrigen siehe statt aller anderen Hinweise Zuleeg, aaO.; Menger, Höchstrichterliche Rechtsprechung zum Verwaltungsrecht, Verwaltungsarchiv, Bd. 54 [1963], S. 88 ff. [98 ff.]; Eyermann-Fröhler aaO.); siehe dazu den weiteren Text des Referats. — Zur Praxis bes. informativ Möller, Subventionsverwaltung, S. 94 ff., 151 ff.; ders., Wirtschaftsförderung, S. 145 ff.

101) Beispiele bei den Nachweisen in Anm. 99.

102) Siehe z. B. Enneccerus-Lehmann, Schuldrecht, 15. Bearbeitung 1958, S. 395 ff.; Siebert-Schmidt, BGB, 9. Aufl. 1959, Randn. 14 bis 17 vor § 305; Esser [Anm. 41], S. 55 ff.

103) Das Problem wird von Zuleeg, Rechtsform, S. 18 f., zu sehr vereinfacht: „Ebenso scheiden Zuwendungen aus, die keine besondere Rechtsform haben können, weil sie Bestandteil eines Rechtsverhältnisses sind, das als Ganzes keine Subvention bildet."

104) Siehe Möller, Subventionsverwaltung, S. 91 ff., 150 f.; dens., Wirtschaftsförderung, S. 144 f.

105) Siehe nochmals oben Anm. 41.

106) Zur Deutung des Subventionsverhältnisses als Gesellschaftsverhältnis siehe nochmals insbes. Herbert Krüger, Rechtsetzung und technische Entwicklung [Anm. 41], S. 623; dens., Zusammenarbeit insbes. S. 28. — Die gleiche Sachgesetzlichkeit äußert sich darin, daß Subventionen nicht selten unter Bedingungen gegeben werden, die dem Gesellschaftsrecht verwandt sind: partiarische Gewinnbeteiligung (Schneider-Gädicke, Kredit, S. 72), Besetzung von Posten der Unternehmensleitung und von Beiräten für die Unternehmensführung (ebd. S. 106 ff.) und direkte Einwirkung auf Entscheidungen der Unternehmensführung (ebd. S. 100 ff.); siehe auch das Beispiel bei Vogel, Öffentliche Wirtschaftseinheiten in privater Hand, 1959, S. 197 f.; dort und bei Möller (Subventionsverwaltung, S. 93) auch weitere Hinweise zur Subvention als „unechter Beteiligung". Hierher gehört schließlich auch der Vorschlag von Götz (Wirtschaftssubventionen, S. 317), auf gemeindliche Förderungsmaßnahmen allgemein die Vorschriften über gemeindliche Beteiligungen anzuwenden.

dadurch bieten sich freilich Kanäle, Zuwendungen — etwa durch Übernahme von Verlusten — nicht in Erscheinung treten zu lassen[107]). Die Aussonderung solcher Vorgänge ist primär eine Frage der korrekten Anwendung des Gesellschaftsrechts.]

III.

Die Aufgabe, das System der Typen der Subventionsverhältnisse zu entwickeln, ihre gemeinsamen und spezifischen Ordnungsprobleme aufzuzeigen und sie einer Lösung zuzuführen, ist bisher als Ganzes nicht angegangen. Sie ist mit einigen Nutzen nur ergriffen, wo besondere Schuldverhältnisse des Privatrechts als Vorlagen nicht übergangen werden konnten: bei den gemischten Subventions-Austausch-Verhältnissen[108]). Sobald die Modelle des Privatrechts jedoch verlassen werden[109]), schieben sich Schablonen der Rechtsform wie öffentlichrechtlicher Vertrag und Verwaltungsakt[110]) vor die Probleme des Rechtsinhalts, die im übrigen den allgemeinen Rechtsgrundsätzen eines allgemeinen Gewaltverhältnisses anvertraut werden[111]). Es verrät durchaus Ge-

---

107) Siehe Möller, aaO., S. 92 f.

108) Das gilt vor allem für den Kredit (siehe oben Anm. 98). Für Vorzugspreise und -leistungen (siehe oben zu Anm. 99) ist die vorgegebene — meist privatrechtliche — Ordnung immer beherrschend geblieben. Auch hinsichtlich der Auftragsvergabe ist es nur um marginale Korrekturen gegangen, die vom Subventionscharakter her für möglich oder nötig gehalten wurden (siehe nochmals Anm. 100).

109) Ein solches privatrechtliches Modell besteht hinsichtlich der Bürgschaft (siehe oben Anm. 94) für das Rechtsverhältnis zwischen Bürgen und Gläubiger. Deshalb erweckt die Subventionsbürgschaft kaum weniger als der Subventionskredit den Eindruck guter Ordnung. Das eigentliche Subventionsverhältnis — das Verhältnis zwischen Hauptschuldner und öffentlichem Bürgen — ist jedoch um so weniger erörtert worden. Vgl. dazu Flessa, Das Wesen der Staatsbürgschaft, NJW 7. Jg. (1954), S. 538 ff. (539 f.); Henze, Finanzhilfe, S. 74 f.; Zuleeg, Rechtsform, S. 53, 59, 94 f. Das führt dazu, solche Rechtsbeziehungen überhaupt zu leugnen; beispielhaft Janknecht, Rechtsformen, S. 51 f., 105.

110) Beispiele für die Konzentration auf diese Alternative sind etwa Imboden [Anm. 38], S. 158; Rupp, Verwaltungsakt und Vertragsakt, DVBl. 74. Jg. (1959), S. 81 ff. (S. 84 f.); Henze, Finanzhilfen, S. 99; Stern, Rechtsfragen, S. 561 f.; Bellstedt, Gesetzliche Grundlage, S. 169; Pöttgen, Grenzen, S. 19 ff.

111) Krüger, Zusammenarbeit, S. 28: „Näher nachgegangen werden müßte ferner der früher geäußerten Vermutung, ob ein Verständnis eines solchen Verhältnisses (der Zusammenarbeit zwischen Staat und Wirtschaftssubjekt, d. V.) als eine Art von Gesellschaftsverhältnis dessen Wesen relativ am nächsten kommt oder ob einer

spür, im Subventionsverhältnis ein besonderes Gewaltverhältnis zu sehen[112]); denn damit wird wenigstens die Notwendigkeit beobachtet, Mikrokosmen in jenes allgemeine Gewaltverhältnis einzuschieben[113]). Nur schießt es über das Ziel hinaus. Der Komplex der interdependenten Forderungs- und Gestaltungsrechte des Subventionsverhältnisses darf nicht jene Schwierigkeiten der Durchdringung und Erfassung bereiten, die — wenn irgend etwas — für das besondere Gewaltverhältnis kennzeichnend sind[114]). Es ist ein Forderungsverhältnis[115]). Aber seit es einem auf die Eingriffsverwaltung konzentrierten, sowohl von der Fiskustheorie als der Ohnmacht gegenüber dem besonderen Gewaltverhältnis beherrschten Verwaltungsrecht einmal überflüssig erschien, sich verwaltungsrechtliche Mikrokosmen auch schuldrechtlich vorzustellen, ist das Verhältnis zwischen Verwaltungsrecht und Schuldrecht krank geblieben[116]). Und so hilft man sich auch im Sub-

---

anderen Deutung der Vorzug zu geben wäre, die allerdings ‚Zusammenarbeit' auf der einen Seite von der bloßen Inpflichtnahme, auf der anderen Seite von den allgemeinen bürgerlichen Mitwirkungspflichten des Verwaltungsrechtes entschieden abzusetzen hätte" (Sperrung nicht im Original).

112) Köttgen, Subventionen, S. 488; ders. Fondsverwaltung, S. 56, Anm. 121. Zur Verwandtschaft und Differenz zwischen Subventionsverhältnis und besonderem Gewaltverhältnis siehe auch Krüger, Auflage, S. 453; dens., Diskussionsbeitrag [Anm. 9], S. 140; dens., Das besondere Gewaltverhältnis, VVDStRL Heft 15 (1957), S. 109 ff., (110); Ipsen, Subventionierung, S. 72 ff., insbes. S. 74 f., 78, siehe auch S. 24, S. 48 f.; Henze, Finanzhilfen, S. 107 f.; Lerche, Übermaß und Verfassungsrecht, 1961, S. 115 ff., insbes. S. 122; Wolff, VerwR I, S. 33. — Siehe zum Folgenden auch Maunz, Subventionen, S. 4.

113) Aufschlußreich hierzu das Schwanken Baurs, Neue Verbindungslinien zwischen Privatrecht und öffentlichem Recht, JZ 18. Jg. (1963), S. 41 ff., (44) zwischen Anstalts- und Vertragsverhältnis. — Zum Gedanken besonderer „Rechtsverhältnisse", „Leistungsverhältnisse" oder „Subventionsverhältnisse" siehe ferner Schindler, Bundessubventionen, S. 135 ff.; Scheuner, Buchbesprechung, DÖV 10. Jg. (1957), S. 383; Hamann, Problematik, S. 488 ff.; Zuleeg, Rechtsform, S. 61 mit Anm. 390. — Siehe auch Anm. 70.

114) Siehe Nawiasky, Forderungs- und Gewaltverhältnis, Festschrift für Ernst Zitelmann, 1913.

115) Siehe oben zu Anm. 70, den dort folgenden Text und die Anmerkungen hierzu; siehe auch Anm. 113.

116) Es geht dabei nicht um die Anerkennung besonderer Leistungspflichten auch im öffentlichen Recht (in diesem Sinne etwa Antoniolli, Allgemeines Verwaltungsrecht, 1954, S. 257 ff. mit weiteren Nachw.). Es geht auch nicht um die mehr oder minder umfangreiche Ergänzung des geschriebenen öffentlichen Rechts durch Analogien zu einzelnen Rechtsvorschriften des bürgerlichen Rechts, die seit der Analogienliteratur zum Bürgerlichen Gesetzbuch im Gespräch ist (siehe z. B. Friedrichs, Wieweit sind die Vorschriften des BGB

ventionsrecht, indem man etwa beiden Seiten „Plangewährleistungsansprüche"[117]) gibt, die Probleme der Haftung auf das unspezifische Deliktsrecht[118]) verweist[119]), dem Bürger etwas Vertrauensschutz[120]) und der Verwaltung viel Ermes-

---

auf Schuldverhältnisse des öffentlichen Rechts anwendbar? Archiv des bürgerlichen Rechts, Bd. 42 (1916); ders., Der Allgemeine Teil des Rechts, 1927; Meier-Branecke, Die Anwendbarkeit privatrechtlicher Normen im Verwaltungsrecht, AöR n. F. Bd. 11 (1926) S. 230 ff.; siehe später insbes. Art. 188 bis 220 der Verwaltungsrechtsordnung für Württemberg — Entwurf eines Gesetzes mit Begründung — 1931, Ergänzungsband 1936). Und es geht schließlich hier nicht um die Ergänzung des öffentlichen Rechts durch Ausgleichsansprüche, die wiederum nur die unspezifische Funktion von Delikts- und Bereicherungsansprüchen erfüllen (siehe etwa Wolff, VerwR I, S. 251 f., 253 f.). Was im besonderen notwendig ist, das ist die Übernahme der Idee des besonderen Schuldverhältnisses, die sich — im Hinblick auf die grundsätzlich vertragliche Begründung besonderer Schuldverhältnisse im bürgerlichen Recht — im öffentlichen Recht wohl für die durch öffentlichrechtliche Verträge entstandenen Rechtsverhältnisse aufdrängt (siehe zum Analogieproblem beim öffentlichrechtlichen Vertrag z. B. Imboden [Anm. 38], S. 94 ff. mit weiteren Nachw.), die aber an diese Art der Begründung nicht gebunden ist, sondern sich im öffentlichen Recht gerade auch für das richtige Verständnis nichtvertraglich entstandener Rechtsverhältnisse als notwendig erweist (Forsthoff, [Anm. 75], S. 393 f. mit weiteren Hinweisen; siehe dazu auch Eckert, [Anm. 42]; für den Bereich der Schule siehe auch den Hinweis bei Menger, Höchstrichterliche Entscheidungen zum Verwaltungsrecht, Verwaltungsarchiv, Bd. 56 [1965], S. 70 ff., [S. 73]). Dem Steuerrecht ist die Vorstellung eines Steuerschuldverhältnisses zwar vertraut; doch entfaltet sie dort wegen der Einseitigkeit und Direktheit der Interessenstruktur nicht ihre volle Fruchtbarkeit. Siehe dazu Merk, Steuerschuldrecht, 1926; zuletzt etwa Kruse, Steuerrecht, 1966, S. 79 ff. mit weiteren Nachw. — Zu sehr vereinfachend die Gegenüberstellung von Verwaltungsrechtsverhältnis und Schuldverhältnis bei Giacometti, [Anm. 69], S. 322 ff.

117) Siehe z. B. Ipsen, Subventionierung, S. 91; Stern, Rechtsfragen, S. 561; distanzierter Friauf, Bemerkungen, S. 738. Plangewährleistungsansprüche auch des Staates gegen den subventionierten Bürger fordert Krüger, Auflage, S. 454.

118) Zugunsten des Bürgers: einschließlich des nicht weniger unspezifischen Entschädigungsrechts.

119) Hamann, Entschädigungsansprüche wegen Subventionsschäden, BB 17. Jg. (1962), S. 505 ff.; Bellstedt, Gesetzliche Grundlage, S. 169; Zuleeg, Rechtsform, S. 76 f.; Bitter, [Anm. 36], S. 90; aus der Rechtsprechung siehe z. B. BGH, Urteil vom 30. 4. 1959, DÖV 1959, S. 710 f. = NJW 1959, S. 1429; BGH, Urteil vom 16. Januar 1964, Versicherungsrecht 1964, S. 590 (592); OVG Münster, Urteil vom 30. April 1963, DVBl. 1963, S. 860 (861, 862).

120) Siehe Ipsen, Subventionierung, S. 87 mit Anm. 131; Henze, Finanzhilfen, S. 66 ff.; Götz, Wirtschaftssubventionen, S. 52 ff. mit weiteren Nachw. Dabei ist bewerkenswert, daß hinsichtlich des Vertrauensschutzes die Grundsätze über den Widerruf von Verwaltungsakten auch auf die Auflösung vertraglicher Bewilligungsakte durch die öffentliche Verwaltung angewendet werden; siehe Stern,

sen[121]) und immer wieder die Auflage[122]) in die Hand drückt[123]).

Das Subventionsverhältnis als Schuldverhältnis verstehen, heißt nicht, Typen des Privatrechts übernehmen[124]). Von der

---

Rechtsfragen, S. 558; BVerwG, Urteil vom 19. Dezember 1958, DVBl. 1959, S. 573 ff. (576); OVG des Saarlandes AS 7, 231 (233). Das beweist, wie sehr das Subventionsverhältnis ohne Rücksicht auf die Art seiner Begründung nach einer wesensgerechten Ordnung drängt. Andererseits zeigt es, wie fremd Doktrin und Praxis dem Gedanken gegenüberstehen, das Subventionsrechtsverhältnis als besonderes Schuldverhältnis zu verstehen, wenn sie sogar den vertraglichen Ansatz, der den Zugang zu schuldrechtlichen Vorstellungen im öffentlichen Recht wie nichts sonst erleichtert, beiseite lassen, um auf allgemeine Maximen für prinzipiell einseitig gestaltende und verpflichtende Rechtsverhältnisse zurückzugreifen.

121) Siehe Ipsen, Subventionierung, S. 54, 76; Henze, Finanzhilfen, S. 58, 65 f.; Stern, Rechtsfragen, S. 560; Zuleeg, Rechtsform, S. 80; siehe auch Götz, Wirtschaftssubventionen, S. 38 f.

122) Grundlegend hierzu: Krüger, Auflage. Zur Auflage im Subventionsrecht siehe insbes. dens. ebd., S. 465; ferner Ipsen, Subventionierung, S. 79 ff., 87, 91, 95 f.; Henze, Finanzhilfen, S. 65 f., 114 f.; Bellstedt, Gesetzliche Grundlage, S. 168 f.; Köttgen, Fondsverwaltung, S. 64 f., 72 ff.; Zuleeg, Rechtsform, S. 73 ff.; BVerwG 6, 282 (290 f.).

123) Dafür, wie wenig das Subventionsverhältnis von dieser Basis aus erreicht wird, nur ein Beispiel: Ein Unternehmer, der schuldhaft die Zweckerfüllung unterläßt oder unmöglich werden läßt, riskiert nach diesen allgemeinen Grundsätzen nicht mehr als die Rückzahlung der Zuwendung — obwohl er öffentliche Mittel vielleicht lange Zeit gebunden und damit anderen vorenthalten hat. Es fehlt im allgemeinen Deliktsrecht nicht nur an einem Titel, aus dem heraus ein Ausgleich zugunsten des öffentlichen Interesses gefordert werden könnte. Es fehlt auch an einem meßbaren Schaden, zu dessen Ersatz der Unternehmer herangezogen werden könnte. Die Interessenlage ist ähnlich derjenigen, in der im privaten Vertragsrecht ein nicht ohne weiteres quantitativ meßbares Interesse durch Vertragsstrafe wirksam gesichert werden kann (sehr bemerkenswert deshalb der Hinweis auf die Vertragsstrafe bei Kistler, Subventions fédérales, S. 133 ff.). Das Subventionsrecht hat sich bisher nicht bemüht, diese Lücke angemessen zu schließen. — Siehe zum Problem auch Krüger, Auflage, S. 455. „Dieser Verpflichtung kann man sich nicht dadurch entledigen, daß man die Hilfen zurückgewährt... Da die Vergünstigung nur ein Element dieser beiderseits verpflichtenden Zusammenarbeit ist, kann sie nicht der völlig freien Disposition des Empfängers unterliegen und damit entfällt auch die Möglichkeit, sich durch Verzicht auf die Wohltat von der Verbindlichkeit einer Auflage befreien zu können. Eine solche Auffassung ist um so mehr geboten, wo die Auflage nicht nur eine Korrektur der Gewährung, vielmehr die Gewährung ein Vehikel der Auflage ist."

124) Siehe dazu auch Sailer, Die Fragwürdigkeit des Privatrechts in der Leistungsverwaltung, BayVBl. n. F. 12. Jg. (1966), S. 293 ff. — Im Sinne einer privatrechtlichen Lösung vor allem Flessa, Schuldverhältnisse des Staates aufgrund Verwaltungsaktes, DVBl. 72. Jg. (1957), S. 81 ff. (82), 118 ff.; siehe auch Haas, Das Verwaltungsprivatrecht im System der Verwaltungshandlungen und der fiskalische Bereich, DVBl. 75. Jg. (1960), S. 303 ff. (306).

Verschonungssubvention zu schweigen[125]); selbst die spezifische Interessenlage der Leistungssubvention ist im privaten Rechtsverkehr selten. Und die wenigen Vergleichsfälle — etwa im Vollzug von Stiftungsaufgaben und im Tätigkeitsbereich privater Förderungsorganisationen — haben nicht zur Ausbildung eigenständiger Rechtstypen geführt, wobei Abhängigkeitsverhältnisse, elemosinarische und prekaristische Emotionen, die Technik des Rechtswegausschlusses und dergleichen noch schlimmer rechtshindernd gewirkt haben als hinsichtlich der staatlichen Subventionen[126]). Aber selbst wenn es parallele, originär privatrechtliche Typen gäbe, so wäre nicht zu unterstellen, daß sie der spezifischen Pflichtstellung des Staates und der spezifischen Rechtsstellung des Bürgers Rechnung tragen. Es geht also darum, eigenständige Typen zu entwickeln[127]), sich dabei aber den Problem- und Lösungsvorrat des in dieser Richtung allein zulänglich entwickelten Privatrechts zunutze zu machen, um Verwaltung und Bürger nicht länger der Schwierigkeit und vor allem Unsicherheit auszusetzen, die konkreten Probleme aus den allgemeinsten Maximen des Staat-Bürger-Verhältnisses lösen zu müssen.

Dabei werden Analogien zu den verschiedenen Formen der Schenkung kaum je angemessen sein[128]). Deren ganz andere

---

125) Die Situation der Verschonungssubvention ergibt sich im privaten Rechtsverkehr schon wegen der spezifischen Ausgangslage des generellen Leistungsanspruches — soweit zu sehen ist — allenfalls im Korporationsrecht.

126) Zum Rechtsverhältnis zwischen Stiftung und Destinatär s. z. B. Staudinger-Coing, BGB Allgemeiner Teil, 11. Aufl. 1957, Randn. 17 vor § 80 und Randn. 3 zu § 85; Enneccerus-Nipperdey, Allgemeiner Teil des bürgerlichen Rechts, 15. Aufl. 1959, § 118 III; Strickrodt, Stiftungsrecht, 1962 ff., I 4 e S. 69 ff., III 4 S. 8 ff.

127) Die Forderung wird von Ipsen (Subventionierung S. 70 f.) leider nur für den verlorenen Zuschuß erhoben.

128) Hierzu liegt es nahe, auf den Satz zurückzugreifen, daß „der Staat nichts verschenken darf". Er tritt in der Diskussion um das Subventionsrecht immer wieder und in recht verschiedener Beleuchtung hervor: Köttgen, Subventionen S. 487, 488; ders., Fondsverwaltung S. 59; Ipsen, Subventionierung S. 20, 33, 70; Henze, Finanzhilfen S. 22; Menger, Die Bestimmung der öffentlichen Verwaltung nach den Zwecken, Mitteln und Formen des Verwaltungshandelns, DVBl. 75. Jg. (1960) S. 297 ff. (302); ders. Höchstrichterliche Entscheidungen zum Verwaltungsrecht, Verwaltungsarchiv Bd. 51 (1960) S. 149 ff. (155); Maunz-Dürig [Anm. 100] Randn. 136 zu Art. 20 (m. Fußn. 1); Neumann, Wirtschaftslenkende Verwaltung, 1959, S. 90 m. Fußn. 26; Zeidler [Anm. 15] S. 335; Loebenstein, Referat S. 25; Bitter, Förderungsmaßnahmen S. 85 ff.; Wolff, VerwR III S. 219; Schlichter, Klageformen S. 739; BVerwG, Urteil vom 19. 12. 1958, DVBl. 1959

Interessenbasis zeigt die schwache Stellung des Beschenkten[129]), das Risiko des Schenkers bei der Nichterfüllung von Auflagen[130]) oder der bloße Lastcharakter vereinbarter Zweckerfüllung[131]) [132]). Eher ist für die Ex-post-Subvention an das Vorbild der Auslobung zu denken. Und für die kompliziertere Ex-ante-Subvention wird man die jeweiligen Pflichten mit Hilfe der sachlich kompetenten Austauschverhältnisse deuten, das auseinandergezogene, gelockerte, diffuse Synallagma aber durch Aushilfen aus den kooperativen Vertragstypen kompensieren müssen[133]).

IV.

Die Aufgabe, diese Konzeptionen zu entwickeln, fällt der Wissenschaft zu. Die Aufgabe, sie in positives Recht umzusetzen, kann befriedigend nur vom Gesetzgeber gelöst werden.

---

573 (576); Bad.-Württ. VGH ESVGH 14, 208 (209); OVG des Saarlandes AS 7, 231 (235). Er darf jedoch nicht begriffsjuristisch mißverstanden werden (s. dazu insbes. auch BVerwG aaO.). Schon der vielzitierte Abgeordnete Miquel hatte hervorgehoben, daß es auch zu den vornehmsten Aufgaben des Staates gehöre, Geschenke zu machen (Verhandlungen des Reichstages des Norddeutschen Bundes vom 9. 6. 1868, Sten.-Ber. I. Legislaturperiode, Session 1868 1. Bd. S. 334). Daß der Staat nichts zu verschenken hat, ergibt sich aus dem Gleichheitssatz und ist somit relativ zu verstehen. Nicht einmal die Schenkung im engeren Sinne ist ausgeschlossen, wenn ein besonderer, die Gleichheitsbedenken überwindender Grund für sie besteht. Mit Subventionen hat dieser Satz aber überhaupt nur dann etwas zu tun, wenn Subventionen als Schenkungen und nicht als Zweckzuwendungen mißverstanden werden. Siehe oben zu Anm. 38: Der öffentliche Zweck muß die Zuwendung gegenüber dem Gleichheitssatz rechtfertigen. Nicht weil der Staat nichts zu verschenken hat, ist also die Rechtsform der Schenkung ausgeschlossen, sondern weil die Subvention keine Schenkung ist. Zwischen dem Satz, daß der Staat nichts zu verschenken hat, und der Eigenart der Subvention besteht nicht einmal eine kausale Beziehung. Allenfalls in Grenzzonen der Praxis mag der Satz, daß der Staat nichts zu verschenken hat, auf den Umfang einwirken, den verschiedene Erscheinungen der Subvention einnehmen.

129) Siehe Henze, Finanzhilfen S. 98; Zuleeg, Rechtsform S. 61. Ergänzend ist auf die milde Haftung des Schenkers hinzuweisen.

130) Siehe zur Schenkung unter Auflage z. B. Esser [Anm. 41] S. 518 f.

131) Siehe zur Zweckschenkung Esser, ebd. S. 519.

132) Gegen die Analogie zur Schenkung s. — außer den in Anm. 129 Genannten — vor allem Bitter, Förderungsmaßnahmen S. 85 ff.; s. ferner Ipsen, Subventionierung S. 70 f.; Bellstedt, Gesetzliche Grundlage S. 168; OVG des Saarlandes AS 7, 231 ff. (235).

133) Siehe nochmals oben Anm. 41, 42 und 106.

Im Sinn des Gesetzesvorbehalts ist die Notwendigkeit gesetzlicher Ausgestaltung des Subventionsverhältnisses freilich schwer zu fassen[134]). Die Problematik konzentriert sich auf die Ex-ante-Subvention, deren Zweck selbständige Pflichten des Subventionsempfängers bedingt[135]). Die wohl entscheidende Frage ist: sollen diese Pflichten vom Vorbehalt des Gesetzes ausgenommen sein, weil der Subventionsempfänger sie wegen ihres Zusammenhanges mit den ihm gewährten Vorteilen[136]) in Kauf genommen hat[137])? Damit aber kommen die Überlegungen an einen jener Punkte, an denen die Begriffe des Gesetzesvorbehalts, der Unterwerfung, der Vertragsfreiheit, des privatrechtlichen und des öffentlichrechtlichen Vertrages und des öffentlichen und privaten Rechts dank ihrer Mehrdeutigkeit und Inkommensurabilität die Suche nach den Schranken nichthoheitlicher Verwaltung wie eine Algebraaufgabe erscheinen lassen, bei der zu viele Unbekannte und zu wenig Gleichungen gegeben sind[138]).

Boden kann nur durch materielle Kriterien gewonnen werden. Je ungleicher Partner sind, desto weniger können sich ihre Rechtsbeziehungen allein aus ihrem geäußerten Willen, desto mehr müssen sie sich aus der objektiven Norm rechtfertigen[139]). Schon das Privatrecht bindet den Willen des Stär-

---

134) Siehe Anm. 30.

135) Siehe dazu Friauf, Bemerkungen S. 734 mit weiteren Nachw.; s. insbes. in Anm. 64 die Zusammenstellung derjenigen, welche die Subvention unter den Gesetzesvorbehalt stellen wollen, wenn oder weil sie Belastungen mit sich bringt.

136) Zum Problem der Rechtfertigung einer Auflage als Minderung einer Wohltat s. z. B. Krüger, Auflage S. 451 f.; Bellstedt, Gesetzliche Grundlage S. 169. Allgemein aber hierzu Hans Rudolf Huber, Verwaltungsrechtliche Auflagen und Bedingungen und ihr Zusammenhang mit dem Hauptinhalt von günstigen Verwaltungsakten, Diss. Zürich 1955, S. 75 ff., insbes. S. 78 ff., S. 90 ff. — Das Bundesverwaltungsgericht geht zwar von dem Grundsatz aus, daß „eine Regelung, durch die eine untrennbare Wechselbeziehung zwischen der Auferlegung von Belastungen und der Gewährung von Begünstigungen geschaffen wird, ... als Ganzes der gesetzlichen Grundlage" bedarf (BVerwG 6, 282; Urteil vom 19. Dez. 1958, DÖV 1959 S. 706 [708]), meint damit jedoch nicht Fälle, in denen „nur bestimmte Sicherungen, die die vorgesehene Verwendung der Subvention gewährleisten sollen, mit der Zuwendung der Geldmittel verknüpft werden" (BVerwG 20, 101 [102]).

137) Verneinend Bellstedt, aaO., S. 169.

138) Siehe dazu vor allem die Verhandlungen der Vereinigung der Deutschen Staatsrechtslehrer über die „Schranken nicht hoheitlicher Verwaltung" (Köln 1960) mit den Referaten von Mallmann und Zeidler (VVDStRL Heft 19, 1961, S. 165 ff.) und die dortigen Nachw.

139) Siehe Gygi, Verwaltungsrecht und Privatrecht, 1956, S. 12 ff.; Simitis, Die faktischen Vertragsverhältnisse, 1957, S. 470 ff.; Sie-

keren und versagt dem Abhängigen die Rechtsmacht, sich durch Unterwerfung dieses Schutzes zu berauben[140]). Der Staat als mächtig schlechthin formuliert seine Grenze durch das Gesetz. Das Gesetz kann Befugnisse an die Einwilligung Betroffener binden; aber ohne Zulassung durch das Gesetz ändert der Wille des Bürgers nichts an der Macht des Staates[141]). Im Rahmen des öffentlichen Rechts wurde der Rechtstitel der Unterwerfung[142]) — von Petrefakten abgesehen — auch mehr

---

bert, Faktische Vertragsverhältnisse, 1958, S. 15 ff.; Raiser, Vertragsfreiheit heute, JZ 13. Jg. (1958) S. 1 ff., insbes. S. 4; ders. Vertragsfunktion und Vertragsfreiheit, in: 100 Jahre deutsches Rechtsleben, Festschrift zum hundertjährigen Bestehen des Deutschen Juristentages, Bd. I 1960, S. 101 ff., insbes. S. 106, 127 ff.; Flume, Rechtsgeschäft und Privatautonomie, ebd. S. 135 ff., insbes. S. 143; Giacometti [Anm. 69] S. 104 ff.; Kollmar, Das Problem der staatlichen Lenkung und Beeinflussung des rechtsgeschäftlichen Verkehrs, 1961, insbes. S. 158 f.; Biedenkopf, Über das Verhältnis wirtschaftlicher Macht zum Privatrecht, in: Wirtschaftsordnung und Rechtsordnung, Festschrift für Franz Böhm, 1965, S. 113, insbes. S. 134 f.; s. auch Herbert Krüger, Allgemeine Staatslehre, 2. Aufl. 1966, S. 493 ff.

140) Siehe die meisten der in Anm. 139 zitierten Abhandlungen; weitere Nachw. s. dort. Siehe speziell zum Arbeitsrecht: Brecher, Das Arbeitsrecht als Kritik des bürgerlichen Rechts, Festschrift für Erich Molitor, 1962, S. 35 ff.

141) Giacometti [Anm. 69] S. 267 f.: „Nur aufgrund ausdrücklicher gesetzlicher Zulassung ist im Rechtsstaate eine freiwillige Übernahme öffentlicher Pflichten juristisch statthaft und damit im Verhältnis zwischen Individuum und hoheitlich verwaltendem Gemeinwesen der Satz ‚volenti non fit iniuria' anwendbar." Siehe dort auch einige weitere Nachw. Stein [Anm. 69] S. 321 f.: „Der Satz volenti von fit iniuria, dessen Anwendbarkeit im Verhältnis zwischen Staat und Bürger auch sonst zweifelhaft ist, kann eine Ermächtigungsnorm nicht ersetzen, da die Kompetenzen eines Organs nur von der repräsentierten Organisation oder von dieser übergeordneten Instanzen geändert werden können." Gegen den Satz „volenti non fit iniuria" als Grundlage im Subventionswesen siehe vor allem Bellstedt, Gesetzliche Grundlage S. 169 mit weiteren Nachw.; siehe auch Henze, Finanzhilfen S. 22, 107 f.; Stern, Rechtsfragen S. 525; Maunz, Subventionen S. 3. Bedenken gegen seine Anwendung im Bereich der Subventionen und der sonstigen Leistungsverwaltung siehe ferner bei Forsthoff, Urteilsanmerkung DVBl. 72. Jg. (1957) S. 724 ff. (725); Krüger [Anm. 112] S. 122 ff.; Köttgen, Fondsverwaltung S. 55, 61 (mit Anm. 131), 65; Pernthaler [Anm. 28] S. 70; Rupp, Grundfragen der heutigen Verwaltungsrechtslehre, 1965, S. 142. Dazu, wie fragwürdig die für die Anwendung des Satzes volenti non fit iniuria zu unterstellende „Freiwilligkeit" gerade im Bereich der Leistungsverwaltung und des Subventionswesens ist: Zeidler [Anm. 15] S. 332.

142) Zum älteren Meinungsstand zu diesem „Rudiment polizeistaatlichen Denkens" siehe Thoma, Der Vorbehalt der Legislative und das Prinzip der Gesetzmäßigkeit von Verwaltung und Rechtspre-

und mehr dem Gesetz unterstellt[143]). Die Problemstruktur ist aber die gleiche, wenn der Staat sich in das Medium des Privatrechts begibt[144]). Das Kriterium, daß der Staat sich dort nur eine Rechtsmacht verschaffen kann, deren Erwerb auch jedem Bürger zugängig ist, ist formal. Und es ist gerade da schwach, wo der Staat nicht vorgeprägte, bindende Typen des Privatrechts antrifft, sondern sich konkret funktionsgerechte Befugnisse unmittelbar über die Leerformel der Vertragsfreiheit verschafft[145]). So darf der Staat nicht in die relative Gesetzmäßigkeit des Privatrechts zurückfallen, indem er sich der spezifischen Medien der Bürger-Bürger-Dimension bedient[146]).

---

chung, in: Anschütz-Thoma, Handbuch des deutschen Staatsrechts, Bd. II, 1932, S. 221 ff. (230 f. Anm. 26).

143) Siehe Krüger [Anm. 112] S. 120 ff.; Thieme, Gesetzesvorbehalt im besonderen Gewaltverhältnis, JZ 19. Jg. (1965) S. 81 ff. (Zur Tragweite des Satzes volenti non fit iniuria siehe insbes. S. 84 f.). Merkwürdig ist, daß Forsthoff (im Gegensatz zu der oben Anm. 141 vermerkten Ansicht) in seinem Lehrbuch [Anm. 75] an der Rechtsfigur der Unterwerfung als einem neben dem Gesetz stehenden Titel festhält (S. 122, 206, 460, 469), obwohl es gerade für das von ihm zumeist genannte Beispiel des Beamtenverhältnisses nicht nötig wäre, so vorzugehen. Für das Beamtenverhältnis läßt das Gesetz die Unterwerfung zu und regelt ihre Folgen. — Materialarm und instinktlos zum vorigen: Schulke, Die Zustimmung des Betroffenen als Rechtsgrundlage belastender Verwaltungsakte, DÖV 12. Jg. (1959) S. 132 ff.

144) Siehe dazu nochmals oben Anmerkung 138. Ferner Krüger [Anm. 112] S. 120 ff.; Gygi [Anm. 139]; Giacometti [Anm. 69] S. 106 ff.; Sailer [Anm. 124]; je mit weiteren Nachw. Siehe zum Problem ferner Bullinger [Anm. 69]. Verkannt z. B. bei Scholz, Kreditinstitute des Bundes, 1960, S. 139.

145) Diese Differenz wird erstaunlich wenig gesehen. Ipsen (Subventionierung S. 71) erwähnt es am Rande: „Solche Subventionsverhältnisse dagegen dem Zivilrecht zuzuordnen, verbietet sich deshalb, weil dieses ... keinen geeigneten Vertragstyp für die Bezuschussung anbietet und die Art der Subventionsbeziehung ... es ausschließen, eine atypische Kontrahierung zivilen Rechts anzunehmen.“ Dagegen übersieht Zuleeg (Rechtsform S. 61) das Problem evident: „Ipsen verkennt jedoch, daß es die im Zivilrecht herrschende Privatautonomie erlaubt, atypische Verträge zu schließen.“ — Auch Bullinger [Anm. 69] vernachlässigt diese Schwierigkeit (insbes. S. 230 ff.).

146) Schon bei der Diskussion um die Grundrechtsgeltung hat sich ähnliches gezeigt: absolute Geltung in der Staat-Bürger-Dimension; relative Geltung je nach dem Machtkonflikt in der Bürger-Bürger-Dimension; aber grundsätzlich keine Preisgabe der absoluten Geltung, wenn der Staat sich der Medien der Bürger-Bürger-Dimension bedient (siehe zu den Abstufungen Maunz-Dürig [Anm. 100] Art. 1 Abs. III Randn. 127 ff.). — Zum Text Gygi [Anm. 139] S. 17: „Gerade diese Parteiautonomie gilt es aber in einer rechtsstaatlichen Verwaltung durch eine gesetzliche Bindung der Verwaltung zu ersetzen ...“. — Siehe auch Willigmann [Anm. 67] S. 232

Allerdings ist damit für die konkrete Entscheidung noch wenig gesagt, Beziehungen veritabler vorgegebener Gleichheit gibt es auch im öffentlichen Recht, und das Medium des Privatrechts ist dem Staat aus recht verschiedenen Gründen eröffnet[147]): teils kraft der fiktiven quasi-bürgerlichen Stellung des Fiskus[148]), teils wegen der gegenständlichen Gebundenheit wie bei den Austauschgeschäften der Güterbeschaffung[149]), teils weil pragmatische Entwicklungen wie beim öffentlichen Dienstrecht noch nicht im Grundsätzlichen realisiert sind[149]). Das Verhältnis des privatrechtlichen Handelns des Staates zum Gesetzesvorbehalt muß also konkret ermittelt werden. Die Ordnung der Subvention unterfällt ihm — und wenn man ihn eingeschränkt versteht: jedenfalls wegen der Pflichtseite des Bürgers[150]). Der Staat ist hier nicht auf die quasi-bürgerliche Funktion des Fiskus reduziert[151]). Er nimmt den Bürger für einen öffentlichen Zweck in Pflicht. Auch hält weder das Privatrecht noch das mit dem Stichwort des verwaltungsrechtlichen Vertrages angesprochene koordinative öffentliche Recht adäquate und ausgeformte bindende Rechtstypen bereit[152]).

---

mit Anm. 38. — Siehe im übrigen zur Privatautonomie der Verwaltung vor allem Mallmann [Anm. 138] S. 196; Reuß [Anm. 38] S. 270 ff. und passim. — Zum vorigen ist auch auf die Grenzen des öffentlich-rechtlichen Vertrages hinzuweisen. Der normative und Interessenhintergrund, der ihnen zugrunde liegt, gilt weitgehend auch für den privatrechtlichen Vertrag der öffentlichen Verwaltung. Darauf kann hier jedoch nicht näher eingegangen werden. — Völlig pervertiert wird die Situation durch den österreichischen Entwurf eines Bundesgesetzes über Bundesförderungen (Koet, Gutachten S. 121 ff.): Weil das Gesetz vorsehe, daß Bundesförderungen durch Vertrag gewährt würden (§ 1 Abs. 1), greife der Grundsatz der Vertragsfreiheit ein; dementsprechend werde ein Rechtsanspruch ausgeschlossen (§ 1 Abs. 2 und die Begründung hierzu).

147) Siehe Giacometti [Anm. 69] insbes. S. 113 ff.; Mallmann, aaO., S. 198 f.; Loebenstein, Referat S. 26 f., 58; Rupp, Privateigentum an Staatsfunktionen?, 1963, S. 25 Anm. 43; siehe auch Krüger [Anm. 139] S. 324 ff.

148) Das ist der sehr enge Bereich der rein vermögensverwaltenden und erwerbswirtschaftlichen Betätigung des Staates.

149) Mit Recht betont Mallmann [Anm. 138] S. 199 (Anm. 130), daß das sog. Hilfsgeschäft „nicht ganz so unproblematisch ist, wie es den Anschein hat und meist angenommen wird". Wenn es dennoch dem Privatrecht überlassen ist, so deshalb, weil das Privatrecht dafür ausgeformte Vertragstypen bereitstellt, Abhängigkeiten sich grundsätzlich im marktüblichen Rahmen halten und die „Tauschgerechtigkeit" vergleichsweise leicht zu ermitteln ist.

150) Zum Meinungsstand siehe nochmals unter Anm. 30, insbes. Friauf, aaO., S. 734.

151) Ipsen, Subventionierung S. 19 f., 74; Henze, Finanzhilfen S. 51 f.

152) Siehe oben II und III. — Es fehlt also sowohl von der Struktur (Einleitung III) als auch von der Rechtsform her die gegenständ-

Spezifische Ordnungsversuche kommen nur von dem quasilegislativen Instrument der Richtlinien[153]). Aber gerade ihre Handhabung beweist, daß es nicht ohne Gesetz geht[154]). Sie entfalten die Pflichten des Empfängers mitunter reich; werden dann aber, weil die Verwaltung die Basis bloßer Unterwerfung für fragwürdig hält, doch äußerstenfalls mit der Rücknahme des Vorteils sanktioniert[155]). Sie haben so nicht selten einen rechtsstaatlich unerträglichen Vogelscheucheneffekt, indem sich ihre Wirkung nach der Ängstlichkeit des Adressaten bemißt[156]). Dagegen bleibt die egalitär notwendige Garantie der Zweckerfüllung aus.

---

liche Gebundenheit des Austauschgeschäftes (siehe oben zu Anm. 149). Auch von einem bloßen Beharren — wie bei dem nach Anm. 149 genannten öffentlichen (privatrechtlichen) Dienstrecht — kann nicht die Rede sein. Bullinger [Anm. 69] S. 230 nimmt das zwar an: „Der Angriff auf die Vertragsfreiheit der nicht hoheitlichen Verwaltung aber, der unter Berufung auf die Prinzipien des Rechtsstaates geführt wird, richtet sich ... vielmehr gegen althergebrachte oder doch prima facie unbedenkliche Vertragsfälle, wie die Vergabe von Darlehn, Subventionen ... In diesem Bereich ... ist keine eigentliche ‚Flucht' in die privatrechtliche Vertragsfreiheit, sondern ein Verharren in der althergebrachten bürgerlich-rechtlichen Ordnung zu konstatieren. ... Diese rechtsstaatliche Kontinuität sollte durch das Grundgesetz schwerlich ohne zwingenden Grund angetastet werden. Es mag vielleicht im Augenblick zweckmäßig erscheinen, bisher privatvertragliche Verwaltungsvorgänge ins öffentliche Recht herüberzuziehen. Damit setzt man diese Verwaltungsgeschäfte aber von den Bindungen des Zivilrechts frei, die sich als sehr dauerhaft und diktaturfest erwiesen haben." Doch dürfte damit der Eigenart der Subvention nicht hinreichend Rechnung getragen sein.

153) Siehe dazu Anm. 19 ff. und den Text hierzu.

154) Götz (Wirtschaftssubventionen S. 45 f.) meint, bei dem Verlangen der Zweckverwirklichung werde „die Bedeutung der verwaltungsrechtlichen Dauerbindungen und damit auch der Bedingungen und Auflagen überschätzt". Und er fährt fort (S. 45 f.): „Sehen Gesetze oder Verwaltungsvorschriften bestimmte Subventionszahlungen vor ..., so ist für Bedingungen und Auflagen nur Raum, soweit Gesetz oder Verwaltungsvorschriften dies zulassen. Im übrigen ... kann der Empfänger über die ihm gewährten Beträge in jeder Hinsicht völlig frei verfügen." Damit wird die spezifische Differenz gerade übergangen. Das Gesetz kann vom Subventionsempfänger mehr verlangen, die Verwaltungsvorschrift von sich aus kann es nicht. Soweit das Verlangen nach Sicherung der Zweckverwirklichung an den Gesetzgeber gerichtet wird, ist es durch die Erwägungen von Götz also nicht entkräftet.

155) Siehe dazu oben Anm. 85 und Anm. 123. Siehe auch Schindler, Bundessubventionen S. 245, 273. — Siehe demgegenüber zur Notwendigkeit, die Auflagen durchzusetzen: Krüger, Auflage, S. 457.

156) Siehe z. B. Schneider-Gädicke, Kredit S. 145: Um — wie vorher dargetan — Schadenersatzansprüche „zu vermeiden, wird verschiedentlich Auflagen und Entscheidungen der Charakter von Empfehlungen gegeben. Die Nichtbefolgung solcher Empfehlun-

V.

Eine hervorragende Verantwortung trägt die Ordnung des Subventionsverhältnisses gegenüber den Grundrechten[157]). Zur Verdeutlichung zwei Hinweise. Bei Zuschüssen aus ERP-Mitteln für Forschungszwecke wurde die Pflicht auferlegt, die Forschungsergebnisse je nach Verlangen des beteiligten Bundesministers zu veröffentlichen oder zu verschweigen[158]). Einen anderen Aspekt eröffnet die Liste der Auflagen, die im Rahmen der Kreditgewährung an die gewerbliche Wirtschaft anzutreffen sind: Änderung der Rechtsform des Unternehmens, Wechsel der Gesellschafter, Rechtsminderung einer Gesellschaftsgruppe, Nachweis eines geeigneten Geschäftsführers, Bestellung von Beiräten und Vertrauenspersonen für die Unternehmensleitung, Kontrolle der Einkaufsquellen und -mengen, Standortklauseln, Festlegung von Produktionsprogrammen, Fertigungsverfahren und Beschäftigtenzahlen, Auflagen für den Vertrieb einschließlich Embargoklauseln und dergleichen mehr[159]).

Das Verhältnis dieser Einschränkungen zu den Grundrechten kann nicht unmittelbar mit dem Maß gemessen werden, das für den Eingriff gilt[160]). Das widerspricht dem koopera-

---

gen hat ein außerordentliches Kündigungsrecht ... zur Folge. Von diesem Recht wird aber nur selten Gebrauch gemacht".

[157]) Zur grundrechtlichen Problematik der Subventionen siehe z. B. Krüger, Auflage, S. 384 f.; Ipsen, Subventionierung S. 20, 48 f., 67, 72; Maunz-Dürig [Anm. 100] Randn. 136 ff. zu Art. 1 Abs. III; Bullinger, Zu den Handlungsformen und Handlungsprinzipien hoheitlicher und nicht hoheitlicher Verwaltung, DÖV 13. Jg. (1960) S. 746 ff. (748); Schaumann, Grundrechtsanwendung im Verwaltungsprivatrecht JuS 1. Jg. (1961) S. 110 ff. (111 ff.); Reuß [Anm. 38] S. 269; Loebenstein, Referat S. 50 ff.; Möller, Subventionsverwaltung S. 164 ff.; Friauf, Bemerkungen S. 737 f.; Götz, Wirtschaftssubventionen S. 264 ff.; weitere Nachw. siehe bei den Zitierten und zum folgenden Text.

[158]) Besondere Bewilligungsbedingungen für die Verwendung und den Nachweis der Verwendung von Zuschüssen für Forschungszwecke aus Mitteln des ERP-Sondervermögens vom 1. 4. 1955 (Der Bund als Financier, 1960, S. 286 ff.) Nr. 7.

[159]) Siehe dazu Schneider-Gädicke, Kredit S. 100 ff.

[160]) Das zeigt die bisherige Diskussion, die mit sichtlichem Unbehagen sondiert, in welchem Umfang der Satz volenti non fit iniuria (siehe dazu Anm. 141 bis 143) oder die Rechtsfigur des Grundrechtsverzichts einen Ausweg bieten. Siehe z. B. Köttgen, Subventionen S. 488; Krüger, Auflage S. 452 f.; Ipsen, Subventionierung S. 73 ff., insbes. S. 78 f.; Henze, Finanzhilfen S. 107 f.; Evers, Die verfassungsrechtlichen Bindungen fiskalischer Maßnahmen in der Praxis, NJW 14. Jg. (1961) S. 289 ff. (290 f.); Bellstedt, Gesetzliche Grundlage S. 169; Zeidler [Anm. 138] S. 236 f.; Reuß [Anm. 38] S. 272; Loebenstein, Referat S. 56 ff.; Friauf, Bemerkungen S. 737 f.

tiven Wesen der Subvention. Kooperation bedeutet immer Grundrechtsverbrauch. Und Grundrechte müssen dafür verfügbar bleiben, weil Kooperation eine Chance menschlicher Entfaltung ist[161]). Auch vom Staat her ist die Kooperation eine Möglichkeit eigenen Sinns und Werts neben dem Eingriff[162]). Gleichwohl muß die Inanspruchnahme der Grundrechte von den Grundrechten her gewertet und kontrolliert werden[163]). Das Maß ihrer Öffnung wird ebenso durch ihren Wesensgehalt wie durch Art und Umfang ihrer Regulierbarkeit durch das Gesetz[164]) indiziert. Von der Sache her muß die Zuwendung, die Abhängigkeit des Empfängers von ihr, sein Nutzen daraus und der öffentliche Zweck, dem sie dient, in Anschlag gebracht werden. Die Grundsätze der Sachbezogenheit und der Verhältnismäßigkeit[165]) werden dabei zu den entscheidenden Regulativen.

Auch die Schwierigkeiten dieser Abwägungen zeigen, daß es nicht der Verwaltung und den Subventionsempfängern[166])

---

161) Krügers Satz „Die Grundrechte lassen sich weder abkaufen noch verkaufen" (Auflage S. 453; siehe auch Friauf, Bemerkungen S. 737 Anm. 125) ist jedenfalls keine brauchbare Formel, um das Problem zu lösen. In der zwischenbürgerlichen Dimension ist der Grundrechtsverbrauch durch Kooperation selbstverständlich. In der Staat-Bürger-Dimension muß er gewiß spezifischen Wertungen begegnen, jedoch als grundsätzliche Möglichkeit ebenfalls bejaht werden. Doch werden parallele Probleme (z. B. im Dienstrecht) immer noch mehr oder weniger begriffsjuristisch als Grundrechtseinschränkungen im besonderen Gewaltverhältnis angegangen.

162) Siehe vor allem Krüger, Zusammenarbeit. — Siehe dazu auch Lerche [Anm. 112] und seine Nachw.

163) Siehe dazu und zum Folgenden die Nachw. in 160.

164) Forsthoff [Anm. 75] S. 122, sieht im Gesetzesvorbehalt den Spielraum, in dem Unterwerfung das Gesetz als Legitimationsgrundlage für die Verwaltung ersetzen kann. Diese generelle Formel vernachlässigt jedoch den Schutzzweck des Gesetzes und des Gesetzesvorbehalts.

165) Siehe Krüger, Auflage S. 451 f.; Ipsen, Subventionierung S. 78 f.; Henze, Finanzhilfen S. 111 f.; Scholz [Anm. 144] S. 161 f.; Stern, Rechtsfragen S. 523; Lerche [Anm. 112] S. 278 ff. mit Anm. 83; Möller, Subventionsverwaltung S. 56 f.; Lenzen, Grundlagen S. 77; Wolff, VerwR III S. 221; siehe auch Dahlinger, Gilt der Grundsatz der Verhältnismäßigkeit auch im Bereich der Leistungsverwaltung? DÖV 19. Jg. (1966) S. 818 ff.

166) Dabei darf nicht angenommen werden, daß die Verwaltung immer stärker und der Einzelne immer schwächer sei. „Wenn ein Interessenverband oder ein mächtiges Einzelunternehmen mit einem öffentlichen Verwaltungsträger paktiert, etwa mit einer Gemeinde, kann sich die Waagschale tatsächlicher Macht leicht zugunsten des ‚Einzelnen' neigen" (Bullinger [Anm. 144], S. 47). Dabei ist die Mächtigkeit des Einzelnen nicht nur nach dessen materieller Potenz, sondern möglicherweise auch nach anderen sozial-psychologischen Maßstäben zu beurteilen (siehe zum Problem auch Morstein-

überlassen werden kann, den Rahmen des Zulässigen auszuhandeln. Gerade ihre grundrechtsgefährdende Interessenbegegnung bedarf der normativen Vorordnung[167]).

VI.

Gegenüber der Notwendigkeit eindeutiger normativer Ausprägung des Subventionsverhältnisses tritt das Problem der Begründung des Subventionsverhältnisses[168]) zurück[169]). Dagegen konzentriert die Angst vor dem Ordnungsvakuum, das die Beteiligten im Innern des Subventionsverhältnisses erwartet, die Aufmerksamkeit auf den Eingehensprozeß. Und der Erfolg der Zweistufentheorie[170]) ist vorwiegend ein Triumph dieser Angst. Aber auch sie überläßt die entscheidende Ordnungsaufgabe den Beteiligten[171]); und das geht über ihre Kraft.

[Die eigene Bedeutung der Eingehensmodalität tritt vor dem Hintergrund einer ausgebildeten Vorordnung des Subventionsverhältnisses jedoch nur klarer hervor. Die Möglichkeit unmittelbar normativer Begründung[172]) ist im wesentlichen auf die Ex-post-Subvention beschränkt. Die Begründung der Ex-ante-Subvention kann grundsätzlich die Mitwirkung weder der Verwaltung noch des Empfängers entbehren[173]). Wie soll

---

Marx, Eigentum als Machtgrundlage, ARSP Bd. 49 [1963]. S. 527 ff., insbes. S. 543). Zur Situation beim Aushandeln von Subventionen siehe auch Schneider-Gädicke, Kredit, S. 100: „Der öffentliche Gläubiger war nicht immer in der Lage, alle von ihm gewünschten Auflagen in den Kreditvertrag aufzunehmen. Die Schuldner wollten die Bedingungen oft nur akzeptieren, wenn sie auf das gewünschte Darlehn unbedingt angewiesen waren. Wenn eine Einigung nicht möglich war, so blieb der öffentlichen Hand die Wahl zwischen der Kreditablehnung oder dem Verzicht auf die Auflagen. Die Entscheidung hing dann von der Bedeutung des Kreditzweckes ab." Aber diese mögliche Überlegenheit des Einzelnen mildert nicht die grundsätzliche Grundrechtsgefährdung. Sie läßt die Grundrechtsgefährdung des weniger mächtigen Einzelnen vielmehr um so deutlicher hervortreten. — Siehe vor allem zur kollektiven Verhandlungssituation auch nochmals Anm. 7.

167) Siehe insbes. Friauf, Bemerkungen, S. 737 und seine Nachweise.

168) Siehe dazu zusammenfassend etwa Zuleeg, Rechtsform, insbes. S. 7 ff.; Götz, Wirtschaftssubventionen, S. 32 ff.

169) Siehe dazu allgemeiner Giacometti, [Anm. 69], S. 322.

170) Ipsen selbst ist der Ansicht, daß die Zweistufentheorie abtreten könnte, wenn der verwaltungsrechtliche Vertrag hinreichend ausgebildet wäre, um eine befriedigende Binnenordnung des Subventionsrechtsverhältnisses abzugeben (siehe die Nachw. Anm. 69).

171) Gemeint ist: Den am konkreten Gestaltungsvorgang unmittelbar beteiligten Behörden und Privaten.

172) Siehe dazu auch Götz, Wirtschaftssubventionen, S. 32, 42.

173) Siehe auch Ipsen, Subventionierung, S. 61.

das Handeln beider Seiten dabei gestaltet und aufeinander zugeordnet sein? Auszugehen ist vom Vertrag. Sein Vorzug, am ehesten aus unspezifischen Normen legitimiert zu werden, wird meist überanstrengt[174]). Aber jedenfalls sichert er ein Maximum an Übereinstimmung[175]) und konkreter Richtigkeit[176]) und wird deswegen wenigstens in atypischen Subventionsfällen nicht entbehrt werden können[177]). Aber eine Ordnung, die einen neuen Rechtsakt erst faßbar werden läßt, indem die Beteiligten ihre Einigung äußern, ist nur vor dem Hintergrund ihrer Gleichheit und Freiheit akzeptabel. Aus ihrer Ungleichheit und entsprechenden Bindung dagegen entstehen Bedürfnis und Möglichkeit, den Anteil des Stärkeren an dem nun nicht mehr nur rechtschaffenden sondern auch oder vor allem rechtsvollziehenden Prozeß zu verselbständigen und seine Kontrolle von der verfälschenden Bedingung der Zustimmung des Betroffenen frei zu halten[178]). Damit wird zunächst die Stufe des Kontrahierungszwangs[179]) erreicht, die den Schwächeren in den Angriff zwingt und deshalb nicht paßt, wo dem Stärkeren eigenwertige Gestaltungsverantwortung zukommt[180]). Der Prozeß muß deshalb auseinandergezogen werden. Einem Stadium der Initiative (seitens des Subventionspetenten: der Geltendmachung eines Rechts auf Entscheidung der Verwaltung über Subventionsbereitschaft und -bedingungen) muß das Stadium der verselbständigten Offerte der Verwaltung und schließlich das der Annahme durch den Petenten folgen[181]). Von hier aus ergeben sich die Möglichkeiten weiterer Entfernung von der Vertragsstruktur durch Minimierung des Anteils des Privaten

---

174) Das Problem entspricht demjenigen der Legitimationswirkung der Unterwerfung des mitwirkenden Privaten. Siehe dazu oben Anm. 141 bis 143, 160.

175) Siehe z. B. Janknecht, Rechtsformen, S. 96; OVG Münster, Urteil vom 20. 4. 1966, Betrieb 19. Jg. (1966), S. 1722.

176) Siehe Schmidt-Rimpler, Grundfragen einer Erneuerung des Vertragsrechts, AcP Bd. 147 (1941), S. 130 ff. (S. 149 ff.: Möglichkeit richtiger Regelung durch Rechtsgeschäft und Vertrag und das Problem der Privatautonomie); siehe für den öffentlich-rechtlichen Vertrag auch Stein, [Anm. 69], S. 327.

177) Siehe zum Vorstehenden auch Kistler, Subventions fédérales S. 61 ff. — Zur Begründung durch öffentlich-rechtlichen Vertrag siehe ferner Anm. 69.

178) Siehe zu Vorstehendem auch Stern, Rechtsfragen, S. 560 f.

179) Siehe dazu Fessa, [Anm. 124], S. 121. Weitere Hinweise und kritische Auseinandersetzung zum Kontrahierungszwang im Subventionsrecht siehe bei Zuleeg, Rechtsform, S. 67.

180) Zur Kritik am Kontrahierungszwang siehe auch Krüger, Auflage, S. 385 f.; Scholz, [Anm. 144], S. 140 f.

181) In dieser Richtung wohl auch die Überlegungen von Obermayer, Urteilsanmerkung, NJW 12. Jg. (1959), S. 115 f.

und Konzentration auf den Anteil der Verwaltung, die ihren Endpunkt in der Verweisung des Privaten auf Verfahrensakte und die Ausstattung des Rechtsgeschäfts der Verwaltung mit den Implikationen findet, die sich mit dem Begriff Verwaltungsakt verbinden[182]). Diese Steigerung der Einseitigkeit setzt eine entsprechende Präzision der normativen Ermächtigung voraus.

Eine andere Differenzierung des Verfahrens kann geboten sein, um Einzelfragen einer Vorabentscheidung zugängig zu machen. Vorbilder sind etwa die Vorverträge des Zivilrechts[183]), die Zusagen des Verwaltungsrechts[184]) und die Zwischenurteile des Prozeßrechts, also Erscheinungen, die darauf angelegt sind, in einer endgültigen Entscheidung aufzugehen.

Dagegen ist für die Spaltung des Begründungsvorganges im Sinne der herkömmlichen Zweistufentheorie[185])

---

[182]) Siehe dazu grundlegend Jellinek, Zweiseitiger Verwaltungsakt und Verwaltungsakt auf Unterwerfung, in: Verwaltungsrechtliche Abhandlungen, Festgabe zur Feier des fünfzigjährigen Bestehens des Preußischen Oberverwaltungsgerichts, 1925, S. 84 ff.; ders., VerwR, 3. Aufl., Neudruck 1948, S. 250 ff. — Für Qualifikation der Subventionsbewilligung als mitwirkungsbedürftigen Verwaltungsakt siehe z. B. OVG Münster, [Anm. 175], S. 1722; siehe auch Maunz, Subventionen, S. 3. — Zur Begründung von Subventionsverhältnissen unmittelbar durch Verwaltungsakt siehe ferner Ipsen, Subventionierung, S. 68; Henze, Finanzhilfen, S. 56, 99; Janknecht, Rechtsformen, S. 96, 100, 103; Zuleeg, Rechtsform, S. 61 ff.; Eyermann-Fröhler, Verwaltungsgerichtsordnung, 4. Aufl. 1965, Randn. 44 f. zu § 42; Wolff, VerwR III, S. 222; Götz, Wirtschaftssubventionen, S. 41 ff. — Zur Möglichkeit einseitiger Begründung trotz zweiseitiger Binnenstruktur siehe auch Krüger, Zusammenarbeit, S. 28.

[183]) Siehe Henrich, Vorvertrag, Optionsvertrag, Vorrechtsvertrag, 1965 (siehe insbes. auch seine Definition des Vorvertrags, S. 1).

[184]) Zur Zusage als Vorabregelung eines Teilkomplexes siehe Zeidler, Empfiehlt es sich, die bestehenden Grundsätze über Auskünfte und Zusagen in der öffentlichen Verwaltung beizubehalten? Verhandlungen des vierundvierzigsten Deutschen Juristentages, Bd. I, 2. Teil, 1962, S. 47 f. Siehe zur Verwandtschaft zwischen Zusage und Vorvertrag auch Mühl, Das Wirtschaftsrecht in der Rechtsprechung des Bundesverwaltungsgerichts, Juristenjahrbuch, Bd. 3 (1962/63), S. 171 ff. (189). — Unklar Maunz, Subventionen, S. 3: „Der sog. Bewilligungsbescheid ist vielfach nur ein Inaussichtstellen."

[185]) Dazu vor allem Ipsen: Diskussionsbeitrag, VVDStRL Heft 11 (1953), S. 129 ff.; Staatliche Wirtschafts-Intervention, Staatsverfassung und Wirtschaftsordnung, JZ 7. Jg. (1952), S. 759 ff. (761); Rechtsfragen der Investitionshilfe, AöR Bd. 78 (1952/53), S. 284 ff. (292 f.); Subventionierung, S. 62 ff., 83 ff., 86 ff.; Rezension, [Anm. 69], S. 96; Entscheidungsanmerkung, [Anm. 69], S. 136 f. Im übrigen siehe etwa die zusammenfassenden Darstellungen der Lehre und des Meinungsstandes hierzu bei Reuß, [Anm. 38], S. 289 ff.; Janknecht,

kein Raum. Die Wahl des Begründungsakts impliziert die Wahl eines Begründungsstatuts, nach dem sich das Zustandekommen und der Bestand des Rechtsverhältnisses richten. Verwaltungsakt und Vertrag berufen verschiedene Begründungsstatute[185a]). Beide Begründungsakte regieren nach der Zweistufenlehre — obwohl sie das nicht so formuliert[186]) — das Subventionsverhältnis unmittelbar. Ein einheitliches Rechtsverhältnis braucht jedoch ein einheitliches Begründungsstatut. Das Subventionsverhältnis ist in diesem Sinne auch dann ein einheitliches Rechtsverhältnis, wenn es — woran die Zweistufentheorie sich entzündet hat[187]) — mit einem Austauschverhältnis gemischt ist. Gemischte Schuldverhältnisse[188]) sind atypische aber nicht in selbständig lebensfähige Teile gespaltene Rechtsverhältnisse. Es ist nicht möglich, das durch den Verwaltungsakt als Begründungsakt berufene Begründungsstatut für das Subventionselement und das durch den privatrechtlichen Vertrag als Begründungsakt berufene Begründungsstatut für das Austauschelement maßgeblich sein zu lassen[189]).

Rechtsformen, S. 15 ff.; Zuleeg, Rechtsform, S. 7 f.; Götz, Wirtschaftssubventionen, S. 56 ff.; Wolff, VerwR III, S. 221 f. Aus der Rechtsprechung sei hervorgehoben: BVerwG 1, 308 (310); 7, 89 (90, 91); 13, 47 (52); 14, 65 (68); BVerwG, Beschluß vom 9. 6. 1959, DVBl. 1959, S. 665; BGHZ 40, 206 (210).

185a) Siehe auch Stern, Rechtsfragen, S. 561, Anm. 38.

186) Der wahre Sachverhalt wird leicht durch den Sprachgebrauch verdeckt, der privatrechtliche Vertrag sei gegenüber dem Verwaltungsakt ein „Erfüllungsgeschäft" (so vor allem Ipsen, aaO., passim; BGHZ 40, 206 [210]), dessen Ausführung (BVerwG DVBl. 1959, S. 665; OVG Hamburg, Urteil vom 4. 8. 1959, Bundesbaublatt 1959, S. 642) oder Vollziehung (Bellstedt, Gesetzliche Grundlage, S. 168; Reuß, [Anm. 38], S. 290; BVerwG 1, 308 [310]. Aber Ipsen stellt selbst erfreulich klar, was wirklich gemeint ist (Subventionierung, S. 86): „Die Vorstellung, die aus der hoheitlichen Bewilligung erststufig begründete verwaltungsrechtliche Beziehung werde durch Abschluß des zivilrechtlichen Erfüllungsvertrages ‚konsumiert' und damit beendet, wird der Eigenart der Beziehungen nicht gerecht." Und weiter (ebd. Anm. 128): „Die Charakterisierung des zivilrechtlichen Vertragsschlusses zweiter Stufe als ‚Erfüllungsgeschäft' im Verhältnis zur hoheitlichen Bewilligung erster Stufe ... sollte nicht ... bedeuten, daß der Vertragsschluß die öffentlich-rechtliche Beziehung ‚erledigt'. Sie diente nur der Klarstellung der Zweistufigkeit des Gesamtvorgangs und der inneren Abhängigkeit beider Rechtsgestaltungen voneinander." — Siehe auch unten Anm. 190.

187) Im Zentrum der Lehre steht seit jeher das Darlehen und die mit den gemischten Subventionsverhältnissen wenigstens optisch verwandte Bürgschaft (siehe oben Anm. 109). Die Übernahme der Doktrin durch das Bundesverwaltungsgericht erfolgte in bezug auf ein Darlehen (BVerwG 1, 308).

188) Siehe Anm. 102.

189) Eine andere Frage ist, ob aus ein und demselben Rechtsverhältnis verschiedene teils nach öffentlichem, teils nach privatem

Es ist aber auch nicht möglich, beide Begründungsstatute zu einer Einheit zu verschmelzen. Die vorliegenden pragmatischen Versuche erschöpfen sich darin, die Unwirksamkeits- und Vernichtungsgründe zu kumulieren[190]).

Recht zu verstehende, auszuübende, zu erfüllende und durchzusetzende Rechte und Pflichten hervorgehen können. Siehe dazu etwa Molitor, Öffentliches Recht und Privatrecht, 1949, S. 52 ff., S. 65 ff.; Stern, Zur Problematik des energiewirtschaftlichen Konzessionsvertrages, AöR Bd. 84 (1959), S. 137 ff., 273 ff. (323 f.); dagegen Wolff, VerwR I, S. 89: „Ist aber nur eine Verpflichtung eines Rechtsverhältnisses öffentlich, dann ist es dieses Rechtsverhältnis als ganzes." (Sperrung im Original); in seinem Sinn für notwendige Einheitlichkeit des Subventionsverhältnisses Zuleeg, Rechtsform, S. 47.

190) Siehe vor allem die Darstellung dieser „Verschränkung" bei Ipsen, Subventionierung, S. 86 ff. (kritisch dazu auch Zuleeg, Rechtsform, S. 64 ff.; Janknecht, Rechtsformen, S. 38 ff.; weitere Nachw. siehe bei den Zitierten). „Ist der Bewilligungsbescheid erster Stufe aus anerkannten verwaltungsrechtlichen Gründen nichtig, so kann" danach „auch der Vertrag zweiter Stufe keine Wirksamkeit äußern" (Ipsen, aaO., S. 87). „Ist die Subventionsverwaltung aber zu einem Widerruf befugt, so erwächst der Verwaltung damit das Recht zur Auflösung des Vertrages zweiter Stufe ... In diesen Fällen, in denen die Subventionsverwaltung aus der erststufigen Beziehung öffentlichen Rechts die vollzogene Subventionierung aufzuheben berechtigt ist, verschafft ihr die verwaltungsrechtliche Befugnis hierzu auch alle Mittel, deren sie bedarf, um die Vertragsbeziehung zweiter Stufe zu beenden, und dies in den zivilrechtlich jeweils gebotenen Formen der Kündigung usw." (ebd. S. 87 f.). Der „publizistische Gehalt", der dem „Erfüllungsgeschäft" damit zukommt (ebd. S. 89), wirkt sich überraschenderweise aber nur zuungunsten, nicht auch zugunsten des „Erfüllungsgeschäfts" aus. So erleiden die vertragsrechtlichen Kündigungsmöglichkeiten des Subventionsträgers keine öffentlich-rechtliche Einbuße (siehe z. B. BGHZ 40, 206 [214 ff.]; OVG Münster, OVGE 14, 274 f.; OVG Berlin, EOVGB 6, 71 [72 f.]; unbedacht auch Maunz-Dürig, [Anm. 100], Randn. 137 zu Art. 1 Abs. III, Anm. 1 a. E.; einschränkend Reuß, [Anm. 38], S. 291; siehe zum Problem auch die Erörterungen bei Scholz, [Anm. 144], 150 ff., 169 ff.; Zuleeg, Rechtsform, S. 66 ff.; Janknecht, S. 42 f.). Somit „liegt aber ein Nebeneinander von Verfügung und Rechtsgeschäft und nicht, wie es dem Konzept der ‚Zweistufigkeit' entspricht, ein Übereinander vor" (Imboden, [Anm. 69], S. 161. Positiv in diesem Sinne Hamann, Öffentliche Kredite und Bürgschaften, Der Betriebsberater, 8. Jg. [1953], S. 865 ff. [866]; Henze, Finanzhilfen, S. 85 ff.). Mit Recht spricht deshalb Götz (Wirtschaftssubventionen, S. 62) von einem „Rechtschaos", das die Zweistufenlehre entstehen läßt. Entgegenzutreten ist ihm nur, wenn er (ebd.) sagt: „Dieser Zustand höchster Verwirrung ist nur dann hinzunehmen, wenn, wie im Falle des § 102 des Zweiten Wohnungsbaugesetzes, die Zweistufigkeit gesetzlich vorgeschrieben ist." Ein „Zustand höchster Verwirrung" ist im Rechtsstaat niemals hinzunehmen; und dem Gesetzgeber — auch dem des § 102 des Zweiten Wohnungsbaugesetzes — ist zu unterstellen, daß er ihn nicht stiften will.

An dieser Stelle noch ein Wort zum Verwaltungsakt mit Auflage, das sonst vermißt werden könnte[191]). Daß die Auflage unentbehrlich ist, wo Subventionsverhältnisse durch Verwaltungsakt begründet werden, ist gewiß. Aber auch sie erübrigt die normative Ausprägung des Subventionsverhältnisses nicht. Die Auflage ist dazu geboren, ein-gerichtete Pflichten zu formulieren. Bestandteile von Komplexen interdependenter Forderungs- und Gestaltungsrechte im Sinne eines Schuldverhältnisses darzustellen, geht über die Kraft dieser Form[192]). Das bestätigt nichts deutlicher als die gegenwärtige Subventionspraxis. Die zentrale Auflage ist fast immer die Unterwerfung unter das System der Bewilligungsbedingungen, also die Verweisung auf die quasi-legislative Vorordnung des Subventionsverhältnisses[193]).]

VII.

Die Frage der Zuordnung des Subventionsverhältnisses zum öffentlichen oder privaten Recht schließlich ist von weitaus weniger Ordnungswert als zumeist angenommen wird[194]). Der Begründungsakt steht damit in keinem notwendigen Zusammenhang. Auch das öffentliche Recht kennt den Vertrag; ein einseitiger Begründungsakt müßte noch kein Verwaltungsakt und selbst ein Verwaltungsakt könnte ein privatrechtsgestaltender sein. Keiner der beiden Rechtsteile hält wirklich das notwendige Ordnungssystem von vorneherein bereit[195]). Muß es aber entwickelt werden, so entstehen damit Rechtsinstitute, die spezifisch das Staat-Bürger-Verhältnis ordnen[196]). Ist das Ordnungssystem davon geprägt, so gehört

---

191) Siehe zum Folgenden nochmals Anm. 122.

192) Andeutungen zum Problem siehe bei Krüger, Auflage, S. 455 f. Dazu, daß die Auflage in der Leistungsverwaltung versagt siehe auch Richter, Neue Rechtsformen für die Leistungsverwaltung, NJW 11. Jg. (1958), S. 1518. — Zur Konkurrenz von Auflage und Vertrag siehe auch Bullinger, (Anm. 100), S. 63 ff.

193) Siehe Anm. 26 und 27. Siehe auch Schneider-Gädicke, S. 100.

194) Typisch für die Überschätzung der Einordnung ins öffentliche Recht vor allem Zuleeg, Rechtsform, insbes. S. 4, S. 62 ff.; auch Janknecht, Rechtsformen. Typisch für die Überschätzung der Einordnung ins private Recht vor allem Flessa, [Anm. 124].

195) Siehe oben I bis III; vgl. dazu ferner Scholz, [Anm. 144], S. 139 ff.

196) Köttgen, Subventionen, S. 490. „Soweit der Weg des Kredites gewählt wird, ergeben sich hieraus mehr oder minder ausgefeilte Vertragstypen besonderer Art, denen trotz ihrer zivilrechtlichen Grundstruktur nicht jeder publizistische Gehalt fehlen wird. Erst recht werden die im Zusammenhang mit unter Auflagen ge-

es zum öffentlichen Recht als dem Rechtsteil, dessen Normen durch den Zweck bedingt sind, die öffentliche Gewalt zu konstituieren, in sich und gegenüber dem Bürger zu ordnen[197]. Gleichwohl ist die verbreitete Unsicherheit der Einordnung[198] nicht unverständlich. Das Subventionsverhältnis lagert in der Annäherungszone zwischen öffentlichem und privatem Recht[199], die sich schon im Bereich der Massenleistungsverhältnisse deutlich gezeigt hat[200]. Ein positiv gestaltender Gesetzgeber stünde deshalb vor der Entscheidung, ob er die Vermutung für das öffentliche Recht nicht ausräumen[201] und einen privatrechtlichen Rahmen herstellen — wenn man will: Verwaltungsprivatrecht[202] schaffen — soll[203]. Das ist eine Frage der Zweck-

---

währten Zuschüssen entstehenden Rechtsbeziehungen zwischen Verwaltung und Publikum kaum nur unter privatrechtlichen Gesichtspunkten beurteilt werden können."

197) Siehe Wolff, VerwR I, S. 86 ff.; siehe auch Haas, [Anm. 124], S. 303 ff.

198) Siehe Haas, [Anm. 124], S. 304 ff.; Gygi, Buchbesprechung, DÖV 18. Jg. (1965), S. 790 f. — Die Zweistufentheorie ist insofern der imponierendste Versuch, dieser Unsicherheit zu entkommen, als sie den Gegensatz durch die Lokalisierung des Rechtsverhältnisses in beiden Rechtsteilen zu überwinden sucht.

199) Hedemann, Einführung in die Rechtswissenschaft, 2. Aufl. 1927, S. 229; Siebert, [Anm. 63], S. 216 ff. und passim; ders. [Anm. 139], S. 12 ff.; Gygi, [Anm. 139]; Giacometti, [Anm. 69], S. 112 ff.; Forsthoff, [Anm. 75], S. 380; Sailer, [Anm. 124].

200) Siehe z. B. Loening, „Faktische Verträge" oder Öffentliches Recht? Zeitschrift der Akademie für Deutsches Recht, 9. Jg. (1942), S. 289 ff.; Siebert, [Anm. 63], S. 229 ff., insbes. S. 233 f.; dens., [Anm. 139], S. 12 ff.; Simitis, [Anm. 139], S. 463 ff., 472 f., 509 f., 511 ff., 531; Gygi, [Anm. 139], insbes. S. 18 ff.; Maunz, Grundfragen des Energiewirtschaftsrechts, Verwaltungsarchiv Bd. 50 (1959), S. 315 ff. (321 f.); Badura, Das Verwaltungsmonopol, 1963, S. 259 ff. Siehe zum Problem auch Krause, Allgemeine Geschäftsbedingungen und das Prinzip des sozialen Rechtsstaats, Betriebsberater, 10. Jg. (1955), S. 265 ff.

201) Siehe Giacometti, [Anm. 69], S. 115 ff. Zum Privatrecht als Ausnahme siehe auch Krüger, [Anm. 112], S. 120 ff.; Rupp, [Anm. 147], S. 25, Anm. 43; dens., Zum Anwendungsbereich des verwaltungsrechtlichen Vertrages, JuS 1. Jg. (1961), S. 59 ff. (60 f.); Wertenbruch, Grundrechtsanwendung im Verwaltungsprivatrecht, ebd. S. 105 ff. (108 f.); Wolff, VerwR I, S. 88 mit Nachw. aus der Rechtsprechung.

202) Siehe vor allem Wolff, (Anm. 112), S. 87 f., 93 f. Ferner etwa Siebert, [Anm. 63]; Giacometti, [Anm. 69], S. 85 ff., 103 ff., 113 ff.

203) Zur Qualifikation privatrechtlicher Subventionsbeziehungen als Verwaltungsprivatrecht siehe Bitter, Förderungsmaßnahmen, S. 49; Wolff, VerwR III, S. 222 f.; Götz, Wirtschaftssubventionen, S. 57 f., 62. — Siehe dazu auch Köttgen, Subventionen, S. 487 mit Anm. 21; Henze, Finanzhilfen, S. 78 f.; Haas, [Anm. 124], insbes. S. 304 ff.

mäßigkeit[204]). Und der Rechtsanwender, der diese legislative Entscheidung interpretierend oder lückenfüllend nachzuholen hat, hat selbst diese Zweckmäßigkeitsabwägung anzustellen[205]), soweit sie ihm das Gesetz nicht abgeschnitten hat. [Dabei muß vermieden werden, die Entscheidung von Ergebnissen her zu substituieren, deren Anordnung der eindeutigen Äußerung des Gesetzes vorbehalten ist. Diese Versuchung besteht immer dort, wo die Zuordnung zum öffentlichen Recht begriffsjuristisch weitere Verwaltungsbefugnisse erschließen zu können scheint[206]).]

Im einzelnen wird eine einheitliche Zuordnung aller Subventionsverhältnisse zum öffentlichen oder privaten Recht selbst dem Gesetz kaum möglich sein. Mitgliedschaftliche Subventionsverhältnisse etwa sind nicht von der Natur der Mitgliedschaft zu lösen[207]). Mit Austauschverhältnissen gemischte Leistungssubventionen[208]) werden grundsätzlich der Natur des Austauschverhältnisses folgen, zumeist also dem Privatrecht zuzuordnen sein[209]) [210]). Die sachgerechte Regelung der Kon-

---

204) Giacometti, [Anm. 69], insbes. S. 93 ff. mit weiteren Nachw. — Siehe dazu auch Ehrig, Die Krise der Verwaltungsgerichtsbarkeit, NJW 12. Jg. (1959), S. 217 ff. (218); ders., dass. NJW 14. Jg. (1961), S. 196 ff. (199).

205) Siehe für das Subventionswesen etwa die differenzierende Betrachtungsweise bei Wolff, VerwR III, S. 221 ff.; siehe auch den allerdings sehr pragmatisch entwickelten Katalog bei Möller, Subventionsverwaltung, S. 148 ff. Für das Einfließen von Zweckmäßigkeitserwägungen in die Qualifikation Zuleeg, Bürgerlichrechtliche Schuldverhältnisse zwischen Hoheitsträger und Staatsbürger auf Grund Verwaltungsakts, Diss. Erlangen 1959, S. 92 f.; dagegen ders., Rechtsform, S. 29. — Allgemein siehe zum Text Rill, Zur Abgrenzung des öffentlichen vom privaten Recht, Österr. Zeitschr. f. öff. Recht, Bd. 11 (1961), S. 457 ff. (468); Giacometti, [Anm. 69], S. 95 (aber auch S. 119 ff.).

206) Siehe z. B. für die Verwaltungsvollstreckung: Zuleeg, Rechtsform, S. 88.

207) Siehe oben Anm. 104 bis 106 und den Text hierzu.

208) Siehe oben Anm. 97 bis 103 und den Text hierzu.

209) Das liegt besonders nahe für Vorzugsaufträge und verbilligte Leistungen, siehe Möller, Subventionsverwaltung, S. 151 ff.; Wolff, VerwR III, S. 223; BVerwG 14, 65. Interessant ist, daß Zuleeg seine rein öffentlich-rechtliche Theorie auf der Voraussetzung aufbaut, daß diese Fälle keine Subventionen sind (siehe oben Anm. 100 und 103). — Nicht in gleicher Weise einheitlich wird man hinsichtlich der Darlehen (siehe dazu außer Anm. 98 auch Anm. 96) urteilen dürfen (siehe Möller, aaO., S. 149 f.; für rein privatrechtliche Lösung außer Flessa, [Anm. 124] und vor allem Götz, Wirtschaftssubventionen, S. 56 ff.). Daß das Darlehen (der Kredit) bisher zum zentralen Bereich der Zweistufenlehre gehörte, zeigt nicht nur, daß sich öffentlich-rechtliche und privatrechtliche Elemente hier mit besonderer Intensität berühren; vielmehr hat es auch zur Folge, daß die Herausbildung von privatrechtlichen und öffentlich-rechtlichen

trolle und Durchsetzung der Zweckverwirklichungspflichten des Subventionierten kann jedoch zu Einstreuungen öffentlichrechtlicher Provenienz oder zur Übernahme des ganzen Rechtsverhältnisses ins öffentliche Recht zwingen[211]). Verschonungssubventionen tendieren von ihrer Ausgangslage her[212]) eher zum öffentlichen Recht[213]), zumal hier zum Teil öffentlichrechtliche Ordnungen selbst für die vermögensrechtlichen Erfüllungs- und Sicherungsgeschäfte[214]) vorgegeben sind, deren unspezifische und daher privatrechtliche Regelung gleichsam als Fluch der Fiskustheorie auf Leistungssubventionen einen stark privatrechtlichen Sog ausübt.

[Argumente des gerichtlichen Rechtsschutzes können heute in keiner Richtung mehr zählen[215]). Soweit sie als Zuordnungsgesichtspunkte auftauchen, geht es entweder um Mißverständnisse, um petitiones principii oder darum, daß man dem ordentlichen Richter eine Vernachlässigung des öffentlichen Interesses und vielleicht auch der Grundrechte[216]), dem Verwaltungsrichter die Unkenntnis des privaten Schuld- und Sachenrechts zutraut. Doch ist diesem Übel nicht durch die Kompetenz des

---

Typen unterblieben ist. Eine gültige Differenzierung würde jedoch eine eingehende spezielle Untersuchung hinsichtlich der Erscheinungsformen und Funktionsweisen des Darlehens als Subvention erfordern, die hier nicht gegeben werden kann.

210) Wesentlich andere Probleme stellen Bürgschaft und Garantie. Zu ihrer optischen Verwandtschaft mit den gemischten Subventionsverhältnissen siehe nochmals oben Anm. 109 mit Anm. 94. Daß die Bürgschaftsverpflichtung danach tendiert, die Rechtsnatur der von ihr gesicherten Forderung zu teilen, wird für sie regelmäßig privatrechtlichen Charakter bedingen (im Ergebnis übereinstimmend Götz, Wirtschaftssubventionen, S. 56 ff.). Das besagt jedoch noch nichts für die Rechtsnatur des eigentlichen Subventionsverhältnisses zwischen Bürgen und Hauptschuldner (siehe oben Anm. 94 und 109).

211) Dazu darf auf den Zusammenhang aufmerksam gemacht werden, der zwischen der Berufung des Gesetzgebers zur entsprechenden Ausgestaltung von Subventionsverhältnissen (siehe oben IV und V) und seiner Kompetenz zur Grenzziehung zwischen dem öffentlichen und dem privaten Recht (siehe oben Anm. 201 bis 204) besteht.

212) Siehe auch Anm. 125.

213) Zu sehr bemerkenswerten Ausnahmen von diesem Grundsatz siehe die Darlegungen und das Material bei Bullinger, [Anm. 69], S. 62 ff.

214) Zur dinglichen Sicherung an Immobilien siehe z. B. Staudinger, Bürgerliches Gesetzbuch, Sachenrecht, 2. Teil, 11. Aufl. 1963, § 1105, Randn. 20 ff., Einleitung vor § 1113, Randn. 344 ff.; desgleichen an Mobiliar — insbes. nach § 121 AO s. ebd. § 1204, Randn. 19a 1249, Randn. 4. — Aus dem öffentlich-rechtlichen Sonderrecht der Erfüllung siehe z. B. die Aufrechnungsvorschriften in § 124 AO, §§ 223, 629, 1299 RVO. Ein historisches Erfüllungssurrogat: Die Eintragung des Reichsnotzinses (siehe Merk, [Anm. 116], S. 142).

215) Siehe z. B. Götz, Wirtschaftssubventionen, S. 55 f., 62 f.

216) Dagegen Haas, [Anm. 124], S. 308.

einen oder anderen Richters, sondern nur durch die Erfassung des Subventionsverhältnisses in der Sache zu begegnen.]

B. Der Bürger vor der Subvention

I.

Das Negativ zum Subventionsverhältnis ist für den Bürger die Vorenthaltung. Die objektive Seite des Problems heißt: Verteilung[217]) und Gewährleistung. Aber in der Bürgersphäre wird selbst ein fremdes Zuviel regelmäßig als Vorenthaltung kritisch[218]). Damit stellt sich die Frage nach der Zumessung aus dem Allgemeinen[219]): eine Frage der Gerechtigkeit, für die es nur konkrete und begrenzte Lösungen geben kann. Sie werden nicht gesichert[220]), indem die Regeln der Eingriffsverwaltung einfach ausgedehnt oder umgekehrt werden[221]). Die Negation von Vorenthaltungen ist nicht bloß die

---

217) Siehe etwa Götz, Wirtschaftssubventionen, S. 36 ff.

218) Hinweise dazu siehe unten IV insbes. Anm. 289 ff.

219) Technisch bestehen zwei grundsätzliche Lösungsmöglichkeiten: das Quotitätsprinzip und das Repartitionsprinzip. Beim Quotitätssystem ergibt sich die Ausgabensumme aus der bloßen Addition von Bemessungsgrundlagen. „Ist die Subvention als ‚Quotitätsausgabe' gestaltet, d. h. hat der Gesetzgeber die Verbilligung eines bestimmten Kostengutes oder die Erhöhung eines bestimmten Produktpreises um einen festgelegten absoluten oder prozentualen Betrag beschlossen, so muß bei Eintreten der Vergrößerung der Bemessungsgrundlage durch den Empfänger (Mehrverbrauch oder Mehrproduktion) eine Erhöhung des Haushaltsansatzes folgen" (Hansmeyer, Subventionen, S. 28 f.). Beim Repartitionssystem steht am Anfang „die Beschlußfassung über den finanzpolitisch möglichen Umfang der Subvention. Die Subventionierung des einzelnen Objektes ergibt sich dann (möglicherweise; d. V.) mittels Division der verfügbaren Summe durch die Zahl der zu fördernden Objekte" (ebd. S. 29; siehe dazu ferner Hansmeyer, Staatshilfen insbes. S. 118 f., 141, 289; Schmölders, Finanzpolitik, 2. Aufl. 1965, S. 224 f.; Götz, Wirtschaftssubventionen, S. 36 f.).

220) Zur Notwendigkeit und Eigenart dieser Sicherungen ist auch an das von Flume (Steuerwesen und Rechtsordnung, in: Rechtsprobleme in Staat und Kirche, Festschrift für Rudolf Smend, 1952, S. 59 ff. [96, insbes. Fußn. 78]) geprägte Wort von der „Freiheit in der Teilhabe" zu erinnern. Siehe auch Bachof, Begriff und Wesen des sozialen Rechtsstaates, VVDStRL Heft 12 (1954), S. 37 ff. (58); Hamel, Die Bedeutung der Grundrechte im sozialen Rechtsstaat, 1957, S. 29; Rupp, Verwaltungsakt und Vertragsakt, DVBl. 74. Jg. (1959), S. 81 ff. (84 f.); Erich Kaufmann, Grundrechte und Wohlfahrtsstaat, in: Autorität und Freiheit (Erich Kaufmann, Gesammelte Schriften) Bd. I 1960, S. 589 ff. (593); Zacher, Freiheit und Gleichheit in der Wohlfahrtspflege, 1964, S. 121 f. m. w. Nachw.

221) Siehe vor allem Krüger, Auflage, S. 381 ff.; Huber, [Anm. 9], S. 184; Forsthoff, Begriff und Wesen des sozialen

Verlängerung oder die andere Seite des Anspruchs auf Abwesenheit aller ungesetzlichen Belastungen[222]). Das Recht muß in Richtung auf Verteilungsordnungen fortgedacht werden[223]).

Eine fruchtbare Hilfe dabei ist die Besinnung auf das Postulat der Publizität[224]). Die Forderung nach Publizität stand an der Wiege des modernen Rechtsstaates[225]). Sie wurde später durch die konkrete Publizität einzelner rechtsstaatlicher Institutionen absorbiert. Wo aber diese Institutionen die notwendige Publizität nicht mehr sichern, muß man sich ihrer als eines ursprünglichen und eigenständigen rechtsstaatlichen Wertes wieder erinnern[226]).

Rechtsstaates, VVDStRL Heft 12 (1954), S. 8 ff. (14); Gygi, [Anm. 8], S. 3 ff.

222) Siehe etwa den Versuch Mengers, Rechtssatz, Verwaltung und Verwaltungsgerichtsbarkeit, DÖV 8. Jg. (1955), S. 587 ff., insbes. 588, das Gesetz von einer Schranke des Dürfens in eine Schranke des Müssens (Leistenmüssens) des Staates umzudeuten. Ähnlich auch BVerwG 7, 180 (185). Zur Umdeutung des Gesetzes von der Obergrenze des Dürfens zur Untergrenze des Müssens siehe OVG Lüneburg, Urteil v. 22. 6. 1955, DVBl. 71. Jg. (1956), S. 24 mit Anm. von Ule. Siehe zum Text auch Lerche, [Anm. 112], S. 270 ff., insbes. S. 278 f. — Zum Problem des subjektiven Rechts siehe unten Anm. 259.

223) Hesse, Der Gleichheitsgrundsatz im Staatsrecht, AöR Bd. 77 (1951/52) S. 167 ff. (220); Ballerstedt, Wirtschaftsverfassungsrecht, in: Bettermann-Nipperdey-Scheuner, Die Grundrechte, Bd. III 1. Halbbd. 1958, S. 1 ff. (34). Badura, Die Daseinsvorsorge als Verwaltungszweck der Leistungsverwaltung und der soziale Rechtsstaat, DÖV 19. Jg. (1966) S. 621 (632); Gygi [Anm. 3] S. 29 ff. — Siehe zum Vorstehenden auch allgemein die Analyse von Huber [Anm. 9] S. 173 ff.

224) Zur Forderung der Publizität des Subventionswesens siehe Vialon, Haushaltsrecht, 2. Aufl. 1959, S. 29, 98 f.; ders., Staatliche Subventionspolitik, Politisches Seminar der staatsbürgerlichen Vereinigung 1954 e. V., 9. Tagung 1961, S. 14 ff. (35 ff.); Schmölders [Anm. 6] S. 35 ff.; Schneider-Gädicke, Kredit S. 22 f., 30 f. — Zur Publizität allgemeiner als Voraussetzung effektiver Kooperation: Krüger, Zusammenarbeit S. 21. — Zur Forderung der Publizität leistender Verwaltung siehe Bachof [Anm. 220] S. 64. Siehe auch die Forderung der Publizität staatlicher Wirtschaftsintervention bei Strickrodt, Die gewerblichen Staatsunternehmen in ihrer verfassungsrechtlichen und unternehmenswirtschaftlichen Bedeutung, 1954, S. 11 ff.; Torz, Privatwirtschaftliche Betätigung der öffentlichen Hand und das Grundgesetz, DÖV 11. Jg. (1958) S. 205 ff. (208).

225) Kant, Zum ewigen Frieden, 1795, Anhang II.

226) Zur Forderung nach Publizität als rechtsstaatliche Gewährleistung, wenn die Gerichtsbarkeit versagt: Erich Kaufmann, Grundrechte und Wohlfahrtsstaat, in: Gesammelte Schriften Bd. 1 1960 S. 589 ff. (595 f.) — allgemeiner siehe zum Postulat der Publizität: Friedrich, Der Verfassungsstaat der Neuzeit, 1963, S. 57 ff.; Krüger [Anm. 139] S. 230, 397, 428, 437 ff., 525. — Zur Publizität als Wesenselement der Demokratie siehe ferner Laufer, Die de-

Die zentrale Schwierigkeit, das Subventionswesen rechtsstaatlich zu bewältigen, ist der Mangel an Publizität[227]). Und die Institution, die hier ihren Dienst versagt, ist das Gesetz. Es versagt vordergründig schon deshalb, weil der herkömmliche Gesetzesvorbehalt es nicht auf die Leistungssubvention erstreckt[228]). Das bedeutet, daß dem Bürger nicht mehr die geringste offizielle Information[229]) über seinen möglichen Anteil daran garantiert ist. In der Tat ist der Anteil von Subventionen, die auf Grund nicht publizierter Verwaltungsvorschriften ausgeworfen werden, erstaunlich groß[230]); und selbst die Beträge, deren Vergabe nicht einmal intern durch Verwaltungsvorschriften reguliert ist, sind sehr hoch. Der Bürger erfährt über diese Aktionen entweder überhaupt nichts oder durch öffiziöse oder private mehr oder minder vollständige Schriften[231]) oder schließlich über Interessenverbände[232]), auf die der Staat damit einmal mehr[233]) Funktionen abwälzt, ohne

---

mokratische Ordnung, 1966, S. 181. — Siehe neuerdings auch die Forderung nach Publizität zur Integration einer rechtsstaatlichen Währungsordnung bei Jahr, Implikationen eines anhaltenden Geldwertschwundes in der Rechtsordnung der Bundesrepublik Deutschland, in: Expansion und Stabilität, Jahresgutachten 1966/67 des Sachverständigenrates zur Begutachtung der gesamtwirtschaftlichen Entwicklung, 1966, S. 199 ff. (206).

227) Siehe oben Anm. 14 und 224. Siehe auch Ernst Rudolf Huber, Wirtschaftsverwaltungsrecht I S. 53 (b); Kern, [Anm. 47] S. 723.

228) Siehe oben Anm. 30. — Zur gesetzlichen Regelung als Mittel, die notwendige Publizität im Subventionswesen herzustellen: Köttgen, Das umstrittene Mandat zur Jugendpflege, DÖV 14. Jg. (1961) S. 1 ff. (4).

229) Zum Mangel an Information, siehe z. B. auch Hansmeyer, Staatshilfen S. 338.

230) Einen Überblick geben vor allem die Sonderausgaben der Zeitschrift für das gesamte Kreditwesen [Anm. 20].

231) Siehe oben Anm. 20.

232) Meist sind bei den Verbänden auch Antragsformulare erhältlich, z. B. Abschnitt V der Richtlinien für die Gewährung von ERP-Krediten an Unternehmen der mittelständischen Binnenwirtschaft v. 4. 5. 1965, Der Bund als Finanzier, 1965, S. 59 ff.

233) Die Verbände sind oftmals auch die ersten Adressaten der Anträge auch für Nichtmitglieder. Bemerkenswert etwa Abschnitt V A der Richtlinien der Lastenausgleichsbank für die Gewährung von gewerblichen Kleinkrediten an politische Flüchtlinge und Geschädigte in West-Berlin aus Mitteln des ERP-Sondervermögens, Der Bund als Finanzier, 1965, S. 183 ff.: „Die nachstehenden Verbände (es folgen die Verbände; d. V.) erhalten Formulare in verkürzter Form, auf denen die Antragsberechtigten ihre Kreditwünsche anmelden können. Einer Mitgliedschaft bei einem dieser Verbände bedarf es hierbei nicht, da die Verbände sich verpflichtet haben (wem gegenüber? d. V.), Kreditwünsche auch nicht organisierter Antragsteller entgegenzunehmen und ohne Unterschied zu behandeln.“

daran zu denken, daß Art. 9 GG ein Freiheitsrecht ist[234]) [235]). Man verweise nicht auf das Haushaltsgesetz. Es wird in mehrfacher Hinsicht unzureichend publiziert[236]) und ist nicht auf Durchsichtigkeit für den Bürger angelegt. Ja es verweigert ihm jede verläßliche Auskunft über das, was an Zahlungen für ihn bereitsteht[237]).

Aber selbst guter Wille zu normativer Deklaration von Subventionen steht vor großen Schwierigkeiten, Publizität in der Sache herzustellen[238]). Die jeweilige Begrenztheit der Mittel und die Labilität der Bedarfe, ihrer Dringlichkeit und ihrer Inanspruchnahme lassen Dauerordnungen unter Ausweis fester Leistungen nur ausnahmsweise sinnvoll erscheinen[238a]). Auch das gilt ganz besonders wieder für die Leistungssubvention. Die Verschonungssubvention ist zwar kaum im Haushalt abzulesen[239]), ist dem Bürger aber in ihrer maximalen Größe be-

---

234) Siehe dazu aber auch Hansmeyer, Staatshilfen S. 230: „Die ‚staatswirtschaftliche', d. h. politische Merklichkeit dagegen wird ohne Schwierigkeiten beim entsprechenden Verband zu erzielen sein, der auf den Gesamtumfang der Maßnahme zu achten gewohnt ist und für den oft die Höhe der Staatsleistung an sich wichtiger ist als der Anteil, der schließlich auf den einzelnen Empfänger entfällt. Hier findet die primäre ‚verbandsgezielte' Intervention ihre Rechtfertigung — die Tatsache des staatspolitischen Eingriffs wird bewußt nur von den entsprechenden Verbänden oder Parteien registriert." Siehe dazu nochmals Anm. 5, 7 und 8.

235) Zu denken ist auch an die Hausbanken. Siehe aber dazu Schneider-Gädicke, Kredit, S. 22: Die übliche „Publizierungsweise kann bei einer Vielzahl von Kreditprogrammen dazu führen, daß eine Reihe von ernsthaften Interessenten keine Kenntnis von den ins Leben gerufenen Kreditaktionen erhält. Diese Lücke in der Unterrichtung der Öffentlichkeit könnten die Hausbanken schließen, indem sie ihre Kunden über die laufenden öffentlichen Kreditaktionen unterrichten. Tatsächlich sind die Hausbanken oft sehr zurückhaltend in der Empfehlung öffentlicher Kredite. Ein großer Interessentenkreis ist aber in einigen Bundesländern, in denen keine besonderen Kreditbeauftragten eingesetzt sind, auf die Beratung der Hausbanken angewiesen. ... Die andere Möglichkeit, nämlich die Unterrichtung der Interessenten durch die öffentliche Hand selbst, würde auf erhebliche Schwierigkeiten stoßen. Man kann nicht von den Kreditgebern erwarten, daß sie die Kreditrichtlinien allen für das jeweilige Kreditprogramm in Betracht kommenden Unternehmungen zur Verfügung stellen."

236) An der Wirklichkeit vorbei: BVerfG 20, 56 (93).

237) Kritisch auch Götz, Wirtschaftssubventionen S. 300 ff.; siehe ferner Obermayer, Der Plan als verwaltungsrechtliches Institut, VVDStRL Heft 18 (1960) S. 144 ff. (159 f.).

238) Zur Distanz zwischen Gesetz und Sachverhalt siehe auch Krüger, Zusammenarbeit S. 13, 23 ff.

238a) Siehe Anm. 219 und 254.

239) Zur „nicht-budgetären" Natur der Verschonungssubvention siehe Hansmeyer, Staatshilfen S. 37, 154 ff.; Strickrodt [Anm. 5] S. 13. — So werden Verschonungssubventionen in den Fi-

kannt, die gleich der notwendig durch Gesetz bestimmten Leistung ist, von der Abstand genommen wird. Die Verschonung selbst muß wenigstens im Gesetz zugelassen sein[240]). Und es ist immer auch tatsächlich möglich, den normativ gesteckten Rahmen voll auszuschöpfen. Anders bei der Leistungssubvention. Schon die maximale Gesamtgröße ist für den Bürger kaum zu ermitteln. Der mögliche individuelle Anteil entzieht sich seinem Einblick in der Regel völlig[241]).

Schließlich aber fehlt auch dem Einzelvollzug so gut wie jede natürliche Publizitätstendenz[242]). Wer von der öffentlichen Hand Vorteile erhält, hat regelmäßig ein Interesse, zu verbergen, vom Prestige bis zum Vorsprung im Wettbewerb — auch im Wettbewerb um Subventionen[243]).

II.

Der Erfolg ist, daß schon der Mangel an Publizität die allgemeinen rechtsstaatlichen Sicherungen paralysiert. Wie immer man deshalb zur Frage des Gesetzesvorbehalts stehen mag: falsch ist es jedenfalls, den rechtsstaatlichen Wert der Publizität so an ihn zu binden, daß er mit ihm preisgegeben wird. Die Wege einer bloß staatsinternen Subventionsregelung bis hin zur Geheimhaltung[244]) müssen verlegt werden. Alle generellen Regelungen, die den Anteil des Bürgers am Allgemeinen gestalten, müssen dem Zwang zur Publikation unterstellt werden[245]). Art. 3 GG wird dann als Umschaltnorm für die materielle Erstreckung sorgen[246]). Publizität wird so auch

---

nanzberichten des Bundesministers der Finanzen [Anm. 363] auch als „unsichtbare Begünstigungen" apostrophiert.

240) Siehe z. B. BVerwG 8, 329. — Eindrucksvoll dazu die Darstellung der „sichtbaren" und der „unsichtbaren" Begünstigungen in den Finanzberichten des Bundesministers der Finanzen [Anm. 363]. Zu diesen sind gesetzliche Grundlagen genau angegeben. Bei der Darstellung der „sichtbaren" Begünstigungen fehlt die Spalte „gesetzliche Grundlage" völlig.

241) Dazu, daß dahinter nicht nur Verlegenheit rechtsstaatlicher Ordnungstechnik, sondern auch Absicht steckt, die verstimmen muß, siehe Schneider-Gädicke, Kredit S. 23: „Außerdem spielt die Überlegung eine Rolle, daß durch eine derart weitgehende Publizität neben dem bisher schon bestehenden Kreditbedarf noch zusätzliche Kreditwünsche geweckt werden könnten ..."

242) Siehe zum Problem auch Jahr [Anm. 226] S. 206.

243) Siehe nochmals oben Anm. 14.

244) Was Möller (siehe oben Anm. 14) aus der kommunalen Verwaltung berichtet, findet in der staatlichen Verwaltung nur zu oft seine Entsprechung.

245) Siehe auch Ipsen, Referat S. 295, 297.

246) Siehe dazu schon oben Anm. 24. Siehe ergänzend zur Außenwirkung von Subventionsrichtlinien: Henze, Finanzhilfen S. 103 f.;

zum rechtsstaatlichen Prüfstein dafür, was hinter der Konzentration auf die Verwaltungsvorschrift wirklich steckt: die Alternative zwischen einem Willkürvorbehalt[247]) und der Anmaßung einer Zuständigkeit zu begünstigender Rechtsetzung durch die Verwaltung[248]).

Aber wo Dauerordnungen keine verläßlichen Anteile vermitteln[249]), ist ihre Veröffentlichung noch keine Publizität in der Sache. Hier müssen die jeweils konkreten Entscheidungsgrundlagen zugängig gemacht werden. Zumindest muß dem Bürger ein Auskunftsanspruch[250]) dahin zugestanden werden. Und im Prozeß ist an das Vorbild der Stufenklage zu denken; denn was nützt dem Bürger eine direkte

---

Scholz [Anm. 144] S. 147; Janknecht, Rechtsformen S. 98; Götz, Wirtschaftssubventionen S. 37 f., 60; BVerwG 7, 89 (93 f.), 180 (185, 187); BVerwG, Urteil v. 19. 12. 1958, DVBl. 1959, S. 573 (575); BGHZ 10, 295 (299); HessVGH ESVGH 6, 231 (233 f.); 14, 50 (54, 66); Bad.-Württ.VGH ESVGH 14, 208 (211 f.); OVG Münster, Urteil v. 30. 4. 1963, DVBl. 1963, S. 860 (861 f.). Zu welchen Kapriolen diese „Umschaltung" führen kann, zeigt das Urteil des Bundesverwaltungsgerichts vom 25. 5. 1962 (DVBl. 1962, S. 680 [681]): Eine nichtige Rechtsverordnung wird als Verwaltungsanordnung behandelt und über den Gleichheitssatz zur Rechtsgrundlage erhoben. Kritisch zum rechtsstaatlichen Effekt der Umschaltwirkung von Subventionsrichtlinien auch Menger, Bestimmung der öffentlichen Verwaltung nach den Zwecken, Mitteln und Formen des Verwaltungshandelns, DVBl. 75. Jg. (1960) S. 297 (302); Pöttgen, Grenzen S. 122 f. Allgemeiner siehe hierzu auch Bogs, Die Selbstbindung der Verwaltung durch allgemeine Verwaltungsvorschriften, Die Sozialgerichtsbarkeit, 1962, S. 129 ff. (130); Neumann [Anm. 128] S. 21. — Siehe zum Problem auch Mertens, Die Selbstbindung der Verwaltung aufgrund des Gleichheitssatzes, 1963, insbes. S. 11 ff.

[247]) Siehe etwa OVG Münster, aaO., S. 861; HessVGH ESVGH 14, 50 (54, 66).

[248]) Siehe auch dazu die Hinweise in Anm. 24 und 246. — Gegenüber diesen Bedenken verschlägt auch der Hinweis auf die Haushaltsartikel des Grundgesetzes und § 64 a der Reichshaushaltsordnung (Ipsen, Referat, S. 296 f.) nicht, es sei denn, man sieht in § 64a RHO eine Ermächtigung zum Erlaß von Rechtsverordnungen und man unterwirft die auf dieser Grundlage ergangenen Richtlinien den Regeln für Rechtsverordnungen. Dazu wäre als erstes zu prüfen, ob § 64 a RHO im Hinblick auf seine ursprünglich offensichtlich ganz andere Funktion so verstanden werden darf. Ferner wäre zu prüfen, ob § 64 a RHO den Erfordernissen des Art. 80 Abs. 1 GG genügt. Die haushaltsrechtlichen Artikel des Grundgesetzes können nicht als lex specialis im Verhältnis zu Art. 80 GG gelten.

[249]) Ausgabetechnisch ausgedrückt: im Bereich des Repartitionsprinzips — oder genauer: außerhalb des Quotitätsprinzips — (siehe Anm. 219 und 254).

[250]) Siehe dazu allgemein etwa Zeidler [Anm. 184] S. 15 ff., 52 ff.; Beinhardt, Die Verpflichtung der Behörde zur Erteilung von Auskünften, DÖV 18. Jg. (1965) S. 480 ff.; Roth, Das Auskunftsrecht der Wirtschaftsverwaltung, Verwaltungsarchiv, Bd. 57 (1966) S. 225 ff. (233 ff.).

Klage, solange er seinen möglichen Anteil nicht kennt, der ihm vorenthalten wurde. Aber das sind letzte und unzulängliche Auswege. Der Anteil des einzelnen kann auch mit relativer Richtigkeit nur ermittelt werden, wenn alle vergleichbaren Bedarfe mit allen zu ihrer Befriedigung bestimmten Mitteln in Beziehung gebracht werden[251]). Die für eine Mehrheit von Fällen bestimmenden Variablen müssen vor die Klammer gezogen werden. Die Verwaltung muß veranlaßt werden, die konkreten Entscheidungsgrundlagen jeweils für die Allgemeinheit festzustellen und erkennbar zu machen, für die sie gelten. Sie wird dazu angemessene sachliche, zeitliche[252]) und territoriale[253]) Entscheidungsräume bilden müssen, um in ihnen die konkret-individuellen mit den für sie zuständigen konkret-allgemeinen Entscheidungselementen zusammen — und dem gemeinsamen Maß der Norm zuzuführen[254]). Sie muß sich dabei des Instruments des Plans[255]) bedienen, aber auch der geläufigen Verfahrenstechniken der Stoffsammlung und Interessenwahrung: Bekanntmachungen, Ausschreibun-

---

[251]) Siehe auch Neumann [Anm. 128] S. 103.

[252]) Zur Abgrenzung nach außen werden regelmäßig Antragsfristen dienen; siehe dazu z. B. BVerwG, Urteil v. 24. 6. 1960, DÖV 1961 S. 426.

[253]) Siehe z. B. die Richtlinien für die Gewährung von ERP-Krediten an Unternehmen der mittelständischen Binnenschiffahrt v. 4. 5. 1965, Der Bund als Finanzier, 1965, S. 59 f: „III. Aufteilung der Kredite: Der vorgesehene Betrag von 3 Millionen DM wird auf die Stromgebiete verteilt."

[254]) Dabei ist das von der Finanzwissenschaft für das Repartitionsprinzip — pars pro toto — herausgestellte System, daß die Förderung der Einzelobjekte unter Anpassung an die vorhandenen Mittel proportional gekürzt wird (siehe Anm. 219), nur eine Möglichkeit unter mehreren. Häufig wird sie schon deshalb nicht beschritten werden können, weil eine verkürzte Förderung für alle in Betracht kommenden Objekte ihren Zweck nicht mehr erreichen könnte. Dann wird eine Auswahl unter den Objekten notwendig sein (siehe auch Anm. 292). Dabei kommen als Maßstäbe die optimale Zweckverwirklichung der gesamten Subventionsaktion, die besondere Eignung und Dringlichkeit des Objekts oder Bedürftigkeit des Antragstellers, die Priorität des Antrags und dergleichen in Betracht. Ein Beispiel internen entsprechenden Vorgehens siehe bei Schneider-Gädicke, Kredit S. 31.

[255]) In diesem Sinne für einen — allerdings „induktiven", nicht „imperativen" Plan — Krüger, Zusammenarbeit S. 23 ff. (25). — Dagegen liegt wohl eine mehr auf Abstraktion als auf das Konkret-Allgemeine gerichtete Planvorstellung zugrunde, wenn Götz (Wirtschaftssubventionen S. 286) schreibt: „Die Subventionserlasse der Bundesminister stellen Subventionspläne dar, denen das dem Normativen eigentümliche Merkmal der generellen Regelung nicht fehlt." — Allgemein siehe zum Problem des Plans im Sinne des Textes: Imboden, Der Plan als verwaltungsrechtliches Institut, VVDStRL Heft 18 (1960) S. 113 ff. Siehe auch Anm. 368.

gen[256]), Auslegung von Unterlagen, Einsichtnahmen und Verhandlungen[257]). Wo das materielle Recht nicht unmittelbar gewährt werden kann, muß ihm das formelle vorauseilen[258]). Die Negation der Vorenthaltung ist — wie schon bemerkt — nicht einfach die andere Seite des Anspruchs auf Abwesenheit aller ungesetzlichen Belastungen[259]). Sie bedarf der Fortentwicklung

---

256) Sehr aufschlußreich die Darstellung bei Schneider-Gädicke (Kredit S. 29 ff.), der über die Alternative zwischen „Ausschreibung" und „Einplanung" berichtet: „Für größere Kreditaktionen ist die öffentliche Ausschreibung der Richtlinien unerläßlich, bei einer engen Begrenzung der Mittel wählt die öffentliche Hand meistens die Vergabe nach ihrer sog. Einplanung. . . ., verzichtet man bei der Einplanung auf die öffentliche Ausschreibung, weil es sich nur um einen kleinen Fonds handelt. In den Genuß dieser Kredite kommen deshalb nur Unternehmen, deren Kreditbedarf und Förderungswürdigkeit der öffentlichen Hand bekannt ist, sei es aus früheren Darlehensanträgen oder durch Vermittlung der mit der Kreditverwaltung Beauftragten oder der Hausbanken. . . . Scheiden Antragsteller aus der Hauptliste aus . ., so rücken entsprechend andere Unternehmen von der Reserveliste nach. Der Darlehensgeber entscheidet dann, welche Firmen zur Einreichung von Kreditanträgen aufgefordert werden sollen. . . . ergeben sich bei dem Einplanungsverfahren für die Kreditsuchenden sowohl positive als auch negative Gesichtspunkte. Positiv ist die schnellere Durchführung. Als negativ muß angesehen werden, daß viele Interessenten gar keine Kenntnis von diesem Programm erhalten und so von vornherein ausgeschlossen sind."

257) Zu dem primitiven Mittel, das Antragsvolumen dadurch zu steuern, daß schon die Ausgabe der Antragsformulare gedrosselt wird, siehe Schneider-Gädicke, aaO., S. 41. — Im einzelnen wird bei der Ausgestaltung des Verfahrens sehr unterschiedlich vorzugehen sein. Die Ausgabe von Expost-Eiersubventionen erfordert eine andere Verfahrenstechnik als die Verteilung von Mitteln zur Behebung von Hochwasserschäden (siehe dazu die Bekanntmachung des Bayerischen Staatsministeriums der Finanzen betreffend Richtlinien für staatliche Finanzhilfeaktionen bei Notständen durch Elementarereignisse v. 23. 3. 1962, Bay. Staatsanzeiger 1962 Nr. 13). Zu einer anderen Dimension administrativer Entfaltung siehe Hansmeyer, Staatshilfen S. 187 ff.

258) Gygi [Anm. 3] S. 32: „Der Schluß, der sich in Anbetracht des Ungenügens der Gesetzgebungs- und Gesetzesanwendungs-Rechtsstaatlichkeit aufdrängt, ist unausweichlich der, daß es eine der sozialgestaltenden Funktion adäquate Rechtsstaatlichkeit erst noch zu entwickeln gilt. Das Hauptaugenmerk wird auf Institutionen zu lenken sein, die den Mangel an normativer Faßbarkeit des sozialgestaltenden Rechts ausgleichen und die Unzukömmlichkeiten des nachträglichen und deshalb bei diesem besonderen Gegenstand zumeist verspäteten rechtspflegerischen Schutzes tunlichst vermeiden."

259) Siehe Rupp, Grundfragen der heutigen Verwaltungsrechtslehre, 1965, S, 146 ff., insbes. S. 262 ff. mit eingehenden Nachw. zu den allgemeineren Aspekten des Problems. Die Subventionspraxis versucht der Schwierigkeit zu entgehen, indem die Verwaltungsrichtlinien Rechtsansprüche auf die jeweils geregelte Leistung ausschließen (siehe Götz, Wirtschaftssubventionen S. 39 mit Anm.

des Rechts. Aber es ist bezeichnend für die Rechtsträgheit gegenüber der Subvention, daß das Gesetz[260]) stattdessen reduziert wurde[261]). Daß der sogenannte Musterentwurf eines Ver-

28; die Liste der Beispiele könnte beliebig vermehrt werden). Daß damit der Anspruch auf Gleichbehandlung nicht ausgeschlossen werden kann (siehe oben Anm. 246), wissen die Autoren solcher Vorschriften wohl selbst. Aber immerhin: „Liegt eine solche, die Verwaltung zu bestimmten Leistungen verpflichtende Rechtsnorm nicht vor, so kann allenfalls eine Verpflichtung der Verwaltung hergeleitet werden aus höherrangigem Recht, besonders aus dem Gleichheitsgrundsatz des Art. 3 GG, in dem Fall eines Petenten (Art. 17 GG), zu dessen Nachteil willkürlich anders verfahren worden ist als in anderen gleichliegenden Fällen" (BVerwG 7, 180 [185, 187]). Der Anspruchsteller wird also auf den Nachweis der Willkür gesetzt — und das, obwohl sich die Verwaltung die Freiheit nimmt, alle in der Sache liegenden — wie gesagt — weitgehenden Möglichkeiten der Geheimhaltung oder jedenfalls Nichtinformation auszuschöpfen. Auf der anderen Seite ist völlig klar, daß dort, wo der Ausweis fester Leistungen nicht möglich ist, auch der Ausweis subjektiver Rechte auf solche Leistungen scheitert. Das ist ein Gesichtspunkt, der für jegliche Leistungsverwaltung gilt; denn „in jeder wirtschaftsgeschichtlichen Situation" gibt es „ein Maß, das schlechterdings nicht überschritten werden kann, weil das Sozialprodukt auch bei noch so starken Verteilungskorrekturen für die sozialpolitisch zu Schützenden mehr nicht hergibt" (W e i s s e r, Art. „Soziale Sicherheit" im Handwörterbuch der Sozialwissenschaften Bd. 9, 1956, S. 396 ff.). Und es gilt für die Subvention aus zwei Gründen in besonderem Maße. Erstens ist sozial-, finanz- und wirtschaftspolitisch zwischen dem festen Grundstock existenzsichernder sozialer Leistungen zu unterscheiden, die ein Staat unter Aufbietung aller Kräfte erbringen muß und dem zusätzlichen, eher disponiblen und schließlich notfalls verzichtbaren Instrumentarium der Lenkung und der Hilfe, dem die Subvention angehört. Zweitens ist die Subvention kraft ihres kooperativen Charakters sowohl auf den Willen als auch auf die Eignung der potentiellen Subventionsempfänger zu dieser Kooperation angewiesen. Wo immer diese Schwierigkeiten relevant werden, können sie nur über die Ausgestaltung der Verfahren und Institutionen (siehe dazu auch oben A VI), nicht über das direkte Zugeständnis fixer materieller subjektiver Rechte überwunden werden. Diese müssen vielmehr das Problem dann genau so verfehlen — und deshalb wirkungslos bleiben — wie andererseits die vordergründige Negation subjektiver Rechte die effektive subjektive Berechtigung nur inhaltlich mindert und auf eine ungute Weise relativiert, nicht aber ausschließt. Andererseits soll nicht verschwiegen werden, daß für viele Bereiche der Subventionierung diese Schwierigkeiten im Ernst keine Rolle spielen (so etwa für die meisten Ex-post-Subventionen). — Siehe zum Problem des subjektiven Rechts auf Subventionen etwa H e n z e, Finanzhilfen S. 65; S t e r n, Rechtsfragen S. 557, 560; v o n M ü n c h, Die Bindung des Gesetzgebers an den Gleichheitssatz bei der Gewährung von Subventionen, AöR Bd. 85 (1960) S. 270 ff. (287, 290); B e l l s t e d t, Gesetzliche Grundlage S. 169. — Siehe zum Vorigen auch Anm. 200—223.

[260]) Und das subjektive Recht (siehe Anm. 259).

[261]) Typisch etwa die Resignation N e u m a n n s, [Anm. 128] S.

waltungsverfahrensgesetzes nichts von diesen Bedürfnissen ahnen läßt, sei nur erwähnt.

III.

Der deutlichste grundrechtliche[262]) Impuls, den Zugang zu den Subventionen zu sichern, geht vom Gleichheitssatz aus[263]). Dieser wird in dem Maße behindert, in dem die Vergleichsfälle gestreut und verheimlicht werden, und in dem Maße entfaltet, in dem die Praxis publik gemacht wird, die Gemeinsamkeiten der Fallgruppen greifbar gemacht und jeweils möglichst viele Fälle einer Entscheidung nach einheitlichen Kriterien zugeführt werden. Nur durch Publizität wird der Umschalteffekt, den Art. 3 GG auf Verwaltungsvorschriften ausübt, von der Zufälligkeit der Information frei, die ihn gegenwärtig diskreditiert[264]).

Die Forderung nach Publizität und Kontrollierbarkeit muß aber auch von einer viel allgemeineren grundrechtlichen Position her erhoben werden[265]). Für die Steuer-

104: „So zeigt es sich, daß die wirtschaftslenkende Verwaltung bei aller Intensivierung der Rechtskontrolle in den wichtigen wirtschaftspolitischen und in manchen indirekten Entscheidungen keiner Rechtskontrolle durch den Staatsbürger unterliegt." — Das Problem zeigt sich ganz allgemein nicht nur im Verzicht auf das Gesetz und in der zumindest vordergründigen Reduktion der subjektiven Berechtigung, sondern auch hinsichtlich des für die Eingriffsverwaltung allgemein anerkannten Erfordernisses der Bestimmtheit gesetzlicher Ermächtigungen (textlicher Ansatzpunkt: Art. 80 Abs. 1 Satz 2 GG). Wo die Verwaltung Dispositionsräume des Gestaltens braucht, heißt das nur, daß sie nicht herkömmlich, wohl aber anders, nämlich sachadäquat gebunden werden muß. S. Jesch, Unbestimmter Rechtsbegriff und Ermessen in rechtstheoretischer und verfassungsrechtlicher Sicht, AöR Bd. 82 (1957) S. 163 ff. (246 ff.); Hamann, Deutsches Wirtschaftsverfassungsrecht, 1958, S. 47; Stern, Rechtsfragen S. 525; Werner, Verwaltungsrecht als konkretisiertes Verfassungsrecht, DVBl. 74. Jg. (1959) S. 527 ff. (531). Siehe zu diesem Problem auch noch Anm. 272.

[262]) Siehe zum Folgenden nochmals Anm. 157.

[263]) Zum Verhältnis Gleichheitssatz — Subventionen zentral v. Münch, [Anm. 259] S. 270 ff. (dem allerdings in vielem entgegenzutreten ist). Weitere Hinweise siehe etwa bei Götz, Wirtschaftssubventionen S. 263 ff.; Friauf, Bemerkungen S. 737.

[264]) Nachw. siehe etwa in Anm. 246, 256, 257 und 259.

[265]) Siehe Anm. 220. — Zum Folgenden siehe ferner Fechner, Die soziologische Grenze der Grundrechte, 1954, S. 16 ff.; Hamel, Die Bedeutung der Grundrechte im sozialen Rechtsstaat, 1957, insbes. S. 23 ff.; siehe auch Hesse [Anm. 223] S. 185; Häberle, Die Wesensgehaltsgarantie des Art. 19 Abs. 2 GG, 1962, S. 117 ff., insbes. S. 121 und passim; Zacher [Anm. 48] S. 91, 98 ff. mit weiteren Nachw. Aus wesentlich anderem Blickwinkel dazu auch Lerche [Anm. 112] S. 270 ff., insbes. S. 278 ff.

gesetze ist bereits sichtbar, daß auch die Beeinflussung der individuellen Sachfaktoren des Grundrechtsnutzens gegenüber den Grundrechten verantwortet werden muß[266]). Gleiches muß gelten, wenn der Grundrechtsnutzen durch staatliche Zuwendungen gesteuert wird[267]). Das Problem ist nicht einfach, selbst wenn über die einseitige historische Ausprägung der Grundrechte hinweggegangen wird[268]). Die wichtigsten Schwierigkeiten sind folgende. Erstens, Einkommen und Vermögen sind prinzipiell unspezifische Realfaktoren des Grundrechtsnutzens, so daß auch eine allgemeine Einflußnahme auf sie — außerhalb des Grundrechts des Eigentums — nur ausnahmsweise grundrechtlich lokalisiert werden kann. Zweitens, der individuelle Effekt einer allgemeinen Veränderung ökonomischer Bedingungen kann sehr verschieden, ja konträr sein. Drittens, die reine Mehrung des Grundrechtsnutzens liegt im Sinne der Grundrechte. Viertens muß damit gerechnet werden, daß die individuellen Realfaktoren nie einen maximalen Grundrechtsnutzen aller gewährleisten. Es steht auch außer der Macht des Staates, das zu bewirken. Und selbst dem Sozialstaat kann im Hinblick auf die Begrenztheit und Veränderlichkeit des Sozialprodukts, seine begrenzte Verfügbarkeit zum Zwecke der Umverteilung nur ein Mindestmaß an materieller Grundrechtserfüllung[269]) bindend abverlangt werden[270]). Während so jede

---

[266]) Friauf, Verfassungsrechtliche Grenzen der Wirtschaftslenkung und Sozialgestaltung durch Steuergesetze, 1966, S. 39 ff. Mehr noch aber verdankt der Verf. zum Folgenden einem Vortrag über „Die verfassungsrechtliche Problematik der sozialgestaltenden Steuer", den Prof. Dr. Roman Herzog (Berlin) in Saarbrücken gehalten hat, der jedoch — soweit zu sehen — noch nicht im Druck erschienen ist.

[267]) Siehe auch Friauf, Bemerkungen S. 737.

[268]) Siehe Krüger [Anm. 139] S. 549 f., 567 f., 569 ff.

[269]) Siehe dazu nochmals Anm. 265, insbes. Fechner, aaO.; Hamel, aaO., S. 25. Siehe auch Häberle, aaO., S. 117, 119: „Diese ‚institutionelle' Bedeutung eines Grundrechts ist zwar dann gefährdet, wenn nurmehr eine Minderheit oder gar wenige das Grundrecht tatsächlich in Anspruch nehmen können."

[270]) Siehe dagegen vor allem Weber, Die verfassungsrechtlichen Grenzen sozialstaatlicher Forderungen, Der Staat Bd. 4 (1965) S. 404 ff. (435 f.). — Das Problem wurde bisher vor allem im Hinblick auf Art. 7 Abs. 4 GG erörtert. Ist der Staat verpflichtet, Privatschulen zu subventionieren? Siehe zum Meinungsstand etwa Maunz-Dürig, Grundgesetz, Art. 7 Randn. 86. In diesem Zuzammenhang neuerdings Quaritsch, Neues und Altes über das Verhältnis von Kirchen und Staat, Der Staat Bd. 5 (1966) S. 451 (469: „Nach ganz herrschender und sicherlich zutreffender Ansicht ist der Staat nicht verpflichtet, die tatsächlichen Voraussetzungen der Ausübung einer grundrechtlichen Freiheit herzustellen." Siehe auch Barion, Feudaler oder neutraler Staat, DÖV 19. Jg. (1966) S. 361 (367 f.); Hermann Weber, Subventionierungspflicht des Staates

Änderung der individuellen Realfaktoren über den Grundrechtsnutzen einer Marginalgruppe entscheidet, ist grundrechtliche Kritik daran nicht ohne weiteres möglich. Doch dispensiert das nicht von den Grundrechten. Vielmehr muß differenzierend danach gesucht werden, wo die Disposition über den Grundrechtsnutzen mittels Disposition über seine individuellen Realfaktoren in das normative Kraftfeld bestimmter Grundrechte gerät. So darf das Mindestmaß sozialstaatlich notwendiger materieller Grundrechtserfüllung[271]) nicht unterschritten werden. Die Grundrechte müssen reagieren, wenn ihr Gebrauch durch die Unsicherheit[272]) von Gewährung und Belassung der gewährenden öffentlichen Hand ausgeliefert wird. Kritische Zonen werden ferner dann erreicht, wenn bei Abhängigkeit der angesprochenen Marginalschicht von dem gebotenen Vorteil die Bedingungen oder Umstände seiner Gewährung zu einem bestimmten Grundrechtsgebrauch oder zum Nichtgebrauch eines Grundrechts zwingen[273]); oder wenn ungleiche Vorteile zu Grundrechtsbehinderungen führen[274]). Es kommt — abgesehen vom Regulativ der Gleichheit — ganz auf das betroffene Grundrecht an, ob die Gestaltung des Grundrechtsraumes dem Gesetzgeber möglich oder vorbehalten ist und die angebotene Kompensation die Belastung heilt, sie diskriminiert oder indifferent ist. Doch muß diese Erwägung gerade bei Subventionen, die vielfältig auf die Ermöglichung und noch mehr Beeinflussung menschlichen Handelns — und das ist immer irgendwie Grundrechtsgebrauch — ausgehen, weithin zur Forderung gesetzlicher Regelung führen[275]).

Unabhängig davon unterstreichen die aufgezeigten Schwierigkeiten die selbständige Bedeutung des Postulats der Publizität. Negativ betrachtet: Die Mittelbarkeit der Grundrechts-

---

zugunsten privater Schulen, NJW 19. Jg. (1966) S. 1798 ff. Für den Subventionsanspruch nunmehr das Urteil des Bundesverwaltungsgerichts v. 11. 3. 1966, NJW 1966 S. 1236.

271) Siehe Anm. 269.

272) Siehe Anm. 220, 223, 261 a. E. Ferner Z ä n g l, Schranken S. 65 f.; L o e b e n s t e i n, Referat S. 61; P ö t t g e n, Grenzen S. 119 ff. Zur Empfindlichkeit von Grundrechten gegenüber dem Ermessen z. B. BVerfG 8, 71 (76), 274 (325); 13, 153 (160 f.); O b e r m a y e r, Das Verhaltensermessen der Verwaltungsbehörden, NJW 16. Jg. (1963) S. 1177 ff. (1180 f).

273) Siehe dazu nochmals Anm. 141 bis 143 und Anm. 163 bis 167 und den Text hierzu. Ferner E h l e r m a n n, Wirtschaftslenkung und Enteignung, 1957, S. 90 mit Fußn. 130.

274) Zum Problem siehe F r i a u f, Bemerkungen S. 732, 734, 736 und 737 sowie die dort insbes. in Anm. 64 und 65 Genannten; G ö t z, Wirtschaftssubventionen S. 272 ff. Ferner E h l e r m a n n ebd.; M a l l m a n n [Anm. 138] S. 191; R e u ß [Anm. 63] S. 16.

275) Siehe zu Vorstehendem nochmals oben A V.

gefährdung erschwert ihre Wahrnehmung, so daß versucht werden muß, durch Publizität auszugleichen. Positiv gewendet: Liegt die Mehrung des Grundrechtsnutzens im Sinne der Grundrechte, so muß sie allen Grundrechtsträgern zugängig sein, und jedermann soll seinen vollen realen Grundrechtsstand erforschen können.

IV.

Eine besondere Rolle kommt dem Grundrecht des Eigentums zu[276]). Als Vermögenszuwendung ist die Subvention immer eigentumsrelevant. Ebenso setzt die Verwendungsauflage im Eigentum an. Spätestens seit Subventionen breitere vermögensbestimmende Funktion erlangt haben, fällt ihre Ordnung daher unter die durch Art. 14 Abs. 1 GG gestellte Aufgabe des Gesetzes, den Inhalt des Eigentums zu ordnen[277]). Das wird zu wenig gesehen. Die Verfassungsgarantie wird zu gerne negativ — Angriffe auf einen Bestand von Zugeeignetem abwehrend[278]) — gesehen[279]), während das Positive — dem Menschen eine situationsgerechte Vielfalt von Formen zur Verfügung zu stellen, in denen er einen eigenen Anteil an der Sachgüterwelt erwerben, haben und erhalten kann — zu wenig Dynamik entfaltet[280]). Sodann stellen sich Subventionszuwendungen als Anteil am Allgemeinen dar, dessen Zueignung[281]) infolge des hinkenden Synallagma der Subvention schwer zu

---

276) Siehe zum Verhältnis Subvention — Eigentum zusammenfassend etwa Z ä n g l, Schranken S. 106 ff.; P ö t t g e n, Grenzen S. 76 ff.; G ö t z, Wirtschaftssubventionen S. 274 ff.; weitere Nachw. siehe dort.

277) In dieser Richtung wohl auch B e l l s t e d t, Gesetzliche Grundlage S. 268; G ö t z, aaO.

278) Nur allzu häufig in dem Sinn: Eigentum ist was nach Art. 14 Abs. 3 GG enteignet werden kann.

279) Siehe z. B. L u h m a n n, Grundrechte als Institution, 1963, S. 116 f., 122 ff. mit Anm. 43, 45 mit weiteren Nachw. — Ein Beispiel dafür, wie weitgehend diese Funktion des Eigentumsgrundrechts mit der des Gleichheitssatzes identisch ist siehe bei Hans H u b e r, Öffentlich-rechtliche Gewährleistung, Beschränkung und Inanspruchprivaten Eigentums in der Schweiz, in: Staat und Privateigentum, Beiträge zum ausländischen öffentlichen Recht und Völkerrecht Bd. 34, 1960, S. 49 ff. (53) mit Anm. 15.

280) Siehe dazu auch Z a c h e r, Verfassungsentwicklung in Bayern, JöR N. F. Bd. 15 (1966) S. 321 ff. (397).

281) Zum Kriterium der Zueignung siehe D ü r i g, Der Staat und die vermögenswerten öffentlich-rechtlichen Rechtspositionen seiner Bürger, in: Staat und Bürger, Festschrift für Apelt, 1958, S. 13 ff. (47 ff.).

fassen ist[282]). Die Schwierigkeiten der Binnenstruktur der Subvention[283]) schlagen sich grundrechtlich nirgends mehr nieder als hier. Aber Subventionszuwendungen müssen in der Sphäre des Empfängers wie Eigentum wirken können. Sie gehen auf kooperativen Einsatz des privaten Eigentums aus und zielen, wenn auch nicht auf Äquivalente, so doch auf Leistungen des Empfängers. Das zieht sie — auch ungeachtet der möglichen Mischung mit echten Austauschverhältnissen — in den Zweckbereich des verfassungsrechtlichen Eigentums herein. Ihre Ordnung muß den erwerbenden Einsatz des Empfängers respektieren[284]) und verhindern, daß das vorausgesetzte private Eigentum in der Konfrontation und Koordination mit dem Anteil am Allgemeinen aufgelöst oder hybrid[285]) wird. Subventionsordnung muß also sowohl eigentliche Eigentumsordnung als auch Konfliktsordnung sein.

Die werdende Subvention ist eingespannt zwischen der Chance der Teilhabe am Allgemeinen und dem zweckhaften Aufgehen in der individuellen Eigentumssphäre. Die Erwartung und selbst der Anspruch auf Subvention ist nicht von vornherein Eigentum[286]). Aber um des Eigentums willen kann sein Schutz nicht unbegrenzt entzogen werden. Rechtssicherheit und Eigentum sind hier wie oft zwei Seiten desselben Problems[287]). Vorenthaltungen, deren Gegenstand durch fixie-

---

282) Kritisch dazu Friauf, Bemerkungen S. 738; siehe auch Götz, Wirtschaftssubventionen S. 280; weitere Nachw. siehe dort.

283) Siehe vor allem zu Anm. 43 bis 47.

284) Siehe Friauf, aaO., mit weiteren Nachw.; siehe auch Götz, aaO. — Zum Problem des Eigentums an Konzessionen, die mit Subventionen verbunden sind, siehe schon Schelcher, Gerichtliche Natur und die Wirkungen der Eisenbahnkonzession in Sachsen, Fischers Zeitschrift Bd. 20 (1899) S. 1 ff., 97 ff., 153 ff. (104 f.).

285) Daran hat — soweit zu sehen — die bisherige Diskussion noch weniger gedacht als an den Schutz des Eigentums. Das berührt sich damit, daß auch die Probleme der Zwecksicherung und des Vorteilsausgleiches bisher entweder nicht gesehen oder nur unzulänglich angegangen wurden (siehe oben A I bis IV). So haben Subventionen ebenso einen ausgesprochen „reichtumsmehrenden“ Effekt, wie sie andererseits dazu beitragen, „Verluste zu sozialisieren“.

286) Siehe Götz, aaO., S. 278 ff.; mit weiteren Nachw.

287) Das zeigt sich allgemein etwa dort, wo sich Rechtssicherheit und Eigentumsschutz im Problemkreis des Widerrufs von Verwaltungsakten decken (s. zum Problem Dürig [Anm. 281] S. 46 f., insbes. auch Anm. 91; Mosthof, Enteignung und Widerruf von Verwaltungsakten, Diss. Tübingen 1958; ferner Otto Mayer, Theorie des französischen Verwaltungsrechts, 1886, S. 159; Merk, Deutsches Verwaltungsrecht, 1962, S. 292; Giacometti [Anm. 69] S. 420 mit Anm. 79), wo rückwirkende Normänderungen grundrechtlich relevante Tatbestände tangieren und schließlich die Sicherung des Normbestandes in die Zukunft hinein im Sinne der Grundrechtsentfaltung

rende Tatbestände wie Zusage und berechtigte Einlassung schon in das individuelle Eigentum hineingewachsen sind, müssen auch vom Eigentumsgrundrecht her gewürdigt werden. Dabei muß das Maß zunächst wie für die meisten Veränderungen des Eigentumsstandes direkt aus der Eigentumsgarantie des Art. 14 Abs. 1 und 2 GG genommen werden. Das Institut der Enteignung kommt dagegen nur für einen engeren Kreis der Entziehung oder Minderung durch Zueignung individualisierter Rechte aus Subventionsverhältnissen in Betracht[288]).

Werden eindeutig empfängergünstige Subventionen nicht allen von mehreren wesentlich gleich disponierten Interessenten zugewandt, so drängt sich das Bild einer umgekehrten Enteignung auf: statt ungleich genommen wird ungleich gegeben[289]). Aber die Regeln lassen sich nicht einfach umkehren. Die Interessenlage ist nicht reziprok, sondern anders. Enteignung ist Austausch, Subvention jedenfalls nicht typisch Austausch. Entschädigung und Zuwendung resultieren aus jeweils anderen Komponenten. Vor allem aber wendet sich der Konflikt nach außen. Die Dritten rechnen sich den ausgebliebenen Vorteil als Nachteil an. Aber die von den Begriffen Sonderopfer und Sondervorteil diskriminierten Differenzen können schon nicht ohne Rücksicht auf das Regel-Ausnahme-Verhältnis gleich bewertet und behandelt werden; und erst recht nicht ohne Rücksicht darauf, daß der Sondervorteil An-

---

liegt (siehe dazu Zacher [Anm. 280] S. 340; zum Problem vor allem auch Lerche [Anm. 112] S. 270 ff.). Wo Rechtssicherheit sich auf individualbezogene vermögenswerte Positionen bezieht, ist sie nicht vom Grundrecht des Eigentums zu lösen, ebensowenig wie Eigentumsordnung (Art. 14 Abs. 1 GG) anders als rechtsstaatlich zu denken ist (siehe etwa die Hinweise bei Zacher ebd. S. 397 oben). Nur eben die Gleichsetzung von Eigentum (Art. 14 Abs. 1 GG) und Enteignungsobjekt (Art. 14 Abs. 3 GG), die unsere Eigentumsdiskussion beherrscht, führt dazu zu sagen: „Erst im Zeitpunkt der Inswerksetzung schneiden sich Widerrufs- und Eigentumslehre (Widerruf von jetzt ab grundsätzlich ausgeschlossen, Eigentumsschutz beginnt), um dann wieder auseinander zu gehen (Widerruf unter sehr engen Voraussetzungen zwar noch möglich, aber stets entschädigungspflichtig)" (Dürig, aaO., S. 46).

[288]) Die übliche Behauptung, Subventionen seien kein Eigentum (z. B. Dürig, aaO., S. 53; Wolff, VerwR I S. 378), ist also zu einfach. Siehe nochmals Anm. 282 und ergänzend etwa Zimmer, Die durch eigene Leistung und eigenen Kapitalaufwand erworbene öffentlich-rechtliche Rechtsposition, DÖV 16. Jg. (1963) S. 81 ff. (83); speziell für Subventionen Giacometti [Anm. 69] S. 420 mit Fußn. 79. — Siehe zum Vorstehenden auch die Bemerkungen bei Ehlermann, Wirtschaftslenkung und Entschädigung, 1957, S. 90.

[289]) Dazu nochmals Anm. 274; siehe auch Anm. 263.

teil am Allgemeinen, das Sonderopfer Verlust von Eigenem ist. Die Benachteiligten sind deshalb grundsätzlich auf den Gleichheitssatz verwiesen[290]), während erst der finale oder effektive ungleiche Angriff auf das bestehende Eigentum dessen Schutz auslöst. Diese Formel freilich ist erst die Verschnürung eines ganzen Pakets von Problemen[291]). Durch das Problem, wann Subventionen auf eine Auswahl möglicher Empfänger beschränkt werden dürfen — etwa um zu „klotzen" statt zu „kleckern" — werden erst allmählich Schneisen gelegt[292]). Und die hinter der üblichen Geheimniskrämerei stehende Angst, eine egalitär bestimmte Offenlegung könnte dazu zwingen, Mittel unter Verlust an Effekt zu verstreuen[293]), ist deshalb pragmatisch betrachtet so unberechtigt nicht. Der Anspruch auf Gleichbehandlung der sachwidrig Ausgeschlossenen scheint gegeben[293a]), stößt aber dort, wo der Gesetzgeber selbst die Grenze gezogen hat[294]), auf Sanktionsschwierigkeiten[295]). Wird allein ein überhöhter Vorteil kritisiert, so haben die Ausgeschlossenen keinesfalls Anspruch auf gleiche Gewährung des unrechten Vorteils[296]). Ihr Schutz durch das Eigentumsgrundrecht ist dogmatisch nur soweit gesichert, als es zur Zweckbestimmung der Subvention gehört, auf das Eigentum Dritter lenkend einzuwirken[297]). Wie weit gegen den Subventionsträger jedoch zurückgegriffen werden kann, wenn er Eigentum nur mittelbar und effektiv beeinträchtigt, indem er die Subventionsempfänger falsch auswählt oder zu hoch bevorteilt, ist nach differenzierenden Kriterien zu bemessen, die hier nicht weiter entwickelt werden können[298]).

---

[290]) Siehe Ehlermann [Anm. 288] S. 90.

[291]) Das beweisen etwa die Differenzierungsversuche bei Friauf, Bemerkungen S. 732 f., 736; Götz, Wirtschaftssubventionen S. 274 f.

[292]) Siehe oben Anm. 219 und 254; Scholz [Anm. 144] S. 140 f.; Reuß [Anm. 63] S. 16. Siehe nunmehr vor allem Ipsen, Referat S. 283 ff. und seine Hinw.

[293]) Siehe nochmals Schneider-Gädicke, Kredit S. 30 f.

[293a]) Siehe insbes. Friauf, Bemerkungen S. 737; ferner OVG Berlin, Urteil vom 8. 6. 1966, DVBl. 1967 S. 92 f. mit weiteren Nachw.; ferner Anm. 263, 290.

[294]) Siehe dazu vor allem Münch [Anm. 263].

[295]) Siehe etwa Schumann, Die Problematik der Urteils-Verfassungsbeschwerde bei gesetzgeberischem Unterlassen, AöR Bd. 88 (1963) S. 331 ff.; zuletzt Hermann Weber [Anm. 270] S. 1799 mit zahlr. Nachw.; zur einschlägigen Rechtsprechung des BayVerfGH siehe Zacher [Anm. 280] S. 366. — Siehe zum Text ferner Püttgen, Grenzen S. 45 ff. mit weiteren Nachw.

[296]) Siehe z. B. bei VerfGH 15, 21; 16, 7 (9) mit weiteren Nachw.

[297]) Siehe Friauf, Bemerkungen S. 732 f., 737 mit weiteren Nachw.

[298]) Siehe oben Anm. 291, insbes. Friauf, aaO., S, 732.

C. Die vermittelte Subvention

I.

Eine bisher vernachlässigte Erscheinung ist die Subventionsvermittlung. Vor allem die Leistungssubvention wird weithin über private Vermittler ausgereicht. Damit entsteht eine Vielfalt völlig neuer Interessenlagen und Ordnungsbedürfnisse. Rechtspolitisch und dogmatisch grundsätzlich unbeachtet[299]), blieben die Probleme weithin unzuständigen und unzulänglichen Ordnungsinstrumenten[300]) überlassen.

Die Subventionsvermittlung ist in einem traditionslosen Pragmatismus so vielerlei Bedürfnissen nachgegangen, daß es auf Anhieb kaum möglich ist, Kategorien zu bilden. Es sei fürs erste versucht, mit drei Grundtypen auszukommen: dem instrumentalen Vermittler, dem selbständigen Vermittler und dem weiterreichenden Subventionsempfänger[301]).

II.

Unter dem instrumentalen Vermittler seien hier Privatrechtssubjekte verstanden, die dazu bestimmt sind, Subventionen auszureichen. Meist handelt es sich um Gesellschaften, an denen mehrere öffentlichrechtliche Träger oder diese zusammen mit privatrechtlichen Verbänden und Gesellschaften beteiligt sind[302]). Sie stehen mehr oder weniger unter

---

299) Symptomatisch dafür ist, daß selbst die umfassende Untersuchung von Götz (Wirtschaftssubventionen) dem Gegenstand keine zentrale Erörterung widmet. Auch das Sachverzeichnis weist unter allen in Betracht kommenden Stichworten nur das der „Einsatzstelle" auf (S. 340).

300) Ein trotz seiner Unzulänglichkeit verbreitetes spezifisches Ordnungsinstrument stellen die zwischen den Subventionsbehörden und den Zentralen und Verbänden der subventionsvermittelnden Banken getroffenen Abreden dar (siehe dazu unten Anm. 319).

301) Der Vollständigkeit halber muß hier auch noch die Beteiligung privater Träger an der Subventionskontrolle genannt werden; siehe etwa das Beispiel der Kontrolle der Düngemittelsubvention durch die Deutsche Revisions- und Treuhand-AG (Hansmeyer, Staatshilfen S. 143). Treuhandgesellschaften sind darüber hinaus als Gutachter und öffentliche Berater am Vollzug von Kreditprogrammen beteiligt (Schneider-Gädicke S. 23). Die Machtstellung, die auf diese Weise privaten Stellen zuwachsen kann, auch wenn — was sie vom Subventionsvermittler im Sinne dieser Abhandlung unterscheiden würde — die Mittel nicht durch ihre Hand flössen, bedarf keiner Hervorhebung. Auch diese Erscheinung ist rechtsdogmatisch — soweit zu sehen — noch nicht grundsätzlich aufgegriffen worden.

302) Zu denken ist hier vor allem an öffentliche und gemischtwirtschaftliche Kreditinstitute in privater Rechts-

dem Einfluß öffentlicher Träger[303]). Wie versteckt dieser allerdings sein kann[303a]), beweist das Beispiel gewisser Kreditgarantiegemeinschaften[304]). Sie übernehmen Bürgschaften zulasten von Haftungsfonds, die vor allem aus öffentlichen Mitteln gespeist werden. Der Staat ist weder Gesellschafter noch an den regulären Gesellschaftsorganen beteiligt[305]). Aber die Bürgschaften werden von einem besonderen Ausschuß bewilligt[306]), in dem zwei Vertreter des Landes über ein absolutes Veto verfügen[307]). Der Bürger kann seine Ablehnung also allein von den Staatsbeauftragten „verpaßt" bekommen, ohne den Staat im Entscheidungsträger auch nur zu ahnen.

Die Problematik des instrumentalen Subventionsvermittlers ist Umgehungsproblematik. Die Grundform, die hier vermieden wird, ist die rechtsfähige Verwaltungseinheit[308]) [308a]).

---

form (siehe etwa Huber, Wirtschaftsverwaltungsrecht I S. 121 ff., 146, 523 ff.). Einen Überblick für den Bereich des Bundes gibt Scholz [Anm. 144]. Eine wichtige Ergänzung stellen die sog. Kreditgarantiegemeinschaften dar (siehe dazu vor allem: Der Bund als Finanzier, 1965, S. 39 ff., 98 ff.; siehe auch Hans Menzel, Die Mitwirkung der Hausbanken bei der Vergebung und Verwaltung öffentlicher Kredite, 1960, S. 105). — Spezifische Formen des instrumentalen Vermittlers finden sich vor allem im Bereich der Wissenschaftsförderung (siehe dazu Zierold, Die Deutsche Forschungsgemeinschaft als Selbstverwaltungsorganisation der Wissenschaft, DÖV 13. Jg. [1960] S. 481 ff.; dens., Selbstverwaltungsorganisationen der Wissenschaft in der Bundesrepublik, DÖV 14. Jg. [1961] S. 686 ff.). — Siehe zum Vorstehenden auch Köttgen, Der Einfluß des Bundes auf die deutsche Verwaltung und die Organisation der bundeseigenen Verwaltung, JöR N. F. Bd. 11 (1962) S. 173 ff. (290 ff.).

303) Siehe allgemein § 48 RHO.

303a) Zu der für den Bürger unerkennbaren Abhängigkeit des privatrechtlichen Vermittlers vom Staat siehe Bachof [Anm. 220] S. 64.

304) Siehe zu dieser Erscheinung Anm. 302.

305) Das gilt nur für Bund und Länder. Öffentlich-rechtliche Körperschaften und Anstalten sind dagegen beteiligt, insbes. öffentliche Kreditinstitute und öffentlich-rechtliche Standesorganisationen.

306) Dieser Ausschuß wird in den von den Kreditgarantiegemeinschaften ausgegebenen Richtlinien nur als solcher, nicht in seiner Zusammensetzung genannt. Siehe z. B. die Bürgschaftsrichtlinien der Kreditgarantiegemeinschaft für den Gemüse-, Obst- und Gartenbau, Köln GmbH, Abschn. III Nr. 3 (Der Bund als Finanzier, 1965, S. 41; entsprechende Vorschriften ferner ebd. S. 101 und 106).

307) Diese Vorschrift findet sich dann in dem nicht veröffentlichten Gesellschaftsvertrag.

308) Zum Problem auch Huber, Wirtschaftsverwaltungsrecht I S. 121 ff.; Scholz [Anm. 144] S. 129 mit weiteren Nachw.

308a) Eine verwandte, gleichwohl spezifische Problematik bietet sich dar, wenn öffentlich-rechtlich organisierte Kreditanstalten privatrechtlich tätig werden (müssen); siehe dazu Scholz [Anm. 44] S. 134, 138, 152 f. Doch kann darauf hier nicht weiter eingegangen werden.

Der Staat sieht die Subvention als seine Aufgabe an und zugleich will er sie von einem selbständigen Träger — vielleicht auch unter Beteiligung Dritter — wahrgenommen wissen. Würde er korrekt verfahren und zu diesem Zweck eine Stiftung, Anstalt oder Körperschaft des öffentlichen Rechts ausgründen, so wäre die Situation des Bürgers der bei Ausreichung unmittelbar durch den Staat qualitativ gleich. Hinzu käme nur das Hintergrundsproblem der Finanzausstattung, das im Bereich der öffentlichen Finanzverfassung läge. So aber nimmt der Staat die Chance des Zweifels an der Ausschließlichkeit des öffentlichen Rechts für die Subvention wahr, um organisatorisch den privatrechtlichen Weg zu gehen, womit dann auch die Subventionsrechtsbeziehung endgültig in das private Recht hinübergezogen erscheint.

Der Subventionsempfänger darf dadurch nicht schlechter gestellt werden, als er stehen würde, wenn der Staat oder eine juristische Person des öffentlichen Rechts ihm unmittelbar gegenüberträte. Der Staat darf sich auch durch dieses Changieren ins private Recht nicht von Bindungen ausnehmen, denen er an sich unterliegt[309]). Das ist freilich leichter gesagt als getan. Nicht nur wegen der Schwierigkeiten der Transposition, die mit dem Einbau genuin öffentlichrechtlicher Sicherungen ins private Recht verbunden sind[310]). Vielmehr:

---

[309]) In der Tendenz übereinstimmend für die Staatsaufsicht, Forsthoff [Anm. 75] S. 484 ff.; für die Grundrechtsgeltung Reuß [Anm. 38] S. 267 f. — Die Problematik wurde bisher vor allem im Hinblick auf die sog. „Werbetöchter" der Rundfunkanstalten diskutiert. Auch dabei herrscht in der Tendenz die Auffassung des Textes: Dürig, Verfassung und Verwaltung im Wohlfahrtsstaat, JZ 8. Jg. (1953) S. 193 ff. (198); Löffler, Private Wirtschaftswerbung der öffentlichen Rundfunkanstalten, Betriebsberater 11. Jg. (1956) S. 729 ff. (730); Hamann, Wirtschaftswerbung im Rundfunk und Fernsehen, NJW 10. Jg. (1957) S. 1422 ff. (1424); Hans Schneider, Zur Frage der rechtlichen Zulässigkeit von Werbesendungen im Rundfunk- und Fernsehprogramm — Rechtsgutachten — 1957, S. 20; Mallmann [Anm. 138] S. 203 f.; Ullrich-Thomsen, Zur Ausgliederung des Werbefunks aus den Rundfunkanstalten, DÖV 15. Jg. (1962) S. 245 ff. (246). Schon mehr die Negation der Umgehung als solche steht im Vordergrund bei Herbert Krüger, Der Rundfunk im Verfassungsgefüge und in der Verwaltungsordnung von Bund und Ländern, 1960, S. 85 ff., 92, 151 ff. — Siehe aber auch Bettermann, Diskussionsbeitrag, VVDStRL Heft 19 (1961) S. 254: „Sie müssen an das Ausweichen in diese Rechtsform gehen, es bremsen oder kontrollieren, aber nicht juristische Personen des Privatrechts mit zweierlei Bedeutung, des reinen Privatrechts und solchen mit öffentlich-rechtlichen Bindungen, insbes. des Verfassungsrechts, schaffen." — Siehe ergänzend Anm. 312.

[310]) Siehe dazu vor allem die Erfahrungen auf dem Gebiet der sog. „Drittwirkung" der Grundrechte.

Der Prototyp, daß der Staat sich beteiligt, sich Einfluß sichert und dann auch noch die Mittel hinfließen läßt, damit sie von dem privaten Träger ausgereicht werden, ist selten. Liegen nicht alle Indizien zugleich vor, auf welches soll es ankommen? Diese Frage kann hier nur gestellt werden; sie beantworten zu wollen, würde zu weit führen[311]).

Die Gefahr der Umgehung besteht übrigens nicht nur hinsichtlich der Rechtsstellung des Bürgers, sondern auch hinsichtlich der Staatsorganisation selbst. Beispiel: das bundesstaatliche Ärgernis der privatrechtlichen Alternativen zu Art. 87 GG[312]).

III.

Steht der instrumentale Vermittler in Analogie zur rechtsfähigen Verwaltungseinheit, so erinnert der s e l b s t ä n d i g e

---

[311]) Siehe zu den Problemen auch die in Anm. 309 Zitierten. — Nicht alle privaten Vereinigungen, denen sich der Staat anschließt, um sie zu subventionieren, können deshalb in eine quasi-staatliche Pflichtstellung einrücken. Auch auf die objektive Funktion kann es nicht immer ankommen. Oft wird diese nur schwer zu erkennen sein. Und wo sie evident ist, ist sie einer — freilich auch erst noch zu entwickelnden — eigentümlichen Bindung zugängig (siehe unten III), so daß die Erörterung vom Subjekt her zurücktreten kann. Die Lösung muß wohl vor allem im Stichwort „Umgehung" gesucht werden. Es ist zu fragen, ob alles, was insgesamt unternommen wird, den Vollzug eines staatlichen Subventionsprogramms darstellt oder substituiert, oder ob der Staat eine gesellschaftliche Aktion unterstützt. Das wird nach dem verfolgten öffentlichen Zweck, nach der Evidenz der staatlichen Verantwortung, nach der Bestimmungsmacht des Staates und nach dem Anteil am Aufwand konkret zu beurteilen sein. Wählt der Staat in diesem Sinne für den Vollzug seines Subventionsprogramms den Weg über private Stellen, so kann und muß der Bürger unmittelbar vor den Nachteilen einer Umgehung geschützt werden. Unterstützt der Staat dagegen eine gesellschaftliche Aktion, so wird man zu fragen haben, ob der Staat nicht selbst ein Programm durchführen müßte, oder auch ob er es nach dem Gegenstand und den Methoden der Aktion verantworten kann, sie zu fördern, ferner wie er diese Förderung zu gestalten hat. Aber man darf die Träger der Aktion deshalb nicht unmittelbar in die Pflichtstellung des Staates einweisen.

[312]) Siehe G ö t z , Wirtschaftssubventionen S. 312 ff.: „Dabei ist nicht zu fordern, daß privatrechtliche Gesellschaften, die mit einem Gesellschaftsvertrag ins Leben gerufen zu werden pflegen, statt dessen durch Bundesgesetz errichtet werden müßten, wenn sie mit Aufgaben der Bundesverwaltung betraut werden sollen; ausreichend und erforderlich ist, daß ein Bundesgesetz die Verwaltungskompetenzen auf die Rechtssubjekte privaten Rechts überträgt." (S. 314). Aber wo tut ein Gesetz solches? Deshalb ist die vorhergehende Feststellung, „der Vollzug von Wirtschaftssubventionen durch privatrechtlich organisierte Rechtsträger" sei „verfassungs-

Vermittler an den Beliehenen[313]): Eine nicht als ganzes einem öffentlichen Zweck gewidmete Person des privaten Rechts wird in den Vollzug eines Subventionsprogramms einbezogen.

Die praktisch wichtigste Gruppe bilden die sogenannten Hausbanken[314]) und ihre Zentralen, die auf die verschiedenste Weise in eine große Zahl von Subventionsprogrammen einbezogen sind[315]) [316]). So gut wie alle Kreditprogramme laufen über die Banken, die dadurch in eine neue öffentliche Funktion[317]) hineingewachsen sind. Sie wird ihnen regelmäßig auf eine dem sonstigen Stand des Subventionsrechts gemäße „krumme Tour" zugeschoben. Öffentliche Subventionsträger stellen Subventionsleistungen bereit, machen sie aber von der Beteiligung einer Hausbank abhängig. Dabei wird fast immer die Verwaltung des Kredits durch die Hausbank verlangt, häufig auch die Übernahme des primären und immer mehr auch eines Teils des endgültigen Risikos durch die Bank[318]). Sie wird nicht unmittelbar in Pflicht genommen. Die Stelle, welche die Subvention verwaltet, erläßt aber — meist durch eine Abart von Kollektivvertrag mit den Zentralen der ver-

---

rechtlich unbedenklich" (S. 313), so allgemein nicht gerechtfertigt. — Zum Problem im allgemeinen siehe BVerfG 12, 205 (244, 246 ff.); Zeidler [Anm. 138] S. 215; Krause, Die Zuständigkeit zur Ordnung des Rundfunkwesens in der Bundesrepublik Deutschland, 1960, S. 108; sehr bundesfreundlich Köttgen [Anm. 302] S. 297 f. — Siehe im übrigen zur bundesstaatlichen Problematik unten D III.

313) Für Gleichstellung der an den Subventionsprogrammen beteiligten privaten Kreditinstituten mit beliehenen Unternehmern: Hamann, Öffentliche Kredite und Bürgschaften, Betriebsberater 8. Jg. (1953) S. 865 ff. (866 f.); Scholz [Anm. 144] S. 154 f., der aber auch auf Bedenken hinweist. Differenzierend Henze, Finanzhilfen S. 92 ff.; Zuleeg, Rechtsformen S. 90 ff.; Eyermann-Fröhler, Verwaltungsgerichtsordnung, 4. Aufl. 1965, Randn. 47 zu § 40; siehe auch Plöchl, Referat S. 69 f.

314) Siehe dazu vor allem Menzel [Anm. 302]. Ferner Flessa [Anm. 124] S. 118; Henze, Finanzhilfen S. 33 f., 60 ff., 90 ff.; Zuleeg, Bürgerlich-rechtliche Schuldverhältnisse zwischen Hoheitsträger und Staatsbürger aufgrund Verwaltungsakts, Diss. Erlangen 1959, S. 127 ff.; ders., Rechtsform S. 89 ff.; Schneider-Gädicke, Kredit S. 33 ff.

315) Siehe dazu die in den Sonderausgaben der Zeitschrift für das gesamte Kreditwesen [Anm. 20] angegebenen „Antragswege".

316) Einen anderen Beispielsbereich des instrumentalen Vermittlers bilden die Verbände, soweit sie in den Vollzug von Kreditprogrammen eingeschaltet sind (siehe Anm. 232 ff.).

317) Abgesehen von allem Folgenden wächst den Banken eine spezifische Funktion schon durch ihren Informationsvorsprung zu; siehe Schneider-Gädicke, Kredit S. 39.

318) Siehe zum Vorstehenden vor allem Menzel [Anm. 302]; siehe auch Henze, aaO., insbes. S. 90 ff.

schiedenen Bankgruppen[319]) — Richtlinien, die beachtet sein müssen, wenn die Subvention gewährt werden soll. Regelmäßig versperrt das „nein“ der Banken die Subvention, während das „ja“ meist erst den Weg zur subventionsverwaltenden Stelle eröffnet, mitunter aber auch mit einer gewissen Automatik den Zugang zur Subvention sichert[320]).

Die Banken behalten im wesentlichen ihre ursprüngliche Funktion, wenn die Subvention in Krediterleichterungen besteht, also anderweit beschafften Kredit voraussetzt (Hauptbeispiel: Bürgschaften)[321]) [322]). Das Besondere ist dann zunächst nur das Monopol: Nur Bankkredite werden subventioniert[323]). Eine gewisse Verfremdung der Bankfunktion ist aber auch sonst nicht zu verkennen. Die Banken unterwerfen Kredite in diesem Rahmen besonderen Kriterien, die mit der erwarteten staatlichen Hilfe oder Sicherung, deren besonderen Bedingungen und der ständigen Zusammenarbeit mit den öffentlichen Subventionsträgern zusammenhängen[324]).

Die Verfremdung der Bankfunktion zum Öffentlichen hin[325]) wird jedoch offenkundig, wenn der Kredit selbst die Subvention darstellt — und zwar auch dann, wenn die Banken, um ihr treuhänderisches Interesse zu stimulieren, einen Risikoanteil übernehmen müssen. Wäre der Kredit, so wie er ausgereicht wird, am Kreditmarkt zu haben, dann brauchte ihn der Staat nicht zu übernehmen, und dann könnte er damit auch kaum öffentliche Zwecke entscheidend fördern[326]). Obwohl das nicht selten verschleiert wird, muß die Bank also entscheiden, ob sie sich an der Subvention beteiligt, nicht aber

---

319) Siehe Henze, aaO., S. 92; Menzel, aaO., S. 85 f. und passim.

320) Siehe auch dazu vor allem Menzel [Anm. 302]; siehe auch Schneider-Gädicke, Kredit S. 37 ff.

321) Siehe Henze, Finanzhilfen S. 73 ff.; Menzel, aaO., S. 100 f.

322) Ein anderes Beispiel stellen die Zinsverbilligungen dar. Siehe dazu Hansmeyer, Staatshilfen S. 204 ff. Zur Funktion der Bank siehe in diesem Zusammenhang Menzel, aaO., S. 115 ff. Siehe zu den Zinszuschüssen auch Schneider-Gädicke, Kredit S. 76 f.

323) Siehe dazu die Darstellung der Bürgschaftsprogramme in: Der Bund als Finanzier, 1965, S. 120 ff.

324) Menzel, aaO., S. 100: „Bei allen öffentlichen Bürgschaftsaktionen gibt das Einstehen des Staates für einen einzelnen Schuldner diesem eine besondere Vorzugsstellung.“ Siehe auch Henze, Finanzhilfe S. 73 ff.

325) Siehe Plöchl, Referat S. 70; siehe auch Henze, Finanzhilfen S. 33. — Diese Verfremdung liegt auch schon in der Verwaltung und Überwachung von Krediten der öffentlichen Hand durch die Banken (Scholz [Anm. 144] S. 153; a. A. Henze, aaO., S. 92). Siehe auch Anm. 301.

326) Siehe Anm. 98; siehe auch Menzel, aaO., S. 34 f.

ob sie wie sonst einen Kredit ausreicht. Sowohl nach den Maßstäben als auch nach den Wirkungen ihrer Entscheidung handelt also die Bank mehr oder weniger ausschließlich an Stelle des Subventionsträgers[327]).

Die Problematik, die sich für den Zugang zur Subvention aufdrängt, wiederholt sich innerhalb des Subventionsverhältnisses, seines Vollzugs und seiner Abwicklung[328]). Eine befriedigende Lösung kann nur aus der sachgerechten Erfassung und Durchbildung des ganzen Subventionsverhältnisses kommen. Das kann hier auch nicht im Ansatz[329]) unternommen werden, weil, angefangen von der Zahl der Beteiligten (nämlich neben Träger, Empfänger und Mittler noch weiterleitende Banken, Bankzentralen und weitere Träger) bis zu der Alternative, ob die Rechtsverhältnisse jeweils alle oder nur Paare oder Gruppen von Beteiligten verbinden sollen, allzuviele Gestaltungen denkbar und notwendig sind, um den verschiedenen Subventionstypen gerecht zu werden. Es kann nur vermerkt werden, daß die Bildung in sich geschlossener, die Beziehungen Träger—Empfänger, Empfänger—Mittler, Träger—Mittler ganz und harmonisch aufnehmender Ordnungskonzeptionen der Subventionsvermittlung bisher kaum auch nur versucht wurde. Die vorhandenen partikularen Regelungsinstrumente[330]) sind meist nur fähig, den gesunden Fall voranzubringen, während der kranke Fall entweder auf der Basis der Bankkulanz, der Unsicherheit der Verwaltung und der Ab-

---

[327]) M e n z e l, aaO., S. 87: „Die besonderen Schwierigkeiten der Kreditwürdigkeitsprüfung durch die Hausbanken liegen darin, daß es sich bei den aus öffentlichen Mitteln zu gewährenden Krediten sehr oft um Kreditfälle handelt, bei denen die Banken es ablehnen, sich mit eigenen Mitteln zu engagieren und die sie jetzt doch so prüfen sollen, als ob sie selbst den Kredit geben würden." S. 88: „Ferner ist es für die Hausbanken unbedingt erforderlich, daß sie sich auch mit den wirtschaftspolitischen Zielen, die mit den zentralen Kreditaktionen angestrebt werden, vertraut machen, wenn sie den ihnen bei der Prüfung der Kreditanträge erwachsenden Aufgaben in vollem Umfange gerecht werden wollen." Siehe auch S. 79, 91 f., 93 f.; H e n z e (Finanzhilfen S. 61), S c h o l z ([Anm. 144] S. 152 f.) und E y e r m a n n - F r ö h l e r ([Anm. 313] § 40 Randn. 47) knüpfen an diese besondere Funktion die Charakterisierung der Bank als beliehener Unternehmer.

[328]) Zu Einzelproblemen siehe vor allem M e n z e l, aaO., Abschn. E III (S. 134 ff.) und F (S. 151 ff.).

[329]) Versuche bei F l e s s a [Anm. 124] S. 118 f.; H e n z e, Finanzhilfen S. 90 ff.; Z u l e e g [Anm. 314] S. 127 ff.; dems., Rechtsform S. 94 f.

[330]) Behördliche Richtlinien, Richtlinien der zentralen Bankinstitute, Quasi-Kollektivverträge (Anm. 319), Bewilligungsakte, Individualverträge zwischen Subventionsempfänger und Behörde oder Kreditinstitut.

hängigkeit des Empfängers geschlichtet wird oder in einem solchen Abgrund von Rechtlosigkeit versinkt, daß er — wie die Entwicklung zeigt — nicht einmal mehr eine dogmatische Provokation abgibt. Wenn das Bundesverwaltungsgericht[331]) annimmt, ein- und dieselbe Darlehensrückzahlung könne zugleich von der Verwaltung öffentlichrechtlich, von der Bank privatrechtlich gefordert und durchgesetzt werden, zeigt das, wie niedrig die Nachfrage nach einer widerspruchsfreien Ordnung hier ist[332]).

Wie auch immer diese Lösungen aber im einzelnen aussehen mögen, jedenfalls müssen sie der Maxime folgen, daß der Status des Bürgers durch das Ausweichen auf den Mittler nicht geschmälert werden darf[333]). Das kann schon für die krediterleichternde Subvention nicht unbeachtet bleiben. Wo sie gewährt wird, ist vielmehr zu fragen, ob ihr Zweck gleichheitsgerecht erfüllt wird, wenn die primäre Zuteilungsfunktion einer begrenzten Gruppe von Kreditgebern zufällt[334]). Wo aber — wie bei der hausbankvermittelten Kreditsubvention — der Mittler die Verwaltung der Subvention unmittelbar mit oder allein übernimmt, muß die Maxime die ganze Gestaltung bestimmen. Der Mittler muß dann mit Wirkung auch gegenüber dem Empfänger gebunden sein. Das kann jedenfalls hinsichtlich des Zugangs zur Subvention nur durch allgemeine Norm geschehen[335]). Diese allgemeine Norm kann weder in

---

[331]) BVerwG 13, 307 (310 f.).

[332]) Siehe dazu auch Götz, Wirtschaftssubventionen S. 62. Siehe zum Vorstehenden ferner Henze, Finanzhilfen S. 90 ff.; Scholz [Anm. 144] S. 169 ff.

[333]) Siehe dazu vor allem die Überlegungen bei Henze, aaO.; Zuleeg, Rechtsform S. 89 ff. — Speziell zum Problem des Rechtsschutzes siehe Scholz [Anm. 144] S. 155 ff., 174 ff.; Eyermann-Fröhler [Anm. 313] Randn. 47 zu § 40; siehe auch Flessa, Urteilsanmerkung, NJW 12. Jg. (1959) S. 403 f. Dazu ferner Schüle, Die staatliche Intervention im Bereich der Wirtschaft (Schlußwort), VVDStRL Heft 11, 1954, S. 143 ff. (145). — Siehe auch nochmals die übrigen Hinweise in Anm. 329.

[334]) Zur tatsächlichen Seite siehe die Darstellungen bei Schneider-Gädicke, Kredit, und Menzel [Anm. 302] je passim.

[335]) Siehe z. B. Siebert-Mezger, Bürgerliches Gesetzbuch, 9. Aufl. 1959, Randn. 7 ff. vor § 145; speziell zum Subventionsrecht siehe Zuleeg, Rechtsform, S. 67. Wenn Siebert-Schmidt (Bürgerliches Gesetzbuch, 9. Aufl. 1959, Randn. 21 vor § 305) behaupten, der Kontrahierungszwang könne „durch Verwaltungsakt, aber auch von der Rechtsprechung begründet sein“, so stellt er in diesem Zusammenhang — vor allem gegenüber der Norm — inkommensurable Größen nebeneinander. Der Verwaltungsakt bedarf, um einen Kontrahierungszwang aufzuerlegen, der entsprechenden gesetzlichen Grundlage. Die Rechtsprechung kann den Kontrahierungszwang nicht auferlegen, sondern nur als vorgefunden konsta-

Verwaltungsrichtlinien noch etwa in Abmachungen zwischen den Verbänden der Banken und den Subventionsträgern gesehen werden[336]). Sie kann auch nicht aus der allgemeinen Stellung der Banken entnommen werden. Dadurch, daß der Staat gewisse Subventionen nur über Banken ausgibt, erwächst nicht schon jeder einzelnen Bank die Pflicht, entsprechende Anträge zu übernehmen[337]). Ein so breit gestreutes Gruppenmonopol führt nicht zum Kontrahierungszwang[338]).

---

tieren. Sie wird ihn aus einer Norm entnehmen müssen. Ob sie diese Norm dabei aus präzisen Gesetzesvorschriften ableitet, den Generalklauseln des Privatrechts entnimmt, im Wege der Analogie entwikkelt oder aus der allgemeinen Rechtsüberzeugung schöpft, ist eine andere Frage. Doch schafft auch hier der Vorbehalt des Gesetzes eine Zäsur — je nachdem von wem und für wen der Kontrahierungszwang in Anspruch genommen wird. Im hier interessierenden Zusammenhang scheint auf den ersten Blick der Vorbehalt des Gesetzes nicht einzugreifen; denn nicht die Verwaltung soll die Bank in Anspruch nehmen können, sondern der Bürger. Dem gegenüber stellt sich aber die Frage, ob nicht gerade der Gesetzesvorbehalt umgangen wird, indem den Banken ohne gesetzliche Grundlage eine Funktion zugeschoben wird, die sie in die Verlegenheit des Kontrahierungszwangs bringt. Wichtig ist zunächst jedoch allein, daß der Kontrahierungszwang der normativen Grundlage bedarf, und daß gegenwärtig nicht nur ausdrückliche gesetzliche Vorschriften zu Lasten der Banken fehlen, sondern daß auch die bisher entwickelten allgemeinen Rechtsgrundsätze über den Kontrahierungszwang (in der zwischenbürgerlichen Dimension) keine Abschlußpflicht der Banken ergeben.

336) Siehe Menzel [Anm. 302], S. 85 ff.

337) Das kann nicht mit der Leistungspflicht etwa des Einzelhändlers im Rahmen der Zwangsbewirtschaftung (siehe z. B. Larenz, Lehrbuch des Schuldrechts, Allgemeiner Teil, 7. Aufl. 1964, S. 50 f.) gleichgestellt werden. Bei der Zwangsbewirtschaftung handelt es sich um ein verpflichtendes allgemeines System. Ferner geht es dabei um unmittelbar lebenswichtige Leistungen. Schließlich aber ist zwischen der Leistung von Waren und der Übernahme eines Kredits ein erheblicher Unterschied in den Risikostrukturen, der im letzteren Fall zu einer gesteigerten normativen Präzisierung des Kontrahierungszwangs führen müßte.

338) Siehe für das Arztrecht Zacher, Der Ärztestreik als Rechtsproblem, Zeitschrift für Sozialreform, 12. Jg. (1966), S. 129 ff., insbes. S. 153 ff., S. 159 ff. — Anders zu beurteilen ist der Fall, an den Siebert-Schräder (Bürgerliches Gesetzbuch, 9. Aufl. 1962, § 826, Randn. 101) erinnern: Ein Anwaltsverein beschließt, daß Rechtsanwälte Sachen, in denen Rechtskonsulenten tätig waren, nicht übernehmen dürfen. Hier wird das Gruppenmonopol als solches ausgespielt (siehe Benisch, im Gemeinschaftskommentar zum Gesetz gegen Wettbewerbsbeschränkungen, 2. Aufl., § 26 Abs. 2, Randn. 36 a. E.). Auch außerhalb der Zwangsbewirtschaftung, des Monopolrechts (§ 826 BGB, §§ 22, 26 Abs. 2 des Gesetzes gegen Wettbewerbsbeschränkungen) wird eine Abschlußpflicht öffentlicher Versorgungsträger anerkannt, die von deren Monopolstellung unabhängig sein soll (siehe z. B. Larenz, [Anm. 337], S. 44 ff., insbes. S. 47, mit weiteren Nachw.). Doch wird diese Annahme auf die Versorgung mit

Der gegenwärtig auf dem Gebiet der Kreditsubventionen herrschende Zustand ist deshalb rechtswidrig. Entweder die Banken werden normativ[339]) in eine angemessene Rechts- und Pflichtstellung eingewiesen; oder die öffentliche Subventionsverwaltung hält wenigstens die Möglichkeit eigener Entscheidung über den Zugang zur Subvention und ihre Gestaltung offen[340]). Dies ist selten[341]), jenes kaum der Fall[342]).

IV.

Der weiterreichende Subventionsempfänger kann nur als typologischer Merkposten erwähnt werden. Er subventioniert nicht. Seine Stellung ergibt sich aus der technischen Entscheidung, öffentliche Zuwendungen stromauf-

---

wohl im physischen Sinne lebenswichtigen Gütern beschränkt. Somit braucht sie hier nicht weiter auf ihr Verhältnis zu den Grundsätzen über die Kontrahierungspflicht des Monopolisten und vor allem auf ihre Übereinstimmung mit dem Verwaltungsrecht des Rechtsstaates untersucht zu werden. — Der Eindruck juristischer Vernachlässigung, den der Problemkreis der Hausbanken schon bisher gemacht hat, wird jedenfalls dadurch vertieft, daß er — soweit zu sehen — auch unter dem Stichwort des „Abschlußzwangs" oder „Kontrahierungszwangs" noch nicht erörtert ist.

339) Durch Gesetz oder aufgrund Gesetzes. Zumindest unklar insoweit Zuleeg, Rechtsform, S. 94: „Verweigert die Privatbank einem Bürger zu Unrecht den Kredit, dann ist es Aufgabe des Hoheitsträgers, die Bank zur Hingabe des Darlehens anzuhalten. Das Mittel dazu ist das mit der Bank bestehende Rechtsverhältnis; der Hoheitsträger muß darin entsprechende Abreden mit der Bank treffen."

340) Zuleeg, aaO.

341) Siehe Menzel, [Anm. 302], S. 95; Schneider-Gädicke, Kredit, S. 38, 45. Im einzelnen wäre dazu eine genaue Analyse der verschiedenen Programme und Verfahren notwendig, die in diesem Zusammenhang auch nicht exemplarisch geleistet werden kann.

342) Schneider-Gädicke (Kredit, S. 37 f.) nennt zwei Auswege der Praxis: wenn sich private Kreditinstitute versagen, treten mitunter öffentliche Kreditinstitute in den Kreditvorgang ein, oder die Subventionsbehörden sprechen von sich aus einzelne Kreditinstitute auf das öffentliche Interesse an der Übernahme des Kredites an. Damit kann das rechtliche Problem in der Praxis gewiß entschärft werden. Aber es wird nicht beseitigt. Im Konfliktsfalle ist das „Ansprechen" privater Kreditinstitute entweder — im Falle wirtschaftlicher Abhängigkeit des Kreditinstituts von der Subventionsbehörde — eine Umgehung des Gesetzesvorbehalts oder — wenn die tatsächliche Macht der Behörde nicht ausreicht — wirkungslos. Das Eintreten öffentlicher Kreditinstitute ist entweder durch deren rechtliche Ordnung gesichert; oder es wird die bankübliche Neigung zur Übernahme eines bestimmten Kredits nicht wesentlich überschreiten. Nicht selten werden öffentliche Kreditinstitute aufgrund ihrer besonderen Organisation und Aufgabe vorsichtiger bei der Übernahme von Krediten sein als private Banken.

wärts vom Zielort in einen bestehenden Umlaufstrom einzuspeisen[343]). Sie kann am Zielort wiederum als Subvention wirken oder etwa als Einkommenshilfe[344]). Die Weitergabe kann der Natur der Sache anvertraut[345]) oder rechtlich gebunden[346]) sein[347]). Das Hauptbeispiel sind Preissubventionen[348]). Die Masse von Ordnungsanliegen, die damit verbunden sind, kann hier nicht einmal angedeutet werden[349]).

D. Subvention und Staatsorganisation

I.

Nicht nur im Staat-Bürger-Verhältnis, auch innerhalb der Staatsorganisation steht die Bewältigung der Subvention noch fast völlig aus. Organisationsrecht und faktische Organisationsstruktur lassen nur in gelegentlichen Details erkennen, in

---

343) Zum Problem der Einsatzstelle auch Hansmeyer, Staatshilfen, S. 6, 21, 29 f., 34 f., 52, 120, 140 ff., 184, 187, 208, 250 f., 338; Götz, Wirtschaftssubventionen, S. 47 ff., 94, 106; einige weitere Nachw. siehe dort.

344) Siehe auch Ipsen, Subventionierung, S. 9 mit Anm. 16. — Über einen originellen Fall von Subventionierung berichtet das OVG Berlin in dem Urteil vom 8. 6. 1966, DVBl. 1967, S. 92. Privattheater erhalten für jeden Platz, der von einer Besuchervereinigung erworben wird, eine staatliche Vergütung: Subvention für das Privattheater, Subvention für die Besuchervereinigung, Subvention oder Einkommenshilfe für deren Mitglieder (die Theaterbesucher).

345) Das ist vor allem möglich, wo der Wettbewerb und das Verhältnis von Angebot und Nachfrage zur Weitergabe aller — auch der subventionsbedingten — Kostenminderungen zwingen.

346) Hauptbeispiel: Preisvorschriften.

347) Eine weitere — vornehmlich demokratisch-politische — Sorge betrifft die „Merklichkeit" der Subvention. Diejenigen, denen die Subvention nützt, sollen wissen, von wem der Segen kommt. Zur Technik siehe z. B. Hansmeyer, Staatshilfen, S. 142 f. (für die Düngemittelsubvention), S. 208 (für Zinsverbilligungsmaßnahmen), siehe auch S. 289. Diese Sicherung der Merklichkeit kann als Schutz vor Versickerung auch der Verwirklichung des Subventionszweckes dienen.

348) Siehe Boehme, Preissubventionen, 1959; Hansmeyer, Staatshilfen, S. 48 ff.; Gundlach, Subventionen, S. 81 ff.; Götz, Wirtschaftssubventionen, S. 48 ff. Vgl. auch die eingehende Darstellung von Pechtold, Zum Wohle der Verbraucher, Die Konsumbrotsubventionierung, in: Hansmeyer (Herausgeber), Subventionen, S. 33 ff.

349) Erinnert sei auch an den besonderen Fall der gemischten Kreditsubvention: privates und öffentliches Kapital wird zu einem Mischzinssatz ausgeliehen (siehe z. B. Schneider-Gädicke, Kredit, S. 71). Das Problem ist auch aber nicht ausschließlich das des selbständigen Vermittlers. Zu den prozessualen Schwierigkeiten der Mischsubvention siehe Eyermann-Fröhler, [Anm. 313], § 40, Randn. 47.

welch unerhörtem Ausmaß dieser Staat subventioniert. Er ist sich noch nicht bewußt geworden, daß er, um seine Rechtlichkeit zu sichern, sich selbst disziplinieren muß, wo er nicht erwarten kann, von einem abhängigen, bestechlichen, der Norm ebenso wie der Information entbehrenden Bürger kontrolliert zu werden[350]). Er will nicht wissen, daß er das Übermaßverbot[351]) selbst darzustellen hat, wenn er nicht dem Übermaß verfallen will.

Die parlamentarisch-legislative Ebene ist ihren subventionspolitischen Anfechtungen institutionell schutzlos preisgegeben[352]). Der Traum des Art. 113 GG ist ausgeträumt[353]). Der Rechnungshof ist Gehilfe des Parlaments und überfordert, wenn er die Vorschriften konstruktiv kritisieren soll, deren strikte Einhaltung er zu gewährleisten hat. Das Bundesverfassungsgericht ist neuerdings mit der Kontrolle des Haushaltsplans in die Bresche gesprungen[354]). Aber es wird dabei einen kurzen Atem haben. Nicht nur braucht es einen Kläger. Die punktuelle gerichtliche Kontrolle gegenüber einer undurchsichtigen Masse von Haushalt muß in der Sache unergiebig bleiben[355]). Dies und noch mehr läßt auch vom Prüfungsrecht des Bundespräsidenten nur wenig Abhilfe erwarten[356]). Der Frage, was von besonderen Institutionen objek-

---

[350]) Siehe nochmals die Nachw. oben Einleitung I, A IV und V, B, sowie die dortigen Nachw. — Zur Notwendigkeit der Selbstdisziplinierung des Staates siehe auch Zeidler, [Anm. 15], S. 332.

[351]) Siehe dazu allgemein Lerche, Übermaß und Verfassungsrecht, 1961. — Speziellere Hinweise siehe oben Anm. 165.

[352]) Siehe oben Anm. 4 bis 8.

[353]) Strickrodt, Die Finanzverfassung des Bundes als politisches Problem, 1951; Hettlage, Finanzpolitik und Finanzrecht, DÖV 8. Jg. (1955), S. 1 ff., 33 ff. (3 f., 5, 33); ders., Die Finanzverfassung im Rahmen der Staatsverfassung, VVDStRL Heft 14 (1956), S. 2 ff. (12); Henrichs, Art. 113 des Grundgesetzes, 1958, S. 51; Henle, Finanzreform zwischen Föderalismus und Finanzpolitik, DÖV 19. Jg. (1966), S. 608 ff. (618); Kommission für die Finanzreform, Gutachten über die Finanzreform in der Bundesrepublik Deutschland, 2. Aufl. 1966, Tz. 185 ff. (S. 46 ff.).

[354]) BVerfG 20, 56. Siehe dazu auch Rupp, Verfassungsrechtliche Überprüfung des Haushaltsgesetzes im Wege der „abstrakten Normenkontrolle"?, NJW 19. Jg. (1966), S. 1097 ff.; Maunz, Haushaltsplan und Verfassungsgericht, BayVBl. n. F. 12. Jg. (1966), S. 194.

[355]) Siehe die parallelen Probleme des individuellen Rechtsschutzes oben B II.

[356]) Siehe zum Prüfungsrecht des Bundespräsidenten Maunz-Dürig, [Anm. 100], Randn. 2 und 3 zu Art. 82. Im Gegensatz zur Entscheidungsfunktion des Bundesverfassungsgerichts setzt die Ausübung des Prüfungsrechts des Bundespräsidenten eine gewisse Evidenz — wenn nicht: Auffälligkeit — der Verfassungswidrigkeit voraus. Der Bundespräsident trägt das Risiko, durch den nachfolgenden Verfassungsstreit ins Unrecht gesetzt zu werden. Das Verfassungs-

tiver Kontrolle, etwa von unabhängigen Finanzbeauftragten[357]) zu halten wäre, sei hier nicht nachgegangen[358]).

Die Lösung muß mehr im Funktionellen als im Institutionellen gesucht werden. Was fehlt, ist Koordination und Rechenschaft schon im politischen Raum; ist Transparenz[359]), die dem politisch Entscheidenden selbst schon ein Urteil erlaubt, ob er Gleichheit und Verhältnismäßigkeit wahrt. Die bisher unternommenen Schritte haben diesen Dienst nicht getan. Die Forderung nach Evidenzlisten[360]) und -stellen[361]) wurde immer wieder erhoben[362]). Aber was bisher an Darstellungen vorliegt[363]), ist viel zu unvollständig[364]), um nützlich zu sein[365]).

---

gericht trägt ein vergleichbares Risiko nicht. Siehe auch Maunz-Dürig, aaO., Randn. 5.

357) Zeitungsmeldungen zufolge forderte der Bund der Steuerzahler vor den bayerischen Landtagswahlen 1966 einen „Ombudsmann" für Bayern, der vor allem die Aufgabe haben sollte, die Ausgaben des Landes zu überwachen. — Siehe nunmehr auch den Hinweis auf den Vertreter der Interessen des Ausgleichsfonds bei Sieveking in dem Tagungsbericht MDR 21. Jg. (1967), S. 20 ff. (22).

358) Zur Funktion von Sachverständigen und Beiräten, dargestellt am Beispiel der Subventionen für die Landwirtschaft, siehe Hansmeyer, Staatshilfen, S. 104 ff.

359) Siehe dazu nochmals oben Anm. 224.

360) Siehe Schmölders, [Anm. 6], S. 36, 51; Wesemann, [Anm. 4], S. 59. — Siehe auch Nr. 17 der Richtlinien zu § 64a RHO, [Anm. 20]: „Bei jedem Sachbearbeiter, der Zuwendungsmittel bewirtschaftet (§ 19 RWB), ist für jedes Rechnungsjahr besonders eine nach Verbuchungsstellen gegliederte Liste zu führen, aus der Empfänger, Art, Höhe und Zweck der Zuwendung, die zur Zahlung angewiesenen Beträge ... zu ersehen sind."

361) Zur Forderung einer zentralen Meldestelle für Subventionen siehe Vialon, Haushaltsrecht, [Anm. 224], S. 463 f.; siehe auch Schmölders, [Anm. 6], S. 51.

362) Ein besonderes Problem stellt die Gefahr mehrfacher Subventionierung des gleichen Vorhabens dar. Siehe z. B. Ehard, Das Verhältnis zwischen Bund und Ländern und der Bundesrat, BayVBl. n. F. 7 Jg. (1961), S. 1 ff. (2). Für eine Kontrollstelle zur Vermeidung von Doppelsubventionen Vialon, Haushaltsrecht, S. 463 f., 660. — Siehe auch Nr. 11 (1) der Richtlinien zu § 64a RHO, [Anm. 20]: „Die Verwaltung, die über den Antrag entscheidet, hat zu prüfen, ... ob und in welcher Höhe andere Stellen dazu beitragen werden." — Eine weitere Forderung, die in diesem Zusammenhang in Erinnerung gebracht werden muß, geht auf Publizität des Einzelvollzugs (siehe oben Anm. 14 und 242).

363) Siehe z. B. die Übersicht „Subventionen im Bundeshaushalt", Deutscher Bundestag, 3. Wahlperiode, Drucksache 1229. Siehe ferner die Aufstellungen in den Finanzberichten 1962 (S. 102 ff.), 1964 (S. 116 ff.) und 1966 (S. 178 ff.), hg. v. Bundesministerium der Finanzen. — Elbrott, Subventionen im Haushalt des Landes Nordrhein-Westfalen 1959 bis 1964, in: Mitteilungen des Rheinisch-Westfälischen Instituts für Wirtschaftsforschung Essen, 1964, S. 33 ff. — Krischer, Der Subventionsaufwand der deutschen Bundesländer, in: Beiträge des deutschen Industrieinstituts Köln, Jahresband 1965,

Auch die große Zahl verschiedener Pläne, die vorliegen[366]), haben weniger Durchsicht gebracht, als ihr Name vermuten läßt. Dazu sind schon ihre Zwecke und Methoden viel zu ungleich. Vor allem ist der Weg von den Zwecken und Summen, die sie nennen, zu den Zielorten und -wirkungen der Mittel viel zu weit. Und schließlich sind die meisten von ihnen als im Dienst der Politik und nicht des Rechts gestellt gedacht, und so weder von Widersprüchen noch von Leerformeln frei gehalten[367]) — eine Fernwirkung der Idee gesetzesfreier Fondsverwaltung. Welche Möglichkeiten bestehen, das System zu verbessern, muß der weiteren Diskussion über den Einbau des Plans in den demokratischen und rechtsstaatlichen Entscheidungsablauf überlassen bleiben[368]).

Nur von daher ist aber auch eine sinnvolle Entlastung der Haushaltsgesetzgebung nach Zuständigkeit und Verfahren zu erwarten. Das dicke Buch, das heute als Haushaltsplan an die Verwaltung zum Vollzug geht, kommt jedenfalls im Bund so zustande, daß sein Wert auf die schlichteste finanztechnische Funktion beschränkt bleiben muß[369]). Das Ansehen einer parlamentarisch-demokratischen Sachentscheidung ist für eine große Zahl von Einzelbestimmungen fiktiv, d. h. unwahr[370]).

Heft 6. Siehe auch den Wirtschaftsplan des ERP-Sondervermögens für das jeweilige Rechnungsjahr (für 1965 in: Der Bund als Finanzier, 1965, S. 255 ff.).

[364]) Siehe auch Ipsen, Subventionierung, S. 17 mit Anm. 29. — Ein Aspekt dieses Problems ist auch die nicht-budgetäre Natur der Verschonungssubvention (siehe oben Anm. 239). Der Wechsel zwischen der Leistungs- und der Verschonungssubvention ist damit auch ein Wechsel in der Evidenz der quantitativen Größen. (Ein Grund mehr dafür, daß Leistungs- und Verschonungssubvention als eine Einheit betrachtet werden müssen.) Alles in allem zeigt sich in diesem Zusammenhang, daß dem Begriff der Subvention eigenartige politische und damit auch staatsrechtliche Relevanz zukommt. Siehe dazu vor allem Strickrodt, [Anm. 5], insbes. S. 64 ff. („Daten und Exkurse").

[365]) Ein besonderes Problem in diesem Zusammenhang sind die Deklarationsmißbräuche. Siehe dazu z. B. Wesemann, [Anm. 4], S. 58 ff.; Maunz, Subventionen, S. 4; Hansmeyer, Staatshilfen, S. 116.

[366]) Siehe dazu Kölble, Pläne im Bundesmaßstab oder auf bundesrechtlicher Grundlage, in: Planung I, hg. von Kaiser, 1965, S. 91 ff.

[367]) Siehe auch Anm. 365.

[368]) Siehe statt aller anderen Hinweise Kaiser (Herausgeber), Planung I, 1965, und Planung II, 1966. — Siehe auch Anm. 255 und den Text hierzu.

[369]) Siehe dazu auch Anm. 236 und 237 sowie den Text hierzu.

[370]) Exemplarisch für die Situation: die offenen Fragen um das Zustandekommen und die Bindungswirkung von Erläuterungen zum Haushaltsplan (siehe dazu z. B. Vialon, Haushaltsrecht, S. 97, 253,

Das wird immer wieder übersehen, wenn das Haushaltsgesetz als Alternative zum sachregelnden Gesetz als Grundlage für Subventionen angeboten wird[371]). Nicht nur seine Jährlichkeit, nicht nur seine fehlende Außenwirkung unterscheiden das Haushaltsgesetz vom materiellen Gesetz, sondern auch der Umstand, daß die große Fülle der haushaltsrechtlichen Entscheidungen vom Parlament nicht mehr verarbeitet werden kann[372]). Es ist weithin ein „parlamentloses Parlamentsgesetz"[373]) geworden.

Auch im Bereich der Verwaltung fehlt es an Maßnahmen, um die Subvention in den Griff zu bekommen. Die Verschonungssubventionen sind im wesentlichen den Finanzbehörden zugewachsen, die sie als Steuerausfälle — aber nicht unkundig — betreuen. Die Leistungssubvention dagegen ist zu weit gestreut. Für sie gibt es kaum Sonderbehörden: einige öffentlichrechtliche Banken[374]), einige Sonderverwaltungen, die mehr als andere mit Subventionen zu tun haben[375]), und die Rechnungsbehörden, die als Kontrolleure der Subventionierten in ein Papierformat hineingewachsen sind[376]), das utopisch ist[377]). Die Verwaltung kann der Leistungssubvention nicht

---

331, 337 f., 349 bis 353, 395, 492, 606, 608). Bei genauerem Zusehen drängt sich der Eindruck auf, daß die Unklarheit über diese Fragen nicht unbeabsichtigt andauert.

[371]) Siehe dazu und zum Folgenden vor allem Götz, Wirtschaftssubventionen, S. 298 ff. mit weiteren Nachw.; siehe auch Loebenstein, Referat, S. 44. — Dazu, daß das öffentliche Haushaltsrecht gegenüber den Aufgaben der Subventionsordnung versagt siehe auch Strickrodt, [Anm. 5], S. 72 ff. mit weiteren Nachw. Zur Unvollständigkeit des Haushaltsrechts in Bezug auf die Subventionen siehe Anm. 239, 364 und 365 sowie Heinig, Das Budget, Bd. II, 1951, S. 334 ff.

[372]) Siehe dazu auch Hennis, Clôture im Bundestag, AöR Bd. 91 (1966), S. 254 ff. (256).

[373]) Quaritsch, Das parlamentslose Parlamentsgesetz, 2. Aufl. 1961.

[374]) Vor allem die Kreditanstalt für Wiederaufbau (Gesetz vom 5. 11. 1948, WiGBl. S. 123, i. d. F. der Bekanntmachung vom 18. 10. 1961, BGBl. I S. 1878) und die Lastenausgleichsbank (Gesetz vom 28. 10. 1954, BGBl. I S. 293). Siehe dazu im übrigen Scholz, [Anm. 144]; Menzel, [Anm. 302], S. 39 ff. Zu den privatrechtlichen Parallelen siehe oben C II.

[375]) So vor allem die Lastenausgleichsbehörden, die Landwirtschaftsbehörden und die Behörden, die mit der Vergebung der Wohnungsbaumittel befaßt sind.

[376]) Siehe Nr. 8 der allgemeinen Bewilligungsbedingungen für die Gewährung von Zuwendungen des Bundes nach § 64a RHO, [Anm. 20]; weitere Nachw. siehe bei Götz, Wirtschaftssubventionen, S. 51, Anm. 20.

[377]) Siehe auch die rechtlichen Bedenken bei Götz, aaO., S. 51 f., denen jedoch im wesentlichen nur im Ergebnis beigetreten werden kann.

mehr ohne Konzentration gerecht werden. Schon der Bürger braucht sie. Die Leistungsverwaltung versteckt sich vor ihm durch Aufsplitterung der Kompetenzen nicht weniger wie durch den Mangel an Publizität[378]). Ebenso braucht die Allgemeinheit eine kundige und effektive Subventionsverwaltung, die Behörden, die gerade auch noch Subventionen ausreichen, für sich allein nicht gewährleisten[379]). Keine organisatorische Anpassung ersetzt der Verwaltung jedoch ein klares Subventionsrecht[380]).

II.

Dafür, wie völlig ungerüstet die Verwaltung und ihr Recht der Subvention gegenüberstehen, gibt es kein eindrucksstär-

---

378) Siehe auch den bei Schneider-Gädicke (Kredit, S. 23) geschilderten Ausweg: „Die Unterrichtung über öffentliche Kreditprogramme ist in einigen Ländern der Bundesrepublik, so z. B. Niedersachsen, Hessen und Nordrhein-Westfalen, erleichtert. Hier können sich die Interessenten durch Treuhandgesellschaften beraten lassen. Diese sind dazu in der Lage, weil sie dort in die Mehrzahl der Kreditbewilligungsverfahren als Gutachter und Kreditverwalter eingeschaltet sind." Dieser — rechtlich offenbar unzulängliche — Weg beweist das Interesse an einer zentralen Subventionsverwaltung.

379) Die Anforderungen an eine effektive Subventionsverwaltung kommen aus drei Richtungen: aus der fachlichen — d. h. aus dem Lebensbereich, in dem die Subvention wirken soll —, aus der allgemein-wirtschaftlichen — einschließlich des allgemeinen Kredit- und Rechnungswesens — und aus der juristischen. Die fachliche und die allgemein-ökonomische Qualifikation können im Bereich der gewerblichen Wirtschaft zusammenfallen. Schon in speziellen ökonomischen Bereichen, wie etwa der Landwirtschaft, tritt jedoch eine Sonderung hervor, wie sie dann im kulturellen und sozialen Subventionsbereich besonders deutlich wird. Die Organisation der Subventionsverwaltung muß von diesen drei Aspekten ausgehen. Eine allgemeine Subventionsverwaltung könnte die rechtliche und die allgemein-wirtschaftliche Sachkunde repräsentieren. Sie hätte mit dem Verwaltungszweig zusammenzuarbeiten, der über die spezielle Fachkunde verfügt. Unsinnig aber ist es, von der jeweiligen Fachverwaltung zugleich die allgemein-wirtschaftliche und die juristische Qualifikation zu verlangen. Damit bleiben sowohl die Belange der Zweckverwirklichung als auch diejenigen des Rechtsschutzes auf der Strecke.

380) Ipsen, Subventionierung, S. 18: „Im Sinne einer rechtsstaatlichen Begrenzung ... ist daher jeder Akt der Gesetzgebung verfassungspolitisch zu begrüßen, der ... darum bemüht ist, die Subventionierung in allen wesentlichen Elementen ... eingehend zu regeln. Auch die Folge, daß die Regelung komplizierter, der zu seiner Anwendung erforderliche Verwaltungsapparat größer wird, sollte dabei in Kauf genommen werden, da selbst eine kostspielige Verwaltung einer offenbarten und kontrollierten Subvention für die Allgemeinheit immer noch billiger und rechtsstaatlich vertretbarer ist als eine verschleierte, unkontrollierte, überflüssige oder gar kor-

keres Exempel als die höchst subventionsintensive kommunale Selbstverwaltung[381]). Was im Bund und in den Ländern noch durch die Distanz zwischen Einzelfall und grundsätzlicher Entscheidung, die Vielzahl konkurrierender Interessen, die Zäsur zwischen Parlament und Exekutive, die Eigenwirksamkeit einer durchgebildeten Bürokratie, die Gewaltenteilung der Ressorts und allein schon die Unerläßlichkeit der wenigstens internen Normierung verschiedenen Orts wiederkehrender Verwaltungsvorgänge neutralisiert wird, tritt hier offen zutage. Gleichwohl ist die Gemeinde durch ihre Allzuständigkeit[382]), welche die Diskussion um den Gesetzesvorbehalt gerade hier kaum ernsthaft aufkommen ließ[383]), rundum den vielfältigsten Subventionsversuchungen ausgesetzt, zumal ihr die Eigenart ihres Wirkungskreises eine kaum zu erschöpfende Fülle von Gelegenheiten anbietet, ihre Förderung verdeckt und offen ans Ziel zu bringen[384]). Die Kommunalgesetzgebung versagt bis jetzt jede spezifische Ordnungshilfe[385]). So fällt auch die Kommunalaufsicht im wesentlichen aus[386]). Die einzige spezifische Entscheidung, die der Gesetzgeber getroffen hat, indem er den Gemeinden die Möglichkeit legaler Verschonungssubventionen im Rahmen der Realsteuern nahm[387]), hat die Situation nur noch verschärft[388]). Man denke

---

rumpierte Subventionsverwaltung." Zur Subventionsverwaltung siehe auch Ipsen, ebd. S. 52 f.

381) Zum kommunalen Subventionswesen siehe Max Adenauer, Wirtschaftsförderung, in: Peters, Handbuch der kommunalen Wissenschaft und Praxis, Bd. III 1959, S. 898 ff.; Möller, Subventionsverwaltung; dens., Wirtschaftsförderung; Köttgen, Der heutige Spielraum kommunaler Wirtschaftsförderung, 1963; Bitter, Förderungsmaßnahmen; Götz, Wirtschaftssubventionen, S. 315 ff.

382) Siehe zur gemeindlichen Kompetenz für Wirtschaftsförderung: Möller, Wirtschaftsförderung, S. 42 ff.; Köttgen, aaO., S. 19 ff.; Bitter, aaO., S. 47 ff., 85 ff.; VG Münster, Urteil v. 18. 12. 1962, DÖV 1963, S. 622; siehe auch Götz, aaO., S. 316 f.; weitere Hinw. bei den Zitierten.

383) Siehe vor allem Köttgen, aaO., S. 20 f.

384) Siehe dazu vor allem die reichhaltige Exemplifikation bei Möller, Subventionsverwaltung, und dems., Wirtschaftsförderung.

385) Zu den einschlägigen kommunalrechtlichen Schranken siehe zuletzt Bitter, Förderungsmaßnahmen, S. 49, 85 ff. mit weiteren Nachw. — Götz (Wirtschaftssubventionen, S. 317) will auf die gemeindliche Wirtschaftsförderung die gemeindliche Beteiligung an Wirtschaftsunternehmen analog anwenden. Das ist im Ganzen kein Ausweg.

386) Götz (ebd.) sieht ein Betätigungsfeld darin, die Gemeinden auf die rein lokale Wirtschaftsförderung zu beschränken. — Einen Fall (erfolglosen) rechtsaufsichtlichen Einschreitens siehe bei VG Münster, [Anm. 382].

387) Aufhebung der Vorschrift des § 5 Abs. 1 des Einführungsge-

nur an die Zusagen von Gemeinden, die Steuern, die nicht ermäßigt werden können, anstelle des Subventionsempfängers[389]) an sich selbst zu zahlen[390]). Die Mißstände können hier nicht weiter illustriert werden. Nur dies sei bemerkt: Wohl nirgends sonst wird so oft die Sünde begangen, Subventionen für politisches Wohlverhalten auszuteilen wie in den Kommunen[391]). Der Wettbewerb um die politische Macht und der Wettbewerb um die Subvention kennen sich nirgends so gut persönlich wie hier[392]).

[Aber auch der Staat bedrängt die Kommunen mit Subventionen[393]): indem er mittels Subventionen gemeindliche Aufgaben an sich zieht, und indem er Koppelsubventionen unter dem Vorbehalt gemeindlicher Beteiligung auswirft. Mit beiden Formen wird die gemeindliche Sachkompetenz, mit der Koppelungssubvention auch die Finanzautonomie angegriffen[394]). Zumindest haben die Gemeinden ein Recht darauf, daß sich diese Einwirkungen in den Schranken des Gesetzes halten.]

III.

Die dynamische Irregularität der Subvention erwies ihre korrumpierende Kraft endlich auch am bundesstaat-

---

setzes zu den Realsteuergesetzen vom 1. 12. 1936 (RGBl. I, S. 961) durch Art. IV § 6 Nr. 2 des Gewerberechtsänderungsgesetzes vom 27. 12. 1951 (BGBl. I, S. 996). Siehe dazu auch BVerwG 8, 329.

[388]) Siehe zu den Problemen Bullinger, [Anm. 69], S. 62 ff.; Möller, Wirtschaftsförderung, S. 128; dens., Subventionsverwaltung, S. 101 ff. — Götz (Wirtschaftssubventionen, S. 317 f.) empfiehlt statt des gezielten Steuerverzichts die allgemeine Senkung der Gewerbesteuer durch die Gemeinde. Damit wird jedoch nicht der gleiche Effekt erzielt.

[389]) Nicht notwendig unmittelbar.

[390]) Den umgekehrten Fall erörtert Bullinger, [Anm. 69], S. 62 f. mit Anm. 268, S. 106: Die Gemeinde verpflichtet sich, die Steuer wieder zurückzuzahlen. — Einer Pressemeldung zufolge hat die Stadt Saarbrücken für den sog. Pre-Ma-Bü-Ball — die mit Abstand beliebteste und repräsentativste Karnevalsveranstaltung der Stadt — 1967 eine Ausfallbürgschaft übernommen, deren Höhe dem Betrag entspricht, der im letzten Jahr für diese Veranstaltung als Vergnügungssteuer zu zahlen war. Potenzielle Rückzahlung des Steuerbetrages? — Zum schlichten Vorausverzicht siehe die Hinw. in Anm. 388.

[391]) Zur „politischen Subvention“ siehe Möller, Subventionsverwaltung, S. 53 f.

[392]) Siehe auch Bitter, Förderungsmaßnahmen, S. 46.

[393]) Evers, [Anm. 160], S. 290 mit weiteren Nachw.

[394]) Zu den entsprechenden bundesstaatlichen Problemen siehe unten III.

lichen System[395]). Mit Koppelsubventionen[396]), interföderativen Subventionsmittlern[397]) und — im wesentlichen ebenfalls auf Leistungssubventionen bezogenen — Fondsverwaltungen[398]) wurden die Ver-

---

[395]) Zur Subvention in der bundesstaatlichen Ordnung siehe zuletzt etwa Götz, Wirtschaftssubventionen, S. 306 ff.; zur rechtspolitischen Situation siehe vor allem Kommission für die Finanzreform, Gutachten über die Finanzreform in der Bundesrepublik Deutschland [sog. Troeger-Gutachten], 2. Aufl. 1966.

[396]) Zu den Dotationsauflagen, insbes. Koppelsubventionen siehe Vialon, Haushaltsrecht, S. 196 f.; Patzig, Der „allgemeine Lastenverteilungsgrundsatz" des Art. 106 Abs. 4 Nr. 1 des Grundgesetzes, AöR Bd. 86 (1961), S. 245 ff. (301 ff., insbes. S. 307 ff.); Maunz-Dürig, Grundgesetz, Randn. 63 zu Art. 83, Randn. 15 zu Art. 109; Maunz, Subventionen, S. 1 f.; Zängl, Schranken, S. 156 ff.; Flehinghaus, Bundesfondsverwaltung, S. 190 ff.; Köttgen, Fondsverwaltung, S. 31; Grube, Grundsätze der Aufgaben- und Lastenverteilung zwischen Bund und Ländern, Diss. Marburg 1966, S. 104 ff.; Konow, Kooperativer Föderalismus und Gemeinschaftsaufgaben, DÖV 19. Jg. (1966), S. 368 ff. (370) mit Anm. 28; Götz, aaO., S. 322 ff. Zu dem besonderen Fall der Koppelung von Kredit und Bürgschaft siehe Schneider-Gädicke, Kredit, S. 94 f. Kritisch zur Richtlinienpraxis der Bundesregierung Götz, aaO., S. 325. Zum Verwendungsnachweis bei Koppelungssubventionen siehe die Bekanntmachung des Bundesministers des Innern v. 16. 2. 1956, GMBl. S. 167. Siehe zur „goldenen Kette" der Beteiligungsauflagen auch Hansmeyer, Staatshilfen, S. 218. Eine gegen diese Praxis gerichtete Vorschrift enthielt Art. 42 des Herrenchiemseer Entwurfs: „Bedingungen, unter denen der Bund Zuschüsse und Vergünstigungen gewährt, dürfen nicht so festgesetzt werden, daß dadurch die Befugnis der Länder zur Ausführung der Bundesgesetze ausgeschaltet wird."

[397]) Siehe oben C III insbes. Anm. 312. — Intensives Material bei Scholz, [Anm. 144], S. 15 ff., 40 f., 60 f., 69 f. Das Problem beschränkt sich nicht auf privatrechtlich organisierte Subventionsmittler. Ein eindrucksvolles Beispiel dafür bildet die Deutsche Genossenschaftskasse, eine bundesunmittelbare Anstalt des öffentlichen Rechts, deren Stammeinlagen zum geringsten Teil in Bundeshand, zum größeren Teil im Länderbesitz und zum überwiegenden Teil in der Hand von Genossenschaften sind (Scholz, aaO., S. 64 f.).

[398]) Köttgen, Der Einfluß des Bundes auf die deutsche Verwaltung und die Organisation der bundeseigenen Verwaltung, JöR n. F. Bd. 3 (1954), S. 70 ff. [im Folgenden: Einfluß des Bundes I], S. 78 ff., 120 ff.; ders., dass., ebd. Bd. 11 (1962), S. 180 ff. [Einfluß des Bundes II], S. 193 f., 202 ff., 289 f.; ders., Fondsverwaltung, S. 38 ff. und passim; Ipsen, Subventionierung, S. 40 f.; Patzig, [Anm. 396], insbes. S. 304 ff.; Maunz-Dürig, aaO., Randn. 41 zu Art. 83; Schilling, Rechtsfragen der Fondswirtschaft, BayVBl. n. F. 8. Jg. (1962), S. 196 ff. (198); Flehinghaus, Bundesfondsverwaltung insbes. S. 123 ff.; Götz, Wirtschaftssubventionen, S. 307; Mallmann, [Anm. 138], S. 200. Siehe für die Schweiz Schindler, Bundessubventionen, S. 151 ff.; für Österreich Kolb, Gutachten, S. 91 ff.; Loebenstein, Referat, S. 20, 28 ff.

waltungskompetenzen des Bundes ausgedehnt, überschritten und mit denen der Länder vermischt[399]).

Für die Entwicklung als ganzes gibt es keine Rechtfertigung. Ihr unitarisch-plutokratischer Titel ist: Was kostet die Kompetenz, ich kaufe sie. Geldausgaben dieser Größenordnung kann nur als Verwaltung zulässig sein und folgt deshalb der Zuständigkeitsverteilung für die Verwaltung[400]). Daß es möglicherweise gesetzesfrei ist, ändert nichts an der Notwendigkeit der Kompetenzzuweisung[401]). Daß es zugleich Haushaltsvollzug ist, erinnert nur daran, daß nach der Finanzverfassung des Bundes die Mittel den Aufgaben folgen und nicht umgekehrt[402]). Daß endlich die Steuern besonderen Kompetenzvorschriften unterliegen, ist ohne Beweiskraft für eine korrespondierende Ausgabekompetenz[402a]). Mittelaufbringung ist ein eigenständiger Verwal-

---

[399]) Siehe dazu außer den Vorgenannten auch Henze, Finanzhilfen, S. 26; Kratzer, Verwaltungsvereinfachung im Bund, DVBl. 75. Jg. (1960), S. 660 ff. (664); Ehard, [Anm. 362], S. 2; Hamann, Problematik, S. 487 f.

[400]) Maunz-Dürig, Randn. 40 f. zu Art. 83; Bellstedt, Gesetzliche Grundlage, S. 162; Flehinghaus, Bundesfondsverwaltung, S. 125 ff.; Zängl, Schranken, S. 122 ff.; Maunz, Deutsches Staatsrecht, 15. Aufl. 1966, S. 135; Pöttgen, Grenzen, S. 148 ff. Siehe auch den besonderen Hinw. auf die mit der Zuteilungskompetenz korrespondierende Prüfungskompetenz bei Hamann, Problematik, S. 488. Für die Gegenmeinung siehe vor allem — wenngleich im einzelnen variierend und nicht immer eindeutig — Köttgen, Subventionen, S. 488 f.; Die Organisationsgewalt im Bundesstaat, VVDStRL Heft 16 (1958), S. 154 ff. (170); Einfluß des Bundes II, S. 201 ff., S. 289 f.; besonders eingehend und zurückhaltend Fondsverwaltung, S. 38 ff.; siehe auch dens. [Anm. 381], S. 36 f. Ferner im Sinne erweiterter Bundeskompetenz: Ipsen, Subventionierung, S. 41; Henze, Finanzhilfen, S. 25; Patzig, [Anm. 396], S. 318 f.; Hamann, Grundgesetz, 2. Aufl. 1961, Art. 87, Anm. A. Eine merkwürdige Zwischenstellung nimmt Götz ein, der einerseits zwar die Bindung an die allgemeine Kompetenzordnung bejaht (Wirtschaftssubventionen, S. 311 ff.), andererseits aber privatrechtliches Handeln davon ausnimmt (S. 314 ff.). — Zu den besonderen Problemen der Koppelsubventionen und Dotationsauflagen siehe u. z. Anm. 413 ff.

[401]) Siehe außer den in Anm. 400 Zitierten Maunz-Dürig, Art. 83 Randn. 15 bis 20 und deren Nachw. — Ferner Kölble, Zur Lehre von den — stillschweigend — zugelassenen Verwaltungszuständigkeiten des Bundes, DÖV 16. Jg. (1963) S. 660 ff. (665); BVerfG 12, 205 (246 ff.); 14, 197 (214); sowie Anm. 312.

[402]) Art. 106 Abs. 4 GG; siehe dazu Maunz-Dürig, Art. 106 Randn. 47, 49 ff.; speziell für das Subventionswesen siehe Hamann, Problematik S. 488; Stadler, Die finanzverfassungsrechtliche Bedeutung des „Fernsehurteils“, DÖV 14. Jg. (1961) S. 453 ff., insbes. S. 455. Wohl a. A. Köttgen, Einfluß des Bundes II [Anm. 398] S. 198 ff.; Götz, Wirtschaftssubventionen S. 306 ff., insbes. S. 314 ff., 318 ff.

[402a]) A. A. Götz, Wirtschaftssubventionen S. 308, 325.

tungszweck — auch wenn sie zum Vehikel der Verschonungssubvention wird —; Mittelausgabe setzt einen Sachzweck voraus.

Damit soll nicht gesagt sein, die Ausweitung der Bundesverwaltung habe nicht auch einleuchtende Gründe gehabt. Aber die darin steckende Normkritik hat weder die Geschlossenheit noch das Gewicht, um über die Schwelle des Form- und Kompetenzprinzips der Revisionsnormen der Bundesverfassung hinweg für das Geldausgeben schlechthin oder die Fondsverwaltung oder die Subvention eine Lücke in der bundesstaatlichen Kompetenzordnung zu verifizieren.

Eine differenzierende Lösung muß von der konkreten Bundeskompetenz ausgehen. Auch der größte Teil der außerhalb der ausschließlichen Bundeszuständigkeit liegenden Förderungsaktionen kann durch den Bundesgesetzgeber einer Regelung und Kompetenz zugeführt werden, die den Anliegen der Einheitlichkeit der Lebensverhältnisse und des Wirtschaftsgebietes und der Effektivität der Maßnahmen gerecht wird[403]). Aber hier trifft sich nicht nur das Bedürfnis nach Beweglichkeit des bundesstaatlichen Kompetenzsystems mit der Schwierigkeit, die besondere rechtsstaatliche Gestaltungsaufgabe eines steril in der Eingriffsverwaltung radizierten Gesetzes zu begreifen[404]). Die Diskussion war vielmehr von Anfang auch damit belastet, daß die Hereinnahme der Förderungsaktionen in die „normale" Kompetenzordnung die unmittelbare Zuständigkeit der Bundesministerien auszuschließen schien[405]). Sie muß davon entlastet werden. Gelingt es, ent-

---

403) Siehe die Darstellung der Gestaltungsmöglichkeiten des Gesetzgebers bei Köttgen, Einfluß I und II [Anm. 398]. Siehe auch die Hinweise bei Götz, Wirtschaftssubventionen S. 311 f. (der freilich dann das privatrechtliche Handeln ausnimmt, S. 314 ff.).

404) Zentral dazu Schindler, Bundessubventionen S. 164: „Allerdings wird der Bund dort, wo ihm nach der Bundesverfassung eine Gesetzgebungskompetenz übertragen ist, in erster Linie den Weg der bloßen Gesetzgebung zu gehen versuchen. Wo sich aber Subventionen als zweckmäßiger erweisen, wird er diese anwenden. Reine Subventionserlasse können unter Umständen das gesetzgeberische Ziel besser erreichen als zwingende Normen es vermögen." Siehe dazu dann die — zudem die andere bundesstaatliche Kompetenzordnung der Schweiz außer Ansatz lassende — Übernahme dieses Satzes durch Patzig [Anm. 396] S. 318.

405) Siehe zum Problem Zängl, Schranken S. 126; Kölble [Anm. 401] S. 671 ff.; Pöttgen, Grenzen S. 147 mit weiteren Nachw.; Köttgen, Fondsverwaltung S. 44. — Die Schwierigkeit zeigte sich besonders in der Diskussion um den sog. überregionalen Verwaltungsakt, siehe dazu BVerfG 11, 6 (15, 17); 14, 197 (212 f.): während die Verwaltungszuständigkeit einer Bundesoberbehörde keinen anderen als den in Art. 87 Abs. 3 Satz 1 GG genannten

weder durch Verfassungsänderung oder durch Interpretation die Zuständigkeit der Bundesministerien für entsprechende Verwaltungsaufgaben des Bundes infra constitutionem zu ermöglichen[406]), wird der deformierende Druck auf das Bund-Länder-Verhältnis wesentlich nachlassen.

Eine differenzierende Lösung muß ferner die ungeschriebene Bundeszuständigkeit aus der Natur der Sache — aber auch wirklich aus der Sache, nicht aus dem Haushalt ausschöpfen[407]). [Das Troeger-Gutachten[408]) geht diesen Weg nunmehr — aber wohl zu weit[409]). Als Beispiel sei genannt, daß Subventionen

---

Voraussetzungen unterliegt, ist die im Grundgesetz nicht geregelte Zuständigkeit der Bundesministerialverwaltung auf die sachnotwendige Verwaltungskompetenz des Bundes beschränkt. Siehe dazu auch Kratzer, Die Ausführung von Bundesgesetzen als eigene Angelegenheit der Länder, Bayer. Staatsanzeiger 5. Jg. (1950) Nr. 13 S. 4 f. (5); Köttgen, Einfluß des Bundes I [Anm. 398] S. 76: „Die ... Frage, ob trotzdem in der Hand oberster Bundesbehörden der Gesetzesvollzug im gleichen Ausmaß zentralisiert werden kann wie in der Hand von Bundesoberbehörden, hat die tastende Staatspraxis bislang allerdings nicht klar entschieden. Nur die Gegenthese, daß mit Rücksicht auf den Wortlaut der Art. 83 und 87 jeglicher derartiger Vollzug von Gesetzen durch die Bundesressorts unzulässig sei, wurde eindeutig abgelehnt." Durch die Rechtsprechung des Bundesverfassungsgerichts widerlegt: Füßlein, Der überregionale Verwaltungsakt, DVBl. 66. Jg. (1951) S. 33 ff. (36), der im überregionalen Ministerial-Verwaltungsakt ein Mittel sah, Bundesoberbehörden zu vermeiden. An ihr vorbei: Köttgen, Einfluß des Bundes II [Anm. 398] S. 211. Unbefriedigend Maunz-Dürig, Randn. 15 zu Art. 87 S. 8 Anm. 1: „Stets müssen solche Befugnisse zunächst der Bundesverwaltung als solcher zustehen." Das Grundgesetz kennt grundsätzlich keine Bundeszuständigkeiten, die nicht organisatorisch-instrumental gebunden sind!

406) Dazu, in welchem Maße die Bundesressorts von vorneherein auf den „Sand" der Fondsverwaltung gebaut sind, siehe Köttgen, Einfluß des Bundes I S. 107, 129, 134, 138 f.

407) Siehe die Abgrenzungsversuche bei Zängl, Schranken S. 143 ff.; Flehinghaus, Bundesfondsverwaltung S. 136 ff., insbes. S. 147; Grube [Anm. 396] S. 85 ff.; weiter ausholend hierzu Kölble [Anm. 401] passim. Gegen eine Verwaltungskompetenz des Bundes aus der Natur der Sache Wolff, VerwR III S. 220. Dagegen geht es um eine grundsätzlich andere Position, wenn die Fondsverwaltung (im Rahmen der Gesetzgebungszuständigkeit des Bundes und/oder im Rahmen seiner Haushaltsautonomie) schlechthin als Bundeskompetenz aus der Natur der Sache gerechtfertigt wird: Köttgen, Subventionen S. 488 ff.; ders., Einfluß des Bundes II [Anm. 398] S. 201 ff.; ders., Fondsverwaltung S. 40 ff.; Henze, Finanzhilfen S. 24 f. — Zur Bundeszuständigkeit aus der Natur der Sache zuletzt allgemein Achterberg, Die Annex-Kompetenz, DÖV 19. Jg. (1966) S. 695 ff. mit eingehenden Nachw.

408) Tz. 83 ff., 91 ff. (S. 25 ff.) und Anlage 2 bis 2 c (S. 178 ff.).

409) Kritisch dazu Konow [Anm. 396] S. 374; Liebrecht, Kooperativer Föderalismus, DVBl. 82. Jg. (1967) S. 72 ff. (72). Zustimmend Henle [Anm. 353] S. 610 f.

an zentrale Verbände dort als notwendige Bundesaufgabe angesehen sind[410]). Wenn private Organisationen aber etwas vom Staat wollen, müssen sie sich nach ihm richten und dürfen ihm ihr Organisationsprinzip nicht aufdrängen. Abgesehen davon provoziert der Vorschlag zum Mißbrauch.]

Sind die genannten Möglichkeiten ausgeschöpft, so bleibt kaum ein ernst zu nehmender Bedarf, die Bundeskompetenz auf weitere Gegenstände zu erstrecken. Offen bleibt jedoch das Problem, die finanzlastigen Sachkompetenzen zu Förderungsaktionen gegenüber der bundesstaatlichen Mittelverteilung zu entschärfen. Das System der beschränkten periodischen Elastizität der Mittelverteilung, das Art. 106 GG etabliert, ist zu starr und wegen seines offenen Entscheidungsverfahrens zu riskant, um einseitigen Initiativen zu finanzintensiven Aufgabenprogrammen verläßlich Raum zu geben[411]). Ein Ausweg, die Wahrnehmung der Aufgaben gegenüber der Mittelverteilung zu neutralisieren[412]), ist die Verteilung der Lasten. Und wenn es einen vernünftigen Grund für das Wuchern der Koppelsubvention gibt, dann ist es dieser[413]). Das Instrument ist jedoch zu roh. Die Initiative ist zu leicht, ihr nicht zu entsprechen zu schwer gemacht. Die Verantwortung wird unklar. Und die legislative, administrative und finanzielle Entscheidungsfreiheit des angesprochenen Partners wird bedrängt, wenn nicht politisch aufgehoben[414]). Deshalb müssen — wohl

---

410) § 1 Abs. 1 Nr. 7 des Entwurfs einer Verwaltungsvereinbarung über das Zusammenwirken von Bund und Ländern bei der Finanzierung öffentlicher Aufgaben (S. 178); siehe zur Exemplifikation auch die Anlage 2a (S. 180 ff.). Dazu kritisch Liebrecht [Anm. 409] S. 73.

411) Zur Situation siehe etwa Patzig [Anm. 396] S. 304 ff.; Zängl, Schranken S. 129 ff.; (beschönigend) Götz, Wirtschaftssubventionen S. 318 ff.

412) Zur Unmöglichkeit „Lastenverteilungsfragen durch die Aufstellung eines lückenlosen Systems lösen zu wollen, anhand dessen man mühelos auf jede konkrete Frage die richtige Antwort abzulesen vermag", siehe Patzig, aaO., insbes. S. 313 f., 319; Köttgen, Einfluß des Bundes II [Anm. 398] S. 199, je mit weiteren Nachw.; Götz, Wirtschaftssubventionen S. 307.

413) Siehe zu diesem Zusammenhang auch Henle [Anm. 353] S. 610.

414) Dabei erweist sich durchwegs der Bund — der größere Haushalt! — als der Überlegene, der die Länder bedrängt. Siehe dazu z. B. Köttgen, Subventionen S. 489 („parakonstitutioneller Machtzuwachs"). Kratzer, Verwaltungsvereinfachung im Bund, DVBl. 75. Jg. (1960) S. 660 ff. (664); Maunz-Dürig, Randn. 63 zu Art. 83 (S. 27), Randn. 16 f. zu Art. 109; Maunz, Subventionen S. 2; Patzig [Anm. 396] S. 310 f.; Zängl, Schranken S. 156 ff., insbes. 161; Flehinghaus, Bundesfondsverwaltung S. 192 ff.; Hansmeyer, Staatshilfen S. 218; Henle [Anm. 353] S. 619; Konow [Anm. 409] S. 370; weitere Nachw. siehe bei den Zitierten. Für Ab-

im Wege der Verfassungsänderung — neue Wege der Koordination gesucht werden, die eine Überanstrengung der periodischen Korrektur der bundesstaatlichen Mittelverteilung vermeiden und die Verantwortungs- und Entscheidungsräume des Bundes und der Länder reintegrieren. Das Verbot der Mischverwaltung[415]) ist keine begriffsjuristische Abwehrposition[416]). Es muß verstanden werden als ein allgemeines Prinzip der Formenaskese in der Begegnung zwischen Bund und Ländern, ohne die die für den Bundesstaat wesentliche Spaltung in der Sphäre des Staatlichen in der funktionellen Enge des einen Gesamtstaates nicht durchgehalten werden kann[417]). Der immer mehr um sich greifende Weg der interföderativen Verträge[418]) ist deshalb auch als Lösung der Subventionskompetenz bedenklich[419]). Vielmehr kann eine gesamtstaatliche Koordina-

---

wehrmöglichkeiten der Länder Grube [Anm. 396] S. 105. Siehe auch oben Anm. 396 und 399.

415) Siehe Köttgen, Der Einwand der Mischverwaltung und das Grundgesetz, DÖV 8. Jg. (1955) S. 485 ff.; Gerner, Die Frage der Mischverwaltung im Verhältnis zwischen Bund und Ländern, Bay.-VBl. n. F. 1. Jg. (1955) S. 193 ff.; Füßlein, Mischverwaltung oder Mitverwaltung, DVBl. 71. Jg. (1956) S. 1 ff.; Kratzer, Gemeinsamer Verwaltungsakt von Bund und Land, BayVBl. n. F. 4. Jg. (1958) S. 74 ff.; Darmstadt, Zur Frage einer Mischverwaltung von Bund und Ländern, Diss. Münster 1961; Maunz-Dürig, Art. 83 Randn. 35 ff., 48, 57 ff., Art. 89 Randn. 62.

416) Exemplarisch für das begriffsjuristische Mißverständnis im konkreten Zusammenhang Götz, Wirtschaftssubventionen S. 325 Anm. 30.

417) Siehe dazu Zacher, in: Nawiasky-Leusser-Schweiger-Zacher, Verfassung des Freistaates Bayern, 2. Aufl. 1963 ff., Teil IV Randn. 66.

418) Zacher, aaO., Randn. 54 ff., insbes. 56 ff.

419) Dabei geht es hier nicht so sehr um Verwaltungsvereinbarungen, die den Versuch unternehmen, Zuständigkeiten klarzustellen und abzugrenzen. Ihr Problem ist, daß Sie nur begrenzte und vorläufige Bedeutung haben, gleichwohl aber die Tendenz haben, die Verfassungswirklichkeit der Herrschaft der Verfassung zu entziehen (siehe dazu Maunz-Dürig, Randn. 39 zu Art. 83 und Randn. 16 zu Art. 109); ferner Flehinghaus, Bundesfondsverwaltung S. 160 ff. und seine Nachw.; Zängl, Schranken S. 161 ff. In diesem Sinne ist auch die im Troeger-Gutachten (Tz. 85 und Anlage 2) vorgeschlagene Verwaltungsvereinbarung über das Zusammenwirken von Bund und Ländern bei der Finanzierung öffentlicher Aufgaben höchst fragwürdig. Siehe dazu auch Liebrecht [Anm. 409] S. 72 f. — Der Text meint jedoch in erster Linie die Vorschläge, die nicht auf Zuständigkeitsabgrenzung, sondern auf die Begründung und Regelung von Gemeinschaftsaufgaben durch Verwaltungsabkommen hinauslaufen (Zängl, aaO., S. 164; so Zeitungsnachrichten zufolge auch der damalige Berliner Bürgermeister Brandt als Alternative zu den Vorschlägen des Troeger-Gutachtens für eine neue Bundeskompetenz zur Ordnung von Gemeinschaftsaufgaben; siehe dazu unten).

tion aktuell und ohne Einbuße an Verantwortung nur vom Bund ausgeübt werden[420]). Seine Kompetenz und sein Verfahren müssen freilich so gestaltet werden, daß es der Garantie der Länder gerecht wird[421]). Ob die Vorschläge des Troeger-Gutachtens hierzu, insbesondere zu den sogenannten Gemeinschaftsaufgaben[422]), dem entsprechen, kann hier nicht erörtert werden[423]).

Auf der anderen Seite wird man sich überlegen müssen, welche Grenzen der Verschonungssubvention im Rahmen der Steuergesetzgebung des Bundes um sachlich einschlägiger Landeskompetenzen willen gezogen werden müssen[424]). Jedenfalls werden Reformen des Bundesstaatsrechts fehl gehen, wenn sie neben der Leistungssubvention nicht auch die Verschonungssubvention sehen.

---

420) Die gegenwärtige deutsche bundesstaatliche Praxis ist von dem Aberglauben beherrscht, man tue dem Föderalismus einen Gefallen, indem man dem Bund Kompetenzen auch dann vorenthält, wenn man die bundeseinheitliche Wahrnehmung einer Aufgabe für notwendig hält. Dabei wird übersehen, daß einem komplexen Entscheidungsträger von zumeist elf Landesregierungen und -parlamenten die Wahrnehmung der ihm dadurch gestellten Ordnungsaufgaben auf Dauer nicht in dem Maße möglich ist, wie es die Sache, der Rechtsstaat und die Demokratie gebieten. Das Übel wird sich verschlimmern, je weiter diese sog. interföderative Kooperation um sich greift. Siehe auch dazu Zacher, aaO., Randn. 65 ff., 69 ff.

421) Zu denken ist hier vor allem an eine maximale Beteiligung des Bundesrats (der ja ein Bundesorgan ist!), an gesteigerte Mehrheitserfordernisse im Bundesrat und an eine Umkehrung des Verhältnisses Bundestag — Bundesrat im Sinne einer partiellen Präponderanz des Bundesrates.

422) Tz. 129 ff. und Anlage 1. Kritisch dazu Konow [Anm. 396] S. 368 ff.; Liebrecht [Anm. 409] S. 73 ff.; weitere Nachw. siehe dort.

423) Zu begrüßen ist, daß das Problem nicht interföderativen Verträgen und Einrichtungen sondern einer neuartigen Bundeskompetenz anvertraut wird (Art. 85 a GG nach Tz. 139). Zu begrüßen ist ferner, daß der Koordination durch Pläne und Richtlinien des Bundes die Teilung der Lasten der Gemeinschaftsaufgaben entspricht (Tz. 207 ff.). Erfreulich ist ferner das Gegenüber der Planungskompetenz des Bundes und der Vollzugskompetenz der Länder (Art. 85 a GG nach Tz. 139). Bedauerlich ist, daß die Begründung von Gemeinschaftsaufgaben dem einfachen Bundesgesetz ohne gegenständliche Abgrenzung eröffnet sein soll (Art. 85 a Abs. 2 GG nach Tz. 139). Die Formel, wonach Gemeinschaftsaufgaben „für die Gesamtheit bedeutsam sind und einer langfristigen gemeinsamen Planung bedürfen" (ebd. Abs. 1) schwächt die Kompetenz-Kompetenz des Bundes nur unzulänglich ab. Entweder müßten die potentiellen Gemeinschaftsaufgaben näher umschrieben sein (Tz. 142 ff.) oder die Inanspruchnahme einer Aufgabe als Gemeinschaftsaufgabe müßte wenigstens der Zweidrittel-Mehrheit des Bundesrates vorbehalten sein.

424) Siehe Friauf [Anm. 266] insbes. S. 25 ff.

Schluß

Erlauben Sie mir noch einige abschließende Bemerkungen.

Die bisherige Diskussion um die Subvention leidet daran, daß sie die Subvention zu gerne in allgemeinere Kategorien — etwa der Leistungsverwaltung — entgleiten läßt und zu wenig dem Besonderen nachgeht. Das gilt vor allem auch für die Notwendigkeit des Gesetzes. Es braucht nicht wiederholt zu werden, wie viele Gründe zu einer gesetzlichen Regelung der Subvention drängen. Und sie hängen nicht davon ab, ob es richtig ist, die Universalisierung des Gesetzes oder wenigstens seine Erstreckung auf alle Leistungsverwaltung zu fordern.

Die bisherige Diskussion leidet weiter daran, daß sie den Ort notwendiger gesetzlicher Regelung zu hoch und eng ansetzt. Selbst Eiferer eines maximalen Gesetzesvorbehalts halhalten es für entscheidend, daß das Gesetz das „Ob" einer Förderungsaktion regelt, und sind zufrieden, wenn das Gesetz bestimmt, wieviel Geld für einen bestimmten Zweck ausgegeben werden darf[425]). Das aber ist eine Schicht des Problems, in der das Gesetz auch durch den Haushaltsplan, den Parlamentsbeschluß oder auch ein Verfassungsprogramm ersetzt werden kann. Was aber nach der rechtlichen Ordnung schreit, ist das „Wie" der Subvention: Verteilung und Kooperation. Und dafür ist es ganz undenkbar, die Substitution des Gesetzes durch etwa den Parlamentsbeschluß auch nur zu erwägen[426]).

Diese Einstellung der bisherigen Diskussion beruht auf einem empfindlichen Mangel an Information über eben dieses „Wie" der Subvention. Man muß die Extreme dieser Praxis

---

425) Siehe dagegen das bemerkenswerte Gesetzgebungsprogramm bei Götz, Wirtschaftssubventionen S. 286 f., 295.

426) Ein eindrucksvolles Beispiel der Schwierigkeiten bietet die Rechtsprechung des Bundesverwaltungsgerichts. In BVerwG 6, 282 (287) wird der schlichte Parlamentsbeschluß als Grundlage einer Subvention anerkannt. In BVerwG 12, 16 (20) muß das Gericht dann einräumen, daß ein schlichter Parlamentsbeschluß seine Destinatäre nicht berechtigt. Siehe dazu auch Lerche, Bundestagsbeschlüsse ohne Gesetzesbefehl über Subventionen, NJW 14. Jg. (1961) S. 1758 ff.; Klein, Die rechtliche Verbindlichkeit von Bundestagsbeschlüssen, JuS 4. Jg. (1964) S. 181 ff. Für die Brauchbarkeit schlichter Parlamentsbeschlüsse vor allem Jesch, Gesetz und Verwaltung, 1961, ab S. 178 passim. — Zur Problematik des schlichten Parlamentsbeschlusses siehe neuerdings Obermeier, Die schlichten Parlamentsbeschlüsse nach dem Bonner Grundgesetz, insbes. ihre Zulässigkeit und Rechtsnatur, Diss. München 1965. Sellmann, Der schlichte Parlamentsbeschluß, Diss. München 1966; Beispiele aus der Subventionspraxis siehe bei Obermeier, aaO., S. 23 ff. und Sellmann, aaO., S. 20 f.

kennen, um die Unerträglichkeit des Ordnungsdefizits ermessen zu können. Sie reichen von der Knebelung des Bürgers bis zur Ohnmacht der Verwaltung, aus der heraus sie z. B. Rückzahlungsansprüche mit immer neuen und wachsenden Zuschüssen abdeckt, weil sie keinen Rechtsboden unter ihren Füßen weiß[427]). Aber der Tatbestand, wie Subvention geschieht, ist nie wirklich aufgenommen worden[428]). Ein hochangesehener Autor schreibt, für die meisten Vorgänge sei die Rechtswissenschaft inkompetent, weil sie nicht publik seien[429]); und die Sammlung der einschlägigen Verwaltungsrichtlinien sei eine Aufgabe der Wirtschafts-, nicht der Rechtswissenschaft[430]). Ich möchte dazu nur Lorenz von Stein zitieren, der seine Ausführungen über Subventionen mit dem Bemerken schloß: „Alles was hier kurz angedeutet wird, hat bisher in der Theorie wenig Platz gefunden, obwohl es äußerst praktische Fragen sind, um die es sich dabei handelt[431])."

Die bisherige Diskussion leidet schließlich an der juristischen Freude, ohne das Gesetz auszukommen. Aber das Gesetz kann im dialektischen Prozeß der Rechtsbildung ebensowenig auf Dauer entbehrt werden wie etwa die Doktrin oder die Rechtsprechung. Wenn das Recht vom Fernbleiben des Gesetzes krank wird, schlägt die Aufgabe der Doktrin, das Gesetz zu verstehen und zu ergänzen, um in die Aufgabe, ihm den Weg zu weisen. Der Gesetzgeber scheint hier wie selten darauf angewiesen, daß die Wissenschaft seine Funktion vorbereitet.

Das Subventionswesen ist — vom Recht nur über die Schulter gesehen — der graue Markt unseres demokratischen und sozialen Rechtsstaates geworden. Man könnte sagen, ihn zu meiden, müsse Bürgertugend sein. Doch das ist kein Einwand gegen die Notwendigkeit verläßlicher rechtlicher Ordnung. Der Rechtsstaat darf Tugend nicht anders einfordern als durch seine Norm.

---

[427]) Der Sachverhalt ist authentisch. Doch wird es dem Verfasser niemand verübeln, wenn er den Informanten nicht preisgibt.

[428]) Die relativ besten Informationen ergeben sich — abgesehen von den oben Anm. 20 genannten Zusammenstellungen der Verwaltungsrichtlinien — wohl aus folgenden Werken: Menzel [Anm. 302]; Schneider-Gädicke, Kredit; Möller, Subventionsverwaltung; ders., Wirtschaftsförderung; Hansmeyer, Staatshilfen.

[429]) Köttgen, Fondsverwaltung S. 65.

[430]) Ebd. S. 64, siehe auch S. 26.

[431]) Lorenz von Stein, Lehrbuch der Finanzwissenschaft, 5. Aufl. 2. Teil, 1. Abteilung 1885, S. 234.

Leitsätze des Mitberichterstatters über:

Verwaltung durch Subventionen

A) Die Subvention als Ordnungsaufgabe

I. Die Subvention muß vor allem als unerfüllte rechtliche Ordnungsaufgabe gesehen werden. Sie stellt sich ohne Rücksicht auf den Vorbehalt des Gesetzes.

II. Als im wesentlichen einheitliche Ordnungsaufgabe des innerstaatlichen Rechts stellen sich Subventionen dar, wenn sie verstanden werden als vermögenswerte Zuwendungen, die vom Staat oder seinen besonderen Verwaltungseinheiten (Subventionsträger) unmittelbar oder durch Dritte (Subventionsvermittler) natürlichen Personen oder juristischen Personen des Privatrechts (Subventionsempfänger) zu einem öffentlichen Zweck gewährt werden, der weder ausschließlich in der unmittelbaren Gewährung oder Mehrung des Einkommens der Subventionsempfänger noch im Entgelt für eine Leistung bestehen darf. Dabei können Subventionen erbracht werden, indem der Subventionsträger sein Vermögen durch Leistung oder Verpflichtung zu einer Leistung mindert oder dem Risiko der Minderung aussetzt, und den Empfängern hieraus effektiv oder potentiell Vermögensvorteile erwachsen (Leistungssubventionen), oder indem die Subventionsempfänger von allgemein zu erbringenden öffentlichen Leistungen ganz oder teilweise ausgenommen werden (Verschonungssubventionen).

III. Die Ordnungsaufgabe verifiziert auch die begrifflichen Ausgrenzungen.

1. *Austauschgeschäfte unterscheiden sich von der Subvention durch vergleichsweise Einfachheit und Einheitlichkeit der Wert- und Bemessungsrelationen und ihre typischen Ablauf- und Risikostrukturen.*
2. *Einkommensleistungen bedürfen nur ausnahmsweise besonderer Zwecksicherung. Ihr egalitärer Ansatz ist schlichter als der der Subvention.*
3. *Entlastungseinrichtungen und -leistungen (z. B. Erschließungsmaßnahmen) sind die wichtigste Formalternative zur Subvention. Ihnen fehlt deren rechtliche Gezieltheit.*

4. *Protektion geht nicht unmittelbar zu Lasten der öffentlichen Hand. In Ausgleichsgemeinschaften verschmilzt ihre Problematik mit der der Subvention.*
5. *Öffentliche Finanzzuweisungen treffen nicht auf die Rechtssphäre des Individuums. Für die Subvention ist die öffentliche Hand eine qualitative Einheit.*

B) Der Bürger in der Subvention: Das Subventionsverhältnis

I. Das Subventionsverhältnis muß als Schuldverhältnis verstanden werden. Seine Interessenstruktur ist primär kooperativ und erst sekundär synanallagmatisch.

Wichtige Anhaltspunkte zur Typisierung des Ordnungsbedarfs sind das zeitliche Verhältnis der Zuwendung zur Zweckverwirklichung (Ex-post-/Ex-ante-Subvention), die Überschaubarkeit des Zweckverwirklichungsprozesses, die Verbindung der Subvention mit einem Austauschvorgang und ihre Einkleidung in ein Beteiligungsverhältnis.

II. Subventionsverhältnisse müssen als eigenständige Typen entwickelt werden. Weder das Privatrecht noch das öffentliche Recht hat das notwendige Ordnungssystem vorrätig.

Nur der Gesetzgeber kann entsprechende Konzeptionen befriedigend in positives Recht umsetzen. Jedenfalls für die Ausgestaltung der Ex-ante-Subvention gilt das auch im Sinne des Vorbehalts des Gesetzes.

III. Grundrechtseinschränkungen im Subventionsverhältnis sind vom kooperativen Wesen der Subvention her zu verstehen und deshalb nicht unmittelbar Eingriffe. Sie müssen jedoch von den Grundrechten her kontrolliert werden.

IV. Das Fehlen normativer Ausprägung des Subventionsverhältnisses kann durch die Ausgestaltung seiner Begründung nicht ausgeglichen werden.

C) Der Bürger vor der Subvention

I. Die Subvention entzieht sich rechtsstaatlichen Sicherungen vor allem durch den Mangel an Publizität. Sie ist unabhängig vom Vorbehalt des Gesetzes zu fordern.

II. Dauerordnungen, die Subventionen fest ausweisen, sind nur begrenzt möglich und sinnvoll. Zwischen die abstrakte Subventionsordnung und die Einzelentscheidung treten daher meist konkret-allgemeine Elemente. Sie müssen sichtbar gemacht werden.

III. Die Fortentwicklung der formellen Sicherungen der Verteilung wird vor allem vom Gleichheitssatz geboten. Sie ist ferner notwendig, weil Subventionen den individuellen Grundrechtsnutzen mitbestimmen und den Grundrechtsgebrauch lenken.

Subventionsordnung ist Eigentumsordnung im Sinne des Art. 14 Abs. 1 GG. Sie muß verhindern, daß das private Eigentum in der Konfrontation und Koordination mit dem Anteil am Allgemeinen aufgelöst oder hybrid wird.

D) Die Subventionsvermittlung

I. Die Subventionsvermittlung durch Private ist der am meisten vernachlässigte Aspekt des Subventionsrechts. Zu unterscheiden ist zwischen instrumentalen Vermittlern (Umgehungsform zur rechtsfähigen Verwaltungseinheit), selbständigen Vermittlern (Umgehungsform zum Beliehenen) und weiterreichenden Subventionsempfängern.

II. Vor allem die Herausbildung eindeutiger und harmonischer Rechtsbeziehungen um den selbständigen Vermittler ist dringlich. Er muß entweder normativ in eine seiner öffentlichen Funktion angemessene Rechts- und Pflichtstellung eingewiesen werden; oder der öffentlich-rechtliche Subventionsträger muß sich die unmittelbare Herrschaft über die Subvention offen halten.

E) Subvention und Staatsorganisation

I. Der Staat muß seine Rechtlichkeit als Vergeber von Subventionen durch spezifische Einrichtungen garantieren, da weder das parlamentarisch-demokratische System noch der Rechtsschutz des Bürgers hinreichende Sicherungen gegen ein Übermaß bieten.

Abhilfe muß vor allem in Maßnahmen gesucht werden, die Koordination, Transparenz und Rechenschaft im Raum der politischen Entscheidung gewährleisten. Hierzu müssen die Möglichkeiten des Plans weiter verfolgt werden.

II. Die Verwaltung müßte der Subvention — über ihre Bindung und Entlastung durch die Subventionsordnung hinaus — organisatorisch angepaßt werden.

Besonders deutlich zeigt sich das Ordnungsdefizit der Subvention im kommunalen Bereich.

III. Im bundesstaatlichen System genießt der Bund keine Ausnahmekompetenz als Subventionsträger. Werden die allgemeinen Zuständigkeitsnormen ausgeschöpft, so bleibt kein wesentlicher Bedarf an zusätzlicher Bundeskompetenz zur Subventionsverwaltung.

Dagegen müssen die finanzlastigen Sachkompetenzen zu Förderungsaktionen gegenüber der bundesstaatlichen Mittelverteilung neutralisiert werden. Die Koppelungssubvention ist dafür zu roh und verletzt das Prinzip der bundesstaatlichen Formenaskese.

F) Das Ordnungspostulat

Die rechtliche Ordnung muß sich auf die Zuteilung der Subvention und das Subventionsverhältnis konzentrieren. Die Entscheidung über Gesamtbeträge und Zwecke steht als Ordnungsanliegen zu Unrecht im Vordergrund. Ob sie vom förmlichen Gesetz getroffen wird, ist unwichtig. Im Rahmen einer ausgebildeten und gefestigten Subventionsrechtsordnung kann sie vereinfachten Beschlußverfahren überlassen bleiben. Dagegen muß die Verteilungs- und Kooperationsordnung der Subvention vom Gesetzgeber verlangt werden.

Verwaltung durch Subventionen

3. Aussprache und Schlußworte

Ehmke (Diskussionsleiter): Ich darf um Wortmeldungen bitten zu fünf Problemgruppen: Begriff der Subvention, Organisation der Subventionsverwaltung, Gesetzmäßigkeit, Freiheitsrechte, Ausgestaltung des Subventionsverhältnisses.

Zunächst darf ich dann Herrn Kollegen Schindler und Herrn Kollegen Ermacora bitten, uns einen kurzen Bericht zu geben über die Lage in der Schweiz und in Österreich.

Schindler: Sehr verehrte Herren Kollegen! Wenn man die brillanten Referate des heutigen Vormittags gehört hat, kommt man sich etwas problemlos vor, wenn man über die schweizerischen Verhältnisse berichten muß, die weit weniger komplex sind. Ich möchte einige summarische Hinweise auf die Lage in der Schweiz geben, ohne auf Einzelprobleme einzutreten. Vor allem seien einige Eigenheiten und Verschiedenheiten der schweizerischen Subventionen hervorgehoben. Die Subventionen spielen in der Schweiz eine bedeutende Rolle. Summenmäßig betragen sie rund 25 Prozent der Gesamtausgaben des Bundes. Freilich ist darauf hinzuweisen, daß die Schweiz einen umfassenderen Subventionsbegriff verwendet als die Bundesrepublik. Unter Subventionen werden in der Schweiz Zuwendungen sowohl an Private für irgendwelche Zwecke wie auch die Zuschüsse an die Kantone und andere öffentlichrechtliche Körperschaften verstanden. Die vom Bund geleisteten Subventionen gehen zu ungefähr einem Drittel an die Kantone und zu zwei Dritteln an andere Empfänger. Man mag in der mangelnden Differenzierung zwischen den Zuschüssen an die Kantone und jenen an Private eine Rückständigkeit der schweizerischen Lehre erblicken. Es ist anzunehmen, daß im Laufe der Zeit die schweizerische Lehre ebenfalls dazu übergehen wird, zwischen verschiedenen Arten von Subventionen zu differenzieren. Dazu wird schon der Einfluß des Auslandes beitragen. Bei einer zunehmenden Beteiligung der Schweiz an der wirtschaftlichen Integration Europas wird es überdies notwendig werden, die Wirtschaftssubventionen gesondert zu betrachten. Gleichwohl weist der umfassende Subventionsbegriff, der in der Schweiz üblich ist, doch auf gewisse

Eigenheiten der schweizerischen Subventionen hin: Erstens kennt die Schweiz im wesentlichen nur einen Subventionstyp, der sowohl für Subventionen an Private wie auch diejenigen an Kantone verwendet wird, nämlich den verlorenen Zuschuß. Andere Typen sind mindestens auf der Ebene des Bundes kaum bekannt. Nach der Definition der Subvention, welche in der Bundesverwaltung in Gebrauch ist, werden unter Subventionen nur Geldleistungen à fonds perdu verstanden. Indem die Praxis nur diesen einen Typ der Subvention hervorgebracht hat, hat sich eine Differenzierung als nicht notwendig erwiesen. Eine zweite Eigenheit liegt darin, daß die Subventionen des Bundes an Private häufig eng mit jenen an Kantone verbunden werden. Verschiedene der Subventionen an Private fließen nämlich nicht den privaten Empfängern direkt zu, sondern den Kantonen unter der Bedingung, daß diese einen entsprechenden Betrag an den gleichen Empfänger ausrichten. Beispielsweise unterstützt der Bund die Erneuerung von Rebbergen mit qualitativ besseren Rebsorten, indem er den Kantonen 65 Prozent der für diesen Zweck gemachten Aufwendungen vergütet. Bei finanzschwachen Kantonen ist der Ansatz etwas höher. So werden Subventionen wirtschaftspolitischer Natur an Private eng mit dem bundesstaatlichen Finanzausgleich verknüpft. Ein weiterer Grund, weshalb die Wirtschaftssubventionen in der Schweiz, mindestens von den Juristen, noch nicht als eine besondere Kategorie von Subventionen betrachtet werden, liegt darin, daß diese Subventionen bei uns eine wesentlich geringere Bedeutung haben als in der Bundesrepublik.

Zur verfassungsrechtlichen Problematik ist folgendes zu bemerken. Es wird in der Schweiz allgemein anerkannt, daß der Bund Subventionen nur im Rahmen seiner verfassungsmäßigen Befugnisse gewähren darf. Er hat kein freies Subventionsrecht. Die kantonalen Zuständigkeiten können deshalb durch Subventionen nicht untergraben werden. Freilich sind die Zuständigkeiten des Bundes sehr weit; insbesondere für das Gebiet der Wirtschaft enthält unsere Bundesverfassung eine Art Generalklausel — es ist die Bestimmung in Artikel 31 bis Absatz 2 —, wonach der Bund Maßnahmen treffen kann zur Förderung einzelner Wirtschaftszweige oder Berufe. Unter diesen Maßnahmen sind vorwiegend Subventionen zu verstehen. Bei diesen Beiträgen ist der Bund immerhin an die Handels- und Gewerbefreiheit gebunden. Seine Subventionen dürfen die Konkurrenzfreiheit nicht beeinträchtigen. Sobald aber ein Wirtschaftszweig in seinen Existenzgrundlagen gefährdet ist, darf von der Handels- und

Gewerbefreiheit abgewichen werden. Die sehr wichtige Frage der Vereinbarkeit der Subventionen mit den Grundrechten ist bisher in der Schweiz noch kaum gewürdigt worden; sie ist auch noch kaum aktuell geworden. Die zwei Grundrechte, die am stärksten berührt werden, sind die Rechtsgleichheit und die Handels- und Gewerbefreiheit. Daß die Frage der Vereinbarkeit der Subventionen mit diesen Grundrechten bisher noch kaum bedeutsam wurde, dürfte namentlich auf zwei Faktoren zurückzuführen sein, nämlich erstens darauf, daß die Subventionen des Bundes keinerlei richterlicher Kontrolle unterliegen, und zweitens auf den Umstand, daß die Handels- und Gewerbefreiheit für die wichtigsten Wirtschaftssubventionen, nämlich jene an Wirtschaftszweige, die in ihren Existenzgrundlagen gefährdet sind, ausgeschaltet ist. Die Frage der Rechtsgleichheit hat lediglich bei Subventionen der Kantone oder Gemeinden eine Rolle gespielt. Hier hat das Bundesgericht im Verfahren der staatsrechtlichen Beschwerde in einzelnen Fällen die Ungleichheit von Subventionsleistungen korrigiert. Sobald in der Schweiz eine gerichtliche Überprüfung der Subventionsleistungen des Bundes eingeführt werden wird, wird sich die Frage der Vereinbarkeit mit den Grundrechten zweifellos stellen.

Zur Frage des Gesetzesvorbehalts sei folgendes vermerkt: Im Gegensatz zur Bundesrepublik wird der Gesetzesvorbehalt im Falle von Subventionen in der Schweiz beachtet. Die schweizerischen Subventionen sind größtenteils in Gesetzen geregelt, wobei die Gesetze teilweise die Voraussetzungen und Ansätze der Subventionsleistungen genau festlegen, teilweise lediglich allgemeine Ermächtigungen enthalten. Die Gesetzesform für Subventionserlasse ist allerdings nicht allgemein vorgeschrieben, sie wird aber benützt, sobald Subventionen an eine unbestimmte Anzahl von Empfängern ausgesetzt oder mit Bedingungen verknüpft werden. Abgewichen von der Gesetzesform wird lediglich im Falle kleiner Beiträge an gesamtschweizerische Vereinigungen zur Erfüllung der statutarischen Zwecke. Derartige Beiträge werden in einfachen Bundesbeschlüssen (Parlamentsbeschlüssen) beschlossen oder lediglich im Voranschlag festgelegt.

Was die rechtliche Konstruktion anbelangt, sei auf eine in der deutschen Literatur schon verschiedentlich erwähnte Eigenheit der schweizerischen Subventionen hingewiesen: In der schweizerischen Lehre und Praxis wird das Rechtsverhältnis zwischen Bund und Subventionsempfänger als ein ausschließlich öffentlichrechtliches betrachtet, und zwar in der Regel als ein durch Verwaltungsakt begründetes. Diese ausschließlich öffentlichrechtliche Konstruktion dürfte ihren Grund wiederum vor allem darin haben, daß in der Schweiz der Bund in der Regel nur Zuschüsse à fonds perdu leistet, nicht aber andere Arten von Subventionen. Bei den verlorenen Zuschüssen aber macht sich kaum ein Bedürfnis nach einer zweistufigen Konstruktion geltend. Immerhin gibt es einzelne Ausnahmefälle, in denen die Bundeshilfe in anderer Form gewährt wird. Es sei folgendes Beispiel angeführt: Der Bund leistet auf Grund eines Bundesgesetzes von 1962 Investitionskredite für die Landwirtschaft zum Zwecke der Grundlagenverbesserung der Landwirtschaft. Diese Hilfe erfolgt ausnahmsweise in der Form von unverzinslichen oder tiefverzinslichen Darlehen oder Bürgschaften. Das Gesetz regelt das Verhältnis zwischen Bund und Empfänger dualistisch. Die Bewilligung und ein allfälliger Widerruf eines Darlehens oder einer Bürgschaft erfolgt durch Verwaltungsakt, gegen den Beschwerde an eine besondere Rekursinstanz erhoben werden kann. Der Darlehens- oder Bürgschaftsvertrag dagegen ist ein privatrechtlicher Vertrag, der der Zivilgerichtsbarkeit unterliegt. Dieser Fall einer dualistischen Konstruktion ist jedoch ein Ausnahmefall.

Noch ein Wort zum Rechtsschutz der Subventionsempfänger. Nach der geltenden schweizerischen Regelung können Ansprüche auf Beiträge des Bundes, auch wenn sie gesetzlich fixiert sind, nicht gerichtlich geltend gemacht werden. Dem Gesuchsteller bleibt lediglich der verwaltungsinterne Beschwerdeweg. Ansprüche auf Bundesbeiträge sind von der Verwaltungsgerichtsbarkeit ausdrücklich ausgeschlossen worden in der Meinung, daß Entscheide über Subventionsleistungen vorwiegend Ermessensentscheide der Verwaltung seien, über die ein Gericht nicht zu urteilen habe. Die eingehende gesetzliche Regelung, welche das Subventionswesen in der Schweiz erfahren hat, würde aber eine richterliche Prüfung nahelegen. Nun sieht der seit einem Jahr vorliegende Entwurf zum Ausbau der Verwaltungsgerichtsbarkeit im Bunde vor, daß auch Ansprüche auf Zuwendungen der öffentlichen Hand, welche sich auf Bundesrecht stützen, durch verwaltungsrechtliche Klage direkt beim schweizerischen Bundesgericht geltend gemacht werden können. Damit wird für alle Subventionen des Bundes, gleichgültig, ob sie an Kantone oder private Empfänger gehen, ein einheitlicher Rechtsschutz verwirklicht werden.

Ehmke: Ich darf Herrn Kollegen Schindler sehr danken. Herr Kollege Ermacora, bitte.

Ermacora: Meine sehr geehrten Herrn Kollegen! Ich darf meinen Kurzbericht mit einem Diskussionsbeitrag verknüpfen. Vom Rechtsphilosophischen her gäbe es zu den Referaten noch einiges zu sagen, so in Bezug auf das Subsidiaritätsprinzip. Ferner: gerade die Problematik der Subvention leitet geradezu an, die Probleme der Kybernetik als Methode für die Fassung des Problems der Subventionen anzuwenden. Was die österreichische Rechtswissenschaft angeht, so ist die Befassung mit dem Gegenstand eher übersehbar, eine Artikelserie in den wirtschaftspolitischen Blättern aus dem Jahre 1959, die Bände des 2. Österreichischen Juristentages, ein Gutachten vom Innsbrucker Ordinarius Kolb, zwei Referate und die Zeitschrift „Berichte und Informationen" bieten eine Fundgrube für Materialien und Rechtsvorschriften. Ich möchte nicht eingehen auf die Begriffsbestimmung, die hier geboten wurde. Ich möchte vielleicht nur soviel sagen, daß man wohl vom Juristischen die Subvention als eine Zuwendung ohne angemessene Gegenleistung bezeichnen wird müssen. Die Gegenleistung liegt nicht auf dem juristischen Gebiet. Die ist komplexer Natur, sie liegt auf außerjuristischem Gebiet. Wenn Sie z. B. subventionierte Wohnungen haben und an diesen Wohnungen Fahnenstangen angebracht sind für Fahnen, die die Mieter bei bestimmten Festlichkeiten aushängen müssen, so liegt damit eine Abhängigkeit begründet und eine Gegenleistung. So ist der Beitritt zu einer politischen Partei, wenn man eine Subvention bekommen will, eine Gegenleistung usw. Bitte, ich möchte nur dieses komplexe Problem hier hervorheben. Was von der österreichischen Warte betrachtet die Mittel angeht, so scheinen sowohl die des privaten Rechtes als die des öffentlichen Rechtes herangezogen zu werden. Vom Inhaltlichen her gesehen, würde ich die Subventionspraxis in jedem Falle als öffentliche Verwaltung bezeichnen, nicht unbedingt als Hoheitsverwaltung, nicht als unbedingt Privatwirtschaftsverwaltung. In Österreich wird eine ganze Reihe von verfassungsrechtlichen Problemen angeschnitten. Das Problem der Kompetenzverteilung. Es ist hier nicht so eindeutig, wie es von Herrn Kollegen Schindler geschildert wurde. Insbesondere ragt der Kompetenztatbestand „Fonds-Wesen" (Art. 10 Abs. 1 Ziffer 13 des B.-VG.) hervor. Mit dem „Fondswesen" wird möglicherweise die Landeskompetenz überrollt. Was das Legalitätsprinzip angeht, so kann ich, wie die Herren Kollegen einsehen werden, mich nicht mit der Auffassung des Herrn Kollegen Ipsen befreunden. Ich glaube, das Budgetgesetz, so wie es in der bisherigen Form üblicherweise vorliegt, kann nicht gesetzliche Grundlage für die Subventionstätigkeit sein. Insbesondere auch im Lichte des Art. 18 B.-VG. Hier bedarf es eines ausgebildeten Gesetzes. Und die Frage, die etwa das deutsche Bundesverwaltungsgericht im Urteil vom 19. 12. 1958 angeschnitten hat, ob Subventionen einer gesetzlichen Grundlage bedürfen, das ist eine Frage, die in unserem Bereich gar nicht gestellt werden müßte. Eng damit verknüpft ist das Problem der Willkür bei Subventionsvergaben. Hier taucht der Gleichheitssatz auf, der dann seine besondere Bedeutung durch die in den Rechtsvorschriften vorgenommene Verkoppelung von freiem Ermessen und unbestimmtem Gesetzesbegriff gewinnt. Und hier ist meiner Meinung nach das Ventil für mögliche Gleichheitssatz-Verletzungen. Der effektive Rechtsschutz ist damit verbunden; in Österreich hängt dieser von der Form des Aktes ab, mit dem Subventionen vergeben werden. Die Dinge sind nicht ganz klar; und wir kennen einige gerichtliche Entscheidungen, wo man erklärt, man sei unzuständig, und auch von verwaltungsgerichtlicher Seite erklärt, man sei unzuständig, d. h. also, es gibt in gewissen Fällen keinen Rechtsschutz. Das alles wirft für die Staaten das Problem der Drittwirkung auf. Selbstverständlich — und in Österreich in besonderem Maße — ist die Frage, ob der Staat bei Subventionsvergaben als Träger von Privatrechten handelt und hierbei an die Grundrechte gebunden ist. Wie Sie wissen, bietet die österreichische Verfassung — Art. 17 B.-VG. — eine Bestimmung, die ausdrücklich den Staat als Träger von Privatrechten voraussetzt. Wenn man die Materialien zum B.-VG. hierbei berücksichtigt, wird man sehen, daß man im Jahre 1920 lebhaft über diese Frage diskutiert hat, auch über die Subventions- und Fondsfrage. Daß die Subventionierung die Budgethoheit und die Budgetbetroffenheit aufreißt, ist selbstverständlich; dann betrifft sie auch die Organisationsgewalt. Es mag vielleicht interessant sein, daß vom Verwaltungsorganisatorischen her die Tendenz sichtbar ist, daß jedes Ministerium allmählich seine Gelder in Form von Fonds zur Verfügung gestellt erhalten wissen will, um sie zu vergeben, also autark werden will, so wie eine ganze Anzahl österreichischer Bundesminister sich Bildungsanstalten zulegt, um auch hier autark zu sein. Ich erinnere nur an die Diplomatische Akademie des Bundesministeriums für Auswärtige Angelegenheiten, die Landwirtschaftlichen Schulen, die dem Landwirtschaftsministerium zugehören. Man braucht dann nur in den erläuternden Bemerkungen der jeweiligen Bundesfinanzgesetze nachzulesen, um festzustellen, daß nahezu jedes Ministerium ein erhebliches Maß an Geldern erhält, um zu subventionieren. Ich erspare es mir aufzuzählen, welche

Typen: Nahrungswirtschafts-Subventionen, Subventionen im Verkehrssektor, für die Ausfuhrwirtschaft, die verstaatlichte Industrie, Schuleinrichtungen, Sporteinrichtungen, auf dem Gebiete der Landwirtschaft, für politische Parteien durch Erlässe in bezug auf Steuerbegünstigungen, für Jugendorganisationen, für Feuerwehrorganisationen, und so könnte ich Ihnen ein ganzes Bouquet von derartigen Subventionsvorgängen ausbreiten, etwa 3000 Mill. Schillinge im Jahr 1964! Jedenfalls zeigt sich, daß man überall dort subventioniert, wo früher die Gesellschaft oder die Mäzene der bürgerlichen Gesellschaft aufgetreten sind; an deren Stelle tritt der Staat. Wenn man die einzelnen Rechtsvorschriften analysiert, sofern es solche gibt, so zeigt sich eine ganze Summe von Mitteln. Nur um Typen zu nennen: Es kann eine Subvention „gewährt werden", das ist ein Ausdruck; es „wird eine Subvention gewährt", es wird „ein Anspruch gewährt", es wird „Eigentum zugunsten eines Förderungswürdigen entzogen". Also es gibt eine ganze Fülle von technischen Mitteln, die sowohl dem öffentlichen Recht als auch dem Privatrecht entnommen sind. All diesen Techniken ist ein Verwaltungsapparat beigegeben. Ein Verwaltungsapparat, der den einzelnen betrifft. Wenn es etwa um Subventionierungen auf dem Gebiete der Wohnungswirtschaft geht, muß man in Fragebögen Erklärungen abgeben, die so in die Privatrechtssphäre des einzelnen eindringen, daß man sich geradezu einer Inquisition gegenübersieht, will man Subventionen erhalten. Wenn man von dorther beachtet, wie die Akten von den Finanzressorts zu einem anderen Ressort verwiesen werden, so wird man sich der Einheit der Staatsgewalt besonders bewußt. Ein besonderes verwaltungsrechtliches Phänomen der Subvention — ich glaube es ist in Österreich typischer ausgebildet als in der Bundesrepublik Deutschland — ist das „Fondswesen". Der „Fonds" scheint mir das Mittel zu sein, mit dem man, zumindest nach 1945 vor allem das Problem der Subvention organisatorisch zu gestalten versucht. Wenn Sie die Entwicklung des Fonds vor dem ersten Weltkrieg bis heute verfolgen, werden Sie erkennen müssen, daß der Fonds einen Bedeutungswandel größten Ausmaßes durchgemacht hat. Er wird in Österreich, sofern er für Subventionen maßgebend ist, als Juristische Person des öffentlichen Rechts konstruiert.

Zwischenruf: Vor allem muß man fragen, wo denn da die gesetzliche Grundlage ist, Herr Ermacora.

Ermacora: Die bedeutsamsten Fonds sind durch einzelne Gesetze festgelegt. Aber immerhin, der Fonds, der sich ausbildet, der sich von der toten Masse, der er gewesen ist, zu einer ungemein lebendigen Verwaltungseinheit ausgebildet hat, mit eigener Rechtsetzung, mit eigenen Richtlinien, mit eigenen Erlässen, mit eigener Gebarung, mit eigener Wirtschafts- und Personalpolitik. Wenn man hineintritt in diese Problematik der Rechtsetzung, so glaube ich, findet sich auch der Fachmann kaum zurecht. Ich möchte nur aufmerksam machen, daß gerade die Untersuchung des Fonds in Österreich ein lohnendes Beispiel für die moderne Subventionspraxis wäre. Beachten Sie, daß etwa Herrnritt in seinem berühmten Stiftungsrecht noch die Stiftung als das besondere Mittel erkannt hat, während sich die Bedeutung der Stiftung ja längst gewandelt hat!

Ich darf meine Skizze ganz kurz beschließen und möchte nur mit einem Satz enden, den Carl Schmitt in einer wissenschaftlichen Abhandlung geprägt hat, und wie mir scheint, treffen diese drei Worte das Problem der gesamten Subventionswirtschaft: „Nehmen, Teilen, Weiden."

Ehmke: Schönen Dank, Herr Kollege Ermacora.

Wir kommen zum ersten Thema der Diskussion. Die beiden Herren Referenten waren offenbar glücklich ausgewählt. Sie sind, soweit ich das feststellen konnte, in allen Punkten verschiedener Meinung. Im ersten Punkt — Begriff der Subvention — versucht Herr Zacher fast eine Definition der Subvention zu geben, die er — etwas übertrieben gesprochen — in einer Art Subventionsgesetzbuch typenmäßig festlegen möchte. Der pragmatische Hanseat Ipsen meint dagegen, man komme schon mit den gegebenen rechtlichen Mitteln durch die ganzen Schwierigkeiten hindurch. Zu diesem ersten Thema darf ich zunächst Herrn Kollegen Kaiser das Wort geben.

Kaiser: Um möglichst dem (gestern bemerkten) Risiko zu entgehen, die großen Perspektiven der beiden Referate aus dem Blick zu verlieren, möchte ich mir erlauben, zu dem Subventions*begriff*, vornehmlich unter den Gesichtspunkten der Fortbildung unserer Rechtsordnung, ein paar Bemerkungen zu machen.

Herr Ipsen hat das Thema vornehmlich im Zusammenhang einer der großen Staatsaufgaben gesehen, nämlich der *Umverteilung*, und dem stimme ich ganz zu. Ich möchte aber hervorheben dürfen, daß Subventionen doch auch der *quantitativen* Steuerung wirtschaftlicher Abläufe dienen, und dafür haben sich ja auch aus beiden Referaten zahlreiche Beispiele ergeben.

Der Umstand, daß ich als erster in der Diskussion rede, erleichtert es mir, dazu Bezug zu nehmen auf den letzten Satz der Thesen von Herrn Pernthaler, in dem er in schöner Formulierung diesen Gesichtspunkt, nämlich den der ökonomischen Krisenkontrolle der dynamischen Wohlstandsgesellschaft und ihres Staatswesens hervorhebt. Von hier aus würden sich auch Perspektiven ergeben auf die Rolle des pouvoir neutre oder der verschiedenen neutralen Gewalten und Autoritäten, aber das bleibt mir hier selbstverständlich nur anzudeuten.

Unter den Merkmalen des Subventionsbegriffs kommt nun — und darin, glaube ich, stimmen beide Referenten überein — einem Element offenbar Vorrang zu: das ist der Subventionszweck. Wenn Sie erlauben, möchte ich dazu ein paar Bemerkungen machen. Subventionszweck wird von Herrn Zacher geradezu als das Geheimnis des Subventionsbegriffs bezeichnet; und ich glaube, damit hat er recht. Warum der Zweck für die Subventionen und auch für deren Definition so wesentlich ist, darüber ließe sich viel sagen unter dem Gesichtspunkt der Beschleunigung der technologischen und der gesamten wirtschaftlichen und sozialen Entwicklung.

Ich möchte hier aber lediglich zunächst eine kleine Differenz in der Terminologie beider Referenten hervorheben: während, wenn ich das richtig verstanden habe, Herr Ipsen synonym von Zweck und Ziel spricht, hat Herr Zacher vor allem den Terminus Zweck verwandt. Es erscheint mir bemerkenswert, daß Clausewitz zwischen Zweck und Ziel unterscheidet und diese Unterscheidung, in englischer Version: objectives and targets, auch in einer Definition planvoller Wirtschaftspolitik durch die Economic Commission for Europe der Vereinten Nationen aufgegriffen worden ist. Ich glaube, daß man in der Tat den Begriff Zweck im Sinne dieser inzwischen also international gewordenen Terminologie (wirtschaftspolitisch wie militärisch) dem Strategischen zuordnen sollte, während Ziel eher das Taktische bezeichnet.

Wichtiger ist jedoch, daß der ganze Subventionskomplex, und zwar der normative wie der administrative, in einer bemerkenswerten Zweck- und Zielabhängigkeit steht. Daraus ergeben sich Folgerungen, gerade auch im Hinblick auf die These von Herrn Zacher, der sagt, das Gesetz müsse das primäre Ordnungsinstrument im Subventionswesen sein. Zwischen Subvention und dem überkommenen Gesetzesbegriff besteht jedoch ein wesentlicher Unterschied, den ich verkürzt auf die Formel bringen möchte, daß das Gesetz als normative Setzung, vornehmlich aus dem in der Vergangenheit liegenden Akt der Normsetzung, zu definieren und auch zu interpretieren ist, während der ganze Subventionskomplex, wiederum soweit es sich um Regeln wie um administrative

Akte handelt, zu definieren und, was mir besonders wichtig zu sein scheint, zu interpretieren ist aus dem in der Zukunft liegenden Subventionszweck. Selbstverständlich kennt auch die Auslegung von Gesetzen eine teleologische Berücksichtigung der Entwicklung, aber dennoch scheint mir hier ein wesentlicher Unterschied zu liegen. Und ich möchte mir hier die Frage erlauben dürfen, ob sich daraus nicht Konsequenzen ergeben für die Auslegung von Subventionsregeln oder -akten, möglicherweise auch für die Auslegung der Kompetenzbestimmungen, die in Subventionsregeln enthalten sind. Ist es nicht sogar so, daß die Bindung der Exekutive an Subventionsgesetze schlechterdings anderer Art ist als die Bindung der Exekutive an Gesetze im klassischen Sinn? Ich meine, die Bindung sei um eine Nuance geringer insofern, als das subventionierende Handeln der Exekutive stärker von einem in der Zukunft liegenden Subventionszweck her bestimmt wird als von dem in der Vergangenheit liegenden Gesetzgebungsakt.

Zacher: Herr Kaiser, ich wundere mich fast, daß Ihnen das so entgangen sein sollte, daß ich in meinem Referat ja auch betone, daß die Gesetzesabhängigkeit hier fortgedacht werden muß. Ich habe es betont für die Verteilungsordnung; ich konnte aber nicht auf alle Aspekte eingehen. Aber in jeder Hinsicht müssen wir die ganze Apparatur fortdenken. Ich habe u. a. gesagt, daß die bloße Ausdehnung der Gesetzesabhängigkeit der Eingriffsverwaltung auf den Bereich der Subvention unsinnig ist. Wobei ich ja auch mit Herrn Ipsen darin übereinstimme, daß wir gar nicht von einer Ausdehnung auf die Leistungsverwaltung oder so etwas ähnlichem reden sollten. Das führt nur in die Irre; denn Subvention ist gar nicht so sehr Leistungsverwaltung. Ich habe immer wieder den Ausdruck Kooperation gebraucht, und das soll ja etwas bedeuten. Also ich stimme mit Ihnen vollkommen überein, ich bin aber gerade der Meinung — und auch darauf lege ich Wert —, daß das nicht zur Resignation des Rechts führen darf, sondern daß wir uns einfach etwas einfallen lassen müssen, daß das Recht hier dem Phänomen folgen muß und nicht vor dem Phänomen kapitulieren darf.

Ipsen: Ich pflichte Herrn Kaiser vor allen Dingen in seiner Schlußbemerkung vollauf zu. Denn ich bin der Meinung, daß ein Subventionsgesetz sich im Typ im wesentlichen darin erschöpfen wird, den Subventionszweck zu setzen und dafür zu sorgen, daß die Mittel bereitgestellt werden. Das aber ist die Brücke zu der weiteren Frage, die auch Herr Ermacora berührt hat, warum dann das Haushaltsgesetz, das ebenfalls parlamentarischen Segen findet, mit der Zweckbestimmung und der Mittelbereitstellung nicht genügen soll. Was anderes sollte in einem Subventionsgesetz stehen? Meine Zwischenfrage an Herrn Ermacora, wo denn die Fonds geregelt seien, bekam die Antwort, das alles sei schön gesetzlich geregelt. Diese Gesetze enthalten aber nichts anderes als Zwecksetzungen und keine Normen vom Typ des normalen Dauergesetzes. Herr Kaiser hat den Nagel auf den Kopf getroffen, wenn er auf diesen Unterschied hinweist mit der Konsequenz, daß die Subventionsverwaltung auch an nichts anderes gebunden sein kann als daran, diesen Zweck zu realisieren.

Ehmke: Herr Ipsen, es gibt ja Gesetze, die direkt den Bürger binden, gewissermaßen Self-executing-Gesetze, und Gesetze, die nur ein Auftrag an die Verwaltung sind und erst von der Verwaltung zur Rechtsbindung des Bürgers konkretisiert werden. Sind Sie der Meinung, daß die Subventionsgesetze und auch die haushaltsgesetzlichen Ansätze zunächst nicht den Bürger, sondern nur die Verwaltung betreffen im Sinne eines Auftrags des Gesetzgebers und erst die Richtlinien der Verwaltung, denen Sie ja Rechtscharakter beimessen, eine Bindung oder auch Berechtigung des Bürgers schaffen? Ist das Ihre Meinung?

Ipsen: Im Urtyp sieht ein Subventionsgesetz so aus, und wenn ich dazu einer Bestätigung bedurft hätte, dann in jenem famosen Entwurf des österreichischen Bundesfinanzministeriums, das die Sache nicht anders formuliert als in der Erklärung, die zuständigen Behörden seien befugt, Förderungsmittel auszugeben für die und die Zwecke. So sieht das Gesetz aus (ganz abgesehen von der pervertierten Rechtsform der bürgerlich-rechtlichen Schenkung). Meine Bitte an Herrn Zacher wäre die, ob er uns nicht ein Modell eines Subventionsgesetzes hier an die Wand malen könnte.

Zacher: Ich trenne ja zwei Bereiche. Die Dauerordnung ist möglich als Ordnung der Subventionsverhältnisse, die in beliebiger Vielfalt entstehen können, genau so, wie beliebig viele Mietverträge entstehen können auf Grund des Bürgerlichen Gesetzbuches.

Zwischenruf: Das ist allgemeiner Teil.

Zacher: Das ist deswegen noch kein allgemeiner Teil. Der allgemeine Teil des Verwaltungsrechts entsteht vielleicht noch einmal woanders. Ich meine hier eine Ordnung, die einzelne Typen von Subventionsverhältnissen bereitstellt. Insofern ist das Wichtigste überhaupt, daß wir einmal sehen, daß die Apparatur, mit der wir im Augenblick arbeiten, für das Innere des Subventionsverhältnisses nicht ausreicht. Ob wir die erwähnte Maximalforderung einer Kodifikation erreichen können, ist eine andere Frage. Aber jedenfalls wären in der von mir postulierten gesetzlichen Ordnung die Typen der Subventionsverhältnisse zu erfassen; und die sind gar nicht so schwierig zu erfassen, ganz abgesehen davon, Herr Ipsen, daß wir ohnehin eines Tages auf ein öffentliches Schuldrecht hinauskommen müssen in einer Zeit, in der wir so viele Leistungspflichten in der öffentlichen Verwaltung haben. Das ist der eine Teil. Und ich bin der Meinung — das steht auch in meinen Leitsätzen —, daß die andere Frage der Zweckbestimmung — sozusagen was man in diese so geordnete Subventionsmaschinerie hineingibt, nämlich Summen und Zwecke —, daß diese Frage durchaus vereinfachten Beschlußverfahren überlassen bleiben kann. Das z. B., was die Österreicher — ich meine die dort kompetenten Österreicher — als Subventionsgesetz entworfen haben, das hat mit m e i n e n Vorstellungen von einer Rechtsordnung der Subvention überhaupt nichts zu tun. Wer gibt für welchen Zweck was hinein — das muß in dieser Rahmenordnung dann geregelt sein. Was ich verlange, ist eben die Kooperationsordnung, die Verteilungsordnung, die Verfahrensordnung, die Ordnung des einzelnen Rechtsverhältnisses. Und das allerdings, Herr Ipsen, muß ich zugeben: meine Zeit der Vorbereitungen hat nicht ausgereicht, einen Gesetzentwurf mitzubringen. Ich hätte es sonst nicht versäumt.

Partsch: Ich möchte Herrn Zacher mit einer Frage an Herrn Ipsen zu Hilfe eilen. Eigentlich hatte ich erwartet, er würde es mir jetzt gleich schon vorwegnehmen. Herr Ipsen hat völlig recht, daß der Haushaltsplan genügt, wenn da nur geschrieben steht, wieviel wofür gegeben werden darf. Aber ich glaube, es sieht anders aus, wenn die zulässigen Auflagen — und Herr Zacher hat uns ja sehr plastisch geschildert, was da alles möglich ist — geregelt werden. Dann kommen wir nämlich wirklich in die echte Normativität hinein. Darf ich Sie, Herr Ipsen, fragen, ob Sie damit einverstanden wären oder ob Sie das auch anders sehen?

Ipsen: In meinem Opus von 1956 habe ich den Fall einer Schiffbaufinanzierung mit Auflagen geschildert, die den subventionierten Reedereien ein Korsett in ihren Personalaufwendungen anlegen. Das war der erste Fall, in dem das problematisch wurde. Ich bin ganz der Meinung, daß dieses Staat-Bürger-Verhältnis in der Ausgestaltung der Subventionszuwendungen mit Auflagen und Bedingungen grundrechtlich von großem Belang ist. Andererseits meine ich — ich verweise auf meinen Leitsatz 18 —, daß dieses Problem mit den üblichen Kategorien unseres allgemeinen Verwaltungsrechts bewältigt werden kann, und zwar insbesondere durch Herstellung der gebotenen rechtsstaatlichen Relation zwischen Subventionszweck und Auflagen. Wenn die Auflage in meinem Beispiel den Zweck hat, den persönlichen Aufwand der Reedereiinhaber zu dämpfen, dann ist das vernünftig und kann mit dem Subventionszweck harmonisiert werden. Aber wenn, wie wir hier aus dem österreichischen Bericht von Herrn Ermacora gehört haben, Wohnungsbau- oder Mietsubventionen mit der Auflage gegeben werden, zur rechten Zeit die rechte Flagge zu zeigen, dann würde ich allerdings in der Tat sagen, daß das nicht adäquat ist. Und der Vorgang des Films „Eva im Abendkleid", der mich zuerst mit dem Subventionsthema in Berührung gebracht hat, war problematisch, weil dem Produzenten damals die Filmsubvention nicht mit der Begründung verweigert werden sollte, „Eva im Abendkleide" tauge nichts, oder das Mädchen sei nicht hübsch genug oder der Film unanständig, sondern deshalb, weil die politische Gesinnung des Produzenten den geldgebenden Instanzen nicht behagte. Das waren also im Grunde Aspekte des Artikels 18 GG. Ich bin völlig Ihrer Meinung, Herr Partsch, daß das ein wesentlicher Gesichtspunkt ist, aber ich glaube, daß er mit dem Instrumentarium unseres Verwaltungsrechts gemeistert werden kann und dazu insbesondere die verwaltungsgerichtliche Kontrolle, die ich heute wesentlich gewichtiger ansetze als Herr Zacher sie einschätzt, geeignet ist, Rechtsstaatswidrigkeiten zu begegnen.

Ehmke: Herr Ipsen, von einem Versuch, wie ihn Herr Zacher unter Ziffer 2 vorgenommen hat, „Subvention" näher zu definieren und sie dann einer einzelgesetzlichen Ausgestaltung zuzuführen, würden Sie abraten?

Ipsen: Jawohl, so ist es.

Kafka: Darf ich vielleicht zu dem, was Herr Partsch gesagt hat, noch eine Zusatzfrage an Herrn Ipsen stellen. Scheint es nicht einer gesetzlichen Normierung zu bedürfen, w e r berechtigt ist? Oder soll nur an den objektiven Tatbestand angeknüpft werden, z. B. daß jemand — er sei dazugekommen wie er wolle — ein kriegsbeschädigtes Haus hat und nun eine Subvention bekommt, weil er das Haus wieder aufbaut? Oder soll hier die Verwaltung auch einem Millionär, der das Haus ja wohl auch aus eigenen Mitteln aufbauen könnte, eine Subvention geben? Muß da nicht eine Bedürftigkeitsprüfung eingeführt werden? Oder muß nicht, wenn ich für eine Wohnung Subvention bekommen habe, dann eine Sperre für eine abermalige Wohnhaussubvention eingeführt werden? Die kleinen Eigenmittel sind für einen reichen Mann verhältnismäßig leicht aufzubringen; der kann dann drei Wohnungen mit Subvention bauen und zwei davon unter verschiedenen Tarnmöglichkeiten lukrativ vermieten. Wenn hier die Verwaltung nach Ermessen handeln darf, im Rahmen einer reinen Zweckbestimmung, dann sehe ich die Gefahr gröbsten Mißbrauchs voraus. Darum scheint es mir nicht nur unter dem Gesichtspunkt der Auflagen, die Herr Partsch meint, sondern auch unter dem Gesichtspunkt der Bestimmung des Berechtigten von großer Bedeutung, daß hier gesetzlich normiert wird.

Bullinger: Herr Zacher, Sie wollen die Subvention auf Vergabe von Mitteln an natürliche oder juristische Personen des Privatrechts beschränken. Herr Ipsen hat seinen „Urfaust", wie ihn Herr von Simson schon getauft hat, seine Schrift von 1956 betitelt: „Öffentliche Subventionierung Privater." Meine Frage geht dahin — das jetzige Thema hieß ja „Verwaltung durch Subvention" —, ob man hier nicht einen mehr funktionalen Begriff an die Stelle setzen muß. Denn wenn wir die Subvention etwa von der Verfälschung der Wettbewerbsordnung her sehen, dann wirkt die Subventionierung der wirtschaftlichen Tätigkeit der öffentlichen Hand, ob in den Rechtsformen einer privatrechtlichen juristischen Person oder in der Form eines Eigenbetriebs, ja funktional gleich wie die Subventionierung privater Wirtschaftstätigkeit. Herr Zacher, Sie haben sehr schön das Funktionale der Subvention herausgearbeitet; müßten Sie dann nicht auch hier die Konsequenzen ziehen und die Vergabe von Mitteln an Stellen, die der Form nach nicht privat sind, in die Subvention einbeziehen?

Zacher: Das Problem habe ich bei der Definition durchaus gesehen. Ich wollte die Definition nicht mehr damit belasten, sondern mir genügte es, daß die vollkommene Gleichheit des Problems sich nur dann ergibt, wenn der Staat in diesen Fällen voll in die Bürgersphäre eintaucht.

Bullinger: Darf ich eine Zusatzfrage stellen?

Im Steuerrecht wurden früher Vergünstigungen für eine wirtschaftliche Tätigkeit im öffentlichen Interesse im allgemeinen nur gegeben, wenn diese Tätigkeit von Körperschaften des öffentlichen Rechts durchgeführt wurde. Jetzt knüpft man zunehmend nicht mehr an die Rechtsform, sondern an die Funktion an und stellt alle Wirtschaftseinheiten gleich, die dieselbe öffentliche Aufgabe erfüllen; private Wirtschaftseinheiten werden also im Steuerrecht mehr und mehr als den Wirtschaftseinheiten der öffentlichen Hand gleichwertig behandelt. Meine Frage ist, ob man nicht umgekehrt bei den Subventionen die Wirtschaftseinheiten der öffentlichen Hand den privaten Wirtschaftseinheiten gleichstellen müßte, weil die Verwaltungs- und Verfassungsprobleme wesentlich gleichgelagert sind.

Zacher: Ich habe, wenn Sie vielleicht weitergelesen haben in meinen Leitsätzen unter III Nr. 5 den Text: „Öffentliche Finanzzuweisungen treffen nicht auf die Rechtssphäre des Individuums. Für die Subvention ist die öffentliche Hand eine qualitative Einheit." Mein Ausgrenzungskriterium war dieses: Muß ich Rechtsverhältnisse gestalten, bei denen ich die spezifischen Bürgerrechte in Anrechnung bringen muß? Und das muß ich beim Staat, wie Sie mir zugeben werden, nur ganz ausnahmsweise. Das ist ja auch beim Drittwirkungsproblem so. Daß wir den Fiskus privaten Subjekten so völlig gleichstellen infolge überkommener Zustände usw., das ist nur für einen relativ engen Bereich. Und dafür glaube ich, keinen Zusatz in der Definition nötig zu haben.

Bullinger: Ich wollte nur eines zum Abschluß sagen: Gibt es noch den Staat als eine in sich geschlossene Einheit?

Ehmke: Darf ich bitten, vielleicht stärker auch auf die Frage einzugehen, ob sich für die drei folgenden Fragen: Organisation, Gesetzmäßigkeit und Grundrechte wirklich etwas Grundsätzliches ändert, wenn man den Subventionsbegriff enger oder weiter faßt. Wenn wir vielleicht das noch etwas diskutieren könnten, um sicher zu sein, daß wir für die Diskussion der nächsten Fragen wirklich den Gegenstand anvisiert haben, den diese Fragen betreffen.

Badura: Es ist, wie ich glaube, ein wesentlicher Fortschritt der heutigen Referate gewesen, daß mit aller Eindeutigkeit erkennbar geworden ist, daß die Subventionsverwaltung tatsächlich nicht einfach in dem Sinn eine „Leistungsverwaltung" ist, wie etwa die Sozialverwaltung oder die Fürsorgeverwaltung, sondern daß der eigentliche juristische Kern der Subventionsverwaltung das Moment der Sozialgestaltung und der Lenkung ist; so in der These 20 von Herrn Ipsen. Wenn das aber richtig ist, dann ergibt sich für den Begriff der Subventionen, daß — wie ja auch schon hervorgehoben wurde — sein wesentliches Merkmal der Zweck ist. Um so mehr hat es mich überrascht, daß Herr Zacher in seiner Begriffsbestimmung immer von dem „Schuldverhältnis“ gesprochen hat, so unter B I seiner Leitsätze, und von einer „Interessenstruktur“ des Subventionsverhältnisses. Wenn die Subventionierung Sozialgestaltung, wenn sie intervenierende Wirtschaftsverwaltung ist, ist, finde ich, der Ausdruck „Interessenstruktur“ eine gewisse metabasis eis allo genos, und ist mir auch nicht ganz einleuchtend, inwiefern man von einer „kooperativen“ Interessenstruktur sprechen kann, es sei denn, daß man eben hier überhaupt eine Auflösung der subventionierenden Verwaltung in eine kompromißhafte Ausgleichung gruppierter Interessen sieht. Meine Frage an Herrn Zacher läßt sich vielleicht so präzisieren: Ist es nicht ein Widerspruch, auf der einen Seite in so präziser Weise hervorzuheben, daß Subventionierung Sozialgestaltung, Lenkung ist, auf der anderen Seite aber von einem Verhältnis zu sprechen, das primär kooperativ sei? Denn Kooperation kann ja hier wohl nur gemeint sein als ein Verhältnis zwischen dem Begünstigten und der Verwaltung. Auch für die von mir jetzt nicht zu erörternden staatsrechtlichen Fragen, die Grundrechtsfrage und die Frage des Gesetzesvorbehalts, dürften sich entscheidende Konsequenzen daraus ergeben, daß der Begriff der Subventionierung aus dem Globalbegriff der Leistungsverwaltung herausgenommen und klar erkannt wird, daß hier Sozialgestaltung und Lenkung stattfindet.

Dürig: Ich glaube, daß wir schon hier beim Subventionsbegriff die Weichen stellen für alle weiteren Punkte: Ich habe den Eindruck, daß bei den beiden Herren Referenten doch bewußt oder unbewußt ein verschiedener Subventionsbegriff, auch vom Zweck her gesehen, Herr Badura, zugrunde liegt. Ich habe so den Verdacht, daß Herr Zacher eigentlich unter Subvention, zumindest als Endziel, eine „Kategorialförderung“ versteht. Dafür sprechen seine ganzen Publizitätsanforderungen, seine Eigentumsargumentation und dergleichen. Damit läge der Akzent auf der egalité, das stellt dann, wie gesagt, die materiell-rechtlichen Kontrollweichen. Während sich doch Herr Ipsen (er hat bewußt die Sozialhilfen ausgeklammert, hat sich bewußt auf die Wirtschaftssubvention beschränkt und, Sie wollen nicht vergessen, hat bewußt die Kategorialförderung, etwa bei den Eiern und dergleichen, ausgeklammert) auf die spannenden Fälle beschränkt. Und da ist doch die Subvention eben ein „Einzelstrahler“, nicht ein „Dauerregen“, ein Guß, eine Spritze, eine Einzelhilfe. Und für diese Art von Subventionen ist doch eben geradezu begriffsnotwendig die gewollte Ungleichheit, daß man jemanden bewußt bevorzugt.

Folgerichtig argumentiert Herr Ipsen, anders als Herr Zacher, auch nicht mit dem letztlich immer statischen Eigentumsschutz nach Art. 14 GG. Beide Subventionen sind wirtschaftsgestaltend, sicherlich. Aber die eigentlichen Probleme und die erregenden Probleme liegen bei jenen okkasionellen und gleichsam „diffusen" Subventionen, die eigentlich doch wohl Herr Ipsen im Auge hatte. Und für diese Form von Subventionen, Herr Ipsen, bin ich in der Tat der Meinung, daß ein subventionierendes Gesetz nicht mehr regeln kann als den Zweck und die Zur-Verfügungstellung der Mittel. Während bei Ihrer Subvention, Herr Zacher, die Kategorialförderung dann das „Wie" bis in alle Einzelheiten durchnormieren kann. Ich wäre dankbar, wenn Sie mir zugestehen, daß Sie hier vielleicht einen verschiedenen Subventionsbegriff zugrunde gelegt haben.

Zacher: Ich könnte mir nicht vorstellen, daß das, was Sie unter „Spritzenförderung" oder so ähnlich bezeichnet haben, nicht zu meinem Subventionsbegriff gehört. Zu meinem Subventionsbegriff gehört das genauso, wie das, was Sie Kategorialförderung nennen, die breiter gestreute Hilfe. Es ist sicher eine der größten Schwierigkeiten, vor denen man beim Nachdenken über Subventionen steht, die Vielfalt der Phänomene irgendwie in den Griff zu bekommen. Ich glaube aber, wir bekommen sie nur in den Griff, wenn wir die Vielfalt sehen. Und darauf geht auch meine Definition aus. Ich habe meine Vorbereitung auf dieses Referat im Schwerpunkt auf das Recherchieren des tatsächlichen Materials — wie geschieht Subvention? — konzentriert. Und ich bin darauf gekommen, daß in der Literatur nur ein sehr kleiner Teil der Formen, die überhaupt vorkommen, auch nur erwähnt wird. Und darum mein relativ weiter Begriff, von dem ich glaube, daß wir von ihm aus die Interessenlage erforschen und von daher die Ordnung nehmen können, Herr Badura. Mir ist nicht ganz klar, warum Sie sagen, der Hinweis auf die Interessenlage habe Sie befremdet und sei Ihnen ungewöhnlich vorgekommen, wenn von Lenkung gesprochen wird. Warum soll es da keine Interessen geben?

Badura: Öffentliche Verwaltung hat mit Zwecken zu tun. Dagegen ist Interesse etwas Privatrechtlich-Koordinatives.

Zacher: Wenn Sie „Interesse" so einschränken von vornherein, leuchtet mir das nicht ganz ein. Ich würde sagen, ein Rechtsverhältnis richtig zu regeln, setzt voraus, die Interessenstruktur zu kennen und sie zu bewerten. Und eine Interessenlage in diesem Sinne ergibt sich immer auch, wo Staat und Bürger sich begegnen. Könnten Sie mir da nicht zustimmen, Herr Badura? Sie müssen doch das Verhältnis öffentliche Verwaltung—Bürger auch in der Eingriffsverwaltung irgendwie auf eine Interessenlage zurückführen und müssen dann z. B. sagen: Soll ich hier den Polizisten zuschlagen lassen oder soll ich ihn nicht zuschlagen lassen. Das ist auch eine Interessenlage Allgemeinheit—Bürger. Warum würden Sie sagen, das hat nur mit Zweck zu tun und nicht mit Interesse?

Ehmke: Herr Badura, ich glaube, Herr Zacher hat klargestellt, daß er „Interesse" nicht in privatrechtlich-individuellem Sinne meinte, so daß ich hier die Diskussion über Zweck und Interesse, wenn Sie einverstanden sind, gerne abbrechen möchte. Da wir die beiden Herren Referenten nicht dazu bringen werden, sich auf den engeren Begriff der Etat- oder Richtlinien-Subvention, auf den die Thesen von Herrn Ipsen zugeschnitten sind, oder auf den viel weiteren Subventionsbegriff von Herrn Zacher zu einigen, sollten wir jetzt ruhig versuchen, doppelgleisig zu fahren. Wir werden die Frage, welcher Begriff richtiger ist für die juristische Bewältigung der Probleme, ohnehin erst beantworten können, wenn wir gesehen haben, was der eine oder der andere Begriff für die Beantwortung der nächsten Fragen bietet. Wir sollten also Frage 1 — Subventionsbegriff — jetzt vorläufig abschließen. Für die weitere Diskussion möchte ich eine Änderung vorschlagen: Bis jetzt sind wir auf Organisationsfragen — Subventionsvermittlung, Einschaltung Privater (Beliehener) oder Stellung Bund—Land —Gemeinden — nicht eingegangen. Ich glaube, es ist besser für unsere Diskussion, wenn wir von der Frage 1 jetzt gleich auf Frage 3: Gesetzmäßigkeit, übergehen. Ich bedauere es zwar, daß die Organisationsfragen, die für die praktische Durchführung einer Subvention so entscheidend sind, wieder einmal zu kurz kommen. Aber so wie die Diskussion bisher gelaufen ist, scheint es mir richtig, den Punkt 2: Organisation, zurückzustellen, um bei der Diskussion über die Fragen der Gesetzmäßigkeit an das anschließen zu können, was bisher gesagt worden ist.

Stern: Ich glaube, Herr Kollege Ipsen hat mich als einen derjenigen angesprochen, der zu den zornigen jungen Männern gehört, wenn ich auch keine der von ihm inkriminierten Formulierungen gewählt habe. Dennoch, in dieser Richtung auf meinen Aufsatz aus dem Jahre 1960 zurückblickend, würde ich nicht im Zorn zurückblicken, sondern das Wesentliche doch aufrechterhalten, nämlich gerade die Ansicht, daß das Haushaltsgesetz nicht ausreicht, um die Subventionierung wirklich rechtsstaatlich einwandfrei abzusichern. Sicher ist eines, und das möchte ich betonen, weil ich hier vielfach mißverstanden worden bin:

Ehmke: Herr Stern, entschuldigen Sie. Sie müssen vielleicht dazusagen, daß Sie das auch für den speziellen Typ der Subvention, den Herr Ipsen im Auge hat, meinen.

Stern: Ja, ja, meine ich; und zwar nur von dem rede ich jetzt. — Das Legalitätsprinzip, und hier stimme ich mit Ihrer These Nr. 20, Herr Ipsen, überein, kann sicher nur *differenziert* für die Bereiche der Leistungsverwaltung herangezogen werden. *Ein* Bereich der Leistungsverwaltung ist die Subventionierung, und in *diesem* Bereich sollten wir — so meine ich — am Gesetzmäßigkeitsprinzip festhalten, nicht aber in *allen* Bereichen. Für die Kommunalverwaltung stellt sich die Frage wegen 28 Abs. 2 GG ebenso für die Universitäts- und Hochschulverwaltung wegen 5 Abs. 3 GG anders. Vielleicht aber, insofern möchte ich meine früheren Ausführungen modifizieren, sollte man auch im Bereich der einzelnen Subventionsarten und Subventionierungstypen differenzieren und hier ein abgestuftes Legalitätsprinzip einführen. Wenn wir aber jetzt die grundsätzliche Frage dahingehend beantworten, daß allein das Haushaltsgesetz genügt, dann meine ich, daß hierzu eine Umwandlung des Haushaltsgesetzes in seiner bisherigen Form notwendig ist, vielleicht sogar eine Änderung des Art. 110 GG. Um auf einen aktuellen Vorgang in anderer, in geradezu entgegengesetzter Richtung einzugehen: Das Bundesfinanzministerium, und ihm folgend die Bundesregierung, hat sich außerstande gesehen, seine antizyklische Finanzpolitik, die fiscal policy, allein mit den Haushaltsmöglichkeiten zu steuern, und zwar nicht nur wegen der Schranken des Art. 109 GG und des 28 Abs. 2 GG, sondern man hielt es für erforderlich, dem Finanzminister im Entwurf des Stabilisierungsgesetzes eigene Ermächtigungen zu Genehmigungen für Haushaltsausgaben und Haushaltsdrosselung, Investitionsstops und Investitionsanregungen durch ein spezielles, eben vom Parlament verabschiedetes Gesetz zu geben. Mir scheint, daß hier und ebenso bei Subventionen die Steuerungsfunktion des Haushaltsgesetzes aus der ausschließlichen Beziehung zwischen Exekutive und Legislative herausgerückt ist, aber bisher wegen Art. 110 GG und wegen des Bepackungsverbotes diese Steuerungsfunktion nur durch einen *zusätzlichen* gesetzgeberischen Akt erfüllt werden kann. Vielleicht kann man von daher einen Ansatz gewinnen, das

Haushaltsgesetz mit einem etwaigen Richtliniengesetz oder etwas Ähnlichem zu koppeln, um die Absicherungen doch in rechtsstaatlich-demokratisch einwandfreier Form zu finden.

Ein weiterer Punkt scheint mir folgender zu sein: Wenn Herr Zacher recht hat, daß Subventionsordnung Konfliktsordnung ist, und das ist meiner Meinung nach richtig und nicht nur unter dem Gesichtspunkt des Art. 14 GG, sondern auch unter dem des Art. 12 GG und, Herr Ipsen, wie Sie betont haben, auch unter dem des Art. 2 GG (Eingriff in die Wirtschafts-, Berufsfreiheit usw.), dann glaube ich, daß gerade zur Lösung dieser Konfliktsordnung eine gesetzliche Regelung erforderlich ist. Ich möchte sodann, wenn Sie gestatten, noch einen kleinen Rückgriff auf die Begriffsbestimmungsdebatte (Punkt 1) vornehmen. Herr Zacher hat in seiner Begriffsbestimmung die Zuwendungen gebunden an natürliche oder juristische Personen des Privatrechts. Sie schließen also die juristischen Personen des öffentlichen Rechts, Gemeinden, Zweckverbände usw. aus. Darf ich fragen, ob Sie diese Zuwendungen dann unter die Fondsverwaltung rechnen oder in welcher Einordnung Sie sie sehen würden, nachdem Herr Schindler ja gerade für die Schweiz gesagt hat, daß die Subventionen auch an Rechtsträger des öffentlichen Rechts gewährt werden könnten.

Zacher: Dazu ist die gleiche Antwort zu geben, die ich Herrn Bullinger erteilt habe. Ich habe leider den einschlägigen Abschnitt des Referats aussparen müssen. Es ist genau die Frage: wenn ich die spezifischen Rechtsverhältnisse ausgestalte, muß ich hier Grundrechtspositionen in Betracht ziehen? Die ziehe ich bei öffentlich-rechtlichen Trägern nicht in Betracht. In meinem Konzept heißt es dazu: hier werden die Grundrechtspositionen vertauscht mit dem Eigenwert der Kompetenzen und der spezifischen Aufgabe dieser Körperschaften. Das fordert andere Rechtsverhältnisse, andere Aufsichtsmöglichkeiten heraus usw. Und infolgedessen habe ich da ganz andere Zusammenhänge, obwohl sich natürlich vieles gleich abspielen wird.

Stern: Darf ich vielleicht noch etwas dazu sagen: Vielleicht sollten wir das als grundsätzliche Aufforderung auffassen, uns in Zukunft an diese Differenzierung ganz allgemein zu halten; denn die Probleme sind, wie gesagt, ganz verschieden.

Ipsen: Subventionieren von öffentlicher Hand zum Privaten und das Dotieren (so nennt Herr Wolff es) zwischen Finanzmassen sind höchst unterschiedliche Dinge und werfen ganz unterschiedliche Rechtsfragen auf. Das hat sich inzwischen herumgesprochen u. a. in den Auseinandersetzungen mit Herrn Köttgen, der ja das ganze Subventionswesen zunächst fast nur in den Finanzzuweisungen zwischen Finanzmassen gesehen hat. Er hat dazu den Franzosen Boulouis zitiert, der sich aber nur mit den Verhältnissen zwischen den Finanzmassen beschäftigt, nicht mit den Verhältnissen der öffentlichen Finanzträger zu den Privaten. Für mich ist Subventionierung wesentlich überhaupt nur eine Relation zwischen öffentlicher Verwaltung und Privaten. Alles andere ist uninteressant für die Themastellung, wie ich sie sehe. Und, Herr Stern, ich glaube, Sie können beruhigt sein: das ist auch in der Literatur weitgehend erkannt und berücksichtigt, und wer sich nicht daran hält, bringt das wenigstens zum Ausdruck.

Ehmke: Schönen Dank. Ich glaube, Herr Stern, wir können praktisch wirklich nur so verfahren. Bei Herrn Zacher steht ganz klar diese Trennung im Vordergrund, da er ja gerade auf das Bürger-Staat-Verhältnis das größte Gewicht legt. Ich glaube, die terminologische Klarheit ist jetzt erreicht, so daß wir hier weitergehen können.

Winkler: Meine Herren, ich sehe mich mit meiner Diskussionsbemerkung im Vorteil, weil ich mich bei meinen Ausführungen nicht nur an die österreichische Bundesverfassung halten kann, sondern auch an die Äußerungen des jüngeren Ipsen. Denn Herr Ipsen war so freundlich, uns hier zu offenbaren, daß er nicht mehr jener Meinung ist, die er einmal — was das Legalitätsprinzip anbelangt — vertreten hat.

Ipsen: Darf ich unterbrechen mit der Frage, inwiefern Sie meinen, ich hätte meine Meinung zum Legalitätsprinzip geändert? Darin bin ich nämlich durchweg in der Literatur mißverstanden. Ich werde dort immer als ein Apostel des Legalitätsprinzips hingestellt. Sie tun das offenbar auch.

Winkler: Ich möchte, verehrter Herr Ipsen, nur auf das Bezug nehmen, was Sie heute im Referat selbst gesagt haben. Nämlich, daß Sie sich im Gegensatz zu Ihren früheren Auffassungen auf die Meinung zurückziehen, daß es genügt, wenn Subventionen im Etat, im Staatshaushalt fixiert sind.

Ipsen: Ja, während ich früher erwogen habe, ob zusätzlich zum Etatgesetz ein formloser Beschluß nötig ist. Ich habe aber nie den Standpunkt vertreten, daß eine gesetzliche Normierung nötig sei. Das hat man mir unentwegt in die Schuhe geschoben. Das weise ich aber weit zurück.

Winkler: Es tut mir sehr leid, Herr Ipsen, daß ich mich nicht in dem Umfang, in dem ich es wähnte, auf den jüngeren Ipsen berufen kann. Das ist aus Ihrer heutigen Bemerkung nicht ganz so klar hervorgegangen. Dennoch glaube ich, daß Ihre These auch für uns Österreicher ein Anlaß zur Besinnung ist. Man kann nämlich nicht so schlechthin sagen, daß für den österreichischen Juristen das Legalitätsprinzip eine undiskutierbare Selbstverständlichkeit ist. Zwar sagen wir, daß die gesamte staatliche Verwaltung gemäß der Verfassung, eben des Art. 18, nur auf Grund der Gesetze erfolgen darf. Aber wir sind doch auch in mancher Hinsicht ein wenig nachdenklich geworden. Ich glaube, daß man das im Zusammenhang mit dem Legalitätsprinzip und der Subvention nicht außer acht lassen sollte. In den 20iger Jahren hat sich der Verfassungsgesetzgeber veranlaßt gesehen, auf Grund eines Judikates des Verfassungsgerichtshofs Art. 18 (2) der Bundesverfassung zu novellieren und statt „im Rahmen der Gesetze" „auf Grund der Gesetze" vorzusehen. „Die gesamte staatliche Verwaltung darf nur a u f G r u n d der Gesetze ausgeübt werden", heißt es heute. Dazu hat der Verfassungsgerichtshof im Laufe der Zeit eine reiche Judikatur entwickelt, und die Wissenschaft hat sich in den letzten Jahren immer wieder mit diesem Problem beschäftigt. Nun ist es eigentlich recht deprimierend festzustellen, wo wir heute angelangt sind. Wir sind nämlich trotz erwünschter Anerkennung bei einer Überspannung dieses Grundsatzes angelangt, etwa in der Richtung, daß die Formel des Verfassungsgerichtshofs, daß der Gesetzgeber das Handeln der Verwaltung im wesentlichen oder in wesentlichen Zügen determinieren muß, zu einer erschreckenden Kasuistik führt. Dies nicht nur in einer Konseqenz, die sich immer häufiger in der Judikatur des Verfassungsgerichtshofs zeigt, daß Gesetze als verfassungswidrig aufgehoben werden, weil sie das Handeln der Verwaltung nicht konkret genug bestimmen. Damit wird, wie ich glaube, der Verwaltung jener Spielraum genommen, der ihr die Entscheidung für eine relativ unbestimmte Zukunft und für relativ unbestimmte Fälle ermöglichen soll, soll sie ihren Zweck verwirklichen können. Wir sind nachdenklich geworden, möchte ich sagen. Wir sind nicht blinde Anhänger des Legalitätsprinzips. Es sind auch nach unserer Vorstellung bestimmte Grenzen in Richtung auf die Kasuistik vorgegeben. Denn die legistische Kasuistik führt nicht nur zu einer Zerstörung der Verwaltung, sondern auch des Konzeptes der Gewaltentrennung. Sie führt dazu, daß der Gesetzgeber eine Funktion erfüllt, die letzten Endes nicht ihm zukommt, sondern der Verwaltung.

Aber selbst im Hinblick auf diese Bedenken will ich meinen, daß das Legalitätsprinzip dennoch zu beachten ist, und daß wir nicht darauf verzichten können, die Frage der Subvention gesetzlich zu regeln, wollen wir andernfalls nicht Unsicherheit und Willkür und damit ausgesprochen rechtsstaatswidrige Tendenzen geradezu provozieren. Ob man das Ziel der Subvention gesetzlich verankern soll, vermag ich nicht zu beurteilen. Vielleicht ist das wirklich eine Frage, die der Verwaltung überlassen bleiben sollte. Aber Zweck und Mittel, Kompetenz und Verfahren müßten unbedingt gesetzlich geregelt werden. Es genügt nicht, wenn in einem Finanzgesetz festgelegt ist, daß für diese oder jene Zwecke hundert Millionen oder eine Milliarde Schillinge zur Verfügung stehen. Wenn diese angegebenen Fragen nicht gesetzlich geregelt sind und damit auch die Unterscheidung nicht beachtet und die Entscheidung nicht getroffen ist, ob die Angelegenheit öffentlich-rechtlich oder privatrechtlich ist, dann ist außerdem in sehr wichtigen Dingen der Verwaltung eine Freiheit eingeräumt, die nicht beabsichtigt sein kann. Denn es ist abzulehnen, wenn da und dort noch die Auffassung vertreten wird, daß die Verwaltung gewissermaßen das Belieben hat, zwischen privatwirtschaftlichen und hoheitlichen Mitteln zu wählen: eine Vorstellung, die dem rechtsstaatlichen Standpunkt direkt widerspricht.

So sehr ich einerseits Ihren Mut bewundere, Herr Ipsen, so sehr neige ich andererseits doch eher dazu, mich den Ausführungen Herrn Zachers anzuschließen; nicht zuletzt auch deshalb, weil ich aus Erfahrung sagen kann, daß selbst richtige wissenschaftliche Einsichten und Aussagen nichts vermögen, im Vergleich zur Praxis, die staatliche Organe pflegen können. Wissenschaftliche Erkenntnisse und daraus resultierende Entscheidungen sind auf der einen Seite vielfach auch nicht genug allgemeinverständlich, um durch die Praxis unmittelbar angewendet werden zu können. Auf der anderen Seite ersetzen sie weder die Ordnungsfunktion des Gesetzes noch den mit einer rechtlichen Regelung zwangsläufig verbundenen Rechtsschutz. Danke.

Pfeifer: Ich stimme mit dem Vorredner darin überein, daß ein Ansatz im Finanzgesetz, der etwa bloß in groben Umrissen den Zweck einer Subvention umschreibt, also sagt, die und die Summe steht in dem Finanzjahr zur Verfügung für diesen und jenen Zweck und weiter nichts, nach dem Legalitätsprinzip und nach dem rechtsstaatlichen Prinzip überhaupt unzulänglich ist. Es ist zum Teil schon in der österreichischen Literatur hervorgehoben worden, was als mehr oder weniger unerläßlich zu betrachten ist. Das hat auch früher Herr Kafka angedeutet, daß die Voraussetzungen, unter welchen eine solche Subvention für den gedachten Zweck an die Einzelperson geleistet wird, im Gesetz umschrieben sein müßten.

Auch das erachte ich als noch nicht genügend, denn es kann ja dann noch immer diese oder jene Summe vorhanden sein; es wird an soundsoviele, die die Voraussetzung erfüllen, eine Subvention gegeben und an soundsoviele andere, die ebenfalls eine Subvention haben wollen, nicht gegeben. Wenn man dann insbesondere, wie es in der Regel in Österreich geschieht, nicht mit hoheitlichen Mitteln in Form eines Bescheides, was vorzuziehen ist, sondern in Form von Verträgen, also mit privatrechtlichen Mitteln arbeitet, um den Interessenten eine Subvention zukommen zu lassen, so steht dem übergangenen Interessenten kein wirksames Rechtsmittel zur Verfügung, um die Übergehung zu bekämpfen, um dagegen anzukämpfen, daß nur der A und B und nicht auch der C und D etwas bekommen.

Das hängt natürlich mit dem Legalitätsprinzip und dem rechtsstaatlichen Prinzip innigst zusammen. Ich meine, ein Rechtsmittel müßte auch gegeben sein, und ich könnte mir also vorstellen, vielleicht darf ich damit schließen, daß außer den gesetzlichen Voraussetzungen, die jeder erfüllen muß, damit er überhaupt eine solche Subvention bekommt, ein erforderlicher Rechtsschutz gegeben sein muß. Ferner meine ich, daß man, da die Mittel meist beschränkt sind, so daß man, wenn man erst ziemlich freigebig ist, dann zum Schluß nicht alle befriedigen kann, daß man etwa so vorgehen könnte, wie es beispielsweise derzeit bei der Verteilung einer globalen Entschädigungssumme an Österreicher, deren ausländisches Vermögen von dem Staate, in dem es sich befand, eingezogen worden ist, geschieht: Daß zunächst einmal alle ihre Vermögensverluste anmelden müssen, daß dann Österreich auf dieser Grundlage mit dem Entzieherstaat verhandelt und eine bestimmte globale Entschädigungssumme vereinbart. Diese wird dann nach einem bestimmten gerechten Schlüssel, der die Höhe der einzelnen Vermögensverluste berücksichtigt, aufgeteilt auf diejenigen, die ihre Vermögensverluste angemeldet haben. Auf diese Weise würde, auch wenn die Summe unzulänglich ist, doch jeder verhältnismäßig zum Zuge kommen und es würde vermieden, daß infolge vorzeitiger Erschöpfung der Mittel ein Teil, der vielleicht zu spät davon erfahren hat, leer ausgeht.

Imboden: Darf ich, etwas monoman vielleicht, ebenfalls die These unterstreichen, wonach der Etat keinen Ersatz für die Norm bilden kann. In der Schweiz ist das schon deshalb ausgeschlossen, weil der Etat formal gar nicht auf Gesetzesstufe steht. Als Gesetz gilt nur der Erlaß, der unter Referendumsvorbehalt steht. Das trifft für den Etat nicht zu. Aber ich sehe von dieser Eigenart des schweizerischen Budgetrechtes ab. Ich würde meinen, daß auch technisch der Etat gar nicht in der Lage ist, das Wesentliche über eine Subventionierung auszusagen. Was muß denn im Zusammenhang mit einer Subventionierung überhaupt geregelt werden? Selbstverständlich muß der Betrag bestimmt werden. Abgesehen davon bedürfen zwei Fragen der Klärung. Einmal die Zwecksetzung. Es ist nun aber keine brauchbare Zwecksetzung, wenn in den Etat einfach das Wort „Rebbau" eingesetzt wird. Der Zweck muß sehr viel nuancierter umschrieben werden. Für eine derartige Differenzierung eignet sich der Etat nicht. Ich habe noch nie davon gehört, daß in einem Parlament eine Art Redaktionslesung über den Etat stattfinde. Man sieht davon ab, die Worte, die den ungefähren Budgetzweck bezeichnen, genau abzuwägen. Es ist im Gegenteil eine Tendenz vieler Finanzverwaltungen, heute die Wort-Bezeichnungen durch bloße Kennzahlen zu ersetzen.

Wäre im Etat die Zwecksetzung klar normiert, dann wäre damit wenigstens das Problem der Subventions-Auflagen gelöst. Aber ein zweites bedürfte in jedem Fall noch der näheren Regelung, nämlich die Festlegung der technischen Behelfe zur Sicherung der Gleichbehandlung. Die Subventionierung steht in jedem Fall unter dem Gleichheitsgebot. Das Gleichheitsgebot zu gewährleisten, hält im Falle der Subventionierung außerordentlich schwer. Die finanziellen Mittel sind immer beschränkt. Sehr oft sind sie in der Weise offen begrenzt, daß der für eine bestimmte Aufgabe zur Verfügung stehende Subventionsbetrag absolut limitiert wird. Wie kann bei einer solchen betragsmäßigen Kontingentierung die Gleichbehandlung gewährleistet werden? Um dieses Ziel zu erreichen, müssen ganz bestimmte Techniken entwickelt werden — Techniken, die sich nur im Rahmen einer Norm durchführen lassen. Nun hat freilich Herr Kollege Schindler darauf hingewiesen, daß Sie auch im schweizerischen Etat Subventionen finden, die nur im Etat festgelegt sind. Aber es sind bezeichnenderweise Subventionen, bei denen sich alle diese Fragen gar nicht stellen können. Praktisch geht es um Subventionen an konkret bezeichnete Empfänger, an juristische Personen zum Beispiel, bei denen der statutarische Zweck zugleich den Subventionszweck ausdrückt, also etwa an Wirtschaftsvereinigungen oder kulturelle Vereinigungen.

Ehmke: Schönen Dank. Herr Ipsen wird darauf gleich antworten. Vielleicht darf ich noch eine Frage an ihn richten, da

Herr Vogel sie nicht stellt, obgleich er sie auf Grund seiner Haftung für das, was er in Würzburg gesagt hat, hätte stellen müssen. Herr Ipsen, wie ist es mit den Richtlinien? Sind Sie der Meinung, daß wegen der Unterschiede des Finanzgesetzgebungsverfahrens zum normalen Gesetzgebungsverfahren der Haushaltsansatz immer eine dem Art. 80 GG ähnliche Ermächtigung zum Erlaß von Richtlinien enthält, oder wie kommen Sie sonst zum Rechtscharakter der Richtlinien? Das ist mir vorhin nicht ganz klar geworden. Vielleicht könnten Sie diese Frage zusammen mit der Frage von Herrn Kollegen Imboden beantworten.

Ipsen: Die Erscheinung des Subventionswesens nötigt uns zu der verfassungsrechtlichen Einsicht und Konsequenz, daß die in Verbindung mit dem Etat von der Verwaltung gesetzten Richtlinien einen zweiten, von der Verfassung zugelassenen Weg der Selbstregelung der Vergabegesichtspunkte darstellen, dem durch die Regelung des Art. 80 für Rechtsverordnungen auf gesetzlicher Grundlage nicht präjudiziert worden ist.

Ehmke: Herr Ipsen, ist die dogmatische Grundlage der Richtlinienermächtigung das Haushaltsgesetz oder der Amtsauftrag der Verwaltung? Ich glaube, an anderer Stelle sagen Sie Amtsauftrag.

Ipsen: Das Haushaltsgesetz und die Art seines Zustandekommens, wie es bei uns üblich ist (anders als in der Schweiz), durch parlamentarische Beschlußfassung. Und ich frage mich, ob die Verabschiedung des Etats mit den Vorberatungen in den zuständigen Ausschüssen ein höheres oder ein geringeres Maß an demokratischer Absicherung darstellt als der Gesetzgebungsweg in vielen anderen Bereichen der Leistungsverwaltung, wie es der heutigen parlamentarischen Praxis entspricht. Diese Frage steht vor einem sehr viel weiteren Hintergrund, den ich eigentlich in meinem Schlußwort beleuchten wollte; aber ich darf das sogleich hier einfließen lassen. Die Subvention ist eine Erscheinung, die uns dazu nötigt, die Fragwürdigkeit sehr vieler unserer Verfassungspraktiken und Verfassungsregelungen festzustellen. Wir können aber bei der Behandlung der Subventionen nicht en passant unsere Verfassung oder Verfassungswirklichkeit reformieren. Wenn ich also feststelle, unsere Gesetzgebungstechnik, unser Gesetzgebungsverfahren entspreche unter den Anforderungen demokratischer Legitimation nicht dem Ideal, dann ist das eine Erkenntnis, die mich in den Stand setzt, der Bemerkung von Herrn Zacher entgegenzutreten. Aber ich kann bei der Behandlung des Subventionswesens diese Malaise nicht irgendwie ausräumen.

Nun zu den Bemerkungen von Herrn Imboden, wonach der Etat keinen Normersatz darstelle. Ich habe immer wieder hervorgehoben, daß der juristisch prekäre, der „geladene" Typ der Subvention der der Wirtschaftssubventionierung ist. Dazu zähle ich also das Hühnergackern nicht, sondern jene Subventionen, die Lenkungs-, Einwirkungs-, Umgestaltungs-, Planungseffekte auslösen sollen. Das sind also die gewichtigen Vorgänge, aus denen ich die Schiffbau- und Werftensubventionierung als Beispiel genannt habe. Dann aber wird bei der Anforderung, die Herr Imboden hier präzisiert hat, es müßten nämlich technische Behelfe zur Sicherung der Gleichbehandlung normiert werden, übersehen, daß die Materie, daß das Anliegen des Subventionszweckes in der Substanz einer technischen Regelung entgegensteht. Wer soll sich bei solcher Normierung, wenn ich bei meinem Beispiel bleiben darf, für Schiffbau und Werften vorstellen können, unter welchen nationalen und internationalen Einwirkungen dieser Industriesektor künftig stehen wird. Ich nenne bei uns ferner die Energiesituation, die Kohlesituation, die Stahlsituation, ihre Zusammenhänge mit der Integration, die Schwierigkeiten, weil eine einheitliche Energieplanung für Kohle und Öl im Gemeinsamen Markt nicht besteht. Ich nenne die Zusammenhänge der subventionierten Schiffbau- und Werftenindustrie im Auslande mit ihrem Druck auf den Gemeinsamen Markt und den Fluktuationen und Veränderungen, die täglich dort eintreten und eine Subventionsverwaltung einfach nötigen zu parieren. Wenn es überhaupt für den Staat aus seinem Interesse heraus noch einen nationalen Schiffbau und eine Werftindustrie geben soll, die funktioniert, dann ist die Anforderung, die Herr Imboden aufstellt und die auch dem impetus von Herrn Zacher zugrunde liegt, diese Dinge müßten normativ geregelt werden in der Sicherung der Gleichbehandlung, nicht zu realisieren. Diese Entscheidungen können nur im Rahmen des Etats aus dem Amtsauftrag eines zuständigen Ressortministers getroffen werden, der von heute auf morgen imstande ist, solchen Anforderungen zu begegnen.

Ehmke: Herr Ipsen, darf ich eine kritische Frage stellen: Spielt es nicht gerade auf diesem Gebiete eine Rolle, daß eben relativ wenig Leute Schiffe und Werften bauen und die auch noch in einem Verein sind? Da kriegen halt immer alle etwas.

Ipsen: Nein, da bekommen nicht immer alle etwas. Herr Krüger wird Ihnen das bestätigen. Er war Geschäftsführer des Reederverbandes und weiß, wieviele Interessenten ihn bestürmt, daß aber nicht immer alle etwas bekommen haben.

Deshalb hat er das sauere Geschäft auch aufgegeben und ist Ordinarius bei uns geworden. Aber das gilt nicht nur für Schiffbau. Ihn habe ich nur als Beispiel genannt.

Ehmke: Auch der Wohnungsbau?

Ipsen: Wohnungsbau in Grenzen. Das ist heute ein sehr aktuelles Thema, weil am Wohnungsbau zahlreiche Sektoren der Industrie beteiligt sind und der Wohnungsbau eine Schlüsselindustrie ist. Daß die Stahlindustrie heute Sorgen hat, liegt u. a. auch daran, daß nicht mehr genügend gebaut wird und weniger T-Träger benötigt werden.

Partsch: Herr Ipsen, was meinen Sie zur Getreideeinfuhr!

Ipsen: Das ist ein Thema, das wir nationalrechtlich nicht mehr bewältigen. Es ist uns entglitten, weil integriert, und läuft nach dem Recht der EWG. Aber die Agrarsubventionierung hat uns das Problem gestellt, das ich angedeutet habe in der Auseinandersetzung mit Herrn Köttgen, ob die Exekutive Subventionsbindungen gegenüber Privaten oder ihren Organisationen eingehen kann mit der Konsequenz, daß das Parlament, das am selben Strange zieht wie die Regierung, politisch genötigt ist, hinterher die nötigen Mittel zu bewilligen. Ich meine die Agrarzusage des Bundeskanzlers gegenüber dem Bauernverband.

Ehmke: Und für alle diese würden Sie also der These von Herrn Imboden widersprechen?

Ipsen: Jawohl.

Kaiser: Aus der bisherigen Diskussion folgere ich, daß die Subventionspraxis zu einer V e r s t ä r k u n g d e r E x e k u t i v f u n k t i o n führt, und in diesem Zusammenhang erlaube ich mir, wie besprochen, einige Ausführungen zu machen.

Weil das Subventionswesen Macht und Einfluß der Exekutive vermehrt, brennt mir die Subventions k o n t r o l l e geradezu auf den Nägeln. Vorrang der Exekutive ist ein Thema der letzten Rechtsvergleichertagung in Uppsala gewesen, und ich darf hier in Parenthese vielleicht bemerken, den Umstand, daß es zu jenem Thema kein deutsches Referat gegeben hat, führe ich auf den Vorrang des Privatrechts in der Gesellschaft für Rechtsvergleichung zurück. Immerhin, im Zusammenhang mit der Finanzreform hat der Troegerausschuß diese Probleme der Verstärkung der Exekutive gesehen und hat die sich damit stellenden bundesstaatlichen Probleme berücksichtigt bei seinen

Empfehlungen für die Exekutivfunktionen des Bundesrates. In diesem hiermit kurz skizzierten Rahmen möchte ich nun das Teilproblem „Subventionskontrolle" gern diskutieren.

Subventionskontrolle, so schlägt Herr Zacher vor: von den Grundrechten her (Ziffer B III seiner Leitsätze). Dazu haben wir einiges gehört: Artikel 14, Artikel 3 und vor allem Artikel 2. Herr Imboden hat dazu schon bemerkt, daß das Gleichheitsgebot schwierig durchzusetzen sei, und ich möchte dem hinzufügen, daß der ganze Grundrechtsschutz bei den aktuellen Problemen und vor allem bei den soeben hier diskutierten „großen Brocken" schwerlich funktioniert und stelle mir darum die Frage, wie denn überhaupt die Subventionspraxis außerdem noch zu kontrollieren ist.

Ein gutes Beispiel scheint mir die soeben hier schon angeschnittene Frage des Wettbewerbs der verschiedenen Energieträger zu sein; da handelt es sich also um das Verhältnis von Gruppen. Die Wettbewerbsprobleme, die sich da stellen, lassen sich nicht allein aus Grundrechtsgesichtspunkten lösen; diese Auffassung ist aus gewissen Analogien zu den vor Jahren diskutierten Fragen der Gruppenenteignung eher zu belegen als zu entkräften. Dort wo die Wettbewerbsstellung ganzer Branchen betroffen ist, halte ich unter den gegenwärtigen Bedingungen die politische Kontrolle des Parlaments für unbedingt erforderlich. Ich habe eine solche Bemerkung allerdings einmal in einer internationalen Diskussion gemacht, wo mir vor allem von französischer Seite widersprochen wurde mit der These, das Parlament sei dazu nicht imstande. Immerhin ist das Verstromungsgesetz, das einen bestimmten Anteil des Einsatzes von Kohle bei der Erzeugung von elektrischer Energie fördern soll, dafür ein gutes Beispiel (BGBl. I 1966, 545).

Sicherlich gibt es noch andere Grenzen der Subventionspraxis im Sinne der Subventionskontrolle: ich glaube, in einem der Referate ist die Mittelknappheit genannt worden. Die Knappheit der Mittel ist das Fundament, auf dem die Nationalökonomen seit Generationen ihre Modelle aufbauen. Aber ich halte das Fundament nicht mehr für sehr tragfähig. Der gewaltige Subventionsaufwand, von dem wir gehört haben, hat zeitweise jedenfalls, namentlich im Bereich der Landwirtschaft, bereits die Grenzen einer effektiven Kontrolle durch Knappheit der Mittel überschritten; in anderen Bereichen stoßen wir auf ähnliche neue Phänomene.

Im letzten Satz seiner Leitsätze hat Herr Ipsen gesagt, die Verwaltung durch Subventionen finde Grenzen an der Wahrung der Währung. Dadurch stellen sich natürlich zahlreiche Fragen, ob z. B. ein Anspruch auf Erhaltung des Geldwertes besteht. Aber diese Probleme, die früher u. a. unter Enteignungsgesichtspunkten diskutiert worden sind, will ich hier gar nicht einmal streifen. Ich will auch nur darauf hinweisen, daß eine gewisse Kontrolle natürlich durch die Restriktionspolitik der Zentralbanken bestehen mag. Immerhin existieren wirksam hier, glaube ich, vor allem externe Kontrollen, die sich aus der Konvertibilität der Währungen ergeben, aus der Verpflichtung zur Regelung der Auslandsschulden in Gold, aus dem Angewiesensein auf auswärtige Kredite usw.; das Beispiel England mag hier für sich stehen. Und da möchte ich nun fragen, Herr Ipsen, stehen wir da nicht vor einem seltsamen Phänomen, das ich auch im Zusammenhang der gestrigen Diskussion sehen möchte: Das Gold als Autoritätsersatz?

von Simson: Ich möchte nur noch eine Frage stellen: Wenn man die Legalitätskontrolle beschränkt auf die Kompetenzzuweisungen im Haushaltsplan, wie es Herr Ipsen vorschlägt, und wenn man andererseits zugibt, wie ja auch Herr Ipsen auf Grund seiner Rechtstatsachenforschung festgestellt hat, daß die Subventionen auf Grund täglich neu sich verändernder Verhältnisse praktisch festgesetzt werden müssen, dann ergibt sich doch, glaube ich, das Problem, wie es möglich ist, in einer einmal im Jahr erfolgenden Kompetenzzuweisung, deren spezifische Natur sich erst innerhalb des folgenden Jahres herausstellt, den Anforderungen einer rechtlichen Kontrolle gerecht zu werden. Welches Maß von Kontrolle, legaler Kontrolle, soll bei einer solchen nur periodisch stattfindenden gesetzlichen Kompetenzzuweisung noch möglich sein?

Ipsen: Darauf kann ich antworten. Darf ich wieder bei den Schiffen bleiben? In den Richtlinien, die der Verkehrsminister sich selbst gesetzt hat, und in dem grundlegenden Beschluß der Bundesregierung über Subventionierung im Zusammenhang mit dem Haushaltstitel heißt es: Wenn dies der Schiffahrtspolitik der Bundesregierung dient, sei zu subventionieren usw. usw. Die Mittel werden für ein Etatjahr bereitgestellt, die Richtlinien setzen gewisse Maßstäbe. Im übrigen liegt die Entscheidung im Ermessen der Subventionsverwaltung. Die Kontrolle liegt — ich wiederhole das noch einmal gegenüber Herrn Zacher — in der sehr wirksamen gerichtlichen Kontrolle. Über die Zeiten, in denen die Wirtschaft sich scheute, Subventionstatbestände justiziabel zu machen, sind wir hinweg. Nicht alle gerichtlichen Subventionsentscheidungen werden veröffentlicht. Aber wenn Sie sich einmal umsehen in den Wirtschaftsverbänden und in den großen Unternehmungen, werden Sie feststellen, daß dort durchaus mit den Chancen gerichtlicher Verfahren gerechnet wird. Sie werden benutzt, und allein die Tatsache, daß die Möglichkeit der Beschreitung des Verwaltungsrechtsweges besteht, hat schon manches Ministerium veranlaßt, seine Praxis im einzelnen zu überprüfen, sich mit den Interessenten an den Tisch zu setzen und die Dinge in Ordnung zu bringen.

Zacher: Es wird immer gemauschelt.

Ipsen: Nein, es wird nicht nur gemauschelt. Und daß nicht gemauschelt wird, wird im Ernstfall im Prozeß überprüft. Ich habe nicht ohne Absicht den Hamburger Fall geschildert. Dort hat das Gericht sich von der Subventionsverwaltung des Bundesverkehrsministeriums für das fragliche Etatjahr die Subventionstatbestände mit sämtlichen Gesichtspunkten, die für die Bewilligung oder die Verweigerung maßgeblich waren, auf den Tisch legen lassen, und zwar mit Hilfe der Offizialmaxime, ohne die — wie im ordentlichen Rechtsweg — nichts zu erreichen wäre. Darin liegt eine exakte und saubere Kontrolle, und die Subventionsverwaltung weiß, was ihr in solchen gerichtlichen Verfahren bevorsteht.

Ermacora: Ich glaube doch, daß die Äußerungen des Herrn Kollegen Ipsen deutlich machen, daß er zwischen dem „Außen des Staates“ und dem „Innen des Staates“ in Bezug auf die Subvention grundsätzlich unterscheidet. Daß sich für das Außen des Staates ein ganz anderer Subventionsbegriff ergibt als für das Innen des Staates. Also die Wohnwirtschaft interessiert ihn nicht, obwohl der einzelne gerade von diesen Problemen eminent betroffen wird. Ich gebe zu, daß im Außen gesehen, der einzelne nicht so betroffen ist; mehr jedoch der große Verband.

Ich möchte zum Legalitätsprinzip dann noch sagen: Wenn Sie etwa so wie in dem österreichischen Bundesvoranschlag 63, der ja ähnlich ist wie ein deutscher Voranschlag, lesen: „Brot, Getreide-Preisausgleich 733 Millionen Schilling, Anmerkung: Stützung für Brotgetreide, Lagerungskosten, Förderung der Mühlenwirtschaft, Transportausgleich für inländischen Qualitätsweizen, Mahlprämie, Import-Ausgleich bei Brotgetreide“, so würde ich nicht sagen, daß das dem Legalitätsprinzip entspricht, wenn man sich auf diese Post berufen würde, um den Brotgetreideausgleich vorzunehmen. Aber immerhin, ich erkenne durchaus an, und das wurde nicht erwähnt, daß der Rechnungshof ein eminentes Kontrollmittel sein kann. In dieser Situation allerdings ist die Rechnungshofkontrolle wiederum nur eine Kontrolle begrenzter Art.

Ipsen: Herr Ermacora, in dem ominösen Entwurf Ihres Finanzministeriums ist dieser Komplex der Subventionierung, der dort ja seine endgültige Legalisierung finden soll für das Gebiet der Ernährungswirtschaft, nicht anders umschrieben als Sie das soeben aus dem Haushaltsplan vorgelesen haben.

Winkler: Da Herr Ipsen so freundlich war, sich bei mir zu bedanken, daß ich mich (leider) vergeblich bemüht habe, unseren neuen Gesetzesentwurf zu beschaffen, möchte ich doch darauf hinweisen, daß das Finanzministerium sich beharrlich weigerte, die geänderte Fassung aus der Hand zu geben. Offenbar wohl deshalb, weil es die seinerzeit in die Öffentlichkeit gelangte Fassung für unreif hält. Das mag Ihnen, Herr Ipsen, vielleicht auch ein Hinweis darauf sein, wie wenig ernst der zitierte Gesetzesentwurf derzeit genommen werden kann.

Vogel: Herr Ehmke, Sie haben vorhin betont, daß Sie gerade von mir eine bestimmte Frage erwartet hätten, die ich meinerseits freilich nicht gestellt habe. Nun: ich bin an sich der Meinung, daß es nicht die Aufgabe eines Diskussionsredners sein sollte, im Rahmen unserer heutigen Diskussion für eine These zu kämpfen, die er bei einer früheren Tagung unserer Vereinigung aufgestellt hat. Ihre Bemerkung hat mich jetzt aber doch davon überzeugt, daß es notwendig sein mag, im vorliegenden Zusammenhang zwei Worte zur Rechtssatzqualität der Richtlinien anzumerken. Ich habe vergeblich auf einen Einwand gewartet, den Sie mit dem Hinweis auf Art. 80 GG zwar nur angedeutet haben, der aber eigentlich von anderer Seite gegen die von Herrn Ipsen vertretene Auffassung hätte kommen müssen: etwa von Herrn Friauf, der ja gerade jetzt erst in seinem Aufsatz im Deutschen Verwaltungsblatt ausgeführt hat, es sei mir damals in Würzburg nicht gelungen, meine These von der Rechtssatzqualität der Richtlinien gegenüber Art. 80 GG abzusichern und die auf diese Vorschrift gestützten Gegenargumente zu widerlegen — und ich weiß natürlich, daß Herr Friauf mit diesem Verdikt nicht allein steht. Mir scheint indes, daß hier ein klassischer logischer Fehlschluß, ein typischer Fall der sog. „Begriffsvertauschung", vorliegt. Denn wenn Art. 80 GG die Rechtsetzung grundsätzlich dem Gesetzgeber vorbehält und eine Delegation nur unter besonderen, eingeschränkten Voraussetzungen gestattet, dann geht er doch dabei offenbar von einem Begriff der „Rechtsetzung" aus, so wie er *im Jahre 1949* verstanden wurde. Das heißt: Art. 80 präjudiziert nicht im geringsten die Frage, ob wir die Richtlinien, deren Erlaß *damals* noch nicht als Rechtsetzung angesehen wurde, *heute* als außenverbindlich betrachten dürfen oder nicht. Ich möchte diese Frage hier jetzt nicht weiter vertiefen; aber mir schien doch, daß jener Einwand, auch wenn er in der Diskussion bislang nicht ausdrücklich erhoben worden ist, einer kurzen Entgegnung bedurfte.

Ehmke: Herr Vogel, eine Frage müssen Sie noch beantworten. Teilen Sie die Meinung von Herrn Ipsen, daß der Rechtssatzcharakter der Richtlinien sich aus einer ungeschriebenen Ermächtigung, die im Haushaltsgesetz enthalten ist, ergibt? So müßte man es ja wohl mit Herrn Ipsen verstehen. Dazu würde ich Ihre Ansicht gerne schwarz auf weiß haben — für das nächste Jahr.

Vogel: Eine Befugnis der Verwaltung, gemeinverbindliche Richtlinien zu erlassen, besteht nach meiner Auffassung überall dort, wo nicht das Grundgesetz, etwa in den Grundrechten, eine Regelung durch materielles Gesetz verlangt oder wo der Gesetzgeber selber der Verwaltung einen Ermessens- (oder Beurteilungs-)spielraum eingeräumt hat. Was Herr Ipsen vorhin zu dieser Frage gesagt hat, ist, meine ich, mit dieser Formulierung ohne weiteres in Einklang zu bringen.

Ehmke: Die Ipsenschen Thesen würden Sie also auch von Ihrer Position aus unterstützen?

Vogel: Ich bin jetzt natürlich nicht sicher, ob ich Herrn Ipsen vorhin richtig verstanden habe. Aber w e n n ich ihn richtig verstanden habe, würde seine Auffassung von der Sache der meinigen keineswegs widersprechen.

Mayer: Wenn die Entscheidung über die Subvention, die auf Grund dieser Richtlinien ergehen soll, rechtsverbindlich sein soll, dann muß sich diese Rechtsverbindlichkeit doch irgendwie ableiten lassen. Entweder sie ergibt sich aus dem Wesen des staatlichen Imperiums, um eine alte Formulierung aus der vorrechtsstaatlichen Zeit einzuführen oder ich muß zusehen, daß ich für diese Richtlinien, wenn sie Untergesetzesrecht darstellen sollen, irgendwie eine Verbindung zum Gesetz herstelle. Das scheint mir die Kernfrage zu sein. Da dies bislang nicht geschieht und die Rechtsprechung, vor allem die Rechtsprechung des Bundesverwaltungsgerichts, unsere Richtlinienpraxis einfach toleriert, als handle es sich hier um eine rechtsverbindliche Regelung, habe ich erhebliche Bedenken. Und ich habe mich nicht zuletzt deswegen zu Wort gemeldet, weil Sie, Herr Imboden, auf diese Rechtsprechung aufmerksam gemacht haben. Es ist richtig, Herr Vogel, daß der Art. 80 GG nicht alles Untergesetzesrecht betrifft, z. B. nicht die Satzungen. Aber es ist nun keinesfalls so, daß nur der Rechtssatz, der in Grundrechte, also in Rechte und Freiheiten eingreift, unter Art. 80 GG fällt. Dieser Art. 80 GG gilt m. E. auch für Richtlinien, wenn wir diesen Richtlinien eine Rechtsverbindlichkeit dergestalt zuerkennen, daß auf Grund dieser Richtlinien eine rechtsverbindliche Entscheidung ergehen kann. Das ist wohl eine Konsequenz, an der man nicht vorbeigehen kann. Allerdings muß ich Herrn Ipsen wiederum zugeben, daß mich seine Frage, was müssen wir denn gesetzestechnisch gesehen überhaupt regeln, beeindruckt hat. Es ist durchaus richtig, die Spezifizierungsintensität ist bei einem Subventionsgesetz wesentlich geringer als etwa bei einem Polizeigesetz. Deshalb möchte ich, Herr Zacher, nicht schlechthin davon ausgehen, daß wir alles, was die Subvention betrifft, durch Gesetz regeln müssen. Wir müssen nur regeln, da hat Herr Ipsen m. E. durchaus recht, die finale Grenze, den Zweck, und wir müssen regeln die Bewilligung. Und so frage ich mich, ob das gesetzestechnisch nicht schon über das Haushaltsgesetz möglich ist; und zwar über ein Haushaltsgesetz, bei dem, wie Herr Stern mit Recht gesagt hat, hier nur e i n e Barriere zu überwinden ist, das Bepackungsverbot. Können wir mit dem Bepackungsverbot nicht Schluß machen und, um eine vermittelnde Lösung anzubieten, in einer kurzen Formel des Haushaltsgesetzes die hier erforderliche Rechtsverbindung, d. h. Gesetzesverbindung, herstellen? Aber nun irgendwie diese Richtlinien frei in der Luft schwebend als „Rechtsgrundlage" für Subventionsentscheidungen stehen zu lassen, das halte ich gerade mit dem Rechtsgedanken, der dem Art. 80 GG zugrunde liegt — und das ist ja schließlich ein allgemeiner Rechtsgedanke — eben nicht verträglich.

Ehmke: Schönen Dank, Herr Mayer. Wir werden vielleicht in den nächsten Jahren Gelegenheit haben, anläßlich der Neufassung des Haushaltsrechts auch einmal ein haushaltsrechtliches Thema zu behandeln. Dann wäre auch das Bepackungsverbot dran, auf das man, glaube ich, so schnell nicht verzichten kann. Das sollten wir jetzt hier nicht vertiefen. Wir sollten vielmehr zu unserer vierten Problem-Gruppe kommen: Grundrechte. In den Referaten gab es hierzu zwei Fragen: Grundrechtsschutz, vor allen Dingen Art. 2 GG von Herrn Ipsen erneut herausgestellt, umgekehrt aber den Versuch von Herrn Zacher, die Subventionsordnung jedenfalls als Gestaltungsaufgabe des Gesetzgebers auch — sehr vorsichtig gesprochen — von Art. 14 GG her zu sehen, d. h. von Art. 14 GG her gewisse positive Anforderungen an die Ausgestaltung der

Subventionsordnung zu stellen. Die Grundidee ist wohl, daß das Subventionseinkommen im Sozialstaat ein so typisches Einkommen ist, daß man es unter Berücksichtigung der Grundidee des Art. 14 GG positiv ausgestalten müßte. Habe ich das ungefähr richtig verstanden, Herr Zacher?

Zacher: Ja. Aber die Einschränkung auf die Alternative Arbeitseinkommen und Staatseinkommen ist nicht richtig. Das war jedenfalls nicht n u r so gedacht. Mir geht es vor allem auch um die Begegnung zwischen dem schon vorhandenen Eigentum und dem zuströmenden Subventionseinkommen — Quasi-Einkommen. Beides soll nun zusammenwirken in der Sphäre des Eigentümers; und wenn nun das permanent nur als Anteil am Allgemeinen betrachtet wird, würde dies zu einer Auflösung des Eigentums führen. Auf der anderen Seite lautet meine Forderung: Das Eigentum darf nicht hybrid werden. Wenn der Subventionsempfänger das alles vereinnahmt und es wird alles Eigentum, dann wird sein Anteil, das Zugeeignete, zu weit ausgedehnt im Verhältnis zum Allgemeinen.

Ehmke: Aber Sie sehen die Frage 4 nicht nur unter dem Gesichtspunkt des Grundrechts und des gerichtlichen Grundrechtsschutzes auf Seiten des Subventionsempfängers, sondern gerade auch unter dem Gesichtspunkt der positiven Ausgestaltung der Subventionsordnung?

Zacher: Ja. Ich halte es für einen ganz einseitigen Standpunkt, überhaupt mit der Enteignung anzufangen. Etwa: sind Subventionen etwas, was enteignet werden kann? Damit wird das Pferd am Schwanz aufgezogen. Sondern wir müssen die Subvention zunächst einmal sehen als Hereinströmen von etwas Fremdem in den individuellen Eigentumsbereich.

Dagtoglou: Nur zwei Worte. Der Eigentumsschutz hat angefangen als Schutz der unbeweglichen Sachen. Dann wurde er Schutz der beweglichen Sachen, dann Schutz der Forderungen, dann auch der Forderungen des öffentlichen Rechts. Jetzt soll er auch Schutz der Erwartungen potentieller Subventionsträger werden. Schließlich wird er vielleicht auch Schutz der Wünsche und der Träume aller Bürger. Es scheint mir, das geht wirklich ins Uferlose.

Zacher: Das ist wieder genau das Pferd am Schwanz aufgezogen. Wenn Sie von Schutz sprechen, dann meinen Sie, es wird irgendwie etwas absolut gesichert, wie wenn es schon Eigentum wäre. Aber wir müssen diese Annäherung vom

Fremden zum Eigenen und das Hineingreifen des Fremden in das Eigene doch vom Eigentum her sehen und gerade in den Übergängen bewältigen.

Ehmke: Herr Ermacora, Sie hatten vorhin gegenüber dem von Herrn Ipsen, auch zu meinem großen Erstaunen, nunmehr in Art. 2 GG positiv entdeckten Subsidiaritätsprinzip Bedenken geäußert.

Ermacora: Ich meinte, daß das Subsidiaritätsprinzip den westlichen Grundordnungen irgendwie zugrunde liegt, ob geschrieben oder nicht geschrieben, und daß man von diesem Subsidiaritätsprinzip her gesehen eine echte Grenze der Subventionstätigkeit überhaupt feststellen können wird. Eine Grenze, die vor allem darin besteht, daß durch die Subventionstätigkeit die Privatautonomie nicht so ausgehöhlt werden kann, daß man gar nicht mehr an die Privatautonomie appellieren könnte, daß durch die Subventionstätigkeit der Güterverkehr in solche Bahnen gelenkt wird, daß es auch hier dem einzelnen Träger des Güterverkehrs nicht mehr möglich ist, so zu disponieren, wie er disponieren will. Das Problem der Berufsausübung ist damit eng verbunden. Ich sehe im Subsidiaritätsprinzip eine echte Grenze der Subventionstätigkeit, allerdings scheint sich das Subsidiaritätsprinzip mit dem Wesensgehaltvorbehalt des Art. 19 GG zu decken.

Kaiser: Erlauben Sie eine Frage an Herrn Ermacora? Was ist der praktische Sinn des Subsidiaritätsprinzips in diesem Zusammenhang? Und ist das als ein juristisches Prinzip gemeint oder als ein Grundsatz der Staatsethik, oder als was? Und wie verhält sich das Subsidiaritätsprinzip hier zu dem von Herrn Ipsen genannten Grundsatz „volenti non fit iniuria"?

Ipsen: Wenn die Aktionsgemeinschaft Ruhr imstande ist, selbst Stillegungsmaßnahmen durchzuführen, die man von den Herren Bergassessoren seit längerem hätte erwarten dürfen, dann besteht keine Veranlassung, aus öffentlichen Mitteln die Stillegung zu subventionieren. Das ist für mich ein Beispiel des Subsidiaritätsprinzips, und seine Anwendung hat einen guten Grund, weil wir alle Steuerzahler sind.

Kaiser: Da frage ich mich, an wen sich dieses Prinzip wendet. In der Regel ist es ja die kleinere Einheit, zu deren Gunsten das Subsidiaritätsprinzip wirkt und die es für sich in Anspruch nimmt. Aber hier wäre das Subsidiaritätsprinzip nach Herrn Ipsen in einer anderen, sogar entgegengesetzten Funktion.

Ipsen: Der Staat soll von Verfassungs wegen nichts tun, wenn die private Wirtschaft, die in Not geraten ist, sich selbst helfen kann.

Kaiser: Darf ich dann Herrn Ipsen fragen, ob er das so verstandene Subsidiaritätsprinzip für einen Verfassungssatz hält?

Ipsen: Jawohl, Art. 2 Abs. 1. Ich berufe mich auf Herrn Dürigs Kommentar dazu.

Ermacora: Wenn man das Subsidiaritätsprinzip nicht als ein ganz globales Prinzip, sondern eines nach der Natur der jeweiligen Verwaltungszweige, in denen Subventionen gewährt werden, differenziertes Prinzip erachtet, so würde ich dieses Prinzip als eine Direktive für den Gesetzgeber ansehen, also für denjenigen, der die Mittel für die Subventionsvergebung zur Verfügung stellt. Das scheint mir der Adressat zu sein. Wenn man dieses Prinzip überhaupt anwenden kann, würde ich es differenziert anwenden, je nach Verwaltungszweig und dort ausgesprochener Subventionsmöglichkeit.

Stern: Wenn hier das Subsidiaritätsprinzip angesprochen worden ist, dann muß man differenzieren, und zwar, Herr Kaiser, was hier nicht gemeint ist, zwischen dem sozialethischen, sozialphilosophischen Subsidiaritätsprinzip und dem Subsidiaritätsprinzip, wie Herr Ipsen deutlich gemacht hat, welches das Verhältnis des Staates zur Wirtschaft, das in der Tat durch die Verhältnisordnung der Grundrechte, insbesondere Art. 2, geregelt ist, erfaßt mit dem Vorrang der pivaten Wirtschaftsinitiative gegenüber dem Staat. Insofern ist Art. 2 GG der Ausgangspunkt, daß man nicht subventionieren muß, wenn die Wirtschaft selbst das Problem regeln kann.

Zwischenruf: Wohl nicht subventionieren darf.

Stern: Auch nicht subventionieren darf; das wäre eben das wirtschaftsverfassungsrechtliche Subsidiaritätsprinzip im Gegensatz zum sozialethischen oder wie immer Sie es sonst nennen wollen.

Ipsen: Prächtig, prächtig!

Ehmke: Wir kommen jetzt zum letzten Punkt: Subventionsverhältnis.

Rüfner: Ich will nur kurz einen Gesichtspunkt hervorheben: Daß die Zweistufen-Theorie nicht in allen Punkten befriedigend ist, scheint allgemeine Auffassung zu sein. Auch Herr Professor Ipsen hat das nicht bestritten. Die Regelung nur durch Verwaltungsakt ist deshalb schwierig, weil man sich wohl in der Lage glaubt, verlorene Zuschüsse durch Verwaltungsakt zu bewilligen, aber meint, ohne die Zweistufen-Theorie nicht auskommen zu können, wenn von dem Subventionsempfänger eine teilweise Gegenleistung, z. B. eine niedrige Zinszahlung, verlangt wird. Im Grunde weist daher alles auf den öffentlich-rechtlichen Vertrag hin. Gegen ihn wird nur der Einwand erhoben, er sei im deutschen Recht nicht genügend ausgebildet. Das ist richtig, zumal sich die deutsche Literatur bisher im wesentlichen mit der Frage seiner Zulässigkeit befaßt hat. Es ist zu fragen, ob wir nicht den Mut haben sollten, die Regeln des bürgerlichen Rechts insoweit in das öffentliche Recht zu transponieren. Herr Professor Zacher hat sich, wenn ich ihn recht verstanden habe, schon in diesem Sinne geäußert. Ich möchte hier auf das Beispiel des französischen contrat administratif hinweisen, der ursprünglich ein der Beurteilung der Verwaltungsgerichte unterstellter privatrechtlicher Vertrag war und sich nach und nach zu einem eigenständigen Institut des Verwaltungsrechts entwickelt hat. Man ist jedoch noch heute bereit, in Zweifelsfällen auf das bürgerliche Recht zurückzugreifen. Ich glaube, daß wir uns hier, obwohl die Dinge bei uns in vielem anders liegen, manche Anregung holen können, insbesondere auch hinsichtlich des sog. Adhäsionsvertrages.

Vogel: Erlauben Sie mir, noch einmal auf die Frage nach der Definition der Subventionen zurückzukommen. Ich möchte Ihnen zunächst, Herr Zacher, um Sie nicht mißzuverstehen, kurz eine Frage stellen: Sie wollen doch mit Ihrer Definition der Subventionen auch durch den Gesetzgeber generell geregelte Begünstigungen erfassen? Dann würden also beispielsweise steuerrechtliche Sonderabschreibungen im Sinne Ihrer Teminologie „Verschonungssubventionen" sein? Dann scheint mir doch jetzt der Aspekt des „Subventionsverhältnisses" deutlich zu zeigen, daß Ihre Definition gar nicht auf alle Fragen des Subventionsrechts paßt. Denn bei derartigen steuerlichen Vergünstigungen gibt es — soweit ich sehe — kein „Subventionsverhältnis", welches in Ihrem Sinne als öffentlich-rechtliches Schuldverhältnis noch einer besonderen rechtlichen Regelung bedürfte. Muß man also nicht doch, je nach den einzelnen Problemkomplexen, den Begriff der Subvention unterschiedlich fassen, so daß etwa für die Grundrechtsfragen, die Fragen der Gesetzmäßigkeit usw. ein anderer, möglicherweise weiterer Subventionsbegriff zugrundezulegen wäre, als für die besonderen Fragen, die Sie in Ihren Ausführungen über das Subventionsverhältnis, die Subventionsvermittlung, die Bedeutung der Subvention im Rahmen der Staatsorganisation usw., behandelt haben?

Bullinger: Ich kann mich zunächst dem anschließen, was Herr Vogel eben gesagt hat. Für die vielfältigen Möglichkeiten der Subventionierung, vom Erlaß einer Steuerforderung bis hin zur Finanzierung einer Marktordnung, kann es kaum einheitliche Rechtsformen geben. Nun glaube ich, Herr Zacher, daß auch Sie differenzieren wollten. Nur stört mich eines, daß Sie bei aller Differenzierung zunächst das Wort „Kooperation" sehr allgemein und sehr betont verwendet haben. Das läßt vielleicht die Meinung aufkommen, das geeignete Mittel der Subventionierung sei generell eine vertragliche Übereinkunft. Demgegenüber hat Herr Ipsen mit Recht darauf hingewiesen, daß es darauf ankommt, eine Subventions*entscheidung* der Verwaltungs- oder Regierungsbehörde zu erhalten, die darauf überprüft werden kann, ob sie den Mindestanforderungen der Gerechtigkeit entspricht. Ob für diese Subventionsentscheidung die Grundsätze des Vertrages, man mag ihn privatrechtlich oder öffentlich-rechtlich nennen, das richtige Maß abgeben, ist fraglich. Denn sobald man von Vertrag spricht, verteilt man die Verantwortung auf beide Teile; man kann jeweils sagen: der Subventionsempfänger hat ja kooperiert, mitgewirkt. Damit trägt die Behörde nicht mehr die volle Verantwortung für die Richtigkeit der Entscheidung. Darauf wollte ich nur hinweisen und fragen, wie Sie, Herr Zacher, die „Kooperation" bei der Subventionierung verstehen? Zunächst hatte man bei Ihren Ausführungen den Eindruck, die Verwaltung kooperiere mit dem Bürger, man handele aus, es entstehe ein Leistungsverhältnis, ein Schuldverhältnis. Im Zuge Ihrer Untersuchungen über den Subventionsvermittler entstand dann mit einem Mal ein anderes Bild — oder habe ich Sie da mißverstanden? —, das eines hilflosen Individuums, preisgegeben einer möglicherweise willkürlichen Subventionsverwaltung. Von diesem zweiten Bild her hat es vielleicht einen besonderen Sinn, eine verantwortliche Subventionsentscheidung, wie immer man sie benennt und im einzelnen ihre Rechtsnatur bestimmt, statt eines koordinierenden Vertrages zu verlangen.

Ehmke: Ich darf allen Diskussionsrednern sehr herzlich für ihre Beiträge danken. Wir haben zwar einen großen Teil der Fragen nicht behandelt, z. B. die ganzen Organisationsfragen ausgeklammert einschließlich der Frage, wieviel Fachwissen unsere Verwaltung haben müßte, um vernünftige Richtlinien aufstellen zu können, sowie die Frage der Vermittlungsstellen, der Mischverwaltung mit Bankinstituten, der Frage Bund-Länder-Verhältnis usw. Aber ich muß mich hier an unseren Zeitplan halten. Ich darf daher auch die beiden Herren Referenten bitten, sich im Schlußwort kurz zu fassen. Herr Zacher, bitte.

Zacher (Schlußwort): Zunächst zum Subventionsbegriff. Herr Ipsen, Sie haben mehrfach gesagt: die großen Brocken interessieren; das sind die Subventionen. Von dieser Wertung kann ich mir eine Lösung der Ordnungsproblematik nicht erwarten. Wir haben in der Bundesrepublik Hunderte von Subventionsprogrammen und von diesen Hunderten von Subventionsprogrammen laufen die meisten in aller Stille dahin — etwa Subventionen für Zahnärzte aus Mitteldeutschland, die neue Praxen aufmachen wollen. Und alle diese Leute, die davon betroffen sind, sind einer Mutter Kind, alle haben ein Herz im Leibe und haben Bürgerrechte. Ich kann mir nicht vorstellen, warum ihr Anspruch auf Ordnung geringer wäre als der Ihrer Reeder, die Ihnen in Hamburg so ganz besonders ans Herz gewachsen zu sein scheinen. Ich glaube, daß wir hier ganz allgemein vorgehen müssen und nur daraus die Struktur gültig gewinnen können. Und wenn wir sehen, daß und wie diese Hunderte von Programmen — die Verschonungssubventionen beiseite: von Leistungssubventionsprogrammen — ablaufen, wenn wir das sehen, dann verstehe ich nicht, warum wir nicht das Mögliche tun, um allen diesen Subventionsprogrammen je abgestuft ihre angemessene Ordnung zu geben. Warum man für ein Programm für Ostzonenflüchtlinge, die Zahnarztpraxen bei uns aufmachen wollen, sagen könnte, das müsse ein Minister unbedingt in der Hand haben, und das müsse politisch aktuell entschieden werden können, weiß ich nicht. Jedenfalls: irgendwie braucht das alles auch seine Ordnung. Wir müssen eben dann abstufen, je nach den Entscheidungsmöglichkeiten, je nach der Elastizität, die notwendig ist.

Nun zu dem Problem, daß das allgemeine Verwaltungsrecht zur Lösung der anstehenden Probleme genügt. Auch das ist noch einmal aufgekommen zwischen uns beiden, Herr Ipsen. Ich möchte dazu vor allem auf die Auflage hinweisen. Die Auflage ist ein Instrument, das dazu bestimmt ist, eingerichtete Pflichten festzulegen. Der Verwaltungsakt marschiert in der einen Richtung; die Auflage schlägt zurück. Dagegen brauchen wir für die Subvention ein Ordnungssystem, das laufend interdependente Forderungs- und Gestaltungsrechte bewältigt. Dazu ist die Auflage schlechtweg zu einfach. Dazu noch etwas aus der Subventionspraxis. Worin besteht in allen Fällen die Auflage Nr. 1? Sie besteht darin, daß die Bewilligungsbedingungen beachtet werden müssen. Damit kommt der ganze Kodex von meistens zwei, drei Stufen von Bewilligungsbedingungen von den allgemeinsten, über die mittlerallgemeinen, bis zu den besonderen hinein. Daß alle diese Bewilligungsbedingungen, die ja die notwendige Vorordnung substituieren, hineingenommen werden, das sind gar keine echten Auflagen, sondern es sind Bezugnahmen auf die Vorordnung. Es ist also gar nicht so, daß wir auch ohne diese Vorordnung allein mit der Auflage auskommen würden.

Zu den Richtlinien möchte ich im übrigen nicht erneut Stellung nehmen. Ob sie als Rechtsetzung geeignet sind, ist offenbar eine staatsstrukturelle Glaubensfrage.

Nun aber zur Frage der Kooperation, die besonders von Herrn Badura und von Herrn Bullinger angesprochen wurde. Dabei glaube ich mich nicht ganz verstanden. Die Kooperation sollte gerade nicht sich auf den Eingehensprozeß beziehen. (Ich habe die Ausführungen zum Eingehensprozeß ausfallen lassen, und das rächt sich ja immer.) Die Kooperation bezieht sich auf die Binnenstruktur des Subventionsverhältnisses. Die Subvention baut darauf auf, daß, wie ich sagte, kongruente oder teilkongruente Interessen des einzelnen und der Allgemeinheit da sind; und wenn der Staat z. B. das Geld dazu gibt, sie zu verwirklichen, dann kann der Private etwas tun, was er an sich tun möchte, und damit ist beiden geholfen. Darin liegt die Kooperation und darin liegt auch des Rätsels Lösung für sehr viele Ordnungsprobleme — genauer: Binnenordnungsprobleme. Das hat nichts mit dem Eingehensprozeß zu tun. Ich bin gerade der Meinung, daß die unterschiedlichen Situationen, ich habe das nur an einer Stelle ansprechen können, ein korrektes Aushandeln weitgehend ausschließen, und ich habe auch gesagt, daß bei Ungleichheit die Norm das Verhältnis regulieren muß — je größer die Ungleichheit ist, um so mehr —, und daß schließlich der rechtsgeschäftliche Wille nur noch den Inhalt in Kraft setzen kann, aber daß dieser Inhalt vorgeordnet da sein muß. Kooperation also in bezug auf die Binnenstruktur des Subventionsverhältnisses, nicht in bezug auf die Eingehung.

Nun, Herr Vogel, zu Ihrem Einwand der Verschonungssubvention. Nichts liegt mir ferner als Leistungssubvention und Verschonungssubvention über einen Leisten zu schlagen. Ich versuchte nur auch für die Verschonungssubvention die Grundstruktur des Subventionsverhältnisses überhaupt herauszukristallisieren und da hat sich z. B. herausgestellt, daß das, was Sie, Herr Vogel, ausklammern wollen, und das, was Herrn

Ipsen einfach gar nicht interessiert, nämlich das „Eiergackern", daß das zugleich unter die eine Kategorie ex-post-Subvention paßt, obwohl das eine eine Leistungssubvention ist und das andere, was Sie im Auge haben, eine Verschonungssubvention. Beide Male wird h i n t e n n a c h etwas gefördert. Übrigens, Herr Ipsen, warum sagen Sie, das habe keinen Lenkungseffekt? Ex-post-Subventionen haben den gleichen Lenkungseffekt wie die anderen Subventionen.

Dann noch ganz kurz zum Haushaltsrecht, das so oft angesprochen wurde. Herr Mayer, Sie haben das Problem genau auf das andere Ende zugeführt, indem Sie sagten: „Lassen wir das Bepackungsverbot fallen." Wenn wir das Bepackungsverbot fallen lassen, dann haben wir also noch mehr im Haushaltsplan drin stehen. Da muß über noch mehr ein über das andere Mal jährlich entschieden werden. Ich möchte am liebsten eine Zeichnung hier machen. Wir haben die Sachprogramme in der Vertikalen und wir haben die jährliche Bestimmung der Mittel, die dafür zur Verfügung stehen, jedoch horizontal. Beide Strukturen zusammen ergeben so ein Netz. Und ich meine, die „horizontale" Entscheidung über den Haushaltsplan sollte von der Mitentscheidung über das „vertikal" durchlaufende Sachprogramm entlastet werden.

Ipsen: Das Bepackungsverbot gilt für das Haushaltsgesetz, nicht für den Haushaltsplan.

Zacher: Aber, Herr Ipsen, darin steckt doch die ganze Tücke des Objekts, daß dieser Plan eben überhaupt nicht als Gesetz in Betracht kommt.

Ipsen: Nein, wenn das Bepackungsgebot fällt, soll die Regelung eben in einem — sagen wir — § 3 des Haushaltsgesetzes stehen.

Zacher (Fortsetzung des Schlußwortes): Zur Kooperation wollte ich noch etwas sagen. Herr Badura sagte: Ob wir zu dieser „Kooperation" als Deutung der Binnenstruktur der Subvention kommen, davon wird sehr viel für den Vorbehalt des Gesetzes und sehr viel für die Grundrechte abhängen. Das halte ich für außerordentlich wichtig — gerade für das Verständnis dieses verzwickten Verhältnisses Grundrechte-Subvention, Grundrechte-Auflage. Mit volenti non fit iniuria kommen wir doch nicht zu Rande. Da haben wir zu Recht ein Unbehagen. Mit Eingriff kommen wir auch nicht zu Rande, weil der Betroffene doch mitmacht; er will doch die Subvention. Wir brauchen also eine neue Kategorie. Wir müssen die Zusammenhänge spezifisch verstehen aus der Kategorie der Kooperation.

Wir müssen aber auch zugleich aus den Grundrechten heraus neue Grenzen dafür finden, wie stark Grundrechte bei der Kooperation dreingegeben werden können.

Ich bedanke mich also für Ihre Geduld mit mir und für die Aufklärung, die ich erfahren durfte, inwieweit ich noch mißverständlich war. Denn ich konnte bei sehr vielen der mir zuteil gewordenen Anregungen feststellen, daß es einfach noch der Weg der Verständigung ist, der zurückzulegen ist, und gar nicht so sehr Meinungsverschiedenheiten uns trennen.

Ipsen (Schlußwort): Man geht nicht zweimal durch denselben Fluß. Und ohne den Auftrag des Vorstandes hätte ich in meinem Leben zum Subventionsrecht keine weitere Zeile geschrieben oder noch Worte gemacht. Aber einen Auftrag des Vorstandes zum Referat zu übernehmen, ist nach meiner Vorstellung von der Art unserer Vereinigung ein nobile officium, obwohl das für die jüngere Generation nicht mehr die herrschende Meinung zu sein scheint. Im übrigen: Ernst Jünger hat gesagt: „Wer sich selbst kommentiert, geht unter sein Niveau". Und das ist mir ja auch wahrscheinlich passiert.

Das verfassungsrechtliche Kernthema, das angesprochen worden ist in Bemerkungen von Herrn Kaiser, der seinerseits auf die Schlußbemerkungen von Herrn Pernthaler gestern verwies, ist die Frage der ökonomischen Krisenkontrolle. Ich habe das unter dem Gesichtspunkt der Grenzen der Subventionierungsmöglichkeiten, der Wahrung der Währung angedeutet. Das ist in der Tat das verfassungsrechtliche heiße Eisen. Deshalb hatte mich lebhaft interessiert, was unsere nationalökonomischen Kollegen zu unserem Thema auf der Tagung der Gesellschaft für Wirtschafts- und Sozialwissenschaften in Hannover vor 10 Tagen hierzu sagen würden. Nach einem Pressebericht hat Herbert Giersch, wohl bekannt aus dem Sachverständigen-Beirat, sich zu diesem Thema geäußert. Er hat von dem Modell einer rationalen Wirtschaftspolitik gesagt, seine Aufgabe müsse darin bestehen, Wachstum und Stabilität in der offenen Gesellschaft, also jener Gesellschaft zu sichern, in der die Wirtschaft frei ist. Die Lücke in diesem Programm sei die Umverteilung. In der eigenwilligen Terminologie der Ökonomen (sie sprechen von Ordnungsrahmen, wenn wir von Verfassung sprechen) ist das die Frage der Redistributionspolitik und ihrer Bewertung. Das sei also das Loch in der Sache. Ihr drohe die Gefahr des Einflusses von Gruppenmacht und wahlpolitischer Opportunität, die aber mit unserer unzulänglichen Verfassung, mit unserem Grundgesetz, nicht gebannt werden könnte. Diese Unzulänglichkeit könne nur behoben werden, wenn der Gehalt der

Sozialität des Grundgesetzes, also die Sozialstaatsklausel, durch verfassungsähnliche oder verfassungsartige Regelungen präzisiert und eingegrenzt werde. Das also ist das Rezept des Ökonomen zur Aufstellung von Gesichtspunkten der Subventionswürdigkeit, der Prioritäten und auch jener Grenze, bis zu der hin der Staat subventionieren dürfe. Zur praktischen Realisierung hat Giersch das folgende Programm empfohlen: Jeder, der als Bundeskanzler die politische Führung übernehme in der Regierung, müsse Grundsätze seiner Redistributionspolitik in sein Regierungsprogramm aufnehmen. Wenn dann im Laufe seiner Regierungstätigkeit wirtschaftspolitische Wünsche zur Einführung von Subventionen auftauchten, müßten alte Subventionen soweit beseitigt werden, wie es erforderlich sei, um im Rahmen des vertretbaren Etatvolumens jene neuen einzuführen. Und nun kommt das Wesentliche: die Entscheidung darüber, welche alten Subventionen mit dem neuen Regierungsprogramm nicht übereinstimmten, sei Sache eines unabhängigen Sachverständigengremiums. Da liegt der Hase im Pfeffer, da sehen wir, wohin die Empfehlungen unserer Ökonomen zu unserer staatlichen Ordnung führen, und da sind wir bei unserem allgemeinen Thema: nicht die politische Führung, nicht die parlamentarische Verantwortlichkeit, sondern Sachverständigengremien bestimmen über die Subventionswürdigkeit. Nachdem uns in dieser Weise der Ball zugeworfen wird, einmal den Verzicht auf eine politische Führung unter parlamentarischer Verantwortung zu sanktionieren, zum anderen mit der Aufgabe, unser Grundgesetz zu substantiieren und die Art. 20 und 28 mit Ausführungs-Verfassungsgesetzen zu spezifizieren (danach, was alles Sozialstaatlichkeit sei, von Forsthoff bis Wolff Bd. 3), würden wir in etwa wissen, in welcher Art subventioniert werden darf oder nicht. Daß das keine Lösung sein kann, scheint mir auf der Hand zu liegen.

Nun noch einige kurze Bemerkungen zum Referat von Herrn Zacher und zur Diskussion. Herr Zacher, Sie fordern Publizität. Sie bedauern und beklagen den Mangel an Publizität. So wenig publik sind die Subventionsvoraussetzungen ja aber nun nicht, auch nicht für die aus Ostgebieten geflüchteten Zahnärzte, die sich neu etablieren wollen und die Sie erwähnt haben. Wenn ich unseren Hamburgischen Amtlichen Anzeiger studiere, ein Beiblatt zu unserem Gesetz- und Verordnungsblatt, finde ich darin ständig offene Einladungen unter Bekanntgabe der ausführlichen Richtlinien an alle die, die in diesem oder jenem Sektor Subventionen bekommen: Kommet her zu mir alle und stellt Anträge. Ihr sollt gesegnet werden. So geht das in vielen Publikationsorganen, und wo sie nicht funktionieren und keine

Publizität durch sie besteht, da sorgt das Verbandswesen für die Publizität.

Im übrigen habe ich in meinem Referat betont, und zwar mit erhobener Stimme, und auch in meinen Leitsatz 12 aufgenommen: Soweit die Sache es irgend verträgt, sollte das Subventionswesen durchnormiert werden mit Gesetzen und Ausführungsverordnungen. Aber für das Gros der Subventionen funktioniert das nicht, wie ich vorhin an den Schiffbau-Fällen gezeigt habe.

Zu den Bemerkungen unserer österreichischen Kollegen Ermacora und Winkler nur eines: Es hat mich natürlich nachdenklich gestimmt, daß es Herrn Winkler nachdenklich gestimmt hat, daß das Legalitätsprinzip ja doch wohl auch strapaziert und überfordert werden könnte. So etwa hat er sich ausgedrückt. Im übrigen war mir interessant, daß beide Kollegen zu dem österreichischen Entwurf zur Sache nicht weiter Stellung genommen haben, was bei Herrn Ermacora überraschend ist, weil er in seinen literarischen Äußerungen sehr verdienstvoll nachdrücklich eingetreten ist für Grundrechtsbindung auch der Fiskaltätigkeit.

Eine letzte Bemerkung zum Art. 14-Komplex: Was Herr Zacher zu Art. 14 gesagt hat, bezog sich insgesamt, wenn ich ihn recht verstanden habe, auf die bewilligte Subvention.

Zacher: Auch auf die kommende.

Ipsen: Aha, jedenfalls was die bewilligte Subvention angeht, bin ich der Meinung, daß die gewährte Subvention keinen Grundrechtsschutz aus Art. 14 auf Fortdauer gibt. Das gehört nicht in den Schubkasten von Art. 14, und Herr Dagtoglou, der diese Sorge bezeichnet hat, glaube ich, braucht, was mich angeht, wegen einer Aufblähung des Art. 14-Bereichs nicht besorgt zu sein. Was die beantragte und die bewilligte Subvention sowie die Belastungen betrifft, die den einzelnen in der Grundrechtssphäre treffen können, so erwächst meiner Meinung nach die artikulierte Reaktion des an der Wirtschaft Teilnehmenden aus der grundrechtlichen Wirtschaftsfreiheit; also nicht aus Art. 14, nicht aus Art. 12, nicht aus Vertragsfreiheit, nicht aus Wettbewerbsfreiheit als solcher, sondern aus Wirtschaftsfreiheit.

Verzeichnis der Redner

Verzeichnis der Mitglieder der Vereinigung der Deutschen Staatsrechtslehrer

Stand vom 1. März 1967

Ehrenpräsident auf Lebenszeit

Kaufmann, Dr. jur., Dr. phil. h. c. Erich, Professor, 69 Heidelberg, Schweizerweg 1, Tel. (06221) 4 41 18

Vorstand

1. Bachof, Dr. Otto, Professor, 74 Tübingen, Auf dem Kreuz 3, Tel. (07122) 43 46
2. Bettermann, Dr. Karl August, Professor, 1 Berlin 45, Baseler Straße 114, Tel. (0311) 73 70 39
3. Ehmke, Dr. Horst, Professor, 78 Freiburg i. Br., Karl-Berner-Straße 13, Tel. (0761) 2 51 52
4. Bernhardt, Dr. Rudolf, Professor, 624 Königstein/Ts., Rombergweg 1, Tel. (06174) 48 96

Mitglieder

1. Abendroth, Dr. Wolfgang, Professor, 355 Marburg a. d. Lahn, Wilhelm-Roser-Straße 53, Tel. (06421) 50 77
2. Antoniolli, Dr. Walter, Professor, A 1070 Wien VII, Mariahilferstraße 22—24/III/II/6, Österreich, Tel. (02222) 93 41 93
3. Armbruster, Dr. Hubert, Professor, 65 Mainz, An der Allee 69, Tel. (06131) 2 59 50
4. Baade, Dr. Hans W., Professor, Duke University, Law School, Durham, N. C., USA
5. Bachof, Dr. Otto, Professor, 74 Tübingen, Auf dem Kreuz 3, Tel. (07122) 43 46
6. Badura, Dr. Peter, Professor, 34 Göttingen, Ludwig-Beck-Straße 17, Tel. (0551) 5 71 59
7. Bäumlin, Dr. Richard, Professor, CH 3067 Sinneringen bei Bern, Schloßrain, Schweiz, Tel. (031) 67 35 40

8. Becker, Dr. jur., Dr. phil. Erich, Professor, 672 Speyer, Philipp-Melanchthon-Straße 10, Tel. (06232) 34 39
9. Bernhardt, Dr. Rudolf, Professor, 624 Königstein/Ts., Rombergweg 1, Tel. (06174) 48 96
10. Bettermann, Dr. Karl August, Professor, 1 Berlin 45, Baseler Straße 114, Tel. (0311) 73 70 39
11. Böckenförde, Dr. iur., Dr. phil. Ernst-Wolfgang, Professor, 6901 Dossenheim üb. Heidelberg, Kirchstr. 20, Tel. (06221) 4 97 21
12. Böhmert, Dr. Viktor, Professor, 23 Kiel, Graf-Spee-Straße 9, Tel. (0431) 4 77 77
13. Bülck, Dr. Hartwig, Professor, 69 Heidelberg, Werrgasse 9, Tel. (06221) 2 46 70
14. Bullinger, Dr. Martin, Professor, 78 Freiburg i. Br., Sundgauallee 46, Tel. (0761) 8 22 29
15. Carstens, Dr. Karl, Professor, 53 Bonn, Wörthstraße 17
16. Dagtoglou, Dr. Prodromos, Privatdozent, 69 Heidelberg, Fasanenweg 6, Tel. (06221) 7 50 23
17. Denninger, Dr. Erhard, Privatdozent, 65 Mainz, Am Fort Heiligkreuz 6, Tel. (06131) 8 67 78
18. Doehring, Dr. Karl, Professor, 69 Ziegelhausen b. Heidelberg, Heinrich-Stoeß-Straße 20c, Tel. (06221) 5 03 40
19. Drath, Dr. Martin, Professor, 75 Karlsruhe, Beethovenstraße 9, Tel. (0721) 2 32 40
20. Dürig, Dr. Günter, Professor, 74 Tübingen, Ob dem Viehweidle 12, Tel. (07122) 31 34
21. Ehmke, Dr. Horst, Professor, 78 Freiburg i. Br., Karl-Berner-Straße 13, Tel. (0761) 2 51 52
22. Eichenberger, Dr. Kurt, Professor, CH 5000 Aarau, Gotthelfstraße 48, Schweiz, Tel. 22 22 73
23. Erler, Dr. Georg, Professor, 34 Göttingen, Schlegelweg 11, Tel. (0551) 5 93 43
24. Ermacora, Dr. Felix, Professor, A 1010 Wien I, Universität, Karl-Lueger-Ring, Österreich, Tel. (02222) 42 76 11
25. Evers, Dr. Hans-Ulrich, Professor, 33 Braunschweig, Schaumburgstraße 40, Tel. (0531) 5 33 96
26. Friauf, Dr. Karl Heinrich, Professor, 506 Bensberg-Refrath, Wickenpfädchen 11/12
27. Friesenhahn, Dr. Dr. h. c. Ernst, Professor, 53 Bonn, Wegeler Straße 2, Tel. (02221) 5 75 38

28. Fröhler, Dr. Ludwig, Professor, A 4010 Linz-Urfahr, Altenbergerstraße 39, Österreich

29. Fromont, Dr. Michel, Professor, F 21 Dijon, 35 Bd. François Pompon, Frankreich

30. Fuß, Dr. Ernst-Werner, Professor, 68 Mannheim, Trützschlerstraße 13, Tel. (0621) 4 94 76

31. Geck, Dr. Wilhelm Karl, Professor, 667 St. Ingbert, Eichendorffstraße 18, Tel. (06894) 33 26

32. Gerber, D. Dr. Hans, Professor, 78 Freiburg i. Br., In der Röte 5, Tel. (0761) 4 42 54

33. Glum, Dr. Friedrich, Professor, 8 München 19, Südliche Auffahrtsallee 24, Tel. (0811) 6 34 56

34. Görg, Dr. Hubert, Professor, 5062 Ellersberg, Post Forsbach, Bez. Köln (355 Marburg a. d. Lahn, Universitätsstraße 10), Tel. (02304) 25 40

35. Götz, Dr. Volkmar, Privatdozent, 6232 Bad Soden a. Ts., Parkstraße 13, Tel. (06196) 2 31 19

36. Grewe, Dr. Wilhelm G., Professor, F 75 Paris XVIe, Place du Maréchal de Lattre de Tassigny, Frankreich

37. Grundmann, Dr. Siegfried, Professor, 8031 Gröbenzell bei München, Puchheimerstraße 30, Tel. (08142) 95 39

38. Häfelin, Dr. Ulrich, Professor, CH 8037 Zürich 10/37, Wipkingerweg 15, Schweiz, Tel. (051) 42 70 46

39. Hahn, Dr. Hugo J., LL.M., Privatdozent, F 75 Paris 16e, 2 Rue André Pascal, Frankreich

40. Hamel, Dr. Walter, Professor, 355 Marburg a. d. Lahn, Rotenberg 1a, Tel. (06421) 28 62

41. Heckel, Dr. Martin, Professor, 74 Tübingen, Lieschingstraße 3, Tel. (07122) 8 10 56

42. Henke, Dr. Wilhelm, Privatdozent, 34 Göttingen-Geismar, Eisenacher Straße 19, Tel. (0551) 5 62 98

43. Herrfahrdt, Dr. Heinrich, Professor, 3551 Wehrda b. Marburg, Zur Klause 6, Tel. (06421) 35 86

44. Herzog, Dr. Roman, Professor, 1 Berlin 41, Schmidt-Ott-Straße 3b, Tel. (0311) 72 88 17

45. Hesse, Dr. Konrad, Professor, 7802 Merzhausen über Freiburg i. Br., Schloßweg 29, Tel. (0761) 2 56 11

46. Hettlage, Dr. Karl-Maria, Professor, 532 Bad Godesberg, Friedrich-Ebert-Straße 83, Tel. (02229) 6 43 61

47. Frhr. v. d. Heydte, Dr. Friedrich August, Professor, 8705 Zellingen a. M., Thomas-Glock-Straße 26

48. Heyer, Dr. Friedrich, Professor, 53 Bonn, Humboldtstraße 53, Tel. (02221) 3 73 64

49. v. Hippel, Dr. Ernst, Professor, 6531 Perscheid über Bingen, Tel. (06744) 5 20

50. Hoegner, Dr. Wilhelm, Honorarprofessor, Ministerpräsident a. D., 8 München 9, Am Blumengarten 17, Tel. (0811) 43 42 41

51. Hoffmann, Dr. Gerhard, Professor, 355 Marburg a. d. Lahn, Friedrichstraße 31, Tel. (06421) 56 74

52. Hollerbach, Dr. Alexander, Professor, 68 Mannheim-Feudenheim, Scheffelstraße 79, Tel. (0621) 79 43 79

53. Huber, Dr. Ernst Rudolf, Professor, 34 Göttingen, Leonard-Nelson-Straße 20, Tel. (0551) 4 16 70 (78 Freiburg-Zähringen, In der Röte 2, Tel. [0761] 5 37 13

54. Huber, Dr. Hans, Professor, CH 3074 Muri bei Bern, Mannenriedstraße 5, Schweiz, Tel. (Bern 031) 52 09 25

55. Imboden, Dr. Max, Professor, CH 4125 Riehen bei Basel, Schnitterweg 43, Schweiz, Tel. (061) 51 44 58

56. Ipsen, Dr. Hans Peter, Professor, 2 Hamburg 13, Heinrich-Barth-Straße 25a, Tel. (0411) 45 09 22

57. Jaenicke, Dr. Günther, Professor, 6906 Leimen b. Heidelberg, Waldstraße 13, Tel. (06224) 35 71

58. Jahrreiß, Dr. Hermann, Professor, 5 Köln-Sülz, Nassestraße 30, Tel. (0221) 41 35 53

59. Jerusalem, Dr. Franz, Professor, 8 München 27, Flemingstraße 58, Tel. (0811) 48 18 95

60. Kafka, Dr. Gustav E., Professor, A 8010 Graz, Alberstraße 8, Österreich, Tel. Institut 3 15 81/Klappe 869, privat 3 45 90

61. Kaiser, Dr. Joseph H., Professor, 7813 Staufen, Tel. (07633) 56 78

62. Kaufmann, Dr. iur., Dr. phil. h. c. Erich, Professor, 69 Heidelberg, Schweizerweg 1, Tel. (06221) 4 41 18

63. Kimminich, Dr. Otto, Professor, 463 Bochum-Querenburg, Laerholzstraße 61, Tel. (02321) 3 86 48

64. Kipp, Dr. Heinrich, Professor, A 6080 Kurort Igls, Lanserstraße 61, Österreich, Tel. (05222) 72 09

65. K l e c a t s k y , Dr. Hans R., Professor, A 6020 Innsbruck, Reithmannstraße 20, Österreich, Tel. (05222) 52 21 44
66. K l e i n , Dr. Friedrich, Professor, 44 Münster i. W., Prinz-Eugen-Straße 12, Tel. (0251) 5 53 12
67. K n ö p f l e , Dr. Franz, Professor, 672 Speyer, Freiherr-vom-Stein-Straße 2
68. K o r d t , Dr. Erich, Professor, 4 Düsseldorf, Sybelstraße 1a, Tel. (0211) 62 57 24
69. K r i e l e, Dr. Martin, LL.M., Privatdozent, 4404 Telgte b. Münster, Milter Weg 92, Tel. (02504) 576
70. K r ü g e r , Dr. Herbert, Professor, 2 Hamburg-Großflottbek, Elbchaussee 184, Tel. (0411) 38 79 34
71. K ü c h e n h o f f , Dr. Erich, Privatdozent, 44 Münster i. W., Cheruskerring 28, Tel. (0251) 2 61 24
72. K ü c h e n h o f f , Dr. Günther, Professor, 87 Würzburg, Seinsheimerstraße 13, Tel. (0931) 7 83 34
73. L a u n , Dr. iur., Dr. rer.-pol. h. c. Rudolf, Professor, 207 Ahrensburg bei Hamburg, Voßberg 2, Tel. (04102) 5 02 81
74. L e i b h o l z , Dr. iur., Dr. phil. Gerhard, Professor, 34 Göttingen, Dahlmannstraße 6, Tel. (0551) 5 70 40 und 75 Karlsruhe, Rheingoldstraße 19, Tel. (0721) 2 68 88
75. L e i s n e r , Dr. Walter, Professor, 852 Erlangen, Kochstraße 2, Tel. (09131) 8 70 71 — 356
76. L e r c h e , Dr. Peter, Professor, 8035 Gauting b. München, Junkerstraße 13, Tel. (0811) 86 20 88
77. L i e r m a n n , D. Dr. Hans, Professor, 852 Erlangen, Am Meilwald 18, Tel. (09131) 27 60
78. M a l l m a n n , Dr. Walter, Professor, 63 Gießen, Arndtstraße 14, Tel. (0641) 7 74 88
79. M a r c i c , Dr. René, Professor, Institut für Rechts- und Staatsphilosophie der Universität Salzburg, A 5020 Salzburg, Franziskaner Gasse 2, Österreich
80. M a r t i, Dr. Hans, Professor, CH 3000 Bern, Schwanengasse 9, Schweiz, Tel. (031) 22 16 83
81. M a u n z , Dr. Theodor, Professor, 8032 Gräfelfing bei München, Hartnagelstraße 3, Tel. (0811) 85 16 30
82. M a u r e r , Dr. Hartmut, Privatdozent, 74 Tübingen, Fr.-Dannenmann-Straße 42, Tel. (07122) 8 14 59
83. M a y e r , Dr. Franz, Professor, 84 Regensburg, Haidplatz 8, Tel. (0941) 2 33 51

84. Meder, Dr. Walter, Professor, 1 Berlin 33, Buchsweiler Straße 20, Tel. (0311) 76 02 89
85. Meinzolt, D. Dr. Hans, Honorarprofessor, Staatssekretär a. D., 8031 Weßling am See, Oberbayern, Obere Seefeldstraße 16
86. Meissner, Dr. Boris, Professor, 5 Köln, Kleine Budengasse 1, Tel. (0221) 23 97 54
87. Melichar, Dr. Erwin, Professor, A 1010 Wien I, Schulerstraße 20, Österreich, Tel. (02222) 52 88 83
88. Menger, Dr. Christian-Friedrich, Professor, 23 Kiel, Esmarchstraße 68, Tel. (0431) 3 35 35
89. Menzel, Dr. Eberhard, Professor, 23 Kiel, Bülowstraße 16, Tel. (0431) 3 24 72
90. Merk, Dr. Wilhelm, Professor, 74 Tübingen, Wildermuthstraße 6, Tel. (07122) 59 01
91. Merkl, Dr. Adolf Julius, Professor, A 1190 Wien XIX, Pfarrplatz I, Österreich, Tel. (02222) 3 65 03 82
92. Mirbt, Dr. Hermann, Professor, 1 Berlin 38, Dubrowstraße 49, Tel. (0311) 84 16 12
93. Mosler, Dr. Hermann, Professor, 69 Heidelberg, Mühltalstraße 117, Tel. (06221) 4 00 82
94. Münch, Dr. Fritz, Professor, 69 Heidelberg, Zur Forstquelle 2, Tel. (06221) 3 35 99
95. v. Münch, Dr. Ingo, Professor, 463 Bochum-Querenburg, Paracelsusweg 22, Tel. (02321) 3 87 60
96. Naumann, Dr. Richard, Professor, 314 Lüneburg, Uelzener Straße 40, Tel. (04131) 47 15
97. Obermayer, Dr. Klaus, Professor, 852 Erlangen, Niendorfstraße 25, Tel. (09131) 8 76 06
98. Partsch, Dr. Karl Josef, Professor, 6507 Ingelheim a. Rh., Frankenstraße 10, Tel. (06132) 26 32
99. Pernthaler, Dr. Peter, Professor, A 1210 Wien XXI, Arbeiterstrandbadstraße 59, Österreich, Tel. (02222) 3 73 40 90
100. Petz, Dr. Rudolf, Universitätsdozent, A 8020 Graz-Waltendorf, Polsergasse 21, Österreich, Tel. 3 42 35
101. Pfeifer, Dr. Helfried, Professor, A 1130 Wien XIII, Lainzer Straße 57, Österreich, Tel. (02222) 82 56 36
102. Pirson, Dr. Dr. Dietrich, Professor, 3551 Wehrda bei Marburg, Grüner Weg 46, Tel. (06421) 31 01

103. Quaritsch, Dr. Helmut, Professor, 463 Bochum-Wiemelhausen, Nußbaumweg 25, Tel. (02321) 39 91

104. Ridder, Dr. Helmut, Professor, 5201 Heidebergen über Siegburg, Siebengebirgsstraße 11, Tel. (02221) 4 47 19

105. Rudolf, Dr. Walter, Profesor, 463 Bochum-Wiemelhausen, Nußbaumweg 25, Tel. (02321) 39 91

106. Rüfner, Dr. Wolfgang, Privatdozent, 532 Bad Godesberg, Simrockstraße 11, Tel. (02229) 6 34 44

107. Rühland, Dr. Curt, Professor, 33 Braunschweig, Dürerstraße 26, Tel. (0531) 3 21 16

108. Rumpf, Dr. Helmut, 53 Bonn, Königstraße 33, Tel. (02221) 3 76 14

109. Rupp, Dr. Hans-Heinrich, Professor, 355 Marburg a. d. Lahn, Calvinstraße 11, Tel. (06421) 8 84 19

110. Salzwedel, Dr. Jürgen, Professor, 53 Ippendorf bei Bonn, Spreestraße 2, Tel. (02221) 3 19 41/1625

111. Schack, Dr. Friedrich, Professor, 8 München 19, Kuglmüllerstraße 22, Tel. (0811) 57 13 69

112. Schaumann, Dr. Wilfried, Professor, 8702 Zell über Würzburg, Küsterbergstraße 8, Tel. (0931 59 54 09

113. Scheuner, Dr. Ulrich, Professor, 532 Bad Godesberg, Beethovenstraße 77

114. Schick, Dr. Walter, Privatdozent, 8 München, Bauerstraße 23, Tel. (0811) 37 00 92

115. Schindler, Dr. Dietrich, Professor, CH 8702 Zollikon ZH, Alte Landstraße 44, Schweiz, Tel. (051) 65 41 40

116. Schlochauer, Dr. Hans Jürgen, Professor, 6 Frankfurt a. M., Feldbergstraße 46, Tel. (0611) 72 71 37

117. Schmid, Dr. Karl, Professor, 6 Frankfurt a. M., Johann-Klotz-Straße 15

118. Schneider, Dr. Hans, Professor, 69 Heidelberg, Ludolf-Krehl-Straße 44, Tel. (06221) 4 03 81

119. Schneider, Dr. Peter, Professor, 65 Mainz, Goldenluftgasse 2 3/10, Tel. (06131) 2 32 73

120. Schnorr, Dr. Gerhard, Privatdozent, 5 Köln, Marienplatz 4, Tel. (0221) 2 02 41, Hausanschluß 2287

121. Schnur, Dr. Roman, Professor, 4630 Bochum, Königsallee 121, Tel. (02321) 3 76 80

122. Schüle, Dr. Adolf, Professor, 74 Tübingen, Bei der Ochsenweide 17, Tel. (07122) 2 34 03

123. Schwinge, Dr. Erich, Professor, 355 Marburg a. d. Lahn, von-Harnack-Straße 27, Tel. (06421) 26 44
124. Scupin, Dr. Hans Ulrich, Professor, 44 Münster i. W., Robert-Koch-Straße 46, Tel. (0251) 49 07 09
125. Seidl-Hohenveldern, Dr. Ignaz, Professor, 5 Köln-Lindenthal, Albertus-Magnus-Platz
126. v. Simson, Dr. Werner, Professor, Bertrange, Luxemburg, Tel. 3 14 92
127. Smend, D. Dr. Dr. h. c. Rudolf, Professor, 34 Göttingen, Am Goldgraben 13, Tel. (0551) 5 65 07
128. Spanner, Dr. Hans, Professor, 8 München 90, Candidstraße 24/VII, Tel. (0811) 65 21 41
129. Stein, Dr. Ekkehart, Professor, 23 Rammsee über Kiel, Barstenkamp 58, Tel. (0431) 8 44 79
130. Stern, Dr. Klaus, Professor, 5 Köln-Lindenthal, Gyrhofstraße 8c, Tel. (0221) 20 24 22 89
131. Stödter, Dr. Rolf, Professor, 2057 Wentorf bei Hamburg, Golfstraße 7, Tel. (0411) 7 22 66 16
132. Thieme, Dr. Werner, Professor, 2 Hamburg 63, Am Karpfenteich 58, Tel. (0411) 59 49 92
133. Uber, Dr. Giesbert, Professor, 44 Münster-Gremmendorf, Heidestraße 24a, Tel. (0251) 6 13 03
134. Ule, Dr. Carl Hermann, Professor, 69 Heidelberg, Oberer Gaisbergweg 9, Tel. (06221) 2 78 32
135. v. Unruh, Dr. Georg Christoph, Privatdozent, 295 Leer (Ostfriesland), Hajo-Unken-Straße 34/36, Tel. (0491) 43 03
136. Vogel, Dr. Klaus, Professor, 69 Heidelberg, Zeppelinstraße 39, Tel. (06221) 4 53 70
137. Voigt, Dr. Alfred, Professor, 8602 Buttenheim, Tel. (09545) 4 83
138. Wacke, Dr. Gerhard, Professor, 2 Hamburg-Nienstedten, Ordinger Weg 14, Tel. (0411) 82 64 37
139. Wagner, Dr. Heinz, Professor, 6602 Dudweiler-Süd, Richard-Wagner-Straße, Hochhaus
140. Walter, Dr. Robert, Professor, A 1180 Wien XVIII, Iglaseegasse 70/8, Österreich
141. Warncke, Dr. Friedrich, Privatdozent, 5 Köln-Nippes, Mauenheimer Straße 45, Tel. (0221) 73 28 01
142. Weber, Dr. Werner, Professor, 34 Göttingen, Wackenroderweg 1, Tel. (0551) 5 94 03
143. Wehrhahn, Dr. Herbert, Professor, 66 Saarbrücken 15, St.-Johannes-Stadtwald, Tel. (0681) 2 13 51

144. Wengler, Dr. iur., Dr. rer. pol. Wilhelm, Professor, 1 Berlin 37, Werderstraße 15, Tel. (0311) 84 65 35

145. Werner, Dr. Fritz, Professor, 1 Berlin 12, Hardenbergstraße 31, Tel. (0311) 32 50 41

146. Wertenbruch, Dr. Wilhelm, Professor, 5353 Katzvey (Post Mechernich), An der Rodung 44, Tel. (02256) 318

147. Winkler, Dr. Günther, Professor, A 1010 Wien I, Hafnersteig 5/I/7, Österreich

148. Wolff, Dr. Hans J., Professor, 44 Münster i. W., Görresstraße 26, Tel. (0251) 2 31 96

149. Zacher, Dr. Hans F., Professor, 6601 Scheidt/Saar, Im Flürchen 63, Tel. (0681) 8 42 87

150. Zippelius, Dr. Reinhold, Professor, 852 Erlangen, Niendorfstr. 5, Tel. (09131) 79 51

Satzung

(Nach den Beschlüssen vom 21. Oktober 1949, 19. Oktober 1951, 14. Oktober 1954, 10. Oktober 1956 und 13. Oktober 1960)

§ 1

Die Vereinigung der Deutschen Staatsrechtslehrer stellt sich die Aufgabe:

1. wissenschaftliche und Gesetzgebungsfragen aus dem Gebiete des öffentlichen Rechts durch Aussprache in Versammlungen der Mitglieder zu klären;
2. auf die ausreichende Berücksichtigung des öffentlichen Rechts im Hochschulunterricht und bei staatlichen und akademischen Prüfungen hinzuwirken;
3. in wichtigen Fällen zu Fragen des öffentlichen Rechts durch Eingaben an Regierungen oder Volksvertretungen oder durch öffentliche Kundgebungen Stellung zu nehmen.

§ 2

(1) Mitglied der Vereinigung kann werden, wer an der rechtswissenschaftlichen Fakultät einer deutschen oder deutschsprachigen ausländischen Universität für das Fach des Staatsrechts und ein weiteres öffentlich-rechtliches Fach als habilitierter Privatdozent oder als planmäßiger Professor tätig ist oder gewesen ist und sich der wissenschaftlichen Forschung auf dem Gesamtgebiete des Staats- und Verwaltungsrechts gewidmet hat.

(2) Das Aufnahmeverfahren wird durch schriftlichen Vorschlag von drei Mitgliedern der Vereinigung eingeleitet. Ist der Vorstand einstimmig der Auffassung, daß die Voraussetzungen für den Erwerb der Mitgliedschaft erfüllt sind, so verständigt er in einem Rundschreiben die Mitglieder von seiner Absicht, dem Vorgeschlagenen die Mitgliedschaft anzutragen. Erheben mindestens fünf Mitglieder binnen Monatsfrist gegen die Absicht des Vorstandes Einspruch oder beantragen sie mündliche Erörterung, so beschließt die Mitgliederversammlung über die Aufnahme. Die Mitgliederversammlung beschließt ferner, wenn sich im Vorstand Zweifel erheben, ob die Voraussetzungen der Mitgliedschaft erfüllt sind. Von jeder Neuaufnahme außerhalb

einer Mitgliederversammlung sind die Mitglieder zu unterrichten.

§ 3

Eine Mitgliederversammlung soll regelmäßig einmal in jedem Jahre an einem vom Vorstand zu bestimmenden Orte stattfinden. In dringenden Fällen können außerordentliche Versammlungen einberufen werden. Die Tagesordnung wird durch den Vorstand bestimmt.

Auf jeder ordentlichen Mitgliederversammlung muß mindestens ein wissenschaftlicher Vortrag mit anschließender Aussprache gehalten werden.

§ 4

Der Vorstand der Vereinigung besteht aus einem Vorsitzenden und zwei Stellvertretern. Die Vorstandsmitglieder teilen die Geschäfte untereinander nach eigenem Ermessen. Der Vorstand wird am Schluß jeder ordentlichen Mitgliederversammlung neu gewählt.

Zur Vorbereitung der Mitgliederversammlung kann sich der Vorstand durch Zuwahl anderer Mitglieder verstärken. Auch ist Selbstergänzung zulässig, wenn ein Mitglied des Vorstandes in der Zeit zwischen zwei Mitgliederversammlungen ausscheidet.

§ 5

Zur Vorbereitung ihrer Beratungen kann die Mitgliederversammlung, in eiligen Fällen auch der Vorstand, besondere Ausschüsse bestellen.

§ 6

Über Eingaben in den Fällen des § 1 Ziffer 2 und 3 und über öffentliche Kundgebungen kann nach Vorbereitung durch den Vorstand oder einen Ausschuß im Wege schriftlicher Abstimmung der Mitglieder beschlossen werden. Ein solcher Beschluß bedarf der Zustimmung von zwei Dritteln der Mitgliederzahl; die Namen der Zustimmenden müssen unter das Schriftstück gesetzt werden.

§ 7

Der Mitgliederbeitrag wird von der Mitgliederversammlung festgesetzt. Der Vorstand kann den Beitrag aus Billigkeitsgründen erlassen.

Bei Fragen zur Produktsicherheit wenden Sie sich bitte an:
If you have any questions regarding product safety,
please contact:

Walter de Gruyter GmbH
Genthiner Straße 13
10785 Berlin
productsafety@degruyterbrill.com